Handbücher der Revisionspraxis

Band 1

Herausgeber

Prof. Dr. Volker H. Peemöller und
Joachim Kregel

Grundlagen der Internen Revision

Standards, Aufbau und Führung

Von
Prof. Dr. Volker H. Peemöller

und
Joachim Kregel

2., neu bearbeitete Auflage

ERICH SCHMIDT VERLAG

Bibliografische Information der Deutschen Nationalibliothek
Die Deutsche Nationalibliothek verzeichnet diese Publikation in der Deutschen Nationalbibliografie; detaillierte bibliografische Daten sind im Internet über http://dnb.d-nb.de abrufbar.

Weitere Informationen zu diesem Titel finden Sie im Internet unter
ESV.info/978 3 503 15600 9

> **Hinweise zum Add-on**
> Als Käufer von „Grundlagen der Internen Revision" erhalten Sie eine umfangreiche Auswahl an Checklisten und praktischen Lösungsvorschlägen unter **www.revisionspraxis.esv.info**
> Ihr persönliches Ticket: 52e9yb-zgdp2d-gqx9f2-4rbcy9

1. Auflage 2010
2. Auflage 2014

Gedrucktes Werk: ISBN 978 3 503 15600 9
eBook: ISBN 978 3 503 15601 6
ISSN 1867 6146

Alle Rechte vorbehalten
© Erich Schmidt Verlag GmbH & Co. KG, Berlin 2014
www.ESV.info

Dieses Papier erfüllt die Frankfurter Forderungen der Deutschen Bibliothek und der Gesellschaft für das Buch bezüglich der Alterungsbeständigkeit und entspricht sowohl den strengen Bestimmungen der US Norm Ansi/Niso Z 39.48-1992 als auch der ISO-Norm 9706.

Satz: Schwarz auf Weiss, Berlin
Druck und Bindung: Kösel, Altusried-Krugzell

Geleitwort

Die Interne Revision ist inzwischen ein zentraler Bestandteil der Corporate Governance im Unternehmen geworden und erfährt im Wirtschaftsleben eine kontinuierliche Aufwertung.

Im § 107, Abs. 3 Satz 2 AktG wird vom Prüfungsausschuss verlangt, dass er sich mit der Wirksamkeit des Internen Revisionssystems beschäftigt. § 25a KWG und § 64a VAG verlangen seit längerem die Einrichtung einer Internen Revision. Die BaFin geht in den MaRisk sehr intensiv und detailliert auf die Aufgabenstellung der Internen Revision ein. Auch für öffentliche Unternehmen ergibt sich aus § 53, Abs. 1 Ziffer 1 des Haushaltsgrundsätzegesetz mittelbar die Notwendigkeit der Einrichtung eines Internen Revisionssystems.

Aber nicht nur die gesetzliche Verankerung führt zu einem verstärkten Fokus auf die Interne Revision, sondern auch die Aus- und Weiterbildung. Dieser Trend schlägt sich nieder in der Hochschulausbildung, sowie der berufsbegleitenden Ausbildung zum CIA mit einer 15-jährigen Erfolgsgeschichte in Deutschland sowie mit der relativ neuen Ausbildung zum Internen Revisor^{DIIR}, die ebenfalls sehr gut angenommen wird. Diese Entwicklung fußt maßgeblich auf den Internationalen Grundlagen für die berufliche Praxis, die vom IIA und dem DIIR veröffentlicht wurden und zu einer Festigung des Berufsbildes beigetragen haben. Sie bilden einen Kristallisationspunkt des Berufsstands, der für High Potentials immer attraktiver wird, denn in der heutigen Zeit und unter den heutigen Gegebenheiten sind viele Vorteile für die persönliche Karriere erkennbar. In Deutschland wird die Entwicklung der Internen Revision getragen und vorangetrieben durch das DIIR, das gerade wieder in seinem Kongress in Dresden 2013 mit rund 830 Teilnehmern einen kraftvollen Akzent gesetzt hat.

Mit der verstärkten Wahrnehmung in der Öffentlichkeit sind auch weitere Anforderungen an die Berufsträger verbunden. Die Kenntnis der gesetzlichen Vorschriften, der Standards der Berufsausbildung, der Prozesse und Geschäftsmodelle im Unternehmen sind nur einige Aspekte, die von den Angehörigen des Berufsstandes beherrscht werden müssen.

Diese umfangreiche Palette anspruchsvoller Aufgaben kann ein einzelnes Lehrbuch kaum erschöpfend behandeln. Mit der vorliegenden, neu bearbeiteten zweiten Auflage des ersten Bandes einer umfassenden Buchreihe setzen die Autoren Volker H. Peemöller und Joachim Kregel eine Publikationsreihe für die Praxis und die Ausbildung der Internen Revision fort, die wir, das Deutsche Institut für Interne Revision, begrüßen und mit Interesse begleiten.

Frankfurt am Main, Oktober 2013

Bernd Schartmann, CIA, CRMA
Sprecher des Vorstands, Deutsches Institut für Interne Revision e.V.
Executive Vice President, Corporate Internal Audit & Security, Deutsche Post DHL

Vorwort zur zweiten Auflage

Vom Erfolg der ersten Auflage ein klein wenig überrascht, freuen sich die Autoren, dem Leser nun in der zweiten, neu bearbeiteten Auflage ein Buch vorzustellen, das sich als Nachschlagewerk in der Praxis weiter bewähren wird und Einsteigern in die Interne Revision kompakt das Grundlagenwissen vermitteln hilft.

Seit der ersten Auflage ist viel Positives in Richtung Interne Revision bewegt worden.

Der Gesetzgeber hat im § 107 des Aktiengesetzes dem Prüfungsausschuss aufgetragen, das System der Internen Revision (IRS) zusätzlich zum System der Internal Controls und des Risikomanagements einer Beurteilung auf Zweckmäßigkeit und Funktionsfähigkeit zu unterziehen. Der Deutsche Juristentag hat 2012 dieses Thema zum Anlass genommen, eine breite Diskussion darüber zu führen, inwieweit sich der Prüfungsausschuss als Teil des Aufsichtsrats ein unabhängiges Urteil über das IRS im dualen System der Unternehmensüberwachung bilden kann. Denn er ist darauf angewiesen, dass der zuständige Vorstand dem Revisionsleiter offenes Rederecht einräumt, und zwar auch, ohne dass er als zuständiger Vorstand selbst zugegen ist. Ob sich hier gelebte gute Praxis gegen die Theorie einer grundsätzlich nicht unabhängigen Internen Revision, soweit sie funktional und disziplinarisch an einen Vorstand berichtet, durchsetzt, bleibt abzuwarten.

Auch die BaFin hat in ihren MaRisk die Rolle der Internen Revision weiter gestärkt.

Inzwischen gibt es auch das Three Lines of Defense Model, das jedem Dritten eindrucksvoll die Bedeutung der Internen Revision in der letzten, d. h. dritten Verteidigungslinie zeigt. Jedoch besteht eine Tendenz in kleineren und mittleren Unternehmen, die Interne Revision mit Teilen der zweiten zusätzlich zur dritten Linie zu betrauen, also z. B. Compliance- und Risikomanagement. Die Unabhängigkeit des Urteils ist nur dann nicht gefährdet, wenn die Interne Revision in einer derartigen Zuständigkeit die Prüfung des Compliance- und des Risikomanagementsystems durch Dritte durchführen lässt.

Auch die Entwicklung auf dem Markt für hochkomplexe Software wie GRC (Governance, Risk Management und Compliance) hat die Tendenz in angloamerikanischen Unternehmen aufgegriffen, das Aufsichtsgremium integriert und einheitlich informieren zu lassen. Dokumentation von Kontrollen inkl. deren täglicher Anwendung, Reportingtools, SoD (Segregation of Duties)-Themen und Regulierungsthemen sind hier meist in einem Tool integriert. Für die Interne Revision ist manchmal auch eine Prozessunterstützung des Revisionsprozesses vorhanden. Auch hier bleibt abzuwarten, ob sich die Vereinheitlichung gegen die „Funktionstrennung in drei Linien" durchsetzen wird.

Die Gruppe „Cauers" hat sich inzwischen die Mühe gemacht, den Leitfaden zum 3. Revisionsstandard QA (Quality Assessement) zu überarbeiten. Die aktualisierte Version aus 2012 ist in die Aktualisierung dieses Buchs mit eingeflossen. Mutig finden es die Autoren, dass mit neuem Selbstbewusstsein gefordert wird, die Personalausstattung der Internen Revision im Hinblick auf ihre Aufgaben und die Risikosituation auf Angemessenheit zu überprüfen. Es ist als neues, sechstes K.o.-Kriterium bei einem externen QA bestimmt worden. Eine externe Beurteilung auf Nicht-Angemessenheit der Personalausstattung führt also automatisch zur Nicht-Zertifizierung beim QA. Auch hier wird die Zukunft entscheiden, wie weise Revisionsleiter und Externe Assessoren mit diesem neuen „Tool(Schwert)" umgehen werden, um die Qualität und nicht nur die Quantität der IR zu verbessern.

Die Wertediskussion in den Unternehmen verbunden mit dem Code of Ethics hat ein altes Thema wieder mehr in den Vordergrund geschoben, nämlich den kompletten Menschen in seinem Erleben und seinem Verhalten, und nicht nur den rationalen Teil, den homo oeconomicus, zu betrachten, Stichwort Revisionspsychologie. Der Leser findet zu diesem Thema in den Kapiteln 3, 6, 7, 9 und 10 gezielte Hinweise. Fast immer geht es um das Verhalten von Menschen, ob nun im Kapitel 3, in dem die Verhaltensgrundsätze eingehend besprochen werden, oder im Kapitel 6, in dem das Thema Wertewandel praxisnah veranschaulicht wird. Kapitel 7 beschäftigt sich u.a. mit der Rolle des Revisors und der des Revisionsleiters, mit den Erwartungen und den Voraussetzungen, die in ein ideales Jobprofil münden, mit der Mitarbeiterbefragung anhand von TRI:M des Instituts tns-infratest sowie mit den 4 Intelligenzen des Menschen. Im Kapitel 9 sind Hintergründe einer „quadratischen" Kommunikation am Beispiel des Eröffnungsgesprächs einer Prüfung erläutert. Kapitel 10 geht ausführlich auf die Revisionspsychologie im Rahmen eines Schlussgesprächs ein und veranschaulicht anhand des sozialpsychologischen Modells TZI (Themenzentrierte Interaktion), wie sich scheinbar ohne Anlass Barrieren, Hemmnisse aufbauen und gibt Hilfen, wie man vermeidet, in solche Situationen hinein zu geraten und wie man sich im worst case wieder daraus „befreien" kann.

Beide Autoren hoffen und wünschen dem Leser, dass er auf möglichst viele Fragen Hinweise findet, um selbst zu den richtigen Antworten zu gelangen. Das Buch möge dazu beitragen, die Qualität und Akzeptanz der Internen Revision innerhalb und außerhalb der Unternehmen und Organisationen nachhaltig zu steigern.

Die Autoren, Oktober 2013

Volker H. Peemöller *Joachim Kregel*
Nürnberg *Köln*

Vorwort zur ersten Auflage

Die Verfasser freuen sich, dem interessierten Leser zum ersten Mal in Deutschland eine Buchreihe vorstellen zu können, die von der Praxis für die Praxis der Internen Revision entwickelt wurde.

Der erste jetzt vorliegende Band enthält die Grundlagen der Arbeit der Internen Revision.

Ausgehend von einer Analyse der Überwachungsaufgaben eines Unternehmens wird insbesondere den Entscheidern an der Unternehmensspitze eine Hilfe geboten, welche Kriterien notwendig sind, den Aufbau und Ausbau der Internen Revision voranzutreiben. Gerade kleine und mittlere Unternehmen erfahren, wie sie kostengünstig, z. B. durch Pooling der Internen Revision, die Prüfungsaufgabe organisieren können.

Weiter werden, beginnend mit der klassischen Prüfungsfunktion, Ziele und Aufgaben diskutiert, die zu einer modernen, zukunftsgerichteten Revisionsfunktion gehören. Die Aufgaben Beratung und Innovation werden in die Diskussion eingebracht, weil sie nach Auffassung der Autoren in besonderem Maße eine Unterstützungsfunktion für das Top Management darstellen. Parallel dazu wird besonderer Wert auch auf Tätigkeitsfelder gelegt, die die Unabhängigkeit der Internen Revision gefährden können. Insgesamt bleiben mit den Aufgabengebieten Financial, Operational, Management Auditing und Compliance genügend Gestaltungsräume für eine wertschaffende und werterhaltende prüferische Tätigkeit.

Einen breiten Raum nimmt dann die Ethikdiskussion ein, die nach der Vielzahl der Unternehmensskandale jetzt auch in den Unternehmen zu einer neuen Ausrichtung auf akzeptierte Werte geführt hat. Die Interne Revision hat ja ihren Code of Ethics schon seit langem als Basis ihres Handelns verabschiedet. Sie kann daher in Unternehmen quasi eine Leuchtturmfunktion bilden.

Eine fundierte Analyse der nationalen und internationalen Richtlinien und Regelungen, die gerade in 2008 und 2009 mit vielen neuen Anforderungen aufwarten konnten, bilden das Fundament dieses Buches. Sie werden dann herangezogen, wenn es zum Verständnis der entsprechenden Inhalte notwendig erscheint, jedoch immer im Bezug zur Praxis. Insbesondere das Verständnis der Rahmenkonzepte Corporate Governance, Internal Control und Risk Management wird durch eine ausführliche Erläuterung anhand der IIA-Standards verdeutlicht. Auch das Zusammenspiel dieser Rahmenwerke im Rahmen von COSO ERM wird dargestellt, um dem Leser einen praktischen Leitfaden zu vermitteln.

Die Prozesswelt hat seit einiger Zeit Einzug in den Revisionsalltag gehalten. Deshalb nimmt die Diskussion der Kernprozesse
- Risikoorientierte Revisionsplanung,
- Revisionsobjektplanung, Vor-Ort-Arbeiten und
- Berichterstattung mit Follow-up

einen breiten Raum ein. Das zunehmend eingeforderte Qualitätsmanagement macht auch vor den Toren der Internen Revision nicht Halt. Anhand der Standards zeigen die Autoren, welche Faktoren für eine effektive und ordnungsgemäße Revisionsarbeit notwendig sind. In diesem Zusammenhang werden auch die 5 K.O.-Kriterien besprochen, deren Beachtung für eine Zertifizierung unbedingt erforderlich ist. In den Best Practices werden darauf aufbauend viele Hinweise gegeben, wie die Arbeit kontinuierlich verbessert werden kann. Ein Revisionsleiter erhält also über die geforderten Standards hinaus wertvolle Anregungen, wie und in welchen Themenbereichen er seine Abteilung in Richtung Best-In-Class weiterentwickeln kann.

Das frühere „Angst"-Thema Outsourcing und Teiloutsourcing wird plakativ und aktuell dargestellt. Hier geht es im Wesentlichen um die Themen Fachkompetenz, Komplexität und Größe des Unternehmens, die die Mitarbeiterzahl und Ausrichtung der Internen Revision gerade in kleineren und mittleren Unternehmen bestimmen. Anhand dieser Kriterien kann dann sehr nüchtern ein möglicher Sourcingbedarf ermittelt werden.

Die Themen Risikomanagement und Risikofrühwarnsysteme schärfen den Blick des Lesers für Indikatoren, die substantiellen Problemen vorangehen können. Sie bieten anhand der vorgestellten Risikokataloge eine Fülle von Material, die richtigen Dinge zu tun. Die Herausforderung in der Revisionsplanung, die in der gleichzeitigen Forderung „Keine revisionsfreien Räume" und „Fokussierung auf substanzgefährdende Risiken" besteht, wird ausführlich besprochen.

Die Diskussion der Führungsprozesse der Internen Revision kommt auch nicht zu kurz. Es werden die organisatorischen Voraussetzungen der Internen Revision beschrieben und mögliche Strategieansätze thematisiert.

Die zunehmende Internationalisierung der Unternehmen, der gerade in der Wirtschaftskrise verschärfte Kostendruck und die erforderliche Spezialisierung und Fokussierung bleibt nicht ohne Folgen für die Ausrichtung der Internen Revision. Mit dem Versuch einer Antwort auf die Frage „Generalist oder Spezialist" wird hierzu ein Weg aufgezeigt.

Die Forderung nach besserer Überwachung in den Unternehmen, wie z. B. in der 8. EU-Richtlinie gefordert, hat zu einem Trend geführt, Prüfungsausschüsse oder Audit Committees einzurichten und professionell auszugestalten. Wie sich hier die Interne Revision aufstellen kann, wird anhand der monalen und dualen Unternehmensverfassungen diskutiert.

Zur zunehmenden Professionalisierung der Internen Revision gehört inzwischen mehr als ein nur theoretisches Verständnis für die IT. Die Erleichterung der Arbeit mit IT und die Prüfung von IT gehören inzwischen zum Rüstzeug eines Revisors. Es werden deshalb einige Empfehlungen zum internen Gebrauch von IT als Unterstützung aller Prozesse der Internen Revision, zum Nutzen der IT als Prüfungstool und der IT als eigener Prüfungsgegenstand im Rahmen der Diskussion von Kontrollen gegeben.

Gespickt mit zahlreichen Beispielen, Abbildungen und Grafiken werden aktuelle Informationen aus dem Revisionsalltag, die Ihre Arbeit erleichtern sollen, vorgestellt. Zusammen mit
- den umfangreichen Checklisten des Anhangs,
- den ins Deutsche übersetzten IIA-Standards,
- den 81 Fragen des deutschen Leitfadens des Quality Assessments und
- den Best Practices aus dem internationalen Bereich (GAIN: Global Auditor Information Network) und dem nationalen Bereich

werden Ratschläge und Hintergrundinformationen für fast jede kritische Situation im Revisionsalltag angeboten. Ein umfangreiches Glossar rundet den Band ab.

Die neuen IIA-Standards, die Anfang 2009 veröffentlicht wurden, sind in die entsprechenden Abschnitte des Buches eingearbeitet worden. Sie erhöhen durch das oligatorische „must" statt früher „should" den Grad der Verbindlichkeit. Viele Definitionen von Begrifflichkeiten sind jetzt in die Standards integriert worden. Dies soll die Lesbarkeit und das Sachverständnis erhöhen.

In 2008 wurde eine Befragung der Revisionsleiter in Deutschland, Österreich und der Schweiz durchgeführt und in 2009 veröffentlicht. Die Ergebnisse sind jeweils in den entsprechenden Kapiteln summarisch berücksichtigt worden. Ziele und Aufgaben der IR sind im Vergleich zu früheren Befragungen in etwa stabil geblieben. Jedoch ist eine Tendenz zu stärkerer Risikoorientierung und Prüfung der Geschäftsprozesse festzustellen.

Unterschiede in der Ausrichtung der Arbeit ergeben sich je nach Zuordnungs-Cluster des eigenen Unternehmens in Industrie, Dienstleistungen, Banken und öffentlichen Institutionen.

Auch die dazugehörigen Practical Advisories (PA) sind, soweit sie bis Juli 2009 überarbeitet und veröffentlicht wurden, berücksichtigt worden. Im Zuge der Neuausrichtung der Veröffentlichungspraxis des IIA muss hier festgestellt werden, dass sich die noch heute gültigen PA gegenüber dem letzten Jahr mehr als halbiert haben. Der Grund ist in der stärkeren Verbindlichkeit der heute gültigen PA zu sehen. Das hat natürlich zur Folge, dass wertvolle Praxistipps der anderen, heute nicht mehr verbindlichen PA aus dem Blickfeld verschwinden könnten.

Auch für die neue MA (Mindestanforderung) Risk (Risikomanagement) der BaFin (Bundesanstalt für Finanzdienstleistungsaufsicht), die am 14.8.2009 veröffentlicht wurde, wurde in die entsprechenden Kapitelerläuterungen mit aufgenommen. Herauszustellen ist die Berichtspflicht der IR (Interne Revision) an den AR (Aufsichtsrat)-Vorsitzenden oder Vorsitzenden des Prüfungsausschusses, die die Unabhängigkeit der IR stärken sollte. Auch die Prüfungsplanung kann jetzt noch risikoorientierter angesetzt werden, da die starre Regel der 3 Jahre für alle Elemente eines Audit Universe abgemildert wurde.

Die Buchreihe gliedert sich zunächst in den jetzt vorliegenden Einführungsband „Grundlagen der Internen Revision" und in vier weitere Bände „Financial Audting (FA)", „Operational Auditing (OA)", „Compliance (CO)" und „Management Auditing (MA)". Die Herausgeber wollen dem interessierten Leser für die jeweiligen Fachgebiete in der IR vertiefte Einblicke in das Revisionsgeschäft geben.

Die Autoren bedanken sich bei dem DIIR (Deutsches Institut für Interne Revision e.V.), dem IIA (Institute for Internal Auditors) und dem IIA Austria für die gute Unterstützung, insbesondere für die freundlichen Genehmigungen, die neuen IIA-Standards und die 81 Fragen des QA (Quality Assessment) abdrucken zu dürfen.

Ein herzlicher Dank geht an den Vorstand des DIIR, ohne dessen Unterstützung der Erfolg dieser Buchreihe nicht denkbar wäre, an eine Vielzahl von Kollegen und Mitarbeitern, die wertvolle praxisorientierte Hinweise zur Verbesserung der Buchreihe gegeben haben und dem Erich Schmidt Verlag, ohne dessen Weitblick dieses Werk nie einem breiten Fachpublikum zugänglich gemacht werden könnte.

Insbesondere sei Dank ausgesprochen Frau Inge Molkenthin, Frau Alessandra Kregel und Herrn Winfried Schnitzler, die substantiell durch ihre vielfältigen Anregungen und Verbesserungsvorschläge zum Gelingen eines lesbaren und verständlichen Buches beigetragen haben.

Diese Buchreihe wird dem interessierten Leser aus der Internen und Externen Revision, dem Management und den Aufsichtsorganen der Unternehmen ein täglicher Ratgeber in Fragen rund um die Interne Revision sein. Vorstände, Geschäftsführer und Aufsichtsorgane, die zurzeit noch überlegen, eine Interne Revision einzurichten, erhalten praktische Entscheidungshilfen.

Revisoren, die anstreben, das CIA-Examen abzulegen, gibt das Buch wertvolle praktische Hinweise und ein umfassendes theoretisches Gerüst. Auch den Studierenden und den Lehrenden wird diese Buchreihe empfohlen, enthält sie doch durch ihr umfangreiches Praxiswissen, dokumentiert im Textteil und dem ausführlichen Anhang, genügend Ansatzpunkte für weitere Forschungsarbeiten und Ausarbeitungen für die theoretische Basis der Internen Revision.

Möge der Vergleich eines CEO einer ausländischen Tochtergesellschaft allen Revisoren nachhaltig in den Ohren klingen: CEO und Revisor haben ähnlich hohe Freiheitsgrade in ihrer täglichen Arbeit, sodass es ein ganzes Arbeitsleben dauern kann, bis sich ein Arbeitstag wiederholt.

Nutzen wir diese Freiheit zum Wohle unserer Unternehmen!

Autoren
Volker H. Peemöller   *Joachim Kregel*
Nürnberg   *Köln*

Schnellorientierung

Die vorliegende Tabelle „Schnellorientierung" ist für den revisionserfahrenen Leser gedacht, der themenbezogen Anregungen für seine tägliche Arbeit erhalten oder sein Wissen in speziellen Themen vertiefen möchte.

Ausgangspunkt für die Schnellorientierung sind die 81 Fragen des Leitfadens zum DIIR-Standard Nr. 3, der nach Meinung der Autoren alle wesentlichen Punke zum Aufbau und Ablauf einer Internen Revision enthält. Auf Basis der 81 Fragen werden zunächst die zugehörigen Kapitelabschnitte des Buches aufgelistet. Es folgen dann die Abbildungen aus dem Textteil (TAB), die Best Practices aus den Kapitelanhängen (BPI und BPA), gegliedert international und nach den Erfahrungen der Autoren, dann die Checklisten, gegliedert nach den eigentlichen Checklisten (CLN) und praktischen Lösungsvorschlägen (LVN) in der letzten Spalte. Diese können Sie unter www.revisionspraxis.esv.info abrufen.

Wie man unschwer erkennen kann, werden alle Fragen des Leitfadens im Buch aus verschiedenen Sichtweisen betrachtet. Das Buch eignet sich somit auch als gute Vorbereitung für ein Quality Assessment.

Auf der anderen Seite wollten die Autoren bei den Mindeststandards nicht stehen bleiben. Vielmehr sind sie an einer weiter fortschreitenden Professionalisierung der Internen Revision interessiert. Sie unterstreichen dies durch eine Vielzahl von Best Practices, die auch dem erfahrenen Revisionsleiter noch die eine oder andere Anregung zu geben vermögen.

Aus der Außensicht erfährt der Leser darüber hinaus viel Wissenswertes über die Einordnung der Internen Revision in ein Unternehmen und zukünftige Entwicklungen.

Schnellorientierung: Leitfaden-Fragen mit Antworten des Buches*)

Nr.	Gruppe	Kurztext	Kapitel	TAB	BPI	BPA	CLN	LVN
1	Organisation	Schriftliche Regelung (**Mindeststandard 1**)	1.3./ 7.1.	1.2.			I7.1.	I17.1.
2		Aktuelle Regelung	1.3./ 7.1.			7.9.4.1.	I7.1.	I17.1.
3		Aufgaben sind: IKS, GO (Governance), RM; Antifraudmanagement	1.3./ 2.2./ 5.4.1./ 7.1.2./ 7.7./ 8.2.5./ 8.2.6.	1.3./ 2.2./ 5.4./ 5.9./ 7.1./ 7.2./ 7.5./ 10.6.	7.9.3.3.	7.9.4.1.	I7.1.	I17.1./ I17.2.
4		Vollständiger Scope	1.3./ 7.1.3./ 8.1.	1.4./ 1.7./ 5.9./ 7.1./ 7.3./ 10.6.	7.9.3.1.	7.9.4.2.	I.8.1.	I18.2.
5		Unabhängigkeit (**Mindeststandard 2**)	7.1.1.3.				I7.1.5.	I17.5.
6		Rev. unabhängig	7.1.3.				I7.1.5.	
7		Unternehmens.-Info erhalten	8.4./ 9.2.5.	8.7.			I.8.1./ 18.2.	
8		RHB vorhanden	7.6./7.7.	7.13./ 7.15.	7.9.3.4./ 11.8.3.		I7.4.	I17.9.
9		RHB angewandt und aktuell	7.6./7.7.	7.13./ 7.15.	7.9.3.4./ 11.8.3		I7.4.	I17.9.
10	Budget/ Ressourcen	Personalbudget angemessen (**NEU: Mindeststandard 3**)	7.1.5.	1.8.	7.9.3.5.	7.9.4.2.	I7.3.	
11		Personalbudget geeignet für Mitarbeiterqualifikation	7.1.5.	1.8.	7.9.3.5.	7.9.4.2.	I7.3.	
12		IT-Ausstattung intern	7.6.1./ 7.6.2./ 8.8.	7.13./8.11.	7.9.3.4./ 10.7.3	8.10.4./ 9.9.4.	I7.4./ I.8.1./ 1.10.1.3	
13		IT-Ausstattung extern	7.6.3.	7.14.			I7.3.	
		Sachbudget	7.1.5.			7.9.4.2.	18.2.	
		Risikoorientierte Planung	5.4./ 8.1.	5.7./ 5.8./ 8.1./ 8.3./ 8.6./ 8.8./	8.10.3.	8.10.4.		I18.1./ I18.2./ I19.1.

---

*) Die Nummerierung der ersten Spalte entspricht dem Leitfaden zum DIIR-Standard Nr.3, Stand 1.7.2012, (3. überarbeitete und ergänzte Aufl.) TAB: Tabellen-Nummer, BPI: Best Practise International, BPA: Best Practise Autoren, CLN: Checkliste-Nummer, LVN: Lösungsvorschlag-Nummer, RO: Revisionsobjekt = einzelne Prüfung

Schnellorientierung

Nr.	Gruppe	Kurztext	Kapitel	TAB	BPI	BPA	CLN	LVN
14	Planung	Jahresrevisionsplanung	8.5./ 8.6./ 8.7./	8.10./ 10.6.		8.10.4.	I.8.1.	
15		Risikoorientierter Planungsprozess (Mindeststandard 4)	8.	7.9./ 8.10. 8.1.-8.11.	8.10.3.	8.10.4.	I8.2.	II8.4.
16		Genehmigung und Bewertung	8.6.3.	8.2.			I8.2.	
17		Client-Wünsche zur Planung	8.6.	8.9.	8.10.3.	8.10.4.	I8.2.	
18		Audit Universe vollständig	8.1.	8.1.			I.8.1.	II8.3.
19		Risikoorientierte. Revisionsobjekte (RO)	9.1.	8.6./ 8.11.		8.10.4.	I8.2.	II8.4.
20		Audit Universe aktuell	8.1.	8.1./ 8.7.			I.8.1.	II8.3
21		Risikobewertung	8.3./ 9.1.3.	8.4.			I8.2.	
22		Adhoc-Themen	8.7.			8.10.4.	I8.2.	
23		Review unterjährig und Kommunikation	8.7.				I.8.1.	
24	Vorbereitung	RO-Projektplanung	9.1.	9.2./ 9.3.			19.1.	
25		Voranalyse	9.1.1.				19.1.	II9.3.
26		RO-Projektplanung	9.1.2.	9.2./ 9.3./ 10.7.			19.1.	
27		Ankündigung	9.3.1.			9.9.4.	19.1.	
28		Kickoff	9.3.2.					
29		Ziele des RO	9.1.3.				19.1.	
30		Arbeitsprogramm des RO	9.1.1./ 9.1.3.	9.1.		9.9.4.	19.1.	
31		Prozess des RO		2.1./ 9.6.			19.1.	
32	Prüfung	FA	9.6.1.					
33		OA, RM, CO	9.6.2./ 9.6.3./ 9.6.4.					
34		Maßnahmenvorschläge	9.6.5.	9.7.		9.9.4.	19.2.	
35		Abstimmung Feststellung	9.5.2.	9.7./ 10.3.		9.9.4.	19.2.	

XV

SCHNELLORIENTIERUNG

Nr.	Gruppe	Kurztext	Kapitel	TAB	BPI	BPA	CLN	LVN
36		RO: Plan-Ist-Abgleich	10.4.4.				I9.2./I10.1.2.	
37		RO: Dokumentation (Mindeststandard 5)	9.7.			9.9.4.	I9.2.	
38		Einheitliche Bewertung	5.3.	5.6./10.1.				
39		Referenzierung Arbeitspapiere und Bericht	9.7.1.			9.9.4.	I9.2.	
40		Zweckmäßige Methodenwahl	5.5./9.2.	9.4./9.7./10.3.			I9.2.	
41		Schlussbesprechung	10.4.	10.7./10.8.			110.1.2.	
42		Massnahmenkatalog	10.2.2.3.		9.5.	10.7.4.1.	I9.2.	
43		Alternative zur Schlussbesprechung	10.2.1./10.2.5.	10.2.				
44	Berichterstattung	Zusammenfassung +.-Detailbericht	10.2.2./10.2.3.	10.2.			I10.1.1.	I110.1.-3.
45		Standardisierung des RB	10.1.	10.1.			I10.1.1.	I110.1.
46		Vorabstimmung Feststellungen mit geprüften Bereich	9.5.2.	10.2.			I9.2.	
47		Stellungnahme zum RB vom geprüften Bereich	10.2.3.				I10.1.2./I10.1.3.	I110.4.
48		Zeitnahe Veröffentlichung RB	10.1.2.	10.2.	10.7.3.		I10.1.3.	
49		Genehmigung RB		10.1.				
50		RB-Verteiler	10.2.2.1.	10.1.		10.7.4.1.	I10.1.3.	I110.1.
51		Schriftlicher Nachweis der Prüfung	10.2.5					
52		Kommunikation	10.2.4./10.2.5					
53	Prüfungsnach-arbeit	Feedback Team	10.4.4.	10.8.		10.7.4.2.	I10.3.	
54		Konsequenzen Feedback	7.4.5./10.4.4.			10.7.4.2.	I10.3.	
55		Wissensmanagement	9.7.4.		10.7.3.	10.7.4.2.	I10.3.	

Schnellorientierung

Nr.	Gruppe	Kurztext	Kapitel	TAB	BPI	BPA	CLN	LVN
56	Follow-up	Archivierung	9.7.5.				I10.3.	
57		Etablierter Prozess	10.5.	10.9.		10.7.4.3.	I10.2.	
58		Fristverlängerungen	10.5.1./ 10.5.2.	10.9.			I10.2.	
59		Info über Follow-up an Leitung		10.9.		10.7.4.3.	I10.2.	
60		Regelung über Follow-up-Prüfung vorhanden	10.5.3.			10.7.4.3.	I10.2.	
61	MA-Auswahl	Personalplanungsprozess	7.4.5.			7.9.4.3.		
62		Stellen-, Aufgabenbeschreibungen vorhanden	7.4.2					
63		Stellen-, Aufgabenbeschreibungen angewandt	7.4.2					
64		Mitarbeiterqualifikation	1.3./ 7.4.5/ 7.5.2	1.4.-1.7./7.3/ 7.12				I7.7.
65		Nutzung von Expertenwissen	7.4.6					
66	Entwicklung/ Fortbildung	Schulungen	7.4.5.	7.12.	7.9.3.7.	7.9.4.4.	I7.3.	
67		Schulungen für Sozialkompetenz	7.4.5.	7.12./ 10.8.			I.7.3.	
68		Zertifizierungen	1.4./7.4.5.					
69		Beurteilungen	7.4.5.	7.12.	7.9.3.1./ 7.9.3.6.		I7.3.	
70		Mitarbeiter-Initiativen für Fortbildung	7.4.5.	7.12.			I7.3.	
71	Führung	Zweckmäßige Revisions-Leiter (RL)-Qualifikation	7.5.1.		11.8.3.	7.9.4.5.		I7.8.
72		Akzeptanz des RL	7.5.2./ 11.4.3.	7.11./ 11.9.				
73		Zweckmäßige QA-Standards	4.2./ 11.1.	11.1./ 11.3./ 11.5./ 11.6./ 11.8./ 11.9.	11.8.3.		I11.1.	III1.1.-2.

XVII

Nr.	Gruppe	Kurztext	Kapitel	TAB	BPI	BPA	CLN	LVN
74		QA-Programme laufen im Tagesgeschäft		11.2./ 11.4.	7.9.3.8./ 8.10.3./ 11.8.3.	8.10.4.	I11.1.-5	I111.1.-2.
75		JRB	10.2.4.					
76		KVP	11.1./ 11.6.	11.2./ 11.7.	10.7.3./ 11.8.3.		I7.4.	I111.1.-2.
77		Feedbackgespräche intern FirstLine	7.5/ 8.6.2/ 8.6.3/ 12.1.6	12.5				
78		Beachtung Gesetze	3./ 7.2.1.					
79		Gespräche mit AP	12.1.1./ 12.1.6	12.5		8.10.4.	I7.3.	
80		Feedbackgespräche intern Second Line	12.1.2/ 12.1.3/ 12.1.5/ 12.1.6	12.5				

Inhaltsverzeichnis

Geleitwort	V
Vorwort zur zweiten Auflage	VII
Vorwort zur ersten Auflage	IX
Schnellorientierung	XIII
Inhaltsverzeichnis	XIX
Abkürzungsverzeichnis	XXVII
Abbildungsverzeichnis	XXXI

1		**Gründe für die Einrichtung einer Internen Revision**	1
1.1		Prüfungsfunktion im Unternehmen	1
1.2		Prüfung als Aufgabe der Unternehmensführung	2
1.3		Einrichtung einer Internen Revision	3
	1.3.1	Voraussetzungen	3
	1.3.2	Maßnahmen zur Einführung	5
	1.3.3	Interne Revision in der Praxis (Erhebung der Institute)	13
	1.3.4	Überwachung der Internen Revision	14
1.4		Ausbildung zum Internen Revisor in Deutschland	15
	1.4.1	Das CIA-Examen	15
	1.4.2	Interner Revisor[DIIR]	16
1.5		Kernthesen	17
2		**Abgrenzung der Internen Revision**	19
2.1		Definition der Internen Revision nach IIA und DIIR	19
2.2		Ziele und Aufgaben der Internen Revision	20
	2.2.1	Ziele der Internen Revision	20
	2.2.2	Prüfung als Aufgabe der Internen Revision	21
	2.2.3	Vorgehensweise der Prüfung	23
	2.2.4	Zeitaspekt der Prüfung	24
	2.2.5	Beratung als Aufgabe der Internen Revision	25
		2.2.5.1 Ziel der Beratungsfunktion	25
		2.2.5.2 Prüfungsnahe Beratung	26
		2.2.5.3 Prüfungsunabhängige Beratung	27
	2.2.6	Innovation als Aufgabe der Internen Revision	28
		2.2.6.1 Begründung der Aufgabe	28
		2.2.6.2 Aufgabenstellungen	29
	2.2.7	Weitere Aufgaben der Internen Revision	30
2.3		Rechte und Pflichten der Internen Revision	32
2.4		Kernthesen	33
3		**Verhaltensgrundsätze (Code of Ethics) der IR**	35
3.1		Zielsetzung und Bedeutung des Code of Ethics	35
	3.1.1	Inhalt und Bedeutung einer Berufsethik	35
	3.1.2	Zielsetzung des Code of Ethics des IIA	36
3.2		Bestandteile des Code of Ehtics	37
	3.2.1	Rechtschaffenheit	37
	3.2.2	Objektivität	38
	3.2.3	Vertraulichkeit	38

		3.2.4	Fachkompetenz	39
3.3		Kernthesen		39

4	**Standards bzw. Grundsätze des IIA und DIIR**	41
4.1	Zweck und Bedeutung der Grundsätze	41
4.2	Attribute Standards	43
4.3	Performance Standards	51
4.4	Kernthesen	58

5		**Regelungen zur Internen Revision**			61
5.1		Regelungen in Deutschland			61
	5.1.1	Einrichtung eines Überwachungssystems nach AktG			61
	5.1.2	Einrichtung eines Prüfungsausschusses nach DCGK			63
	5.1.3	MaRisk des Bundesamtes für Finanzdienstleistungsaufsicht			66
5.2		Europäische Regelungen			69
	5.2.1	8. EU-Richtlinie			69
	5.2.2	Umsetzung von Basel II			70
5.3		US-amerikanische Regelungen			71
	5.3.1	Foreign Corruption Practices Act			71
	5.3.2	Sarbanes Oxley Act (SOX)			73
		5.3.2.1	Einleitung		73
		5.3.2.2	Sarbanes-Oxley Act von 2002		73
		5.3.2.3	Internes Kontrollsystem nach SEC 404		76
		5.3.2.4	COSO I als Grundlage des Internal Control des SOX		78
		5.3.2.5	Audit Committee (SEC 204, 301, 407 SOX)		79
		5.3.2.6	Schutz von Whistle Blowers (SEC. 806, 1107 SOX)		80
		5.3.2.7	Aufgaben der Internen Revision im Zusammenhang mit SOX		80
		5.3.2.8	Testdurchführung und Berichterstattung über die Ergebnisse des SOX 404		81
		5.3.2.9	Schlussbetrachtung		85
5.4		Internationale Initiativen			86
	5.4.1	COSO und Risikomanagementsystem			86
		5.4.1.1	Auslöser für die Initiativen zum Risikomanagementsystem		86
		5.4.1.2	Begründung für die Risikomanagementsysteme		86
		5.4.1.3	Bestandteile eines Risikomanagementsystems		86
		5.4.1.4	Risikomanagementsystem nach COSO		89
		5.4.1.5	Anwendungsbereich des Risikomanagementsystems		91
		5.4.1.6	Problembereiche von Risikomanagementsystemen		92
	5.4.2	OECD und Corporate Governance			92
	5.4.3	Transparency International und Fraud			94
5.5		Kernthesen			95

6		**Entwicklungstendenzen der Internen Revision**	97
6.1		Entwicklungstendenzen im Unternehmen	97
	6.1.1	Wissensmanagement im Unternehmen	97
	6.1.2	Flexible Organisation	98
	6.1.3	Shareholder Value-Denken	100
	6.1.4	Diversity Management	100
6.2		Entwicklungstendenzen im Umfeld des Unternehmen	101

	6.2.1	Internationalisierung/Globalisierung	101
	6.2.2	Wettbewerbsdruck	102
	6.2.3	Wertewandel	103
	6.2.4	Technologische Entwicklung	104
	6.2.5	Nationale und internationale Regulierung	104
	6.2.6	Soziale und politische Konflikte	105
6.3	Die Interne Revision der Zukunft		106
6.4	Kernthesen		107

7 Strategie und Organisation der Internen Revision ... 109

- 7.1 Geschäftsordnung/ Geschäftsauftrag der IR ... 109
  - 7.1.1 Die Einbettung der IR im Unternehmen ... 110
    - 7.1.1.1 Die IR im dualen System von Aufsichtsrat und Vorstand ... 110
    - 7.1.1.2 Interne Revision und amerikanische Gesetzgebung ... 111
    - 7.1.1.3 Stellung des Revisionsleiters im Unternehmen ... 113
  - 7.1.2 Ziele und Aufgaben der Revision ... 115
  - 7.1.3 Informationszugang, -zutritt, -zugriff ... 123
  - 7.1.4 Berichtspflichten, Verschwiegenheitspflichten, berufständische Pflichten ... 124
  - 7.1.5 Budget ... 126
- 7.2 Strategie der IR ... 129
  - 7.2.1 Vision und Mission ... 129
  - 7.2.2 Der Strategiebegriff ... 130
  - 7.2.3 Umsetzung des Strategiebegriffs in die IR-Welt ... 132
    - 7.2.3.1 Wie wir gewinnen ... 132
    - 7.2.3.2 Was wir sagen ... 134
    - 7.2.3.3 Was wir können ... 134
    - 7.2.3.4 Was wir tun ... 135
    - 7.2.3.5 Kommunikation der Strategie ... 135
  - 7.2.4 Umsetzung der Strategie: Beispiel Internationalisierung der IR ... 138
- 7.3 Aufbauorganisation der IR ... 141
  - 7.3.1 Generelle Ordnungsprinzipien ... 141
    - 7.3.1.1 Zentral/dezental ... 142
    - 7.3.1.2 Zentral/regional ... 142
    - 7.3.1.3 Funktional/divisional ... 143
  - 7.3.2 Führungsebenen in der IR ... 146
  - 7.3.3 Produktive und administrative Zeiten in der IR ... 148
- 7.4 Der Mitarbeiter in der IR ... 150
  - 7.4.1 Berufsrevisor oder Revisor auf Zeit ... 150
  - 7.4.2 Anforderungsprofil für Revisoren ... 150
  - 7.4.3 IR als Teil des Führungsnachwuchspools in einem Unternehmen ... 154
  - 7.4.4 Mitarbeiterbefragung als Start eines mitarbeiterorientierten Dialog in der IR ... 154
  - 7.4.5 Die Instrumente des Mitarbeiterorientierten Prozesses ... 157
  - 7.4.6 Job Rotation und das Modell Gastrevisor ... 158
- 7.5 Der Revisionsleiter ... 159
  - 7.5.1 Die Anforderungen an einen Revisionsleiter ... 159
  - 7.5.2 Der Revisionsleiter und sein Umfeld ... 160
    - 7.5.2.1 Erwartungen des Topmanagements an die IR ... 161
    - 7.5.2.2 Erwartungen der geprüften Bereiche an die IR ... 162

		7.5.3	Erwartungsdiskrepanzen an die IR zwischen geprüftem Bereich und Unternehmensleitung	163
7.6			Revisionstools zur Unterstützung der Arbeit der IR	164
		7.6.1	Anforderungen an ein Revisionstool	165
		7.6.2	Standardsoftware für den internen Revisionsprozess	167
		7.6.3	Dateianalysetools	169
7.7			Kern-Prozesse der IR	171
7.8			Kernthesen	175

Kapitelanhang 7 177
    IIA-Standards 177
    DIIR-Standards 184
    A: Best Practises GAIN (IIA) 186
    B: Best Practises National 188

8			**Risikoorientierte Revisionsplanung**	191
8.1			Das Audit Universe	191
	8.1.1		Funktionsprüfungen	192
	8.1.2		Prozessprüfungen	193
	8.1.3		Prüfung von Geschäftseinheiten	195
	8.1.4		Prüfung von Gesellschaften	196
	8.1.5		Projektprüfungen im Unternehmen	198
8.2			Risikoklassifizierungen und Risikomodelle	199
	8.2.1		Risiko und Chance	199
	8.2.2		Problem-Risiko-Substanzgefährdendes Risiko-Systemrisiko	201
	8.2.3		Risikoursache und Risikowirkung	203
	8.2.4		Risiko-Faktoren nach COSO II sowie nach DIIR und nach DRS 5	204
	8.2.5		Risikomanagementsysteme	206
	8.2.6		Risikofrühwarnsysteme	209
8.3			Risikoklassifizierung im Audit Universe	214
	8.3.1		Risikomatrix zur Jahresplanung	214
	8.3.2		Risiko revisionsfreier Räume bei Unternehmensteilen geringerer Bedeutung	216
8.4			Informationsquellen für eine risikoorientierte Prüfungsplanung	217
	8.4.1		Interne Quellen	217
	8.4.2		Externe Quellen	218
8.5			Ideenspeicher: Sammlung von möglichen Handlungsfeldern aus Erkenntnissen von Prüfungen des laufenden Jahres	219
	8.5.1		Strategiediskussion	220
	8.5.2		Detailplanung möglicher Themen	221
8.6			Einbindung des Top-Managements in die Jahresrevisionsplanung	223
	8.6.1		Diskussion von Eckpunkten für die Planung	223
	8.6.2		Roadshow	223
	8.6.3		Einbindung von Gesamt-Vorstand und Aufsichtsrat	224
8.7			Ressourcenplanung und Teambildungsprozess	225
	8.7.1		Planung der internen und externen Ressourcen	225
	8.7.2		Teambildungsprozess	226
8.8			IT-Tools zur Unterstützung des Planungsprozesses	230
	8.8.1		Informationstool für das Audit Universe: Datenbank	230
	8.8.2		Prozessbegleitende Revisionssoftware	230

8.9	Kernthesen	232

Kapitelanhang 8		233
	A: IIA Standards	233
	B: DIIR Standards	235
	C: Best Practises GAIN (IIA)	236
	D: Best Practises National	236

9	**Revisionsobjekt-(RO)-planung und Prüfungsarbeiten vor Ort**	**237**
9.1	Revisionsobjekt-(RO)-planung	237
	9.1.1 Briefing und Vorrecherche möglicher Inhalte	238
	9.1.2 Planung von Zeit, Kosten und speziellen Anforderungen des RO	240
	9.1.3 Interne Genehmigungsprozesse mit RO-Zielplanung	243
9.2	Prüfungsmethoden	244
	9.2.1 Prüfungsverfahren	245
	9.2.2 Prüfungszeitraum	248
	9.2.3 Prüfungsort	249
	9.2.4 Prüfungsart	249
	9.2.5 Auswahl der benötigten Informationsquellen	250
9.3	Prüfungsarbeiten vor Ort	252
	9.3.1 Anschreiben und Anforderung von vorbereitenden Informationen	253
	9.3.2 Das Eröffnungsgespräch	255
	9.3.2.1 Emotionale Ebene	255
	9.3.2.2 Selbstdarstellung	256
	9.3.2.3 Sachebene	256
	9.3.2.4 Appell	257
9.4	Schwachstellenanalyse	259
	9.4.1 Die sechs Zustände von SOLL und IST	259
	9.4.2 Kontrollen	262
	9.4.3 Die Ist-Soll-Analyse	266
9.5	Feststellungen	267
	9.5.1 α – und ß-Fehler: Schlussfolgerungen	267
	9.5.2 Abstimmung mit der Fachseite	269
9.6	Verbesserungsvorschläge	271
	9.6.1 Verbesserungsvorschläge im FA	272
	9.6.2 Verbesserungsvorschläge im OA	273
	9.6.3 Verbesserungsvorschläge im CO	275
	9.6.4 Verbesserungsvorschläge im MA	277
	9.6.5 Generelle Merkmale von Verbesserungsvorschlägen	278
9.7	Dokumentation	278
	9.7.1 Formalisierung und Referenzierung	279
	9.7.2 Prüfungsdokumentation	279
	9.7.3 Berichtsdokumentation	279
	9.7.4 Systemdokumentation, Dauerakte/Permanent File und Wissensmanagement	280
	9.7.5 Archivierung	280
9.8	Kernthesen	281

Kapitelanhang 9		282
	A: IIA Standards	282
	B: DIIR Standards	285

C: Best Practises National 286

10 Berichterstattung. 287
10.1 Anforderungen an eine professionelle Berichterstattung. 287
    10.1.1 Detaillierungsgrad von Revisionsinformationen in Abhängigkeit vom Empfänger 288
    10.1.2 Zeitnah und aktuell 290
    10.1.3 Klar, wahr, konkret und vollständig 291
    10.1.4 Objektiv und konstruktiv 293
    10.1.5 Schwerpunktsetzung 295
10.2 Prüfungsergebnisse und Maßnahmenempfehlungen zielgruppenorientiert aufbereiten und berichten 298
    10.2.1 Mündliche versus/ und schriftliche Berichterstattung im Revisionsprozess 299
    10.2.2 Der Kurzbericht 302
        10.2.2.1 Das Deckblatt 302
        10.2.2.2 Die Zusammenfassung 304
        10.2.2.3 Der Maßnahmenkatalog 306
    10.2.3 Die Langversion mit Detailbericht und Anlagen 308
    10.2.4 Monatsberichte, Jahresberichte und Berichterstattung vor dem Prüfungsausschuss 312
    10.2.5 Sonderberichte 314
10.3 Präsentationstechniken 315
    10.3.1 Visualisierung 315
    10.3.2 Formalanforderungen 318
    10.3.3 Techniken 319
10.4 Revisionspsychologie: Revisionsgespräche erfolgreich führen 320
    10.4.1 Vorbereitung einer Schlussbesprechung 321
    10.4.2 Vorbereitung der Unterlagen 321
    10.4.3 Gruppendynamik (TZI: Themenzentrierte Interaktion) in den Schlussbesprechungen 324
    10.4.4 Debriefing/Prüfungsnachbereitung 327
10.5 Überwachung von Prüfungsergebnissen 329
    10.5.1 Terminüberwachung 330
    10.5.2 Eskalationsprozess 331
    10.5.3 Follow-up-Prüfungen 333
10.6 Kernthesen 335

Kapitelanhang 10 337
    A: IIA – Standards zur Berichterstattung und zum Follow-up: 337
    B: Auszug aus dem Leitfaden zum DIIR-Standard Nr. 3 „Qualitätsmanagement in der Internen Revision" zum Thema Berichterstattung, Prüfungsnacharbeit und Follow-up 340
    C: Best Practises GAIN (IIA) 341
    D: Best Practices National 341

11 Qualitätsmanagement in der IR 343
11.1 Qualitätsstandards 343
    11.1.1 ISO-Normen 345
    11.1.2 DIN-Normen 346
    11.1.3 Total Quality Management (TQM) 347

		11.1.4 European Foundation on Quality Management (EFQM)	348
11.2		Die IIA-Standards für Qualitätsmanagement in der IR	350
		11.2.1 Hintergrund	350
		11.2.2 Formen der Zertifizierung	351
11.3		Das deutsche Quality Assessment nach DIIR-Norm	352
		11.3.1 Die 6 K.O.-Kriterien	352
		11.3.2 Die 11 Hauptkapitel des QA	354
		11.3.3 Die Bewertungssystematik	355
11.4		Die Vorbereitung und Durchführung eines QA	356
		11.4.1 Vorbereitung eines QA durch den Auftraggeber mittels einer Selbstbewertung	358
		11.4.2 Mittlere und größere Revisionsabteilungen- Externes QA	358
		11.4.2.1 Strategie	358
		11.4.2.2 Planung des QA	359
		11.4.2.3 Zusammenstellung des Teams	360
		11.4.2.4 Teambildungsprozess im QA-Team	361
		11.4.3 Exkurs: Das „360 ° Feedback" als Management-Tool im QA-Prozess	361
		11.4.4 Selbstbewertung mit externer Validierung	363
11.5		Gemeinsamkeiten und Unterschiede von IIA und DIIR beim Quality Assessment	363
11.6		Kosten und Nutzen eines Qualitätsmanagement in der IR	365
11.7		Kernthesen	366
Kapitelanhang 11			368
		A: IIA Standards	368
		B: DIIR-Standards	370
		C: Best Practises (GAIN)	370
12		**Die Interne Revision in ihrer Außenansicht, national und international**	**371**
12.1		Zusammenarbeit der Internen Revision mit verwandten Bereichen	371
		12.1.1. Zusammenarbeit mit dem Abschlussprüfer	371
		12.1.1.1 Gründe für die Zusammenarbeit zwischen Interner Revision und Abschlussprüfer	371
		12.1.1.2 Regelungen zur Zusammenarbeit zwischen Interner Revision und Abschlussprüfer	372
		12.1.1.3 Ausprägungen der Zusammenarbeit in der Praxis	375
		12.1.2 Zusammenarbeit mit dem Controlling	377
		12.1.2.1 Gemeinsamkeiten zwischen Interner Revision und Controlling	377
		12.1.2.2 Unterschiede zwischen Interner Revision und Controlling	378
		12.1.2.3 Formen der Zusammenarbeit	379
		12.1.3 Zusammenarbeit mit den Bereichen Sicherheit/ Compliance	381
		12.1.4 Zusammenarbeit mit Strafverfolgungsbehörden	383
		12.1.5 Zusammenarbeit mit dem Bereich Risikomanagement	388
		12.1.5.1 Organisation des Risikomanagements	388
		12.1.5.2 Zusammenarbeit mit der Internen Revision	389
		12.1.6 Gefüge der Überwachung: Das Three Lines of Defense Modell	391

12.2	Branchenspezifische Besonderheiten der IR in Deutschland	392
	12.2.1 Interne Revision in Banken und Versicherungen	392
	12.2.2 Interne Revision in öffentlichen Unternehmen und Verwaltungen	395
	12.2.3 Interne Revision bei den Wirtschaftsprüfungsgesellschaften	397
	12.2.4 Interne Revision im Mittelstand	400
12.3	Internationale und nationale Berufsorganisationen der Internen Revision	402
	12.3.1 Deutsches Institut für Interne Revision e. V. (DIIR)	402
	12.3.2 Institut für Interne Revision Österreich und Schweizerischer Verband für Interne Revision	404
	12.3.3 The Institute of Internal Auditors (IIA)	405
	12.3.4 European Confederation of Institutes of Internal Auditing (ECIIA)	407
12.4	Kernthesen	408

Ausblick	410
Anhang	412
Literaturverzeichnis	421
Internetlinks	431
Stichwortverzeichnis	432

Abkürzungsverzeichnis

ABAP	Advanced Business Application Programming	B.U.N.D.	Bund für Umweltschutz und Naturschutz
ABS	Automatic Brake System		
AGG	Allgemeines Gleichbehandlungsgesetz	CA	Charterd Accountant
		CBT	Computer Based Testing
a. M.	am Main	CCSA	Certification in Control Self-Assessment
Abs.	Absatz		
AC	Audit Committee	CDO	Collateralized Debt Obligations
ACH	Anti-Corruption Handbook		
		CDS	Credit Default Swap
ACL	Audit Command Language	CEO	Chief Executive Officer
AfA	Absetzung für Abnutzung	CFO	Chief Financial Officer
AFM	Anti-Fraud-Management	CFSA	Certified Financial Services Auditor
AG	Aktiengesellschaft, auch „Die Aktiengesellschaft" (Zeitschrift)		
		CG	Corporate Governance
		CGAP	Certified Government Auditing Professional
AktG	Aktiengesetz		
AMEX	American Stock Exchange	CGU	Cash Generating Unit
Anm.	Anmerkung	CIA	Certified Internal Auditor
AO	Abgabenordnung	CISA	Certified Information Systems Auditor
AP	Abschlussprüfer		
AR	Aufsichtsrat, auch „The Accounting Review" (Zeitschrift)	CISM	Certified Indormation Security Manager
		CMA	Certified Management Accountant
Art.	Artikel		
ARIS	Architektur integrierter Informationssysteme	CMMI	Capability Maturity Model Integration
Aufl.	Auflage	CMS	Compliance Management System
AV	Anlagevermögen		
		COO	Chief Operating Officer
BaFin	Bundesanstalt für Finanzdienstleistungsaufsicht	COSO	Committee of Sponsoring Organizations of Treadway Commission
BBK	Buchführung, Bilanz, Kostenrechnung (Zeitschrift)	CO	Compliance
		COO	Chief Operating Officer
		CobiT	Control Objectives for Information and Related Technology
BCG	Boston Consulting Group		
Bd.	Band		
BGBl.	Bundesgesetzblatt	CPA	Certified Public Accountant
BilMoG	Bilanzrechtsmodernisierungsgesetz	CPI	Corruption Perception Index
BilReG	Bilanzrechtsreformgesetz	CRFM	Certification in Risk Management Assurance
BITKOM	Bundesverband Informationswirtschaft, Telekommunikation und neue Medien e.V.		
		CRM	Customer Relationship Management
		CSA	Control Self Assessment

CSR	Corporate Social Responsibility	GAU	Größter anzunehmender Unfall
		GF	Geschäftsführung
DB	Der Betrieb (Zeitschrift)	GFW	Geschäfts- oder Firmenwert
DCGK	Deutscher Corporate Governance Kodex	ggf.	gegebenenfalls
		GKV	Gesamtkostenverfahren
DEKRA	Deutscher Kraftfahrzeug-Überwachungs-Verein	GmbH	Gesellschaft mit beschränkter Haftung
DIIR	Deutsches Institut für Interne Revision e.V.	GO	Geschäftsordnung
		GoB	Grundsätze ordnungsmäßiger Buchführung
DIN	Deutsches Institut für Normung		
DIN SPEC	Deutsches Institut für Normung Specification	GRC	Governance, Risk, Compliance
d. h.	das heißt	GRI	Global Reporting Initiative
DStR	Deutsches Steuerrecht (Zeitschrift)	GuV	Gewinn- und Verlustrechnung
D&O	Directors & Officers	GWA	Gemeinkostenwertanalyse
DPR	Deutsche Prüfstelle für Rechnungslegungsaufsicht	GWB	Gesetz gegen Wettbewerbs-beschränkungen
ECIIA	European Confederation of Institutes of Internal Auditing	HFA	Hauptfachausschuss des Instituts der Wirtschaftsprüfer
EDV	Elektronische Datenverarbeitung	HGB	Handelsgesetzbuch
		Hrsg.	Herausgeber
EFQM	European Foundation of Quality Management	hrsg.	herausgegeben
		http	Hyper Text Transfer Protocol
EG	Europäische Gemeinschaft		
ERM	Enterprise Risk Management	HV	Hauptversammlung
		HWRP	Handwörterbuch der Rechnungslegung und Prüfung
ESP	Electronic Stability Program		
EU	Europäische Union		
EUR	Euro		
e. V.	eingetragener Verein	IAASB	International Auditing and Assurance Standards Board
f.	folgende Seite	IAS	International Accounting Standard(s)
FA	Financial Auditing		
FCPA	Foreign Corrupt Practices Act	IASB	International Accounting Standards Board
ff.	folgende Seiten	IC	Internal Control
FG	Fachgutachten	ICS	Internal Control System
FN	Fachnachrichten des Instituts der Wirtschafts-prüfer in Deutschland e. V.	IDEA	Interactive Data Electronic Applications
		i. d. F.	in der Fassung
FRR	Financial Reporting Releases	i. d. R.	in der Regel
		IDW (E)PH	IDW (Entwurf) Prüfungshinweis
GAIN	Global Audit Information Network	IDW (E)PS	IDW (Entwurf) Prüfungsstandard

IDW (E)RS	IDW (Entwurf) Rechnungslegungshinweis	MaRisk	Mindestanforderungen an das Risikomanagement
IDW	Institut der Wirtschaftsprüfer in Deutschland e. V.	M&A	Mergers and Acquisitions
		Mio.	Millionen
i. e. S.	im engeren Sinne	MIS	Management Information System
IFAC	International Federation of Accountants	MOP	Mitarbeiterorientierter Prozess
IFRIC	International Financial Reporting Interpretations Committee	NASDAQ	National Association of Securities Dealers Automated Quatation
IFRS	International Financial Reporting Standards	n. F.	neue Fassung
IIA	Institute of Internal Auditors	NGO	Non-Governmental Organisations
IIR	Deutsches Institut für Interne Revision e.V. (alt)	No.	Number
		NYSE	New York Stock Exchange
IKS	Internes Kontrollsystem		
inkl.	inklusive	OA	Operational Auditing
insbes.	insbesondere	o. Ä.	oder Ähnliches
IR	Interne Revision	OECD	Organisation for Economic Cooperation and Development
IRS	Internes Revisionssystem		
ISA	International Standards on Auditing		
		o. g.	oben genannte(n)
ISACA	Information Systems Audit and Control Association	OLAF	Europäische Behörde Anti-Fraud
ISO	International Organization for Standardization	OLG	Oberlandesgericht
		OWiG	Ordungswidrigkeitengesetz
IT	Information Technology		
ITIL	Information Technology Infrastructure Library	PA	Practical Advisory
		PCAOB	Public Company Accounting Oversight Board
JRP	Jahresrevisionsplanung		
		PoS	Point of Sale
KISS	Keep it simple and stupid	Pos.	Position
KMU	Klein- und Mittelbetriebe	ppt	Power Point
KonTraG	Gesetz zur Kontrolle und Transparenz im Unternehmensbereich	PS	Prüfungsstandard
		QA	Quality Assessment
KoR	Zeitschrift für internationale und kapitalmarktorientierte Rechnungslegung	RB	Revisionsbericht
		RFS	Risikofrüherkennungssystem
KQM	Knowledge, Quality Management	RHB	Revisionshandbuch
KVP	Kontinuierlicher Verbesserungsprozess	RL	Revisonsleiter
		RM	Risikomanagement
		RMS	Risikomanagementsystem
LSE	London Stock Exchange	Rn.	Randnummer, Randziffer
lt.	laut	RO	Revisionsobjekt
MA	Management Auditing	RZ	Rechenzentrum

S.	Seite/Satz	usw.	und so weiter
s.	siehe	u. U.	unter Umständen
SEC	Securities and Exchange Commission	u. v. a. m.	und vieles andere mehr
S.M.A.R.T	Specific Measurable Achievable Realistic Timed	VAG	Versicherungsaufsichtsgesetz
s. o.	siehe oben	VC	Venture Capital
SoD	Segregation of Duties	VF	Vorstand Finanzen
sog.	so genannt (-e, -er, -es)	vgl.	vergleiche
SOX	Sarbanes-Oxley Act	VO	Verordnung
Sp.	Spalte	VV	Vorstandsvorsitzender
SQL	Structured Query Language		
StGB	Strafgesetzbuch	WP	Wirtschaftsprüfer
StPO	Strafprozessordnung	WPg	Die Wirtschaftsprüfung (Zeitschrift)
SWOT	Strengths, Weaknesses, Opportunities, Threads	WPG	Wirtschaftsprüfungsgesellschaft
s. u.	siehe unten	WPK	Wirtschaftsprüferkammer
TI	Transparency International		
TQM	Total Quality Management	z. B.	zum Beispiel
Tz.	Textziffer	ZfB	Zeitschrift für Betriebswirtschaft
TZI	Themenzentrierte Interaktion	ZIR	Zeitschrift für Interne Revision
U	Urteil	z. T.	zum Teil
u. a.	unter anderem	z. g. T.	zum großen Teil
u. ä.	und ähnliche	ZRFG	Zeitschrift Risk, Fraud & Compliance
US-GAAP	United States-Generally Accepted Accounting Principles	zzt.	zurzeit

Abbildungsverzeichnis

Abbildung 1-1:	Betriebsgröße und Kontrollausübung	4
Abbildung 1-2:	Maßnahmen zur Einführung einer Internen Revision	7
Abbildung 1-3:	Ausgestaltung der Internen Revision in KMU	8
Abbildung 1-4:	Einzelrevisor	9
Abbildung 1-5:	Externe Spezialisten	10
Abbildung 1-6:	Würdigung des Outsourcing von Revisionsleistungen	10
Abbildung 1-7:	Interne Revision und externe Prüfer im Großunternehmen	11
Abbildung 1-8:	Anzahl der Mitarbeiter in der Internen Revision pro 1.000 Beschäftigte	13
Abbildung 2-1:	Anwendung von analytischen Prüfungshandlungen	23
Abbildung 2-2:	Prüfungsaufgaben der Internen Revision	25
Abbildung 2-3:	Mögliche Missverständnisse bei den Koordinaten des Wandels	29
Abbildung 5-1:	Überwachungsorgane der Aktiengesellschaft	62
Abbildung 5-2:	Abschnitte des Sarbanes-Oxley Act	75
Abbildung 5-3:	Section 302 versus Section 404 SOX	77
Abbildung 5-4:	Übersicht der Aufgaben der Internen Revision bei SOX	80
Abbildung 5-5:	Vorgehensweise zum Testen der Kontrollen	82
Abbildung 5-6:	Klassifizierung der Kontrollschwächen	85
Abbildung 5-7:	Bestandteile eines Risikomanagementsystems	87
Abbildung 5-8:	Möglichkeiten der Risikosteuerung	88
Abbildung 5-9:	COSO-Würfel	89
Abbildung 7-1:	Ziele einer Unternehmensüberwachung	118
Abbildung 7-2:	Der Zusammenhang von Zielen, Aufgaben und Unternehmensprozessen aus Sicht von COSO ERM, GRC (Governance/RiskManagement/Control) und FA, OA, MA und CO	120
Abbildung 7-3:	Prüfung vgl. Beratung	121
Abbildung 7-4:	Strategie „Rubberband-Approach nach Prof. R. Burgelman	132
Abbildung 7-5:	Aufgabenportfolio einer IR nach dem BCG-Strategieansatz	133
Abbildung 7-6:	Interne Kommunikationsmedien bei einem Strategieprojekt	137
Abbildung 7-7:	Mc.Kinsey Seven S zur Unternehmenstransformation	139
Abbildung 7-8:	Formen der Aufbauorganisation	145
Abbildung 7-9:	Kapazitätsplanung in der IR	148
Abbildung 7-10:	Die 4 Intelligenzen des Menschen	153
Abbildung 7-11:	TRI*M Mitarbeitercommitment	156
Abbildung 7-12:	Mitarbeiterorientierter Dialog (MOP)	158
Abbildung 7-13:	Anforderungskatalog an ein internes Revisionstool	166
Abbildung 7-14:	Hypothesen im FA, geeignet für ein IT-Tool	170
Abbildung 7-15:	Revisionsprozesse	173
Abbildung 8-1:	Die Komponenten des Audit Universe	192
Abbildung 8-2:	Entscheidung unter Risiko	200
Abbildung 8-3:	Risikoklassifizierungen nach COSO II, DRS 5 und DIIR	206
Abbildung 8-4:	Die Risikomatrix	207
Abbildung 8-5:	Risikomanagement	209
Abbildung 8-6:	Risikomatrix zur Jahresplanung	215
Abbildung 8-7:	Informationsquellen einer risikoorientierten Prüfungsplanung	219
Abbildung 8-8:	Eckpunkte-Ansätze als Rahmenansatz einer risikoorientierten Revisionsplanung	221

Abbildung 8-9:	Prozess der Ideenfindung	222
Abbildung 8-10:	Prozesskomponenten einer risikoorientierte Revisionsplanung	228
Abbildung 8-11:	Das Prozesskennzeichen	231
Abbildung 9-1:	Briefing Details	240
Abbildung 9-2:	Magisches Dreieck zur Projektarbeit	242
Abbildung 9-3:	RO-Planung	243
Abbildung 9-4:	Prüfungsmethoden	245
Abbildung 9-5:	Kommunikation ist quadratisch	258
Abbildung 9-6:	Prozesskomponenten der Vor-Ort-Prüfung	258
Abbildung 9-7:	Beispiele SOLL – IST	261
Abbildung 9-8:	Prozesskomponenten Anti-Fraud-Management	276
Abbildung 10-1:	Berichtskategorisierung nach Revisionsarten	297
Abbildung 10-2:	Differenzierung der Berichterstattung mit ihren jeweilgen Bestandteilen	298
Abbildung 10-3:	Rangfolge von Evidenzen im Revisionsprozess	300
Abbildung 10-4:	Reporting Lines	316
Abbildung 10-5:	Der Hockey-Stick-Effect	317
Abbildung 10-6:	Internal Control System und Enterprise Risk Management System nach COSO II	318
Abbildung 10-7:	Präsentationstechniken im Vergleich	319
Abbildung 10-8:	Themenzentrierte Interaktion (TZI)	325
Abbildung 10-9:	Beispiel einer Eskalationstreppe	332
Abbildung 11-1:	ISO Norm Bestandteile	346
Abbildung 11-2:	VW-Theoreme der Leistungsarten bei TQM	348
Abbildung 11-3:	Module des EFQM-Modells	349
Abbildung 11-4:	Die 6 K.O.Kriterien im QA, nach der Anlage zum 3. DIIR-Standard	354
Abbildung 11-5:	Themengebiete der IR nach den 80 Fragen des QA und nach den Kapitelabschnitten dieses Buches	355
Abbildung 11-6:	Deutsche QA-Bewertung, Grafik nach der Anlage zum 3. DIIR Standard	356
Abbildung 11-7:	Beispiele für Prozesskennzahlen in den Revisionsprozessen	357
Abbildung 11-8:	Prozessschritte im Qualitätsmanagement	358
Abbildung 11-9:	360° Feedback im QA	362
Abbildung 12-1:	Gemeinsame Tätigkeitsobjekte	378
Abbildung 12-2:	Formen der Zusammenarbeit zwischen Interner Revision und dem Controlling	379
Abbildung 12-3:	Vor- und Nachteile einer gemeinsamen Abteilung „Überwachung oder Betriebswirtschaft"	381
Abbildung 12-4:	Checkliste Risikomanagement nach COSO I	390
Abbildung 12-5:	Three-Lines-of-Defense Model	392

1 Gründe für die Einrichtung einer Internen Revision

1.1 Prüfungsfunktion im Unternehmen

Jedes Unternehmen muss dafür Sorge tragen, dass die Vorgaben und Vorstellungen der Unternehmensführung in die Realität umgesetzt werden. Das Ordnungsgefüge, das der Sicherung der Zusammenhänge dienen soll, ist die gewählte Organisation.

Allerdings ist damit noch keineswegs sichergestellt, dass alle Abläufe und Aufgaben im Sinne der Unternehmensführung erledigt werden. Dies ergibt sich einmal aufgrund der begrenzten Möglichkeiten betrieblicher Prognosen und den komplexen und interdependenten Veränderungen des Entscheidungsfeldes. Die Abweichungen, die aus Änderungen interner und externer Einflüsse resultieren oder auf mangelnde Planungsmaßnahmen zurückgehen, können durch ergebnisorientierte Kontrollen ermittelt werden. Sie haben dynamischen Charakter und zielen auf die Anpassung der Realisierungsprozesse und der zukünftigen Planungen, woraus sich die Forderung nach der Aktualität dieser Kontrollen ableitet.

Da die Anpassungsmaßnahmen sowohl des Realisierungsprozesses als auch des Planungsprozesses vom Entscheidungsträger ausgehen, muss das Abweichungsmeldesystem dafür Sorge tragen, dass bei Überschreitungen der Toleranzgrenzen der Entscheidungsträger rechtzeitig informiert wird. Darüber hinaus ist der Entscheidungsträger aber auch an Informationen darüber interessiert, warum die Abweichungen auftraten und welche Maßnahmen ergriffen werden sollten, um zu einer Verbesserung der Planung zu gelangen.

Abweichungen können auf der anderen Seite dadurch entstehen, dass das durch die Planung festgelegte Verfahren bei der Durchführung nicht eingehalten wurde. Hier steht nicht die Ungewissheit zukünftiger Entwicklungen im Vordergrund, sondern die Unzulänglichkeit menschlichen Verhaltens. Diese Abweichungen lassen sich durch verfahrensorientierte Kontrollen ermitteln, die in erster Linie der Verhaltenssteuerung der Mitarbeiter dienen. Die Beurteilung und Steuerung der Mitarbeiter kann aber nicht allein anhand der festgestellten Abweichungen erfolgen. Hier sind zusätzliche Informationen über die Gründe erforderlich, da Abweichungen nicht nur bewusst, sonder auch unbewusst durch Irrtum, Nachlässigkeit und fehlende Unterrichtung entstanden sein können. Die Ermittlung dieser Ursachen und eine entsprechende Ursachenanalyse sind durch eine Prüfung möglich, deren Ergebnis die Grundlage nachfolgender Entscheidungen bildet.

> Während die Kontrollen die Übereinstimmung oder Abweichung zwischen Soll- und Ist-Zustand festzustellen haben, liefern Prüfungen Informationen über die Ursachen und zeigen Verbesserungsmöglichkeiten auf. Die Bestimmung des Umfangs einer derartigen Prüfungsfunktion ist von einer Reihe von Kriterien abhängig, wie z. B. Größe des Unternehmens, Komplexität der wirtschaftlichen Betätigung und Grad der Dezentralisation des Unternehmens. Immer sollte es aber ein Instrument mit weitgehender Unabhängigkeit von der hierarchischen Ordnung sein.

1.2 Prüfung als Aufgabe der Unternehmensführung

Führung ist ein gesellschaftliches Grundphänomen des Lebens. Es existiert in allen organisierten Gruppen, die gemeinsame Ziele anstreben. Jede Gruppe schafft sich dabei eine entsprechende Aufgaben- und Funktionsteilung. Der Führungsrolle obliegt es dabei, auf das Verhalten einer oder mehrerer Personen in der Weise einzuwirken, dass die vorgegebenen oder festgelegten Ziele durch gemeinsames Handeln erreicht werden.

Die Unternehmensführung wird wie eine Reihe anderer betriebswirtschaftlicher Begriffe unter zwei Aspekten betrachtet. Auf der einen Seite wird die Gesamtverantwortung der betrieblichen Führungsaufgabe behandelt, zum anderen dient die Bezeichnung Unternehmensführung zur Kennzeichnung eines Teils der betrieblichen Aufbauorganisation, welche die Träger der Führungsaufgabe als Institution umfasst. Versucht man Führung durch die Bestimmung ihrer Funktionen zu beschreiben, so muss zwischen jenen Funktionen unterschieden werden, die unumgänglich der Unternehmensführung obliegen und jenen, die ebenfalls Führungsfunktionen sind, aber delegiert werden können. Zur ersten Gruppe gehören jene Willensentscheidungen, die auf die Existenz und die Zielsetzungen des Unternehmens gerichtet sind und außerdem die Art der Mitarbeiterführung im Unternehmen festlegen. Denn Führung im eigentlichen Sinn liegt nur dann vor, wenn eine Person andere zur freiwilligen Unterordnung unter Ziele veranlasst.

Die Ausübung von Funktionen bedeutet gleichzeitig Tragen der damit verbundenen Verantwortung. Die Unternehmensführung wird deshalb für die genannten Tätigkeiten die Prüfungsaufgabe zu übernehmen haben. Denn sie muss sich über das Verhalten der Mitarbeiter und die Ordnungsmäßigkeit und Zweckmäßigkeit der Prozesse informieren, für die sie die Verantwortung trägt und sie hat außerdem die Überwachung der Zielsetzung auf ihr Richtigbleiben hin vorzunehmen. Die Prüfungsfunktion ist allerdings keine zur Charakterisierung der Führung heranzuziehende Tätigkeit, da sie in Abhängigkeit von der konkreten Situation delegiert werden kann.

Die Führungsfunktion im Unternehmen erfordert die Konzentration des Managements auf kreative und strategische Tätigkeiten. Hierfür sind insbesondere die komplizierter und komplexer werdenden Umweltverhältnisse ausschlaggebend. Der umfassende IT-Einsatz und die Einführung neuer Organisationsformen haben zu Änderungen der Organisationsstrukturen und -abläufe geführt, wodurch es für die zentrale Unternehmensführung zunehmend problematischer wird, die Gesamtübersicht zu behalten. Die räumliche und entscheidungsmäßige Dezentralisation bedeutet für die Unternehmensführung ein zusätzliches Problem, weshalb sie die Prüfungsfunktion nicht mehr selbst ausüben kann und im Gegenzug ihr Interesse an den Prüfungsinformationen steigt. Schließlich verlangt der zunehmende Wettbewerbsdruck Rationalisierungserfolge auch in den Bereichen, die bisher am Rande solcher Anstrengungen lagen. Hier fehlt der Führung häufig die genaue Sachkenntnis, um eine Prüfung durchführen zu können, die Verbesserungsmöglichkeiten aufzeigt.

Die Unternehmensführung ist nicht mehr in der Lage die Überwachungsfunktion in angemessener und effizienter Weise auszuüben. Die Ursachen dafür sind:[1]
- Zeitmangel
- fehlendes Spezialwissen
- fehlendes Methodenwissen
- fehlende Unabhängigkeit/Objektivität
- mangelndes Bewusstsein für die Notwendigkeit der umfassenden Überwachung

So ist die Unternehmensführung auch nicht in gleichem Umfang an Prüfungen interessiert und für ihre Durchführung geeignet, da sie nicht zu den Hauptarbeitsgebieten zu rechnen ist.

Der Umfang und die Häufigkeit von Prüfungen durch die Unternehmensführung hängen ab von der
- empfundenen Notwendigkeit für eine Prüfung; Risikoorientierung,
- empfundenen Fähigkeit für die Durchführung einer Prüfung; Methodenkenntnis,
- empfundenen Fähigkeit für das entsprechende Tätigkeitsgebiet; Fachkenntnis.

1.3 Einrichtung einer Internen Revision

1.3.1 Voraussetzungen

Die Führungsfunktion im Unternehmen wird immer komplexer und umfangreicher. Der ständige Wandel und die notwendigen Anpassungsmaßnahmen erfordern die Konzentration auf die gestaltenden Tätigkeiten der Führung und verlangen die Delegation der Prüfungsfunktion.

Diese Einflüsse auf die IR werden im Kapitel 6 eingehend behandelt.

In kleineren Unternehmen sind Manager stark in die Betriebsabläufe involviert; Aufgaben der Internen Revision nehmen sie neben dem Tagesgeschäft wahr.

Die besondere Problematik der Überwachung von kleineren und mittleren Unternehmen (KMU) erwächst aus dem Kapazitätsproblem dieser Betriebe. Deren stärkerer Unternehmerbezug spiegelt sich bei der Verwirklichung der Überwachung wider. Während in Kleinbetrieben regelmäßig der Betriebsinhaber selbst die Überwachungsaufgabe wahrnimmt, kann die direkte Überwachung des Mittelbetriebes durch die Geschäftsleitung nicht mehr geleistet werden. Gleichzeitig sind die Einrichtung einer Revisionsabteilung und die Anwendung der Instrumente des Großbetriebes für den Mittelbetrieb häufig wirtschaftlich nicht tragbar. Der Wert einer Internen Revision wird aufgrund mangelnder Kenntnisse der Bedeutung eines Internen Kontrollsystems und unzulänglicher Informationen über die Leistungsfähigkeit der Revision durch die Unternehmer unterschätzt. Abbildung 1-1 verdeutlicht die Sonderstellung der Klein- und Mittelbetriebe.

---

1 Vgl. Schroff 2006, S. 15.

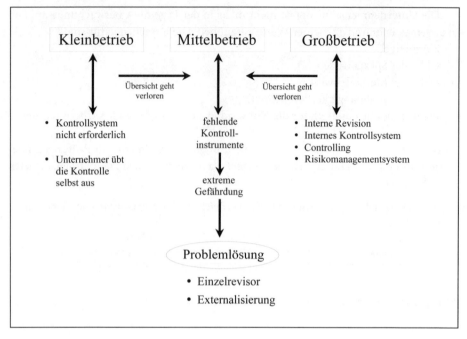

Abbildung 1-1: Betriebsgröße und Kontrollausübung

Überschreitet die Größe des Unternehmens oder die Komplexität der Geschäftsvorfälle jedoch einen gewissen Wert, ist die Delegation der Kontrollfunktion unvermeidbar. Die Entwicklung eines Internen Kontrollsystems (IKS) sollte die Folge sein. Wenn Größe, Geschäftsgegenstand, Kapitalquellen oder Risikofaktoren eine Interne Revision erfordern, sollten Unternehmen deren Einrichtung stringent betreiben.

 Komplexe Geschäftsabläufe über Abteilungen hinweg, international verteilte Standorte, manuelle Abläufe aber auch heterogene IT-Landschaften erhöhen die Gefahr wirtschaftskrimineller Handlungen. Mit 100 bis 250 Mitarbeitern überschreiten Unternehmen der Erfahrung nach die kritische Grenze, ab der sich das Risiko deutlich erhöht. Fehlende Kontrollen haben dazu geführt, dass in Deutschland fast jedes zweite Unternehmen Opfer von wirtschaftskriminellen Handlungen wird.

Ein Frühwarnsystem, das Fehlentwicklungen rechtzeitig aufzeigt und vermeiden hilft, rechtfertigt den damit verbundenen Aufwand. Denn die Kosten für die Begrenzung eingetretener Schäden liegen in den meisten Fällen über denen für eine effektive Prävention. Wird die Interne Revision als Teil eines aktiven Qualitätssicherungssystems verstanden, kann eine Brücke zwischen formalen aufsichtsrechtlichen Anforderungen, betrieblichen Erfordernissen und abteilungsübergreifenden Risikoerkennungs- und Vermeidungsstrategien geschlagen werden. Ein leistungsfähiges Frühwarnsystem wird von Banken zudem positiv bewertet.

Ein Risikofrüherkennungssystem (RFS) muss alle Unternehmensbereiche umfassen. Eine Beschränkung auf spezielle, z. B. finanzielle Risiken ist deshalb zu vermeiden.

Um die Funktionsfähigkeit des RFS dauerhaft, unabhängig von Personen und unternehmensweit sicherzustellen, sind die internen Kontrollmechanismen deshalb angemessen zu organisieren und zu dokumentieren. Angemessen heißt: Durch das interne Kontrollsystem wird sichergestellt, dass wesentliche und bestandsgefährdende Risiken der Geschäftsführung zu jedem Zeitpunkt transparent werden.

Der Internen Revision fällt die Aufgabe zu, die unternehmensinternen Vorgänge auf ihre Ordnungsmäßigkeit zu überprüfen und Unwirtschaftlichkeit, Unregelmäßigkeiten und Manipulationen aufzudecken.[2]

Für eine Reihe von Unternehmen ist die Einrichtung einer Internen Revision durch gesetzliche oder aufsichtsrechtliche Auflagen zwingend vorgeschrieben, z. B. durch Basel II oder das Gesetz zur Kontrolle und Transparenz im Unternehmensbereich (KonTraG).

Als zusätzliche Triebfeder für die Einführung einer IR wirkt der US-amerikanische Sarbanes Oxley Act (SOX) zur Verbesserung der Berichterstattung. Mit der 8. EU-Richtlinie wird ein Audit Committee gefordert, das die Arbeit der IR, die Funktionsfähigkeit des Internen Kontrollsystems, des Rechnungslegungsprozesses sowie des Risikomanagements überwacht. Die Interne Revision muss dabei kontinuierlich an die Änderungen im Gesetzesapparat oder den regulatorischen Bestimmungen angepasst werden. Die Anforderungen, die sich aus dem Sarbanes Oxley Act ergeben, führen zu einer verstärkten Prüfungstätigkeit der Internen Revision.

1.3.2 Maßnahmen zur Einführung

Prüfung und Überwachung lösen bei den Betroffenen Verunsicherung und Ängste aus. Wesentliche Bedeutung für den Erfolg einer Internen Revision ist die Akzeptanz und Unterstützung durch die betroffenen Abteilungen und Personen. Erst wenn die Geprüften die Interne Revision als eine Chance zur gemeinsamen Verbesserung der Prozesse begreifen, können die geforderte Aufnahme des Ist-Zustands und die konstruktive Weiterentwicklung gelingen. Damit wird das Augenmerk auf ein Kernproblem gelenkt: Die Art und Weise der Einführung der Internen Revision im Unternehmen.

Die Missachtung psychologisch-pädagogischer Sachverhalte ist häufig für das Misslingen einer Neuerung verantwortlich.

In dem hier interessierenden Kontext können als relevante psychologisch-pädagogische Aspekte, die oftmals in personellen Widerständen und Hindernissen zum Ausdruck kommen, genannt werden:
- Angst vor Neuem und Unbekanntem
- Bedrohung bestehender Einfluss- und Machtverhältnisse
- Abwehrhaltung aufgrund fehlender Mitwirkungsmöglichkeiten im Vorfeld der Neuerung

---

2 Zur Begründung der Einführung einer Internen Revision können eine Reihe von Ansätzen herangezogen werden. Die Frage ist immer dabei, wem sie im dualen System dienen soll. Vgl. Eulerich/Velte, 2013, S. 146 ff.

- möglichst positive Selbstdarstellung im Rahmen einer „Missgunstkultur" (Fehler werden als Schande bzw. Sanktionsgrund und nicht als Chance bzw. Verpflichtung zur Weiterentwicklung interpretiert)

Aus dieser Analyse heraus können verschiedene Forderungen an den Prozess der Einführung der Internen Revision gestellt werden:
- transparente Informationspolitik und Vorgehensweise
- möglichst frühzeitige Einbeziehung und Beteiligung der Betroffenen
- Offenheit gegenüber unterschiedlichen Positionen
- Herstellen einer gemeinsamen Ziel- und Wertbasis

Organisationsentwicklung ist ein Konzept, das sich an den genannten Kriterien orientiert. Organisationsentwicklung ist als das Bemühen zu verstehen, die Problemlösungs- und Erneuerungsprozesse in einer Organisation zu verbessern, vor allem durch eine wirksamere und auf Zusammenarbeit angelegte Steuerung der Organisationskultur – unter besonderer Berücksichtigung der Kultur formaler Arbeitsteams.
Die Beachtung der folgenden Aspekte hat sich in der Praxis bewährt:

Themenbereiche	Instrumente	Organisation	Kultur
Transparenz schaffen	Vertragliche Vereinbarung mit der Geschäftsleitung Analyse des IKS Analyse des Rechnungswesens Analyse der RMS	Rollendefinition des Internen Revisors Verantwortlichkeiten klären Ansprechpartner benennen Unterstützung der Geschäftsleitung sichern Geschäftsordnung der IR aufstellen	Bekanntmachung der Internen Revisionsfunktion im Unternehmen Ziele definieren Grundsätze erläutern Was bedeutet Revision für den einzelnen Mitarbeiter? Wie sehen Revisionsberichte aus?
Prüfungsgebiete festlegen	Stärken-/Schwächenanalyse Wo verdienen wir das Geld? Wo verlieren wir das Geld? Risikoanalyse des Betriebes	Aufgabenbereiche abgrenzen Betriebliche Funktion definieren und beschreiben	Verantwortungsbereiche abgrenzen und zuordnen Kostenbewusstsein erzeugen
Prüfung vorbereiten und planen	Ziele, Funktion, Personen des Prüfungsgebietes erfassen Prüfungstechnik vorgeben	Dauerakte anlegen Laufende Arbeitspapiere entwickeln	Aufgeschlossene Atmosphäre in der Fachabteilung anstreben Prüfungsbereiche

Themenbereiche	Instrumente	Organisation	Kultur
	Zeit- und Programmplanung aufstellen		über Prüfung informieren und mit den Zielen und der Durchführung vertraut machen
Prüfung durchführen	Aufwands- und Ertragsanalyse der Prüfung sichern durch Zeitpläne Durchsicht der Arbeitspapiere Diskussion mit der Geschäftsleitung	Erfassen aller Ergebnisse Konkrete Prüfungsempfehlungen aussprechen	Faire und positive Prüfungsatmosphäre erzeugen Interesse der Geschäftsleitung an den Tätigkeiten und den Ergebnissen ermitteln
Prüfungsbericht erstellen und Schlussbesprechung abhalten	Standardisierte Berichtsform	Ableitung des Berichts aus den Arbeitspapieren Berichtskritik zuordnen	Informationsverständnis erzeugen Mögliche Verhaltensweisen auf Bericht und Besprechung aufzeigen
Follow-up	Prüfungsempfehlungen mit Termin und verantwortlicher Person	Durchführung der Verbesserungen sichern	Interdisziplinäre Arbeiten fördern Moderation von Veränderungen
Reaktion der Geschäftsleitung	Ergebnisauswertungsbögen	Prüfungstätigkeit anpassen und verbessern	Vertrauen fördern

Abbildung 1-2: Maßnahmen zur Einführung einer Internen Revision

Die Delegation der Prüfungsfunktion auf eine Interne Revision ist immer dann zu prüfen, wenn die Überschaubarkeit verloren geht und sich die Abteilung Interne Revision aufgrund ihres Wertbeitrags trägt.

Von daher kann auch bei KMU die Einrichtung einer Internen Revision geboten sein. Daneben werden aber eine ganze Reihe weiterer Fragen diskutiert, die als Lösung für KMU in Frage kommen. Unter Berücksichtigung der Besonderheiten der Größe und der Branche sind in der Praxis zur Erfüllung der internen Revisionsaufgaben folgende Formen der Aufgabenverteilung denkbar:[3]

---

3   Vgl. Peemöller/Husmann 2008, S. 588.

Revisionsform	Ausgestaltung
Einzelrevisor	Ein Prüfer ist für alle Prüfungsaufgaben verantwortlich (Einzelrevisor) und vollamtlicher Träger der Prüfungsaufgabe. Er ist der Unternehmensführung direkt unterstellt und verrichtet seine Aufgabe als Stabstelle oder Assistent.
Aufspaltung der Prüfungsaufgaben	Die Prüfungsaufgaben werden in Einzelaufgaben zerlegt und von unterschiedlichen Mitarbeitern als Nebenaufgaben wahrgenommen, wie z. B. dem Assistenten der Geschäftsleitung, dem Leiter der Buchführung und dem Geschäftsführer selbst. Die zentrale Verantwortung verbleibt bei der Unternehmensführung. Sie muss auch die Abgrenzung der Kompetenzen der verschiedenen Stellen vornehmen.
Erweiterung der Prüfungsaufgaben	Dem Prüfer werden neben seinen eigentlichen Aufgaben weitere Aufgaben zugewiesen. Die Prüfungsaufgaben werden z. B. um das Controlling oder Teile des Rechnungswesens erweitert. Hinsichtlich seiner gesamten Aufgaben ist der Mitarbeiter direkt der Unternehmensführung unterstellt. Die Stelle kann dabei als Stabstelle oder Linienfunktion geführt werden. Als weitere Aufgaben kommen in Frage: Betriebswirtschaftliche Sonderaufgaben, Statistiken, Berichte
Outsourcing	Die Prüfungsaufgaben werden nicht durch Mitarbeiter des Unternehmens selbst, sondern von einer externen Stelle im Auftragsverhältnis wahrgenommen. Dazu gehören z. B. Steuerberater, Wirtschaftsprüfer und Unternehmensberater. Im Vertrag mit dem externen Dienstleister müssen der Aufgabenumfang (Prüfungsobjekte), die Koordination durch die Unternehmensführung, die Kosten (Festpreis oder nach Leistung) und die Kompetenzen (Prüfungs- und Durchsetzungsrechte) festgelegt werden.

Abbildung 1-3: Ausgestaltung der Internen Revision in KMU

Der größte Nutzen ergibt sich aus einem Einzelrevisor oder einer Revisionsabteilung, wenn sie kostenmäßig tragbar ist. Allerdings müssen auch die Voraussetzungen erfüllt sein, um die Vorteile zu nutzen. Dazu gehören qualifizierte Mitarbeiter, die über Wissen, Fähigkeiten, Erfahrungen und Kompetenz verfügen[4] und denen es auch gelingt, den von ihnen generierten Added Value gegenüber den potenziellen Auftraggebern zu kommunizieren.[5] Durch eine verbesserte Kommunikation gegenüber den Geprüften und den Kunden der Internen Revision, durch eine positive Einstellung zu den Mitarbeitern, aggressionsfreie Gesprächsführung, Eingehen auf die Argumente und eine gemeinsame Erarbeitung von Lösungen wird die Akzeptanz der IR im Unternehmen erhöht. Zur Bestimmung der Prüfungsgebiete sollte der Einzelrevisor nach den Notwendigkeiten des Unternehmens und seinen Fähigkeiten vorgehen.

---

4 Vgl. Benischke/Eberhardt 1999, S. 1182.
5 Vgl. Benischke 2000, S. 1044.

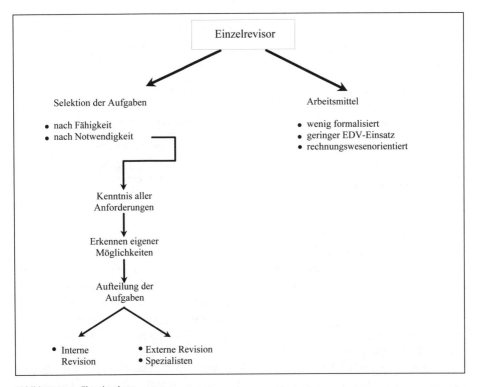

Abbildung 1-4: Einzelrevisor

Eine Aufspaltung oder Erweiterung der Prüfungsfunktion kann nur eine vorübergehende Lösung sein. Diese Ansätze haben den Nachteil, dass dadurch
- keine umfassenden und systematischen Prüfungen im Unternehmen erfolgen,
- das Unternehmen nicht über die erforderliche Fachkompetenz verfügt,
- nur dann Prüfungen initiiert werden, wenn Personal dafür verfügbar ist,
- Prüfungen nur dort ausgelöst werden, wo der betreffende Mitarbeiter über Kenntnisse verfügt,
- weder Prüfungskenntnisse gesammelt noch vertieft werden.

Da in kleinen und mittleren Unternehmen eine voll ausgestattete Interne Revision eher der Ausnahmefall sein wird, bietet sich das Instrument des Outsourcing oder Teiloutsourcing an. Die Interne Revision hat im ersten Schritt zu erfassen, welche Prüfungen erforderlich sind und im zweiten Schritt, für welche Prüfungen sie die erforderlichen Kenntnisse und Kapazitäten besitzt. Der Teil der nicht von der Internen Revision übernommen werden kann, ist dann auf externe Spezialisten zu übertragen.

Werden externe Spezialisten zur Erfüllung der Revisionsaufgaben engagiert, besteht ein wesentlicher Vorteil insbesondere in den umfassenderen Vergleichsmöglichkeiten, der größeren Unabhängigkeit und möglichen Synergieeffekten aus der Prüfung und Beratung. Für KMU bietet sich zudem eine gemeinsame Nutzung externer Spezialisten an.

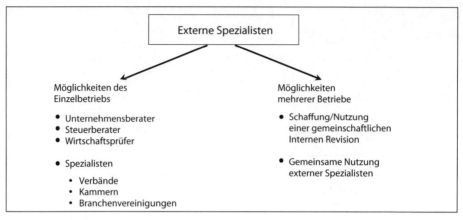

Abbildung 1-5: Externe Spezialisten

Ein Bereich, für den die KMU Unterstützung von externen Anbietern einholen sollte, ist das Innerbetriebliche Kontrollsystem (IKS). Auf diesem Gebiet haben die KMU Nachholbedarf. Auf der anderen Seite gibt es heute Ansätze zur Entwicklung von Kontrollsystemen in KMU, die genutzt werden sollten.[6] Dies verspricht für das Unternehmen doppelten Nutzen, da durch ein funktionsfähiges IKS sowohl die Steuerung der betrieblichen Prozesse als auch die Ordnungsmäßigkeit der Abrechnungsdaten gesichert werden kann.

Wichtig ist beim Outsourcing eine klare Abgrenzung der Verantwortlichkeiten zwischen Unternehmen und externen Prüfern, um zu verhindern, dass revisionsfreie Räume im Unternehmen entstehen.[7] In der Literatur wird das Outsourcing von Revisionsleistungen bereits seit geraumer Zeit diskutiert.[8] Hierbei handelt es sich um die Vergabe von Revisionsaufträgen an Prüfungsträger außerhalb des Unternehmens. Einen Abriss der angeführten Vor- und Nachteile eines Outsourcing der Internen Revision in Großbetrieben zeigt Abbildung 1-6:

Vorteile	Nachteile
• Stärkung der Unabhängigkeit und Objektivität der Internen Revision • Erfüllung der Voraussetzungen zum Management Auditing • hohe Professionalisierung • Synergieeffekte bei der Verlagerung auf den Steuerberater oder Wirtschaftsprüfer	• schwierige Informationsbeschaffung • Gefahr der Abhängigkeit von externen Prüfern • Verlust der Präsenz der Revisoren • Verlust der IKS-Prüfung als Aufgabe der Internen Revision • Verlust der Ausbildungsfunktion • steigende Kostenbelastung

Abbildung 1-6: Würdigung des Outsourcing von Revisionsleistungen

---

6 Vgl. IDW: WP-Handbuch 2012, S. 2487 f.
7 Vgl. Peemöller 2008b, S. 150.
8 Vgl. Peemöller 1996, S. 1421; Peemöller 2011 c, S. 505–524.

Folgende Konzeptionen des Outsourcing in Großunternehmen lassen sich unterscheiden:

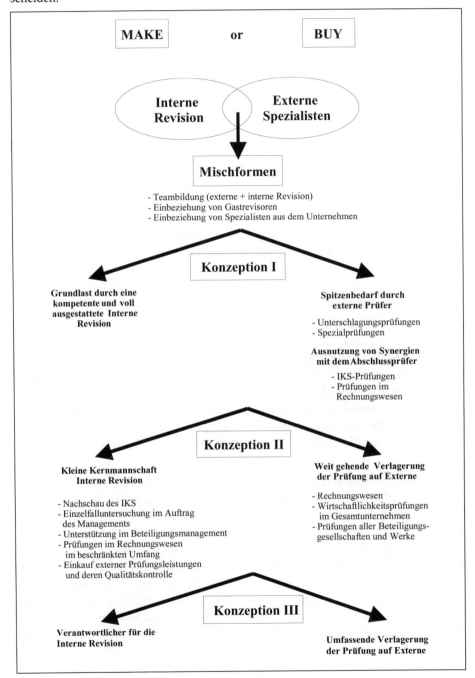

Abbildung 1-7: Interne Revision und externe Prüfer im Großunternehmen

Mischformen
Zum Ausgleich von Kapazitätsengpässen aber auch zur Abrundung und Generierung von fehlendem Wissen oder Erfahrung in der IR können die Mischformen geeignet sein. Dazu können externe Prüfer in ein Team einbezogen werden, wenn es sich nicht um Vorbehaltsaufgaben des Abschlussprüfers handelt. Aber auch Spezialisten aus dem eigenen Haus können in ein Prüfungsteam integriert werden, wenn keine Beeinträchtigung der Objektivität und Unabhängigkeit gegeben ist. Weiterhin kommen auch Gastrevisoren in Frage, bei denen es sich um externe Spezialisten handelt, die aber nicht unbedingt über prüferische Erfahrungen verfügen müssen.

Konzeption I
Diese Konzeption stellt den Idealfall aus Sicht der Internen Revision dar. Nach Branche und Größe des Unternehmens handelt es sich um eine angemessen ausgestattete IR, die alle erforderlichen Prüfungen im Unternehmen durchführt. Ein Spitzenbedarf an Leistungen kann dann durch externe Prüfer aufgefangen werden, wenn dafür ein spezielles Budget vorgesehen ist. Dies kann sich auf Unterschlagungsprüfungen beziehen, bei denen die Kompetenz und Unabhängigkeit vom Unternehmen genutzt wird. Aber auch Prüfungen, die sich auf spezielle Aspekte der EDV, wie z. B. Zugriffssicherheit beziehen können darunter fallen. Die Ausnutzung von Synergien aus Sicht des Abschlussprüfers hat an Bedeutung verloren, da die Übernahme dieser Tätigkeiten die Unabhängigkeit des Abschlussprüfers beeinträchtigen könnte.

Konzeption II
In diesem Fall hat ein Outsourcing auf externe Prüfer stattgefunden. Die wichtigsten Aufgaben, wie die Prüfung von Tochtergesellschaften, des Rechnungswesens, des IKS und des RMS werden von den externen Prüfern übernommen, bei denen es sich nicht um die Abschlussprüfer handelt. Im Unternehmen verbleibt eine kleine Kernmannschaft, die allen Auffälligkeiten und Sonderfragen der Geschäftsführung nachgeht. Es handelt sich dabei um Generalisten, die Prüfungen in allen Bereichen durchführen können, nicht aber über Spezialkenntnisse verfügen.

Konzeption III
Die gesamte Revisionsabteilung ist in diesem Fall outgesourct. Prüfungsplanung, Prüfungsdurchführung, Erstellung der Prüfungsberichte und Follow-up erfolgen insgesamt durch die externen Prüfer. Nach den Standards des IIA muss im Unternehmen ein Verantwortlicher für die Funktion der Internen Revision verbleiben. Dieser Verantwortliche stimmt die Termine zwischen den Geprüften und den Prüfern ab, regelt den Zugang zu den Personen und Informationen und nimmt auch die Koordniation mit der Geschäftsleitung oder dem Audit Committee her. Diese Form des Outsourcing führt dazu, dass die präventive Wirkung einer Internen Revision weitgehend verloren geht und auch die Kompetenzen für IKS und RMS an externe Prüfer übergehen. Aus Sicht der Internen Revisin wird diese Form deshalb sehr kritisch gesehen.[9]

---

9 Vgl. Berwanger/Kullmann 2008, S. 88.

1.3.3 Interne Revision in der Praxis (Erhebung der Institute)

Regelmäßig werden vom Deutschen Institut für Interne Revision (DIIR), dem Institut für Interne Revision Österreich (IIRÖ) und dem Schweizerischen Verband für Interne Revision (SVIR) Befragungen von Revisionsleitern zu den Themengebieten Organisation, Revisionsmanagement und -praxis, Qualitäts- und Personalmanagement, Corporate Governance sowie den Determinanten erfolgreicher Revisionsarbeit durchgeführt. Die Ergebnisse der letzten Untersuchung wurden 2011 veröffentlicht.[10] Die wichtigsten Erkenntnisse aus dieser Studie werden nachfolgend angesprochen:[11]

Wesentliche Ziele der Internen Revision bestehen in der Sicherstellung des Internen Kontrollsystems, der Sicherstellung der Einhaltung gesetzlicher/aufsichtsrechtlicher Vorschriften sowie der Sicherstellung und Einhaltung unternehmensinterner Regelungen. Für die Zukunft wird eine größere Bedeutung in der Sicherstellung und Effizienz des Risikomanagementsystems und der allgemeinen Geschäftsprozesse gesehen. Auf die Ergebnisse der Studie bezüglich der Prüfungsplanung und Durchführung wird in den einzelnen Abschnitten dieses Buches verwiesen. Als wesentliche Erfolgsindikatoren der Internen Revision wurden die Kompetenz der Revisoren und die Zufriedenheit der Unternehmensleitung genannt. Die Kennzahl Mitarbeiter in der Internen Revision pro 1.000 Unternehmensbeschäftigte wird regelmäßig ermittelt. Sie weist deutliche Unterschiede nach Branche und Unternehmensgröße auf.

Beschäftigte	Industrie	Handel	Dienstleistung	Kredit-/Finanzdienstleister	Versicherungen	Telekommunikation	Medien	Pensions-/Sozialversicherungen	Versorgungsunternehmen	Mittelwert
Weniger als 100	0,44	0,76	10,76	20,85	–	–	0,29	18,18	9,07	8,62
100 bis 300	3,08	2,07	6,93	12,05	7,83	17,86	–	–	7,39	8,17
300 bis 500	0,73	1,38	–	11,12	–	8,49	–	–	4,78	5,30
500 bis 1.000	1,55	2,08	2,46	9,86	2,84	–	1,33	–	5,17	3,61
1.000 bis 2.000	1,48	1,81	0,33	8,82	3,80	–	–	–	2,74	3,16

---

10 Vgl. DIIR; IIRÖ; SVIR: Die Interne Revision in Deutschland, Österreich und der Schweiz, Frankfurt, Wien, Zürich, 2011.
11 Vgl. ebenda, S.7f.

Beschäftigte	Industrie	Handel	Dienstleistung	Kredit-/Finanzdienstleister	Versicherungen	Telekommunikation	Medien	Pensions-/Sozialversicherungen	Versorgungsunternehmen	Mittelwert
2.000 bis 3.000	0,54	0,71	0,77	10,35	2,82	–	–	–	1,68	2,82
3.000 bis 5.000	0,57	–	0,70	9,90	2,90	–	–	–	1,40	3,10
5.000 bis 10.000	0,53	0,58	0,81	6,85	2,00	2,40	–	–	1,33	2,07
10.000 bis 50.000	0,51	0,49	0,52	6,79	3,73	0,42	–	–	9,75	3,17
Über 50.000	0,42	0,46	0,47	5,23	–	–	–	–	0,75	1,47
Mittelwert	0,99	1,15	2,64	10,18	4,30	6,89	0,81	18,18	4,41	

Abbildung 1-8: Anzahl der Mitarbeiter in der Internen Revision pro 1.000 Beschäftigte[12]

1.3.4 Überwachung der Internen Revision

Auch die Interne Revision ist einer Überwachung zu unterziehen, um die Einhaltung der Grundsätze zu gewährleisten, die Akzeptanz im Unternehmen zu fördern und die Prüfungsbelange der Unternehmensführung zu erfassen. Eine automatische Überwachung der Internen Revision ergibt sich durch die Betroffenen. Dies sind einmal die Kunden der Internen Revision, d. h. die Unternehmensführung. Die Unternehmensführung wird aus den Prüfungsberichten ablesen, ob ihre Fragestellungen behandelt wurden und sie wird Vergleiche mit der Arbeit anderer Prüfer anstellen, wie z. B. der der Abschlussprüfer. Die geprüfte Abteilung beurteilt den Prüfungsstil und den Beitrag der Ergebnisse der Internen Revision zur Verbesserung der Prozesse und Abläufe. Sowohl die Geprüften wie auch die Unternehmensführung können durch regelmäßige Befragungen in den Verbesserungsprozess der Internen Revision einbezogen werden. Eine weitere Beurteilung der IR erfolgt durch den Abschlussprüfer, der sich von der Qualität der IR überzeugen muss, wenn er die Ergebnisse der IR bei seiner Arbeit berücksichtigen will.

Nach den Standards des IIA sind im Rahmen der Quality Control die folgenden Sachverhalte einzubeziehen:

– Internal Assessments durch den Leiter und die Mitarbeiter der Internen Revision

---

[12] Vgl. ebenda, S. 56.

- External Assessments allein von Prüfern außerhalb des Unternehmens und
- External Assessment in Zusammenarbeit mit Mitarbeitern der zu prüfenden IR, die sich gerade für mittlere und kleine Revisionsabteilungen als Vorteil entwickeln könnte.

Im Kapitel 11 wird intensiv auf die Qualitätssicherung eingegangen

1.4 Ausbildung zum Internen Revisor in Deutschland

Für den Internen Revisor in Deutschland gibt es kein offiziell anerkanntes Berufsbild, d. h. keine systematische Übersicht und Darstellung aller spezifischen Merkmale dieses Berufs. Die Grundsätze des IIA und des DIIR sowie die weltweit einheitliche Prüfung zum CIA prägen den Berufsstand.

1.4.1 Das CIA-Examen

Das Ablegen des CIA-Examens, das weltweit vom IIA durchgeführt wird, verlangt einen international einheitlichen Nachweis theoretisches Kenntnisse und praktischer Erfahrungen im Bereich der Internen Revision und gibt damit einen Standard vor, über welche Qualifikationen ein Revisor verfügen sollte. Die große Bedeutung und Akzeptanz des CIA-Examens wird dutrch die 40 jährige Geschichte des CIA-Examens unterstrichen. In Deutschland wird das Examen seit 15 Jahren angeboten.

Die grundsätzliche Zielsetzung, die mit dem CIA-Examen verfolgt wird, ist die Prüfung von Revisions- und Kontrolltechniken in Theorie und Praxis sowie des Urteilsvermögens in unterschiedlichen Prüfungssituationen. Basis hierfür ist der so genannte Common Body of Knowledge[13] in dem anhand von empirischen Erhebungen der erforderliche Wissensumfang für einen Internen Revisor identifiziert wurde. Darüber hinaus ist noch das Verhalten im Sinne der Berufsgrundsätze Gegenstand der Prüfung.

Voraussetzung für die Teilnahme am Examen ist ein abschlossenes Hochschulstudium und eine zweijährige Praxis in der Internen Revision. Seit Mitte 2013 besteht das CIA-Examen aus drei Teilen. Jeder dieser drei Teile setzt sich aus unterschiedlichen Komponenten zusammen, die in einem spezifischen, vorbestimmten Umfang in die Fragen eingehen. Innerhalb der Teilbereiche wird nach bestimmten Kompetenzniveaus differenziert, d. h., manche Bereiche werden im Detail und andere nur überblicksweise geprüft. Alle Fragen sind Multiple-Choice-Fragen, wobei jeweils 4 Antwortmöglichkeiten vorgegeben werden, von denen nur eine richtig sein kann. Die Vorbereitsliteratur ist überwiegend in englischer Sprache. Die Prüfung selbst kann in Englisch oder Deutsch abgehalten werden. Zum Bestehen eines Faches müssen 75 % der Fragen richtig beantwortet werden. Die drei Fächer müssen nicht geschlossen in einem Termin bearbeitet werden, sondern können über einen längeren Zeitraum gestreckt werden. Es empfiehlt sich aber, zumindest die Fächer 1 und 2 zusammen zu

---

13 Vgl. IIA (Hrsg.): Common Body of Knowledge, 2010; ECIIA (Hrsg.): Common Body of Knowledge in Internal Auditing, Berlin 2009.

absolvieren, da sie auf den gleichen Grundlagen - den Standards - aufbauen. Die Prüfung wird als CBT (Computer Based Testing) abgenommen.

Teil 1: Grundlagen der Internen Revision.
Die Dauer in diesem Fach beträgt 2 ½ Stunden und es sind 125 Fragen zu beantworten. Die wesentlichen Inhalte bestehen in der Beachtung der Vorgaben und Standards des IIA, den internen Kontrollen und den Risiken und den Werkzeugen und Methoden der Internen Revision.

Teil 2: Ausübung der Internen Revision.
Die Dauer in diesem Fach beträgt bei 100 Fragen genau 2 Stunden. Der Inhalt besteht aus der Wahrnehmung der Prüfungsaufgaben, der Prüfungsdurchführung und Betrug und Prävention des Betrugs.

Teil 3: Notwendiges Spezialwissen der Revision.
Auch hier beträgt die Dauer der Prüfung 2 Stunden und es sind 100 Fragen zu beantworten. Dabei werden nicht mehr allein prüfungsspezifische Themen behandelt, sondern auch allgemeine betriebswirtschaftliche Bereiche angesprochen. So gehören zur Prüfung Unternehmenssteuerung, Risikomanagement, Organisationstruktur, Kommunikation, Führungsverhalten, IT/Notfallpläne und Financial Management.

Die Antworten in den Teilen 1 und 2 scheinen z. T. nicht eindeutig zu sein. Vom IIA erfolgt deshalb der Hinweis, dass diese Fragen vor dem Hintergrund der praktischen Erfahrung der Kandidaten zu lösen sind. Entscheidend für die Teile 1 und 2 sind zudem die Standards des IIA. Für den Teil 3 sind Kenntnisse aus vielen Bereichen erforderlich, die aber nicht in besonderer Tiefe verlangt werden. Allerdings steht dafür auch kein Lehrbuch zur Verfügug, das alle Bereiche und nur diese Bereiche abdeckt. Nach bestandenem CIA-Examen sind ab dem Jahr 2012 jedes Jahr 40 Stunden Fortbildung nachzuweisen.

1.4.2 Interner Revisor^{DIIR}

Das CIAExamen ist weltweit einheitlich und in erster Linie für Revisoren aus internationalen Konzernen oder großen Gesellschaften gedacht. Vom DIIR wurde deshalb als Alternative für eher mittelständische und auf nationaler Basis ausgerichtete Unternehmen mit ihren Revisoren die Prüfung Interner Revisor^{DIIR} entwickelt. Voraussetzung ist eine abgeschlossene Berufsausbildung und ein Jahr Tätigkeit in der Internen Revision. Die Vorbereitungsliteratur liegt in deutscher Sprache vor. Die Fragen werden auch nur in Deutsch abgenommen. Die Prüfung besteht aus vier Fächern, die nicht geschlossen absolviert werden müssen. Hier bietet es sich an, die Teile 1 und 2 und die Teile 3 und 4 für jeweils einen Termin zu bündeln. Bei den Fragen handelt es sich auch um Multiple-Choice-Fragen, die vom Aufbau den Fragen des CIA-Examens entsprechen. Auch hier sind für das Bestehen 75 % der Punkte erforderlich. Die Dauer in jedem Fach beträgt 2 ½ Stunden. Es sind jeweils 70 Multiple-Choice-Fragen und ein Essay, für das maximal 30 Punkte erreicht werden können, zu beantworten bzw. zu verfassen.

Teil 1: Aufgaben, Verantwortung und Befugnisse der IR.
Der Inhalt orinetiert sich an den 1.000 Standards und dem Code of Ethics des IIA.
Teil 2: Leitung einer Internen Revision und Prüfungsdurchführung.
Der Inhalt orientiert sich an den 2.000 Standards des IIA.
Teil 3: Spezielle Prüffelder und -techniken.
Der Inhalt bestaht aus Fragen zur IT, zum Fraud und zur Analytik.
Teil 4: Managementstrategien/Unternehmenssteuerung.
Dazu gehören Controlling/Kostenrechnung, Managementstrategien und Unternehmenssteuerung und Finanzierung sowie Rechnungslegung, wobei in Zukunft bei der Rechnugnslegung nur noch HGB abgeprüft werden soll.

Die Teile 1 und 2 weisen eine relativ große Übereinstimmung mit dem CIA-Examen auf, da sie auch auf den Standards basieren. Nach bestandenem Examen sind innerhalb von zwei Jahren 40 Creditpoints vom Absolventen für die Fortbildung nachzuweisen.

1.5. Kernthesen

Jedes Unternehmen muss die Funktion interne Revision wahrnehmen. Nur in KMU ist dies allein eine Aufgabe der Geschäftsleitung. Schon bei einer Größe von ca. 100 bis 250 Mitarbeitern und entsprechender Branche sollten Überlegungen zur Institutionalisierung der IR angestellt werden.

Bei der Einführung einer IR sollten die Anforderungen berücksichtigt werden, die insgesamt bei einem organisatorischen Wandel zu berücksichtigen sind. Transparenz und Zusammenarbeit sollte die Installation einer IR begleiten, um Ängste abzubauen und positive Aspekte dieser Tätigkeit zu vermitteln, was ganz entscheidend für die spätere Akzeptanz bei den Mitarbeitern ist. Dazu gehören z.B. Hinweise, was die IR für den einzelnen Mitarbeiter bedeutet und wie Revisionsberichte aussehen, die eben nicht die Namen der einzelnen Mitarbeiter enthalten.

Nicht immer wird eine eigene Abteilung IR eingerichtet werden können. Dann sind Überlegungen anzustellen, wie die Funktion anderweitig delegiert werden kann, was durch Aufspaltung, Erweiterung und Outsourcing möglich wäre. Für alle drei Formen sind die Vor- und Nachteile im konkreten Fall abzuwägen. Dabei können für das Outsourcing verschiedene Varianten in Frage kommen, was von der Übernahme von Spezialaufgaben bis zur vollständigen Ausübung der Revisionsfunktion führen kann. Bei dieser Frage ist besondere Akribie gefordert, da dieses Thema in der IR emotional besetzt ist.

Ansatzpunkte zur Bestimmung der Größe der Abteilung IR liefert dann die Untersuchung der deutschsprachigen Institute der Internen Revision bezüglich der verschiedenen Branchen und der Größenordnungen der Unternehmen. Die empirischen Ergebnisse zeigen hier Werte zwischen 0,4 und bis zu 20 Revisoren auf 1.000 Mitarbeiter.

Wichtig ist die Festlegung der Rechte und Pflichten der IR in der GO. An der Spitze steht das Recht, alle Bereiche des Unternehmens prüfen zu können, was unter dem Schlagwort „keine revisionsfreien Räume" firmiert. Daneben ist das Informationsrecht entscheidend für die Qualität der Arbeit der IR. Damit muss der Zugang zu den Personen, die Auskunft geben können, gesichert sein und die Möglichkeit bestehen, alle Informationen, die sich auf den Sollzustand beziehen, ebenfalls zu erhalten. Da die IR üblicherweise in Form einer Stabsabteilung geführt wird, hat sie keine Anordnungs- und Entscheidungsrechte gegenüber anderen Abteilungen, die außerhalb der IR stehen. Nur bei dolosen Handlungen und Gefahr im Verzug hat sie Entscheidungsrechte und z. T. auch Anordnungsrechte. Die Pflichten der IR beziehen sich auf ihre Prüfungs- und Beratungsaufgaben. So hat sie Schwachstellen zu erkennen, Fehler und Unregelmäßigkeiten zu entdecken und Verbesserungsvorschläge zu unterbreiten. Daneben gehört die Berichtspflicht an die geprüfte Abteilung und die Geschäftsführung zu den essentiellen Tätigkeiten der IR. Daraus abgeleitet wird die Nachprüfung, um zu gewährleisten, dass die Verbesserungsvorschläge auch umgesetzt wurden.

Die IR steht bei ihrer Tätigkeit nicht in einem luftleeren Raum, der keine Prüfung und Kontrolle ihrer Arbeit zuließe. Eine Beurteilung der Qualität ihrer Arbeit erhält sie immer als Rückkopplung ihrer Prüfungsberichte. Dies kann von ihr forciert werden durch die Befragung der Berichtsempfänger hinsichtlich der Güte der Arbeit und der Durchführung der Tätigkeit. Unabhängig davon unterzieht der Abschlussprüfer die IR einer Prüfung was die Anforderungen und die Arbeitsweise betrifft. Sie selbst hat sich einem Qualitätssicherungsprogramm zu unterziehen. Dadurch kann insgesamt eine hohe Qualität der IR gewährleistet werden.

2 Abgrenzung der Internen Revision

2.1 Definition der Internen Revision nach IIA und DIIR

Die heutige Auffassung von der Internen Revision kommt in der Definition des IIA und der Übersetzung der deutschsprachigen Institute der IR zum Ausdruck, die für alle Internen Revisionen gilt, unabhängig von der Größe und Branche der Unternehmen:

„Die Interne Revision erbringt unabhängige und objektive Prüfungs- und Beratungsdienstleistungen, welche darauf ausgerichtet sind, Mehrwerte zu schaffen und die Geschäftsprozesse zu verbessern. Sie unterstützt die Organisation bei der Erreichung ihrer Ziele, indem sie mit einem systematischen und zielgerichteten Ansatz die Effektivität des Risikomanagements, der Kontrollen und der Führungs- und Überwachungsprozesse bewertet und diese verbessern hilft."[14]

Durch diese Definition wurde ein Wandel eingeleitet. Nicht mehr die Unternehmensführung allein, sondern die gesamte Organisation wird von der Internen Revision unterstützt. Nicht mehr allein die Prüfung, sondern auch die Beratung wird zum Gegenstand der Tätigkeit, die zur Wertsteigerung des Unternehmens beitragen soll. Die Schaffung von Wert soll durch die objektive und zweckdienliche Vermittlung von Sicherheit erreicht werden. Darüber hinaus trägt sie zur Effektivität und Effizienz der Führungs- und Überwachungs-, Risikomanagement- und Kontrollprozesse bei.[15] Damit wird deutlich, dass die Interne Revision sowohl reaktiv als auch proaktiv tätig wird. Die Hauptaufgabe der Internen Revision, die in der Vergangenheit in der Prüfung und Beurteilung des Innerbetrieblichen Kontrollsystems bestand, umfasst nun drei Bereiche: Risk Management, Control und Governance.

Entscheidend für die Arbeit der Internen Revision in Deutschland ist weiterhin, dass für sie keine gesetzlichen Anforderungen genannt werden, mit Ausnahme der §§ 91 und 107 AktG und der MaRisk in Kreditinstituten.[16] Allerdings wird auch in der Öffentlichkeit stärker nach der Rolle der Internen Revision im Unternehmen gefragt, wie die aktuellen Anlässe bei Unternehmensschieflagen zeigen. In den Standards wird eine Reihe von Anforderungen genannt, die als Grundlage einer ordnungsgemäßen Internen Revision gelten können. Diese Anforderungen sind deshalb so wichtig, weil immer noch ein einheitliches Berufsbild in Deutschland fehlt, was dann Probleme aufwirft, wenn sich der Gesetzgeber mit Fragestellungen zur Überwachung beschäftigt und dabei nicht auf ein etabliertes Berufsbild zurückgreifen kann. Als wesentliche Anforderungen werden genannt:[17]

Wesentliche Anforderungen an die Interne Revision:
- Die Interne Revision hat sich eine schriftliche Geschäftsordnung zu geben, die von der Geschäftsführung zu genehmigen ist.

---
14 DIIR (Hrsg.): Internationale Standards, 2013, Definition.
15 Vgl. DIIR (Hrsg.): Internationale Standards 2013, Glossar: Add Value.
16 Vgl. BaFin 2009.
17 Vgl. Ruud/Linsi 1999, S. 1150.

- Die Interne Revision muss unabhängig sein, und die internen Revisoren müssen bei der Durchführung ihrer Aufgaben objektiv vorgehen.
- Die Interne Revision verfügt über eine angemessene quantitative und qualitative Personalausstattung.
- Es dürfen keine revisionsfreien Räume im Unternehmen bestehen und es ist ein risikoorientierter Prüfungsansatz zu wählen.
- Es muss sichergestellt werden, dass die Revisionsberichte Beachtung finden und umgesetzt werden und die Prüfungen ordnungsgemäß dokumentiert werden.
- Es ist ein Monitoring-System einzurichten, um die Kommunikation und Umsetzung der Prüfungsfeststellungen zu gewährleisten.

Diese Anforderungen entsprechen den Mindestanforderungen des DIIR in der Anlage zu seinem Standard Nr. 3 QA, nämlich den 6 K.O.-Kriterien, die bei Nichterfüllung eine IR von einer Zertifizierung ausnehmen.

2.2 Ziele und Aufgaben der Internen Revision

2.2.1 Ziele der Internen Revision

Die Hauptaufgabe der Internen Revision besteht in der Prüfung von betrieblichen Abläufen und Strukturen. Es handelt sich um eine geistig reproduzierende Tätigkeit, die neben der Feststellung der Sachverhalte eine kritische Würdigung beinhaltet. Die Kreativität des Prüfers bezieht sich auf die Auswahl der Prüfungsobjekte nach ihren Risikopotenzialen und den prüferischen Ansatz, mögliche Fehler aufzudecken.

Hinsichtlich der Zielsetzung sind Ordnungsmäßigkeits-, Sicherheits- sowie Zweckmäßigkeits- und Wirtschaftlichkeitsprüfungen zu unterscheiden.

Bei der Ordnungsmäßigkeitsprüfung handelt es sich um eine Prüfung der Einhaltung formaler Ordnungsprinzipien. Als Compliance ist diese Prüfung zurzeit in aller Munde. Die Sollgrößen – Vorschriften der Führung, GoB, Gesetze und Verordnungen – stehen eindeutig fest. Ziel der Prüfung ist die Ermittlung von Ist-Abweichungen und das Auslösen von Sanktionen gegenüber den verantwortlichen Personen, da es sich bei den Abweichungen regelmäßig um Verstöße gegen betriebliche oder gesetzliche Vorgaben handelt. Mit dieser Zielsetzung kann der Prüfer nur bedingt Verbesserungen entwickeln, um z.B. einzelne Mängel im IKS zu beheben. Ordnungsmäßigkeitsprüfungen gelten als wesentlicher Bestandteil von Prüfungsleistungen; ihr Stellenwert hat in letzter Zeit wieder deutlich zugenommen.

Die Vorgehensweise bei der Sicherheitsprüfung (safeguarding of assets) ist mit der Ordnungsmäßigkeitsprüfung weitgehend vergleichbar. Allerdings verfolgt die Sicherheitsprüfung insbesondere das Ziel der Vermeidung von physischen Gefährdungen des Unternehmens sowie von Verstößen gegen bestehende Auflagen. Dabei sollen die Sicherheit der Belegschaft und die materielle Sicherheit des Unternehmensvermögens gewährleistet werden.

Während die Zweckmäßigkeitsprüfung Einrichtungen und Vorgänge hinsichtlich der Eignung zur effizienten Erfüllung ihrer Aufgaben betrachtet, verfolgen Wirtschaftlichkeitsprüfungen das Ziel, betriebliche Sachverhalte und Abläufe daraufhin zu untersuchen, ob sie dem ökonomischen Prinzip entsprechen. Eindeutig formulierte Normen finden sich bei diesen Prüfungen nicht. Zwar ist vom Erreichen der Unternehmensziele auszugehen. Dazu müssen sie aber auf die vorliegenden Prüfungsobjekte konkretisiert werden. Hier sind anhand von betriebswirtschaftlichen Analysen der Prozesse Vergleichsgrößen zu erarbeiten. Dadurch entstehen unscharfe Beurteilungsmaßstäbe, sodass Abweichungen von einem Soll-Objekt nicht mehr eindeutig als Fehler qualifiziert werden können.[18] Die Prüfung nimmt zunehmend Züge einer Beratungstätigkeit an, da die von der Internen Revision entwickelten Soll-Objekte als Gestaltungsempfehlung dienen. Diese Entwicklung erhöht die Anforderungen an die kommunikativen und interpersonellen Kompetenzen des Prüfers.

2.2.2 Prüfung als Aufgabe der Internen Revision

Als Inhalt der Prüfung ist das Financial Auditing, das Operational Auditing und das Management Auditing zu unterscheiden.

Das Financial Auditing umfasst formelle und materielle Prüfungen im Rechnungswesen. Ziel der Prüfung ist die Feststellung der Ordnungsmäßigkeit und Zuverlässigkeit des Finanz- und Rechnungswesens. Das Financial Auditing stand am Anfang der Revisionstätigkeit in Banken und Unternehmen.

Das Operational Auditing beinhaltet hingegen Verfahrensprüfungen in allen Unternehmensbereichen mit Ausnahme der Unternehmensführung. Der Revisor untersucht im Rahmen der Prüfung die Konformität der Verfahren mit dem Unternehmensziel und die Wirksamkeit des Kontrollgefüges. Im Wesentlichen handelt es sich dabei um eine Prüfung des Internen Kontrollsystems (IKS). Diese Prüfungen sind auf alle Bereiche des Unternehmens anzuwenden.[19] Verlässliche Zahlen im Rechnungswesen und die Einhaltung der Verarbeitungsschritte können nur gewährleistet werden, wenn alle Bereiche eines Unternehmens in diese Prüfung einbezogen werden. In der Vergangenheit nahm die IKS-Prüfung einen sehr hohen Stellenwert ein.[20]

Schließlich erweitert das Management Auditing[21] die Prüfungsobjekte um die Unternehmensführung. Sowohl die Führungsinstitution als auch der Führungsvorgang sind Teil der Prüfung. Es sollen aber auch verhaltensbezogene und vergangenheitsorientierte Betrachtungen wie auch zukunftsorientierte Felder einbezogen werden.[22] Beispielsweise wird die ordnungsgemäße Besetzung der Führungsposition oder die Einhaltung bestimmter Entscheidungsabläufe untersucht.[23] Die Führungsprüfung durch die Interne Revision wird kontrovers diskutiert.[24] Während eine Prüfung der unteren Führungsebenen als selbstverständlich angesehen wird, soll eine Prüfung der Geschäftsleitung nicht in Frage kommen, da die Abhängigkeit der Revisionsabteilung

---

18 Vgl. Peemöller/Richter 2000, S. 79.
19 Vgl. Egloff/Heß 1997, 1043 f.
20 Vgl. Maul 1997, S. 223 ff.
21 Vgl. Peemöller 1978a, S. 150 ff.
22 Vgl. Kagermann/Küting/Weber (Hrsg.) 2006, S. 124.
23 Vgl. Peemöller/Husmann 1998, 1064 ff.
24 Vgl. Rossow 1994, S. 82 f.

dem entgegensteht. Unter bestimmten Voraussetzungen kann aber auch eine Geschäftsführungsprüfung zur Verbesserung des Betriebsgeschehens beitragen.[25] Dazu gehören auch Prüfungen der Planungen und Strategien. Die Reaktionszeiten der Unternehmen verkürzen sich. Die Interne Revision muss deshalb ihre Prüfungen in den Bereichen intensivieren, die auf die zukünftige Wettbewerbssituation entscheidend Einfluss haben. Neben der Prüfung der Unternehmensplanung gehört dazu auch die Prüfung wichtiger Einzelentscheidungen, wie Investitionen und Strategieänderungen. Im Weiteren gehört zum MA die Prüfung zum Berichtswesen und zum operativen Führen.

Dem Operational und Management Auditing gemeinsam ist die Beurteilung der Zweckmäßigkeit der Arbeitsabläufe, um daraus konstruktive Empfehlungen ableiten zu können. Das Ziel ist die Verfahrensverbesserung. Alle Aktivitäten – auch in sehr unterschiedlichen Situationen[26] – sollen analysiert und beurteilt werden, um umfassende Verbesserungen zu erreichen.

Die Inhalte der Prüfung haben durch die neuen Standards des IIA[27] eine Verschiebung erfahren. Nach wie vor bilden IKS und RMS die Kristallisationspunkte der Prüfung. Sie werden nun aber in ihren Facetten unterteilt.

Die drei wesentlichen Aufgabenstellungen der Internen Revision werden vorgestellt. Danach bewertet die Interne Revision Risikomanagement-, Kontroll- und Überwachungssysteme und trägt zu ihrer Verbesserung bei.[28]
Die drei Bereiche werden wie folgt abgegrenzt:

Folgende Arten der Arbeit der IR werden unterschieden:
1. Risikomanagementsysteme
   Die Interne Revision unterstützt das Unternehmen bei der Identifizierung und Bewertung wesentlicher Risikopotenziale und leistet Beiträge zur Verbesserung der Risikomanagement- und Kontrollsysteme.
2. Kontrollsysteme
   Die Interne Revision unterstützt das Unternehmen bei der Aufrechterhaltung wirksamer Kontrollen durch Bewertung ihrer Wirksamkeit und Effizienz und durch Förderung kontinuierlicher Verbesserungen.
3. Überwachungssysteme
   Die Interne Revision trägt durch Bewertung des Prozesses zur Verbesserung des Überwachungsprozesses des Unternehmens bei, durch
   – Definition und Kommunikation der Wertvorstellungen und Ziele,
   – Überwachung der Zielerreichung,
   – Zuordnung der Verantwortlichkeit,
   – Sicherung der Vermögenswerte.

Die Internen Revision hat dafür zu sorgen, dass die Prozesse – wie beabsichtigt – ablaufen, die Ziele erreicht und die Abläufe in der Organisation im Sinne der Effizienz

---

25 Vgl. Peemöller/Husmann 2008, S. 578.
26 Vgl. Finsterer 1999, S. 1178 ff.
27 Vgl. DIIR (Hrsg.): Internationale Standards 2013, S. 38.
28 Vgl. Ruud/Linsi 1999, S. 1152.

und der Effektivität verbessert werden. Die Unternehmensführung erhält darüber hinaus einen Einblick in den Umfang und die Art der Prüfungsaktivität der Internen Revision. Der Interne Revisor beurteilt den gesamten Managementprozess, mit Planung, Organisation und Disposition, um festzustellen, ob ausreichende Sicherheit besteht, die Ziele und Vorgaben zu erreichen. Die Prüfung bezieht sich dabei sowohl auf den Ist- wie auf den Sollzustand.

2.2.3 Vorgehensweise der Prüfung

Hinsichtlich der Vorgehensweise der Prüfung kann grundsätzlich zwischen Einzelfallprüfung, analytischer Prüfung und Systemprüfung unterschieden werden.

Bei der konventionellen Einzelfallprüfung vollzieht der Prüfer einzelne Sachverhalte nach, um ihre Ordnungsmäßigkeit beurteilen zu können. Als Ergebnis der Prüfung sind die festgestellten Abweichungen der untersuchten Einzelfälle nach Art und Umfang darzustellen. Vorschläge für Verbesserungen können nur bedingt abgeleitet werden.

Bei den analytischen Prüfungshandlungen geht es um die Plausibilisierung des Prüfungsobjektes. Einen ähnlich umfassenden Ansatz wie die risikoorientierte Prüfung bilden die analytischen Prüfungshandlungen in den Standards der internationalen Institutionen.[29] In allen Prüfungsstandards finden sich heute dazu Ausführungen. Der wesentliche Vorteil dieser Prüfungshandlungen besteht in der Effizienz und der Effektivität.[30] Ähnlich wie bei der Risikoorientierung, die den gesamten Prüfungsprozess von der Planung bis zum Prüfungsbericht begleitet, sind auch die analytischen Prüfungshandlungen als umfassender Prüfungsansatz zu verstehen.

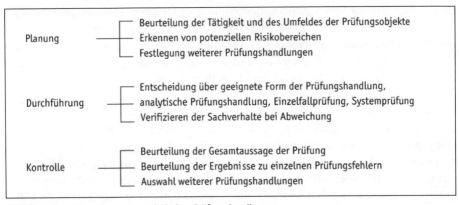

Abbildung 2-1: Anwendung von analytischen Prüfungshandlungen

In den Standards des IIA werden sie wie folgt gekennzeichnet:[31] Analytische Prüfungsverfahren bieten dem Internen Revisor häufig ein wirtschaftliches und wirksames Instrument zur Erlangung von Prüfbeweisen. Es wird deutlich, dass die analyti-

---

29 Vgl. AICPA 1999, S. 215 ff.; Wirtschaftsprüferkammer (Hrsg.) 2003, S. 283 ff.; IDW 2001b, 343 ff.
30 Vgl. Gärtner 1994, S. 49.
31 Vgl. DIIR (Hrsg.): Internationale Standards 2013, Praktischer Ratschlag 2320-1.

schen Prüfungshandlungen der Durchführung der Prüfung zugeordnet werden. Üblicherweise sieht man den Einsatz dieser Prüfungshandlungen sowohl bei der Planung, der Durchführung als auch bei der Gesamtdurchsicht.

Die Systemprüfung untersucht demgegenüber Verfahrensregeln eines kompletten Systems wie das Kontrollsystem und das Risikomanagementsystem des Unternehmens. Hierbei werden die Bestandteile und Regeln des Systems erfasst, um Aussagen über die Richtigkeit der Ergebnisse, die Zweckmäßigkeit der Abläufe und mögliche Lücken im System zu treffen. Aus dieser Betrachtung sollen möglichst konkrete Empfehlungen zur Verbesserung resultieren. Der Prüfer kann aufgrund seiner Kenntnisse die Unternehmensführung bei der Gestaltung des Kontrollsystems beratend unterstützen.

Die neuen Standards des IIA behandeln die Vorgehensweisen bei der Prüfung nicht in einem geschlossenen Abschnitt. Sie werden an unterschiedlichen Stellen angesprochen. Für die drei wesentlichen Aufgabenbereiche steht – wie der Erklärung zu entnehmen ist – die Prozessorientierung im Vordergrund. Wie die Vorgehensweise im Einzelnen dazu aussieht, wird nicht angesprochen. Im Rahmen der Planung (Standard 2200) wird darauf hingewiesen, dass die Risiken zu identifizieren und zu bewerten sind und ein risikoorientiertes Planungssystem einzurichten ist. Damit besteht ein weiterer Ansatz für das Prüfungsvorgehen in der Risikoorientierung. Der dritte Ansatz ist an den Fehlern und Auffälligkeiten ausgerichtet. Die dafür adäquate Vorgehensweise sind die analytischen Prüfungshandlungen.

2.2.4 Zeitaspekt der Prüfung

Hinsichtlich des zeitlichen Aspekts der Prüfung ist zwischen einer ex post-Prüfung und ex ante-Prüfung zu differenzieren. Die Prüfung als geistig nachvollziehende Tätigkeit erfordert einen abgeschlossenen Vorgang, der als Ist-Zustand an einem durch Normen vorgegebenen Soll gemessen wird. Die Unterscheidung ex ante- und ex post-Prüfung bezieht sich auf die Umsetzung bzw. Realisierung eines Vorgangs. Investitionen und EDV-Programme können bspw. ex ante geprüft werden, falls die Planungen abgeschlossen und Maßnahmen zur Umsetzung in die betriebliche Realität noch nicht vollzogen sind, d. h. eine Realisierung des Vorgangs noch nicht stattfand. Die ex post-Prüfung setzt am Ende der Realisierungsphase ein.

In den Standards wird neben der ex post-Prüfung auch die ex ante-Prüfung behandelt. Hier wird aber sehr genau danach unterschieden, ob die Unabhängigkeit des Prüfers durch diese Tätigkeit leiden könnte. Danach darf der Revisor keine Geschäftsprozesse prüfen, für die er zuvor verantwortlich war.[32]
Abbildung 2-2 vermittelt ein Bild der Prüfungstätigkeit der Internen Revision nach den Standards des IIA:

---

32 Vgl. DIIR (Hrsg.): Internationale Standards 2013, Praktischer Ratschlag 1130.A.1-1.

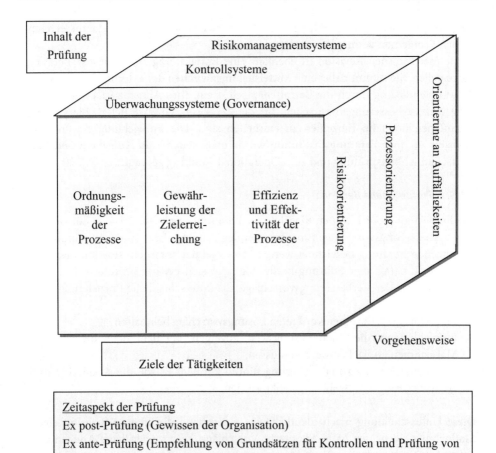

Abbildung 2-2: Prüfungsaufgaben der Internen Revision[33]

2.2.5 Beratung als Aufgabe der Internen Revision

2.2.5.1 Ziel der Beratungsfunktion

Beratung bedeutet Vermitteln von Know-how in Form von praktizierbarem Wissen. Sie ersetzt oder ergänzt fehlende Kenntnisse bei denen, die für eine Aufgabe zuständig sind.[34] Beratungen können von externen wie internen Personen erbracht werden. In letzter Zeit sind verstärkt Konzeptionen in den Betrieben entwickelt worden, die auf eine Aktivierung des eigenen Wissenspotenzials abzielen (In-House-Beratung). Die Grundidee dieser Konzeptionen lautet, die Probleme dort zu lösen, wo sie entstehen, und zwar durch die Personen, die dafür verantwortlich sind. Dadurch soll die Tren-

---

33 Vgl. Peemöller 2002, S. 112.
34 Vgl. Peemöller 1988, S. 14–21.

nung von Gestaltungsempfehlung und Funktionsausübung mit den daraus erwachsenden Problemen vermieden werden.

Bei der Internen Revision ist ebenfalls eine Entwicklung zur In-House-Beratung festzustellen. Sie nimmt dabei eine Mittelstellung zwischen der externen Beratung und der Problemlösung durch die Betroffenen selbst ein. Ihre Aufgabe ist in der Initiierung von Verbesserungen zu sehen, für die sie Lösungsansätze liefert, die von den Betroffenen noch im Einzelnen zu erarbeiten sind. Die Entwicklung der Internen Revision zu einer Beratungsinstitution wurde maßgeblich vom Aufgabenwandel zur Wirtschaftlichkeitsprüfung und zum Operational Auditing geprägt.

2.2.5.2 Prüfungsnahe Beratung

Die Entwicklung der Internen Revision zur Beratung ergab sich aus der Entwicklung von Verbesserungsvorschlägen im Rahmen der Prüfung. Dies kann als prüfungsunterstützende Beratung bezeichnet werden. Das Ziel der Internen Revision besteht in der Unterstützung aller Führungskräfte. Sie zeigt sich bei der prüfungsnahen Beratung in der Art der Verbesserungsvorschläge, die unterschiedliche Präzisierungsgrade aufweisen:
- Empfehlungen, die einen konkreten Lösungsvorschlag beinhalten.
- Empfehlungen, die einen Lösungsweg aufzeigen, bei dem noch die einzelnen Maßnahmen entwickelt werden müssen.
- Empfehlungen, die zu einer Lösung führen können. Es soll die Aufmerksamkeit auf das vermutliche Problem gelenkt werden.

Diese Unterscheidung macht deutlich, wie weitgehend die Interne Revision eigene Maßnahmen zu prüfen hätte. Sie macht Vorschläge, besitzt aber keine Anordnungsbefugnis. Die betroffenen Fachabteilungen werden nur dann diese Empfehlungen aufgreifen, konkretisieren und umsetzen, wenn sie von der „Richtigkeit" der Maßnahme überzeugt sind. Damit sind diese Stellen auch für die Maßnahmen verantwortlich. Die Unabhängigkeit der Internen Revision könnte dadurch beeinträchtigt werden, dass sie Objekte prüft, die sie gestaltet hat unter dem Motto, „wer findet sein eigenes Kind schon hässlich". Die Beeinträchtigung der Unabhängigkeit setzt allerdings regelmäßige Prüfungen eines festgelegten Programms voraus, was nur z.T. zutreffen wird. Zum anderen erscheint es sinnvoller, Verbesserungen zu entwickeln, bevor „das Kind in den Brunnen gefallen ist", als später die Frage nach dem Schuldigen zu diskutieren. Das Problem der Befangenheit aus Prüfung und Beratung ist deshalb für die Interne Revision unter anderen Aspekten zu sehen als für die Externe Revision. Ganz abgesehen davon, dass durch die Prüfung nicht Schuldige gesucht werden, sondern Verbesserungen erfolgen sollen. Wichtig ist, dass eine klare Trennungslinie zwischen Beraten und Umsetzen gezogen wird und Maßnahmen getroffen werden, um mögliche Beeinträchtigungen der Unabhängigkeit zu reduzieren.[35]

---

[35] Vgl. Amling/Bantleon 2007, S. 518f.

Die Beratungsfelder der prüfungsnahen Beratung ergeben sich aus den Prüfungen. Hier wurden in einer empirischen Untersuchung[36] die Gebiete Rechnungswesen (48 %), Datenverarbeitung (43 %), Einkauf (24 %) und Logistik (19 %) sowie Materialwirtschaft (19 %) genannt.

2.2.5.3 Prüfungsunabhängige Beratung

Die Beratung kann auch losgelöst von der Prüfung erfolgen. Eine denkbare und praktizierte Beratungsaufgabe besteht z. B. in der Organisationsberatung. Der Unterschied zwischen Prüfung und Beratung zeigt sich in den Normen. Bei der Prüfung werden die Urteilskriterien aus den relevanten Normen des Prüfungsfeldes erarbeitet. Bei der Beratung dagegen sind die Urteilskriterien vom Berater selbstständig zu entwickeln. Damit sind die Beratungsfelder einer Internen Revision durch die Qualifikation ihrer Mitarbeiter bestimmt. Unterscheidet man die Beratung in[37]
- Gesamtberatung: Ermittlung von Schwachstellen und Rationalisierungsmöglichkeiten in allen betrieblichen Funktionsbereichen,
- Schwerpunktberatung: Lösung eines Problems unter Berücksichtigung der Wechselwirkungen zu anderen betrieblichen Funktionsbereichen,
- Spezialberatung: Verbesserungsvorschläge für ein abgegrenztes Gebiet,

so wird die Interne Revision nach der Qualifikationsstruktur von Spezialisten und Generalisten ihre Beratungen durchführen.
In der empirischen Erhebung[38] standen im Vordergrund der Beratung: Datenverarbeitung (25 %), Rechnungswesen (15 %), Organisation (15 %) und Internes Überwachungssystem mit 13 %. Diese Gebiete sind nicht allein von der Qualifikation der Revisoren abhängig, sondern auch von den Erfordernissen der Unternehmen.

Die Corporate Governance-Diskussion in Deutschland kann insofern zu einer Verschiebung der Beratungsgebiete führen.

> Eine Interne Revision, die sich als Berater versteht, zeichnet sich aus durch:
> - Stärkung der Informationsfunktion gegenüber der Sanktionsfunktion
> - Verbesserung der Akzeptanz bei den betroffenen Mitarbeitern durch Mitwirkung gegenüber einer unpersönlichen und autoritären Prüfung
> - stärkere Zufriedenheit bei den Prüfern durch die Umsetzung ihrer Verbesserungsvorschläge

Im Vergleich zur externen Beratung lassen sich für die Interne Revision als Beratungsinstitution folgende Vorteile ausmachen:

> Vorteile einer Beratung durch die Interne Revision:
> - genauere Kenntnis der betrieblichen Gegebenheiten und damit die Entwicklung betriebsindividueller Lösungen

---

36 Vgl. Hunecke 2001, S. 107.
37 Vgl. Peemöller 1988, S. 20.
38 Vgl. Hunecke 2001, S. 113.

- Kenntnis der betrieblichen Unzulänglichkeiten und ihre Berücksichtigung in der Soll-Konzeption durch die Fachabteilung
- niedrigere Kosten einer internen Beratung gegenüber der externen Beratung

Die Probleme einer Beratung durch die Interne Revision bestehen darin, dass große Lösungen durch interne Kräfte nicht durchsetzbar sind. Dazu ist die externe Expertenmacht erforderlich. Zum anderen werden sich auch nur begrenzt Impulse aus betriebsübergreifenden Kenntnissen ergeben.

2.2.6 Innovation als Aufgabe der Internen Revision

2.2.6.1 Begründung der Aufgabe

Das traditionelle Selbstverständnis vieler Prüfer ist konservativ geprägt und auf das Bewahren der bestehenden Ordnung ausgelegt. Nun wendet man sich aber auch der Frage zu, welchen Beitrag der Prüfer zur Veränderung im Unternehmen leisten könnte.[39] Dabei sind Prüfer bereits verändernd tätig, wenn sie nicht lediglich vorgegebene Beurteilungsmaßstäbe (z. B. interne Unternehmensrichtlinien) auf Prüfungsobjekte anwenden, sondern wenn sie die Zweckmäßigkeit dieser Beurteilungsmaßstäbe selbst in Frage stellen, indem sie diese auch auf ihre Übereinstimmung mit höherwertigen Zielsetzungen bzw. Werten untersuchen und Vorschläge unterbreiten, ob und wie der Ziel-, Handlungs- und Regelungsrahmen geändert werden sollte. Die Ziel- und Zwecksetzung des zugrunde liegenden Sachverhalts als Sollgröße muss mit in den Soll-Ist-Vergleich einbezogen werden, um eine kritische Beurteilung der vorgegebenen Führungsgrößen zu ermöglichen.[40]

Die Rolle als „Change Agent" wird der Prüfer aber nicht ohne vorherige geistige Durchdringung und Vorbereitung übernehmen können. Dazu ist die „innovative Unternehmung" begrifflich noch nicht genügend gefestigt. Für die Prüfer stellt sich dazu noch die Frage, wo ein Bewahren und wo ein Verändern gefordert ist. Wird bei einer Ordnungsmäßigkeitsprüfung eine Abweichung festgestellt, wäre zunächst nach den Fehlern bei der Erstellung des Ist-Zustandes zu suchen. Dabei kann sich als Folge ergeben, dass die vorliegende Norm nicht mehr als adäquat angesehen wird bzw. ein Störfaktor für die Behandlung des Sachverhalts ist. Für diese Beurteilung ist aber nicht allein die Kenntnis der jeweiligen Situation und ihrer Einflussgrößen erforderlich, sondern auch die Abschätzung der zukünftigen Entwicklung bzw. neuer Strategien. Wird die Interne Revision nicht in diese Fragen eingebunden, kann sie auch keinen Beitrag zur Innovation und Veränderung leisten. Wie wichtig die Rolle als „Change Agent" ist, wird daran deutlich, dass trendbruchartige Veränderungen eher die Regel als die Ausnahme bilden. Der Wunsch und das Streben nach Stabilität sind irreal, vergeben Chancen und lassen Risiken entstehen. Wandel als Krise zu verstehen und mit einem Krisenmanagement zu begegnen, ist ein Laborieren an den Symptomen, nicht an den Ursachen. Das Unternehmen muss vielmehr den Wandel rechtzeitig

---

39 Vgl. Peemöller/Richter 2000, S. 34 und die dort angegebene Literatur.
40 Vgl. Peemöller 1978b, S. 15f.

erkennen und nutzen.[41] Unter einem Chancenmanagement wird ein organisatorischer Rahmen zur zielgerechten Identifikation und Nutzung von Chancenpotenzialen verstanden.

2.2.6.2 Aufgabenstellungen

Aus der Sicht der Internen Revision verbinden sich mit der Innovationsfunktion drei wesentliche Aufgabenstellungen:[42]

> Wesentliche Aufgabenstellungen der Innovationsfunktion:
> - Ausgangspunkt jeder Veränderung ist der Wandlungsbedarf, d. h. das Ausmaß der sachlich notwendigen Veränderung.
> - Die Wandlungsbereitschaft beschreibt die Einstellungen der am Wandlungsprozess beteiligten Personen und Organisationseinheiten gegenüber den Zielen und Maßnahmen des Wandels.
> - Die Wandlungsfähigkeit ist die auf entsprechenden personen- und sachbezogenen Einflussgrößen beruhende Möglichkeit, Wandlungsprozesse erfolgreich durchzuführen.

Nicht jedes Unternehmen, das einen Wandlungsbedarf festgestellt hat, verfügt auch über die Wandlungsbereitschaft und Wandlungsfähigkeit. Die erste Aufgabe eines Chancenmanagements besteht deshalb darin, die drei Teilbereiche weitestgehend zur Deckung zu bringen.

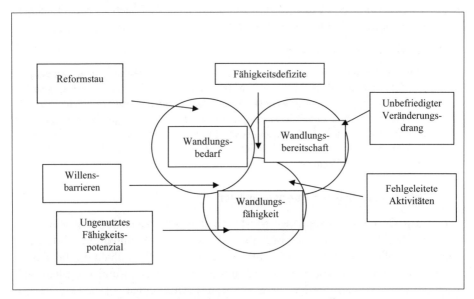

Abbildung 2-3: Mögliche Missverständnisse bei den Koordinaten des Wandels[43]

---

41 Vgl. Kundinger 2006, S. 98.
42 Vgl. Peemöller/Richter 2000, S. 36.
43 Vgl. Krüger/Petry 2005, S. 760.

Zu den Komponenten eines Chancenmanagmentsystems zählen eine Verhaltenskomponente, eine Organisationskomponente, eine Umsetzungskomponente und eine Entwicklungskomponente.[44] Die Verhaltenskomponente bezieht sich auf das allgemeine Grundverständnis von Chancenmanagement im Unternehmen. Voraussetzung ist eine proaktive, extrovertierte, an den Potenzialen ausgerichtete Grundhaltung. Die Organisationskomponente umfasst die organisatorischen Bedingungen für ein erfolgreiches Chancendenken und Chancenhandeln. Chancenfrüherkennungssysteme und Chancenkommunikationssysteme sind in die Auf- und Ablauforganisation zu integrieren, um die Mitarbeiter auf allen Stufen der Hierarchie für die Chancen und die Risiken im Unternehmen zu sensibilisieren. Die Umsetzungskomponente beinhaltet alle operativen Maßnahmen zur Umsetzug der Chancenstrategie. Die Entwicklungskomponente beinhaltet sämtliche Maßnahmen, die zu einer kontinuierlichen Verbesserung, Weiterentwicklung und Anpassung des Chancenmanagement an die aktuellen Gegebenheiten beitragen, was durch regelmäßige Strategie-Workshops erreicht werden kann.

Die Vorgehensweise des Innovators unterscheidet sich nicht von der des Prüfers. Er hat aber nicht nur die Risikopotenziale sondern auch die Chancenpotenziale zu erfassen und zu würdigen. Die Hemmnisse sind zu identifizieren, die Normen auf ihre Adäquanz zu beurteilen und gegebenenfalls Änderungen für den Handlungsrahmen vorzuschlagen. Die Auswirkungen der Innovationsfunktion auf den Prüfer bestehen in der Veränderung seines Images vom Bewahrer zum Veränderer. Er zeichnet sich durch einen stärkeren Bezug zur Führung aus.

Probleme bei Innovationsprozessen

Allerdings sollten auch die Schwierigkeiten von Erneuerungsprozessen gesehen werden, die zum Scheitern der Lösungen führen können. Dazu zählen infrastrukturelle Engpässe, die erst mittelfristig überwunden werden können. Zum anderen müssen rechtliche Regelungen beachtet werden. Zurzeit liegen die Schwachpunkte in der mangelnden Methodenkompetenz zur Innovation, der Priorisierung von Erhaltungsstrategien und der Unkenntnis der Werkzeuge zur Identifikation und Beseitigung der Barrieren. Untersuchungen zeigen, dass ein Großteil der Wandlungsvorhaben scheitert.[45]

2.2.7 Weitere Aufgaben der Internen Revision

Der Begriff Corporate Compliance wurde aus dem Englischen ins Deutsche übernommen. Die Übersetzung des Begriffs bedeutet in etwa Einhaltung bestimmter Gebote.[46] In allen Definitionen wird betont, dass es um die Einhaltung, Befolgung, Übereinstimmung von Gesetzen, Verordnungen, Anordnungen und Vorgaben geht. Auch der Deutsche Corporate Governance Kodex (DCGK) hat auf die aktuelle Entwicklung reagiert und den Begriff Compliance in seine neueste Fassung aufge-

---

44 Vgl. Halek 2004, S. 18.
45 Vgl. Beer/Nohria May/June 2000, S. 133.
46 Vgl. Bergmoser/Theusinger/Gushurst 2008, S. 2.

nommen.⁴⁷ „Der Vorstand hat für die Einhaltung der gesetzlichen Bestimmungen und der unternehmensinternen Richtlinien zu sorgen und wirkt auf deren Beachtung durch die Konzernunternehmen hin (Compliance)."⁴⁸ Demnach gehört Compliance zu den Pflichten des Vorstands, denen er durch organisatorische Maßnahmen nachzukommen hat.⁴⁹ Betroffen ist aber auch der Aufsichtsrat, da sich das Audit Committee zukünftig auch mit Compliance befassen soll.⁵⁰ Verstöße gegen die Compliance schädigen die Unternehmen in vielfältiger Weise.⁵¹ Neben dem wirtschaftlichen Schaden gehören dazu Imageverluste in der Öffentlichkeit und Vertrauensverluste bei den Kunden. Hinzukommen können Bußgelder, Konventionalstrafen oder Vertragspönale. Im Rahmen der Compliance-Funktion der IR ist es Aufgabe der IR, die von der Führung vorgegebenen und kommunizierten Werte und Ziele zu beurteilen sowie die Einhaltung dieser Werte und die Zielerreichung im Unternehmen zu überwachen. Dabei kann die Interne Revision eine von mehreren Rollen übernehmen. Zu diesen Rollen zählen die Position des Chief Ethics Officer (Ombudsmann, Compliance Officer, Ethik-Berater des Managements oder Ethik-Beauftragter), eines Mitglieds in einem internen Ethik-Rat oder eines Sachverständigen für das ethische Klima im Unternehmen.

Bemerkenswert viele illegale Praktiken werden nicht durch die eigentlichen Träger der Unternehmensüberwachung aufgedeckt, sondern vielmehr durch Hinweise von sog. Whistleblowern. Von großer Bedeutung ist die Einrichtung entsprechender unternehmensinterner Beschwerdekanäle. In der Praxis häufig anzutreffen sind Sorgentelefone, spezielle Postanschriften oder auch spezielle E-Mail-Adressen. Der Aufbau einer Stelle, die Hinweise auf mögliche Delikte entgegen nimmt, kann z. B. über die Institutionalisierung eines Compliance Officers oder eines Ombudsmannes erfolgen. Die Aufgaben können auch von der Internen Revision übernommen werden. Die Verantwortlichen müssen integer, objektiv und respektiert sein und stets ihre neutrale Rolle wahren.

Die Interne Revision kann auch Fraud Awareness Training veranstalten, in dem die Mitarbeiter für mögliche Delikte im Unternehmen sensibilisiert werden. Den Teilnehmern werden dabei zunächst der firmenindividuelle Verhaltenskodex und die ggf. existierende Fraud Policy erläutert. Im Anschluss wird i. d. R. über das Vorgehen bei Delikten, insbesondere über Möglichkeiten zur frühzeitigen Erkennung von Warnsignalen, den sog. Red Flags informiert. Schließlich ist ausführlich auf die im Unternehmen vorhandenen Kommunikationskanäle für die Meldung entsprechender Hinweise einzugehen. Fraud Awareness Trainings werden zumeist nur als unmittelbare Reaktion auf vorgefallene Delikte durchgeführt. Es kann aber auch zum festen

---
47 Vgl. Regierungskommission Deutscher Corporate Governance Kodex: Kodex, S. 4, Ziffer 3.4; S. 6, Ziffer 4.1.3 und S. 10 Ziffer 5.3.2.
48 Regierungskommission Deutscher Corporate Governance Kodex: S. 6, Ziffer 4.1.3.
49 Vgl. Bürkle 2007, S. 1798.
50 Vgl. Regierungskommission Deutscher Corporate Governance Kodex: S. 10, Ziffer 5.3.2.
51 Vgl. Schreiber (Hrsg.) 2009, S. 40.

Bestandteile einer Fraud Policy werden und regelmäßig stattfinden, um auch eine präventive Wirkung zu entfalten.

2.3 Rechte und Pflichten der Internen Revision

Aus den Aufgaben und der Stellung der Internen Revision erwachsen ihr sowohl Rechte als auch Pflichten. Zu den Rechten zählt zum einen das umfassende Prüfungsrecht. Für die Interne Revision wird gefordert, keine revisionsfreien Räume entstehen zu lassen. Dieses umfassende Recht gilt auch bei einem risikoorientierten Prüfungsansatz. Danach werden wenig risikobehaftete Prüfungsobjekte nicht geprüft. Allerdings besteht für die IR weiterhin das Recht auch dort Prüfungen durchzuführen. Damit können alle Abläufe und Institutionen von der Revision einer Prüfung unterzogen werden. Eng mit dem Prüfungsrecht ist das Informationsrecht für alle prüfungsrelevanten Sachverhalte verbunden. Die Prüfung setzt die uneingeschränkte Information über den Prüfungsgegenstand voraus. Dabei ist zu gewährleisten, dass der Internen Revision sowohl ein aktives als auch ein passives Informationsrecht eingeräumt wird. Unter dem aktiven Informationsrecht wird verstanden, dass der Prüfer alle im Rahmen einer Prüfung erforderlichen Informationen einfordern kann. Mit dem passiven Informationsrecht verbindet man die Vorstellung, dass der IR alle Informationen zugeleitet werden, die für ihre Arbeit von Bedeutung sind. Dazu zählen Controlling-Berichte, Vorgaben der Geschäftsführung usw., die als Basis eines Sollzustandes einer Prüfung heranzuziehen sind.

Darüber hinaus stehen der Internen Revision Anhörungsrechte zu, sofern Gefahr in Verzug ist oder ein Verdacht von Verlusten bzw. dolosen Handlungen besteht. Nur das rasche Handeln der Revision kann in diesen Fällen größeren Schaden für das Unternehmen vermeiden. Sollten ex ante-Prüfungen zum Aufgabenbereich der Internen Revision zählen, erhält dieses Anhörungsrecht bspw. im Rahmen von Projektarbeiten besondere Bedeutung. Bei der Planung und Durchführung der Prüfung stehen der Revision Entscheidungsrechte zu. Dies ist zur Gewährleistung der Unabhängigkeit der Internen Revision notwendig.

Mit der Revisionstätigkeit sind auch Pflichten verbunden. Insbesondere im Rahmen der Prüfungstätigkeit ist zunächst die Aufdeckungspflicht für Schwachstellen und Fehler zu nennen. Ebenso soll die Ordnungsmäßigkeit der Rechnungslegung und Verfahrensabläufe gewährleistet werden. Betrachtet man die Entwicklung der Aufgaben der Internen Revision von der Prüfung zur Beratung, gewinnt die Vermeidungspflicht von Unwirtschaftlichkeiten im Betriebsgeschehen und die Reduzierung von Risiken zunehmend an Bedeutung. Das Ziel der IR ist die Schaffung von Mehrwert.

Eine Prüfung ist nur dann sinnvoll, wenn die Feststellungen und Handlungsempfehlungen den maßgeblichen Entscheidungsträgern mitgeteilt werden. Dementsprechend hat die Interne Revision eine Berichtspflicht gegenüber der Unternehmensführung und der geprüften Abteilung; schließlich ist sie zur Entwicklung eines Follow-up-Systems verpflichtet.

2.4 Kernthesen

Die Definition der IR durch das IIA stellt nun drei Aufgabenfelder in den Mittelpunkt der Prüfung und Beratung durch die IR: Governance, Kontrollsysteme und Risikomanagementsysteme. Diese Unterscheidung ist nicht trennscharf, sondern weist große Überlappungen zwischen den drei Gebieten auf, in deren Mittelpunkt das RMS steht. Deshalb ist in Deutschland eine andere Abgrenzung üblich. So wird FA, OA und MA unterschieden, die nicht nur eine zeitliche Abfolge der Prüfungstätigkeit in den Unternehmen darstellen, sondern jeweils eine Erweiterung der Prüfungsaufgabe bedeuten.

Allgemeines Ziel der IR ist die Erzielung von Mehrwert, was mit der Verbesserung des Betriebsgeschehens, der Reduzierung von Risiken und der Einhaltung der Vorgaben erreicht werden kann. Im Vordergrund der Tätigkeit der IR steht die Prüfung. Hinzu gekommen ist die Beratung, wobei hier zwischen der prüfungsnahen und der prüfungsunabhängigen Beratung unterschieden wird.

Alle Prüfungs- und Beratungsleistungen sind in der Geschäftsordnung der IR festzuhalten. Diskutiert wird an dieser Stelle, inwieweit auch die Innovation mit aufgenommen werden kann. Ist die IR als Change Agent geeignet, wenn sie in der Vergangenheit in erster Linie als Bewahrer bestehender Ordnungen gesehen wurde? Der Wandlungsbedarf ist in vielen Fällen vorhanden, es fehlt aber an der Wandlungsbereitschaft und der Wandlungsfähigkeit in den Unternehmen. Hier kommt noch eine wesentliche Aufgabe auf die IR zu, diese Hemmnisse zu beseitigen und ihre neue Rolle auszufüllen. Zu den weiteren Aufgaben der IR gehören Compliance Prüfungen, Aufbau von Whistleblower Organisationen und Fraud Awareness Training. Diese Gebiete sind nicht als abschießende Aufzählung zu verstehen. Die IR kann dort tätig werden, wo ihre Objektivität und Unabhängigkeit gefordert ist und ihre Kenntnisse zu Risiko und Kontrolle verlangt werden.

3 Verhaltensgrundsätze (Code of Ethics) der IR

3.1 Zielsetzung und Bedeutung des Code of Ethics

3.1.1 Inhalt und Bedeutung einer Berufsethik

Die Beschäftigung der Prüfer mit der Ethik hat in Deutschland keine lange Vergangenheit. In der deutschsprachigen Prüfungsliteratur fand sich „Ethik" nicht einmal im Sachregister.[52] Ethische Normen beinhalten moralische Wertvorstellungen, die das Verhalten gegenüber Kunden und Kollegen sowie gegenüber anderen relevanten Bezugsgruppen bestimmen. Aspekte der Ethik sind Aufgaben und Bedingungen sowie das Gewissen des Einzelnen. Mit der Ethik verknüpft sind die Ziele und Wertvorstellungen des einzelnen Menschen. Diese Ziele und Wertvorstellungen unterliegen einem permanenten Prozess mit ständigen Veränderungen. Der Betrachtung der Ethik liegt jedoch der Grundsatz der Verallgemeinerung zugrunde, der besagt, dass ethische Ansprüche und Regeln allgemeinverbindlich sein sollen, also nicht nur für ein bestimmtes Sachgebiet gelten.[53] Ein Prüfer muss insofern bei allen Arbeiten, die er verrichtet, das gleiche Maß an ethischem Verhalten zeigen. Ein Ethikkodex soll insbesondere Zielkonflikte lösen, die zwischen wirtschaftlichen Zielen (Gewinn, Aufwand) und einem vertrauenswürdigen Urteil (Prüfungsbericht) bestehen können.

Voraussetzung für ethisches Verhalten ist die Freiheit und Verantwortlichkeit des einzelnen Menschen in seiner jeweiligen Situation. Dabei können drei Ebenen der Ethik unterschieden werden:

Ebenen der Ethik:
- moralische Prinzipien und Verhaltensgrundsätze der einzelnen Person
- Ethik der Organisation, die aufgestellt wurde, um ein bestimmtes Verhalten der Mitglieder zu sichern
- Berufsethik, die ethisches Verhalten für die Mitglieder eines Berufsstandes als Grundwertesystem vorgibt

Die Begründung für die Entwicklung von berufsethischen Vorgaben ergibt sich aus dem Unvermögen, für alle möglichen Situationen Gesetze, Verordnungen und Richtlinien vorgeben zu können. Berufsgrundsätze erfüllen nicht die Anforderungen der Ethik. Bei den Berufsgrundsätzen handelt es sich in erster Linie um Normen, die befolgt werden müssen. Sie geben keine Hinweise darauf, wie mögliche ethische Konflikte im Rahmen einer Prüfung vermieden bzw. gelöst werden können. Ebenso wenig werden moralische Aspekte in den Berufsgrundsätzen behandelt, die eine Grundlage für die Lösung von Konfliktsituationen liefern. Ein Ethikkodex enthält Hinweise für die Vermeidung von Konflikten aus wirtschaftlichem und beruflichem Interesse. Hinsichtlich der Verfolgung beruflicher Werte darf es keine Kompromisse mit persönlichen und wirtschaftlichen Zielen geben.

---

52 Vgl. z. B. HWRP 2002, bei dem im Sachregister der Begriff Ethik fehlt.
53 Vgl. Honecker 1993, S. 249.

Im Vergleich zu den Grundsätzen der Berufsausübung wie Gewissenhaftigkeit, Unabhängigkeit usw. nimmt der Code of Ethics eine übergeordnete Stellung ein. Er soll mit seinen fundamentalen Prinzipien und den detaillierten Vorgaben für Einzelfälle die Lücken schließen, die durch die Grundsätze mit ihrer isolierten Behandlung entstehen. Es wird letztendlich eine positive Beziehung zwischen ethischem Denken und ethischem Handeln unterstellt.

3.1.2 Zielsetzung des Code of Ethics des IIA

Der Code of Ethics des IIA nimmt eine besondere Stellung ein.[54] Er wurde bereits 2000 vom IIA verabschiedet, lag aber erst seit 2002 auch in deutscher Sprache vor. Durch die Aktualisierung 2013 haben sich hinsichtlich des Code of Ethics keine wesentlichen Änderungen ergeben.[55] Danach ist eine Berufsethik erforderlich, um das Vertrauen in die Prüfungen der Internen Revision zu begründen und zu erhalten. Die ethischen Prinzipien gehen über die Grundsätze der Berufsausbildung hinaus: Sie betreffen den Berufsstand insgesamt und beschreiben, wie sich Prüfer zu verhalten haben. Der Kodex der Berufsethik ist verbindlich sowohl für Einzelpersonen als auch für Organisationen, die Dienstleistungen im Bereich der Internen Revision erbringen. Die Aussagen sind z. T. allgemeiner als die Grundsätze, gehen aber stärker auf die verhaltenssteuernden Elemente ein. So dürfen Revisoren keine Geschenke annehmen, wobei auch jeder Anschein zu vermeiden ist, Leistungen von Wert zu empfangen. Revisoren müssen auch alle ihnen bekannten wesentlichen Fehler offen legen. Durch die kurzen, aber sehr deutlichen Aussagen soll so größtmögliche Akzeptanz mit dem Code of Ethics erreicht werden.

Ein Code of Ethics verfolgt vier Zielsetzungen:

Zielsetzungen des Code of Ethics:
1. Er vermittelt allen Berufsangehörigen die im Berufsstand akzeptierten Werte. Dies wird auch als Orientierungsfunktion bezeichnet. Insofern ist der Code das „Geländer", an dem sich die Berufsangehöreigen in den alltäglichen Dilemma-Situationen festhalten und orientieren können.
2. Er begründet Grundsätze, an denen der Einzelne sein eigenes Verhalten beurteilen kann. Dies wird als Legitimationsfunktion bezeichnet. Der Code schafft Transparenz hinsichtlich der Werte, denen sich der Berufsstand verpflichtet fühlt.
3. Er zeigt auf, welche Folgen sich aus einer Missachtung des Wertesystems ergeben. Dabei handelt es sich um die Sanktionsfunktion, aus der der Berufsangehörige ablesen kann, wie abweichendes persönliches Verhalten geahndet wird.
4. Er kommuniziert das Wertesystem nach außen und verdeutlicht Dritten (Auftraggebern, Kunden u.s.w.), welches Verhalten sie von Berufsangehörigen erwarten können und welches sie nicht verlangen dürfen. Dies wird als Identifikationsfunktion gesehen, da für den Berufsangehörigen spezifische Werte gelten, die zu einer Abgrenzung von anderen Berufen führen.

---

54 Vgl. Schwager 2001, 2106.
55 Vgl. DIIR (Hrsg.): Internationale Standards, 2013, S. 15 ff.

Der Wert und die Bedeutung eines Code of Ethics ergibt sich aus seiner Verhaltenssteuerung. Sie ist von einer Reihe von Einflüssen abhängig:[56]
- Verstehen der Normen: Die Normen bewegen sich z. T. auf einem hohen Abstraktionsgrad. z. B. kann die Forderung nach Integrität nicht auf eine spezielle Situation angewandt werden, wenn sie nicht allgemein verständlich und an Beispielen erläutert wird.
- Konsens bei Normengeber und -anwender hinsichtlich der zugewiesenen Bedeutung der gewählten Begriffe. So ist die „Rechtschaffenheit" ein unbestimmter Begriff, der mit Leben erfüllt werden muss. Erst durch die inhaltliche Abgrenzung erhält der Begriff seine Bedeutung.
- Selbstständige Ableitung ethischen Verhaltens in Situationen, für die keine detaillierten Regelungen vorliegen. Prüfer verhalten sich nur dann ethisch, wenn dieses Verhalten durch Normen vorgeschrieben wird. Eine Internalisierung der Normen findet nicht statt, wenn keine intensive gedankliche Beschäftigung mit dem Code of Ethics erfolgt.

Der Code of Ethics des IIA ist für den deutschen Prüfer aus dem englischen übersetzt worden. Mit einer Übersetzung ist aber eine Reihe von Problemen verbunden. Die Begriffe können nur mit der gleichen Wirkung gelten, wenn ein hoher Konsens in der zugewiesenen Bedeutung der Begriffe besteht. Dies kann aber nicht automatisch unterstellt werden, da ein Vergehen in einer Kultur als schwerwiegender Verstoß und in einer anderen als Kavaliersdelikt angesehen wird. Grundsätze werden zum anderen in einzelnen Ländern unterschiedlich wahr- und ernstgenommen. Auch durch unterschiedliche Formulierungen für ähnliche Sachverhalte kann die Klarheit der Normen verloren gehen. Bei einer reinen Übersetzung bleiben nationale Besonderheiten auf der Strecke. Dadurch wird die Anwendung und Akzeptanz erschwert.

3.2 Bestandteile des Code of Ehtics

Aufgegriffen werden vom IIA vier ethische Grundsätze, die in einzelne Unterpunkte untergliedert werden:
- Rechtschaffenheit
- Objektivität
- Vertraulichkeit und
- Fachkompetenz

3.2.1 Rechtschaffenheit

Die Rechenschaft von Prüfern begründet Vertrauen und schafft damit die Grundlage für die Zuverlässigkeit ihres Urteils. Dieser Grundsatz entspricht dem Grundsatz der Gewissenhaftigkeit, wie er im deutschen Sprachraum üblich ist.

---

56 Vgl. Peemöller 2011 b, S. 119–143.

Interne Revisoren müssen ihre Aufgabe korrekt, sorgfältig und verantwortungsbewusst wahrnehmen. Sie haben die Gesetze zu beachten und rechtliche sowie berufliche Offenlegungspflichten zu erfüllen. Sie dürfen nicht wissentlich in illegale Aktivitäten involviert sein oder bei Handlungen mitwirken, die den Berufsstand der Inter-Internen Revision oder ihr Unternehmen in Misskredit bringen. Außerdem haben sie die legitimen und ethischen Ziele des Unternehmens zu beachten und zu fördern.

3.2.2 Objektivität

Prüfer zeigen ein Höchstmaß an sachverständiger Objektivität beim Zusammenführen, Bewerten und Weitergeben von Informationen über geprüfte Aktivitäten oder Geschäftsprozesse. Prüfer beurteilen alle relevanten Umstände mit Ausgewogenheit und lassen sich in ihrem Urteil nicht durch eigene Interessen oder durch andere Personen beeinflussen. Integrität und Objektivität sind fundamentale Prinzipien der Berufsausübung.

Aus dieser allgemeinen Abgrenzung resultieren konkrete Verhaltensanforderungen für den Prüfer: Er darf nicht an Aktivitäten beteiligt sein oder Beziehungen unterhalten, die sein unparteiisches Urteil beeinträchtigen könnten, wobei jeder Anschein der Parteinahme zu vermeiden ist. Dies schließt auch Aktivitäten oder Beziehungen ein, die im Widerspruch zu den Interessen des Unternehmens stehen könnten. Prüfer dürfen nichts annehmen, was ihr fachliches Urteil beeinträchtigen könnte, wobei jeder Anschein zu vermeiden ist. Außerdem haben sie alle ihnen bekannten wesentlichen Fakten offen zu legen, die – falls nicht mitgeteilt – die Berichterstattung über die geprüften Aktivitäten verfälschen könnten.

3.2.3 Vertraulichkeit

Prüfer beachten den Wert und das Eigentum der erhaltenen Informationen und legen diese ohne entsprechende Befugnis nicht offen, es sei denn, es bestehen dazu rechtliche oder berufliche Verpflichtungen.

Interne Revisoren müssen deshalb umsichtig und interessewahrend mit den im Verlauf ihrer Tätigkeit erhaltenen Informationen umgehen und dürfen Informationen nicht zu ihrem persönlichen Vorteil oder in einer Weise verwenden, die ungesetzlich sind bzw. den legitimen und ethischen Zielen des Unternehmens schaden.

Der Grundsatz der Vertraulichkeit wirkt zeitlich unbegrenzt gegenüber allen Personen, die nicht direkt in die Prüfung eingebunden sind bzw. die legitimen Empfänger des Prüfungsberichts sind. Zeitlich unbegrenzt bedeutet, dass es keinen Verfallzeitpunkt für die Vertraulichkeit gibt. In sachlicher Hinsicht erstreckt sich die Vertraulichkeit auf Kenntnisse von Sachverhalten, die den jeweiligen Prüfungsauftrag betreffen.

Das aus der Prüfung resultierende oder mit der Prüfung gewonnene fachliche Wissen kann im Rahmen von Veröffentlichungen und Vorträgen verwertet werden, wenn dadurch die geschützten Bereiche nicht verletzt werden.

3.2.4 Fachkompetenz

Prüfer setzen das für die Durchführung ihrer Arbeit erforderliche Wissen und Können sowie entsprechende Erfahrungen ein. Sie dürfen keine Aufträge übernehmen, zu denen ihnen das erforderliche Wissen fehlt.

Unter dem Aspekt der Fachkompetenz dürfen Interne Revisoren nur solche Aufgaben übernehmen, für die sie das erforderliche Wissen, Können und die entsprechende Erfahrung besitzen. Sie müssen die Revisionsarbeit in Übereinstimmung mit den Standards für die berufliche Praxis der Internen Revision durchführen und sie müssen ständig ihre Fachkenntnisse sowie die Effektivität und Qualität ihrer Arbeit verbessern.

Interne Revisoren sollen über das Wissen, die Fähigkeiten und sonstigen Qualifikationen verfügen, die für die Erfüllung ihrer Aufgaben erforderlich sind. Dabei muss die Interne Revision insgesamt als Team über dieses Wissen, diese Fähigkeiten und sonstigen Qualifikationen verfügen, um der Aufgabenstellung gerecht zu werden.

3.3 Kernthesen

Die Beschäftigung mit Fragen der Ethik ist für den Prüfer heute unerlässlich. Dabei ist zu unterscheiden zwischen der Ethik des einzelnen Menschen, der Ethik eines Berufsstands und der Ethik des Unternehmens. Insgesamt müssen die drei eine deckungsgleiche Fläche haben und nur in einzelnen Richtungen Spezialisierungen aufweisen, da sonst der einzelne Mitarbeiter, der allen drei Anforderungen unterliegt, unglaubwürdig wird.

Ethik ist deutlich von den Grundsätzen der Berufsausübung zu unterscheiden. Grundsätze regeln durch Vorgaben das Handeln der betroffenen Mitarbeiter. Ethik dagegen schließt Regelungslücken durch Verhaltenssteuerung. Ein Code of Ethics hat deshalb folgende vier Funktionen:
− Orientierungsfunktion für die Revisoren hinsichtlich der akzeptierten Werte
− Legitimationsfunktion, an denen der Revisor sein eigenes Verhalten beurteilen kann
− Sanktionsfunktion, die dem Prüfer zeigt, wie abweichendes Verhalten geahndet wird
− Identifikationsfunktion, die nach außen wie nach innen kommuniziert, welches Verhalten von einem Berufsangehörigen verlangt werden kann

Vom IIA sind nur noch vier Anforderungen genannt, die auch für externe Prüfer gelten:
− Rechtschaffenheit: Revisoren haben ihre Aufgabe korrekt, sorgfältig und verantwortungsbewusst wahrzunehmen.
− Objektivität: Prüfer beurteilen alle relevanten Informationen und lassen sich in ihrem Urteil nicht durch persönliche Interessen oder andere Personen beeinflussen.
− Vertraulichkeit: Prüfer legen erhaltene Informationen nicht offen, es sei denn, sie sind dazu durch rechtliche oder berufliche Vorgaben verpflichtet.

– Fachkompetenz: Prüfer dürfen keine Aufträge übernehmen, zu denen ihnen die erforderlichen Kenntnisse und Erfahrungen fehlen.

Ethik lebt nicht durch die Vorgaben. Die ethischen Normen müssen verstanden werden und auf die entsprechenden Fragen angepasst werden können, d.h. der Code of Ethics muss verständlich sein und durch Beispiele verdeutlichen, wie sich in einzelnen Situationen ein Prüfer zu verhalten hat. Zum anderen lebt Ethik von der Befolgung durch die Mitarbeiter. Deshalb muss abweichendes Verhalten sanktioniert werden. Auf der anderen Seite zeigt der Code of Ethics aber auch auf, was von einem Revisor nicht verlangt werden darf. Dieser Aspekt ist von der Unternehmensführung und auch der Öffentlichkeit zu beachten.

4 Standards bzw. Grundsätze des IIA und DIIR

4.1 Zweck und Bedeutung der Grundsätze

Die Standards dienen im Wesentlichen vier Zwecken[57]:

Zwecksetzung der Standards:
1. Darstellung der verbindlichen Grundprinzipien der Internen Revision
2. Schaffung von Rahmenbedingungen für die Durchführung und Förderung vielfältiger wertschöpfender Dienstleistungen der Internen Revision
3. Aufstellung von Bewertungskriterien für die Leistung der Internen Revision
4. Förderung verbesserter organisatorischer Geschäftsprozesse und Arbeitsvorgänge

Die Standards sind prinzipienbasierte, verbindliche Anforderungen an den Berufsstand. Dabei werden nun zwei Verbindlichkeitsstufen unterschieden:
- Verbindlich: Die Einhaltung dieser Regelungen ist unverzichtbar für den Berufsstand. Die Verbindlichkeit der Standards wird durch die Verwendung des Begriffs „muss" unterstrichen. Damit wird die unbedingte Anforderung betont. Nur in Ausnahmefällen wird mit dem Begriff „soll" gearbeitet. Hier wird eine Übereinstimmung erwartet, soweit nicht besondere Umstände eine Abweichung bedingen können. Verbindlich vorgegeben ist die Definition der Internen Revision, der Code of Ethics und die Standards.
- Dringend empfohlene Regelungen: Diese Regelungen werden dringend empfohlen und werden vom IIA befürwortet. Diese Regelungen wurden entwickelt, um ein breites Spektrum an Lösungen für die Umsetzung verbindlicher Regelungen zu schaffen. Zu den dringend empfohlenen Regelungen gehören die Positionspapiere, die praktischen Ratschläge und die Praxisleitfäden.

Allerdings verweist das IIA darauf, dass weltweit unterschiedliche Umfeldbedingungen, unterschiedliche Organisationsformen und Gesetze und Bräuche auftreten. Deshalb sollten keine Regelungen der internationalen Berufsgrundsätze bestehenden Gesetzen oder Vorschriften entgegenstehen. Wenn derartige Fälle auftreten, wäre Rücksprache mit dem IIA zu nehmen.

Damit regeln die Standards die praktische Arbeit der Internen Revision und sie nennen die Forderungen für deren Ausgestaltung.[58] Die neuen Standards bilden einen integrierten Bestandteil eines Frameworks und zeigen den Aufgabenbereich der Internen Revision auf.

Der Internal Auditing Standards Board ist bei der Vorbereitung der Standards in einem intensiven Beratungsprozess eingebunden. Bevor ein Dokument veröffentlicht wird, gibt der Standards Board auf internationaler Ebene Exposure Drafts heraus, zu denen die Öffentlichkeit Kommentare abgeben kann. Die Entwicklung der Standards

---

57 Vgl. DIIR (Hrsg); Internationale Standards, 2013, S. 20.
58 Vgl. Peemöller/Finsterer 1998, mit grundsätzlichen Ausführungen, 1109 ff.

ist ein kontinuierlicher Prozess. Alle drei Jahre soll eine Überarbeitung erfolgen. Das gesamte Regelungswerk wurde 2013 neu abgegrenzt und enthält nun folgende Vorgaben:

Bestandteile des Regelwerks des IIA
- Standards: Sie stellen ein Rahmenwerk für die Durchführung und Förderung der Internen Revision zur Verfügung. Sie enthalten Attribut-, Performance- und Implementations-Standards.
- Erläuterungen: Sie wurden den Standards hinzugefügt, um Begriffe und Aussagen zu erklären. Sie finden sich immer direkt an den entsprechenden Stellen eines Standards.
- Positionspapiere: Sie sollen auch Nicht-Revisoren dabei helfen, die Rolle und Verantwortlichkeit der Internen Revision im Bereich Führung und Überwachung, Risiko und Kontrolle zu verstehen.
- Praktische Ratschläge: Sie bieten den Revisoren Hilfestellung bei der Umsetzung und Anwendung der Standards sowie des Code of Ethics, um gute Praxis zu fördern. Sie enthalten Ansätze, Methoden und Überlegungen aber keine detaillierten Verfahren und Vorgehensweisen. Sie wurden in den Internationalen Standards gegenüber früheren Versionen deutlich gekürzt.
- Praxisleitfäden: Sie enthalten detaillierte Hilfestellungen für die Durchführung der Revisionstätigkeiten. Sie umfassen Instrumente und Methoden, Arbeitsprogramme sowie Arbeitsabläufe und Ergebnisbeispiele.

Die Standards des IIA sind übersetzt und liegen in deutscher Sprache als „Internationale Standards für die berufliche Praxis der Internen Revision"[59] vor. Sie gelten ab dem 1.1.2013. Wenn die Ausführungen im Widerspruch zu deutschen Gesetzen oder der Berufsausübung stehen, erfolgt ein Hinweis an der betreffenden Stelle. Dies ist in den Standards selbst nicht der Fall, sondern nur in den Practice Advisories.

Anzuwenden sind die Standards von den Mitgliedern des IIA und des DIIR, von den Certified Internal Auditors (CIA) bzw. den Kandidaten für den CIA und von denen, die Dienstleistungen im Bereich der Internen Revision erbringen. Die Sanktionsmöglichkeiten bei abweichendem Verhalten sind vergleichsweise gering:
- Ausschluss aus dem IIA oder DIIR,
- Aberkennung des CIA.

Das DIIR gibt eigene Grundsätze heraus, die auf die deutschen Verhältnisse abgestellt sind. Zurzeit liegen vor:
- DIIR Revisionsstandard Nr. 1: Zusammenarbeit von Interner Revision und Abschlussprüfer[60]
- DIIR Revisionsstandard Nr. 2: Prüfung des Risikomanagements durch die Interne Revision[61]
- DIIR Revisionsstandard Nr. 3: Qualitätsmanagement in der Internen Revision[62]

---

59 Vgl. DIIR (Hrsg.): Internationale Standards 2013.
60 Vgl. DIIR, IIR Revisionsstandard 1. ZIR 2001, S. 34–36.
61 Vgl. DIIR, IIR Revisionsstandard 2. ZIR 2001, S. 152–155.
62 Vgl. DIIR, IIR Revisionsstandard 3. ZIR 2002, 214–224.

- DIIR Revisionsstandard Nr. 4: Standard zur Prüfung von Projekten. Definitionen und Grundsätze[63]
- DIIR Revisionsstandard Nr. 5: Standard zur Prüfung des Anti-Fraud-Management-Systems durch die Interne Revision[64]

Da es eigene Standards des DIIR gibt, ist das Verhältnis zwischen den internationalen Standards des IIA und den nationalen Standards des DIIR zu klären. Dieses Verhältnis wird in den Standards des IIA vorgegeben. Grundsätzlich gelten die Standards des IIA. Dort wo Regelungslücken bestehen, können diese durch nationale Standards ausgefüllt werden. Liegen zu identischen Sachverhalten die internationalen und nationalen Standards vor, kommen die nationalen Standards nur dann zur Anwendung, wenn sie gegenüber den internationalen Standards höhere Anforderungen stellen. Sonst ist grundsätzlich auf die internationalen Standards zurückzugreifen.

4.2 Attribute Standards

Die Attribute Standards beziehen sich auf die Organisation der Internen Revision und die Personen, welche die Prüfungsaktivitäten ausüben.[65] Hier werden auch die Unabhängigkeit und Objektivität (Standard 1100) und die benötigten Kenntnisse, Kompetenzen und Sorgfaltspflichten (Standard 1200) geregelt. Die Qualitätssicherung und Qualitätsverbesserung (Standard 1300) werden an dieser Stelle ebenfalls geregelt. Es handelt sich insgesamt um abstrakte und allgemein gültige Formulierungen, um Regelungen vorzugeben, die weltweit Anwendung finden können, auch wenn die Organisationsformen nationale Unterschiede aufweisen.

Im Folgenden werden nicht ausschließlich die Standards behandelt, sondern auch die Erläuterungen und Hilfen mit einbezogen.

Aufgabenstellung, Befugnisse und Verantwortung (Standard 1000)
Aufgabenstellung, Befugnisse und Verantwortung der Internen Revision sind offiziell und in Übereinstimmung mit den Standards in einer Geschäftsordnung (Charter) zu definieren. Der Geschäftsordnung liegen die Definition, der Ethikkodex und die Standards zu Grunde. Die Verantwortung für die Genehmigung der Geschäftsordnung liegt bei der Geschäftsleitung und dem Überwachungsorgan.

Die Art der zu erbringenden Prüfungsleistung und der zu erbringenden Beratungsleistung ist in der Geschäftsordnung festzulegen. Wenn Prüfungsleistungen für Dritte erbracht werden, sind diese ebenfalls in der Geschäftsordnung zu definieren. In dieser Geschäftsordnung (Charter) sind neben der Aufgabenstellung auch die Befugnisse und Verantwortlichkeit der Internen Revision schriftlich zu regeln. Die Unternehmensleitung hat diese Arbeitsanweisung zu genehmigen. Sie muss die Stellung der Internen Revision im Unternehmen definieren, den Zugang zu den Aufzeichnungen

---
63 Vgl. DIIR, Revisionsstandard 4. ZIR 2008, S. 154–159.
64 Vgl. DIIR, Revisionsstandard 5, vom 24. Mai 2012.
65 Vgl. DIIR (Hrsg.): Internationale Standards, 2013, S. 23.

usw. sichern und den Umfang der Tätigkeiten festlegen. Der Leiter der Internen Revision beurteilt regelmäßig Aufgabenstellung, Befugnisse und Verantwortlichkeiten der IR auf Angemessenheit. Das Ergebnis ist der Unternehmensführung mitzuteilen.

Unabhängigkeit und Objektivität
Die Interne Revision muss unabhängig sein, und die Internen Revisoren müssen bei der Durchführung ihrer Aufgaben objektiv vorgehen.

Die Internen Revisoren dürfen bei der Festlegung des Umfangs der Internen Prüfungen, der Arbeitsdurchführung und der Berichterstattung nicht behindert werden. Sie müssen auch von den Aktivitäten, die sie prüfen, unabhängig sein. Sie sind dann unabhängig, wenn die ungehinderte und objektive Erfüllung ihrer Aufgaben gewährleistet ist. Ihre Unabhängigkeit ermöglicht den Internen Revisoren die Erstellung sachlicher und unparteiischer Beurteilungen, die für die korrekte Prüfungsdurchführung unverzichtbar sind. Unabhängigkeit wird durch organisatorischen Status und Objektivität erreicht.

Eine organisatorische Voraussetzung zur Erfüllung der Unabhängigkeit ist die Unterstützung durch die Unternehmensführung.

Die Unterstellung der Internen Revisoren sollte so erfolgen, dass
- die Unabhängigkeit gewährleistet ist,
- umfassende Prüfungen in allen Bereichen erfolgen (keine revisionsfreien Räume),
- den Prüfungsberichten Beachtung geschenkt wird und
- die Umsetzung der Empfehlungen erfolgt.

In Deutschland ist die Unterstellung unter den Vorstand üblich.[66] Nach der Idealvorstellung sollte die funktionale Unterstellung unter den Gesamtvorstand erfolgen und die diziplinarische Unterstellung unter den Vorstandsvorsitzenden. Das bestätigte auch eine empirische Untersuchung zur IR.[67] Die Unterstellung unter den Leiter des Finanz- und Rechnungswesens würde z.B. den Verlust der Unabhängigkeit gegenüber diesem zu prüfenden Bereich zur Folge haben. Der Leiter der Internen Revision hat direkten und unbeschränkten Zugang zur Geschäftsleitung und zum Überwachungsorgan. Es sollte mindestens einmal jährlich ein persönliches Gespräch zwischen dem Vorstand und dem Leiter der Internen Revision stattfinden. Die Unabhängigkeit wird gefördert, wenn die Interne Revision den Revisionsjahresplan, die Personalplanung und das Budget aufstellt und der Unternehmensführung zur Genehmigung vorlegt. Die Unternehmensführung kann so feststellen, ob die Prüfungen den eigenen Vorstellungen entsprechen.

Grundsätzlich darf es keine revisionsfreien Räume im Unternehmen geben. Dennoch kann es zu Einschränkungen des Prüfungsumfangs kommen. Auf diese Einschränkungen, die sich aus der Geschäftsordnung, dem Zugang zu den Unterlagen, dem Revisionsjahresplan oder bei der Durchführung der Prüfung bzw. aus dem ge-

---

66 Vgl. Peemöller/Keller 1997, 1986 f.
67 Vgl. DIIR (Hrsg.): Enquête-Kommission 2011, S. 22, 39 % der Leiter der IR waren dem Vorstandsvorsitzenden, 25 % einem Mitglied des Vorstandes und 18 % dem gesamten Vorstand disziplinarisch unterstellt.

nehmigten Personalplan oder dem Budget ergeben können, hat der Leiter der Internen Revision die Unternehmensführung hinzuweisen.

Die persönliche Objektivität kommt in einem unparteiischen und unvoreingenommenen Verhalten zum Ausdruck. Interessenkonflikte sind zu vermeiden, d. h. die Prüfer müssen ihre Prüfungen objektiv durchführen. Objektivität ist eine unabhängige geistige Haltung, die Interne Revisoren bei der Prüfungsdurchführung zeigen müssen. Die Revisoren dürfen sich bei der Beurteilung von Prüfungsangelegenheiten nicht von der Meinung anderer Personen beeinflussen lassen. Objektivität verlangt von den Internen Revisoren, die Prüfungen so durchzuführen, dass sie vom Ergebnis ihrer Arbeit selbst überzeugt sind und keine Kompromisse bezüglich der Qualität ihrer Arbeit machen. Interne Revisoren dürfen nicht in Situationen gebracht werden, in denen sie sich außer Stande fühlen, objektive, professionelle Urteile zu fällen.

Ist die Unabhängigkeit oder Objektivität tatsächlich oder dem Anschein nach beeinträchtigt (Besorgnis der Befangenheit), so sind den zuständigen Stellen die entsprechenden Einzelheiten offen zu legen. Die Art der Offenlegung hängt von der jeweiligen Beeinträchtigung ab. Die Beeinträchtigung kann sich z. B. aus der Mitwirkung an den organisatorischen Regelungen oder aus verwandtschaftlichen Beziehungen ergeben.

Bei der Zuteilung der Aufgaben sollen Interessenkonflikte der Mitarbeiter vermieden werden. Der Leiter hat seine Mitarbeiter zu möglichen Interessenkonflikten zu befragen, wie auch die Mitarbeiter von sich aus auf mögliche Verletzungen der Objektivität hinzuweisen haben. Nach Möglichkeit sollte die Aufgabenverteilung in der Internen Revision rotieren, was aber eine gewisse Größenordnung und überwiegend Generalisten in der IR voraussetzt. Verantwortung im laufenden Betrieb darf der Revisor nicht übernehmen. Wenn er zu derartigen Aufgaben verpflichtet wird, ist er nicht mehr als Mitarbeiter der Internen Revision tätig. Die Objektivität leidet, wenn Prüfer Aktivitäten prüfen, für die sie Entscheidungskompetenz hatten oder verantwortlich waren. Die Objektivität des Prüfers wird aber nicht beeinträchtigt, wenn er Kontrollanforderungen definiert oder Verfahren prüft bevor sie realisiert werden. Insofern kann der Revisor in solchen Arbeitsgruppen sein Wissen und seine Erfahrung einbringen. Interne Revisoren sollten auch von der Beurteilung von Geschäftsprozessen absehen, für die sie zuvor verantwortlich waren.

Fachkompetenz und berufliche Sorgfalt
Prüfungen sind mit Fachkompetenz und erforderlicher beruflicher Sorgfalt durchzuführen. Zur beruflichen Sorgfalt gehört auch die Einhaltung der berufsständischen Verhaltensnormen. Die Berufsethik (Code of Ethics) des IIA geht über die Definition der Internen Revision hinaus und erfasst zusätzlich zwei wesentliche Faktoren:
– Prinzipien, die für Beruf und Praxis der Internen Revision relevant sind – insbesondere Objektivität, Vertraulichkeit und Kompetenz; und
– Verhaltensregeln, die die Verhaltensnormen festlegen, die von Internen Revisoren erwartet werden. Diese Regeln tragen zur Auslegung der Prinzipien in der praktischen Anwendung bei und dienen als Richtlinie für das ethische Verhalten von Internen Revisoren.

Interne Revisoren sollen über das Wissen, die Fähigkeiten und sonstige Qualifikationen verfügen, die für die Erfüllung ihrer Aufgaben erforderlich sind. Dabei muss die Interne Revision insgesamt als Team über dieses Wissen, diese Fähigkeiten und sonstige Qualifikationen verfügen, um der Aufgabenstellung gerecht zu werden.

Die Kompetenz der Revisoren ist abhängig von der Aufgabenstellung der Abteilung. Es wird unterschieden nach Beherrschen, Kenntnissen und Grundverständnis.

Beherrschen müssen die Revisoren Revisionsgrundsätze, Verfahren und Techniken. Beherrschen bedeutet, Wissen in erwarteten Situationen anzuwenden ohne Recherchen oder Unterstützung. Alle Revisoren sollen auch über das erforderliche Wissen zu dolosen Handlungen verfügen.

Kenntnisse der Grundsätze der Unternehmensführung sind erforderlich, um Abweichungen von „guten Geschäftspraktiken" erkennen zu können. Kenntnis bedeutet die Fähigkeit, umfangreiches Wissen in wahrscheinlich auftretenden Situationen anzuwenden und Abweichungen zu erkennen, um die erforderlichen Nachforschungen anzustellen.

Grundverständnis wird in den anderen Bereichen der Betriebswirtschaftslehre erwartet, die dem Rechnungswesen nahe stehen bzw. der Informationstechnologie angehören. Verständnis bedeutet, dass vorhandene Probleme erkannt und das weitere Vorgehen festgelegt werden kann.

Zwei Gebiete werden in den Standards genant, auf denen alle Prüfer auch Kenntnisse besitzen müssen:

- Sie müssen ausreichende Kenntnis besitzen, um Risiken für dolose Handlungen beurteilen zu können. Es werden allerdings nicht Kenntnisse in der Tiefe verlangt, wie sie von Experten auf diesem Gebiet erwartet werden.
- Sie müssen ausreichende Kenntnis auf dem Gebiet der Informationstechnologie besitzen hinsichtlich der grundlegenden Risiken und der Prüfungstechniken. Auch hier werden keine Kenntnisse verlangt, wie sie spezialisierte IT-Prüfer besitzen.

Die Interne Revision spielt vor allem bei der Prävention von Wirtschaftsdelikten eine wichtige Rolle. Insofern kann sie als Kompetenzzentrum für die Thematik Fraud gelten und bei diesen Fragen dem Management beratend zur Seite stehen.[68] "We are the control experts, the control consultants, the can-do, value-added members of the management team. We know better than anyone else how to combat fraud, error and waste."[69]

Prüfungs- und Beratungsaufträge dürfen nur angenommen werden, wenn die Abteilung über die erforderlichen Kenntnisse verfügt oder sich kompetenten Rat einholt.[70]

Interne Revisoren haben jenes Maß an Sorgfalt und Sachkenntnis anzuwenden, das üblicherweise von einem umsichtigen und kompetenten Revisor erwartet werden kann. Im Rahmen der beruflichen Sorgfalt sind folgende Punkte zu beachten:

---

68 Vgl. Hofmann 2008, S. 490.
69 Zitiert nach Löw 2002, S. 131.
70 Vgl. Löber 1997, S. 214f.

- Arbeitsumfang, der zur Erreichung der Ziele erforderlich ist
- Komplexität, Wesentlichkeit oder Bedeutung der Sachverhalte, die Gegenstand der Prüfungen sind
- Angemessenheit und Effektivität von Risikomanagement-, Kontroll- sowie Führungs- und Überwachungsprozessen
- Wahrscheinlichkeit des Vorliegens bedeutender Fehler, von Unregelmäßigkeiten oder der Nichteinhaltung von Vorschriften
- Kosten der Prüfungstätigkeit im Verhältnis zum möglichen Nutzen

Es wird an dieser Stelle darauf hingewiesen, dass die Internen Revisoren den Einsatz von technologie-gestützten Analysemethoden und die möglichen Auswirkungen von wesentlichen Risiken auf die Geschäftsziele und -prozesse zu berücksichtigen haben. Zur beruflichen Sorgfalt gehört auch die Weiterbildung der Prüfer. Die Standards verlangen von einem CIA 40 Stunden Weiterbildung in einem Jahr und von einem Internen Revisor^{DIIR} 40 Stunden innerhalb von zwei Jahren.

Qualitätssicherung

Der Leiter der Internen Revision entwickelt und pflegt ein Programm zur Qualitätssicherung und -verbesserung, das alle Aufgabengebiete der Internen Revision einbezieht und ihre Effektivität kontinuierlich überwacht.[71] Dieses Programm ist so zu konzipieren, dass die Interne Revision zur Wertschöpfung beiträgt und die Geschäftsprozesse des Unternehmens verbessert.[72] Gleichzeitig soll das Programm sicherstellen, dass die Interne Revision in Übereinstimmung mit den Standards und der Berufsethik arbeitet.

Die Qualitätssicherung baut auf zwei Säulen auf:
- Interne Beurteilung durch den Leiter und Arbeitsgruppen der Internen Revision
- Externe Beurteilung von Prüfern oder Beratern, die außerhalb des Unternehmens stehen

Diese Maßnahmen sind in das Qualitätssicherungsprogramm zur Bewertung der Internen Revision aufzunehmen und auszugestalten.[73] Durch das Programm wird sichergestellt, dass die Interne Revision ihrer Geschäftsordnung und anderen relevanten Standards entspricht. Die Qualitätssicherung dient unterschiedlichen Adressaten innerhalb und außerhalb des Unternehmens. Im Unternehmen hat die Qualitätssicherung die Aufgabe der Steuerung der Internen Revision und der Entlastung ihres Leiters. Für die Unternehmensführung bildet sie eine wesentliche Grundlage für das Vertrauen in die Institutionen und die Akzeptanz der Ergebnisse der Internen Revision. Bei den externen Adressaten sollen beispielhaft nur die Abschlussprüfer und die Öffentlichkeit betrachtet werden. Für die Abschlussprüfer ist die Qualitätssicherung – vorbehaltlich eigener Prüfungen – der Garant für die Berücksichtigung der Ergebnisse der Internen Revision bei der Bestimmung des Prüfungsumfangs. In der Öffentlich-

---

71 Vgl. Peemöller/Geiger 1998, 1089 ff.
72 Vgl. Wyinger 2001, 180 f.
73 Vgl. Biegert 1998, 62 ff.

keit soll durch die Qualitätssicherung die Glaubwürdigkeit der Internen Revision geschaffen und erhalten werden.

Interne Beurteilung
Die interne Beurteilung besteht aus den beiden Elementen Dienstaufsicht durch den Leiter der Internen Revision und der Qualitätsbeurteilung durch Arbeitsgruppen der Internen Revision.

Die Arbeit der Internen Revision wird laufend durch den Leiter der Internen Revision auf Einhaltung der Vorgaben überwacht. Diese laufende Überwachung beginnt bei der Prüfungsplanung und bezieht alle Phasen der Prüfungsabwicklung mit ein. Die Kriterien zur Beurteilung beziehen sich auf die Einhaltung der Prüfungsverfahren, des Prüfungsverhaltens und der Zeiten sowie des Budgets und der vorgegebenen Grundsätze, was die Dokumentation und die Berichtsabfassung betrifft. Es wird die Übereinstimmung der Arbeit der Internen Revision mit der Definition der Internen Revision, dem Ethikkodex und den Standards geprüft. Eine reine Fokussierung auf die Zeiten der Prüfung allein kann zu Qualitätseinbußen führen, weil dann die Tätigkeit des Prüfers mehr von der Zeit und weniger von der Qualität geleitet wird.[74] Allerdings sollte die Aufsicht bezüglich Zeit und Kostenbudget auch nicht vernachlässigt werden. Insbesondere bei Auftragsprüfungen oder Prüfung von Internen Revisionen, die als eigenständige Gesellschaft ausgegliedert werden, nehmen sie naturgemäß einen hohen Stellenwert ein, sollten aber dennoch nicht zu Lasten der Qualität gehen.

Regelmäßige Beurteilungen durch Mitarbeiter der Internen Revision sollen ebenfalls die Übereinstimmung mit der Definition, dem Ethikkodex und den Standards prüfen, um die Qualität der Abteilung zu beurteilen. Je nach Zielrichtung und Gebiet werden Systemaudits, Verfahrensaudits und Produktaudits unterschieden.[75] Dies kann durch sehr unterschiedliche Instrumente erfolgen. Üblich sind Kundenbefragungen und Durchsichten der Prüfungsberichte sowie der Dokumentation zur Planung und Durchführung der Prüfungen. Bei den Kundenbefragungen steht die Zufriedenheit der Geschäftsleitung mit der Internen Revision, bei der Durchsicht der Unterlagen die Ordnungsmäßigkeit der Prüfungen der Internen Revision im Vordergrund.[76]

Ein weiteres Instrument, das in letzter Zeit häufiger eingesetzt wird, besteht im Benchmarking. Benchmarking ist ein systematischer und kontinuierlicher Prozess des Vergleichens von Sachgütern, Dienstleistungen, Prozessen und Methoden eines Unternehmens mit denen der jeweils besten Unternehmen zwecks Erkenntnis der Mängel im eigenen Unternehmen und deren Verbesserung. Durch Benchmarking sollen einzelne betriebliche Funktionen mit gleichen Vorgängen in anderen Unternehmen verglichen werden. Dadurch können die Unterschiede in der Funktionsausübung festgestellt, die Ursachen für die Unterschiede ermittelt und davon ausgehend Verbes-

---

74 Vgl. Biegert 1998, 63.
75 Vgl. Ebel 2003, S. 148 f.
76 Vgl. Peemöller 2001, 1349.

serungsmöglichkeiten erarbeitet werden. Zum Vergleich dient der Klassenbeste. Die Vergleichskriterien sind Zeit, Qualität und Kosten. Insofern werden Benchmarkstudien auch für Qualitätsprogramme herangezogen. Voraussetzung für den Vergleich ist die Vergleichbarkeit der Daten unterschiedlicher Unternehmen.

Für die Interne Revision müssen als Vergleichskriterien erfüllt sein:

- Größe der Abteilung
- Organisation (zentrale oder dezentrale)
- Prüfungseinheiten (inländische oder auch ausländische)
- Besonderheit in einzelnen Branchen (Kreditinstitute und Versicherungen)

Probleme des Benchmarking bestehen in der Informationsbeschaffung. Die Auswertung der Umfragen des DIIR kann kaum verwertbare Hinweise liefern, da aus den Informationen keine direkten Anregungen für Verbesserungen gewonnen werden können. Deshalb sollte ein unmittelbarer Vergleich mit den Revisionsabteilungen anderer Unternehmen versucht werden.[77] Die Vergleichskriterien entsprechen den bereits behandelten Anforderungen an die Interne Revision, wie sie in den Standards des IIA aufgeführt sind.[78] Durch das Benchmarking können eine Standortbestimmung der Internen Revision im Vergleich zum Durchschnitt der einbezogenen Abteilungen und der Abstand zum Best Practice ermittelt werden.[79] Hinzukommen sollte noch die Beurteilung der Rahmenbedingungen der Unternehmensüberwachung und des Kontrollumfeldes. Dadurch werden die Grundvoraussetzungen einbezogen, unter denen die Interne Revision ihre Aufgaben erfüllen muss.[80] Die Einzelkriterien sind vergleichbar den Bestandteilen des Control Environment, nach den Vorgaben von COSO.[81]

Externe Beurteilungen

Die Qualität der Arbeitsdurchführung der Internen Revisionsabteilung wird mit Hilfe von externen Assessments ermittelt. Sie müssen mindestens alle fünf Jahre durchgeführt werden.[82] Diese external Assessments sind nicht durch den Jahresabschlussprüfer vorzunehmen, um Interessenkonflikte zu vermeiden. Es sollte sich um einen qualifizierten, unabhängigen Prüfer oder ein Prüfungsteam handeln, das nicht der Organisation angehört oder zu der beurteilenden Revisionsfunktion gehört.

Die externen Beurteilungen sind in zwei Formen möglich. Einmal wird eine vollständige externe Beurteilung vorgenommen. Zum anderen erfolgt eine Selbstbeurteilung der Abteilung Interne Revision, die von einer unabhängigen Stelle bestätigt wird. Zu beurteilen ist, ob die Interne Revision die Grundsätze ihrer Berufsarbeit einhält.

---

77 Vgl. Zwingmann 2002, S. 1261–1268.
78 Vgl. Palazzesi 2001, S. 536 ff.
79 Vgl. Hobuss/Diamant 2000, S. 1038.
80 Vgl. Hobuss/Diamant 2000, S. 1039.
81 Vgl. Committee of Sponsoring Organizations of the Treadway Commission (COSO), Internal Control – Integrated Framework, 2 Bände, Jersey City 1994, S. 16, 32.
82 Vgl. DIIR (Hrsg.): Internationale Standards, 2013, S. 32.

Grundsätzlich sind die gleichen Kriterien zu verwenden, wie sie für die Interne Revision und das Benchmarking Verwendung finden. Dabei wird vier Bereichen bevorzugt die Aufmerksamkeit geschenkt:

- Unabhängigkeit der Internen Revision:
  Sie zeigt sich in der Prüfungsplanung und -durchführung, der Berichterstattung und der organisatorischen Unterstellung. Hinterfragt wird, ob die Unabhängigkeit auch im Unternehmen anerkannt ist und dafür Sorge getragen wird, dass die Prüfer nicht in Situationen geraten können, in denen ihnen eine objektive Prüfung und Berichterstattung nicht möglich ist.
- Arbeitsumfang:
  In der Geschäftsordnung der Internen Revision sind der Arbeitsumfang, die Ziele, die Verfahren und die Vorgehensweise der Internen Revision festzulegen. Revisionsfreie Räume sind zu vermeiden. Risikoorientierung der Prüfung, strategische Vorgaben, Form der Zusammenarbeit mit dem Abschlussprüfer, Kommunikation mit dem Vorstand und dem Aufsichtsrat sind weitere Bereiche, die in der Geschäftsordnung zu regeln sind.
- Kompetenz der Internen Revision:
  Hier stellt sich die Frage, ob die Kompetenzen der Prüfer und des Leiters den Anforderungen der Aufgabenstellung und der geforderten Kommunikation mit den Geprüften und dem Management entspricht. Mögliche weitere Fragestellungen beziehen sich auf die Kenntnisse, Weiterbildung und berufliche Erfahrungen der Prüfer. Es sollte auch die Arbeitszufriedenheit der Prüfer erfasst werden und die durchschnittliche Verweildauer in der Internen Revision.
- Effizienz der Internen Revision:
  Dazu sind Fragen nach der Dauer der Berichtserstellung, dem Umfang der Umsetzung der Prüfungsempfehlungen, der Häufigkeit der Übernahme von Sonderaufträgen und der Beachtung der Prüfungsberichte durch das Management zu stellen. Die Unternehmensführung ist insbesondere an einer flexibel einsetzbaren und effizient arbeitenden Internen Revision interessiert.[83]

Der Leiter der Internen Revision kann die Formulierung „Übereinstimmung mit den internationalen Standards für die berufliche Praxis der Internen Revision" nur gebrauchen, wenn die Ergebnisse aus dem Programm der Qualitätssicherung diese Feststellung bestätigen.

Im Kapitel 11 wird auf die Qualitätssicherung ausführlich eingegangen.

---

83 Vgl. Blattmann 1991, 76.

4.3 Performance Standards

In den Performance Standards wird auf die Leitung der Internen Revision (Standard 2000) und die Leistungen der Internen Revision eingegangen. Geregelt wird der Arbeitsumfang (Standard 2100), die Planung (Standard 2200) und die Durchführung der Prüfung (Standard 2300), die Kommunikation der Ergebnisse (Standard 2400) und eine kontinuierliche Überwachung (Standard 2500) sowie die Risikoübernahme durch das Management (Standard 2600).

Leitung der Internen Revision
In diesem Standard wird die Aufgabenstellung des Leiters der Internen Revision umschrieben. Dazu gehören Planung, Kommunikation, Ressourcen-Management, Strategie und Verfahren, Koordination und Berichterstattung.

Vom Leiter der Internen Revision ist ein Revisionsjahresplan aufzustellen. Er ist verantwortlich für die Entwicklung einer risikoorientierten Planung. Er berücksichtigt dabei das Risikomanagementsystem der Organisation einschließlich des vom Management festgesetzten Risikoakzeptanzniveaus für die verschiedenen Aktivitäten und Teile der Organisation. Die Vorgaben der Unternehmensführung fließen in die Planung ein. Der Prüfungsplan sollte als Grundlage die Risiken und Risikopotenziale enthalten, welche die Organisation beeinflussen. Die dafür erforderliche Risikobeurteilung ist mindestens einmal jährlich durchzuführen und zu dokumentieren.

Das Revisionsuniversum kann Elemente aus der Strategieplanung des Unternehmens enthalten. Durch Einbezug dieser Elemente trägt das Revisionsuniversum den Gesamtzielsetzungen der Geschäftsplanung Rechnung. Strategiepläne bringen zudem aller Wahrscheinlichkeit nach die Einstellung des Unternehmens zum Risiko zum Ausdruck sowie die Schwierigkeiten, die mit der Zielrealisierung verbunden sind. Es empfiehlt sich, das Revisionsuniversum mindestens einmal pro Jahr darauf zu untersuchen, ob es die neuesten Strategien widerspiegelt. Das Revisionsuniversum kann durch die Ergebnisse des Risikomanagementprozesses beeinflusst werden. Bei der Entwicklung von Revisionsplänen sind deshalb die Ergebnisse des Risikomanagementprozesses zu berücksichtigen.

Revisionsjahrespläne sollten auf der Beurteilung von Risikoprioritäten und -potenzialen beruhen. Eine Prioritätensetzung ist erforderlich, um Entscheidungen zum Einsatz relativer Ressourcen je nach Ausmaß von Risiko bzw. Risikopotenzial treffen zu können. Es gibt eine Reihe von Risikomodellen, die den Leiter der Revision bei der Ordnung potenzieller Revisionsgegenstände nach Prioritäten unterstützen.[84]

Ein spezielles Verfahren ist dafür in den Standards des IIA nicht vorgesehen. Allerdings müssen die bei der Untersuchung und Validierung von Risikopotenzialen eingesetzten Methoden und Techniken die Gewichtung des Risikos sowie die Wahrscheinlichkeit seines Eintritts widerspiegeln.

---

84 Vgl. Reinecke/Wagner 2000, 194 ff.

Der Leiter der Internen Revision gibt mindestens einmal pro Jahr eine Stellungnahme zur Angemessenheit des Internen Kontrollsystems in Hinblick auf die Risikobeschränkung ab. Diese Stellungnahme sollte auch die Bedeutung unbegrenzter Risiken sowie die etwaige Akzeptanz derartiger Risiken durch das Management einbeziehen.

Der Leiter der Revision berichtet der Unternehmensführung über die Aktivitätenplanung, den Bedarf an Personal und Sachmitteln sowie über zwischenzeitlich wesentliche Änderungen und holt dafür die entsprechende Genehmigung ein. Außerdem berichtet der Leiter der Revision über Folgen etwaiger Ressourcenbeschränkungen.

Tätigkeitsberichte der IR sind dem Management jährlich vorzulegen. Diese Jahresprüfungsberichte enthalten eine Zusammenfassung der Prüfungsplanung und der Personalplanung sowie das Budget. Außerdem sind alle wesentlichen Veränderungen, die eingetreten sind, zu erfassen. Das Management soll über den Umfang der Arbeit und alle Einschränkungen informiert werden. Damit kann das Management beurteilen, ob die Ziele und Pläne der Revision diejenigen der Organisation und der Führung unterstützen.

Das Ressourcenmanagement der Internen Revision bezieht sich in erster Linie auf die Mitarbeiter. Die Personalplanung und das Budget, einschließlich der Anzahl der Prüfer und ihrer Kenntnisse, Erfahrungen und anderer Kompetenzen, die die Erfüllung der Arbeit erfordert, sollten aus der Prüfungsplanung, den Verwaltungstätigkeiten und den Ausbildungserfordernissen sowie aus dem Einsatz für Forschung und Entwicklung der Prüfung abgeleitet werden. Besondere Schwerpunkte sind in der Auswahl, der Leistungsbeurteilung und der Weiterbildung der Internen Revision zu sehen.

Im Rahmen des Ressourcenmanagements ist auch abzuschätzen, ob ein Outsourcing von Revisionsleistungen angebracht erscheint.[85] Bei der Beauftragung von externen Prüfern sind die Anforderungen der Unabhängigkeit zu prüfen.

. Der Leiter der Revision legt Richtlinien und Verfahren für die Führung der Internen Revision fest. Form und Inhalt dieser Richtlinie müssen der Größe und Struktur der Internen Revisionsabteilung sowie der Beschaffenheit ihrer Aufgaben entsprechen.[86] Nicht alle Internen Revisionsabteilungen benötigen offizielle Revisionshandbücher mit verwaltungstechnischen und fachlichen Anweisungen. Bei kleinen Abteilungen ist eine informelle Führung unter Umständen ausreichend. Hier genügt es, die Mitarbeiter mit Hilfe ständiger enger Aufsicht und schriftlicher Mitteilungen zu führen und zu kontrollieren. In großen Revisionsabteilungen sind formellere und umfassendere Strategien und Verfahren unverzichtbar, um die Mitarbeiter zur konsequenten Einhaltung der abteilungseigenen Leistungsstandards anzuhalten.

Der Leiter der Internen Revision hat ein breites und umfassendes Revisionsprogramm der Internen Revision im Unternehmen zu entwickeln. Die Interne Revision beurteilt und bewertet die Angemessenheit und Wirksamkeit der Systeme des Risikomanagements, der Kontrollen und der Führung und Überwachung, die im Unter-

---

85 Vgl. Zehnder 1996, 1047 ff.
86 Vgl. Pfyffer 2001, 517 ff.

nehmen bestehen, um die Aktivitäten auf die Realisierung der Ziele zu lenken. Zur Erfüllung dieser Aufgaben haben die Prüfer vollen, freien und uneingeschränkten Zugang zu allen Funktionen, Aufzeichnungen, Vermögen und zum Personal.

> Zu den mindestens einmal jährlich durchzuführenden Aktivitäten des Leiters der IR gehören:
> - Erstellen eines Jahresprüfungsplanes
> - Erstellen eines Personalplanes
> - Erstellen eines Jahresbudgets
> - Analyse des Revisionsuniversums
> - Analyse der Geschäftsordnung
> - Stellungnahme zur Angemessenheit des IKS
> - Stellungnahme zum RMS

Zu den Koordinationsaufgaben gehört die Abstimmung zwischen allen externen und internen Stellen, die Prüfungs- oder Beratungsleistungen im Unternehmen erbringen. Im Vordergrund steht die Abstimmung mit der Abschlussprüfung.

Die Beaufsichtigung der externen Revision und die Koordination mit der Internen Revision ist Aufgabe der Unternehmensführung. Die praktische Koordination erfolgt durch den Leiter der Internen Revision. Er beurteilt regelmäßig die Koordination mit dem externen Prüfer. Dazu gehören auch die Effizienz und Effektivität sowie die Gesamtkosten der beiden Prüfungsträger. Im Auftrag der Unternehmensführung kann der Leiter der Internen Revision eine Beurteilung der externen Revision durchführen, die die Koordination aber auch andere Aspekte zum Gegenstand hat. Die Koordination soll Doppelarbeit vermeiden und die Wirtschaftlichkeit der Prüfung erhöhen. Insofern werden sehr weitgehende Vorschläge unterbreitet:

> Maßnahmen zur Koordination der IR mit dem WP:
> - regelmäßige Treffen zur Absprache über die zu prüfenden Bereiche
> - gegenseitiger Zugang zu Prüfungsprogrammen und Arbeitspapieren
> - Austausch von Revisionsberichten und Management-Letters, damit die externe Revision ihren Arbeitsumfang bestimmen und anpassen kann. Die Interne Revision benötigt diese Unterlagen für die Bestimmung von Prüfungsschwerpunkten und das Follow-up
> - gegenseitiges Verständnis für Prüfungsverfahren, Methoden und Terminologie

Die Berichterstattung an die Unternehmensleitung schließt diesen Standard ab. Der Leiter der Revision erstattet regelmäßig Bericht an die Unternehmensleitung und den Board über Aufgabenstellung, Befugnisse und Verantwortung der Internen Revision sowie die Aufgabenerfüllung im Vergleich zur Planung. Die Jahresberichterstattung bezieht auch wesentliche potenzielle Risiken, Fragen der Kontrollen, der Führung und Überwachung sowie andere Themen mit ein, die von der Unternehmensleitung für notwendig erachtet oder angefordert werden. Die Tätigkeitsberichte sollen auch wesentliche Feststellungen umfassen. Es handelt sich um Sachverhalte, die nach Meinung des Leiters der Internen Revision negative Auswirkungen auf die Organisation haben können. Im Einzelnen wäre zu nennen: Unregelmäßigkeiten, illegale Handlungen, Fehler, Unwirtschaftlichkeit, Verschwendung, Ineffektivität, Interessenkonflikte und Kontrollschwächen.

Art der Arbeiten
Die Interne Revision bewertet Risikomanagement-, Kontroll- sowie Führungs- und Überwachungssysteme und trägt zu deren Verbesserung bei.[87] Die Tätigkeit soll risikoorientiert erfolgen. Daraus ergibt sich die Ausrichtung der Internen Revision an den Risiken. Alle Bereiche einer Organisation können heute nicht mehr einer Prüfung unterzogen werden. Aus der Prüflandkarte einer Organisation muss eine Risikolandkarte werden. Das Risiko aus der Sicht der Revision wird nur in einer Richtung gesehen. Danach ist das Risiko die Wahrscheinlichkeit, dass ein Ergebnis oder eine Maßnahme sich negativ auf das zu prüfende Unternehmen oder eine Aktivität auswirken könnte. Risiko ist damit das Ergebnis aus Bedeutung und Eintrittswahrscheinlichkeit eines negativen Ereignisses. Damit werden positive Abweichungen – die Chancen – nicht in diese Überlegungen einbezogen. Die Risikoorientierung in der Prüfungsplanung kann grundsätzlich nach drei Kriterien vorgenommen werden:[88]

– Anwendung eines Risikokatalogs:
  Diese Risikokataloge unterstützen den Prüfer durch Checklisten, die sicherstellen sollen, dass keine Risiken des Unternehmens übersehen werden. Ihre Anwendung ist durch ihren statischen Charakter eingeschränkt. Die permanente Anpassung und die unternehmensspezifischen Risiken werden nicht unmittelbar erfasst. Das gilt auch für Risiken, die einzelne Verantwortungsbereiche überschreiten.
– Risikobewertung der Prüfungsaufträge:
  Durch die Bewertung des Risikos in den einzelnen Prüfungsaufträgen wird die Dringlichkeit einer Prüfung ermittelt. Die vollständige Erfassung und Bewertung der Risiken ist damit aber nicht möglich. Dieses Vorgehen stellt eine Erweiterung der Prüflandkarte dar.
– Risikoidentifizierung in den Prozessen:
  Die Prozessbetrachtung erlaubt die Identifikation der unternehmensspezifischen Risiken. Die Prozesse sind dafür verantwortlich, ob die Ziele erreicht werden. Der Beitrag der einzelnen Prozesse an der Zielerreichung wird deutlich und Stellgrößen und Risiken können so aufgedeckt werden. Die Erfassung der Prozessqualität führt damit unmittelbar zu einer Verbesserung der Geschäftsprozesse.

Im Standard des IIA wird keine spezielle Form der Risikoorientierung genannt. Es wird nur darauf hingewiesen, dass unterschiedliche Risikomodelle existieren. Im Vordergrund steht aber die Ordnung der Revisionsgegenstände nach Prioritäten (Practice Advisory 2010-1). An dieser Stelle hätte sich eine Verbindung zu den Prozessen angeboten, die bei der Aufgabenerfüllung der Internen Revision eingehend diskutiert werden. Die Bedeutung der Risikoorientierung wird angesprochen aber nicht als alleinige und bevorzugte Vorgehensweise herausgestellt. Wichtig erscheint aber der Hinweis, dass die Synergien zwischen den Prozessen des Risikomanagements

---

87 Vgl. DIIR (Hrsg.): Internationale Standards, 2013, S. 38.
88 Vgl. Krey 2001, S. 137 ff.

und der Internen Revision zu nutzen sind.[89] Von daher kann auf die Risikoeinschätzung des Risikomanagementsystems zurückgegriffen werden (Practice Advisory 2010-1).

Sehr kontrovers wurde in Deutschland die Frage diskutiert, welche Institution für das Risikomanagement verantwortlich ist.

In der Praxis spielte die Interne Revision eine sehr unterschiedliche Rolle. Zum Teil war sie für die Konzeption und Einführung des Risikomanagementsystems verantwortlich. In anderen Fällen übernahm sie lediglich die Prüfung, um ihre Unabhängigkeit nicht zu gefährden. Diese Diskussion findet sich auch in den Standards wieder. Danach ist das Management für das Risikomanagementsystem verantwortlich (Practice Advisory 2120-1). Die Interne Revision unterstützt das Management durch Untersuchungen, Bewertungen und Empfehlungen bezüglich der Eignung und Wirksamkeit der Risikoprozesse des Managements. Die Interne Revision kann auch in beratender Funktion tätig werden. Daraus können sich sehr abgestufte Arten der Tätigkeit ergeben. Beim Self-Auditing liefert die Interne Revision lediglich die Checkliste, nach der die Fachabteilung eine Analyse des IKS vornehmen kann.[90] Im Rahmen eines Control-Risk Self Assessment kann die Interne Revision auch die Moderation der Workshops übernehmen. Die Verantwortlichkeiten und Aktivitäten im Risikomanagementprozess aller beteiligten Personen sind zu dokumentieren. Die Rolle der Internen Revision selbst liegt innerhalb eines Kontinuums, das von keiner Beteiligung über die Revision des Risikomanagementsystems und die aktive kontinuierliche Unterstützung durch Teilnahme an Gremien und Überwachungsaktivitäten bis zur Steuerung und Koordinierung des Risikomanagementprozesses reichen kann. Welche Rolle dabei die Interne Revision übernimmt, bestimmt das Management.

Eine besondere Aufgabenstellung ergibt sich für die Interne Revision, wenn kein Risikomanagementsystem eingerichtet ist. Dann hat die Interne Revision dem Management diese Defizite mitzuteilen und Vorschläge für die Errichtung zu unterbreiten. Auf Verlangen des Managements kann die Interne Revision eine aktive Rolle bei der erstmaligen Einrichtung eines Risikomanagementsystems übernehmen. Dadurch könnte eine Beeinträchtigung der Unabhängigkeit entstehen. Dies ist dem Management und dem Board zu melden (Practice Advisory 2120-1).

Einsatzplanung
Jeder Revisionsauftrag ist zu planen. Die Planung muss dokumentiert werden und folgende Inhalte haben:

- Aufstellung der Prüfungsziele und des Prüfungsumfangs.
  Dabei sind die Risiken des Prüfungsobjektes zu berücksichtigen, die zu einer Festlegung von Prüfungsschwerpunkten führen. Die Prüfungsziele sollten die Ergebnisse der Risikobewertung wiedergeben.
- Sammlung von Hintergrundinformationen über die Prüfungsobjekte.
  Der Prüfungsumfang muss ausreichend sein, um die Revisionsziele zu erreichen.

---

89 Vgl. hierzu auch Theisen 2003, S. 1426 ff.
90 Vgl. Wagner/Mikat 2000, S. 146 f.; Peemöller/Husmann/Dumpert 1998, 1129 ff.

- Festlegung der für die Prüfung erforderlichen Ressourcen:
  Die personelle Ausstattung hängt von der Art und Komplexität des Auftrags, den Zeitvorgaben und den verfügbaren Ressourcen ab.
- Kommunikation mit allen, die über die Prüfung informiert sein müssen.
- Verschaffung eines Überblicks (Erhebung = survey), um mit den Tätigkeiten, Risiken und Kontrollen vertraut zu werden.
- Erstellen eines Arbeitsprogramms:
  Dabei sollte die Möglichkeit berücksichtigt werden, wesentliche Verbesserungen an dem Risikomanagement- und Kontrollsystem vornehmen zu können. Das Arbeitsprogramm enthält die einzusetzenden Methoden, wie etwa technologiegestützte Prüfungstechniken und Stichprobenverfahren. Die Verfahrensschritte zur Sammlung und Analyse der Informationen müssen berücksichtigt werden. Es ist vor Beginn der Prüfung zu genehmigen und alle Anpassungen während der Prüfung sind ebenfalls vom Leiter der Internen Revision abzuzeichnen.
- Festlegen, wie, wann und wem die Prüfungsergebnisse mitgeteilt werden.
- Genehmigung des Arbeitsprogramms durch den Leiter der IR.

Durchführung des Einsatzes
In diesem Standard werden die Identifizierung, Analyse und Bewertung sowie die Aufzeichnung von Informationen geregelt. Auch die Beaufsichtigung von Einsätzen ist Gegenstand dieses Standards.
- Alle Informationen zu den Prüfungszielen und zum Arbeitsumfang sind zu erfassen.
- Informationen müssen ausreichend, sachdienlich, relevant und nützlich sein.
  - Ausreichend: Ein sachverständiger Dritter kommt zum gleichen Ergebnis.
  - Sachdienlich: Die Informationen sind verlässlich durch die Anwendung geeigneter Prüfungsverfahren.
  - Relevant: Die Informationen unterstützen die Prüfungsfeststellungen und stimmen mit den Prüfungszielen überein.
  - Nützlich: Die Informationen unterstützen die Zielerreichung.
- Prüfungsverfahren werden im Voraus geplant und während der Prüfung angepasst.
- Der Prüfungsprozess ist zu beaufsichtigen, um Objektivität und Zielführung zu gewährleisten.
- Arbeitspapiere werden vom Prüfer erstellt und vom Prüfungsleiter geprüft. Sie enthalten die gewonnenen Informationen und die durchgeführten Analysen. Sie bilden die Basis für die Feststellungen und Empfehlungen.

Die Analyse und Bewertung der Informationen kann durch den Vergleich zwischen Finanzdaten und Nicht-Finanzdaten, d. h. durch analytische Prüfungshandlungen erfolgen. Analytische Prüfungshandlungen können sowohl bei der Planung, der Durchführung und der Kontrolle einer Prüfung eingesetzt werden. Sie erfordern in der Vorbereitung erheblichen Aufwand, um bestimmte Beziehungen zwischen den Informationen herstellen zu können. Je enger diese Beziehungen sind, umso genauer sind die damit gewonnenen Aussagen. Deshalb sollten folgende Faktoren berücksichtigt werden, wenn der Umfang des Einsatzes analytischer Prüfungshandlungen bestimmt wird.

Kriterien für den Einsatz analytischer Prüfungshandlungen:
- Bedeutung des Prüfungsobjektes
- Angemessenheit des IKS
- Verfügbarkeit und Verlässlichkeit der Daten
- Genauigkeit der Ergebnisse
- Verfügbarkeit und Vergleichbarkeit der Angaben aus der Branche
- Anwendungsmöglichkeiten anderer Prüfungsverfahren

Bei den Aufzeichnungen von Informationen geht es im Wesentlichen um die Führung der Arbeitspapiere. Es werden die Dauerakte und die laufenden Arbeitspapiere unterschieden. Die Grundsätze zur Gestaltung von Arbeitspapieren der Internen Revision weisen nicht die identische Komplexität wie bei der Jahresabschlussprüfung auf.

Arbeitspapiere sollten:
- einfach, übersichtlich und lesbar sein
- Hinweis auf Ersteller und Prüfer der Arbeitspapiere enthalten
- einzelne Informationsquellen benennen
- Kennzeichnung von übernommenen und erstellten Arbeitspapieren vorsehen

Vom Leiter der Internen Revision werden bezüglich der Arbeitspapiere folgende Entscheidungen verlangt:
- Entscheidung über den Zugang zu den Arbeitspapieren. Bei der Freigabe an externe Stellen ist die Genehmigung der Unternehmensleitung und ggf. die Stellungnahme eines Juristen einzuholen.
- Festlegung der Aufbewahrungsfristen für die Arbeitspapiere unabhängig von den Speichermedien, so z. B. für Zwecke des HGB sechs Jahre und für Zwecke des Steuerrechts zehn Jahre.
- Entscheidung darüber, wer die Arbeitspapiere durchsieht. Der Leiter der Internen Revision kann diese Aufgaben delegieren. Die Tätigkeit ist zu dokumentieren.

Die einzelnen Revisionsaufträge sind zu beaufsichtigen. Damit werden drei Zwecke verfolgt:
- Erstens sollen die Ziele der Prüfung erreicht werden.
- Zweitens ist die Qualität der Prüfung zu gewährleisten.
- Drittens ist das Personal nach den Anforderungen der Prüfung weiterzuentwickeln.

Die Durchführung der Prüfung sollte in gleicher Weise kontrolliert werden wie jede betriebliche Tätigkeit. Insbesondere ist die Einhaltung der zeitlichen Planung zu überwachen. Veränderungen sind rechtzeitig – nach Möglichkeit bereits zur Mitte der Prüfung – festzustellen und die erforderlichen Anpassungen zu beantragen.

Kommunikation der Ergebnisse
Der Standard zur Berichterstattung umfasst die Kriterien und die Qualität der Berichterstattung sowie die Weitergabe an den Empfängerkreis. Außerdem ist festzuhalten, ob einzelne Standards bei der Durchführung der Prüfung nicht eingehalten wurden.
Bei den Kriterien zur Berichterstattung werden die Ziele, der Umfang, die Feststellungen, die Empfehlungen und Aktionspläne genannt. Der Prüfungsbericht kann auch eine grundsätzliche Stellungnahme des Prüfers umfassen. Außerdem sollten gute Leistungen im Prüfungsbericht gewürdigt werden. In den Practice Advisories wird auf die rechtlichen Konsequenzen der Prüfungsberichte hingewiesen. Nach amerikanischem Recht hat der Interne Revisor in bestimmten Fällen ein Zeugnisverweigerungsrecht. Dies trifft für die Revisoren in Deutschland, Österreich und der Schweiz nicht zu.

Die Qualitätsanforderungen beziehen sich auf die Berichtsabfassung. Danach sollen die Berichte objektiv, klar und präzise sowie vollständig sein und konstruktive Hinweise enthalten. Die Erstellung sollte zudem zeitnah erfolgen. Die Freigabe und Weitergabe des Berichts erfolgt durch den Leiter der Internen Revision. Um die Bedeutung der Standards zu betonen, muss der Bericht Hinweise darauf enthalten, wenn die Standards nicht eingehalten werden. Dazu sind die nicht eingehaltenen Standards zu nennen, die Gründe zu erläutern und die Auswirkungen der Nichteinhaltung zu beschreiben.

Überwachung der Fortschritte
Dieser Bereich wurde früher unter der Bezeichnung Follow-up behandelt. Nun wurde er erweitert zum Monitoring Process. Der Leiter der Internen Revision hat danach ein System einzurichten, mit dem die Verwendung der gemeldeten Ergebnisse überwacht wird. Es enthält den Zeitrahmen der Antworten, eine Follow-up-Prüfung und das Verhalten der Internen Revision bei unbefriedigenden Antworten der geprüften Abteilung.

Risikoübernahme durch das Management
Ist der Leiter der Internen Revision der Auffassung, dass die Unternehmensleitung ein Restrisiko auf sich genommen hat, das für das Unternehmen nicht akzeptabel ist, so hat er diesen Punkt mit der Unternehmensführung zu besprechen. Wenn die Frage über das Restrisiko nicht einheitlich gelöst werden kann, wird sie dem Board zur Entscheidung vorgelegt. Dieses Vorgehen verlangt vom Internen Revisor Standfestigkeit und Überzeugung. Daraus können sehr leicht Konflikte entstehen, die einen Rückhalt im Board oder Audit Committee erforderlich machen.

4.4 Kernthesen

Die Standards des IIA gelten weltweit für alle Internen Revisoren, unabhängig von Branche und Größe der Unternehmen. Sie gelten in Deutschland damit für alle Mitglieder des DIIR, des IIA, für die CIAs sowie die Internen Revisoren^{DIIR} und die Aspiranten für diese Examen.

Es werden insgesamt vier Zielsetzungen mit den Standards verfolgt:
- Vorgabe verbindlicher Grundprinzipien für Interne Revisoren
- Schaffung der Rahmenbedingungen für die Tätigkeit der Internen Revisoren
- Aufstellen von Bewertungskriterien für die Leistung der Internen Revisoren
- Förderung der Geschäftsprozesse und der Arbeitsvorgänge in der Internen Revision

Damit liegen nun verbindliche Vorgaben für die Beurteilung einer Internen Revision vor, die von der Unternehmensführung und den Abschlussprüfern genutzt werden können.

Die Grundsätze enthalten sechs unterschiedliche Bestandteile:
- Definition: Umschreibung der Internen Revision.
- Standards: Sie stellen ein Rahmenwerk für die Durchführung und Förderung der Internen Revision zur Verfügung.
- Erläuterungen: Sie wurden den Standards hinzugefügt, um Begriffe und Aussagen zu klären und Missverständnisse zu vermeiden.
- Positionspapiere: Damit soll Personen, die nicht zur Internen Revision gehören, die Rolle und Verantwortung der Intern Revision im Bereich Führung und Überwachung, Risiko und Kontrolle verdeutlicht werden.
- Praktische Ratschläge: Sie bieten den Revisoren Hilfestellung bei der Umsetzung und Anwendung der Standards, um gute Praxis zu fördern.
- Praxisleitfäden: Sie enthalten detaillierte Hinweise für die Durchführung der Revisionsfunktion.

Der Verbindlichkeitsgrad wurde neu geregelt. Aus dem bisherigen Soll ist nun ein Muss geworden. Verbindlich vorgegeben sind die Definition, die Standards und der Code of Ethics. Dringend empfohlen sind die weiteren Bestandteile. Sie weisen damit nicht den gleichen Verbindlichkeitsgrad auf. Das ist deshalb auch so schwierig, weil die Interne Revision weltweit nicht immer unter den gleichen Bedingungen aufgestellt ist, was z. B. die organisatorische Unterstellung oder die rechtliche Ordnung betrifft. Insofern sind die Positionspapiere, die Praxisleitfäden und die praktischen Ratschläge dringend empfohlene Regelungen.

Das IIA hat nun auch geklärt, im welchem Verhältnis die internationalen Grundsätze im Verhältnis zu den nationalen Grundsätzen zu sehen sind. Es gelten grundsätzlich die internationalen Grundsätze. Nationale Grundsätze sind dann anzuwenden, wenn sie eine Regelungslücke betreffen oder höhere Anforderungen definieren als die internationalen Grundsätze. Die internationalen Grundsätze sollen auch nicht im Widerstreit zu Gesetzen und Verordnungen einzelner Länder stehen. Ist dies der Fall, sollte davon das IIA informiert werden.

Verändert wurde auch der Due Process, d. h. der Prozess zur Entwickelung der Grundsätze. Nun soll alle drei Jahre eine Überprüfung der Grundsätze erfolgen und alle aufgefordert werden, Hinweise und Verbesserungsvorschläge zu den Grundsätzen einzureichen. Damit wird die nötige Aktualität und Flexibilität der Grundsätze erreicht.

Kernstück der Grundsätze sind die Standards. Sie sind mit vierstelligen Ordnungsnummern versehen und werden in zwei große Gruppen gegliedert: Die Attribute Standards, die auf die Eigenschaften der Internen Revision eingehen und die Performance Standards, welche die Leistung der Internen Revision regeln.

5 Regelungen zur Internen Revision

5.1 Regelungen in Deutschland

5.1.1 Einrichtung eines Überwachungssystems nach AktG

Das deutsche Überwachungssystem von Kapitalgesellschaften war in der Vergangenheit zunehmend in die Kritik geraten. Nach einigen Unternehmenszusammenbrüchen wurde nach der Wirkung von Abschlussprüfung, Aufsichtsrat und Interner Revision gefragt. Auch Banken wurden in die Kritik mit einbezogen. Diese Schwachstellen sind aus Sicht der Bundesregierung Anlass gewesen für gezielte Korrekturen. Das Gesetz zur Kontrolle und Transparenz im Unternehmensbereich (KonTraG) enthält dazu die Vorschriften.

Durch die Regelungen des KonTraG findet eine deutliche Stärkung des Aufsichtsrates statt, verbunden mit Pflichten des Vorstandes und des Abschlussprüfers.[91] Beibehalten hat der Gesetzgeber das dualistische System, mit der Trennung zwischen unternehmensleitendem Vorstand und überwachendem Aufsichtsrat.[92] Die Berichtspflichten des Vorstandes werden erweitert bzw. konkretisiert, die Bestellung der Abschlussprüfer erfolgt durch den Aufsichtsrat, an den auch der Prüfungsbericht gerichtet ist. Der Vorstand hat neben der umfassenden Berichtspflicht gegenüber dem Aufsichtsrat weitere Aufgaben zu erfüllen, wie z. B. Einrichtung eines Überwachungssystems und eine umfangreichere Berichterstattung im Lagebericht.

Für den Abschlussprüfer ergaben sich erweiterte Prüfungspflichten und eine neugeregelte Berichtspflicht. Nach § 171 Abs. 1 Satz 2 AktG wird der Prüfer zur Teilnahme an der Bilanzsitzung des Aufsichtsrats oder der Bilanzsitzung eines Bilanzausschusses, sofern dieser gebildet wurde, verpflichtet. Er soll über die wesentlichen Ergebnisse seiner Prüfung berichten. Für den Aufsichtsrat besteht die Möglichkeit, sich gezielt einzelne Stellen der Bilanz oder des Prüfungsberichts erläutern zu lassen. An dieser Sitzung sollte auch der Leiter der Internen Revision im Unternehmen teilnehmen. Das Überwachungssystem von Kapitalgesellschaften zeigt nun das folgende Bild:

---

91 Vgl. Möllers 1999, S. 438.
92 Vgl. Hommelhoff/Mattheus 1998, S. 251.

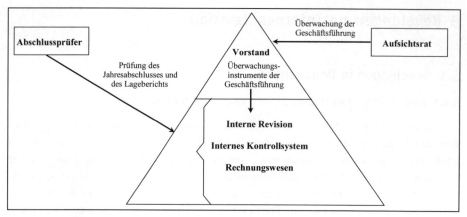

Abbildung 5-1: Überwachungsorgane der Aktiengesellschaft

Ein wesentlicher Punkt, der im § 91 AktG dargestellt wird, betrifft das Risikomanagementsystem. Danach hat der Vorstand geeignete Maßnahmen zu treffen, insbesondere ein Überwachungssystem einzurichten, damit den Fortbestand der Gesellschaft gefährdende Entwicklungen früh erkannt werden. Die Art der Umsetzung ist von der Branche, der Größe und der Struktur der Unternehmung sowie von dessen Kapitalmarktzugang abhängig. Zum Überwachungssystem gehört auch die Einrichtung einer Internen Revision. Die Erfüllung dieser Vorschrift ist vom Abschlussprüfer zu prüfen und die Angemessenheit zu bewerten. Das Ergebnis der Prüfung ist dem Aufsichtsrat mitzuteilen.

Die Einrichtung des Risikomanagementsystems dient der Verbesserung der Vorstandstätigkeit aber gleichzeitig allen Beteiligten am Unternehmen. Das Management soll damit ein schlagkräftiges Instrument zur Erkennung und Behandlung von Risiken besitzen. Nicht geregelt wurde die Ausgestaltung des RMS. Hier weisen die theoretischen Modelle noch Unschärfen in der Abgrenzung der Bestandteile auf.[93] Vom IDW liegt ein Prüfungsstandard zur Prüfung des Risikofrüherkennungssystems vor.[94] Allerdings sind daraus keine inhaltlichen Vorgaben für das RMS zu entnehmen. Mehr Hinweise auch auf die Ausgestaltung enthält der Prüfungsstandard zum Internen Kontrollsystem.[95]

Das KonTraG hat insgesamt nicht die erhofften Erfolge gebracht, wie die neuerlichen Bilanzskandale bewiesen haben. Der Gesetzgeber kann aber nicht jedes Mal mit Gesetzänderungen auf das Versagen in einzelnen Gesellschaften reagieren. Die Berichterstattung im Sinne der Vorschläge zur Corporate Governance sind Signale in die richtige Richtung.

---

[93] Während in der Praxis eine Integration in die bestehende Planungs- und Kontrollprozesse vorgenommen wird, sehen die theoretischen Modelle eine Reihe von zusätzlichen Kontrollen in wenig spezifischen Ausrichtungen vor. So z.B. bei *Lück* 1998, S. 9–11.
[94] Vgl. IDW Prüfungsstandard PS 340, 1999, S. 658–662.
[95] Vgl. IDW Prüfungsstandard PS 261 n. F., 2012, 2001a, S. 39–48.

5.1.2 Einrichtung eines Prüfungsausschusses nach DCGK

Ein wesentlicher Punkt der Diskussion im Rahmen des DCGK bezieht sich auf den Aufsichtsrat und hier auf die Bildung von Ausschüssen des Aufsichtsrates. Während in der Vergangenheit diese Ausschüsse gefordert wurden, um die Tätigkeit effizienter zu gestalten[96], wird nun die Gefahr gesehen, dass wesentliche Aufgaben auf diese Ausschüsse übertragen werden und die Aufsichtsräte in ihrer Gesamtheit darüber nicht informiert sind. Nach § 107 Abs. 3 Satz 3 AktG ist dem Aufsichtsrat über die Arbeit der Ausschüsse regelmäßig zu berichten. Die Kodex-Kommission[97] empfiehlt auch die Einrichtung von fachlich qualifizierten Ausschüssen, die über ihre Arbeit dem Aufsichtsrat berichten. Verlangt wird ein Prüfungsausschuss, der in Klammern als Audit Committee bezeichnet wird und der sich speziell mit den Fragen des Prüfungsauftrags und der Prüfung durch den Abschlussprüfer zu beschäftigen hat.

> Der Vorschlag, dass der Aufsichtsrat vorsehen kann, dass Ausschüsse anstelle des Aufsichtsrats entscheiden können, wurde mit Hinweis auf § 107 Abs. 3 Satz 2 AktG heftig kritisiert.

Eine klare Absage hat die Regierungskommission der Forderung erteilt, die IR könnte dem Aufsichtsrat unterstellt werden. Diese Forderung wird immer wieder erhoben, um die Unabhängigkeit der Internen Revision zu stärken und ihre Prüfungstätigkeit auf das Management auszudehnen. Die Loyalitätskonflikte werden aber regelmäßig höher gewichtet. Es werden auch keine Regelungen vorgeschlagen, dass die Interne Revision regelmäßig an den Aufsichtsrat berichten sollte. Die Kommission verweist darauf, dass der Aufsichtsrat ohnehin das Recht hat, die Bücher und Schriften der Gesellschaft einzusehen und zu prüfen.

> Art. 41 der 8. EU-Richtlinie hat hier eine Änderung gebracht, die durch das BilMoG umgesetzt wurde. Im § 107 Abs. 3 wird nach Satz 1 folgender Satz 2 eingefügt:
>
> „Er (AR) kann insbesondere einen Prüfungsausschuss bestellen, der sich mit der Überwachung des Rechnungslegungsprozesses, der Wirksamkeit des internen Kontrollsystems, des Risikomanagementsystems und des internen Revisionssystems sowie der Abschlussprüfung, hier insbesondere der Unabhängigkeit des Abschlussprüfers und der vom Abschlussprüfer zusätzlich erbrachten Leistungen, befasst."

Die Behandlung von kontroversen Themen ist in kleineren Gruppen wirkungsvoller möglich, als in einem Aufsichtsrat mit vielen Mitgliedern. Durch eine Verlagerung in den Bilanz- und Prüfungsausschuss können Spezialisten wesentliche Vorarbeiten für den Aufsichtsrat leisten. Sie können den Kontakt zum Abschlussprüfer halten und sind damit enger in die Arbeit des Abschlussprüfers eingebunden. Nach den Vorstellungen der Kodex-Kommission kann der Aufsichtsrat vorsehen, dass die Ausschüsse anstelle des Aufsichtsrats entscheiden. Der Vorteil dieser Regelung besteht darin, dass

---

96 Vgl. Röller 1994, S. 333; Lutter 1994, S. 212.
97 Vgl. Regierungskommission Deutscher Corporate Governance Kodex 2013, 5.3 Bildung von Ausschüssen.

schnelle Entscheidungen zwischen sachverständigen Personen ermöglicht werden. Der Nachteil ergibt sich aber aus dem Ausschluss anderer Mitglieder des Aufsichtsrats von der Entscheidung. Der Sachverstand ist bei wichtigen Entscheidungen ein kräftiges Argument. Daneben stehen aber Erfahrungen, Zielvorstellungen und die Kenntnis von Anfälligkeiten, die ebenfalls in die Entscheidungen mit einfließen sollten. Schon die Vorbehandlung von Themen durch Experten erschwert die Diskussion für die nicht fachkundigen Mitglieder, die dennoch eigene Meinungen und Vorstellungen einbringen möchten.

Die Aufgaben des Prüfungsausschusses werden im Governance Kodex weiter spezifiziert. Er sieht in Ziffer 5.3.2 vor, dass der Aufsichtsrat einen Prüfungsausschuss (Audit Committee) einrichten soll, der sich insbesondere mit Fragen der Rechnungslegung und des Risikomanagements, der erforderlichen Unabhängigkeit des Abschlussprüfers, der Erteilung des Prüfungsauftrags an den Abschlussprüfer, der Bestimmung von Prüfungsschwerpunkten und der Honorarvereinbarung befassen soll. Die Ausgestaltung dieser Regelung als Empfehlung führt dazu, dass eine börsennotierte Gesellschaft die Nichtbefolgung nach § 161 AktG in ihrer Entsprechenserklärung offen zu legen hat.

Zu den Aufgabenschwerpunkten gehört in der Praxis die Vorprüfung des Jahres- und Konzernabschlusses. Die Durchsprache der Quartalsabschüsse gewinnt zunehmend Bedeutung für die Prüfungsausschüsse. Im Vordergrund der Tätigkeit steht aber die Zusammenarbeit mit dem Abschlussprüfer. Weitere Themengebiete der Prüfungsausschüsse sind Risikomanagement, Internes Kontrollsystem und Interne Revision.

Im Hinblick auf das Risikomanagementsystem hat der Prüfungsausschuss zu überwachen, ob der Vorstand ein Risikomanagementsystem eingerichtet hat und betreibt, das eingerichtete Überwachungssystem wirksam ist, der Vorstand die notwendigen Verbesserungsmaßnahmen ergriffen hat und die bisherige Risikobewältigung zweckmäßig und wirtschaftlich war. Die Beurteilung erfolgt anhand der Berichte des Vorstands und der Abschlussprüfer. Da der Abschlussprüfer nur die Funktionsfähigkeit, nicht aber die Zweckmäßigkeit und Wirtschaftlichkeit des Risikomanagementsystems prüft, sollte der Prüfungsausschuss auf eigene Prüfungshandlungen zurückgreifen, wie z. B. Vergleich der geplanten zu den eingetretenen Budgets oder auch der Prognosen mit der tatsächlichen Entwicklung. Bei dieser Tätigkeit kann die Interne Revision den Prüfungsausschuss unterstützen, wenn dazu die Billigung des Vorstands vorliegt. Die Prüfungsberichte der Internen Revision, die sich mit dem Risikomanagementsystem beschäftigen, können auf jeden Fall vom Prüfungsausschuss angefordert werden.

In der Praxis hat sich eine direkte Zusammenarbeit zwischen Interner Revision und Prüfungsausschuss durch die fallweise z. T. auch generelle Teilnahme der Internen Revision an Sitzungen des Prüfungsausschusses herausgebildet.[98] Gegenstand der Besprechungen sind zunehmend der Jahresprüfungsplan und der Jahresprüfungsbe-

---

98 Vgl. Peemöller/Richter 2000, S. 57.

richt sowie die getroffenen Feststellungen der Internen Revision.[99] Somit kann festgestellt werden, dass die Interne Revision eine wichtige Informationsquelle der Prüfungsausschüsse deutscher Aktiengesellschaften ist. Das kann als Indiz dafür gelten, dass sich in der Unternehmenspraxis die Prüfungsausschüsse deutscher Aktiengesellschaften in ihrer Aufgabenwahrnehmung mehr und mehr hin zum Audit Committee angloamerikanischer Prägung entwickeln und dass dabei die strikte Trennung zwischen den Leitungsaufgaben des Vorstands und der Überwachungsfunktion des Aufsichtsrats aufgeweicht wird.

Zu den Aufgaben im Zusammenhang mit der Abschlussprüfung gehören die Sicherstellung der Unabhängigkeit des Abschlussprüfers, die Erteilung des Prüfungsauftrags an den Abschlussprüfer sowie die Bestimmung von Prüfungsschwerpunkten und die Honorarvereinbarung.[100] Nicht eindeutig ist dabei, ob der DCGK empfiehlt, dass die Unterbreitung des Vorschlags für die Wahl des Abschlussprüfers an den Prüfungsausschuss delegiert werden sollte. Durch BilMoG ist insofern eine Klarstellung erfolgt, als der Aufsichtsrat der Empfehlung des Prüfungsausschusses zur Wahl des Abschlussprüfers folgen sollte.[101]

Es steht dem Aufsichtsrat nach dem Kodex frei, dem Prüfungsausschuss weitere Aufgaben zuzuweisen.[102] Eine derartige Aufgabe kann sich durch das Enforcement-Verfahren ergeben, das nach § 342b HGB vorgesehen ist. Ist das Unternehmen durch dieses Verfahren betroffen, sollte der Prüfungsausschuss diesen Prozess eng begleiten.[103] Die Bedeutung des Prüfungsausschusses im Rahmen der Corporate Governance ist bereits Gegenstand von Analysen und Untersuchungen gewesen.[104] Der Vorsitzende des Prüfungsausschusses sollte über besondere Kenntnisse und Erfahrungen hinsichtlich der Rechnungslegungsvorschriften und der internen Kontrollverfahren verfügen und kein ehemaliges Vorstandsmitglied und auch nicht Aufsichtsratsvorsitzender sein. Grundlage dieser Anregungen ist die Stärkung der Unabhängigkeit der Prüfungsausschussmitglieder bei der Prüfung der Abschlüsse. Gegen den Aufsichtsratsvorsitzenden spricht seine Nähe zum Vorstandsvorsitzenden und gegen ehemalige Vorstandsmitglieder die Identität von Prüfenden und Geprüften. Im Kodex wird ausdrücklich nur die Besetzung des Prüfungsausschussvorsitzenden thematisiert. Einfache Mitglieder oder auch Stellvertreter des Ausschussvorsitzenden können sowohl der Aufsichtsratsvorsitzende wie ehemalige Vorstandsmitglieder sein.

Es wird immer wieder die Frage nach den Gemeinsamkeiten und Unterschieden zwischen Prüfungsausschuss und Audit Committee gestellt. Es handelt sich um Gremien, die in zwei unterschiedlichen Systemen vorgesehen sind und sich insofern unterscheiden. Allerdings zeigen empirische Untersuchungen[105], dass eine Annäherung an

---

99 Vgl. Peemöller/Warncke 2005, S. 404.
100 Vgl. Warncke 2005, S. 247.
101 § 124 Abs. 3 Satz 2: „Bei Gesellschaften im Sinne des § 264d HGB ist der Vorschlag des Aufsichtsrats zur Wahl des Abschlussprüfers auf die Empfehlung des Prüfungsausschusses zu stützen."
102 Vgl. Kremer 2003, Rn. 691.
103 Vgl. Warncke 2005, S. 263.
104 Vgl. DeZoort/Salterio 2001, S. 31–47.
105 Vgl. Peemöller/Warncke 2005, S. 401 ff.

die Tätigkeiten der Audit Committees US-amerikanischer Unternehmen festzustellen ist. Diese Gemeinsamkeiten beziehen sich nicht allein auf die Unternehmen, die aufgrund ihrer Notierung an einer US-amerikanischen Wertpapierbörse direkt dem Sarbanes Oxley Act of 2002 unterliegen. Auch die „Empfehlung zu den Aufgaben der nicht geschäftsführenden Direktoren/Aufsichtsratsmitglieder sowie zu den Ausschüssen des Verwaltungs-/Aufsichtsrats"[106] der EU-Kommission und die Abschlussprüferrichtlinie[107] zielen auf eine Angleichung zwischen Audit Committee und Prüfungsausschuss.

In der Untersuchung wurden vier Punkte der Zusammenarbeit zwischen dem Prüfungsausschuss des Aufsichtsrats und der Internen Revision angesprochen:[108]

Themenschwerpunkte des Prüfungsausschusses bezüglich der IR:
1. Jahresprüfungsprogramm: In über der Hälfte der untersuchten Unternehmen wird das Jahresprüfungsprogramm nicht allein zur Kenntnis genommen, sondern es wird dort diskutiert, z. T. wird es auch im Prüfungsausschuss beschlossen.
2. Über die Prüfungsergebnisse wird in 57 % der Fälle im Prüfungsausschuss berichtet. Dies erfolgt z. T. durch den Leiter der Internen Revision, der damit auch im Prüfungsausschuss präsent ist und für Fragen zur Verfügung steht.
3. Ebenfalls sind die Prüfungsberichte in der Hälfte der untersuchten Gesellschaften dem Prüfungsausschuss zugänglich. Dabei erfolgt die Vorlage der Prüfungsberichte grundsätzlich über den Vorstand.
4. Schließlich werden von den Prüfungsausschüssen Prüfungsaufträge bzw. -anregungen bei 21 % der DAX-Unternehmen an die Interne Revision gerichtet.

5.1.3 MaRisk des Bundesamtes für Finanzdienstleistungsaufsicht

Basel II verlangt in seiner Säule 2 bankaufsichtsrechtliche Überwachungsprozesse. Die Umsetzung erfolgte in Deutschland in den Mindestanforderungen an das Risikomanagement (MaRisk), dass in neuer Fassung mit Rundschreiben 10/2012 vom 14.12. 2012 vorliegt.[109] Für die IR sind zwei Sachverhalte von besonderer Bedeutung:

1. Allgemeine Anforderungen an das Risikomanagement
Alle Geschäftsleiter sind für das Risikomanagement verantwortlich, unabhängig von ihrer internen Zuständigkeit. Sie müssen mit diesem System in der Lage sein, die Risiken zu beurteilen und die erforderlichen Maßnahmen zu ihrer Begrenzung zu treffen. Insgesamt sind hier drei Bereiche zu berücksichtigen.
- Risikotragfähigkeit: Auf der Basis des Gesamtrisikoprofils ist sicherzustellen, dass die wesentlichen Risiken der Bank durch das Risikodeckungspotenzial laufend abgedeckt sind. Für wesentliche Risiken, die nicht einbezogen werden, ist eine nachvollziehbare Begründung zu liefern. Ein bestimmtes Verfahren zur Beurteilung der Risikotragfähigkeit wird nicht vorgeschrieben. Die Angemessenheit der Methoden ist jährlich zu prüfen.

---

106 Empfehlung der EU-Kommission von 2005 und Ergänzung vom 30.4.2009 eur-lex.europa.eu/LexKriServ.
107 Vgl. EU-Abschlussprüferrichtlinie http://www.wpk.de/pdf/Abschlusspruefferrichtlinie.pdf.
108 Vgl. Peemöller/Warncke 2005, S. 401 ff.
109 Vgl. http://www.bafin.de/cln_161/nn_722758/ShareDocs/Veroeffentlichungen/DE/Service.

- Strategien; Die Geschäftsleitung hat eine Geschäftsstrategie und eine dazu konsistente Risikostrategie festzulegen. Die Ziele und die Planungen der Geschäftsaktivitäten sowie die Risiken wesentlicher Auslagerungen müssen in diese Risikostrategie einfließen. Die Verantwortung für die Strategien verbleibt nicht delegierbar bei der Geschäftsleitung. Die Risikostrategie hat gegebenenfalls durch Teilstrategien die Ziele der Risikosteuerung der wesentlichen Geschäftsaktivitäten zu enthalten. Die Strategien sind mindestens jährlich zu überprüfen und – wenn erforderlich – anzupassen.
- Internes Kontrollsystem: Es sind Regelungen zur Aufbau- und Ablauforganisation zu treffen. Dabei sollten durch Funktionstrennung unvereinbare Tätigkeiten auf unterschiedliche Mitarbeiter verteilt werden. Die Prozesse sind eindeutig hinsichtlich Aufgaben, Kompetenzen, Verantwortlichkeiten, Kontrollen und Kommunikationswegen zu definieren. Darüber hinaus sind angemesse Risikosteuerungs- und -controllingprozesse einzurichten, durch die eine Identifizierung, Beurteilung, Steuerung sowie Überwachung der wesentlichen Risiken gewährleistet wird. Dadurch sollen Risiken frühzeitig erkannt, vollständig erfasst und angemessen dargestellt werden. Die Wechselwirkungen zwischen den Risiken sind zu berücksichtigen. Insgesamt sind die Prozesse der Risikosteuerung in die Gesamtbanksteuerung einzubeziehen. Der Geschäftsleitung ist in angemessenen Abständen über die Risikosituation zu berichten. Alle wesentlichen Informationen, welche die Risikosituation betreffen, sind unverzüglich der Geschäftsleitung zu melden. Diese Informationen sind auch an die Interne Revision weiterzuleiten, damit sie geeignete Maßnahmen bzw. Prüfungshandlungen einleiten kann. Trotz dieser umfassenden Vorgaben für die Kreditinstitute konnte offensichtlich die Finanzkrise nicht verhindert werden.

2. Interne Revision
Jedes Kreditinstitut muss über eine Risikocontrolling-Funktion, über eine Compliance-Funktion und über eine funktionstüchtige Interne Revision verfügen.
Der Risikocontrolling-Funktion sind folgende Aufgaben zu übertragen:
- Unterstützung der Geschäftsleitung in allen risikopolitischen Fragen
- Durchführung der Risikoinventur
- Unterstützung der Geschäftsleitung bei der Einrichtung der Risikosteuerungs- und -controllingprozesse
- Einrichtung eines Systems von Risikokennzahlen
- Regelmäßige Erstellung der Risikoberichte
- Verantwortung für die unverzügliche Weitergabe von wesentlichen Informationen zu Risikogesichtspunkten

Die Compliance-Funktion muss den Risiken entgegenwirken, die sich aus der Nichteinhaltung rechtlicher Regelungen und Vorgaben ergeben können. Sie ist der Geschäfsleitung unmittelbar unterstellt und ihr berichtspflichtig. Für ihre Aufgaben kann sie auch auf andere Stellen und Funktionen zurückgreifen.

Die Aufgabe der Internen Revision kann in kleinen Instituten von einem Geschäftsleiter erfüllt werden. Sie ist der Geschäftsleitung unmittelbar unterstellt und an diese berichtspflichtig. Der Vorsitzende des Aufsichtsorgans kann nun unter Einbeziehung der Geschäftsleitung direkt beim Leiter der IR Auskünfte einholen. Revisionsfreie Räume dürfen nicht existieren, insofern hat die IR alle Aktivitäten und Prozesse auf Ordnungsmäßigkeit zu beurteilen. Sie hat dabei risikoorientiert und prozessunabhängig zu agieren. Zu ihren Aufgaben gehört weiterhin die Prüfung und Beurteilung der Wirksamkeit und Angemessenheit des Risikomanagementsystems und des Internen Kontrollsystems. Sie muss mit einem aktiven und passiven Informationsrecht ausgestattet sein. Eine Konzernrevision wird ergänzend zu den Revisionen der nachgeordneten Unternehmen tätig und ergänzt insofern die Prüfungstätigkeit. In den besonderen Anforderungen an die Ausgestaltung der Internen Revision finden sich die Grundsätze des IIA wieder.

Die Prüfungsplanung basiert auf einem jährlich fortzuschreibenden Jahresprüfungsplan. Die Prüfungsplanung hat risikoorientiert zu erfolgen, wobei alle Aktivitäten im Turnus von drei Jahren zu prüfen sind. Von diesem dreijährigen Turnus darf nun unter Risikogesichtspunkten abgewichen werden, bei nicht wesentlichen Aktivitäten und Prozessen. Insofern wird aus Sicherheitsgründen grundsätzlich eine Kombination aus dem risikoorientierten Prüfungsansatz und dem Prüfungsansatz einer turnusmäßigen Prüfung vorgenommen, die nun etwas abgemildert wurde. Die Prüfungsplanung einschließlich der Sonderprüfungen ist von der Geschäftsleitung zu genehmigen. Über jede Prüfung ist ein schriftlicher Bericht anzufertigen, der die wesentlichen Mängel besonders hervorhebt. Nun wird eine Abstufung der Mängel in „wesentlich", „schwerwiegend" und „besonders schwerwiegend" vorgenommen. Die genaue Abgrenzung können die Kreditinstitute selbst vornehmen. Zusätzlich ist ein Jahresprüfungsbericht zu verfassen, der über die wesentlichen Mängel und die ergriffenen Maßnahmen informiert. Hier können gleichartige Einzelfeststellungen aus Vereinfachungsgründen inhaltlich zusammengefasst werden. Bei schwerwiegenden Feststellungen gegen Geschäftsleiter, ist die Geschäftsleitung unverzüglich zu informieren und diese hat den Vorsitzenden des Aufsichtsorgans sowie die Aufsichtsinstitution unverzüglich zu unterrichten. Kommt die Geschäftsleitung dieser Verpflichtung nicht nach, hat die Interne Revision den Vorsitzenden des Aufsichtsorgans selbst zu informieren. Die Interne Revision hat auch ein Follow-up einzurichten, um die fristgerechte Beseitigung der festgestellten Mängel zu überwachen.

5.2 Europäische Regelungen

5.2.1 8. EU-Richtlinie

Die 8. EU-Richtlinie[110] ist am 9. Juni 2006 im EU-Amtsblatt veröffentlicht worden. Damit begann die 2-Jahres-Periode zur Umsetzung der Richtlinie in nationales Recht. Durch BilMoG sind diese Regelungen in deutsches Recht übernommen worden. Die Abschlussprüferrichtlinie – wie sie genannt wird – wendet sich vor allem an Abschlussprüfer bzw. deren Aufsichtsbehörden.

Es werden insbesondere fünf Ziele damit verbunden:
- verbindliche Vorgabe internationaler Prüfungsstandards
- Aktualisierung der Ausbildungsvoraussetzungen
- Festlegung von Berufsgrundsätzen für den Prüfer
- Verbesserung und Harmonisierung der Qualität
- Stärkung des Vertrauens in die Abschlussprüfung

Aus der Sicht der Internen Revision sind zwei Gesichtspunkte von besonderem Interesse: Zum einen die Einrichtung von Prüfungsausschüssen und zum anderen die Ausgestaltung eines wirksamen Internen Kontrollsystems. Beide Vorgaben sollen dazu beitragen, finanzielle und betriebliche Risiken sowie das Risiko von Regelverstößen auf ein Mindestmaß zu begrenzen und die Qualität der Rechnungslegung zu verbessern.[111] Im Artikel 41 der Richtlinie wird die Ausgestaltung des Prüfungsausschusses näher erläutert. Danach haben Unternehmen von öffentlichem Interesse einen Prüfungsausschuss einzurichten. Unternehmen von öffentlichem Interesse sind börsennotierte Gesellschaften, Banken und Versicherungen. Mindestens ein Mitglied des Prüfungsausschusses muss unabhängig sein und über Sachverstand im Rechnungswesen oder in der Abschlussprüfung verfügen. Diese Anforderung wurde bereits im SOX erhoben.

Zu den Aufgaben des Prüfungsausschusses zählen:
- Überwachen des Rechnungslegungsprozess
- Überwachen der Wirksamkeit des Internen Kontrollsystems, gegebenenfalls des Internen Revisionssystems und des Risikomanagementsystems des Unternehmens
- Überwachen der Abschlussprüfung des Jahres- und des konsolidierenden Abschlusses
- Überwachen und Überprüfen der Unabhängigkeit des Abschlussprüfers oder der Prüfungsgesellschaft

Diese Aufgaben des Prüfungsausschusses können in Deutschland auch vom Aufsichtsrat wahrgenommen werden.

Diskussionen hat die Formulierung ausgelöst, dass die Wirksamkeit des Internen Kontrollsystems vom Prüfungsausschuss zu überwachen ist. Daraus wurde die Befürchtung abgeleitet, dass damit ein europäisches SOX eingeführt werden sollte. Das

---

110 Vgl. Richtlinie 2006/43/EG des Europäischen Parlaments und des Rates vom 17. Mai 2006 über Abschlussprüfungen von Jahresabschlüssen und konsolidierten Abschlüssen, zur Änderung der Richtlinien 78/660/EWG und 83/349/EWG des Rates und zur Aufhebung der Richtlinie 84/253/EWG des Rates Abschlussprüferrichtlinie http://www.wpk.de/pdf/Abschlussprueferrichtlinie.pdf.
111 Vgl. 8. EU-RL § 24 der Einleitung.

hätte bedeutet, dass die Kontrollen zu dokumentieren und regelmäßig jährlich auf ihre Effizienz zu prüfen sind. Dies ist aber ausdrücklich nicht mit dem Artikel 41 der 8. EU-RL bezweckt.[112] So besteht keine Verpflichtung, das IKS regelmäßig zu prüfen, es sind keine neuen Veröffentlichungserfordernisse entstanden und es sind auch keine neuen Strafbestimmungen für das Management vorgesehen.

Der zweite Gesichtspunkt bezieht sich auf das interne Revisionssystem. Danach soll sich der Prüfungsausschuss mit der Wirksamkeit des internen Revisionssystems befassen. Damit würde die Interne Revision und ihre Arbeit eine stärkere Beachtung durch den Aufsichtsrat erfahren. Der deutsche Gesetzgeber hat diese Vorgabe der 8. EU-RL durch das BilMoG umgesetzt. Es wurde der § 107 AktG angepasst. Danach kann der Aufsichtsrat einen Prüfungsausschuss bestellen, der diese Aufgaben übernimmt. Damit wird der Praxis der großen Unternehmen Rechnung getragen, die einen solchen Aufgabenwandel bereits vollzogen haben, ohne dass diese Vorschrift zwingend für alle Aktiengesellschaften zu übernehmen wäre.

5.2.2 Umsetzung von Basel II

Die bis Ende 2006 einschlägige Eigenkapitalvereinbarung von 1988 (Basel I) konzentrierte sich auf das Mindestkapital für Banken als entscheidende Größe für die Begrenzung der Risiken. Basel II zielt auf eine Stärkung der Sicherheit und Solidität des Finanzsystems ab. Die Kapitalanforderungen an Banken sollen stärker als bisher vom eingegangenen Risiko abhängig gemacht werden sowie neuere Entwicklung an den Finanzmärkten und im Risikomanagement der Institute berücksichtigt werden. Als weitere Inhalte wurden die Grundprinzipien für die qualitative Bankenaufsicht und die Erweiterung der Offenlegungspflichten zur Stärkung der Marktdisziplin vorgegeben. Insofern enthält die Baseler Rahmenvereinbarung drei Säulen, wobei die Säulen zwei und drei im Vergleich zu Basel I neu hinzugekommen sind.

> *Säule 1:* Mindestkapitalanforderungen für eine Eigenkapitalunterlegung für Kreditrisiken, Marktrisiken und operationelle Risiken. Zur Bestimmung der Eigenkapitalanforderungen stehen verschiedene Messverfahren zur Verfügung: einfache, standardisierte Ansätze sowie fortgeschrittene, risikosensitive und auf bankeigenen Verfahren beruhende Ansätze. Die Säule I gewährt damit einen flexiblen Rahmen, den eine Bank vorbehaltlich der aufsichtrechtlichen Überprüfung, entsprechend ihrer Komplexität und ihrem Risikoprofil nutzen kann.
>
> *Säule 2:* Aufsichtsrechtlicher Überprüfungsprozess, der die quantitativen Mindestkapitalanforderungen der Säule 1 um ein qualitatives Element ergänzt. Es geht im Wesentlichen darum, das Gesamtrisiko eines Instituts und die wesentlichen Einflussfaktoren auf dessen Risikosituation zu identifizieren und bankenaufsichtlich zu würdigen. Diese Säule 2 ist durch das MaRisk des Bundesamtes für Finanzdienstleistungsaufsicht umgesetzt werden.

---

112 Vgl. Peemöller 2008c, S. 78.

Säule 3: Erweiterung der Offenlegungspflichten der Institute, um eine größere Marktdisziplin durch die Kräfte des Marktes komplementär zu den regulatorischen Anforderungen zu erreichen.

Die Baseler Rahmenvereinbarung wurde 2004 veröffentlicht und 2005 um Handelsbuchaspekte und die Behandlung des Doppelausfallrisikos ergänzt und trat 2006 in Kraft. Basel II wurde auf europäischer Ebene durch die Bankenrichtlinie und die Kapitaladäquanzrichtlinie 2006 umgesetzt. Die Umsetzung in Deutschland erfolgte durch Änderungen des Kreditwesengesetzes und durch ergänzende Verordnungen wie die Solvabilitätsverordnung und die Groß- und Millionenkreditverordnung, die im Wesentlichen die Säule 1 und Säule 3 aufgenommen haben. Die Umsetzung der Säule 2 erfolgt in den Mindestanforderungen an das Risikomanagement (MaRisk).

5.3 US-amerikanische Regelungen

5.3.1 Foreign Corruption Practices Act[113]

Der Foreign Corruption Practices Act (FCPA) ist ein amerikanisches Bundesgesetz von 1977, das die börsennotierten Unternehmen verpflichtet, alle Transaktionen korrekt und willkürfrei zu dokumentieren. Nach dem FCPA machen sich Unternehmen bzw. deren Beschäftigte strafbar, die ausländische Amtsträger bestechen. Spenden für soziale Zwecke an ausländische Institutionen fallen nicht darunter. Der FCPA hatte einige Vorläufer in den USA, so z. B. der Mail and Wire Fraud Act, der die Benutzung der Postdienste oder zwischenstaatlicher oder internationaler Fernmeldeeinrichtungen zu betrügerischen Zwecken verbietet. So werden wesentliche Geschäftsinformationen, die von den Geheimdiensten zufällig entdeckt werden, US-amerikanischen Unternehmen zugeleitet. SMART Cards, die eine verschlüsselte Kommunikation ermöglichen, dürfen nicht in die USA eingeführt werden. Weiterhin gilt der International Revenue Code, der die steuerliche Absetzung illegaler Zahlungen an ausländische Amtsträger verwehrt, sowie der False Statement Act, wonach sich Personen und Gesellschaften strafbar machen, die wissentlich gegenüber irgendeinem Department oder Agency der US-Regierung falsche Angaben machen. Diese Gesetze gelten nach wie vor, auch wenn sie nicht die Bedeutung des FCPA haben.

Anlass für den FCPA war der Umstand, dass illegale Zahlungen an ausländische Amtsträger durch über 300 amerikanische Unternehmen bekannt wurden. Es sollte deshalb das beschädigte Ansehen der amerikanischen Wirtschaft wiederhergestellt werden. In der Begründung zum Gesetz wird ausgeführt, dass in der freien Marktwirtschaft beim Kauf und Verkauf von Waren allein Preis, Qualität und Service entscheiden sollten. Bestechung untergrabe diese Grundregel. Bestechung im Ausland verderbe zudem das heimische Wettbewerbsklima. Der FCPA wird als das am weitestgehende Bundesgesetz auf dem Gebiet des Wirtschaftsrechts seit dem Erlass der Securities Acts der Jahre 1933 und 1934 gesehen.

---

113 E-mail Adresse: FCPA.Fraud@usdoj.gov.

Der FCPA befasst sich mit zwei Sachverhalten, die unmittelbar Bedeutung für die IR haben:

1. Illegale Zahlungen

Das Korruptionsverbot enthält die Voraussetzungen, dass die Nutzung der Postdienste oder eines anderen Kommunikationsmittels erfolgt, um in korrupter Art und Weise ein Angebot oder die Zahlung von Geld oder irgendeines Wertgegenstandes an einen ausländischen Offiziellen (foreign official) oder eine politische Partei oder einen Dritten zu machen, wenn Grund zu der Annahme besteht, dass die Zahlung erfolgt, um den Empfänger zu bewegen, dem Unternehmen beim Abschluss eines Geschäfts behilflich zu sein oder dieses zu sichern. Der Kreis der verbotenen Empfänger wird sehr weit gefasst. Es handelt sich nicht nur um Staatsangestellte, sondern auch um Personen, die im Auftrag des Staates handeln. Dazu sind auch die Funktionäre von politischen Parteien oder auch Architekten von Bauvorhaben der öffentlichen Hand zu zählen. Auch Zahlungen an Dritte können dazu gerechnet werden, wenn zu unterstellen ist, dass diese Dritten das Geld ganz oder teilweise weitergeben, um z. B. einen Auftrag zu erhalten. Die Strafen bei Gesetzesübertretungen sind empfindlich. Das betroffene Unternehmen kann mit einer Geldstrafe bis zu 2 Millionen Dollar belegt werden. Hinzu kommen Geld- oder Freiheitsstrafen gegen die beteiligten Angestellten. Auch Zivilstrafen können ausgesprochen werden. Für die IR ergibt sich daraus das Erfordernis, Maßnahmen für eine Fraud Prävention zu entwickeln und mögliche Verstöße aufzudecken.[114]

2. Buchführungspflichten

Nach dem FCPA wird auch bestraft, wer falsche oder irreführende Einträge in Firmenunterlagen vornimmt. Diese Vorschrift wurde deshalb mit aufgenommen, weil Zahlungen an Amtsträger aus Mitteln erfolgten, die entweder nicht in den Büchern der Gesellschaften verzeichnet oder falsch ausgewiesen werden. Erforderlich ist deshalb die Einrichtung einer korrekten Buchhaltung und eines angemessenen Internen Kontrollsystems. Diese Vorschriften sind nur anwendbar auf bestimmte Gesellschaften und gelten nicht für Tochtergesellschaften, sofern diese nicht selbst eine unter den FCPA fallende Gesellschaft ist. Allerdings wurden 1988 Regelungen im FCPA aufgenommen, die auch Muttergesellschaften verpflichten, auf die Tochtergesellschaften einzuwirken, eine korrekte Buchführung und ein ausreichendes Internes Kontrollsystem einzurichten. Für die IR leitet sich daraus die Aufgabe ab, das IKS zu prüfen und zu bewerten bzw. zu verbessern und sich von der Qualität der Buchführung zu überzeugen.

Die Bestimmungen des FCPA sind anzuwenden auf US-Gesellschaften und Gesellschaften, die den Schwerpunkt ihrer Geschäfttätigkeit in den USA haben. Für deutsche Unternehmen, die sich in den USA wirtschaftlich betätigen, findet der FCPA Anwendung, wenn diese US-Geschäftstätigkeit in der Form einer US-Tochtergesell-

---

114 In Deutschland ist die Antikorruptions-Initiative der UNO noch nicht ratifiziert worden.

schaft geführt wird, die dort selbst gegründet oder übernommen wurde. Bei der Übernahmen einer Gesellschaft sollte durch eine Due Diligence bereits auf die relevanten Sachverhalte geachtet werden. Die SEC wendet den FCPA auf alle ausländischen Gesellschaften an, die an der New York Stock Exchange gelistet sind.[115]

5.3.2 Sarbanes Oxley Act (SOX)

5.3.2.1 Einleitung

Die Bilanzskandale[116] – beginnend mit Enron – waren die Auslöser für den massiven Vertrauensverlust in der Öffentlichkeit und der Kapitalmärkte gegenüber Vorständen und Aufsichtsräten. Es folgten weitere Unternehmenskrisen in den USA und an den europäischen Kapitalmärkten. Die Regierungen der einzelnen Länder wurden tätig und haben die Anforderungen an die Corporate Governance erhöht. Während die Reformen in Deutschland jedoch in erster Linie das Gesellschaftsrecht betreffen und sich deshalb hauptsächlich auf inländische Kapitalgesellschaften auswirken, ist der in den USA verabschiedete Sarbanes Oxley Act mit erheblichen Änderungen des US-Wertpapierrechts verbunden. Dies hat zur Folge, dass sich alle Unternehmen mit diesen Vorgängen beschäftigen müssen, die in USA gelistet oder deutsche Tochtergesellschaften von US-amerikanischen Gesellschaften sind.

5.3.2.2 Sarbanes-Oxley Act von 2002

– Hintergrund und Ziele des Gesetzes –

Der Sarbanes-Oxley Act 2002 (SOX) ist ein US-Gesetz, das Bilanzmanipulationen vorbeugen und Bilanzbetrüger in Regress nehmen soll. Es hat Auswirkungen auf Abschlussprüfer, Management und das gesamte Unternehmen und damit auch auf die Interne Revision. Das nach den Initiatoren und Verfassern, dem demokratischen Senator Paul S. Sarbanes und dem republikanischen Abgeordneten Michael G. Oxley benannte Wertpapiergesetz wurde am 30. Juni 2002 von US-Präsident George W. Busch unterzeichnet. Bei der Formulierung des Gesetzes hat man sich an den Problemen der Skandale orientiert. Daher stehen die Verbesserung der in der Vergangenheit nur unzureichend eingehaltenen Corporate Governance sowie die Abkehr von der Selbstregulierung der Wirtschaftsprüfer im Mittelpunkt des Gesetzes.

In der Präambel findet sich die folgende Begründung: "An Act to protect by improving the accuracy and reliability of corporate disclosures made pursuant to the securities laws, and for other purposes." Damit bezweckt SOX den Schutz der Anleger durch genauere und verlässlichere Publizitätspflichten. Nach innen verlangt SOX eine Qualitätssicherung der Unternehmensführung und die Transparenz der Unternehmensprozesse. Dies soll durch verbesserte interne Kontrollen und deren Dokumentation sowie durch eine verschärfte Haftung erreicht werden. Durch drastische Strafandrohungen wird der Druck auf das Management und den Abschlussprüfer durch

---

115 So waren die Strafen im Fall Siemens in den USA durch die SEC deutlich höher als in Deutschland.
116 Vgl. Peemöller/Hofmann, 2005.

Auferlegung neuer Pflichten und Verantwortlichkeiten erhöht. Zukünftige Bilanzskandale sollen so verhindert werden. Die Belastungen, die sich daraus für die Unternehmen ergeben, sind erheblich.[117] Dennoch ist es nicht die Frage, ob weitere Bilanzskandale auftreten werden, sondern nur wann.[118]

– Anwendungsbereich und zeitliche Umsetzung –
SOX betrifft alle Unternehmen, die bei der SEC registrierungspflichtig sind, sowie deren Prüfungsunternehmen. Zu den registrierungspflichtigen Unternehmen gehören alle Unternehmen, deren Wertpapiere an einer der amerikanischen Börsen NYSE, American Stock Exchange (AMEX) oder NASDAQ gelistet sind oder die Wertpapiere anderweitig öffentlich in den USA anbieten. Betroffen sind auch Tochtergesellschaften von Unternehmen, deren Anteile in den USA gehandelt werden. Die Geltung des Gesetzes erstreckt sich damit auch auf ausländische Emittenten, die sog. Foreign Private Issuer.

Einige Regelungen des SOX sind sofort per Gesetzeserlass in Kraft getreten. In vielen Bereichen enthält SOX jedoch keine abschließenden Detailregelungen. Die SEC hat entsprechend der expliziten Anforderung im SOX innerhalb der vorgegebenen Fristen zahlreiche Verlautbarungen erlassen. Zu den Regelungsentwürfen konnte die Öffentlichkeit Kommentare und Anmerkungen abgeben. Sie sind in den Final Rules mit eingeflossen.

– Inhalt und Maßnahmen des Gesetzes –
Der SOX ist in 11 Titel unterteilt, welche die Einzelvorschriften (Sections) zu bestimmten Regelungsbereichen enthalten. Die Sections werden als dreistellige Zahl dargestellt, wobei die erste Ziffer dem jeweiligen Abschnitt entspricht.

Abschnitt	Thema des Abschnitts im Originaltext	Erläuterung
I	Public Company Accounting Oversight Board (PCAOB)	Festlegung von Organisation und Aufgabenbereichen über die Rechnungslegung der in den USA gelisteten Unternehmen
II	Auditor Independence	Bestimmungen zur Unabhängigkeit der Abschlussprüfer
III	Corporate Responsibility	Erläuterungen und Erweiterungen der Verantwortlichkeiten der einzelnen Unternehmen
IV	Enhanced Financial Disclosure	Festlegung von erweiterten Veröffentlichungspflichten für Finanzinformationen

---

117 Vgl. Bibawi/Nicoletti 2005, S. 431 f.; Stadtmann/Wissmann 2006, S. 18; Glaum/Thomaschewski/Weber 2006, S. 218.
118 Vgl. Wells June 2006, S. 44.

5.3 US-AMERIKANISCHE REGELUNGEN

Abschnitt	Thema des Abschnitts im Originaltext	Erläuterung
V	Analyst Conflicts of Interests	Vorschriften zur Verhinderung von Interessenkonflikten bei Finanzanalysten
VI	Commission Resources and Authority	Einzelregelungen bezüglich Finanzierung und Befugnissen der SEC
VII	Studies and Reports	Festlegung der Themen, zu denen US-Behörden Studien und Berichte zu erstellen haben
VIII	Corporate and Criminal Fraud Accountability	Regelungen zu Informantenschutz (Fraud) und erweiterte Aufbewahrungspflichten für Dokumente
IX	White-Collar Crime Penalty Enhancements	Verschärfung der strafrechtlichen Bestimmungen bei unrichtiger eidesstattlicher Bestätigung
X	Corporate Tax Returns	Festlegung der Unterzeichnung der Steuererklärung durch den CEO
XI	Corporate Fraud Accountability	Bestimmungen zur Verantwortlichkeit der Geschäftsleitung im Falle von Unregelmäßigkeiten

Abbildung 5-2: Abschnitte des Sarbanes-Oxley Act

– Das Interne Kontrollsystem nach SEC 302 –

Aus der Sicht der Internen Revision sind die Sektionen 302 und 404 von besonderem Interesse. Die SEC 302 und 404 betreffen das Interne Kontrollsystem eines Unternehmens. Das Topmanagement haftet im Rahmen der internen Kontrollen gemäß den SEC 302 und 404 persönlich für die Richtigkeit der Aussagen über die finanzielle Unternehmenssituation sowie für die Wirksamkeit der internen Kontrollen.

Section 302 konkretisiert die Pflichten des Managements. Der Vorstandsvorsitzende (CEO) und der Finanzvorstand (CFO) müssen gemäß SEC 302 (1-4) mit jedem bei der SEC einzureichenden Bericht in einer eidesstattlichen Erklärung bestätigen, dass

- sie den Bericht überprüft haben und der Bericht weder Falschaussagen enthält noch wesentliche Informationen fehlen,
- der Bericht keine unwahren Tatsachen beinhaltet und ein angemessenes Bild der Vermögens-, Finanz- und Ertragslage sowie der Zahlungsströme liefert,
- sie für die Einrichtung und Pflege von Disclosure Controls and Procedures verantwortlich sind, die Wirksamkeit dieser Kontrollsysteme zum Ende der Berichtsperiode überprüft und über das Ergebnis berichtet haben.[119]

---

[119] Die SEC macht deutlich, dass die internal controls der SEC 302(a)(4) SOX die Disclosure Controls and Procedures adressieren (Vgl. SEC (Hrsg.): Final Rule 33-8124, II.B).

Zudem müssen CEO und CFO bezüglich des internen Kontrollsystems der Finanzberichterstattung beglaubigen, dass sie den Abschlussprüfer und das Audit Committee[120]

- über wesentliche Schwächen im Internen Kontrollsystem der Finanzberichterstattung,
- über Betrugsfälle im Management oder bei leitenden Angestellten,
- sowie über wesentliche Veränderungen am internen Kontrollsystem der Finanzberichterstattung informiert haben.[121]

Die SEC hat in der Final Rule[122] die internen Kontrollen als Disclosure Controls and Procedures bezeichnet. Dazu gehören die Kontrollen der operativen Prozesse, die Kontrollen zur Einhaltung gesetzlicher Vorschriften und die Kontrollen, welche die Richtigkeit der Finanzberichterstattung gewährleisten sollen. Die Kontrollen der externen Berichterstattung stellen sicher, dass alle veröffentlichungspflichtigen Informationen ordnungsgemäß und zeitnah erfasst, verarbeitet und an CEO sowie CFO weitergeleitet werden. Veröffentlichungspflichtige Informationen sind neben dem Quartals- und Jahresabschluss beispielsweise Aktionärsbriefe, Finanzinformationen auf der Firmen-Homepage oder Presseveröffentlichungen. Die SEC verlangt keine bestimmten Kontrollverfahren. Jedes Unternehmens soll seine Disclosure Controls and Procedures so einrichten, dass sie der Organisationsstruktur und dem Geschäftsfeld entsprechen. Sie empfiehlt jedoch die Einrichtung eines Disclosure Committees[123], d. h. eines Unternehmensausschusses zur Unterstützung des Vorstands. Dort werden Aufgaben gebündelt und einheitliche Zuständigkeiten geschaffen, was den Vorstand im Haftungsfall entlasten kann.[124]

5.3.2.3 Internes Kontrollsystem nach SEC 404

Section 404 ist die Norm mit dem größten Implementierungsaufwand. Sie beschäftigt sich ebenfalls mit dem Internen Kontrollsystem, aber speziell mit dem für die Finanzberichterstattung (Internal Control over Financial Reporting). Internal Control over Financial Reporting ist ein Prozess, der die Ordnungsmäßigkeit der Finanzberichterstattung und die Erstellung der Abschlüsse gemäß den Rechnungslegungsvorschriften gewährleisten soll.[125]

SEC 404 (a) fordert vom Management ein effektives Internes Kontrollsystem zur Finanzberichterstattung einzurichten und einen Prozess zur Bewertung der Wirksamkeit dieser Kontrollen durchzuführen. SEC 404 (b) überträgt dem Wirtschaftsprüfer die Aufgabe, die Einschätzung des Managements über die Funktionsfähigkeit des

---

120 SOX regelt das Audit Committee im dritten Gesetzesabschnitt.
121 Der SOX konkretisiert die internen Kontrollen nicht. Die SEC interpretiert die internal controls der SEC 302(a)(5) und (6) nicht als Disclosure Controls and Procedures, sondern als interne Kontrollen der Finanzberichterstattung, wie sie in SEC 404 des SOX definiert werden (Vgl. SEC (Hrsg.): Final Rule 33-8124, II.B.3).
122 Vgl. SEC (Hrsg.): Final Rule 33-8124, II.B.
123 Vgl. SEC (Hrsg.): Final Rule 33-8124, II.B.3.
124 Vgl. Gruson/Kubicek 2003, S. 396.
125 Die SEC konkretisiert den Begriff „internal control structure" aus SEC 404 (a) SOX: „... we should use the term „internal control over financial reporting"... to implement Section 404 ... best encompasses the objectives of the Sarbanes-Oxley Act" SEC (Hrsg.): Final Rule 33-8238.II.A.3.

5.3 US-amerikanische Regelungen

internen Kontrollsystems zur Finanzberichterstattung zu testieren. Der Prüfungsstandard des PCAOB[126] dient dem Abschlussprüfer als Basis für seine Tätigkeit. Verlangt wird in SEC 404 eine Berichterstattung über das interne Kontrollsystem (Internal Control Report): Jeder Jahres- und Quartalsbericht – bei Foreign Private Issuer nur der Jahresbericht F-20 – muss einen Internal Control Report der Geschäftsführung mit folgendem Inhalt enthalten:[127]

- Erklärung, dass das Management die Verantwortung für die Einrichtung und Pflege eines effektiven Internen Kontrollsystems der Finanzberichterstattung übernimmt,
- Angabe des Rahmenwerks, das vom Management als Grundlage für die Bewertung der Wirksamkeit der internen Kotrollen verwendet wurde,
- Beurteilung der Funktionsfähigkeit der internen Kontrollen für die Finanzberichterstattung zum Ende des Geschäftsjahrs – der Internal Control Report muss eine Gesamtaussage enthalten, ob das System wirksam ist,
- Erklärung, dass der Abschlussprüfer ein Testat hinsichtlich der Einschätzung des Managements zu den internen Kontrollen für die Finanzberichterstattung erteilt hat.

„Ziel dieser Vorschrift ist es zu verhindern, dass durch unzureichende Kontrollen fehlerhafte oder unzureichende Informationen Eingang in die Finanzberichterstattung finden und damit für Investoren irreführend sein könnten."[128]

Die Begriffe Disclosure Controls and Procedures und Internal Control over Financial Reporting weisen durchaus Gemeinsamkeiten auf, dürfen jedoch nicht gleichgesetzt werden.[129] Während Disclosure Controls and Procedures nach SEC 302 auf financial informations sowie auf non-financial informations ausgerichtet sind, beziehen sich die Kontrollen der Finanzberichterstattung nach SEC 404 ausschließlich auf financial informations. Die Kontrollen der Finanzberichterstattung sind ein "subset of disclosure controls and procedures".

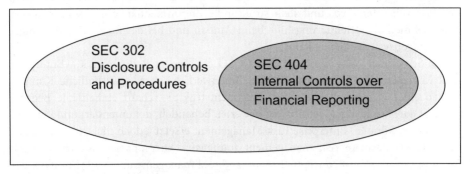

Abbildung 5-3: Section 302 versus Section 404 SOX

---

126 SEC 404 forderte das PCAOB dazu auf, einen Prüfungsstandard zu veröffentlichen. Vgl. hierzu PCAOB (Hrsg.): Auditing Standard No 2.
127 Foreign Private Issuer müssen den Kontrollbericht erstmals für das Geschäftsjahr einreichen, das am oder nach dem 15. Juli 2006 enden wird (vgl. SEC (Hrsg.): Finale Rule 33-8545.
128 Hütten, Stromann 2003, S. 2224 ff. Im Unterschied zu Deutschland ist eine schriftliche Falschaussage in den USA strafbewehrt.
129 Vgl. SEC (Hrsg.): Final Rule 33-8238, II.D.

Damit erfordert die externe Zertifizierung nach SEC 302 einen Bezug sowohl auf interne Kontrollen der Finanzberichterstattung als auch auf Kontrollen der Offenlegung. Für die Kontrollen der Finanzberichterstattung ist es allerdings über den Certification Letter hinaus noch erforderlich, die Wirksamkeit des Internen Kontrollsystems von einem externen Abschlussprüfer testieren zu lassen. Kontrollen, die aufgrund von Überschneidungen der SEC 302 und 404 beiden Bestimmungen untergeordnet werden können, fallen unter die Regelung des Internal Control Reports nach SEC 404.[130]

5.3.2.4 COSO I als Grundlage des Internal Control des SOX

Der Sarbanes-Oxley Act fordert für die Bewertung des Internen Kontrollsystems im Unternehmen die Anwendung eines allgemein anerkannten Rahmenwerks – "in order to improve comparability among ... annual internal control evaluations"[131] An das Rahmenwerk werden folgende Anforderungen gestellt:
- Es soll unvoreingenommen sein.
- Es muss eine angemessene Beurteilung der Kontrollen erlauben.
- Es muss ausreichend und vollständig sein.

Die Final Rule zu SEC 404 schreibt kein bestimmtes Kontroll-Rahmenwerk vor, empfiehlt jedoch die Benutzung des COSO – Internal Control Konzepts. Das Internal Control Rahmenkonzept erfüllt die genannten Anforderungen und stößt zudem auf breite Akzeptanz bei den Unternehmen.[132] Der Großteil der amerikanischen Unternehmen nutzt COSO als Rahmenwerk für ihr Kontrollsystem. Die im Jahr 1992 herausgegebne Verlautbarung "Internal Control – Integrated Framework" auch COSO I genannt, will eine einheitliche Auslegung der sehr unterschiedlichen Abgrenzungen von Internal Control schaffen. COSO I gibt die Ziele und Komponenten eines Internen Kontrollsystems vor und stellt strukturelle Zusammenhänge dar, sodass es den Unternehmen als Orientierungshilfe beim Aufbau und bei der Bewertung des Internen Kontrollsystems dienen kann.

Im September 2004 veröffentlichte COSO ein zweites Rahmenwerk – Enterprise Risk Management (ERM). Das ERM-Rahmenwerk beschreibt wesentliche Komponenten einer erfolgreichen Risikomanagementstruktur, schafft einheitliche Begriffe und legt dar, wie Risiken identifiziert, bewertet, behandelt, dokumentiert und kontrolliert werden können. Enterprise Risk Management ersetzt jedoch nicht Internal Control: "This enterprise risk management framework encompasses internal control, forming a more robust conceptualization and tool management."[133] ERM umfasst das IKS und geht darüber hinaus. Nur Kontrollen, mit denen Risiken hinsichtlich der Zielerreichung gehandhabt werden, sind relevant. Ebenso wie Internal Control ist das ERM "a multidirectional, iterative process in which any component can and does

---

130 Vgl. SEC (Hrsg.): Final Rule 33-8238, II.D.
131 Vgl. SEC (Hrsg.): Final Rule 33-81238, II.B.3.
132 Vgl. SEC (Hrsg.): Final Rule 33-8238, II.B.3.
133 Committee of Sponsoring Organizations of the Treadway Commission (Hrsg.) 2004, S. 25.

influence another."¹³⁴ Die SEC schlägt als Rahmenwerk zur Bewertung der internen Kontrollen das COSO I-Konzept vor, weil COSO II erst nach der Empfehlung der SEC veröffentlicht wurde. Auch COSO II ist ein geeignetes Rahmenwerk für die SOX Finanzberichterstattung. Die Kommunikation der Risiken und der eingeleiteten Maßnahmen erhöht die Transparenz im Unternehmen und führt zu einer verbesserten Finanzberichterstattung. In welcher Form die Verzahnung von SEC 404 und ERM erfolgen kann, ist Gegenstand von Veröffentlichungen.¹³⁵

5.3.2.5 Audit Committee (SEC 204, 301, 407 SOX)

Jeder unter das Gesetz fallende Emittent muss über ein Audit Committee verfügen. Es ist direkt verantwortlich für die Bestellung des Abschlussprüfers, die Honorarvereinbarung sowie dessen Überwachung während der Prüfung. Das Audit Committee schlichtet bei Meinungsverschiedenheiten zwischen dem Management und dem Abschlussprüfer. Beide haben deshalb zeitnah zu berichten über:

- sämtliche kritischen, anzuzweifelnden bilanzpolitischen Maßnahmen
- alle alternativen Abbildungsmöglichkeiten in der Rechnungslegung, die nach US-GAAP möglich sind, sofern sie wesentliche Auswirkungen haben
- wesentlichen Schriftwechsel zwischen Abschlussprüfer und Management (z. B. Management Letter, Aufstellung über unadjusted audit differences)

Das Audit Committee hat alle Prüfungs- und Nicht-Prüfungsleistungen des Abschlussprüfers im Voraus zu genehmigen. Die Mitglieder des Audit Committees müssen unabhängige Board-Mitglieder sein. Sie dürfen neben der Vergütung für ihre Board-Tätigkeit, keine Zahlungen des Unternehmens z. B. für Beratungsleistungen erhalten. Gemäß SEC 407 SOX muss das Unternehmen mindestens ein Mitglied des Audit Committees als Financial Expert benennen, oder es muss in seiner Berichterstattung erklären, warum dem Audit Committee kein Mitglied angehört, das die entsprechenden Anforderungen des Gesetzes erfüllt.

Aus der Sicht deutscher Unternehmen war die Forderung nach der Unabhängigkeit der Mitglieder des Audit Committees problematisch. Das Verbot sonstiger Entgeltleistungen war in mitbestimmten deutschen Aufsichträten von den Arbeitnehmervertretern nicht erfüllt. Die SEC hat die Arbeitnehmervertreter in der Zwischenzeit jedoch als unabhängig anerkannt. Weiterhin hat sie akzeptiert, dass in Deutschland die Bestellung und Abberufung des Wirtschaftsprüfers gemäß § 119 I Ziff. 4 AktG durch die Hauptversammlung erfolgen muss. Insofern erfüllt der deutsche Aufsichtrat auch die Anforderungen an das Audit Committee. Es ist auch festzustellen, dass sich die Arbeit der Prüfungsausschüsse in den deutschen Aufsichträten immer mehr der Aufgabenstellung des Audit Committees annähert.¹³⁶

---

134 Committee of Sponsoring Organizations of the Treadway Commission (Hrsg.) 2004, S. 6.
135 Vgl. Sobel April 2006, S. 41.
136 Vgl. Peemöller/Warnke 2005, S. 404.

5.3.2.6 Schutz von Whistle Blowers (SEC. 806, 1107 SOX)

Der SOX trifft umfangreiche Schutzvorkehrungen für Angestellte gelisteter Unternehmen, die Informationen über Buchführungsverstöße oder Unterschlagungen weitergegeben haben. Diese Mitarbeiter sind vor Kündigung, Suspendierungen oder sonstigen Diskriminierungen, wie z.B. Gehaltskürzungen, Beförderungsstopps oder Zwangsversetzungen geschützt. Erfolgen dennoch solche Maßnahmen, steht ihnen ein Beschwerderecht beim Secretary of Labour zu. Es kann auch die Unterstützung des Audit Committees angefordert werden. Einschüchterungen oder Behinderungen der Informanten werden mit Geldstrafe und/oder Freiheitsstrafe belegt.

5.3.2.7 Aufgaben der Internen Revision im Zusammenhang mit SOX

Die Interne Revision wird im SOX nicht explizit erwähnt. Sie verfügt damit über einen beträchtlichen Spielraum der Mitwirkung.[137] Nach den Feststellungen des Verfassers ist sie in erheblichem Umfang in die Umsetzung involviert. Wie die Beispiele belegen, war die Interne Revision haupt- bzw. mitverantwortlich im Projekt SOX tätig.[138] Die Abb. 5-4 zeigt mögliche Einsatzgebiete der Internen Revision bei SOX. Im Folgenden soll aber nur der Beitrag der Internen Revision als Spezialist für Risiko und Kontrolle bezüglich des Tests der Kontrolle thematisiert werden:

- Unterstützung von CEO/CFO bei der Vorbereitung, Prüfung, Herausgabe der erforderlichen Abschlussberichte
- Durchführung regelmäßiger Sitzungen zur Vorbereitung der Berichterstattung an die SEC
- Verabschiedung einer Geschäftsordnung für das Disclosure Committee
- Unterstützung der Auslegung und der Dokumentation der Internen Kontrollsysteme (SEC 404)
- Unterstützung des Internal Control Self Assessment durch das Management (SEC 404)
- Auswertung und Überprüfung der Ergebnisse des Internal Control Self Assessments (SEC 404)
- Erstellung des Internal Control Reports (SEC 404/302)
- Einrichtung und Organisation des Whistle Blowing

Abbildung 5-4: Übersicht der Aufgaben der Internen Revision bei SOX

---

137 Vgl. Hauser/Hopkins/Leibundgut 2004, S. 1060.
138 Bei der DaimlerChrysler AG ist die Interne Revision in alle sich mit SOX befassenden Gremien miteinbezogen (vgl. Menzies 2004, S. 293 u. 299). In der SBB AG ist die Interne Revision für die Realisierung des SOX-Projektes verantwortlich (vgl. Bigler 2004, S. 1053).

5.3.2.8 Testdurchführung und Berichterstattung über die Ergebnisse des SOX 404

Ziel der Testdurchführung

Nach SOX 404 ist das Management verpflichtet, die Wirksamkeit des Internen Kontrollsystems zu dokumentieren und zu bewerten. Diese Beurteilung bildet die Grundlage für den Bericht des Managements über den Zustand der Kontrollen. Der Bericht und der Zustand der Internen Kontrollen sind Gegenstand des Testats durch den Wirtschaftsprüfer. Das Ziel des Testats besteht in dem Nachweis, dass wirksame Kontrollen eingerichtet sind (control design) und diese Kontrollen konsequent während des gesamten Jahres ausgeführt werden (control effectivness).

Die internen Kontrollen sind effektiv, wenn sie bei gewissenhafter Anwendung eine fehlerhafte Finanzberichterstattung verhindern oder zumindest zeitnah aufdecken würden.

Identifikation der Prüfbereiche

SOX verlangt, dass alle Daten im Abschluss vollständig und richtig erfasst sind und durch Dritte nachvollzogen werden können. Daraus ergibt sich die Notwendigkeit, auf Prozessebene, ausgehend von wesentlichen Elementen der Rechnungslegung, alle finanzrelevanten Teil- und Hauptprozesse von der Auftragsvergabe bis zur Bezahlung zu dokumentieren. Nur wertflussrelevante Prozesse sind SOX-relevant. Zur Bestimmung der finanzrelevanten Prozesse werden wesentliche Elemente der Rechnungslegung, die significant accounts and disclosures ermittelt. Anschließend ist zu prüfen, welche wesentlichen Prozesse diese significant accounts and disclosure beeinflussen. Die Schlüsselkontrollen in diesen Prozessen sind Gegenstand der Kontrolltests. Zur Identifikation der Testbereiche werden wesentliche Konten, wesentliche Gesellschaften und wesentliche Prozesse bestimmt. Neben dieser quantitativen Auswahl hat auch eine qualitative Auswahl zu erfolgen. Auch Konten und Gesellschaften unterhalb eines unternehmensspezifischen Schwellenwertes können anfällig für Falschaussagen und damit signifikant sein. Es kann sich dabei um

- komplexe Transaktionen,
- Geschäftsrisiken oder inhärente Risiken, die mit der Transaktion verbunden sind,
- Ergebnisse, die weiter verarbeitet werden (Zwischenkonto) oder
- komplexe Vorgänge im Rechnungswesen bzw. Berichtswesen handeln.[139]

Die qualitative Auswahl erfolgt damit unter unterschiedlichen Risikogesichtspunkten. Gegenstand der Tests sind letztendlich die Schlüsselkontrollen (key controls) in den jeweiligen Prozessen.

---

139 Zu den komplexen Vorgängen können auch fair value Bewertungen gehören, die subjektive Bewertungsspielräume enthalten.

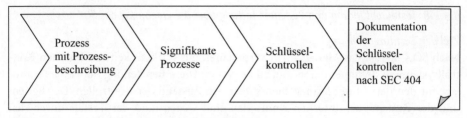

Abbildung 5-5: Vorgehensweise zum Testen der Kontrollen

Identifikation der Schlüsselkontrollen

Schlüsselkontrollen sind diejenigen Kontrollen, die geeignet sind, wesentliche Fehler in der Finanzberichterstattung aufzudecken oder zu vermeiden. Bei den Schlüsselkontrollen handelt es sich damit um die Kontrollen, auf die sich das Management im Wesentlichen verlässt. Die Dokumentation soll die Ausgestaltung und Wirkungsweise der Kontrolle und ihre Attribute genau schildern, um die Wirksamkeit der Kontrollen bei den späteren Kontrolltests beurteilen zu können. Bei den Kontrollen kann es sich um klassische manuelle Kontrollen (z. B. Prüfung und Abzeichnung von Zahlungsanforderungen) und um automatische Kontrollen handeln. Dabei lassen sich manuelle IT-abhängige Kontrollen und IT-anwendungsbezogene Kontrollen unterscheiden. Zu den manuellen IT-abhängigen Kontrollen gehören Kontrollvorgänge, die manuell auf der Basis von systemseitig erstellten Informationen ausgeführt werden. Ein Beispiel dafür wäre ein vom System erstellter wöchentlich generierter Bericht überfälliger Forderungen, die dann manuell zu bearbeiten sind. IT-anwendungsbezogene Kontrollen werden mit dem Ziel implementiert, die Vollständigkeit und Fehlerfreiheit der Datenverarbeitung sicherzustellen. Beispiele derartiger Kontrollen sind computergestützte Berechnungen (z. B. Bewertung von Wertpapieren) oder automatisierte Schnittstellen mit Abgleichroutinen. Nicht alle IT-Applikationskontrollen sind SOX-relevant. Sie müssen deshalb zunächst hinsichtlich ihrer Signifikanz identifiziert und aufgelistet werden.

Als Sonderform der Kontrollen, die sowohl in den manuellen Kontrollen als auch in den automatischen Kontrollen enthalten sind, sind die Antifraud-Kontrollen anzusehen. Das Management ist aufgefordert, die Vollständigkeit und Effektivität von Kontrollen zur Vermeidung, Abschreckung und Aufdeckung von Betrugsrisiken nachzuweisen.[140] Zu den Antrifraud-Kontrollen zählen üblicherweise das Prinzip der Funktionstrennung, Unterschriftenberechtigungen und Genehmigungen, das 4-Augen-Prinzip und Kontrollen zur Sicherung von Vermögensgegenständen.

Dokumentation der Schlüsselkontrollen

Schlüsselkontrollen sind ordnungsgemäß zu dokumentieren. Denn nach dem SOX-Verständnis gilt jede nicht dokumentierte Kontrolle im Zweifel als nicht durchgeführt.

---

140 Vgl. PCAOB (Hrsg.): Auditing Standard No 2, 2004, Pos. 24, S. 148.

Folgende Angaben sind hier zu machen:
- das Kontrollziel
- die vom Risiko betroffene Jahresabschlussposition
- das Risiko
- die COSO-Komponente
- die Beschreibung der Art und Funktionsweise der Kontrolle (dazu gehören auch Angaben über die Häufigkeit der Kontrolle, den Verantwortlichen für die Kontrolle und die Dokumentation ihrer Durchführung wie Handzeichen des Verantwortlichen oder IT-Log)
- Informationen zur Prüfung der Kontrollen

Test der Ausgestaltung und Effektivität der Kontrollen
Gemäß SOX muss getestet werden, ob die Kontrollen vom Prozess Owner auch tatsächlich ausgeführt wurden und effektiv arbeiten. Die Kontrolltester müssen sowohl über die erforderliche Kompetenz als auch über die notwendige Objektivität verfügen. Damit kommen Mitarbeiter aus benachbarten Abteilungen aber eben auch Mitarbeiter der Internen Revision in Frage.

Der Kontrolltest bezieht sich zunächst auf die Ausgestaltung der Kontrolle (Control Design). Dabei ist zu beurteilen, ob die Kontrolle geeignet ist, die Risiken effektiv zu vermindern. Die Kontrolle ist deshalb auf die Financial Misstatement Risks: Vollständigkeit, Existenz, Rechte und Verpflichtungen, Bewertung, richtige formale Darstellung und Überwachung der Vermögensgegenstände zu prüfen. Als Techniken zur Beurteilung des Designs kommen in Frage: Walkthrough, Befragung, Vergewisserung, Kompetenzbeurteilung, Beobachtung und Einsichtnahme.

Der zweite Schritt der Prüfung bezieht sich darauf, ob die Kontrolle auch durchgängig ausgeführt wird (operative effectiveness).[141] Auch hier sind die wesentlichen Testtechniken Befragung, Vergewisserung, Beobachtung, Einsichtnahme, Wiederholung und Systemtest. Zu klären sind die folgenden Fragen:

1. Wird die Kontrolle vom Process Owner wie vorgesehen durchgeführt?
2. Entsteht bei der Kontrolle ein Nachweis für die konsequente und rechtzeitige Durchführung?
3. Ist die Kontrolle geeignet, dem identifizierten Risiko wirkungsvoll zu begegnen?

Stichprobengröße und -auswahl
SEC 404 fordert vom Management die Beurteilung der Effektivität des Internen Kontrollsystems zum Ende eines jeden Geschäftsjahres. Die Durchführung der Kontrolltests ist allerdings so zu organisieren, dass sowohl das Management als auch der Abschlussprüfer rechtzeitig die Beurteilung vornehmen können, ob die Kontrollen während des gesamten Geschäftsjahres effektiv waren. Insofern werden die Kontrolltests unterjährig durchgeführt bzw. es ist ein Kontrollrhythmus zu entwickeln, der es erlaubt, alle signifikanten Kontrollen zu testen und letztendlich ein Testat zu erteilen. Für den Test müssen Stichprobengröße und Stichprobenauswahl festgelegt werden.

---

141 Vgl. Menzies 2004, S. 228.

Die Stichprobe soll dabei die tatsächliche Verteilung der Geschäftsvorfälle in zeitlicher Hinsicht und nach Transaktionsarten wiedergeben. Der vorgegebene Umfang der Stichproben ist nicht statistisch ermittelt, sondern basiert auf der grundsätzlichen Erwartung, dass die Kontrollen effizient arbeiten. Aufgrund dieser Annahme wird bereits bei Vorliegen einzelner Kontrollverstöße der Schluss gezogen, dass die Kontrolle ineffizient ist, bzw. weitere Tests erforderlich sind, um ihre Effizienz nachzuweisen.

Beurteilung der Kontrolle
Eine ineffiziente Kontrolle bzw. eine Kontrollschwäche liegt immer dann vor, wenn bei der Evaluierung des Designs oder der operativen Effektivität einer Kontrolle unter Berücksichtigung des maximal möglichen Stichprobenumfangs, eine Abweichung von der vorgeschriebenen Kontrolle festgestellt wird. Kontrollen mit einer Kontrollschwäche sind nicht in der Lage, Falschaussagen zu verhindern oder aufzudecken.[142] Die Kontrolltester haben die Kontrollschwäche hinsichtlich Art, Auswirkung und Ursache zu analysieren und zu dokumentieren. Dabei wird wieder in Kontrollschwächen im Design und in der Effektivität der Kontrolle unterschieden. Die Kontrolltester haben weiterhin zu klären, ob es andere Kontrollen gibt, welche die Auswirkung möglicher Fehler begrenzen oder verhindern können. Dabei ist auch die Frage zu beantworten, ob es sich um eine signifikante Schwachstelle handelt, da bei deren Vorliegen eine Einschränkung des Testats droht. Als Maßstab der Beurteilung einer wesentlichen Schwachstelle dient der Grundsatz, ob die unentdeckten Fehler aufgrund mangelnder Kontrollen eine Größenordnung erreichen, die einen potenziellen Investor bei der Beurteilung des Jahresabschlusses in seiner Entscheidung beeinflussen könnte. Zur Feststellung der Wesentlichkeit dienen Prozentsätze vom Eigenkapital, Gewinn, Umsatz und Anlagevermögen.

Der Prüfungsstandard 2 differenziert die Ursachen der Kontrollschwächen in Typ 1, Typ 2 und Typ 3.[143]
Eine Kontrollschwäche vom Typ 1 liegt beispielsweise vor:

- Der Abschlussprüfer deckt im aktuellen Jahresabschluss eine wesentliche Falschaussage auf, die durch die Kontrollen nicht erkannt wurden.
- Die interne Revisionsfunktion ist unwirksam.
- Die für die Einhaltung gesetzlicher Vorschriften zuständige Funktion (z. B. Compliance) ist ineffektiv.

Eine Kontrollschwäche vom Typ 2 ist z. B. gegeben:

- ineffektive Kontrollen über die Auswahl und Anwendung der Buchhaltungsgrundsätzen nach US-GAAP
- ineffektive Antifraud-Programme und -Kontrollen
- ineffektive Kontrollen des Finanzberichterstattungsprozesses zum Periodenende.

---

142 Vgl. PCAOB (Hrsg.): Auditing Standard No 2, Pos. 8, S. 143.
143 Vgl. PCAOB (Hrsg.): Auditing Standard No 2, Pos. 139, 140, S. 186 f.

Alle Kontrollschwächen, die nicht unter die Kriterien der Positionen 139 und 140 des Prüfungsstandards fallen, werden als eine Kontrollschwäche vom Typ 3 bezeichnet. Der PBAOC unterscheidet hinsichtlich der Kontrollschwächen in:[144]
- control deficiencies (geringfügiger Kontrollmangel)
- significant deficiencies (signifikanter Kontrollmangel)
- material weaknesses (wesentliche Kontrollschwäche)

Bei einer significant deficiency ist es wahrscheinlich, dass Falschaussagen mit mehr als belangloser Bedeutung im Jahresabschluss des Unternehmens nicht verhindert oder aufgedeckt werden. Liegt eine wesentliche Kontrollschwäche vor, ist mit mehr als geringer Wahrscheinlichkeit zu unterstellen, dass eine wesentliche Falschaussage im Jahresabschluss des Unternehmens nicht verhindert oder entdeckt werden kann. Eine material weakness muss im Jahresabschluss veröffentlich werden.

Eine mögliche Falschaussage ist wahrscheinlich (< 10 %)	Control Deficiency	Significant Deficiency	Material weakness
Auswirkungen	Die Auswirkung der möglichen Falschaussage ist belanglos.	Die Auswirkung der möglichen Falschaussage ist mehr als belanglos aber nicht wesentlich.	Die Auswirkung der möglichen Falschaussage ist wesentlich.

Abbildung 5-6: Klassifizierung der Kontrollschwächen

Aktionsplan
Um eine geregelte Fehlerbehebung zu gewährleisten, ist ein Aktionsplan aufzustellen. Zunächst sind alle Fehler in einer deficiency list zu dokumentieren. Im Weitern sind kurzfristige organisatorische Lösungen zu implementieren wie z. B. zusätzliche manuelle Kontrollen und Plausibiltätsprüfungen. Sind die Schwachstellen beseitigt, werden erneut Kotrolltests durchgeführt um sicherzustellen, dass der Mangel tatsächlich behoben wurde. Die neue Kontrolle muss vor dem Kontrolltest ausreichend lange im Einsatz sein, damit die Tests auf Basis geeigneter Stichprobengrößen beurteilt werden können. Fällt die Testwiederholung erfolgreich aus, ist die Schwachstellenbehebung abgeschlossen. Im anderen Falle sind weitere Verbesserungsmaßnahmen durchzuführen.

5.3.2.9 Schlussbetrachtung

SOX hat die Unternehmen und die Wirtschaftsprüfer vor große Herausforderungen gestellt. Wie sich gezeigt hat, waren die Vorgaben mit erheblichem Zeit- und Kostenaufwand verbunden. Es hat sich allerdings auch gezeigt, dass diese Aufgaben von den

---

144 Vgl. PCAOB (Hrsg.): Auditing Standard No 2, Pos. 8–10, S. 143 f.

Unternehmen gemeistert werden können. Die Einhaltung der Vorgaben wird in den USA penibel verlangt. Eine Rücknahme oder Vereinfachung von SOX ist insofern nicht zu erwarten. In Europa ist mit einer Übernahme ähnlicher Regelungen, wie die Erklärungen zur 8. EU-RL zeigen, zzt. nicht zu rechnen.[145]

5.4 Internationale Initiativen

5.4.1 COSO und Risikomanagementsystem

5.4.1.1 Auslöser für die Initiativen zum Risikomanagementsystem

Eine Reihe von spektakulären Unternehmenskrisen und Insolvenzen in den 90iger Jahren war der Auslöser für Gesetzgeber und Standard-Setter in Deutschland und in vielen Ländern, Anforderungen an den Umgang mit Risiken im Rahmen der Unternehmensführung zu verschärfen. Das Gesetz zur Kontrolle und Transparenz im Unternehmensbereich (KonTraG) trat 1998 in Kraft, und enthält die explizite Forderung zur Einrichtung eines Risikomanagementsystems (RMS). Ziel eines RMS ist es, bestehende wie zukünftige Risiken frühzeitig zu erfassen, zu bewerten und zu kontrollieren. Mit einem RMS wird also nicht der Anspruch der absoluten Risikovermeidung verbunden, sondern eine bewusste Auseinandersetzung mit den unternehmerischen Risiken. Dennoch hat die Risikoorientierung nicht eine der größten Finanzkrisen der Neuzeit verhindern können.

5.4.1.2 Begründung für die Risikomanagementsysteme

Generell wird Risiko als Mehrwertigkeit der zukünftig möglichen Entwicklung verstanden, denen eine Entscheidung unter Unsicherheit zu Grunde liegt. Im allgemeinen Sprachgebrauch wird der Begriff Risiko im Sinne einer möglichen nachteiligen wirtschaftlichen Entwicklung benutzt. Jeder wirtschaftliche und unternehmerische Entscheidungsprozess ist mit Risiken verbunden, die sich wirtschaftlich in Verlusten oder Schäden niederschlagen und den Fortbestand des Unternehmens nachhaltig gefährden können. Der Vorteil der Risikoorientierung ergibt sich daraus, dass man sich nicht mit eingetretenen Verlusten und Schäden beschäftigt, sondern mit zukünftigen Verlustgefahren, deren Eintritt nach Möglichkeit verhindert werden soll. Außerdem soll damit erreicht werden, dass vom Unternehmen nur Risiken übernommen werden, die auch „verkraftet" werden können.

5.4.1.3 Bestandteile eines Risikomanagementsystems

Ein Risikomanagementsystem als Gesamtheit aller Regeln und Maßnahmen zum strukturierten Umgang mit Risiken erfordert drei Subsysteme: Risikofrüherkennungs-, Risikobewältigungs- und Internes Überwachungssystem.[146] Soll die Einhaltung dieser

---

145 Vgl. Peemöller 2008, S. 78.
146 Vgl. Kajüter 2005, S. 27.

Vorgaben gesichert werden, kommt noch die Compliance hinzu. Diese vier Bestandteile sollen nachfolgend betrachtet werden:

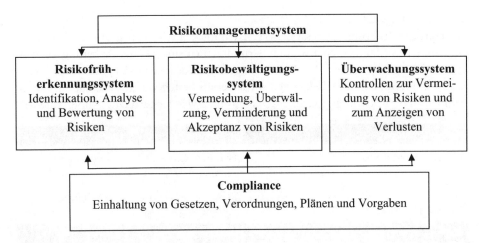

Abbildung 5-7: Bestandteile eines Risikomanagementsystems

Risikofrüherkennungssystem
Eine systematische Vorgehensweise bei der Identifikation und Bewertung von Risiken ist die Voraussetzung für ein erfolgreiches Risikomanagement. Die Identifikation der Risiken dient der Aufdeckung von Verlustgefahren und der Lokalisierung von Problembereichen. Da die Risiken aus den betrieblichen Prozessen entstehen, bilden sie auch die Basis der Risikoanalyse. Die Prozesse werden in ihre Teilprozesse zergliedert, in denen die Risiken von den Prozessownern zu identifizieren sind.

Die identifizierten Risiken sind hinsichtlich des Ausmaßes ihres Einflusses auf die Zielerreichung zu bewerten. Diese Beurteilung erfolgt hinsichtlich der Wahrscheinlichkeit des Eintritts und der Auswirkung auf die Zielerreichung. Risiken können vielfach nicht isoliert bewertet werden, da einerseits Interdependenzen zwischen den Risiken innerhalb eines Prozesses bestehen und andererseits dasselbe Ereignis in mehreren Prozessen auftreten kann. Vermeintlich unbedeutende Einzelrisiken nehmen im Falle additiver oder kumulativer Wirkung in Verbindung mit anderen Risiken ein durchaus zielgefährdendes Ausmaß an. Zur Berücksichtigung dieser Zusammenhänge sind Risiken in eine Risiko-Portfolio-Betrachtung einzubeziehen und als inhärente Bruttorisiken zu bewerten, sodass an dieser Stelle noch nicht die Risikosteuerungsmaßnahmen zum Tragen kommen.

Wichtig sind eine einheitliche Identifizierung und Bewertung der Risiken und die Vermeidung von Tabuthemen. Das Ausklammern von Themen aus diesem Prozess mag auch mit ursächlich für die Finanzkrise gewesen sein. Einmalige oder seltene Ereignisse sind besonders zu würdigen, da für sie nur wenige Daten zu den Risiken der Vergangenheit vorliegen. Hier sollte für die Bewertung auf Vergleichsprozesse, andere Branchen oder zeitliche Vorläufer zurückgegriffen werden. Bei den Standardprozessen sollten auch externe Schocks berücksichtigt werden. Das Denken „in eingefahrenen Gleisen" wird ein Grund dafür gewesen sein, dass die Risikomanagementsysteme bei der Finanzkrise nicht gegriffen haben.

Risikosteuerungssystem
Mit Hilfe des Risikosteuerungssystems soll den Risiken effektiv begegnet und diese auf ein definiertes Maß begrenzt werden. Grundsätzlich sind bei der Ableitung der entsprechenden Maßnahmen die Auswirkungen der Risiken in den Prozessen, deren Konformität mit deren Zielsetzungen sowie bereits bestehende Risikosteuerungsmaßnahmen zu berücksichtigen. Grundsätzlich werden vier Möglichkeiten unterschieden.

Risikovermeidung	**Risikoüberwälzung**
Aufgabe risikobehafteter Aktivitäten	Reduzierung von Eintrittswahrscheinlichkeit und/oder Schadenshöhe
Beispiele: Aufgabe von Geschäftseinheiten, Abbruch von Projekten	Beispiele: Versicherungen, vertragliche Gestaltung, Hedging
Risikoverminderung	**Risikoakzeptanz**
Entwicklung von Steuerungsmaßnahmen	Bewusste Übernahme von Risiken
Beispiele: Verbesserung der Geschäftsprozesse, Diversifikation, Portfoliomanagement	Beispiele: Bildung von Rückstellungen, Stärkung des Eigenkapitals, Schulung der Mitarbeiter

Abbildung 5-8: Möglichkeiten der Risikosteuerung

Durch eine Maßnahme kann sowohl die Schadenshöhe als auch die Eintrittswahrscheinlichkeit beeinflusst werden und mehr als ein Risiko betroffen sein. Zudem ist bei diesen Maßnahmen auch das Kosten-Nutzen-Verhältnis zu berücksichtigen. Die Reduktion von Risiken kann auch zu einem Verzicht auf Chancen und zu Imageverlusten führen, wenn angestammte Geschäftsfelder aufgegeben werden. Letztendlich ist diejenige Kombination von Maßnahen auszuwählen, bei der die verbleibenden Restrisiken sowohl einzeln als auch in der Summe unterhalb der vom Management festgelegten Schadensgrenze bleiben.

Internes Überwachungssystem
Das interne Überwachungssystem enthält alle Regelungen und Maßnahmen, die Abweichungen verhindern bzw. aufgetretene Abweichungen rechtzeitig anzeigen sollen. Als mögliche Arten kommen prozessintegrierte Kontrollen in Betracht, die in manuelle, IT-und Antifraud-Kontrollen unterschieden werden können. Für jede Kontrolle sind Kontrollziel, betroffenes Risiko, betroffener Jahresabschlussposten und Hinweise zur Überwachung anzugeben. Eine Kontrolle ist hinsichtlich der folgenden zwei Sachverhalte zu konzipieren:
1. Die Ausgestaltung der Kontrolle muss geeignet sein, die Risiken zu vermindern (control design).
2. Die Kontrolle muss durchgängig wirken (operative effectiveness).

Compliance

Entscheidende Bedeutung hat heute die Einhaltung der Vorgaben, Pläne und gesetzlichen Regelungen im Unternehmen erlangt, was mit der Bezeichnung Compliance verbunden wird. Auch der DCGK hat auf die aktuelle Entwicklung reagiert und den Begriff Compliance in seine neueste Fassung aufgenommen. „Der Vorstand hat für die Einhaltung der gesetzlichen Bestimmungen und der unternehmensinternen Richtlinien zu sorgen und wirkt auf deren Beachtung durch die Konzernunternehmen hin (Compliance)".[147] Demnach gehört Compliance zu den Pflichten des Vorstandes, denen er durch organisatorische Maßnahmen nachzukommen hat. Betroffen ist aber auch der Aufsichtsrat, da sich das Audit Committee zukünftig auch mit Compliance befassen soll.[148]

5.4.1.4 Risikomanagementsystem nach COSO

Mit einem Rahmenkonzept hat COSO[149] ein System zur Ausgestaltung eines Internen Kontrollsystems vorgelegt.[150] Dieses Rahmenkonzept wurde im Mai 2013 als Integrated Framework in seiner Konzeption bestätigt.[151] Im Jahr 2004 erfolgte eine Weiterentwicklung zum umfassenden Enterprise Risk Management, das über das rechnungslegungsbezogene interne Kontrollsystem hinausgeht.[152]

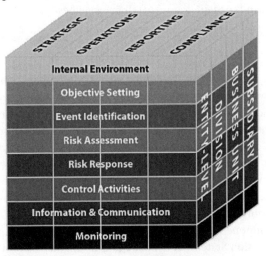

Abbildung 5-9: COSO-Würfel[153]

---

147 Vgl. Deutscher Corporate Governance Kodex, Ziff. 4.1.3.
148 Vgl. Deutscher Corporate Governance Kodex, Ziff. 5.3.2.
149 COSO steht als Abkürzung für *Committee of Sponsoring Organizations of the Treadway Commission*. Es handelt sich dabei um eine freiwillige privatwirtschaftliche Initiative, die helfen soll, Bilanzberichterstattung durch ethisches Handeln, wirksame interne Kontrollen und gute Unternehmensführung qualitativ zu verbessern (vgl. auch www.coso.org).
150 Vgl. COSO 1994.
151 Vgl. COSO 2013.
152 Vgl. COSO 2004.
153 Vgl. COSO 2004, S. 5.

Diese Konzeption hat die Beschäftigung mit dem Risikomanagement entscheidend vorangetrieben. Nach einem Urteil des OLG Stuttgart sind im Unternehmen Vorkehrungen gegen Verstöße zu treffen, „mit denen nach den Erfahrungen des täglichen Lebens gerechnet werden muss". Das RMS bietet dafür eine gute Grundlage, Transparenz über Risiken zu schaffen. Das Ziel besteht in einem ausgewogenen Verhältnis zwischen Risiken und Kontrollstruktur.

COSO-Ziele
Das RMS wirkt auf die Prozessebene (Operations) und die Informationsebene (Reporting) ein, was zwei Seiten einer Medaille sind, und soll die Einhaltung unternehmensinterner und -externer Vorgaben gewährleisten (Compliance). Der gesamte RMS-Prozess hat sich im Falle einer Änderung der Strategie (Strategic) dieser neuen Strategie anzupassen.

Betroffene Einheiten
Das RMS muss alle Bestandteile eines Konzerns erfassen. Das beginnt bei den einzelnen Gesellschaften, geht über die Geschäftseinheiten und die Sparten bis hin zum Gesamtkonzern. Ebenfalls sind Projekte und Investitionen einzubeziehen. Nur ein abgestimmtes Gesamtkonzept kann zu einer angemessenen Berücksichtigung der Risiken und Kontrollen führen.

Komponenten
COSO nennt acht zueinander in Beziehung stehende Komponenten, die in den Führungs- und Überwachungsprozess des Managements auf allen Unternehmensebenen zu integrieren sind. Basis bildet die Komponente Internal Environment. Sie enthält die ethische Grundhaltung und das Kontrollbewusstsein des Managements und der Aufsichtsgremien des Unternehmens. Dazu gehört der Führungsstil, die Fachkompetenz der Manager, die praktizierte Personalpolitik und die Festlegung von Aufgaben und Verantwortung. Das Internal Environment bestimmt damit den Grundtenor des Unternehmens, verleiht im Disziplin und Struktur und bildet den Rahmen für alle weiteren Komponenten.

Die zweite Komponente besteht in der Zielfestlegung. Ausgangspunkt bildet die Vision bzw. das Mission Statement bei der Bestimmung der Unternehmensziele. Hier wird festgelegt, was das Unternehmen erreichen will, und auf welcher Grundlage das Management Ziele vorgibt. Die Ziele müssen feststehen, bevor Ereignisse und Risiken identifiziert werden können, da Risiken und Chancen als negative und positive Abweichungen auf die Zielerreichung definiert werden.

Als dritte Komponente wird die Ereignisidentifizierung genannt. Es gilt die Ereignisse zu erkennen, die Auswirkungen auf die Zielerreichung haben können und durch externe oder interne Faktoren verursacht werden. Das wichtigste Instrument zur Erfassung dieser Ereignisse besteht im Früherkennungssystem. Die Identifizierung hat von den Mitarbeitern für ihre Bereiche zu erfolgen. Zu erfassen sind auch sehr unwahrscheinlich auftretende Ereignisse, wenn sie erhebliche mögliche Auswirkungen haben können. Gleichartige Ereignisse können zu Kategorien zusammengefasst und gruppiert werden. Als Techniken zur Identifikation nennt COSO Kennzahlen, Hochrechnungen, Checklisten, Prozessanalysen, Mitarbeiterbefragungen, Workshops und Auswertungen von Schadensfällen oder positiven Überschreitungen der Sollwerte in der Vergangenheit.

Die vierte Komponente besteht in der Risikobeurteilung. Dazu zählt die Identifizierung, Analyse und das Managen der Risiken aus den Geschäftsaktivitäten, um eine Gefährdung der definierten Unternehmensziele zu vermeiden. Nach dieser Risikoinventur hat eine Portfolio-Betrachtung aller Risiken zu erfolgen und nach dem verbleibenden Restrisiko zu fragen, wenn die Maßnahmen zur Risikosteuerung angesetzt wurden. Als Techniken zur Beurteilung der Risiken werden Interviews, moderierte Workshops, Sensitivitätsanalysen und Stresstests genannt.

In der nächsten Stufe geht es um die Risikosteuerung. Die Möglichkeit auf ein Risiko mit unterschiedlichen Maßnahmen zu reagieren, erfordert eine optimale Kombination der risikopolitischen Aktivitäten. Dieses Verhalten wird stark von der Risikoeinstellung des Managements geprägt. Dieser Risk Appetite wird in die Gesamtstrategie des Unternehmens integriert und ergänzt es durch Risikotoleranzen, d.h. dem prozentualem Ausmaß akzeptabler Zielabweichungen.

Den Risiken werden in der nächsten Stufe die Kontrollaktivitäten gegenüber gestellt. Es handelt sich um Steuerungs- und Überwachungsmaßnahmen, die unmittelbar an die im Rahmen der Risikosteuerung festgelegten Maßnahmen anknüpfen. Eine zeitnahe Umsetzung der Risikosteuerungsmaßnahmen ist erforderlich, um eine effektive Risikosteuerung zu ermöglichen. Als konkrete Beispiele werden genannt: Management Reviews, Maßnahmen zur Erweiterung und Verbesserung der Informationsprozesse, Einsatz physischer Kontrollen, Einsatz von Erfolgsindikatoren und die Funktionstrennung.

Information und Kommunikation bilden die nächste Stufe der Komponenten des COSO-Würfels. Dabei geht es um den Informationsaustausch ohne hierarchische Schranken im gesamten Unternehmen sowie um eine effektive Kommunikation mit externen Adressaten, zu denen Kunden, Lieferanten, Aktionäre usw. gehören, zu dem Management der Geschäftsprozesse.

Abgeschlossen wird der Katalog der Komponenten mit der laufenden Überwachung. Es geht dabei um die Beobachtung und Beurteilung sämtlicher Prozesse. Damit soll die Qualität des RMS im Zeitablauf sichergestellt werden und den sich ändernden Rahmenbedingungen Rechnung getragen werden. Die laufende Überwachung erfolgt prozessintegriert durch das Management und prozessübergreifend durch die IR, den Aufsichtrat und den Abschlussprüfer.

5.4.1.5 Anwendungsbereich des Risikomanagementsystems

Bisher bestanden die gesetzlichen Anforderungen an ein Risikomanagementsystem in Deutschland lediglich durch das KontTraG, das seinen Niederschlag im AktG gefunden hat. Die Einrichtung eines Risikomanagementsystems ist damit nur für AG's vorgeschrieben. Die konkrete Ausgestaltung hängt von Größe, Branche, Struktur sowie Kapitalmarktzugang u. v. a. mehr ab. Es hat sich gezeigt, dass sich das KonTraG auch auf andere Unternehmen ausgewirkt hat, wie es in der Gesetzesbegründunge schon vorformuliert war.

Der Deutsche Corporate Governance Kodex (DCGK) verpflichtet den Vorstand ebenfalls zur Einrichtung eines Risikomanagements. Aber auch der DCGK ist nur für börsennotierte Unternehmen im § 161 AktG gesetzlich verankert, wobei der DCGK auf die Ausstrahlungswirkung auf andere Rechtsformen hinweist. Das Bilanzrechtsmodernisierungsgesetz (BilMoG) setzt Regelungen der 8. EU-RL um, die sich ebenfalls auf das RMS beziehen. Der Aufsichtsrat kann nach § 107 AktG n. F. einen „Prüfungsausschuss bestellen, der sich mit ... der Wirksamkeit des internen Kontrollsystems, des internen Risikomanagementsystems und des interne Revisionssystems ... befasst". Nach Maßgabe der Abschlussprüferrichtlinie ist das interne Risikomanagementsystem somit als allgemeines Risikomanagement zu verstehen, das nicht auf die Rechungslegung beschränkt ist. Eine flächendeckende Verpflichtung für alle Branchen und Rechtsformen zur Einrichtung und Pflege eines RMS existiert in Deutschland nicht. Aber auch ohne gesetzliche Anforderungen hat sich die Risikoorientierung weltweit durchgesetzt. Sie verlangt letztlich von den Führungskräften, sich auf das Wesentliche zu konzentrieren. Während früher die Beschäftigung mit dem Ausnahmefall (Managment by Exception) und dann die Beschäftigung mit den Zielen (Managment by Objectives) im Vordergrund der Tätigkeit der Führungskräfte stand, sind es nun die Risiken.

5.4.1.6 Problembereiche von Risikomanagementsystemen

Die Einrichtung eines umfassenden Risikomanagementsystems im Unternehmen ist zeit- und kostenaufwendig. Für KMU müssten sie aber nicht mit der gleichen Akribie wie für Großunternehmen betrieben werden. Zwei Problembereiche der Risikomanagementsysteme gelten aber unabhängig von Größe und Branche: Die wesentlichen Risiken müssen erkannt und bewertet werden. Beschäftigt man sich mit Scheinrisiken, ist das Unternehmen anfällig für Verlustgefahren jeder Größenordnung. Risikoorientierung kann nur gelingen, wenn eine individuelle Risikoanalyse durch den Prozess Owner erfolgt. Das zweite wesentliche Problem besteht im Bereich Compliance. Eine Erzwingung der Einhaltung durch die Mitarbeiter ist nur erfolgreich, wenn die Grundhaltung der Mitarbeiter auf Einhaltung ausgelegt ist und mit den ethischen Grundsätzen auf allen Ebenen des Unternehmens übereinstimmt.

5.4.2 OECD und Corporate Governance

Die OECD hat 2004 eine Empfehlung zur Corporate Governance vorgestellt.[154] Diese Grundsätze sind ein entwicklungsfähiges Instrument, das nicht rechtsverbindliche Standards, empfehlenswerte Praktiken und Orientierungshilfen für die Umsetzung so

---

154 Vgl. http://www.oecd.topic html.

definiert, dass sie den spezifischen Umständen der einzelnen Länder und Regionen angepasst werden können. Die OECD wird die Entwicklungen zum Bereich Corporate Governance aufmerksam verfolgen, Trends identifizieren und nach Lösungen suchen. Insofern befinden sich diese Grundsätze in einem laufenden Anpassungsprozess. Die Empfehlung gliedert sich in zwei Teile. Im ersten Teil werden die Grundsätze vorgestellt und im zweiten Teil Anmerkungen und Erläuterungen zu diesen Grundsätzen gemacht. Die Grundsätze beziehen sich auf die Aktionäre und ihre Behandlung, auf die Rolle der Bezugsgruppen im Unternehmen, auf die Offenlegung und Transparenz sowie auf die Pflichten der Aufsichtsorgane. Der erste Abschnitt des ersten Teils beschäftigt sich mit der Sicherung der Grundlagen eines effektiven Corporate Governance Rahmens. Dazu sind transparente Märkte und eine klare Trennung der Verantwortlichkeiten der verschiedenen Organe eines Unternehmens erforderlich.

Im Abschnitt VI werden die Pflichten des Aufsichtsorgans, des Boards, behandelt. Im Vordergrund steht die Überprüfung und Orientierung von Unternehmensstrategie, Risikopolitik und Festsetzung von Erfolgsgrößen sowie die laufende Beobachtung der Umsetzung dieser Ziele. Zudem soll das Board integre Rechnungslegungs- und Buchführungssysteme im Unternehmen gewährleisten, namentlich durch Hinzuziehen von unabhängigen Abschlussprüfern. Zu den Aufgaben gehört weiterhin die Sicherstellung angemessener Kontrollvorkehrungen im Hinblick auf Risikomanagement, Finanz- und Betriebskontrolle.

In den Anmerkungen zu diesen Grundsätzen wird ausgeführt, dass zu den Aufgaben der Prüfungsausschüsse bzw. der äquivalenten Organe die Aufgabe gehört, die Interne Revision zu überwachen und die gesamten Beziehungen zu den externen Abschlussprüfern zu beaufsichtigen, einschließlich der Art der von ihnen außerhalb der Audit-Funktion erbrachten Dienstleistungen. Damit ist der Prüfungsausschuss der Ansprechpartner für die internen wie auch die externen Prüfer und kann so ihre Arbeit koordinieren und optimieren. Für den Board gewinnt nach den Anmerkungen zu den Corporate Governance Grundsätzen die Risikopolitik an Bedeutung. Sie setzt die Bestimmung von Art und Ausmaß der Risiken voraus, die das Unternehmen bei der Verfolgung seiner Ziele einzugehen bereit ist. Damit wird der Risk Appetite für die Geschäftsleitung bestimmt, damit dem Risikoprofil des Unternehmens entsprochen wird.

In den Anmerkungen wird auch gesondert auf die Bedeutung der Internen Revision hingewiesen. Danach hat der Board sicherzustellen, dass eine geeignete Aufsicht durch die Unternehmensleitung gewährleistet wird. Dies kann durch eine Interne Revision erfolgen, die direkt dem Board Bericht erstattet. Die Berichterstattung kann aber auch an den Prüfungsausschuss erfolgen, der auch für die Beziehung zu den externen Prüfern zuständig ist. Damit wird eine koordinierte Reaktion des Boards möglich. Zu den Aufgaben des Board-Vorsitzenden kann es auch gehören, über den internen Kontrollprozess zu berichten. Um den unternehmensexternen Board-Mitgliedern zu ermöglichen, an aktuelle, exakte und relevante Informationen zu gelangen, um ihren Beitrag zum Unternehmenserfolg zu verbessern, sollten sie mit dem Leiter der Internen Revision Kontakt aufnehmen können.

Die Empfehlung der OECD zur Corporate Governance weist damit der Internen Revision zwei wichtige Aufgaben zu: Aufsicht über das gesamte Unternehmen und die Informationsversorgung der Board-Mitglieder über die Prüfungsberichterstattung hinaus.

5.4.3 Transparency International und Fraud

Transparency International[155] (TI) ist eine gemeinnützige, parteipolitisch unabhängige Bewegung von gleichgesinnten Menschen aus aller Welt, die sich dem globalen Kampf gegen die Korruption verschrieben haben. Sie wurde 1993 gegründet und verfügt über ein Gesamtnetzwerk von mehr als 90 Standorten. Die Grundprinzipien ihrer Arbeit sind Integrität, Verantwortlichkeit, Transparenz und Partizipation der Zivilgesellschaft. Sie verfügt über die Fähigkeiten, die Werkzeuge, die Erfahrung und die Sachkenntnis, um gegen die Korruption grundlegend, global und regional zu kämpfen. Dabei wird Korruption als ein Grundübel der Gesellschaft gesehen. Korruption ist der Missbrauch von anvertrauter Macht zum privaten Nutzen oder Vorteil.

TI forscht nicht aktiv einzelne Fälle von Korruption aus, sondern will das Bewusstsein hinsichtlich der Korruption wachrütteln. Sie will nicht anstelle der Polizei, der Strafverfolgungsbehörden oder der Revision einzelnen Korruptionsfällen nachgehen, sondern die Aufmerksamkeit insgesamt auf die Korruption lenken. Die Wirtschaft muss überzeugt werden, dass ein hoher und umfassender Standard gegen die Korruption in den Unternehmen zwingend erforderlich ist. Deshalb verleiht TI auch Preise an Einzelpersonen, wie Journalisten, Staatsbeamte oder Gesellschaften, die sich im Kampf gegen die Korruption engagiert haben. Zum anderen informiert TI die Öffentlichkeit, wenn ihr bekannt wird, dass Informanten oder Hinweisgeber von Korruption das Ziel von Verfolgung geworden sind.

Zu den regelmäßigen und bekanntesten Veröffentlichungen von TI gehört die Veröffentlichung des Corruption Perception Index (CPI)[156], der 180 Länder anhand des wahrgenommenen Korruptionsgrades bei Amtsträgern und Politikern auflistet. Daneben wird das National Integrity System (NIS) veröffentlicht, das ein Rahmenkonzept darstellt, das von Antikorruptionsorganisationen benutzt werden kann, um das Ausmaß und die Gründe der Korruption eines bestimmten Landes ebenso wie die Maßnahmen gegen die Korruption zu analysieren. Herausgegeben wird auch als ein praktischer Führer das Anti-Corruption Handbook (ACH), das darauf abzielt, den Prozess der Gestaltung und Anwendung von Anti-Korruptions-Maßnahmen zu unterstützen. Eine weitere Aktivität besteht in der Entwicklung eines Anti-Korruptions-Forschungszentrums für die U4-Gruppe für Ministerien der internationalen Entwicklung. Auf der Internet-Seite von TI werden eine ganze Reihe weiterer Aktivitäten aufgeführt.

Die Finanzierung von TI erfolgt durch Regierungen, durch Projektarbeit für internationale Organisationen, aus Abgaben von Unternehmen und aus den Honoraren

---
155 Vgl. http://www.transparency.de.
156 Vgl. http://www.transparency.org/policy_research/surveys_indices/CPI.

von Veröffentlichungen. Die Vielzahl der Finanzierungsquellen dient der Unabhängigkeit, ebenso wie die transparente Darstellung der Finanzierung nach außen. Ein Spender hat keinen Einfluss auf die Arbeit von TI.

5.5 Kernthesen

Dieses Kapitel gibt einen Überblick darüber, wo sich Hinweise auf die Einrichtung und die Tätigkeit einer Internen Revision befinden. In Deutschland wurde durch das KonTraG erstmalig auf die Einrichtung eines Risikomanagementsystems hingewiesen. In der Begründung zum § 91 AktG wird ausdrücklich die Interne Revision genannt. Die Regelung gilt nur für Aktiengesellschaften, soll aber auch Ausstrahlungswirkung auf Unternehmen nach Branche und Größe anderer Rechtsformen haben.

Der Deutsche Corporate Governance Kodex gilt zunächst nur für börsennotierte Aktiengesellschaften. Aber auch hier wird von einer Ausstrahlungswirkung auf andere Unternehmen ausgegangen. In der Zwischenzeit gibt es für alle möglichen Branchen und Unternehmensformen vergleichbare Kodizes. Es wird die Einrichtung eines Prüfungsausschusses empfohlen und Hinweise auf seine Zusammensetzung und Arbeitsweise gegeben. Im DCGK wird Prüfungsausschuss mit Audit Committee übersetzt. International ist das Audit Committee die Institution die für die interne und externe Prüfung verantwortlich ist. Dadurch wurde in Deutschland die Diskussion ausgelöst, wieweit der Prüfungsausschuss des AR identisch mit dem Audit Committee ist. Durch die unterschiedlichen Systeme ist diese Identität nicht gegeben. Annäherungen sind aber bei den deutschen Prüfungsausschüssen festzustellen.

Seit jeher galten und gelten für Kreditinstitute besondere Vorschriften, was die Interne Revision betrifft. Die MaRisk des Bundesamtes für Finanzdienstleistungsaufsicht sind im Dezember 2012 neu herausgegeben worden. Sie enthalten Vorgaben zum Risikomanagement und zur Internen Revision. In diese Regelungen ist ein Großteil der Grundsätze des IIA eingeflossen. In den neuen Vorgaben wird nun von einer dreijährigen Prüfungspflicht aller Revisionsobjekte unter Risikoaspekten abgesehen. Eingeführt wurde eine Berichtspflicht unter bestimmten Aspekten an den Vorsitzenden des Aufsichtsrats und die Aufsichtsinstitution.

Zu den wichtigen europäischen Regelungen, die Eingang in die deutsche Gesetzgebung gefunden haben, gehört die 8. EU-Richtlinie und Basel II. Die 8. EU-RL gibt Regelungen zum Audit Committee und zum Risikomanagementsystem vor. Die dazu geäußerten Befürchtungen, dass es sich um ein europäisches SOX handelt, wurden bisher von der EU dementiert. Insofern hat sich das Audit Committee nur mit dem Risikomanagementsystem zu beschäftigen, ohne das eine lückenlose Dokumentation und Prüfung erforderlich wäre. Basel II ist durch das MaRisk in Deutschland umgesetzt.

Bei den amerikanischen Regelungen hat der SOX einen ganz neuen Stellenwert gegenüber den alten Regelungen gefunden. Er gilt für alle in US-börsennotierte Gesellschaften und ihre Tochtergesellschaften. Es wird hier ausführlich geschildert, wie die Risiken identifiziert und die Kontrollen gestaltet und dokumentiert und geprüft werden.

Bei den internationalen Regelungen wird ausführlich auf COSO eingegangen, das in Form von COSO I als Kontrollsystem und als COSO II als Risikomanagementsystem vorliegt. Von den international vorgestellten Systemen hat COSO weltweit die größte Beachtung gefunden und bildet die Grundlage bei allen Überlegungen, die sich auf Risiko und Kontrolle beziehen.

Von der OECD wurde eine Empfehlung zum Corporate Governance vorgelegt. Dem Audit Committee, dessen Aufgaben im Abschnitt über das Board ausführlich gewürdigt wird, kommt die Überwachung der Internen Revision zu. Die Interne Revision hat nach den Vorstellungen der OECD zwei wesentliche Aufgaben zu erfüllen: Aufsicht über das gesamte Betriebsgeschehen und Informationsversorgung aller Board-Mitglieder über die Prüfungsberichte hinaus.

Abgeschlossen wird dieses Kapital mit einer kurzen Umschreibung der Tätigkeit von Transparency International. Diese Organisation hat Fraud in allen Organisation und Unternehmen den Kampf erklärt. Aber nicht eigene Nachforschungen und Ermittlungen machen die Tätigkeit aus, sondern permanente Hinweise auf die negativen Folgen von Fraud und die Unterstützung derjenigen Personen, die diese Untersuchungen durchführen. Daneben werden regelmäßig Berichte über Fraud Indikatoren in einzelnen Ländern und weitere Studien veröffentlicht.

6 Entwicklungstendenzen der Internen Revision[157]

6.1 Entwicklungstendenzen im Unternehmen

6.1.1 Wissensmanagement im Unternehmen

Der Erfolg von Unternehmen hängt davon ab, ob es ihnen gelingt, das im Unternehmen vorhandene und extern verfügbare Wissen schneller und besser als die Wettbewerber in Produkte und Leistungen umzusetzen. Wissensmanagement setzt sich mit der Identifizierung, der Entwicklung, dem Erwerb, der Bewahrung, der Verteilung und der Nutzung von Wissen auseinander. Dabei geht es um das relevante Wissen, was aus den Geschäftsprozessen und der Strategie abzuleiten ist. Es muss sich um wertschaffendes Wissen handeln. Alle Instrumente und Verfahren zur Gestaltung des Produktionsfaktors Wissen sind einzusetzen. Dabei geht es nicht um den sporadischen Einsatz, sondern um ein integriertes Konzept, um systematisch, permanent und umfassend das Wissen im Unternehmen zu nutzen.

Die Schwierigkeit der Wissensidentifikation besteht darin, dass viele Unternehmen nicht wissen, welches Wissen vorhanden ist, welche Experten dazu zu befragen sind, welche Fähigkeiten und Erfahrungen vorliegen. Die erhöhte Komplexität des externen Wissens, die Möglichkeiten neuer Medien, die Beschleunigung bei der Entwicklung neuer Technologien führt dazu, dass die Untenehmen häufig den Überblick über das Wissensumfeld verloren haben.

Im Mittelpunkt des Wissenserwerbs stehen der Gewinn und die Produktion neuer Fähigkeiten, neuer Ideen und Prozesse. Wissensentwicklung umfasst dann alle Anstrengungen, zur Produktion und Beschaffung noch nicht bestehender Fähigkeiten im Unternehmen.

Wissensverteilung und Nutzung wird als Kernaufgabe des Wissensmanagements aufgefasst. Wissen an die Stelle zu bringen, wo es zurzeit benötigt wird, ist Ziel und Zweck des Wissensmanagements. Die Bereitschaft der Mitarbeiter muss vorhanden sein, fremdes Wissen zu nutzen. Es muss deshalb sichergestellt werden, dass das Wissen, das mit großem Aufwand erstellt wurde, auch tatsächlich im Alltag genutzt wird. Die Beibehaltung bewährter Routinen verhindert die Überfremdung eines Mitarbeiters, ist aber auch auf Bequemlichkeit, sich nicht mit neuem Wissen auseinander zu setzen bzw. sein Wissen nicht an andere weiterzugeben, zurückzuführen. Deshalb besteht die Schwierigkeit darin, die Mitarbeiter zu überzeugen, mit diesen Informationen zu arbeiten und sie für ihre Belange zu nutzen. Die technischen Möglichkeiten bestehen dazu.

Vorhandenes Wissen muss auch bewahrt werden. Im Rahmen von Reorganisationen geht das Gedächtnis der Unternehmen z.T. verloren. Aber auch die Abwanderung von Mitarbeitern und unzureichende Forschung kann zu einem Verlust von

---

157 Vgl. Peemöller/Richter 2000, S. 13–18.

Wissen führen. Ein Instrument zum Bewahren von Wissen kann in Expertensystemen gesehen werden, indem individuelles Wissen in den organisationalen Wissensbestand überführt wird.

Für die Interne Revision ergeben sich daraus zwei Aufgabenstellungen. Zum einen ist das Wissensmanagement im Rahmen der Governance Prozesse zu bewerten und zu verbessern. Zum anderen muss die Interne Revision selbst bemüht sein, ein eigenes Wissensmanagement zu betreiben, um Revisionswissen zu identifizieren zu erwerben und allen Mitarbeitern der Revision zugänglich zu machen.

6.1.2 Flexible Organisation

Die Organisation unterliegt permanent Veränderungen. Dieser Wandel wird ausgelöst durch Veränderungen der Umwelt und des Unternehmens. Das Vorgehen bei der Organisationsentwicklung verlangt eine einheitliche Systematik. Es hat sich dazu eine prozessorientierte Vorgehensweise herausgebildet, die über drei Phasen verlaufen kann:

1. Auftauphase
Ausgangspunkt der organisatorischen Veränderung ist ein von den Verantwortlichen empfundenes Problem. Da mit der Lösung der Probleme Veränderungen verbunden sind, müssen zunächst die bestehenden Regelungen und Einstellungen erfasst und dann diese Regelungen „aufgetaut" werden, um die Bereitschaft zur Veränderung zu bewirken. Zur Gestaltung der Arbeitsabläufe ist in einem ersten Schritt der gegenwärtige Ist-Zustand (bei einem laufenden Betrieb) zu erfassen und zu analysieren, um Schwachstellen und Störquellen zu erkennen. Im Rahmen der Analyse des Ist-Zustandes werden die einzelnen Verrichtungen unter dem Gesichtspunkt der Gesamtaufgabe bzw. der generellen Zielsetzung der Unternehmung systematisch und kritisch durchleuchtet. Dabei werden die Schwachstellen (die z. B. Verzögerungen im Arbeitsablauf verursachen) aufgedeckt.

2. Veränderungsphase
Die Verbesserungen werden im nächsten Schritt in allen Einzelheiten festgelegt. Die aus den vorhergehenden Stufen gewonnenen Anhaltspunkte und Daten werden bei der Planung des Soll-Zustandes verarbeitet und dargestellt. Dadurch wird ein Konzept entwickelt, das den zukünftigen, verbesserten Ablauf der Organisation wiedergibt. Das erarbeitete, übersichtliche und für die jeweiligen Stelleninhaber verständliche Konzept muss nun allen beteiligten Organisationsmitgliedern zugehen und mit ihnen diskutiert werden. Sinnvolle Änderungs- und Verbesserungsvorschläge können hier noch relativ problemlos berücksichtigt werden. Wichtig ist, dass die eingebundenen Mitarbeiter die Möglichkeit haben, Einfluss auf das Ergebnis des Veränderungsprozesses zu nehmen.

Das daraus hervorgehende endgültige Soll-Konzept muss den Arbeitsablauf in dreifacher Hinsicht optimieren: Sie soll im Hinblick auf die Arbeitsverteilung, die Arbeitszusammenfassung und die räumliche Zuordnung erfolgen.

Die Arbeitsverteilung regelt, wie viele elementare Arbeiten jedem Stelleninhaber übertragen werden. Dies geschieht unter Berücksichtigung der zu verrichtenden Tätigkeit, der geplanten Arbeitsmenge, des Leistungsvermögens der Mitarbeiter und der eingesetzten Mittel.

Im Rahmen der Arbeitszusammenfassung sollen die Tätigkeiten der einzelnen Mitarbeiter (die ja durch die Arbeitsverteilung optimal übertragen wurden) bestmöglich aufeinander abgestimmt werden. Dadurch sollen möglichst geringe Durchlaufwege und Bearbeitungszeiten erreicht werden.

Die räumliche Zuordnung bezieht sich auf die Arbeitswege, die minimiert werden sollen, auf die Strukturierung in räumlicher Hinsicht und auf den Einsatz von Transportmitteln für den Transport auf den Arbeitswegen.

3. Konsolidierungsphase

Organisatorische Veränderungen müssen sorgfältig geplant werden und dürfen vor allem auch die Mitarbeiter nicht überfordern, die sich den neuen Gegebenheiten anzupassen haben. Der Prozess der Realisierung erfordert ein schrittweises Vorgehen und beginnt mit verschiedenen Beschaffungsmaßnahmen, wie z.B. Bereitstellung der benötigten Arbeitsmittel (Werkzeuge, Maschinen usw.), von Organisationshilfsmitteln (EDV, Software usw.), aber in der Regel auch von Personal (z.B. im Hinblick auf neu geschaffene oder durch innerbetriebliche Versetzung freigewordene Stellen). Außerdem sind genaue Arbeits-, Verfahrens- und Dienstvorschriften unerlässlich.

Vielfach werden vor der vollkommenen Durchführung des Soll-Konzeptes die veränderten Arbeitsprozesse in einzelnen Abteilungen versuchsweise eingeführt. Dadurch können Mängel erkannt, aber auch Mitarbeiter eingearbeitet werden. Bei positiver Beurteilung werden die Arbeitsprozesse dann schrittweise ausgedehnt, bis das Soll-Konzept (bei ständiger Überwachung) schließlich ganz realisiert ist. Dieser Zustand ist dann „einzufrieren", weil die nun vorgegebenen generellen Regelungen für eine gewisse Zeit Bestand haben müssen. Ein bestimmtes Maß an Routine ist für die Mitarbeiter erforderlich. Sie erhöht durch den Wiederholungsfaktor die Arbeitsproduktivität signifikant.

Für die Interne Revision ergibt sich das Problem, bei allen Anpassungen der Organisation, die Anforderungen eines IKS und RMS zu gewährleisten. Die Interne Revision kann in den Arbeitsgruppen mitwirken und dort vor Ort auf diese Belange hinweisen. Im Rahmen der Programme des Lean Managements sind häufig eingeführte Kontrollstrukturen aufgeben worden, ohne sie durch neue zu ersetzen. Dadurch wurde die Organisation anfällig für abweichendes Verhalten und für dolose Handlungen. Prüfungen können dann nur als aufwändige Einzelfallprüfungen durchgeführt werden, wenn die Struktur eines IKS fehlt.

6.1.3 Shareholder Value-Denken

Die aus den USA stammenden wertorientierten Konzepte der Unternehmensführung haben auch in Deutschland in breitem Maße Einzug gehalten. Bei diesen treten der Unternehmenswert und strategische Erfolgsfaktoren als primäre Zielgrößen in den Vordergrund. Es wird eine strategische Ausrichtung des Unternehmenswertes vorgenommen. Ein primäres Unternehmensziel ist die Schaffung von Mehrwert bezogen auf den Unternehmenswert im Sinne der Investoren.

Die strategischen Erfolgsfaktoren können durch folgende vier Perspektiven systematisiert werden:

- finanzielle Erfolgsfaktoren (z. B. Cashflow, Unternehmenswert)
- prozessorientierte Erfolgsfaktoren (z. B. Total Quality Management, Continuous Improvement)
- innovative, wissensorientierte Erfolgsfaktoren (z. B. Wissensmanagement, Innovationsmanagement)
- kundenorientierte Erfolgsfaktoren (z. B. Marktanteil, Kundenzufriedenheit)

Aus der Verfolgung wertorientierte Zielsetzungen im Unternehmen erwachsen Risikopotenziale, die von der Internen Revision für die Prüfungsplanung einzuschätzen sind. Denn es werden dadurch nicht nur langfristige nachhaltige Wertsteigerungen erreicht. Zum Teil erfolgte eine Fokussierung auf den schnellen Gewinn durch ein kurzfristig hochgepushtes Zahlenwerk durch börsenorientierte Schach- und Winkelzüge. Damit werden im Moment die Aktienkurse günstig beeinflusst, langfristig aber den Unternehmen Schaden zugefügt. Die zunehmende Bedeutung dieser wertorientierten Führungskonzepte steht für den Wandel in der Aufgabenstellung der Internen Revision. Von den traditionellen Aufgaben im Bereich des Finanz- und Rechnungswesens (FA) entwickelt sie sich zu einer Prüfungs- und Beratungsinstitution der Führungs- und Überwachungsprozesse (MA) im gesamten Unternehmen.

6.1.4 Diversity Management

Diversity Management ist ein Unternehmenskonzept, das sich auf die personelle Vielfalt im Unternehmen stützt, und diese für eine positive Entwicklung im Unternehmen nutzen will. Die Verschiedenheit der Beschäftigten wird bewusst zum Bestandteil der Personalstrategie und Organisationsentwicklung gemacht. Die Wertschätzung und Nutzung der personellen Vielfalt steht im Vordergrund. Echte Wertschätzung wird dabei als Verstehen und Annehmen gedeutet. Neben moralischen und juristischen Gründen, sind es insbesondere ökonomische Gründe die für eine Einführung eines Diversity Managements sprechen.

Dabei wird primär nicht die Unterschiedlichkeit der Individuen gesehen, sondern die Strategien beziehen sich auf Gruppen von Mitarbeitern:
- jüngere und ältere Mitarbeiter
- Frauen und Männer
- Personen mit und ohne Migrationshintergrund
- Mitarbeiter mit und ohne Leistungsveränderungen

- Mitarbeiter mit unterschiedlicher sexueller Orientierung
- Mitarbeiter mit unterschiedlichen Religionszugehörigkeiten usw.

Zwei EU-Richtlinien haben sich mit dieser Problematik befasst und verschieben die Beweislast für die Gleichbehandlung vom Diskriminierten auf den beschuldigten Diskriminierenden. Ziel des Diversity Management ist die Verbesserung der Integration verschiedener Mitarbeitergruppen im Unternehmen. 2006 ist das Gesetz zur Umsetzung europäischer Richtlinien zur Verwirklichung des Grundsatzes der Gleichbehandlung mit seinem wichtigsten Bestandteil, dem Allgemeinen Gleichbehandlungsgesetz (AGG), in Deutschland in Kraft getreten. Das Veränderungspotenzial des Gesetzes ist beträchtlich. Es bietet die Chance, eine aktive Antidiskriminierungspolitik zu gestalten.

Der juristische Ansatz sollte durch betriebswirtschaftliche Überlegungen des Diversity Managements begleitet werden: Durch ein Diversity Management lassen sich

- Angehörige von Minderheiten besser rekrutieren,
- kreativere Problemlösungen durch gemischt zusammengesetzte Teams erzielen,
- flexiblere Reaktionen auf Umweltveränderungen erzielen, die auch Betriebsblindheit durch heterogene Gruppenbildung reduzieren,
- Wünsche und Bedürfnisse der heterogenen Kundschaft durch eine heterogene Belegschaft besser ermitteln,
- Reibungsverluste, Konflikte und Diskriminierungen minimieren, was sich kostensenkend auswirken wird.

Die Aufgabe der Internen Revision wird damit vielschichtiger. Einmal ist die Einhaltung weiterer Gesetze zu überwachen. Zum anderen sind aber auch unterschiedliche Gebräuche und Usancen sowie kulturelle Vorstellungen in den Verhaltensweisen der betroffenen Mitarbeiter zu berücksichtigen.

6.2 Entwicklungstendenzen im Umfeld des Unternehmen

6.2.1 Internationalisierung/Globalisierung

Die Internationalisierung bzw. Globalisierung der Märkte schreitet fort, die kapitalmäßige Verflechtung nimmt zu. Globalisierung ist dabei zu verstehen als ein Zusammenwachsen der verschiedenen nationalen Märkte zu einem integrierten und homogenen Weltmarkt. Im Allgemeinen lassen sich folgende wesentliche Bereiche und Ursachen der Globalisierung ausmachen:
- Globalisierung der Kapitalmärkte
- Globalisierung des Waren- und Dienstleistungsgewerbes
- Globalisierung der Arbeitsmärkte
- Globalisierung durch Wissens- und Informationstechnologie

Diese Entwicklungen haben tiefgreifenden Einfluss auf die Unternehmensumwelt und die Unternehmen. Sie wirken auf die global agierenden Unternehmen. Sie verändern aber auch die rechtlichen, wirtschaftlichen und kulturellen Rahmenbedingungen und gewinnen so auch Bedeutung für die kleineren und mittleren eher national geprägten

Unternehmen. Auch von diesen Unternehmen wird damit eine Anpassung der Strategie, der Strukturen und der betrieblichen Funktionen gefordert. Globalisierung und Internationalisierung gehen einher mit steigender Komplexität und Dynamik der Unternehmensumwelt, denen mit Größen- und Verbundvorteilen und Marktnähe, Flexibilität und Schnelligkeit begegnet werden kann. Somit verändern und erhöhen sich die Risikopotenziale und die Anforderungen an die Unternehmensführung wachsen. Dies führt zu einem erhöhten Überwachungsbedarf der Unternehmensführung. Für die Interne Revision sind daraus komplexere Prüfungsaufgaben abzuleiten, die sich insbesondere auf die Führungs- und Überwachungsprozesse beziehen.

Auch bei den traditionellen Aufgaben der Internen Revision ergeben sich Veränderungen durch die Globalisierung und Internationalisierung. Die Einführung und Anwendung der Internationalen Rechnungslegung stellt neue und erhöhte Anforderungen an die Prüfung und Beratung der Internen Revision. Sie resultieren einmal aus der Einführung und Anwendung der Internationalen Rechnungslegung selbst und zum anderen aus dem gestiegenen Umfang von Informationen, die nicht durch den Abschlussprüfer prüfungspflichtig sind, wie z. B. der Quartalsberichterstattung. Die Interne Revision hat dazu beizutragen, dass die Veröffentlichungen von Zahlen und Daten des Unternehmens den Anforderungen entsprechen und für Vertrauen in das Unternehmen sorgen.

6.2.2 Wettbewerbsdruck

Die Ursachen dieser Entwicklung sind mannigfaltig: Innovationsdruck bei den Produkten, Wegfall von Marktschranken, bessere Vergleichbarkeit der Leistungen durch Zwang zur Standardisierung. Die Entwicklung der Informationstechnik überwindet bisher geschützte Marktgrenzen. Davon betroffen sind die inländischen großen Unternehmen, die bereits international agieren. Aber auch die kleineren und mittleren inländischen Unternehmen verspüren den stärkeren Wettbewerbsdruck durch die ausländische Konkurrenz. Um darauf zu reagieren, müssen die Unternehmen expandieren, um die Größenvorteile zu nutzen, sie müssen ihr Aufgabenprofil schärfen, um sich besser von den Konkurrenten abzugrenzen und sie müssen Vorteile durch schnelleres Umsetzen der Innovationen ausschöpfen. Die Verfolgung dieser Ziele geht einher mit Wachstumsbestrebungen auf der einen Seite und Effizienzbestrebungen, Preis- und Kostendruck auf der anderen Seite.

Der wachsende Wettbewerbsdruck führt zu höherer Komplexität und Dynamik der Unternehmensstrukturen und -prozesse, was wiederum zu einem höheren Bedarf an Prüfungsleistungen führt. Die hohen Anforderungen an die Überwachung zeigen erhebliche Auswirkungen auf die Arbeit der Internen Revision. Sie führen einmal zu einer stärkeren Beachtung der Compliance, der Einhaltung der Vorgaben, Gesetze und Verordnungen. Außerdem wird eine stärkere Unterstützung der Unternehmensführung durch Prüfung und Beratung der wesentlichen Führungs- und Überwachungssysteme (Governance) gefordert, sowie eine erhöhte Beratungsleistung hinsichtlich der Organisation und der Prozesse.

Aus dem erhöhten Wettbewerbsdruck und der daraus resultierenden Entwicklung ist auch mit einer erhöhten Gefahr doloser Handlungen zu rechnen, insbesondere durch das Management. Hier ist an die Praktiken zur Erlangung von Aufträgen durch Bestechungsgelder und Provisionen oder auch vorgeschobene Beratungsaufträge zu denken, um schwarze Kassen für Bestechungsgelder zu schaffen. Von der Internen Revision wird grundsätzlich verlangt, Indizien für dolose Handlungen zu erkennen und vorsorgliche Maßnahmen zu deren Verhinderung und zur Schadensbegrenzung zu treffen. Auch die Untersuchung bereits eingetretener doloser Handlungen hinsichtlich ihrer Ursachen, der beteiligten Personen und der Vorgehensweise gehört zu den Aufgabenfeldern der Internen Revision. Das Verhindern und Erkennen von Fraud hat nicht mehr allein in gefährdeten Branchen wie Banken, Versicherungen und Handel eine immer größere Bedeutung erlangt, sondern nun für alle Untenehmen.

6.2.3 Wertewandel

Der Wertewandel zeigt sich in drei Ausprägungen: Einmal in den dolosen Handlungen bzw. den Handlungen, die im Graubereich der Legalität angesiedelt sind. Zum anderen in den Verschiebungen bezüglich der Bedeutung der Adressaten, z.B. über den Stakeholder zum Shareholder Ansatz. Dadurch ergeben sich Verunsicherungen über das Zielsystem der Unternehmen. Drittens haben die Erwartungen der Bezugsgruppen erheblich zugenommen. Das Konzept des Shareholder Value verselbststständigte sich. Anstelle langfristiger nachhaltiger Wertsteigerungen rückte die kurzfristige Unternehmensperformance immer mehr in den Mittelpunkt. Erfolg wird damit als steigender Aktienkurs definiert. Der Druck auf die Vorlage guter Abschlüsse wuchs permanent. Nicht nur das Ansehen und das Image der Vorstände und des Unternehmens sind betroffen, sondern auch die Kapitalbeschaffungsmöglichkeiten durch Ratings der Banken und der Ratingagenturen. Die zunehmende Abhängigkeit der Geschäftsleitung von der Entwicklung des Börsenkurses war die Ursache der meisten Bilanzskandale. Die Euphorie des Shareholder Value-Ansatzes schlug so in eine Verteufelung um: Viele Top-Manager missbrauchen den – ursprünglich als Instrument der Leistungsmotivation gedachten – Anreiz, um durch Manipulation des Börsenkurses das eigene Einkommen zu maximieren.

Für die Tätigkeit der Internen Revision bedeutet dies, dass sie ein Red Flagging-Management entwickeln muss. Die Bekämpfung von Fraud basiert auf erkennen, diagnostizieren und bekämpfen. Insofern sind die Indikatoren von Fraud zu ermitteln, da eine kleine Umsatz- oder Aufwandskorrektur ein Schneeballsystem von Verschleierungsnotwendigkeiten bzw. eine Bugwelle der Manipulationen hinter sich herzieht. Neben der Entdeckung steht die zukunftsorientierte Verhinderung. Neben der Prävention von Delikten, zu der insbesondere ein systematisches Value-Management beiträgt, muss vor allem die Früherkennung in den Vordergrund treten.

6.2.4 Technologische Entwicklung

Im Zuge der technologischen Weiterentwicklung im Produktions- und Verwaltungsbereich ist der Einsatz der Computer- und Informationstechnologie in den Unternehmen rasant angestiegen. Die Informations- und Kommunikationstechnik hat in kurzer Zeit viele Produkte, Produktionsmittel und -verfahren sowie die Formen der Kommunikation nachhaltig verändert. Eine Abschwächung des Trends ist unwahrscheinlich. Die Wissensproduktion dürfte eher noch zunehmen.

Die Interne Revision hat sich die Entwicklung der Computertechnologie auch im Zusammenhang mit der eigenen Revisionsarbeit zu Nutze gemacht. Moderne Hard- und Softwaresysteme sind ein nicht mehr wegzudenkendes Instrument zur Erbringung von Prüfungs- und Beratungsleistungen durch die Interne Revision. Für alle Aufgabenbereiche der Internen Revision gibt es Softwarelösungen wie Auftragsplanung, Auftragsdurchführung, Dokumentation, Berichterstattung und Follow-up.

Daneben wird die Informationstechnologie zu einem bevorzugten Prüfungsgebiet. Die operativen Prozesse, wie Buchführung und Rechnungslegung, um nur einige Beispiele zu nennen, werden durch die Software beschrieben und gesteuert. Damit stellt sich die Frage nach der Entwicklung und der Pflege der Software und den Eingriffsmöglichkeiten durch interne oder externe Personen. Das Aufgabenfeld der Internen Revision wird dadurch erheblich komplexer und erweitert. Der Umfang des Wissens erzwingt eine Spezialisierung in allen Bereichen des Unternehmens und so auch in der Internen Revision. Auf der anderen Seite bringt eine Aufteilung in den Spezialprüfer und den allgemeinen Revisor Probleme mit sich. Entsprechend hoch ist der Bedarf an integrativen Konzepten, die verhindern, dass die Spezialisten ein Eigenleben entwickeln und Teilziele verfolgen, die nicht den Vorstellungen der Unternehmensführung als Nachfrager nach Prüfungsleistungen entsprechen.

6.2.5 Nationale und internationale Regulierung

Es werden immer wieder Lippenbekenntnisse zur Deregulierung abgegeben. Tatsächlich hat die Regulierung über die Jahre hinweg deutlich zugenommen. Durch gesetzliche Regelungen werden in Deutschland an die unternehmerischen Führungs- und Überwachungssysteme immer höhere Anforderungen gestellt. Ein Beispiel besteht im 10-Punkte-Programm der Bundesregierung. Dabei wird die Bedeutung nationaler Vorschriften abnehmen und durch internationale Normen ersetzt werden. Hier sei nur an die Empfehlungen, Richtlinien und Verordnung der EU gedacht, die sich auf alle Bereiche der Unternehmen erstrecken.

Die Bedeutung der Internen Revision ist dabei deutlich gestiegen, da der Gesetzgeber zum einen die Rolle der Internen Revision hervorgehoben hat, z. B. in Gesetzesbegründungen und Kommentierungen. Zum anderen ergeben sich durch die gesetzlichen Regelungen jeweils weitere Aufgabengebiete für die Interne Revision, wenn man z. B. an SOX denkt. Die gesetzgeberischen Initiativen haben insbesondere bei denjenigen Internen Revisionen für einen teils rasanten Aufgabenwandel geführt, deren Unternehmensführung sich dem Bedürfnis der Risikoorientierung und der Bedeutung von Risikofrüherkennung, Risikomanagement und Internem Kontrollsystem noch nicht ausreichend bewusst war. Durch die zunehmende regulatorische Verankerung der Internen Revision ist die Bedeutung der Internen Revision als auch ihr Ansehen und ihre Akzeptanz deutlich gestiegen.

6.2.6 Soziale und politische Konflikte

Für marktwirtschaftliche Systeme werden transparente und stabile Wirtschafts-, Sozial-, und Rechtsordnungen als Garant für den Erfolg genannt. Diese Stabilität kann allerdings ins Wanken geraten, wie die Diskussionen der letzten Jahre beweisen. Die Steuer-, Lohn- und Wirtschaftspolitik wird nicht als „gerecht" empfunden. Es entsteht eine Klassengesellschaft, auf deren einen Seite die „gierigen" Manager und auf deren anderer die Arbeitnehmer stehen, die mit ihrem Einkommen nicht mehr eine Familie versorgen können. Hinzu kommt Korruption in vielen Lebensbereichen einer Volkswirtschaft. Soziale Spannungen sind die Folgen, die sich durch die gesamte Gesellschaft ziehen.

Drei Arten von Konflikten können unterschieden werden:

Strukturelle Konflikte:
Es liegen unterschiedliche Zielvorstellungen bei den beteiligten Personen oder Gruppierungen vor. Dies zeigt sich zunehmend in der politischen Auseinandersetzung aber auch bei den Fragen, ob die Aktionärsinteressen oder die Interessen aller Bezugsgruppen zu berücksichtigen sind.

Verhaltenskonflikte:
Das Verhalten einzelner oder ganzer Gruppen wird von mehreren unterschiedlichen Rollenerwartungen geprägt, die sich gegenseitig widersprechen. Die Firmenethik verlangt, dass jeder Verstoß dem Vorgesetzten zu melden ist, der informelle Ehrenkodex der Gruppe verlangt aber darüber zu schweigen.

Verteilungskonflikte:
Die materielle und immaterielle Entlohnung wird als ungerecht empfunden. Diese Verteilungskonflikte beziehen sich auf die Entlohnung aber auch auf Statussymbole, die von Einzelnen zur Sicherung ihres Prestiges angestrebt werden.

Diese Konflikte erschweren oder stören die Leistungsbereitschaft des Einzelnen aber auch die Effizienz der Leistungserstellung insgesamt. Folge für das wirtschaftliche Handeln ist ein erhöhter Bedarf an Absicherungsstrategien verbunden mit höheren Transaktionskosten.

Nationalistische Tendenzen, religiöse Intoleranz und ökonomische Verteilungskämpfe führen international zu Spannungen zwischen den Ländern. Brüche und Krisen können national wie international die Folge sein. Um wirtschaftlich bestehen zu können und im Markt zu bleiben, sind ebenfalls Absicherungsstrategien erforderlich, die hier in hohem Maße in der Beeinflussung der Mandatsträger oder der Manager in den Untenehmen bestehen können. Korruption schadet aber dem einzelnen, dem Wettbewerb und der Entwicklung der Wirtschaft.

Die Aufgabe der Internen Revision bezüglich der sozialen Konflikte besteht in der Prüfung und Beratung der Governance-Prozesse. Durch diese Prozesse sollen ethisch angemessene Normen und Werte in der Organisation gefördert, die Steuerung der Leistungsmessung und die Abgrenzung der Verantwortung gesichert, die Risiko- und Kontrollinformationen kommuniziert und die Aktivitäten der Geschäftsleitung, der Überwachungsorgane und des operativen Management koordiniert werden.

6.3 Die Interne Revision der Zukunft

Für die Vergangenheit lassen sich unterschiedliche Entwicklungsformen der Internen Revision herausarbeiten.[158] Es liegt eine Reihe von Hinweisen und Erwartungen hinsichtlich der Internen Revison in der Zukunft vor. Die prognostische Kraft der Autoren ist unterschiedlich. Das IIA[159] wagt einen Blick bis in das Jahr 2015; das DIIR bis zum Jahr 2020. Fünf Felder sind einer näheren Betrachtung zu unterziehen:

- Corporate Governance

Die Interne Revision bleibt ein integraler Bestandteil des Managements. Insofern wird der Management Approach der Internen Revision Bestand haben. Neben der Unternehmensführung wird sich aber auch der Prüfungsausschuss bzw. der Aufsichtsrat verstärkt für die Arbeit der Internen Revision interessieren und zur Absicherung der Entscheidungen nutzen. Daneben wird die Interne Revision auch als Garant für die Berichterstattung und damit für die Kapitalgeber dienen. Die IR wird zunehmend zum Objekt der Regulierung. Die Ansätze im AktG und von der Bafin werden noch weiter gehen und die Anforderungern an die IR weiter erhöht werden.

- Prüfungsansatz

Die Risikoorientierung wird auch in Zukunft Bestand haben und die Auseinandersetzung mit Risiko und Kontrolle noch verstärkt werden. In die Überlegungen zum Risiko spielt die Prozessorientierung hinein, da Risiken und Kontrollen in den Prozessen zu verankern sind. Damit werden Beschäftigung und Abgrenzung der Geschäftsprozesse zunehmen. Insbesondere die Beschäftigung mit dem Continuous Auditing verlangt eine tiefergehende Analyse der unterschiedlichen Einflussfaktoren auf diese Geschäftsprozesse. Neben den Geschäftsprozessen sind es die Projekte, die für die Risikobeurteilung von Bedeutung sind. Von daher wird eine stärkere Fokussierung auf die Projekte erforderlich werden.

- Prüfer

Die Qualität der Prüfung wird maßgeblich von der Qualität der Prüfer bestimmt. Die Aus- und Fortbildung der Prüfer behält einen hohen Stellenwert und die Anzahl der Zertifizierungen wird noch zunehmen. Es werden auch noch weitere Zertifizierungen

---

158 Vgl. Peemöller 2011 a, S. 69–91.
159 Vgl. IIA Standard Board, Presentation 2011; DIIR (Hrsg.) Die Interne Revision im Jahre 2020; Amling: Interne Revision 2020, Peemöller: Interne Revision 2020, 2011.

ins Leben gerufen werden, um den unterschiedlichen Anfordeurngen der Wirtschaft gerecht zu werden. Entscheidend für die Zukunft wird es aber sein, dass Mitarbeiter mit hohem Potenzial für den Beruf gewonnen werden. Die Attraktivität des Berufs muss noch gesteigert werden, wozu die Interessenvertretungen IIA, ECIIA und DIIR auf der einen Seite und die Praxis auf der anderen Seite beitragen müssen. Dies bezieht sich nicht nur auf die Anwerbung von Hochschulabsolventen, bei denen die Interne Revision immer in Konkurrenz zu den WP-Gesellschaften steht, sondern auch auf Praktiker aus anderen Bereichen, die für die Revision zu gewinnen sind.

- Wirtschaftlichkeit

Die Leistungen der IR müssen auch den Anforderungen der Wirtschaftlichkeit genügen. Dabei wird eine Verlagerung auf die frühen Phasen der Prüfung erfolgen. Die Klassifizierung und Standardisierung der Abläufe und die permanente Erfassung der Vorgänge signalisieren frühzeitig Abweichungen. Insofern ist eine den Sachverhalt begleitende Prüfung möglich, die eine Entstehung von Fehlern erschwert und eingetretene Fehler aufdeckt.

- Steuerung der Revisionsabteilung

Um den Anforderungen der Zukunft gerecht zu werden, sollte eine stärkere Steuerung der Revisionsaktivitäten und der Mitarbeiter mittels Kennzahlen erfolgen, um das gewünschte Profil zu erhalten. Diese Kennzahlen können sich auf die Mitarbeiter beziehen (Altersstruktur, Ausbildungsstand, Sprachkenntnisse, Fehlzeiten, Fortbildung), und die Prüfung (Struktur der Zeiten mit Vorbereitung, Durchführung, Kontrolle; Art und Anzahl der Berichte; Art und Umfang der erfassten Geschäftstätigkeit).

6.4 Kernthesen

Eine immer wieder diskutierte Frage bezieht sich auf die zukünftige Ausgestaltung und Entwicklung der Internen Revision. Eine endgültige Aussage lässt sich hier nicht treffen. Es können immer nur Hinweise auf die Entwicklung bestimmter Faktoren gegeben und daraus spekuliert werden, wie sich diese Entwicklungen auf die Interne Revision auswirken.

Entscheidende Fortschritte wurden im Wissensmanagement erzielt. Hier existieren Systeme im Direktzugriff, die alle relevanten Informationen, Gesetze und Verordnungen, Checklisten mit Tätigkeitsvorgaben für alle wichtigen Aufgaben usw. enthalten. Dieses Wissensmanagement ist einmal Prüfungsobjekt der Internen Revision. Auf der anderen Seite sollte sie sich selbst ein solches System einrichten, um einen einheitlichen Qualitätsstandard für alle Revisoren zu erreichen.

Organisationsentwicklung und flexible Organisation ist zu einem Schlagwort in vielen Unternehmen geworden. Damit will man die Entwicklung im Unternehmen und in der Umwelt auffangen und in neue Strukturen gießen. Neben diesen eher positiven Effekten, ist aber auch eine Reihe von negativen Aspekten zu beleuchten. Nicht immer werden diese Umgestaltungen mit der erforderlichen Transparenz gegenüber den Mitarbeitern durchgeführt. Zum anderen wird mehr Wert auf die Gestaltung und Vorgabe gelegt, als auf die Kontrolle und Prüfung. Hier ist deshalb immer die IR gefordert, die Risiko- und Kontrollaspekte mit einzubringen.

Das Shareholder Value-Denken war und ist z. T. noch weit verbreitet. Wenn damit die Berücksichtigung der Interessen der Eigentümer und Investoren gemeint ist, ist dieses Anliegen legitim. Wenn aber der Shareholder Value-Ansatz dazu dient, dem ausschließlichem Gewinnstreben der Manager und ihrer Erfolgsvergütung zu frönen, ist es mit verantwortlich für die Krisen der letzten Jahre. Die Interne Revision ist dem Vorstand aber auch dem Gesamtunternehmen verantwortlich und hat auf die Belange der Nachhaltigkeit mit hinzuweisen.

In den Unternehmen sind unterschiedlichste Menschen tätig. Dies wird unter dem Begriff Diversity Management behandelt. Daraus abgeleitet ergibt sich der Schutz der Minderheiten, der nun auch eine gesetzliche Regelung gefunden hat und damit auch von der IR mit zu prüfen ist. Auf der anderen Seite ist aber auch die IR ein Spiegelbild des gesamten Unternehmens und hat sich damit auch selbst dieser Frage anzunehmen, inwieweit die unterschiedlichen Gruppen auch in die Revision eingebunden werden können, was mit einer Fülle an Vorteilen verbunden ist.

Vielfältig sind auch die Entwicklungstendenzen im Umfeld des Unternehmens. Hier ist an die Internationalisierung, den Wettbewerbsdruck, den Wertewandel, die technologische Entwicklung und die Regulierung zu denken. Alle diese Entwicklungen führen zur Erhöhung der Komplexität und der Risiken im Unternehmen und lösen damit eine erhöhte Nachfrage nach Prüfung und Kontrolle aus. Für die IR ist es wichtig, dass sie durch ihre Qualität überzeugt und diese Nachfrage auf ihre Institution lenkt. Denn generell kommen interne und externe Anbieter von Prüfungs- und Beratungsleitungen in Betracht, um diese Nachfrage zu erfüllen.

7 Strategie und Organisation der Internen Revision

Im Folgenden soll nun die Strategie der IR und die aufbauorganisatorische Eingliederung der IR in das Unternehmen diskutiert werden.

7.1 Geschäftsordnung/Geschäftsauftrag der IR

> Der DIIR-Standard Nr.3[160], Fragen 1 und 2, lautet sinngemäß:
> Die Aufgaben der IR sollten in einer eigenen *Geschäftsordnung (GO)* geregelt sein, die von der vorgesetzten Stelle, dem Vorstand oder dem Board genehmigt wurde.

Diese Genehmigung durch die vorgesetzte Stelle gibt allen Mitarbeitern der IR Sicherheit,
- für wen sie arbeiten,
- welche Aufgaben typische Revisionsaufgaben sind,
- welche Befugnisse die IR-Mitarbeiter im Einzelnen haben und
- welche Erwartungshaltung die vorgesetzte Stelle an die IR richtet.

Wie alle schriftlich niedergelegten Sachverhalte schützt eine Kodifizierung vor späteren Missverständnissen.

Gleichfalls eröffnet der Genehmigungs- und Abstimmungsprozess im Vorhinein allen Beteiligten, IR und vorgesetzter Stelle, die Möglichkeit der Diskussion. Damit wird auch allen die Klarheit verschafft, die Mitarbeiter der IR zukünftig davor schützt, auf Wunsch der geprüften Bereiche Vorgehensweisen praktizieren zu müssen, die nicht mit der GO der IR vereinbar sind.

Eine Geschäftsordnung[161] der IR sollte mindestens folgende Punkte enthalten:
1. Disziplinarische und funktionale Stellung in der Unternehmenshierarchie
2. Ziele und Aufgaben
3. Informationszugangs- und Informationszugriffsrechte
4. Berichtspflichten, Verschwiegenheitspflichten und berufsständische Pflichten
5. Budget

> In größeren Unternehmen kann es darüber hinaus sinnvoll sein, die spezielle Rolle der IR gegenüber anderen Bereichen in einem separaten Geschäftsauftrag[162] fest zulegen. Der Geschäftsauftrag beschreibt die Kern-Aufgaben eines Bereichs im Unternehmen und am Markt. Die Wertigkeit der Revisionsfunktion wird hier zusätzlich zur Geschäftordnung im Vergleich zu anderen Unternehmensfunktionen dokumentiert und mögliche Überschneidungen mit anderen Bereichen vermieden.

---

160 Siehe DIIR Standard Nr.3.
161 Ein Beispiel für eine Geschäftsordnung der IR ist in der Checkliste 7.1 aufgeführt.
162 Ein Beispiel für einen Geschäftsauftrag der IR ist in der Checkliste 7.2 enthalten.

7.1.1 Die Einbettung der IR im Unternehmen

Entsprechend den Standards des IIA[163] und des DIIR[164] ist die Unabhängigkeit der IR einer der entscheidenden Faktoren für ihre Effektivität. Diese wiederum wird stark beeinflusst von ihrer organisatorischen Einbettung in das Unternehmen und den ihr dort eingeräumten Berichtswegen.[165]

7.1.1.1 Die IR im dualen System von Aufsichtsrat und Vorstand

Nach dem deutschen Aktiengesetz[166] ist der Vorstand für eine ordnungsgemäße Unternehmensüberwachung und ein angemessenes Risikomanagementsystem[167] verantwortlich. In mittleren und großen Unternehmen bedient er sich zur Wahrnehmung dieser Aufgaben zunehmend der IR. Für eine effektive Aufgabenwahrnehmung ist es dann erforderlich, dass die IR auch direkt an den Vorstand, den Vorstandsvorsitzenden oder einen nicht operativ tätigen Vorstand, z. B. den Finanzchef, berichtet. Dies ist laut der letzten Befragung des DIIR[168] zunehmend der Fall. Jedoch kann sich in dieser organisatorischen Einbettung ihre Aufgabe meist nur auf Themengebiete, die unterhalb der Vorstandsebene liegen, beziehen. Durch eine Anbindung an den Vorstandsvorsitzenden kann diese Einschränkung teilweise geheilt werden und der IR gewisse Fragestellungen, wie z. B. nach der effektiven und effizienten Ausgestaltung des Risikomanagementsystems und des Internen Überwachungssystems innerhalb eines Vorstandsbereichs, ermöglichen.

Offensichtlich ist aber *eine* Aufgabe nicht in dieser Umgebung vorgesehen: die Überwachung des Vorstands. Diese Aufgabe obliegt nach deutscher Unternehmensverfassung allein dem Aufsichtsrat.[169] Insofern gibt es in diesem dualen[170] System eine Gewaltenteilung zwischen Unternehmensführung (Vorstand) und Unternehmensüberwachung (Aufsichtsrat). Die Begrenzung für die Rolle der IR in einem dualen System wird nunmehr deutlich. Sie hilft bei der Ausgestaltung und Handhabung der Internen Unternehmensüberwachung und dem Risikomanagementsystem, jedoch unterhalb der Vorstandsebene. In diesem dualen System berichtet sie an die Unternehmensführung, also an den Vorstand, nicht jedoch an den Aufsichtsrat.[171]

Dieses klare Bild hat sich seit kurzem geändert. Durch das BilMoG (Bilanzmodernisierungsgesetz) und in Folge der Ergänzung des Aktiengesetzes im §107, Ansatz 3,

---

163 Siehe IIA-Standard 1100 (Unabhängigkeit und Objektivität).
164 DIIR-Standard Nr. 3, 2002 und Leitfaden Quality Assessment Review, 2004.
165 Siehe auch Kregel, J.: Die Stellung der IR., in Peemöller/Freidank, S. 605 ff.
166 § 91 Abs. 2 AktG.
167 DCGK 4.1.4.
168 Die Interne Revision in Deutschland, in Österreich und in der Schweiz, S. 53, 2012.
169 § 111 AktG.
170 Im Folgenden werden die Begriffe dual/monal, Duales System/Boardsystem, One-Tier und Two Tier-System aus Vereinfachungsgründen synonym verwandt, wenn nicht im konkreten Fall anders beschrieben.
171 Vergleiche auch Warncke, S. 182, der dort die unterschiedlichen Auffassungen in der Literatur zum Thema Berichterstattung von Unternehmensangehörigen unterhalb der Vorstandsebene an den Prüfungsausschuss diskutiert.

Satz 2 obliegt dem Aufsichtsrat bzw. einem von ihm eingesetzten Prüfungsausschuss ausdrücklich die Aufgabe, u. a. das Interne Revisionssystem zu beurteilen[172].

Wie er dieser Aufgabe in Zukunft nachkommen wird, ist heute noch nicht endgültig entschieden. In einigen Unternehmen berichten die Leiter der IR im Prüfungsausschuss mit ausdrücklicher Billigung des vorgesetzten Vorstands an den Prüfungsausschuss. In anderen berichtet der für IR zuständige Vorstand über die IR-Arbeit. In einigen Unternehmen erhält der Prüfungsausschuss alle Revisionsberichte, in anderen nur die für FA und Compliance relevanten Berichte und zusätzlich eine Zusammenfassung der gesamten Tätigkeit (Jahresrevisionsbericht).

Ob diese unterschiedliche Vorgehensweise auf Dauer bestehen bleibt, wenn Haftungsfragen ins Spiel kommen, darf bezweifelt werden. Der Deutsche Juristentag hat sich mit dieser Thematik, die übrigens ein neues Forschungsgebiet an den Juristischen Fakultäten geworden ist, 2012 intensiv befasst. Er hat vorgeschlagen, dass sich der Aufsichtsrat ein eigenes Backoffice einrichtet, um unabhängig vom Vorstand ein objektives Urteil über das IRS, das IKS und das RM zu treffen[173]. Das DIIR wird unter dem Motto „Serving two Masters" in Bälde ein Positionspapier herausbringen, das etwas Orientierung in die neue „Landschaft" bringen wird.

> Bis dahin sollte die IR in ihrem Unternehmen eine eigene Postionierung betreiben und mit ihrem Vorstand darauf hinwirken, einen direkten Kontakt zum Prüfungsausschuss zu verankern.

Die Gefahr ist nicht zu unterschätzen, dass sich zusätzlich zur Compliance-Funktion noch eine Art Über-Revision des Aufsichtsrats etablieren könnte.

7.1.1.2 Interne Revision und amerikanische Gesetzgebung

Im Sinne einer Gewaltenteilung wirkt die amerikanische Unternehmensverfassung mit ihrem One-Tier-System schon erstaunlich, mit einem gemeinsamen Gremium für Unternehmensführung und Unternehmensüberwachung, dem Board. Idee dieser Unternehmensverfassung ist es, die Verantwortlichkeiten im Unternehmen eindeutig zu regeln. Dies bedeutet, dass in dem obersten Gremium des Unternehmens, dem Board, zusätzlich zu den externen Vertretern auch „Acting" Directors mit Exekutivvollmacht Sitz und Stimme haben. Hierzu zählen Vorstandsvorsitzender (CEO: Chief Executive Officer) und Finanzchef (CFO: Chief Financial Officer), manchmal auch, soweit ernannt, der COO (Chief Operating Officer). In vielen Fällen vor 2002, vor der Verabschiedung des Sarbanes-Oxley Act (SOX), war der CEO gleichzeitig auch

---

172 § 107, Absatz 3 lautet: Der Aufsichtsrat kann aus seiner Mitte einen oder mehrere Ausschüsse bestellen, namentlich, um seine Verhandlungen und Beschlüsse vorzubereiten oder die Ausführung seiner Beschlüsse zu überwachen. Er kann insbesondere einen Prüfungsausschuss bestellen, der sich mit der Überwachung des Rechnungslegungsprozesses, der Wirksamkeit des internen Kontrollsystems, des Risikomanagementsystems sowie des internen Revisionssystems sowie der Abschlussprüfung, hier insbesondere der Unabhängigkeit des Abschlussprüfers und der vom Abschlussprüfer zusätzlich erbrachten Leistungen, befasst.
173 So jedenfalls berichtete Dr. Münzenberg auf der CIA-Tagung in Frankfurt a. M. am 14.6.2013.

Chairman des Board, was ihm eine ungeheure Machtfülle einbrachte, aber nach außen auch eindeutig die Verantwortlichkeit für die Gesellschaft regelte.

Die fehlende Gewaltenteilung und somit die Möglichkeit des Machtmissbrauchs führten jedoch zu der bitteren Erkenntnis, dass Aktionärs- und Mitarbeiterinteressen, ja gesellschaftliche Interessen, eklatant verletzt werden können. Die dadurch von einigen Unternehmen ausgelöste Krise an den Kapitalmärkten führte in 2002 zu einer Neuausrichtung der Unternehmensverfassung mit dem SOX. Zwar wurde der Board, zusammengesetzt aus operativ tätigen, sog. Acting Directors, und nicht operativ tätigen, sog. Non-Acting Directors, nicht als One-Tier-System abgeschafft, aber mithilfe einer Stärkung der Verantwortlichkeiten des Audit Committee (AC) weit gehend verändert. Hiernach dürfen ins AC nur vom Unternehmen unabhängige Personen, sog. Independent Directors[174] berufen werden. Der Chairman des AC ist damit auch zwingend ein Unternehmensexterner. Die Befugnisse des AC sind sehr weit gehend formuliert worden. Es trägt mit dem CEO und dem CFO gemeinsam die Verantwortung, dass der veröffentlichte Jahresabschluss entsprechend den gültigen Gesetzen aufgestellt ist[175], es beauftragt den Abschlussprüfer und lässt sich in sog. Private Sessions[176] ohne Beteiligung von CEO und CFO von ihm informieren. Es erhält, meist nach genauer Prüfung eines Disclosure Committees[177] das CEO und CFO zuarbeitet, die Quartals- und Jahresberichte des Unternehmens, die vom Abschlussprüfer *eingeschätzt* (Quartalsabschlüsse) bzw. *geprüft* werden (Jahresabschluss). Im AC wird dieser Abschluss dann nach intensiver Diskussion mit CEO und CFO gebilligt, vom CEO und CFO gemeinsam unterschrieben und den Regulierungsbehörden als verbindlich zugeleitet.

Das AC genehmigt weiter die Jahresabschluss-Budgets des Abschlussprüfers, aber es muss vorher befragt werden, wenn zusätzlich zu den Abschlussarbeiten weitere Arbeiten im Beratungsbereich beauftragt werden sollen. Die Spielräume sind sehr eng gesetzt, da im SOX eine sehr große Verbotsliste nicht gestatteter Beratungsthemen bei gleichzeitiger Tätigkeit als Abschlussprüfer existiert.

Ein Vergleich mit dem deutschen Aufsichtsrat drängt sich auf. Vergleichbar ist in beiden Systemen die Organisation der Überwachungsfunktion im Unternehmen, die von beiden Gremien, dem deutschen Aufsichtsrat und dem amerikanischen AC, wahrgenommen wird. Beide bedienen sich hierzu externer Unterstützung, dem Abschlussprüfer. In USA ist es jedoch weit verbreitet, dass zusätzlich die IR an das AC berichtet[178]. Dies ist keine Überraschung, da es auch vor dem SOX im One-Tier-System einen direkten Berichtsweg an ein Board-Mitglied, CEO oder CFO, oder an das schon damals etablierte AC gab. Nach SOX dürfen jedoch weder CEO noch CFO

---

174 SEC Norm entsprechend § 301 SOX, II A.
175 SEC Norm entsprechend § 301 SOX, II A.
176 SEC Norm entsprechend § 301 SOX, II A.
177 Vergleiche SEC Norm entsprechend § 302 SOX, in dem zur Vorbereitung der Zertifizierung von CEO und CFO, dass die Zahlen zur Veröffentlichung normgerecht zustande gekommen sind, als Best Practise auf Disclosure Committees verweist, die den Prozess der Berichterstellung überwachen.
178 Vergleiche SEC Norm entsprechend § 301 SOX, II A., in der letztlich die SEC davon Abstand genommen hat, eine verbindliche Unterstellung der IR unter das AC zu verfügen.

Mitglieder des AC sein, die IR sollte aber weiter an dieses Gremium berichten. Damit wird ihre Stellung im Unternehmen aufgewertet und Überwachungsaufgaben, die die Acting Directors betreffen, werden möglich, wenn sie durch das AC direkt an den Revisionsleiter herangetragen und dadurch legitimiert werden. Die Begrenzung des Wirkungskreises der IR, wie unter Abschnitt 7.1.1.1 dargestellt, wird im monalen System jedenfalls formal aufgelöst. Es bleibt abzuwarten, ob sich die Rolle der IR durch den § 107 AktG in eine ähnliche Richtung wandeln wird wie in den USA.

7.1.1.3 Stellung des Revisionsleiters im Unternehmen

In der klassischen deutschen Unternehmensverfassung[179] ist der Revisionsleiter im besten Fall dem Vorstandsvorsitzenden unterstellt und berichtet an den Gesamtvorstand[180]. In diesem Organisationsrahmen ist er gut in alle formalen und informellen Informationsflüsse des Unternehmens eingebunden und ist ein geschätztes Mitglied des Topmanagementteams.

Seine Unabhängigkeit ist weit gehend gewährleistet. Sein unmittelbarer Zugang zu den entscheidenden Personen im Unternehmen verschafft ihm die notwendigen Einblicke in das konkrete Unternehmensumfeld. Er kann kritische Themen zur Prüfungsplanung vorschlagen und vermeidet durch seine direkte Anbindung an die Vorstandsebene zeitaufwändige Abstimmroutinen und kompromissbehaftete Verwässerungen seiner Vorschläge. Sein Fokus ist stärker[181] auf Operational Audit ausgerichtet, somit kann er durch geeignete Prüfungen wertschaffende Verbesserungen in Prozessen, Funktionen, Divisionen und großen Projekten initiieren.

Demgegenüber ist ein Revisionsleiter im klassischen amerikanischen[182] System mit Anbindung an das AC tatsächlich unabhängig. Da das AC inzwischen nur noch aus externen (Non-Acting) Mitgliedern bestehen darf, können alle Kontrollthemen bis in die Ebene der Chief Officer[183] hinein von der IR bearbeitet werden. Der Schwerpunkt

---

179 In diesem Buch werden die Begriffe Vorstand und Aufsichtsrat, die ursprünglich nur für Aktiengesellschaften galten, als Bezeichnungen für die obersten Unternehmensorgane verwandt. Tatsächlich gelten die Ausführungen auch für die größeren GmbHs mit ihren Organen Geschäftsführung und Gesellschafterversammlung und manchmal auch Beiräten analog. Dem Verfasser ist der Unterschied einer Gesellschafterversammlung mit unmittelbar wirkenden Anteilseignern und Aufsichtsräten, die von der Hauptversammlung gewählt werden, bewusst. Eine Differenzierung würde an diesem Ort jedoch den Rahmen sprengen.
180 Eine Berichtsmöglichkeit bzw. Berichtspflicht der IR an das Audit Committee/Prüfungsausschuss des Aufsichtsrat setzt sich in den großen Unternehmungen mehr und mehr durch, s. hierzu auch Warnke in Peemöller/Freidank. Nach der neuen MaRisk darf sich der AR-Vorsitzende unter Information des zuständigen Vorstands auch direkt an den IR-Leiter wenden, der ihm auskunftspflichtig ist. Das stärkt die Funktion der IR in Banken weiter.
181 Eine Ausnahme stellen Revisionsabteilungen in Banken und z.T. in Versicherungen dar, die durch Vorgaben und Reglementierungen der Aufsichtsbehörde BaFin (Bundesanstalt für die Finanzdienstleistungsaufsicht) trotz zumeist im Vergleich zu Industrierevisionen üppiger Personalausstattung stark in Compliance- und Financial-Auditing-Themen eingebunden sind.
182 Ähnliche Systeme der Corporate Governance finden sich auch in UK und der Schweiz.
183 Im amerikanischen Board System sind nicht alle Vorstände nach deutscher Lesart Chief Officer, auf der anderen Seite kann es Chief Officer geben, die nach deutscher Lesart keinen Vorstandsrang innehaben. Im Folgenden wird der Begriff Chief Officer aus Vereinfachungsgründen synonym mit dem Begriff erster Unternehmensebene verwendet.

der Arbeit der IR sollte aus Sicht der Mitglieder des AC Financial Auditing[184] und Compliance[185] sein, da genau diese Themen die Überwachungsfunktion des Committees besonders gut unterstützen. Im Übrigen hat in den USA die NYSE (New York Stock Exchange) den bei ihr gelisteteten Unternehmen auferlegt, eine IR-Funktion[186] zu etablieren.

Durch diese Schwerpunktsetzung auf Compliance- und Financial-Auditing-Themen kann es zu einer gewissen Entfremdung der IR im Unternehmen kommen. Faktisch ist eine Tendenz der Desintegration aus dem Managementteam des Unternehmens möglich, da die IR in dieser Unternehmensverfassung überwiegend als Organ des ACs fungiert bzw. ihre Arbeit im Unternehmen so interpretiert werden kann.

Besonders prägnant hat diesen Zusammenhang zwischen Status einer IR in Abhängigkeit von den Berichtslinien Dr. Richard T. Meier von der SWX Swiss Exchange in seinem Vortrag auf der Jahrestagung des DIIR im September 2002 in Ulm beschrieben:

> Eine IR mit direkter Anbindung an das AC besitzt eine hohe Reputation, eine IR mit einer direkten Linie an den Vorstandsvorsitzenden eine hohe Relevanz.

Eine Besonderheit stellen die Unternehmensverfassungen in den neuen Mitgliedsländern Osteuropas dar. Zwar ist die Dominanz des amerikanischen Board-Systems als Primärorgan des jeweiligen Landesunternehmens unverkennbar. Zusätzlich etablierten sich jedoch auch sog. Supervisory Boards, in denen ähnlich wie in Deutschland Arbeitnehmervertretungen repräsentiert sein können.

Zusätzlich gibt es noch die Besonderheit, dass der Staat bei ehemaligen Staatsunternehmen eine sog. Golden Share[187] hält, die ihm gewisse Minderheitsrechte und einen Sitz im Supervisory Board garantiert. Die IR berichtet üblicherweise an den Supervisory Board bzw. an das AC, einen Unterausschuss dieses Supervisory Board, der wie in Deutschland dem Rechnungs- und/oder Prüfungsausschuss nahekommt. Bei einer disziplinarischen Anbindung an den CEO und funktionaler Anbindung an diesen Ausschuss kann es dem Revisionsleiter gelingen, die herausgehobene Unabhängigkeit des amerikanischen mit der geschäftsbezogenen Orientierung des deutschen Systems zu balancieren. Ist die osteuropäische Gesellschaft eine Tochtergesellschaft einer deutschen Mutter und besitzt der Konzernrevisionsleiter ein Stimm- oder Rederecht im Supervisory Board, so wird der örtliche Revisionsleiter optimal in seiner Unabhängigkeit gestützt. Er sitzt dann in den Führungsgremien der örtlichen

---

184 Siehe zur Begriffsbestimmung das Glossar.
185 Siehe zur Begriffsbestimmung das Glossar.
186 NYSE (Corporate Governance Rules), Ziffer 303A, Abs. 7; vgl. auch LSE (London Stock Exchange,) Combined Code, Mai 2000, Absatz D.2.2. die Aufforderung an den Board, explizit einmal im Jahr über die Funktion einer IR zu diskutieren, wenn es sie im Unternehmen noch nicht gibt; siehe auch in Deutschland aktuell BaFin, AT 4.4, in dem die Rechte und Pflichten einer IR explizit beschrieben sind.
187 Golden share bezeichnet in diesem Zusammenhang eine Sperrminorität des Staates bei wesentlichen Unternehmensentscheidungen, kapitalmäßig fundiert nur auf einer einzigen Aktie, der golden share. Dieser Einfluss ist mit Ausnahme bei VW, hier reichen 20 % und eine Aktie, in den übrigen Gesellschaften Europas nur mit 25 % der Aktien plus einer Aktie möglich.

7.1 Geschäftsordnung/Geschäftsauftrag der IR

Gesellschaft, ist Teil des Revisionsmanagementteams der Muttergesellschaft und hat damit viele Informationszugänge und Chancen für eine positiv wirkende Revisionsarbeit.

Wie schon oben ausgeführt, bestimmt sich allein durch die hierarchische Einordnung des Revisionsleiters seine formal mögliche Effektivität im Hinblick auf die Aufgaben „Hilfe bei der Internen Unternehmensüberwachung" und „Hilfe bei der Ausgestaltung und Handhabung des Risikomanagementsystems".

Die Berichtslinie an eine Ebene unterhalb des Vorstands hätte eine starke Einschränkung seiner Wirksamkeit zur Folge, da sich in problematischen Themenfeldern sein Vorgesetzter für ihn bzw. für das von ihm verfolgte Thema auf Vorstandsebene bemühen müsste. Sähe das betreffende Vorstandsmitglied die Problemsituation anders, so wäre die fehlende Durchsetzungsfähigkeit qua Stellung für jeden im Unternehmen sichtbar. In Konsequenz würden zukünftig problematische Themenfelder ausgeklammert, die, vielleicht auch nur theoretisch subjektiv vom Revisionsleiter so gesehen, zu Hierarchiekonflikten für seinen Vorgesetzten führen könnten. Eine schleichende, aber stetig bedrohlicher werdende Einschränkung der Funktion der IR wäre die unausweichliche Folge, bis hin zur Frage des Abschlussprüfers, inwieweit er Berichte der IR für Jahresabschlusszwecke verwenden kann. Diese Frage würde dann zumeist mit Hinweis auf die Einschränkung des Prüfbereichs der IR verneint werden müssen. Zusatzkosten für das Unternehmen wären die Folge, da diese Zuarbeiten der IR zum Jahresabschluss (nicht nur Abstimmroutinen, sondern auch die Systemprüfungen in den großen Kontrollbereichen) dann von Dritten erledigt werden müssten, meist einem nicht mit dem Abschluss beschäftigten Wirtschaftsprüfer, der IR-Leistungen anbietet. Das Ende einer solchermaßen arbeitenden IR wäre dann absehbar.

Zusammenfassend ist festzuhalten, dass die größte Unabhängigkeit im Sinne einer werterhaltenden Funktion der IR und ihres Revisionsleiters in einer Anbindung an ein Audit Committee/einen Prüfungsausschuss gewährleistet ist, die effektive Nutzung ihrer Ressourcen im Sinne einer wertschaffenden Funktion im Unternehmen gelingt ihr am besten durch die Unterstellung unter den Vorstandsvorsitzenden (VV).

> Einige große Unternehmen sind inzwischen den Weg gegangen, das Beste aus den zwei Welten zu vereinen, disziplinarisch VV und funktional oder mit einer „dotted line" an den Prüfungsausschuss[188].

Man wird in Zukunft sehen, welche Tendenz sich durchsetzen wird.

7.1.2 Ziele und Aufgaben der Revision

Die unterstützende und beratende Funktion einer IR wird schon in der Diskussion über die Ziele einer IR deutlich. Während operativ tätige Bereiche hier schnell z. B.

---

188 Siehe hierzu die IR-Studie 2008, S. 10, mit der Besonderheit einer Unterstellung unter den Gesamtvorstand bei Kreditinstituten und Finanzdienstleistern. Siehe auch die MaRisk, die dem AR-Vorsitzenden ausdrücklich das Recht einräumt, sich Informationen direkt beim Revisionsleiter zu beschaffen (MaRisk 2012, AT 4.4.3., Ziffer 2).

Gewinnung von Marktanteilen, Erhöhung der Rentabilität oder Verbesserung der Kosteneffizienz als ihre Ziele nennen können, bedarf es bei der IR schon einer eingehenden Betrachtung. Da die IR gerade ihre besondere Bedeutung daraus ableiten kann, dass sie grundsätzlich keine eigenen Ziele im Unternehmen verfolgt, muss die Ableitung der IR-Ziele aus einer übergeordneten Funktion, also den Unternehmenszielen erfolgen.

Im Folgenden wird das COSO ERM Modell zugrunde gelegt, das die für die IR wesentlichen Bestandteile der Corporate Governance (CG), des Risikomanagement (RM) und des Internal Control Systems (ICS) in seinen 8 Prozessen aufzeigt.

Betrachtet[189] man ein Unternehmen in seinem Umfeld, so ergeben sich die Ziele des Unternehmens zunächst aus seinem Geschäftszweck. Da es sich zu dessen Verwirklichung nicht allein in einem autonom zu definierenden Raum bewegt, sind offensichtlich auch Rahmenbedingungen zu berücksichtigen und einzuhalten. Diese Rahmenbedingungen sind gesetzlicher und regulatorischer Natur sowie geprägt von den Systembedingungen auf den Märkten, auf denen sich das Unternehmen bewegt, den Kapitalmärkten, dem Arbeitsmarkt, den Beschaffungsmärkten und den Absatzmärkten (*ICS: 1. Internes Unternehmensumfeld*).

Eine IR, die sich dem Unternehmen gegenüber als unterstützend und beratend im Sinne einer effektiven und effizienten Unternehmensüberwachung versteht, sollte ihre Ziele aus den Zielen des Unternehmens in den unterschiedlichen Interessenssphären ableiten (*CG: 2. Ziele setzen*).

Um zu einer adäquaten Zielplanung und Budgetierung zu gelangen, erfassen Unternehmen die möglichen künftigen Ereignisse, die sowohl positiv als auch negativ auf die Zielerreichung einwirken können in einer Gesamtsicht (*RM: 3. Ereignisinventur*). Diese dokumentierte Gesamtsicht ist auch für eine IR eine gute Ausgangssituation, um zu einer risikoorientierten Prüfungsplanung zu gelangen.

Die Bewertung der Chancen und vor allem der Risiken (*RM: 4. Risikobeurteilung*) führen dann in einem Unternehmen zu einer realistischen Unternehmensplanung. Hierbei werden die meist sehr anspruchsvollen Ziele, die von der Unternehmensleitung vorgegeben werden (top-down-Ansatz), mit den aus Sicht der einzelnen Managementebenen gerade noch als erreichbar angesehenen Möglichkeiten (bottom-up-Ansatz) verquickt[190].

Die mehr in der Zukunft liegenden Ereignisse (länger als 1 Jahr), die sich auf die Zielerreichung des Unternehmens negativ auswirken können, werden seit dem KontraG mit adäquaten Maßnahmen hinterlegt. Auch dieser Prozess wird in den Unter-

---

189 Im nachfolgenden wird versucht, die Aufgaben der IR systematisch aus den drei Grundsatzkonzepten Governance, Risk Management und Internal Control herzuleiten, die im COSO ERM zusammengefasst wurden. Für vertiefende Studien zu diesem Thema wird auf den COSO Report verwiesen sowie auf den ZIR-Sonderdruck zum Thema aus dem Jahre 2006.
190 Vom Controllingpapst Herrn Albrecht Deyle als das sog. „Schluck-und-Zuck-Prinzip" benannt. Hiernach werden die Ansprüche an einen Bereich solange gesteigert, bis sich aus einer Zustimmung (Schlucken) ernster Widerspruch (Zucken) entwickelt. Trotz aller Benchmarking-Initiativen bleibt die Zielvereinbarung zwischen Vorgesetztem und Mitarbeiter mit oder Controller eine sehr individuelle, nur in groben Grenzen apriori festzulegende Angelegenheit.

nehmen unter Einbeziehung aller Managementebenen durchgeführt, um in einer Gesamtschau zu einer vollständigen, die Wechselwirkungen der einzelnen Risiken berücksichtigenden Bewertung zu gelangen, aus der dann die im Eventualfall zu treffenden Maßnamen abzuleiten sind (*RM: 5. Risikomaßnahmen*).

Eine professionell arbeitende IR wird sich nicht nur die Prozesse des Risikomanagement auf Zweckmäßigkeit, Angemessenheit und tatsächliche Umsetzung anschauen. Sie wird auch überlegen, inwieweit im Unternehmen alle Risiken erfasst und adäquat bewertet wurden und ob ein funktionierendes Risikofrühwarnsystem eingerichtet wurde. Das bedeutet, sie prüft im Rahmen ihres risikoorientierten Prüfungskatalogs, ob die vom Management eingerichteten Steuerungs- und Kontrollaktivitäten inkl. des Risikomanagement zweckmäßig sind und auch tatsächlich wie vorgesehen funktionieren[191] (*ICS: 6. Kontroll- und Steuerungsaktivitäten*).

Das schließt auch alle vom Management eingerichteten formalen Informationsstrukturen, insbesondere das Berichtswesen über die Zielerreichung, über wesentliche Ereignisse, die die Zielereichung gefährden könnten, über Verstöße gegen gesetzliche Bestimmungen und interne Vorgaben, Projektfortschrittsberichte etc., mit ein. Diese Prüfung erstreckt auch auf die Kommunikationspolitik aller Bereiche. Besonders aber sind die zu betrachten, die sich professionell mit diesen Fragen befassen, die Bereiche Public, Human und Investor Relations. Die Prüfung erstreckt sich auf alle genutzten Medienkanäle, gleich, ob sie durch schriftliche Anweisungen oder unter Zuhilfenahme moderner Medien wie Chat, Intranet oder Unternehmens-TV erfolgt (*CG:* 7. *Information und Kommunikation*).

In der Betrachtung der wesentlichen Managementprozesse, die sich mit ***Governance, Risk Management und Internal Control Systems*** beschäftigen, gelangt man am Schluss zum Monitoring aller beschriebenen Aktivitäten. Wenn diese Monitoring prozessimmanent ist, ist es Aufgabe des zuständigen Managements, wohingegen die prozessunabhängige Sicht in einem Unternehmen durch die IR wahrgenommen werden sollte (*CG:* 8. *Monitoring*).

Konkret heißt das, die grundsätzlichen Aufgaben der IR in der Unternehmensüberwachung, im Risikomanagement und im Control ergeben sich aus den bestehenden Gesetzen der Regulierungsinstanzen (*Compliance und Financial Reporting*), den unternehmensinternen Regelungen zur Strategie und Budgetierung (*Management Auditing*) und der Prüfung von Funktionen, Prozessen, Geschäftsbereichen und Projekten (*Operational Auditing*)[192].

---

[191] Die Verfasser sehen das ICS als Ableitung zu einem RM. Kontrollen sind demnach im Umkehrschluss nur sinnvoll, wenn mit ihnen Risiken verhindert (präventive), aufgedeckt (detective) oder abgemildert werden.
[192] Zu den einzelnen Begriffen siehe Glossar.

Nr.	Ziele einer Unternehmensüberwachung	Primärer Interessent	Revisionsfeld
1.a	Materiell richtige und verlässliche externe Berichterstattung	Shareholder, Stakeholder (Banken, Staat, Mitarbeiter)	Financial Auditing
1.b	Materiell richtige und verlässliche interne Berichterstattung	Vorstand, Aufsichtsrat, Mitarbeiter	Financial Auditing
2.	Effektive und effiziente Prozesse	Vorstand, Management	Operational Auditing
3.	Einhaltung von Gesetzen (und internen Richtlinien)	Staat, Wettbewerber (equal level playing ground)	Compliance
4.	Einhaltung von Plänen, Umsetzung von Strategien, Vermeidung von Worst Cases	Shareholder, Stakeholder, Vorstand, Aufsichtsrat	Management Auditing

Abbildung 7-1: Ziele einer Unternehmensüberwachung

Wie aus der Tabelle deutlich wird, handelt die IR in diesem Kontext für verschiedene Interessengruppen, die nicht unbedingt immer gleichartige Motive aufweisen. Beispielsweise möchten die Shareholder frühzeitig über Schieflagen eines Unternehmens informiert werden und bedienen sich hierbei der veröffentlichten sog. Ad-hoc-Mitteilungen. Vorstand und ggf. Aufsichtsrat hoffen jedoch, diese Schieflagen durch geeignete Maßnahmen rechtzeitig in den Griff zu bekommen, um Irritationen der Märkte durch eine frühzeitige externe Veröffentlichung selbst zu vermeiden. Gleichzeitig möchten sie jedoch unternehmensintern schnellstmöglich in Kenntnis gesetzt werden, um ggf. mithelfen zu können, diese Schieflage zu bereinigen.

Die Aufgabe, zu überprüfen, ob entsprechend den gesetzlichen Vorgaben rechtzeitig informiert wird, ist normalerweise kein Thema der IR[193]. In Unternehmen, die dem SOX unterliegen, sind jedoch vermehrt sog. *Disclosure Comittees*[194] eingerichtet worden, die die wesentlichen Veröffentlichungen wie Jahres- oder Quartalsberichte des Unternehmens vorbereiten. Die IR kann die Prozesse der Erstellung dieser Berichte auf Konsistenz, Zielgerichtetheit und Ordnungsmäßigkeit überprüfen und die Ergebnisse dem Committee vor Veröffentlichung vortragen.

In Deutschland ist dies zurzeit noch nicht üblich, aber durch das Bilanzrechtsreformgesetz kommen auch Risiken der nachträglichen Überprüfung der Abschlüsse durch die BaFin bzw. durch die Bilanzprüfer der Bundesanstalt in Betracht. Eine adäquat arbeitende IR kann z. B. helfen, die Risiken aus einer extern festgestellten Fehlbilanzierung zu reduzieren.

---

193 Es ist interessant, dass die ordnungsgemäße Berichterstattung, auf die der amerikanische SOX soviel Wert legt, in Deutschland, Österreich und der Schweiz keine große Rolle spielt. In der letzten Enquete von 2011 war dieses Thema keins der 12 genannten Aufgaben, Jedoch findet sich Financial Auditing sonst 4 Mal in den Zielen mit Vermögenssicherung, Sicherstellung der Wirksamkeit und des RMS des IKS und Unterstützung der Corporate Governance.
194 Zur Definition siehe Glossar.

Ein anderes Thema (das dritte in der Tabelle) ist der Verdacht auf dolose, also ungesetzliche Handlungen im Unternehmen. Hier ist, wie schon ausgeführt, ein Unternehmen in den meisten Fällen gesetzlich nicht verpflichtet, diese der Staatsanwaltschaft oder der Steuerfahndung anzuzeigen. Auf der anderen Seite können Behörden, die aufmerksam die Wirtschaftsnachrichten verfolgen, von sich aus Verfahren einleiten (Offizialdelikte) und die Unternehmen zur Mithilfe bei der Aufklärung zwingen.

In beiden Fällen kann eine gut aufgestellte IR für das Unternehmen segensreich wirken, wenn sie durch ihre relative Unabhängigkeit im Unternehmen entsprechendes Außenrenommee entwickelt hat. Dann kann sie helfen, die Zusammenarbeit mit den staatlichen Institutionen zusammen mit dem Rechtsbereich positiv für das Unternehmen gestalten. Im Abschnitt 12.1.4 sind Vorgehensweisen zu diesem Thema beispielhaft erläutert.

Arbeitet die IR bei den Zielen 1.a und 3. tendenziell eher im Auftrag Externer, so ist dies bei den Zielen 1.b, 2. und 4. weniger ausgeprägt. Adressaten für Informationen zu diesen Zielen sind das Topmanagement des Unternehmens, in Einzelfällen auch der Aufsichtsrat bzw. der Prüfungsausschuss.

> Mögliche Implikationen auf die Berichterstattung der IR sind im Kapitel 10: „Der Revisionsbericht und Follow-up", zu finden.

Da zur Zeit nur die internen Bankenrevisionen[195] durch die Regulierungsbehörden einen Sonderstatus der Unternehmensüberwachung innehaben, ist es keine Überraschung, dass diese Revisionen eher auf die Ziele Financial Auditing und Compliance ausgerichtet sind, während in den übrigen internen Revisionen das Selbstverständnis eher dahingehend geht, sich als Teil des Managementteams des Unternehmens zu verstehen. Damit rücken bei dieser Ausrichtung die anderen Ziele der Unternehmensüberwachung Operational Auditing und Management Auditing mehr in den Vordergrund.

> Jedoch wird abzuwarten sein, ob durch den §107 AKTG hier eine Trendumkehr ausgelöst werden wird, da die IR in Aktiengesellschaften nun regelmäßig in den Betrachtungsbereich des Prüfungsausschuss gerät.

Die nachfolgende Grafik verdeutlicht den Zusammenhang von Zielen, Aufgaben und Managementprozessen der IR in den häufig zitierten Governance, Risk Management und Control, was nichts anderes ist als COSO ERM (Committee of Sponsoring Organization of the Treadway Commission – Enterprise Risk Management).

---

195 Es mutet fast schon wie ein Treppenwitz der Geschichte an, dass in dem Sektor, in dem die höchste Revisorendichte pro Mitarbeiter gegeben ist, die Hypothekenkrise, die Kreditkrise, die Finanzkrise als Vertrauenskrise in den USA ihren Anfang nahm. Tatsächlich ist es jedoch für jeden Revisor schwierig, ein sachgerechtes Urteil zu fällen, wenn keine oder nur wenige operative oder Managementthemen behandelt wurden. Die Verfasser plädieren im Revisionstagesgeschäft für eine Gesamtsicht aus allen 4 Perspektiven des FA, OP, MA und CO.

7 Strategie und Organisation der Internen Revision

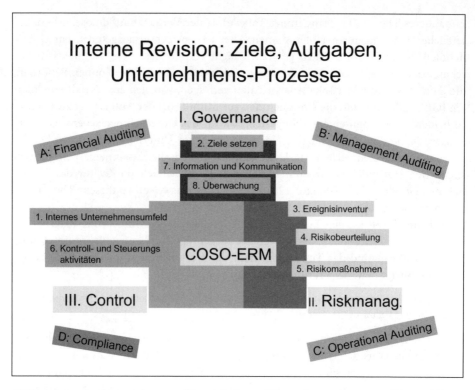

Abbildung 7-2: Der Zusammenhang von Zielen, Aufgaben und Unternehmensprozessen aus Sicht von COSO ERM, GRC (Governance/RiskManagement/Control) und FA, OA, MA und CO

In einigen IR kommen darüber hinaus weitere Aufgaben wie *Beratungsleistungen*, Ex-ante-Prüfungen bei Großprojekten im IT- oder Akquisitionsbereich, Management Fraud hinzu.

Beratungsleistungen unterscheiden sich von den Prüfungsleistungen vor allem in der Auftragsvergabe, der Berichterstattung und meistens von der Abrechnung des Auftrags[196]. Die nachfolgende Grafik stellt wesentliche Unterschiede zwischen Beratungs- und Prüfungsleistung heraus:

---

196 Siehe hierzu die Checkliste 7.3 im Anhang.

Exkurs: Prüfung vgl. Beratung

Nr.	Thema	Prüfung	Beratung
1.	Auftraggeber	Vorstand/GF/AR	Jeder Manager
2.	Problembewußtsein beim Auftraggeber	Normal	Sehr hoch
3.	Kompetenzanforderung an die Revision	Hoch	Sehr hoch
4.	Projektdurchführung	standardisiert	Individuell nach Absprache mit dem Auftraggeber
5.	Unterstützung durch Auftraggeber	normal	Hoch bis sehr hoch
5.	Primat im magischen Dreieck Funktion-Kosten-Termin	Funktion + Termin	Kosten + Termin
6.	Berichterstattung	Vorstand/GF/AR	Auftraggeber
7.	Teamgröße	2-5	10+++
8.	Kosten	+/- 1000 € MT	2000 € +++
9.	Follow-up	immer	Nach Absprache

Abbildung 7-3: Prüfung vgl. Beratung

Um Interessenkonflikte zu reduzieren, sollten Prüfungen und Beratungen bei demselben Thema und/oder Bereich nicht von derselben Person durchgeführt werden.

Da die Berichterstattung meist nur an den Auftraggeber geht, der durchaus unterhalb der Vorstandsebene angesiedelt sein kann, sollte vor der Annahme von Beratungsaufträgen sorgfältig geprüft werden, ob nicht eine Prüfung und damit Berichterstattung an den Vorstand vermieden werden sollte. In diesem Falle sollte der Beratungsauftrag abgelehnt werden.

Um eine faire Behandlung aller Unternehmensbereiche zu gewährleisten, sollten Beratungen für bestimmte Bereiche separat in Rechnung gestellt werden.

Prüfungen jedoch können, um Administrationsaufwand zu vermeiden, nach spezifischen Schlüsseln, z. B. nach Prüfungsaufwandstagen oder anderen Schlüsseln, die im Unternehmen für Zentralbereiche gelten, verrechnet werden.

Durch diese unterschiedliche Abrechnung wird auch der unterschiedliche Charakter der zwei Leistungsarten unterstrichen.

Die Einbindung der IR im Projektstadium (*ex-ante*) bei Großprojekten macht insoweit großen Sinn als z.B. fehlerhaftes Design, unklare Auftragslage im Projekt, Einbau von *Audit Trails* im Nachhinein (ex-post) festzustellen, nur Zusatzkosten entstehen lassen würde bzw. aus Zeit- oder Kostengründen gar nicht oder mit erheblichem Zeitverzug umgesetzt werden würde. Dass die IR in den Projekten auch mit professionellem Sachverstand zu Werke gehen sollte versteht sich eigentlich von selbst. Das Argument gegen eine Ex-ante-Revision, dass sie dadurch operative Aufgaben übernimmt bzw. die Unabhängigkeit späterer Nachprüfung gefährdet sein könnte, kann nicht überzeugen. Denn die Rolle der IR in den Projekten sollte beratender

Natur sein und nicht dazu dienen, Kapazitätsengpässe des verantwortlichen Bereichs durch IR-Kapazität auszugleichen. Spätere Prüfungen können und sollten dann durch andere Mitarbeiter der IR durchgeführt werden.

Andere Aufgaben, die manchmal zusätzlich in der IR angesiedelt werden, wie Datenschutzbeauftragter, Sicherheitsbeauftragter und Beauftragter für das Risikomanagementsystem sind eher in kleinen und mittleren IR anzutreffen.

> Generell gilt jedoch, dass operative Aufgaben, die später von der IR geprüft werden könnten, nicht zu den Aufgaben einer IR gehören und auch nichts in der Geschäftsordnung zu suchen haben. Sollte sich dies im Einzelfall nicht vermeiden lassen, so gilt nach den Standards dasselbe wie im DCGK (Deutscher Corporate Governance Kodex): *„Comply or Explain".*
>
> Das heißt, in Interessenkonfliktsituationen sollte die IR ihren Auftraggeber darüber in Kenntnis setzen und die Prüfung durch Dritte durchführen lassen.

Weiter kann es zu den Aufgaben der IR gehören, vertrauliche Informationen auf Vorstandsebene wie z.B. Vorstandsjahresbezüge, Reisekosten und Repräsentationsaufwendungen der Vorstände zu prüfen. Durch die Verschärfung im DCGK, dass die Einzelgehälter der Vorstände mit ihren sonstigen Bezügen offenzulegen sind, wird im Gegenteil insbesondere in Deutschland zunehmend eine weitere Dienstleistung der IR ermöglicht. Auch das sensible und vor allem in Großunternehmen zunehmend teurer werdende Thema der *D&O (Directors & Officers)-Versicherung* könnte, unterstützt durch den DCGK mit der Forderung eines angemessenen Selbstbehalts, zunehmend auch Prüfungsthema der IR werden.

Etwas anders sieht es zumeist bei den Honoraren der *Wirtschaftsprüfer* aus, insbesondere wenn sie auch zu Beratungsleistungen vom Unternehmen aufgefordert werden. Seit dem KonTraG[197] ist das Recht der Beauftragung des Abschlussprüfers auf den Aufsichtsrat im *dualen System* übergegangen, nach Beschluss durch die Hauptversammlung. Jedoch besteht theoretisch und teilweise praktisch auch in Deutschland noch die Möglichkeit, dass parallel zum Aufsichtsrat der Vorstand den Abschlussprüfer mit Beratungsleistungen beauftragt, wenigstens in den Unternehmen, die nicht dem SOX unterworfen sind.

Im monalen System wird der Abschlussprüfer durch das AC beauftragt. Der Umfang der Beratungsleistungen, der zusätzlich beauftragt werden kann, ist in vielen Fällen explizit untersagt, in den anderen Fällen streng limitiert und an die Vorabgenehmigung des AC gebunden. Beispielsweise dürfen Leistungen wie SAP-Implementierung, SOX-Compliance-Tests und Unterstützung oder komplette Übernahme der IR nicht vom Abschlussprüfer wahrgenommen werden. Um Konflikte in diesem Bereich der Wirtschaftsprüferleistungen von vorneherein zu vermeiden, empfiehlt sich folgende Vorgehensweise: In Interpretation des DCGK und des Bilanzrechtsreformgesetzes (BilReG) in Deutschland, sollte analog zu den USA und den anderen Ländern

---

197 § 111 AktG Abs. 2, S. 3 in Verbindung mit § 318 Abs. 1, S. 4 HGB.

mit primärer Boardstruktur, der Beauftragungsprozess und der Leistungskatalog für WP-Leistungen in der Geschäftsordnung des Aufsichtsrats bzw. des Prüfungsausschusses kodifiziert sein. Sollte die IR standardmäßig in diesen Prozess eingebunden sein, was aufgrund der geforderten engen Zusammenarbeit zwischen Abschlussprüfer und Interner Revision zu empfehlen ist[198] bietet es sich an, auch dies in der Geschäftsordnung des Aufsichtsrats zu verankern. Diese Zuständigkeit sollte sich dann auch separat in der Geschäftsordnung der IR wiederfinden.

Auch bei den *übrigen Beraterleistungen* sind inzwischen viele Unternehmen dazu übergegangen, diesen Prozess budgetmäßig und genehmigungsmäßig zu standardisieren.

In einigen Fällen wurde zusätzlich zum Einkauf und dem Controlling auch die IR in den Budgetierungsprozess für Beratungsleistungen mit eingebunden. Denn sie kann vor der Beauftragung zur Vermeidung von Doppelarbeit wertvollen Input leisten. Außerdem profitiert sie auch in ihrer Jahresplanung von den Inhalten der Beraterberichte.

7.1.3 Informationszugang, -zutritt, -zugriff

Es sollte sich von selbst verstehen, dass eine IR unbeschränkten Zugriff zu allen entscheidenden Informationsquellen (Akten auf Papier und elektronische Akten) und Zutritt zu allen Räumlichkeiten hat und haben sollte, um ihre Aufgabe erfüllen zu können. Eine faktenbasierte Arbeit, deren Ergebnisse auf persönlicher Inaugenscheinnahme, d. h. Evidenz, beruhen, ist andernfalls nicht möglich[199].

Trotzdem ist es sinnvoll und für eine nach den aktuellen Qualitätsstandards arbeitende IR auch geboten, dass sie sich u. a. auch gerade diese Rechte (*Zugriffs- und Zutrittsrechte*) in der Geschäftsordnung vom Vorstand genehmigen lässt. Zwar mögen gewisse Zugriffe auf sensible Daten nur einem oder wenigen Revisionsmitarbeitern oder dem Revisionsleiter vorbehalten sein (z. B. Vorstandsprotokolle, Strategiepapiere, Personalakten, PC-Nutzung, Sicherheitskonzepte), jedoch zeigt eine Kodifizierung der Rechte und Pflichten allen Mitarbeitern im Unternehmen die besondere Vertrauensstellung der IR. Dass in Deutschland der Betriebsrat und der Datenschutzbeauftragte in Mitarbeiterthemen bzw. bei Zugriffen auf persönliche Daten einzubinden sind, sei der Vollständigkeit halber hier erwähnt.

Umgekehrt signalisieren Einschränkungen des Informationszugriffs auch gleichzeitig Möglichkeiten, die Arbeit der IR beeinflussen zu können und damit die Unabhängigkeit der Funktion auszuhöhlen. Die Arbeit der IR wird dann erschwert, wenn nicht ganz unmöglich gemacht.

---

198 Siehe hierzu DIIR-Standard Nr. 1.
199 Siehe hierzu auch die Regelung des PCAOB (Public Company Accounting Oversight Board), der in seiner Verfügung Nr. 2 vom 09.03.2004, die entsprechend der SEC-Norm 404 verfasst wurde, die wiederum auf den SOX zurückgeht, dem Abschlussprüfer den sog. Walkthrough vorschreibt. Dieser Walkthrough verlangt vom Abschlussprüfer die persönliche Inaugenscheinnahme des gesamten rückwärtigen Prozesses von einer Jahresabschlusszahl bis zu ihren Quellen.

7.1.4 Berichtspflichten, Verschwiegenheitspflichten, berufständische Pflichten

Die Berichtspflicht an die Unternehmensorgane Vorstand und AR, allgemein formuliert, die Verpflichtung zur Information und Kommunikation, ist eine besondere Aufgabe der IR, die aus der Art der Tätigkeit resultiert, nämlich in „fremden" Bereichen zu prüfen. Mit dieser Prüfungstätigkeit greift eine IR in den operativen Verantwortungsbereich eines Bereichs-Verantwortlichen implizit ein. Die in Unternehmen eiserne Regel der Einhaltung der Hierarchie wird durch die Tätigkeit der IR gebrochen. Sie betreibt nach neuerer Managementphilosophie ein sog. Skip Management durch Überspringen von Hierarchiegrenzen. Dass sie über die Ergebnisse dieses Skip Management berichten muss, entspricht einem transparenten Führungshandeln. Dass diese Verpflichtung gleichzeitig auch das einzige faktische Recht ist, das eine IR besitzt, nämlich das Informationsrecht und Rederecht, unterstreicht die Bedeutung, die dieses Thema für jede IR besitzt.

> Insofern wird in Kapitel 10 die Revisionsberichterstattung in allen ihren Facetten beleuchtet.

Die Berichtslinie und damit die oberste Ebene, von der die IR agieren kann, ist wieder von der Stellung des Leiters der IR abhängig.

> Wie schon ausgeführt, gilt, je näher am Vorstandsvorsitzenden, umso effektiver.

Noch wichtiger als ein konkreter, informativer und handlungsorientierter Revisionsbericht mit Maßnahmenkatalog, ist das *Follow-up* dieses Berichts. Beim Follow-up geht es darum, dass vereinbarungsgemäß die notwendigen Schritte vom Management ergriffen werden, die das Problem lösen bzw. das festgestellte Risiko mindern.

> Ein Vorstandsvorsitzender informierte seinen Revisionschef, dass er die Revisionsberichte nur summarisch lesen würde. Das möge man nicht als Kritik an der Arbeit der IR auffassen. Ihm sei persönlich wichtiger, was aus den Revisionserkenntnissen im Unternehmen geschehen würde, ob sie z. B. produktive Kraft entfalten würden, dass die zugrunde gelegten Probleme schnell gelöst würden. Weiter sei er daran interessiert, ob sich der Prozess verantwortlichen unternehmerischen Handelns, das sich in der Übernahme einer Maßnahme mit Termin andeute, auf andere Themen im Unternehmen übertragen lasse. Bei diesen Themen könnte es ähnlich um das verantwortliche Lösen von Problemen gehen. Durch den Revisionsprozess würde dann in Teilen ein neues Managementverständnis fundiert. Er wäre gerne bei Themen behilflich, die von der IR zusammen mit den Bereichen nicht lösbar seien. Diese könnten dann auf die Agenda einer Vorstandssitzung gehoben werden.

In der Berichterstattung existieren keine großen Unterschiede zwischen monalem und dualem System. In beiden Systemen ist es notwendig, dass die Berichte den Standards entsprechend abgefasst sind. Das bedeutet, dass sie die Risiken treffend und knapp beschreiben, die Konsequenzen für das Unternehmen aufweisen und Maßnahmen mit Termin und Verantwortlichkeit enthalten, die einvernehmlich mit dem Management festgelegt wurden. Naturgemäß wird im monalen System das AC verstärktes Interesse an Financial-Auditing- und Compliance-Themen empfinden. Hingegen entwickelt der Vorstand auch starkes Interesse an möglichen Wirtschaftlichkeitsverbesserungen im Rahmen von Operational Auditing-Themen und Management Auditing-Themen.

Im Follow-up können sich jedoch gewisse Unterschiede zwischen den Systemen zeigen. Im monalen System genießen die Berichte der IR und die Ergebnisse aus den Follow-up einen höheren Stellenwert, da sie zumeist für die Mitglieder des AC einen hohen Neuigkeitswert besitzen und im Rahmen der turnusmäßigen Sitzungen einen relativ hohen Stellenwert und Zeitanteil einnehmen können. Die Nachhaltigkeit der Maßnahmenumsetzung erhält dadurch einen zusätzlichen Schub im Unternehmen. Durch ein harmonisches Zusammenspiel von Interner und Externer Revision kann dieser Effekt in der Sichtweise risikobehafteter Themen sowie neuerer Entwicklungen in der internen und externen Rechnungslegung noch weiter gesteigert werden.

Im dualen System hingegen sind Gesamtdarstellungen der IR aus Zeitgründen in einer Vorstandssitzung selten. Präsentationen erfolgen aus aktuellem Anlass zu Einzelthemen, wenn in den Vorgesprächen mit den einzelnen Vorständen keine befriedigenden Lösungen erzielt worden sind. Der Neuigkeitswert ist gegenüber dem monalen System als niedriger anzusetzen, da die Vorstandsbereiche meist gut über Risiken, Konsequenzen und notwendige Maßnahmen durch die detaillierten Revisionsberichte und ihre internen Kommunikationskanäle informiert sind. Diskussionen ergeben sich hingegen aus unterschiedlicher Wertung der Prioritäten zu Einzelthemen. Ursache ist der natürliche Rollenkonflikt zwischen dem Effizienzdruck auf der operativen Seite und empfohlenen Investitionen ins Interne Überwachungssystem von Seiten der IR.

Eine weitere wichtige Verpflichtung der IR, ja geradezu die Basis für erfolgreiches Revisionshandeln, ist die Verpflichtung zur Verschwiegenheit über alle ihr während der Tätigkeit zur Kenntnis gelangten Informationen. Diese sog. Interna eines Unternehmens sind sonst nur den operativ Verantwortlichen in Gänze bekannt und enthalten meist die schützenswertesten Unternehmensinformationen, Betriebsgeheimnisse, nämlich z. B. Kundendaten, Ergebnisse aus Forschung und Entwicklung, Prozessvorteile und Produktvorteile u. v. a. m.

Entsprechende arbeitsvertragliche Vorkehrungen, ergänzt um Regelungen zum Datenschutz, und um branchenbezogen Regelungen, z. B. zum Fernmeldegeheimnis und zu hoheitlichen Aufgaben (Geheimschutz), sollten für jeden Revisor vorgesehen sei. Besondere Verpflichtungen könnten noch von denjenigen unterschrieben werden, die Löhne und Gehälter prüfen. Am Rande sei erwähnt, dass diese Verpflichtungen auch von denjenigen unterschrieben werden müssen, die als Unternehmensexterne IR-Aufgaben zeitweise wahrnehmen.[200]

Die Verpflichtung der IR, sich an die Standards des IIA und des DIIR zu halten, wird der besonderen Bedeutung dieser Verpflichtung gemäß in einem eigenen Kapitel 11 Qualitätsmanagement abgehandelt. Dieser Verpflichtung nachzukommen bedeutet gleichzeitig, sich einem Qualitätsmanagement in den eigenen Prozessen zu unterziehen und dies auch von externer Seite *zertifizieren* zu lassen.

---

200 Siehe hierzu ein Musterbeispiel im Checklisten-Verzeichnis 7.4 auf www.revisionspraxis.esv.info.

7.1.5 Budget

Es gibt auf die Frage, was in einer konkreten Unternehmenssituation das angemessene Budget für eine IR ist, keine letztendlich gültige Antwort. In dem seit 2012 gültigen Leitfaden ist die angemessene Personalausstattung der IR inzwischen ein K.o.-Kriterium geworden. D.h., eine unterbesetzte IR kann im externen QA allein wegen einer unangemessenen Personalausstattung unzertifiziert bleiben.

Als Orientierungsmaßstab geben die vom DIIR im Abstand von mehreren Jahren immer wieder durchgeführten Mitgliederbefragungen (*Enquete*) und die vom IIA angebotene jährliche Informationserhebung (*GAIN*[201]) pragmatische Hinweise für Bandbreiten[202] für die Ausstattung einer IR.

Branchentypische, signifikante Unterschiede zwischen Industrie- und Banken-Revisionen sind die Regel, nicht die Ausnahme. Grund dafür sind vor allem bei Bankenrevisionen, die z. T. mit bis zu 10-facher Personalstärke gegenüber Industrierevisionen in Unternehmen vergleichbarer Personenkopfzahl auftreten dürfen und müssen, die sog. Pflichtprüfungen. Einen Teil deser Prüfungen schreibt die BaFin ohne nähere Betrachtung der konkreten Risikosituation des Unternehmens fest.[203].

Ein weiteres Kriterium zur Budgetfestlegung ist der Umfang und die Art der Aufgaben, die schon oben diskutiert wurden. Im Umfang der Aufgaben spiegeln sich z. B. die Anzahl der operativen Einheiten des Unternehmens, der Auslandsanteil am Umsatz, der Integrationsgrad des Konzerns, der sich im Umfang der internen Leistungsbeziehungen niederschlägt, und die Lebendigkeit des Unternehmens in seinen Märkten, gemessen an der Innovationsrate oder Produktpipeline, internem oder zugekauftem Wachstum, sowie insgesamt das Risikoprofil des Unternehmens, das sich aus dem *Audit Universe* der IR ableiten lässt, wider.

Ist die IR für die Sicherheit im Unternehmen zuständig, muss das Budget um diese Aufgabenart angereichert werden.

Werden Auslandprüfungen durch eigene IR-Mitarbeiter durchgeführt, kann dies teurer sein als diese Aufgabe im Sinne von Outsourcing durch Dritte, z.B. WP-gesellschaften, durchführen zu lassen.

Auf der anderen Seite ergeben sich viele qualitative Vorteile, wenn Auslandsprüfungen durch eigene Mitarbeiter der IR durchgeführt werden. Zu erwähnen sind hier besonders

---

[201] Das IIA bietet seinen Mitgliedern einen Vergleich auf Basis von Unternehmens- und Revisionskennzahlen in qualitativen und quantitativen Aussagen auf Basis der Plattform Global Auditing Information Network (GAIN) an. Die letzte Enquete des DIIR zusammen mit dem österreichischen und schweizerischen Verband war in 2011.

[202] Die Bandbreiten variieren zum großen Teil stark in Abhängigkeit von der Größe des Unternehmens (Skaleneffekt bei zunehmender Größe) und der Branche, in der das Unternehmen tätig ist (Finanzdienstleister 5–10-fach größere Revisionsstärke als Industrie bei vergleichbaren Zahlen für Umsatz, Kosten und Mitarbeiteranzahl), s. hierzu die aktuelle Studie des DIIR von 2011, S. 38.

[203] Es bleibt vor dem Hintergrund der Kreditkrise nicht einfach erklärbar, ob und in welchem Umfange Prüfungen der komplexen, essentiellen, hochrisikobehafteten Credit Default Swaps (CDS) im Pflichtkatalog der Standardprüfungen der BaFin enthalten waren. Die neue MaRisk vom 14.12.2012 bestätigt die Änderung von 2009 auf Risikoorientierung und Wesentlichkeit von Themen vor die Erfüllung einer Gesamtprüfung aller Elemente des Audit Universe. Jedoch liegt der Schwerpunkt der Aufgaben der IR weiter auf der Ordnungsmäßigkeit.

- bessere Kenntnisse zur Beurteilung komplexer operativer Sachverhalte,
- bessere Kenntnisse der Führungsphilosophie und Unternehmenspolitik,
- Multiplikatoreffekt von Kenntnissen, wenn häufig Auslandsrevisionen durchgeführt werden, sowohl für Auslandsgesellschaften als auch als Rückkopplung für die Zentrale,
- der Aufbau eigenen internationalen Sachverstands als Qualifizierungsmerkmal für spätere Führungspositionen im Unternehmen außerhalb der IR.

Das Für und Wider von Outsourcing bei Auslandsrevisionen sollte sorgfältig abgewogen werden. Die Autoren halten ein begrenztes Co-Sourcing für einen gangbaren Weg, um die Vorteile aus beiden Ansätzen zu kombinieren.

Weiter ergeben sich Freiräume im IR-Budget, wenn IT-Prüfungen sukzessive von eigenen statt von externen Mitarbeitern durchgeführt werden.

Reisekosten können ein beträchtlicher Kostenfaktor werden, wenn das Unternehmen sehr dezentral in der Fläche geführt wird. Gleichfalls führt eine hohe Fluktuation in der IR, hoffentlich in das Unternehmen hinein, zu erhöhten Personalbeschaffungskosten und externen und internen Schulungskosten, um die neuen Mitarbeiter wieder schnell zu integrieren.

Die während der Fluktuation „eingesparten" Personalkosten sollten durch externe Vergabe wieder egalisiert werden, da durch die Vakanzen ansonsten Lücken in der Umsetzung des Jahresrevisionsplans entstehen würden. Diese wiederum könnten, wenn es nicht gelingt, durch andere Maßnahmen die geplanten Prüfungen durchzuführen, zu Risiken im Unternehmen und im Extremfall zum Vorwurf eines möglichen Organisationsverschuldens führen.

Als bester und aktuellster Vergleichsmaßstab sind den Autoren die o. g. jährlichen GAIN-Auswertungen des IIA bekannt, die branchenmäßige und größenmäßige Betrachtungen erlauben. Durch hinterlegte Kontaktadressen ist es dem Revisionsleiter quasi in Kollegenhilfe möglich, auch Hintergründe zu den Zahlen seiner Vergleichsgruppe in Erfahrung zu bringen. Ist das IR-Budget durch externe Zahlen dann vergleichbar aufgestellt, gilt es, dieses Budget auch im Unternehmen selbst zu verwandten Bereichen, z. B. den Stäben Controlling oder Organisation in Beziehung zu setzen.

Unter dem Leitmotto „Keine Macht den Stäben"[204] muss sich auch eine IR permanent der Frage nach ihrem Wertbeitrag für das Unternehmen stellen. Wird diese Frage jedoch nach der sog. Frisörmethode („Alle (Zentral)-Bereiche über einen Kamm") im Unternehmen beantwortet, kann nach und nach die Effektivität der Arbeit der IR in Mitleidenschaft gezogen werden.

Beispielsweise könnten notwendige personelle Maßnahmen mit Rücksicht auf das knappe Budget nicht vorgenommen werden.

---

204 Werner Otto, Firmengründer und Mitgesellschafter der OTTO Group; Hamburg, Mitte der 60er-Jahre vor seinen Führungskräften, um mehr Kundenorientierung und Respekt für die operativen Einheiten einzufordern.

Zum Beispiel würden sehr gute Nachwuchskräfte nicht eingestellt, um das Gehaltsgefüge nicht durcheinander zu bringen, mit der Konsequenz einer langsamen Erodierung von Kreativität und Leistungsfähigkeit des Gesamtbereichs der IR.

Schulungsmaßnahmen für erfahrene Mitarbeiter unterblieben. Auch hier würde mittelfristig gerade in den Bereichen, in denen Expertenwissen gefordert ist (Technik, IT, Rechnungswesen, Finanzen etc.), die Qualität der Arbeit leiden.

Auch seien, wenn auch selten, Fälle bekannt geworden, dass aus Budgetgründen Dienstreisen gekürzt bzw. gar nicht durchgeführt wurden. Entsprechende evidente Informationen aus einer Vor-Ort-Recherche fehlten dann bzw. Prüfungsthemen wären mit einer zu kleinen regionalen Stichprobe durchgeführt. In Konsequenz leidet die Reputation des Revisionsbereichs.

Es soll nicht in Abrede gestellt werden, dass durch geeignete moderne Instrumente der IR (CSA: Control Self-Assessment, IT-Datenabgleiche, intensivere und konsequentere Planungen von Auslandsreisen) Budgetzwänge sogar zu verbesserter Effizienz und zu Kostensenkung ohne Effektivitätsverlust geführt haben.

CSA kann dabei helfen, Kapazitätsrestriktionen in der IR dadurch abzumildern, dass die geprüften Bereiche anhand eines strukturierten Fragebogens eine eigene Einschätzung ihres Kontrollbereichs durchführen und in einem Workshop die Ergebnisse plausibilisieren. Wenn die IR hier vorher geschult hat, kann diese Prüfungstechnik gerade bei Wiederholungsprüfungen sinnvolle Ergebnisse liefern. Auch wird die Eigenverantwortlichkeit und Identifizierung mit dem Thema *Internal Control* gestärkt. Die IR sollte jedoch trotzdem von Zeit zu Zeit eigene Prüfungshandlungen aus Absicherungsgründen vornehmen.

Wie schon oben ausgeführt, unterliegt eine IR nach der deutschen Unternehmensverfassung durch ihre Unterstellung unter ein Vorstandsmitglied bei der Budgetplanung auch den Zwängen von anderen Zentralbereichen (*Cost Centern*) gegenüber operativen Bereichen, die als Profit Center am Markt agieren. Die Freiheitsgrade eines *Cost Centers* sind naturgemäß begrenzt, wenn es jedes Jahr seine Wirtschaftlichkeit erhöhen soll. Eine Umsatzerhöhung funktioniert nicht wie in einem Servicecenter oder Profitcenter, da nur Kosten, aber keine Leistungen verrechnet werden können. Ein externer Vergleich mit externen Dienstleistern funktioniert auch nur bedingt, da sich eine IR nicht auf dem Markt nach zusätzlichen Kunden umsehen kann, um auch andere Unternehmen in den Genuss erarbeiteten Wissens gelangen zu lassen. Der Vertraulichkeitsvorbehalt, unter dem die IR im Unternehmen arbeitet, verhindert meist eine Marktausrichtung. Deshalb führt bei einem *Cost Center* die Vorgehensweise jährlich verbesserter Prozessqualität fast unausweichlich zu einer Abnahme bzw. Stagnation der Personalkapazität. Argumente wie zusätzliche Aufgaben (Akquisitionen, Großprojekte, *Joint Ventures*) sind zwar geeignet, unangemessene Kürzungen zu verhindern bzw. zu verringern, jedoch werden Hinweise auf zusätzlichen Bedarf an Kontrollthemen im Unternehmen meist leider nur dann entsprechend gewürdigt, wenn sie durch aktuelle Fälle hervorgerufen wurden.

Im Gegensatz dazu ist eine IR mit funktionaler Unterstellung unter ein AC nach amerikanischem Recht privilegiert. Der Begründungszwang für ihr Budget resultiert weniger aus Vergleichen mit anderen Zentralbereichen – sie ist ja durch ihre organisatorische Einbindung herausgehoben – vielmehr aus Marktvergleichen mit externen Dienstleistern und ihren bisher erbrachten Leistungen für das AC. Auch Fragen nach Weiterbildung, Reisekosten und externer Hilfe durch nicht im eigenen Bereich vorhandene Spezialisten werden im AC dann eher positiv beantwortet. Denn die Mitglieder des ACs haben zur eigenen Absicherung ein hohes Interesse daran, qualitativ hochwertige, aktuelle Risiken beschreibende Revisionsberichte zu erhalten.

Die neue Anlage zum DIIR-Standard Nr.3, die die Fragen darüber enthält, ob sich eine IR entsprechend den Standards verhält und danach zertifiziert werden kann, enthält als neues K.o.-Kriterium die Frage, ob die IR angemessen ausgestattet ist. Inwiefern es auf diesem Weg gelingen möge, ungerechtfertigte Budgetkürzungen für die IR in einem Unternehmen zu verhindern oder bei großem Wachstum des Unternehmens dies auch für die IR vorzusehen, muss offen bleiben. Zu loben ist jedoch der Ansatz an sich![205]

7.2 Strategie der IR

7.2.1 Vision und Mission

In den ersten Kapiteln diese Buches sind die Werte der IR, abgeleitet aus dem Code of Ethics des IIA, ausführlich dargestellt worden, so dass hier auf eine Darstellung im Rahmen der Strategiediskussion verzichtet werden kann. Trotzdem stellt sich die Frage, ob es in einer IR eine eigene Diskussion zum modernen Thema der *Vision* und *Mission Statement* geben sollte. Die Standards des IIA und des DIIR bleiben hier im Gegensatz zum Thema Werte[206] stumm. Doch geht es hier in der IR wie in keinem anderen Unternehmensbereich um ein Konzept, das zunächst die Mitarbeiter des eigenen Bereichs begeistern sollte und dann zusätzlich noch auf andere Unternehmensbereiche ausstrahlen könnte. Denn eine IR erbringt ihre Leistung innerhalb des Unternehmens aus der Zusammenarbeit mit anderen Unternehmensbereichen. Konzepte, die eine IR für sich selbst erfolgreich adaptiert hat, können durch den intensiven Kontakt mit den anderen Managementebenen auf diese einwirken.

Beispielsweise könnte eine IR anstreben, sich zum *Botschafter von best practices*[207] im Konzern zu entwickeln. Durch ihre internationale Tätigkeit und ihr gleichzeitig wachsendes Verständnis für die Geschäftsbelange könnte sie operative Bereiche dazu bringen zu verzichten, „das Fahrrad neu zu erfinden", d. h. die Problemlösungen anderer Länder auf eigene Problemkreise zu übertragen.

Eine andere Vision für Mitarbeiter der IR wäre es, so *zu sein wie die Frau des Caesars, über jeden Zweifel erhaben*. Für viele, die in der IR arbeiten, ist es selbstverständlich, korrekt

---
205 Siehe neuer Leitfaden 2012, Mindeststandards S. 10/11, Nr. 3.
206 Siehe hierzu Code of Ethics des IIA.
207 Siehe hierzu Jack Welch, Jack, S. 136, 2001.

Reisekosten abzurechnen, geschäftliche miles&more von privaten zu trennen, nicht auf intern gesponserte Events zu gehen, die für Kundenbindungsmaßnahmen vorgesehen sind, keine Geschenke anzunehmen und private Tätigkeiten während der Arbeitszeiten zu unterlassen, um nur einige Beispiele zu nennen. Was für ein toller Schneeballeffekt, wenn es gelänge, dieses Konzept im Unternehmen für alle zu etablieren.

Eine weitere Vision könnte sein, Mitarbeiter in der IR so gut zu entwickeln, dass sie nach 3–5 Jahren erste, anspruchsvolle Managementfunktionen bekleiden können, quasi *Teil eines Goldfischteichs* zu sein[208].

Was ist das für ein Gegensatz zu dem Konzept „Endstation Revision"!

Mit dem Führungsnachwuchskonzept könnte es gelingen, überdurchschnittlich gute Absolventen an sich, wenn auch manchmal nur für kurze Zeit, zu binden, anspruchsvolle Aufgaben zu lösen, Renommée für die IR im Unternehmen aufzubauen und beim Wechsel in die Linie ein Netzwerk von Unterstützern im Unternehmen zu etablieren.

Allen drei möglichen Visionen ist gemeinsam, dass sie abstrakt und nur qualitativ formuliert, jedoch eingängig und nachvollziehbar für die betreffenden Mitarbeiter der IR sind. Gleichfalls formulieren sie einen Anspruch, den sich andere Bereiche als Beispiel nehmen könnten. Hier würde die IR quasi als Katalysator für eine Unternehmenstransformation wirken. Jedoch müssen alle Visions-Beispiele in Konzepte und Strategien heruntergebrochen werden, um ernst genommen und nicht als Illusion verlacht zu werden. Wie dies im Einzelnen aussehen könnte, wird in der Strategiediskussion weiter vertieft.

7.2.2 Der Strategiebegriff

Benötigt die IR eine eigene Strategie oder ist sie als „Erfüllungsgehilfe" des Top-Managements nicht eingebunden in die Unternehmensstrategie? Diese Frage ist in kleineren und mittleren IR einfacher zu beantworten als in großen IR. In kleineren und mittleren Unternehmen ist die IR häufig für viele Aufgaben rund um den Themenkomplex Unternehmensüberwachung, Interne Kontrolle und Risikomanagement operativ zuständig[209]. Die Strategiefrage ist hier eher, nicht die Unabhängigkeit der Aufgabe durch Übernahme von operativen Aufgaben zu verlieren als durch eigene Strategieformulierungen sich in eine mögliche Gegenposition zum Unternehmen zu begeben. In großen Unternehmen bekleidet die IR innerhalb der Organisation meist selbst einen eigenen Geschäftsbereich. Damit ist sie wie andere Stabsabteilungen auch in die Formulierung, die kritische Reflexion und die Umsetzung der Unternehmensstrategie eingebettet, die jeweils aufgabengemäß von der Unternehmensleitung vorgenommen und verantwortet wird.

---

208 Lt. Enquete von 2011 bewegt sich dieses Revisionsziel jetzt und in Zukunft leider nunmehr im Mittelfeld der zukünftigen Bedeutung von Revisionszielen.
209 Zuständigkeiten für die Strategie, die Organisation, das Risikomanagement oder den Datenschutz parallel zur Revisionsaufgabe sind gar nicht so selten anzutreffen. Wichtig ist hierbei, dass die IR die Bereiche aus der 1. und 2. Line of Defense nicht selbst prüft, wenn sie sie denn schon leitet.

In dem beschlossenen Strategierahmen für das Unternehmen ergeben sich dann die Freiheitsgrade, die von der Leitung der IR individuell ausgeschöpft werden können.

Doch zunächst soll dargelegt werden: Was soll prinzipiell unter Strategie verstanden werden?

> Unter Strategie soll eine mittelfristige, drei- bis fünfjährige, Bündelung = Fokussierung aller Kräfte, der Kapitalressourcen und Humanressourcen, auf die Unternehmensziele, die finanziellen und nicht-finanziellen, verstanden werden.

Es geht also nicht um kurzfristigen Aktionismus, kurzfristig, d.h. unter einem Jahr, noch einmal alle Kräfte zu mobilisieren, um die Jahresziele zu schaffen.

Vielmehr geht es darum, nach sorgfältiger und schonungsloser Analyse der Ist-Unternehmenssituation (*Was tun wir?*) sowie einer fairen und realistischen Bewertung der Möglichkeiten im Markt und im Unternehmen (*Was können wir?*) zu der Antwort auf die Frage zu gelangen: *Wie gewinnen wir?* und dann dieses Ziel durch entsprechende Verabschiedungen von Maßnahmenpaketen im Unternehmen zu kommunizieren (*Was sagen wir?*).

Der IR kommt im Rahmen der Strategiediskussion im Unternehmen zusammen mit dem Controlling, dem Rechnungswesen und dem AP die Aufgabe zu, zu einer schonungslosen und sorgfältigen Analyse der Ist-Situation einen wesentlichen Beitrag zu liefern. Da alle anderen Bereiche mehr oder weniger ihre eigene Sichtweise der Dinge bemühen, die Situation, für die sie verantwortlich zeichnen, in „freundlichem Licht" scheinen zu lassen, ergibt sich für die IR hier schon die erste wesentliche Aufgabe, nämlich durch eine Außensicht die mögliche innere „Betriebsblindheit" des verantwortlichen Bereichs zu überwinden.

Die nachfolgende Abbildung illustriert den geschilderten Zusammenhang. Darüber hinaus werden die Funktionen bzw. die Geschäftsbereiche aufgeführt, die maßgeblich an der Abarbeitung der o.g. Fragen zu beteiligen sind, um zu einer zielführenden Strategieformulierung zu gelangen:

Abbildung 7-4: Strategie „Rubberband-Approach nach Prof. R. Burgelman

Nachdem der Strategiebegriff[210] verdeutlicht wurde, wird im Folgenden die Transformation dieses Begriffs auf die IR vollzogen.

7.2.3 Umsetzung des Strategiebegriffs in die IR-Welt

7.2.3.1 Wie „wir" gewinnen

Im ersten Block geht es um die Antwort auf die Frage: Wie wir gewinnen?
Es sieht zunächst nach einem Widerspruch in sich aus, denn oberflächlich betrachtet gewinnt die IR doch immer, da sie zumeist ein Monopol auf die internen Prüfungsleistungen im Unternehmen inne hat. Schaut man näher hin, wird deutlich, dass durchaus Dritte in der Lage sein könnten, ganz oder Teile der Arbeiten der IR zu übernehmen. AP oder Unternehmensberater sind hier zu nennen.

Die IR sollte in einem ersten Schritt also vorausschauend die Leistungen analysieren, die zur Zeit noch extern vergeben werden, die aber typischerweise Aufgaben einer IR sind. In den Beratungsleistungen von Abschlussprüfergesellschaften und Unternehmensberatungen können sich Chancen für eine IR ergeben, z. B. Mitglied im Lenkungsausschuss bei Projekten im Finanz- und Rechnungswesen oder bei größeren IT-Projekten.

---

210 Im Band „Management Auditing", der in Kürze in der vorliegenden Reihe „Handbücher der Revisionspraxis" erscheinen wird, werden wir uns detaillierter mit den Implikationen der Strategieformulierung im Unternehmen und den daraus für die Revision abzuleitenden Aufgaben beschäftigen.

In einem zweiten Schritt sollten die Aufgaben identifiziert werden, die aufgrund der Unternehmensentwicklung wie Entwicklung von Auslandsmärkten, neuen Geschäftsfeldern zukünftig in das Aufgabenfeld der IR fallen könnten, zur Zeit aber mangels entwickelten Wissens in der IR (noch) nicht bedient werden können.

In einem letzten Schritt sind dann die Aufgaben zu identifizieren, die besser von Dritten erledigt werden könnten bzw. aufgrund einer veränderten Unternehmenslandschaft zukünftig obsolet werden können.

Die nachfolgende Abbildung verdeutlicht in einem Beispiel einen möglichen Strategieansatz in der IR, angelehnt an das von der BCG (Boston Consulting Group) Portfolio. Unterschieden werden die „Produkte" der IR in die BCG-Kategorien cash cows, stars, dogs und question marks. Die strategische Aufgabe einer IR bei beschränktem Budget wäre dann, den Arbeitsfokus auf die Aufgaben Cash Cows und Stars zu verstärken. Bei den Stars könnte das bedeuten, die Ausbildungsanstrengungen für eine verbesserte Kompetenz im OA, MA und IT durch entsprechende Personalentscheidungen zu verstärken, die Aufgaben im Dog-Bereich outzusourcen und eine Entscheidung für die question marks zu treffen, sich durch weitere Fremdsprachenausbildung und adäquate Einstellungspolitik in dem Bereich zu verstärken oder dort vermehrt im Drittmarkt zuzukaufen:

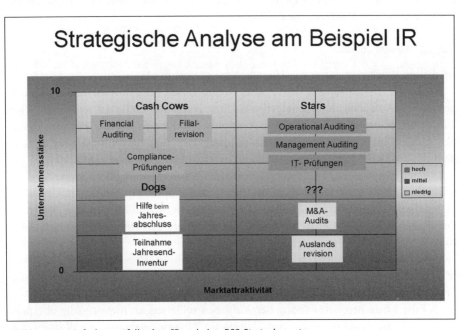

Abbildung 7-5: Aufgabenportfolio einer IR nach dem BCG-Strategieansatz

7.2.3.2 Was wir sagen

Im zweiten Block geht es um Antworten auf die Frage: „Was wir sagen?"

Die Beantwortung dieser Frage sollte auf den ersten Blick keine IR vor unlösbare Aufgaben stellen. Denn Kommunikation durch Revisionsberichte und mündliche Kommunikation bei den Entscheidungsträgern ist faktisch das einzige Recht, das der IR in einem Unternehmen zukommt. Dieses Recht sollte auch von der IR hinreichend wahrgenommen werden[211].

Innerhalb der Strategiediskussion geht es vielmehr darum, über Aufgaben, Budgets und die Mitarbeiterqualifikation der IR im Unternehmen zu kommunizieren. Das bedeutet, einen klaren Blick für die Entwicklung des Unternehmens gefasst und daraus die zukünftigen Aufgaben abgeleitet zu haben. Das bedeutet auch, die Ist-Situation der Mitarbeiterqualifikation realistisch zu sehen und Maßnahmenprogramme zur Entwicklung auf zukünftige Aufgaben hin zu initiieren. Letztlich geht es darum, die Unternehmensleitung von der Notwendigkeit der Maßnahmen zu überzeugen, um die notwendigen Mittel zur Umsetzung der Strategie zu erhalten. Selbstverständlich sollte sich der Revisionsleiter wie jeder Geschäftsbereichsleiter sein Strategie-Statement gut merken. Denn er wird in der Zukunft wie jeder andere auch daran gemessen werden, inwiefern es ihm gelungen ist, mit den zusätzlichen Mitteln die vorgestellten Ziele auch erreicht zu haben.

7.2.3.3 Was wir können

Im dritten Block geht es um das Thema: „Was wir können?"

In der Geschäftsordnung der IR sind, wie im ersten Abschnitt dieses Kapitels dargelegt, alle Aufgaben der IR aufgelistet. Diese Aufgaben enthalten alle gesetzlichen oder gesetzesähnlichen Vorschriften (*Compliance*), die sich mit der ordnungsgemäßen Unternehmensüberwachung, der ordnungsgemäßen Rechnungslegung und einem funktionierenden Risikomanagement beschäftigen (*Financial Auditing*).

Auch die Aufgaben, die IIA-definitionsgemäß von einer IR übernommen werden sollten, nämlich die zweckmäßige und wirtschaftliche Organisation der Unternehmensressourcen im Hinblick auf die Unternehmensziele, sollten in der Auflistung der Geschäftsordnung der IR nicht fehlen (*Operational Auditing, Management Auditing*).

Mögliche Sonderaufgaben wie Bekämpfung doloser Handlungen, Datenschutz, Mitwirkung bei der Vergabe der Beraterauftäge und der AP-Aufträge sowie etwaige Projektmitarbeit sollten in der GO der IR geregelt sein.

Bei der kritischen Betrachtung der Aufgaben sollte jedoch turnusmäßig überprüft werden, ob die entsprechende Qualifikation im Mitarbeiterstamm der IR dafür vorhanden ist, welche extern vergebene Leistungen vielleicht intern erbracht werden könnten und umgekehrt und welche Aufgaben dem kritischen Test eines *Mehrwertes* für das Unternehmen standhalten. Letztlich geht es auch um die Klärung möglicher

---

211 Einige Experten sprechen auch von einer Redepflicht, insbesondere bei festgestellten Ethikverstößen.

Diskrepanzen mit der Unternehmensleitung, wenn trotz Vermögens der IR Dritte beauftragt werden oder sogar die IR explizit Einschränkungen des Audit Universe hinnehmen soll.

7.2.3.4 Was wir tun

Im Block vier werden Antworten auf die Frage erwartet: „Was wir tun?"

Auch diese Frage sollte in keiner IR ein Problem darstellen, da die IR alles, was sie tut, publiziert oder wenigstens mündlich kommuniziert.

Ob das, was wir tun, konform mit den *IIA-und DIIR-Standards,* effektiv und effizient ist, wird ohne hinreichendes Qualitätsmanagement innerhalb der IR und ohne ein internes Zahlenwerk jedoch nicht zu beantworten sein.

Auch in der IR muss es also eine wahrhaftige und sorgfältige Bestandsaufnahme der Ist-Leistungen geben.

Wie diese Analyse im Detail aufgebaut werden kann wird im Kapitel 11 dieses Buchs *„Qualitätsmanagement* in der IR" dargestellt. Das sog. *Quality Assessment* ist darüber hinaus zur Vermeidung des *„Blind spot*[212]*"* sehr empfehlenswert. Ein kritischer Blick auf die hoffentlich zunehmende Abdeckung des *Audit Universe* hilft hier auch zusätzlich.

In der Ist-Analyse stellt sich auch für die IR die Frage einer *Gemeinkostenwertanalyse* auch für die IR. Insbesondere wird dies wichtig, wenn sie als Cost-Center arbeitet: Welche Aufgaben könnten bei einer Budgetkürzung um 30% ersatzlos gestrichen werden, welche durch Dritte kostengünstiger übernommen werden und welche intern effizienter abgewickelt werden? Diese interne Analyse bereitet den Revisionsleiter auf mögliche externe Fragen schon vor. Die interne Analyse kann in größerer Ruhe und Offenheit bereichsintern durchgeführt werden und gehört (eigentlich) zu einem funktionierenden Qualitätsmanagement im Sinne von *TQM (Total Quality Management)* und *KVP (kontinuierlicher Verbesserungsprozess).*

Die Umsetzung des allgemeinen Strategiekonzepts ist, wie gezeigt wurde, mit einigen Einschränkungen auch auf die IR umsetzbar. Im Rubberband-Approach, der auf den klassischen Regelkreis zurückzuführen ist, ist bewusst nicht mit dem Schritt Analyse begonnen worden, sondern mit der Diskussion der IR-Ziele und den IR-Aufgaben (*Soll-Konzept*). Eine neue Strategie erfordert Kommunikation mit allen Beteiligten, eine Analyse der Potentiale und eine offene Bestandaufnahme der Ist-Situation. Entsprechend abzuleitende Maßnahmen flankieren dann das Ende des ersten Zyklus, danach beginnt die Umsetzung dieser Maßnahmen bis zum nächsten Planungsabschnitt, der wie der oben beschriebene beginnt.

7.2.3.5 Kommunikation der Strategie

Soll die Strategie keine Aneinanderreihung von ppt-Folien bleiben, sondern wirksames Führungsinstrument, so sollte sie bald unter allen Mitarbeitern in der IR kom-

---

212 Siehe hierzu Glossar.

muniziert werden. Doch nichts ist so schlimm wie eine getroffene Entscheidung, nämlich hier die neue Strategie, wieder zurücknehmen zu müssen, weil sie unter den Betroffenen keine Initialzündung auslöst, die notwendigen Schritte zur Umsetzung zu treffen, sondern nur Ängste und Widerstände. Das am meisten genannte Gegenargument hierbei ist, dass sie bei der Entscheidungsfindung nicht gefragt und beteiligt worden sind und deshalb auch nicht mitmachen wollen.

Offensichtlich ist es nicht von Erfolg gekrönt, die Strategie „im stillen Kämmerlein" zu entwickeln und dann zu verkünden. Die notwendigen Schritte müssen anders organisiert werden. Wie wir oben gesehen haben, ist der erste Schritt die Formulierung einer Vision (SOLL) auf Basis einer profunden Kenntnis des Ist und einer durch viele Gespräche im Unternehmen gesicherten Erkenntnis des zukünftigen Unternehmensziels. Dieser Vorgang sollte das Ergebnis eines Workshops der betreffenden Führungskräfte sein, die dadurch, dass sie an der Formulierung mitgewirkt haben, sich auch mit der Vision identifizieren.

Mit der Verkündung dieses SOLL im Gesamtbereich der IR ist gleichzeitig der Auftrag (*Mission Statement*) zur Analyse der aktuellen Abweichungen zur zukünftigen Strategie und der Erarbeitung der ersten Schritte zur deren Umsetzung verbunden. Auch diese Schritte sollten mit den Betroffenen erarbeitet und diskutiert werden, um für die späteren Schritte Akzeptanzprobleme zu vermeiden. Die Technik *Mind-Mapping*, möglicherweise unter Beteiligung eines Methoden-Profis angewandt, gewährleistet, dass an alle wichtigen Punkte gedacht wird und dass die aufgrund der Vernetzung sich ergebenden möglichen Restriktionen und Konflikte offen angesprochen werden können.

Ergebnis dieses weiteren Workshops könnte dann ein Projektauftrag darstellen, in dem Ziel, Ressourcen, Zeitstrahl, Meilensteine und mögliche Projektgruppenleiter und -mitglieder schon diskutiert werden können. Besser wäre es auch hier wieder, auf die Strahlkraft der Vision zu vertrauen und per mündlicher und/oder schriftlicher Kommunikation auf freiwilliger Basis für die Teilnahme der Projektmitglieder zu werben.

Für den weiteren Projektablauf ist es wichtig, dass die Führung der IR das Team jeweils zu den Meilenstein-Terminen die Ergebnisse vortragen lässt, dem Team notwendige Freiräume belässt und zeitnah die wichtigen Managemententscheidungen trifft, die das Projekt weiter „beflügeln". Da ein revisionsinternes Projekt trotz zeitweiser Freistellung der Mitarbeiter doch zu freiwilligen Sonderleistungen führen kann, ist es wichtig, diesen Einsatz besonders zu würdigen, möglicherweise bei erfolgreichem Projektabschluss durch eine kleine gemeinsame Feier. Hier sollte nicht so sehr die besondere Veranstaltung durch hohen Kosten im Vordergrund stehen, sondern eine Festigung und Vertiefung des durch den erfolgreichen Abschluss gewonnenen Gemeinschaftsgefühls bewirken.

Die nachstehende Tabelle fasst die möglichen internen Kommunikationsformen mit ihren jeweiligen Vor- und Nachteilen, gegliedert nach den Projektphasen einmal zusammen. Man erkennt, dass alle Kommunikationsmedien in einem Strategieprojekt genutzt werden sollten. Ohne persönlichen Kontakt wird es nicht gelingen, die Identifizierung der Projektmitglieder für das Projekt zu bewerkstelligen.

Die klassischen und die elektronischen Medien schaffen es, die Strategiethesen sehr schnell und gezielt zu verbreiten. Die elektronischen Medien sind als persönliche oder auch Projekt- und Bereichsordner gut geeignet, die jeweiligen Zwischenstände zu speichern, und ermöglichen bei Bedarf einen schnellen Zugriff[213].

Projektphase	Persönlicher Kontakt	Print Medien	Elektronische Medien
Vorteil	Unmittelbar, interaktiv mit feedback	schnell, wenig zeitaufwendig	schnell, wenig zeitaufwendig, z.T. auch interaktiv mit direktem feedback (Chat)
Nachteil	Zeitaufwand groß, langsam	Eindimensional, mittelbar ohne direktes feedback	Unpersönlich, z.T. eindimensional
Formulierung der Vision	Workshop, Einzelgespräche	Monatsbericht/ Quartalsbericht	Intranet
Mindmapping	Workshop	Monatsbericht/ Quartalsbericht	E-Mail
Projektstart	Jahrestagung	Monatsbericht/ Quartalsbericht	Intranet-Chat; Intranet-Site IR; E-Mail
Meilensteine	Führungskreis-Sitzungen; Einzelgespräche	Monatsbericht/ Quartalsbericht	
Projektabschluss	Führungskreis-Sitzungen; Jahrestagung	Monatsbericht/ Quartalsbericht/Jahresbericht	E-Mail
Umsetzung	Zielvereinbarungen; Beurteilungsgespräche; Mitarbeiterjahresgespräche; Potentialgepräche; Gehaltsgespräche	Bewerberprofile; Revisionshandbuch	Revisionssoftware; Öffentliche Ordner IR-Intranet; Microsoft Sharepoint
Nachschau	Führungskreis-Sitzungen	Monatsbericht/ Quartalsbericht	E-Mail; Intranet-Chat

Abbildung 7-6: Interne Kommunikationsmedien bei einem Strategieprojekt

---

213 In einigen Unternehmen beginnt sich insbesondere für die Projektarbeit Microsoft Sharepoint auszubreiten. Es führt Dokumentenmanagement, Social Media und diverse Officelösungen in einer Datenbank zusammen, deren Basis die Website ist.

7.2.4 Umsetzung der Strategie: Beispiel Internationalisierung der IR

Die o. g. Diskussion einer Strategieentwicklung in der IR soll nun an einem Beispiel demonstriert werden. Im ersten Workshop zur Entwicklung der Vision sei folgende Neuausrichtung der IR beschlossen worden:

„Wir schaffen national und international einen Mehrwert durch unsere Prüfungstätigkeit in den Aufgabenfeldern Compliance (CO), Financial Auditing (FA), Operational Auditing (OA) und Management Auditing (MA). Wir treten hierbei als Botschafter der best practices auf!"

In dem nach dem Mission Statement folgenden zweiten *Workshop* wurde nach der BCG-Methode in Analyse des Aufgabenspektrums festgestellt, dass national die IR hervorragende Arbeit in den Bereichen CO, FA, OP und MA leistet.

Auslandrevisionen werden nur in Ausnahmefällen durchgeführt wegen mangelnder Sprachkenntnisse auf den Ebenen Revisor und Prüfungsleiter, werden aber stark von den Unternehmensbereichen nachgefragt, da durch Akquisitionen z. T. eine erhebliche Zahl neuer Länder ins Geschäftsportfolio gelangt ist. In einzelnen Fällen werden Auslandsrevisionen durch die Dependancen der renommierten WP-gesellschaften durchgeführt. Die Ergebnisse stellen jedoch nicht durchweg zufrieden, da OA wegen mangelnder Geschäfts- und Prozesskenntnis kaum durchgeführt werden, IT- und Baurevisionen fehlen international ganz.

Die Portfolio-Analyse ergab weiter, dass die abschlussprüfer-unterstützenden Tätigkeiten sehr zeitraubend waren, jedoch vom Vorstand, Ausnahme Finanzvorstand, kaum bemerkt wurden. Ganz im Gegenteil wurde seitens der übrigen Vorstände bemängelt, dass in der Zeit von Dezember bis Februar wegen Kapazitätsmangel kaum Ad-Hoc-Aufträge an die IR erteilt werden konnten. Die Weitergabe an den Drittmarkt würde man nur ungern in Anspruch nehmen wegen des Risikos einer Verletzung der Vertraulichkeit.

Die Anfrage beim Vorstand ergab, dass bei einer Umorganisation in Anpassung an die neue strategische Ausrichtung nur in kleinem Umfang mit einer Genehmigung zur Budgeterhöhung zu rechnen sei, die IR deshalb zunächst eigene Optimierungsansätze ausschöpfen sollte.

Das nachfolgende Projekt, das Vorschläge zur Umsetzung der Vision in die neue strategische Ausrichtung machen sollte, nahm das 7S-Modell von McKinsey als Basis:

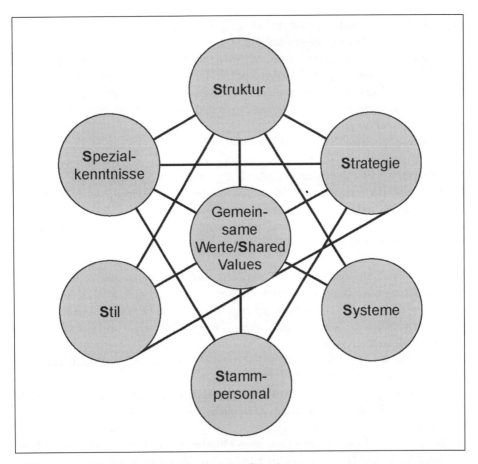

Abbildung 7-7: McKinsey Seven S zur Unternehmenstransformation

Als Basis dienten die *gemeinsam verabschiedeten Werte*, die identisch mit dem Code of Ethics, diskutiert in Kapitel 3, sind.

Strategische Leitlinie ist die o. g. Vision. Aus der Portfolio-Diskussion ergaben sich für die Projektgruppe folgende Vorschläge:

1. Verstärkung der CO, OA, FA und MA-Tätigkeiten im Ausland in vergleichbarer Qualität zum Inland → *Strategie*
2. Reduzierung der abschlussprüfernahen Tätigkeiten, um Kapazität für die Auslandsprüfungen freizubekommen → *Strategie*
3. Teilweise Einsparung der Drittvergabe Auslandsrevision an Wirtschaftsprüfer-Gesellschaften → *Strategie*
4. Vergabe der abschlussprüfernahen Prüfungen/Tätigkeiten an Dritte, Finanzierung dieser durch die Einsparung im Ausland → *Strategie*
5. Massives Investment in Fremdsprachenweiterbildung, um auch im Ausland „auf Augenhöhe" mit den geprüften Bereichen kommunizieren zu können, d. h. weitgehend ohne Dolmetscher → *Spezialkenntnisse*

6. 2–3 jährige Etablierung einer Projektgruppe Auslandrevision und Besetzung der Führungsposition mit einem im Ausland erfahrenen Projektleiter, bis alle Prüfungsleiter in der Lage sind, Auslandsrevisionen zu leiten → *Struktur*
7. Gemischte Besetzung der Auslandsprüfer-Teams mit erfahrenen Kollegen aus dem Inland und jungen Kollegen mit Fremdsprachenschwerpunkt, teilweise aus den Auslandsbüros der IR, Leitung durch den erfahrenen Kollegen aus dem Inland → *Struktur*
8. Etablierung nationaler Kompetenzcenter, z. B. IT, Baurevision, Marketingrevision, Finanzrevision, im In- und Ausland, um die z. T. im Ausland etablierten Kompetenzfelder mit denen im Inland zu vernetzen → *Struktur*
9. Besetzung der Vakanzen mit Revisoren, die sehr gute Fremdsprachenkenntnisse und Auslandserfahrung aufweisen können → *Stammpersonal*
10. Übersetzung der templates und wichtigsten Strukturinformationen in der IR benutzten Datenbank in Englisch mit geschütztem Zugriff aus dem Ausland → *Systeme*
11. Beim Zugriff auf die erweiterte Datenbank sind dann Vertraulichkeitsthemen zu definieren, z. B. dass durch ein Rollenkonzept[214] bestimmt wird, dass nur bestimmte Funktionen auf Daten zugreifen können und bestimmte Informationen nur sog. „Closed User Groups" zugänglich sind bzw. sogar ganze Dateien verschlüsselt werden → *Systeme*
12. quartalsweise Durchführung von Führungszirkeln mit den Managern der Auslandsbüros in Englisch → *Stil*
13. Übersetzung aller wesentlichen Führungsentscheidungen und Sitzungsprotokolle auf Englisch, um eine weltweit einheitliche Kommunikation zu gewährleisten → *Stil*
14. jährliche Revisions-Tagungen mit allen Mitarbeiter aus dem In- und Ausland zur Etablierung und Festigung des internationalen Netzwerks → *Stil*

Wie man unschwer erkennen kann, hat die Neuausrichtung (Neue Vision) eine Fülle von Änderungen in der IR notwendig erscheinen lassen, die sowohl die „harten S" Systeme, Struktur und Strategie wie auch die „weichen S" wie Stammpersonal, Spezialkenntnisse und Stil betreffen. Wie alle Änderungen brauchte auch hier die Umsetzung Zeit, einen langen Atem und eine hohe Frustrationstoleranz im Führungsteam, um sich durch Rückschläge nicht vom vereinbarten Weg abbringen zu lassen. Die Umsetzungen wurden durch ein eigenes internes Projektteam getragen, so dass die Kosten überschaubar blieben. Insgesamt blieb die notwendige Budgeterhöhung weit unter dem relativen Umsatzzuwachs des Unternehmens. Dies bedeutet, dass sich die IR in ihren Kennzahlen Mitarbeiter je Umsatz-€, je Kosten-€ und je Bilanzsummen-€ stark verbessert hat, also wettbewerbsfähiger geworden ist.

Auf der anderen Seite ist das Revisionsteam stärker zusammengewachsen, obwohl sich die Zahl der Mitglieder erhöht hat. Die Resonanz im Unternehmen war sehr

---

[214] Siehe hierzu Glossar.

positiv, was sich nicht zuletzt dahin manifestierte, dass es sich Vorstände nicht nehmen ließen, auf den internationalen Tagungen zu referieren und die Umorganisation der IR zum Vorbild für andere Zentralbereiche zu nehmen.

7.3 Aufbauorganisation der IR

„Structure follows strategy" heißt ein alter Wahlspruch der Unternehmensberater[215], d. h. die Aufbauorganisation einer Organisation hat sich nach ihrer Strategie zu richten und nicht umgekehrt. Dahinter steckt die Überlegung, dass die Systematik der Organisation, der Ressourcen und Prozesse von dem Ziel, der Vision oder eben der Strategie abhängen.

> Umgekehrt gilt ebenso: Jede Strategieänderung zieht konsequentermaßen eine Organisationsänderung nach sich. Wenn dies nicht geschieht, hat diese Strategieänderung keine Realisierungschance, da noch in der „alten Welt" gedacht und gearbeitet wird.

Das Beispiel „Internationalisierung" im letzten Abschnitt belegt eindeutig, dass die Einrichtung eines neuen „Kästchens" im Organigramm mit internationaler Projektleitung zu kurz greifen würde.

Ebenso bedeutet eine Dezentralisierung der Verantwortung und Entscheidungsverlagerung in die operativen Ebenen hinein notwendigerweise eine Herausforderung an alle Zentralbereiche. Durften sie doch in einer zentral organisierten Welt aufgrund ihrer funktionalen oder prozessualen Fachkompetenz in die Entscheidungsebenen von Regionen oder Geschäftseinheiten eingreifen. Im besten Fall werden sie bei gelebter dezentraler Verantwortung als zentrale Dienstleister akzeptiert, im Zweifel allein schon wegen der dezentralen Budgethoheit aufgelöst und in die Regionen oder Geschäftseinheiten mit deutlichem Verlust an Entscheidungsgewalt integriert.

Auch eine IR kann sich auf Dauer den durch Strategieänderung hervorgerufenen Organisationsänderungen nicht entziehen und wird sich dann anpassen müssen.

> Damit wird ein weiteres wichtiges Prinzip des organisatorischen Aufbaus der IR berührt, nämlich, sich an der Organisation ihres Unternehmens zu orientieren.

7.3.1 Generelle Ordnungsprinzipien

Im Folgenden sollen einmal die grundsätzlichen Ordnungsprinzipien angesprochen werden, an denen sich sowohl ein Unternehmen als auch die IR orientieren kann. Es wird unterschieden in die Dimensionen
- zentral/dezentral,
- zentral/regional und
- funktional/divisional.

---

215 Chandler, Alfred D., Jr. 1962/1998, Strategy and Structure: Chapters in the History of the American Industrial Enterprise. Cambridge, MA: MIT Press, eine These die Mc.Kinsey in den 90-er Jahren neu aufgegriffen hat.

Nicht diskutiert werden die Mischformen einer Aufbauorganisation (Matrix) wie funktional und divisional sowie projekt- bzw. prozessmäßig, da sie nach Meinung der Autoren für die Strukturierung einer IR keine große Bedeutung haben.

7.3.1.1 Zentral/dezental

Die zentrale Variante einer aufbauorganisatorischen Gliederung hat entscheidende Vorteile für die Arbeit der IR. Sie kann sich wegen der Größe des Bereichs spezialisieren, einen einheitlichen Auftritts der IR im Unternehmen bewirken und durch die direkte Anbindung an die Vorstandsebene größere Durchschlagskraft entfalten.

Bei dezentraler Gliederung besteht ein Vorteil für die Arbeit der IR in der Nähe zur Division oder zum Land. Dem steht jedoch als Nachteil die größere Abhängigkeit von einem Management unterhalb der Unternehmensleitung gegenüber, das nolens volens[216] stärker eigene, divisionale Interessen verfolgen muss und wird.

Jedoch wird man festhalten müssen, dass es kaum gelingen kann, quasi im Gegenstromprinzip, eine zentrale IR gegen ein dezentral geprägtes Unternehmen durchzusetzen, es gilt das Primat der Unternehmensorganisation.

> Sinnvoll wäre es in einem dezentral organisierten Unternehmen, der zentralen IR starke Koordinationsrechte und Vetorechte gegenüber den Revisionen in der Linie zuzugestehen. Darüber sollten zentrale Aufgaben formuliert werden, die es dem Leiter der Konzernrevision ermöglichen, bei zentralen Themen die Leitung in gemischten Teams gemeinsam mit den dezentralen IR zu beanspruchen.

Jedoch wird es für den Leiter der Zentralrevision immer eine Gratwanderung sein, zwischen den starken dezentralen Interessen und seinem eigenen zentralen Anspruch zu vermitteln.

7.3.1.2 Zentral/regional

In Unternehmen, die sehr stark in der Fläche verteilt sind, bieten sich auf den ersten Blick für die IR-Organisation Strukturen an, sich ähnlich regional aufzustellen. Die persönliche Nähe zum Entscheider vor Ort und die geringeren Reisezeiten und niedrigere Reisekosten der Revisionsteams sind Vorteile, die für diese Organisation sprechen.

Auf der anderen Seite ist festzustellen, dass die räumliche Distanz unter den Mitarbeitern der IR den Aufbau eines „Wir"-Gefühls erschwert und dass sich regionale Bereichskulturen entwickeln. Somit wird die Förderung einer einheitlichen Außendarstellung der IR im Unternehmen zu einem Dauerthema der Führungskräfte. Zwar besteht die Möglichkeit, regional Kompetenzcenter mit überregionaler Zuständigkeit aufzubauen, jedoch ist dieser Ansatz bei einer zentralen Organisation einfacher umzusetzen, da die Anbindung an die Unternehmenszentrale vieles erleichtert.

Im internationalen Kontext wird man allein aus Gründen der kulturellen Eigenart und der Muttersprachlichkeit der Landesrevisoren nicht umhin kommen, regionale

---

216 Wörtlich übersetzt: Nicht wollend wollend, meint etwas gegen die eigene Überzeugung umsetzen zu müssen.

Strukturen in der IR aufzubauen und zu nutzen. Dies gilt besonders dann, wenn gleichfalls erhebliche Unternehmens-Vermögenswerte im Ausland bei *Tochter- und Beteiligungsgesellschaften* liegen.

Für eine einheitliche „Revisionssprache" in einem international agierenden Unternehmen ist es jedoch auch erforderlich, dass die Revisionsleitung entsprechende Entscheidungs- und Vetorechte bei Grundsatzfragen der IR erhält[217].

7.3.1.3 Funktional/divisional

Die funktionale Gliederung einer IR entspricht eher der klassischen Vorgehensweise. Größte Schlagkraft entfaltet diese Struktur, wenn sie sich an der Aufbauorganisation des Unternehmens spiegelt, d. h. dass das Unternehmen ebenfalls funktional gegliedert ist. In diesem Falle befinden sich Revisor und Client auf Augenhöhe. Vorteil dieser Gliederung ist eine hohe Fachkenntnis, die in der IR aufgebaut werden kann, z. B. in den Funktionen Finanz- und Rechnungswesen, Einkauf, Vertrieb, IT und Bau und Technik. Der Vorteil dieser Struktur beinhaltet gleichzeitig auch seine Nachteile in sich. Denn die heutige Unternehmensrealität ist ganz wesentlich vom Prozess- statt von Funktionsdenken geprägt.

Ein Beispiel möge dies verdeutlichen:

In einem Unternehmen sind im Vorjahresvergleich die Wertberichtigungen auf Kundenforderungen erheblich gestiegen, ein klassisches Thema für die *Finanzrevision* sollte man meinen.

I. Analytische Fragen:

FR1. Wie hoch ist der Umsatzanstieg in einem 1–2 monatig versetzten Zeitraum im Vergleich zum Forderungsanstieg gewesen?

FR2. Enthalten die Wertberichtigungen einen zum Umsatzanstieg proportionalen Anstieg der pauschalen Wertberichtigung oder ist ein Anstieg des Ausfalls von Großforderungen festzustellen?

FR3. Gibt es Auffälligkeiten nach Branchen in den Kundenforderungen?

II. Systemprüfungs-Fragen:

FR4. Gibt es ein geordnetes Mahnverfahren und sind bestimmte Forderungen mit einer Mahnsperre versehen?

FR5. Gab es einen Wechsel in der Verantwortung des Debitorenmanagements, so dass überproportional Altfälle, die früher nicht gemahnt wurden, auf einmal auffällig wurden?

III. Belegprüfungen:

FR6. Wie haben sich die Bonitäten der wesentlichen Kunden entwickelt, sind sie regelmäßig überprüft worden?

---

217 Im Checklisten-Verzeichnis auf www.revisionspraxis.esv.info befindet sich ein Beispiel für eine gemeinsame Führung einer regionalen Revisionseinheit durch regionalen CEO und den Revisionsleiter.

FR7. Enthalten die Mahnakten umfangreichen Schriftwechsel mit den Kunden, die auf Systemprobleme bei der Ermittlung des tatsächlichen Umsatzes hindeuten, preis- oder mengenseitig?

Erhält man aber die Zusatzinformation, dass vor einem Jahr mit einer aggressiven Werbekampagne überproportional viele Neukunden geworben wurden, von denen jetzt ein überproportionaler Anteil seine Forderungen nicht begleichen kann, klingt das Thema eher nach einem Thema für die *Vertriebsrevision*.

I. Analytische Fragen:

VR1. Enthalten die Wertberichtigungen eher Neukunden- oder vermehrt Stammkundenforderungen

VR2. Wie hoch war die Stornoquote bei den Kunden, deren Forderungen wertberichtigt wurden, wurden alle Retouren bei der Forderungsbemessung angemessen berücksichtigt?

VR3. Wie hoch waren die Prämien an die Vertriebsmitarbeiter für die gestiegenen Umsätze, sind die Auftragsstornierungen aus fehlgeschlagener Bonitätsprüfung signifikant gesunken?

VR4. Wie hoch ist der Anteil der Forderungen, die wertberichtigt werden mussten, weil die Kundenadressen nicht mehr zu klären waren?

II. Belegprüfungen:

VR5. Enthalten insbesondere die Großforderungen, die wertberichtigt wurden, einen hohen Anteil Sondergenehmigungen außerhalb der festgelegten Vorgehensweise für die Bonitätsprüfung?

Mit einer weiteren Zusatzinformation, dass nämlich die Provisionsrechnung des Vertriebs von „bezahltem Umsatz" auf die Anzahl Netto-Neukunden umgestellt wurde, um eine ehrgeizige Absatz- und Umsatzplanung des Gesamtvorstands zu fundieren, wird die o. g. Fragestellung auf ein neues Level gehoben, *Management Revision*.

Hier geht es auf einmal um *Führung und Überwachung* bzw. um *Risikomanagement* im Sinne eines *COSO ERM*, das in seinen 8 Einzelkomponenten folgende Aspekte hinterfragen könnte:

1. Internes Unternehmensumfeld

MA1. Wie hoch ist der Risikoappetit des Top-Management?

2. Zielsetzungsprozess?

MA2. Welche kurz- und mittelfristigen Konsequenzen auf Absatz, Umsatz und Ergebnis des laufenden und des nächsten Jahres wird voraussichtlich die Zieländerung von bezahltem Umsatz auf Netto-Neukunden-Anzahl haben?

3. Ereignisinventur

MA3. Welche Bonitätsprüfungen sollen vor Abschluss eines Kaufvertrags durchgeführt werden und welche nicht.

MA4. Welche Konsequenzen für Umsatz und Ertrag würde der Verzicht auf eine Adressprüfung eines potenziellen Kunden haben?

4. Risikobeurteilung

MA5. Sind die Produktivitätsgewinne aus höheren Absatzzahlen durch aggressive Neukundenwerbung höher als die möglichen Wertberichtigungen durch die gestiegene Zahl insolventer Kunden?

5. Risikomaßnahmen

MA6. Bei Eintritt welcher Risiko-Frühindikatoren soll die aggressive Neukundenwerbung wieder zurückgefahren werden?

MA7. Welche Vermögenssicherungs-Maßnahmen sollen gestartet werden, wenn Kunden in Zahlungsverzug geraten?

6. Kontroll- und Steuerungsaktivitäten

MA8. Welche zusätzlichen Auskünfte sind vor Auftragserteilung vorgesehen;

MA9. Wer darf im Streitfall einen Auftrag trotz fehlender Bonitätskriterien freigeben.

MA10. Wie viel Geld muss in die IT-Systeme investiert werden, um am PoS (Point of Sale) Warteschlangen durch Bonitätsprüfungen zu reduzieren?

7. Information und Kommunikation

MA11. In welchen Sonderfällen erhält der Vorstand einen Statusbericht.

MA12. Wer informiert den Vertriebsvorstand von zunehmenden Zahlungsverzügen der Neukunden, die zunächst im Finanzbereich sichtbar werden.

8. Überwachung

MA13. Gibt es für diese Sonderaktion einen verantwortlichen Projektleiter, der im Rahmen der vom Vorstand gegebenen „Leitplanken" die gesamte Aktion mit entsprechender Vollmacht steuert?

MA14. Wann soll die IR eingeschaltet werden, im Vorhinein, d. h. vor Verabschiedung der entsprechenden Vorstandsvorlage oder erst nach Erwähnung des hohen Anstiegs der Wertberichtigungen des Abschlussprüfers im Management Letter?

Der im o.g. Beispiel skizzierten Fragestellung wird man nur gerecht werden können, wenn bei der Bildung des Revisionsteams alle Dimensionen der Problemstellung, d.h. Finanz-, Vertriebs- und Managementthemen durch entsprechendes Knowhow vertreten sind.

Die nachfolgende Tabelle fasst die typischen Fragestellungen zusammen, mit denen sich ein Revisionsleiter bei der Organisation seines Bereichs auseinander setzen sollte:

Organisationsform	Vorteile	Nachteile
Zentral-dezentral	a. Unabhängigkeit von operativen Bereichen gewährleistet.	a. Schwächere operative Fachkompetenz.
	b. Starke funktionale und prozessmäßige Spezialisierung (z. B. IT, Bau oder Vertriebs-IR) durch Skaleneffekte möglich.	b. Weniger Bindung in die Fläche → IR kann von außen aufoktroyiert wirken.

Organisationsform	Vorteile	Nachteile
	c. Besserer Zugriff auf den Bewerbermarkt möglich, da einheitlicher Auftritt gesichert ist. d. Kostenmäßige Skaleneffekte wahrscheinlich.	c. Beratungsaufträge schwieriger durchführbar.
Zentral-regional	a. Unabhängigkeit von operativen Bereichen gewährleistet. b. Starke funktionale und prozessmäßige Spezialisierung (z. B. IT, Bau oder Vertriebs-IR) durch Skaleneffekte möglich. c. Besserer Zugriff auf den Bewerbermarkt möglich, da einheitlicher Auftritt gesichert ist. d. Kostenmäßige Skaleneffekte wahrscheinlich.	a. Fehlende Nähe zum Tagesgeschäft. b. Weniger fremdsprachliche Muttersprachler und Anpassungsprobleme bei Kulturunterschieden. c. Höhere Reisekosten.
Funktional-divisional	a. Größere fachliche Spezialisierung. b. Kostengünstig. c. Ineffizienzen durch hohen Anteil von internen Verrechnungen (cost center).	a. Geringere geschäftstypische Spezialisierung. b. Nachteil bei geringer innerer Vernetzung der Geschäfte.

Abbildung 7-8: Formen der Aufbauorganisation

Darüber hinaus sind noch prozessmäßige und projektmäßige Fragestellungen sinnvoll, die eher als Unterformen einer organisatorischen Grundausrichtung dienen können denn als Hauptprinzipien. In erster Linie ist hier wieder an die Spezial-IR wie IT-Revision, Bau-Revision oder Vertriebsrevision zu denken. Deren Natur des Prüfungsgeschäfts wird von ihrer Fachaufgabe meist vorgegeben.

7.3.2 Führungsebenen in der IR

Sind in kleineren oder mittleren IR durch Revisionsleiter und Mitarbeiter die 2 Ebenen schon vorgegeben, so kann in großen Revisionsbereichen mit mehr als 100 Mitarbeitern eine tiefere Staffelung in zusätzlich Projektleiter, Abteilungsleiter oder gar Fachbereichsleiter angemessen sein.

Da die Arbeit der IR vom konkreten Prüfungsauftrag abhängt und den einzelnen Prüfungsteams große Freiräume aufgrund ihrer starken Verantwortung zu belassen sind, ist ein *Leitungsspanne* von 5–7 Mitarbeitern durchaus vertretbar. Dies ist anders als in operativen Bereichen mit stark formalisierten und vorgegebenen Arbeitsschritten, in denen Leistungsspannen von mehr als 100 Mitarbeitern manchmal möglich sind. Die Revisionstätigkeit ist eher mit der Arbeit der kreativen Bereiche wie Marketing, Forschung und Entwicklung, Unternehmensentwicklung, Organisation oder Controlling vergleichbar. Die Anzahl der Hierarchieebenen ergibt sich damit folgerichtig mit 3 bei maximal 50 Mitarbeitern und darüber hinaus 4 Ebenen. Nur wenige Revisionsbereiche weisen mehr als 300 Mitarbeiter auf. So sollte man sich von vornherein darüber klar sein, dass die 4. Ebene zwar notwendig, sinnvoll und im Sinne einer adäquaten Mitarbeiterführung angemessen ist. Die Grenze von mehr als 10% nicht ausschließlich mit dem operativen Revisionsgeschäft verbundenen Mitarbeitern wird jedoch nach klassischer Organisationslehre schnell überschritten, z.B. bei 160 Mitarbeitern und einer 5-er Führungsspanne bei 4 Leitungsebenen beträgt sie 20%. Dies könnte zu unangenehmen Fragen einer bürokratischen Eigenverwaltung der IR führen.

Weitere Gesichtspunkte bei der Frage nach der Anzahl der Leitungsebenen sind die Nähe des Revisionsleiters zum Prüfungsgeschäft, die Fluktuation im Bereich und last, but not least die in vielen Unternehmen trotz mehrfacher GWA nicht weg zu diskutierende Akzeptanz eines Funktionsinhabers, die nur von der Anzahl ihm unterstellter Mitarbeiter abzuhängen scheint.

Selbst bei 4 oder vielleicht sogar 5 Ebenen sollte der Revisionsleiter seine Arbeit so organisiert haben, dass er wenigstens an allen wichtigen Schlussbesprechungen seiner Teams teilnimmt. Was bei drei Ebenen selbstverständlich ist, wird allein bei der Bestimmung der IR-Teilnehmer an der Schlussbesprechung bei 4 oder mehr Ebenen zum Entscheidungstheorem, da die IR-Präsenz mit mindestens 5 Teilnehmer, davon drei „Häuptlingen", manches Meeting erstarren lassen könnte. Viel Fingerspitzengefühl und Vertrauen ist unter den Führungskräften der IR notwendig, um aus „weniger (Quantität)" dann „mehr (Qualität)" zu entwickeln.

Je mehr *Fluktuation* im IR-Bereich besteht, d.h. je mehr neue Mitarbeiter pro Jahr eingestellt werden, desto stärker wird deren Forderung nach mehr Betreuung, also nach mehr Führungskräften. Allein die Anzahl der Bewerbungsgespräche bedeutet eine hohe Zeitbelastung für die betroffenen Führungskräfte. Hinzu kommt der Schulungs- und Informationsbedarf der neuen Mitarbeiter, die ja so schnell wie möglich professionell die Revisionsarbeit betreiben sollen.

Zwar ist die IR zweifellos eine Stabsstelle im Unternehmen, dennoch ergeben sich immer wieder gerade in klassischen Unternehmen besondere Konstellationen, besonders im Ausland und in anderen Kulturkreisen. Hier muss die gleiche oder zumindest eine vergleichbare formale Hierarchiestufe dafür vorhanden sein, dass es überhaupt zu einem Gespräch zwischen der operativen Stelle und dem Revisionsmitarbeiter kommt. Revisionsmitarbeiter und Leiter einer operativen Einheit sollten sich auf „Augenhöhe" begegnen können. Die Lösung kann hier aber nicht bedeuten, formal mehr Hierarchiestufen in der IR einzuführen, sondern z.B. bei der Bestimmung der untersten Hierarchiestufe für die Revisoren beim Projektleiter oder Abteilungsleiter zu beginnen. In anderen Unternehmen mag der Hinweis auf den kurzen Weg bis zum

Vorstand oder VV genügen, um die „Augenhöhe" herzustellen. Bei wieder anderen Unternehmen wird allein nach Kompetenz entschieden, so dass durch auch „einfache" Revisionsmitarbeiter an Vorstandterminen teilnehmen sollen. Der Grund ist hier, sie können mit ihrem Expertenwissen helfen.

Vom Revisionsleiter ist also großes Fingerspitzengefühl bei der Lösung der Frage der Hierarchieebenen gefordert. Eine Ideallösung wird es meist nicht geben.

7.3.3 Produktive und administrative Zeiten in der IR

Es ist im vorherigen Abschnitt beschrieben worden, dass allein durch die Anzahl der Führungsebenen eine wichtige Entscheidung für die Anzahl der operativ tätigen Mitarbeiter der IR getroffen wird nach dem Prinzip, je mehr Führungsebenen, desto weniger operative Revisionstätigkeit.

Dass durch mehr Führungsebenen die Qualität der Revisionsleistung steigen kann, soll in diesem Abschnitt unbetrachtet gelassen werden, es geht hier um den Verwaltungsaufwand, definiert als nicht produktive Revisionsleistung.

Folgende Tätigkeiten sollen einmal summarisch betrachtet werden, die bei der Jahresrevisionsplanung die maximal anzusetzenden Menschtage je Revisor begrenzen:

Planungsparameter	Grad der Beeinflussbarkeit durch die IR-Führung	Mögliche benchmark anderer IR	Einflussgrößen
365 Kalendertage	–	–	–
104 Samstage/ Sonntage	Gering – gar nicht	0	Schulung, Weiterbildung, Seminare, Auslandreisen auch am Wochenende
30 Urlaubstage	Gering – gar nicht	0–(–2)	Altersstruktur, Länderrevisionen
12 Feiertage	Gering – gar nicht	0–(–3)	Regionale Unterschiede
6 Krankheitstage	Mittel – gering	–1–(–5)	Mitarbeiterorientierung, Bereichs- und Unternehmenskultur
10 Schulungstage	Hoch	–2	50/50-Prinzip bei fehlendem Basiswissen
44 Verwaltungstage	Hoch	–22–(–30)	Reiseplanungs- und abrechnungstool; Prüfungs-Plan- und -Istzeiten-Erfassungstool;
159 Revisionstage	–	+25–(+40)	–

Abbildung 7-9: Kapazitätsplanung in der IR

Die Tabelle provoziert auf den ersten Blick, da sie scheinbar Unveränderbares als beeinflussbar bezeichnet. Jedoch zeigen Beispiele verschiedener Unternehmensberatungen, dass 180 Beratertage pro Mitarbeiter und Jahr durch eine Reihe von Maßnahmen erreichbar sind, ohne dass die Arbeitsqualität oder die Mitarbeitermotivation darunter notwendigerweise leiden muss. Entscheidend ist, dass der Dialog bei all diesen Themen mit dem Mitarbeiter im Vorhinein geführt werden muss, um negative Feedback-Mechanismen zu vermeiden.

So mag es Brauch gewesen sein, Schulungen und Weiterbildungsveranstaltungen immer auf die Arbeitswoche zu verteilen. Das mag auch für arbeitgeberseitig gewünschte Maßnahmen in vielen Fällen gerechtfertigt sein und mit dem Sozialpartner so vereinbart sein, gilt jedoch nicht unbedingt für Defizite, die der Mitarbeiter zu vertreten hat (Defizite im Basiswissen). Hier könnte z. B. der Arbeitgeber die Kosten der Maßnahme übernehmen und der Mitarbeiter seine private Zeit mit einbringen.

Ebenso mag man es als Eingriff in die Privatsphäre betrachten, dass Krankheitstage überhaupt thematisiert werden. Auf der anderen Seite wird ein Rückkehrergespräch mit einem von seiner Krankheit Genesenen als durchaus positiv gewertet, wenn in diesem Gespräch die Eingliederung in den gewohnten Arbeitsbereich und Empathie im Vordergrund stehen. Hinweise auf geplatzte Termine, Mehrarbeit der Kollegen und zunehmenden Arbeitsdruck in der Abteilung wirken hier unpassend. Sie verhindern zumeist das Ziel einer schnellen Eingliederung und positiven Einstimmung.

In diesem Zusammenhang sei erwähnt, dass einige Studien positives Führungsverhalten und Krankheitsquote der Mitarbeiter in eine Beziehung setzen, also Krankheitstage pro Mitarbeiter als beeinflussbar sehen[218].

*www.tns-infratest.com/marketing_tools/**trim**.asp*

Der höchste Effekt auf die produktiven Zeiten der Mitarbeiter kann durch den Einsatz von maßgeschneiderter Revisions-IT erzielt werden. Auch bei diesem Thema ist es wichtig, die Mitarbeiter vom ersten Schritt der Planung eines derartigen Systems in geeigneter Form mit zu beteiligen, um die Vorteile der IT-Lösung auch in der Abteilung nutzen zu können.

Genaueres wird in einem der nächsten Abschnitte erläutert werden, an dieser Stelle soll jedoch schon einmal auf die Ziele einer möglichen IT-Lösung hingewiesen werden,
- nämlich Verwaltungsarbeiten wie Datenerfassungsarbeiten zu formalisieren und damit zu rationalisieren,
- Controllingdaten für die Bereichs- und Abteilungssteuerung einheitlich anzuwenden und
- alle Revisionsprozesse gezielt zu unterstützen.

---

218 Siehe z. B. die Gallup-Studie 2011 (Engagement-Index 2011), die den volkswirtschaftlichen Schaden durch Fehlzeiten auf die geringe emotionale Bindung der Mitarbeiter des Unternehmens zurückführt. Diese geringe emotionale Bindung wird wiederum auf Führungsfehlverhalten zurückgeführt.

Die oben beschriebene Verwaltungsvereinfachung gelingt meistens nicht gleich nach der erfolgreichen Implementierung des Systems, sondern entwickelt sich im Laufe von zwei bis drei Jahren jeweils in Schüben, die durch zunehmende Akzeptanz des Systems beim Mitarbeiter und den Führungskräften hervorgerufen wird.

7.4 Der Mitarbeiter in der IR

Elefantenfriedhof, Abschiebestation für verdiente Mitarbeiter, die den Anforderungen des operativen Geschäfts nicht mehr ganz gewachsen sind, oder „Point of no Return" sind „bösmeinende" Begrifflichkeiten, die zur Charakterisierung des Personals der IR in der Vergangenheit leider manchmal zutreffend gewählt wurden. Kontrolleur, Aufpasser, Erbsenzähler, Unternehmenspolizist, Sheriff, graue Eminenz, Menschen mit versteckter Absicht sind weitere Verballhornungen, die den Typ eines Revisors der Vergangenheit beschreiben?

Im Folgenden werde ich versuchen zu beschreiben, wie die fünfte Aufgabe einer IR, zusätzlich zu den 4 großen Aufgaben FA, OA, MA und CO, nämlich Führungs-(Nachwuchs-)Kräfte an das Unternehmen heranzuführen, gestaltet werden kann.

7.4.1 Berufsrevisor oder Revisor auf Zeit

Die zunehmende Professionalisierung des Berufsstands der IR kann man an der wachsenden Anzahl der mittels Examen zertifizierten CIA (*Certified Internal Auditor*) messen. In Deutschland wurde im Jahr 2012 die 1700-Marke übersprungen, weltweit gibt es über 100.000 CIA[219]. Damit wird scheinbar die Frage zugunsten des Berufsrevisors, d. h. des Revisors auf Lebenszeit beantwortet.

Jedoch sollte man sich nicht täuschen lassen. Mitarbeiter, die die Revision als Startpunkt einer Unternehmenskarriere sehen, nehmen häufiger an diesen Examina teil als die „ alten Hasen", denen Sinn und Inhalt ihrer Aufgabe schon seit Jahren klar ist. Diese jungen Mitarbeiter haben den Ehrgeiz, auf jeder Station, die sie auf der Karriereleiter besetzen, die Erwartung mindestens zu erfüllen, wenn nicht zu übertreffen. Das CIA-Examen, für dessen erfolgreiches Bestehen Fleiß, Cleverness und Intelligenz gute Voraussetzungen sind, spricht diese Mitarbeiter besonders an. Sie scheinen durch das abgelegte Berufsexamen und ihre weiteren beruflichen Qualifikationen für einen Berufsrevisor prädestiniert zu sein. Einige von diesen Mitarbeitern werden ihr weiteres Berufsleben nicht ausschließlich in der Revision sehen, sondern im Unternehmen in anderen Positionen Karriere machen wollen. Dieser Gedanke spricht eher für einen Revisor auf Zeit. In der Praxis werden sich Mischformen zwischen Berufsrevisor und Revisor auf Zeit im Idealfall ergänzen.

7.4.2 Anforderungsprofil für Revisoren

Ein Anforderungsprofil für den Revisor zu beschreiben, ist nur scheinbar einfach.

---

219   Siehe hierzu Festschrift zum 50 jährigem Bestehen des DIIR.

Denn in der Praxis müssen mehrere Anforderungen gleichzeitig erfüllt werden. Die Anforderungen an die im Job geforderte Revisionstätigkeit (Kompetenz) sollte gepaart werden mit den Anforderungen an die Persönlichkeit. Diese sind in der Revision geprägt von den berufsständischen Regelungen (*Code of Ethics*) und den Anforderungen des Unternehmens an zukünftige Führungskräfte (Managerprofil)[220].

Für die fachlichen Anforderungen sind die Aufgaben laut *Geschäftsordnung der IR* entscheidend verbunden mit dem konkreten Aufgabenprofil.

Für *Financial-Auditing-Themen* sind profunde betriebswirtschaftliche Kenntnisse sowie gute Kenntnisse in Nutzung der IT-Tools zur Datenanalyse der Rechnungswesensysteme vonnöten[221]. Zur Prüfung des Finanzbereichs ist entsprechendes Expertenwissen wünschenswert, insbesondere bei Prüfung der Handelsgeschäfte in Derivaten sowie der Risikorechnungen aus möglichen Positionen im Zins-, Währungs- und Wertpapiergeschäft[222]. Dass Kenntnisse der internationalen Rechnungslegungsvorschriften IFRS zusätzlich zum HGB hinzugehören, versteht sich heute fast von selbst.

Im *Compliance-/Fraud-Arbeitsgebiet* sind grundlegende juristische Kenntnisse von Vorteil, ebenso Kenntnisse der *Red Flags*[223] *als Frühwarnindikatoren möglicher doloser Handlungen* sowie Datenanalysetechniken, z. B. Nutzung der *Benford-Verteilung* von auffälligen Zahlenkombinationen im Zahlungsbereich. Wegen der meist anzutreffenden Unsicherheiten in der Datenlage, dem Zeitdruck, unter dem gerade Ermittlungen im Managementbereich stehen, und des Involvement in persönliche Bereiche möglicher Täter sind besondere Anforderungen an die charakterliche Reife des mit der Untersuchung Beauftragten unabdingbar.

Werden *Operational-Auditing-Themen* aufgegriffen, so sind Branchen-, Marketing-, Produktions- und Technikkenntnisse wiederum entscheidend für den Erfolg bei derartigen Prüfungen. Technikkenntnisse sind auch bei Prüfungen im Baubereich und natürlich bei allen IT-Themen unverzichtbar.

Es wird deutlich, dass das Spektrum für den modernen Revisor allein bei den erforderlichen Fachkenntnissen weit gespannt ist. Im Grunde geht es ja darum, für jedes Untersuchungsumfeld im Unternehmen, sei es Funktion, Prozess, Geschäftseinheit oder Projekt, adäquate Kommunikationspartner für die geprüfte Einheit anbieten zu

---

220 Siehe hierzu beispielhaft ein Sollprofil im Checklisten-Verzeichnis 7.8 auf www.revisionspraxis.esv.info.
221 Siehe hierzu den IIA-Standard 1210-1. (Wissen). Es wird je nach Themengebiet unterschieden in Proficiency-praktische, detaillierte Kenntnis, Knowledge- theoretisches Wissen, Understanding – (grobes) Verständnis und Appreciation of fundamentals of business subjects – Fähigkeit, etwas zu erkennen und Skills- Fähigkeiten.
222 Im Bankenbereich ist dies selbstverständlich, aber die Einschätzung und Bewertung hinsichtlich der Werthaltigkeit angekaufter, verbriefter Forderungen (ABS: Asset backed Securities) verlangt m.E. auch Branchenkenntnisse (Handel, Maschinen- und Anlagenbau, Immobilien) innerhalb der Bank/IR der Bank. Dass der commodity-Begriff eine nicht vorhandene Homogenität der Forderungen suggerierte, sollte nach Subprime jetzt den Eingeweihten klar geworden sein und zukünftig von einer individuellen Betrachtung der Forderungen abgelöst werden.
223 Red Flags als Frühwarnindikatoren für dolose Handlungen werden in dem Band Compliance dieser Handbuchreihe vorgestellt. Beispiele sind im IDW PS 210 detailliert im Einzelnen aufgeführt, s.a. im Glossar.

können, die die jeweilige Nomenklatur beherrschen. In international tätigen Unternehmen kommen dann noch die notwendigen Sprachkenntnisse hinzu.

Durch diese etwas beispielhafte Aufzählung wird deutlich, dass es nach Auffassung des Verfassers den Allround-Revisor nicht mehr alleine geben kann, obwohl doch gerade das CIA-Berufexamen etwas anderes suggerieren könnte. Es geht vielmehr um eine Mischung von Experten-/(Fach-) und Allgemein-/(IR-Prozess-)Wissen einfach ausgedrückt, um das „Was und Wie" einer Prüfung.

Hinzu kommen die schon oben beim Sollprofil des Revisionsleiters geforderten persönlichen Eigenschaften.

> Da zum *Code of Ethics* in den ersten Kapiteln dieses Buches schon ausführlich informiert worden ist, sollen an dieser Stelle nur die Begriffe Integrität, Unabhängigkeit und Vertrauenswürdigkeit noch einmal genannt werden.

Zu den Unternehmensanforderungen an zukünftige Führungskräfte zählen gute Kommunikationsfähigkeiten, analytischer Sachverstand, Frustrationstoleranz, und Belastbarkeit. Selten findet man im Anforderungsprofil die Forderung nach Kreativität und Innovation, obwohl der Beruf des Revisors vielfältige und unterschiedliche Einblicke in das Unternehmen fördert, ihn gerade zu prädestiniert, als Change Agent Umstrukturierungen zu fördern[224].

> Als Idee – die Mischung macht's – sollten sich bei den Mitarbeitern der IR, als Gesamtschau des Bereichs gesehen, die persönlichen Eigenschaften eines Topmanagers und die fachlichen Anforderungen des gesamten Unternehmens widerspiegeln[225].

Das nachfolgende Modell versucht die unterschiedlichen Anforderungen an eine Führungskraft mit der modernen Gehirnforschung in Beziehung zu setzen. Wichtig ist es für das Renommee einer IR, dass in der Gesamtsicht aller seiner Mitarbeiter alle 4 Dimensionen durch entsprechende Fähigkeiten seiner Mitarbeiter sehr gut ausgeprägt sind.

Unter sozialer Intelligenz können damit die Eigenschaften Kommunikationsfähigkeit, Integrationsfähigkeit, sowohl Konflikt- als auch Konsensfähigkeit und Delegationsbereitschaft zusammengefasst werden.

Kreativität versucht die Fähigkeiten von Innovations- und Veränderungsbereitschaft, Anpassungsfähigkeit, Mobilität und Neugier zu vereinen.

Die sog. Sekundärtugenden, die in ihrer Bedeutung vielfach unterschätzt werden, beziehen sich auf Werte wie Loyalität, Fleiß und Einsatzbereitschaft, Pflichtgefühl und Verantwortungsbereitschaft sowie Frustrationstoleranz.

Letztlich fasst Analytik Fach- und Methodenkompetenz[226], Urteilsvermögen, Zahlenverständnis und Entscheidungsfähigkeit zusammen. Der Verfasser ist im Übrigen

---

224 Siehe hierzu die Dissertation von Peter Kundinger zum Thema Change Agent und Interne Revision.
225 Oder, wie ein Kollege es mir einmal im Zusammenhang mit einer Auslandsrevision beschrieb, ein Revisor sollte sich Sachverhalte aus dem Blickwinkel eines CEO anschauen, „Eyes and ears of the CEO, but not the voice!".

der Auffassung, dass eine zu starke Konzentration auf Analytik und Sekundärtugenden einer IR eher schadet als nützt. Denn die Anforderungen der Fachbereiche an die IR werden sich zukünftig immer weniger mit Problembeschreibungen zufrieden geben, denn praxisorientierte Lösungsvorschläge einfordern. Hierzu sind die beiden anderen Ausprägungen Soziale Intelligenz und Kreativität unabdingbar.

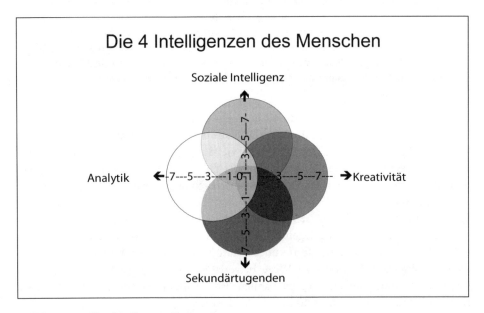

Abbildung 7-10: Die 4 Intelligenzen des Menschen

In kleineren und manchmal auch mittleren IR wird man nicht umhinkommen, für Spezialthemen Experten vom Drittmarkt zu engagieren. Es ist nicht zulässig, revisionsfreie Räume im Unternehmen mit der Begründung entstehen zu lassen, es fehlte das Knowhow, und auch nicht, Prüfungen trotz unvollkommenen Verständnisses um die Besonderheiten einfach „durchzuziehen". Unprofessionelles Vorgehen entspricht nicht den schon erwähnten IIA-Standards und führt im Unternehmen zu einer Imageschädigung für die gesamte IR bzw. in den revisionsfreien Räumen zu stark ansteigenden Kontrollrisiken.

---

226 Auf der CIA-Tagung 2013 wurden hier von den Herren Wiehl und Arntz die Gebiete Revisionsplanung und Qualitätssicherung, Fraud Detection and Prevention, Bewertung von Wirtschaftlichkeit, Prognoseverfahren, Statistische Verfahren, Risiko- und Kontrollanalyse, Massendatenanalyse, Prozessanalyse, Projektmanagement, Control Self Assessment vorgeschlagen.

7.4.3 IR als Teil des Führungsnachwuchspools in einem Unternehmen

Wer einen *Goldfischteich* anlegt, sollte sich gleich auch darüber Gedanken machen, wie er die Goldfische bei Laune hält, wie sie ihm nutzen und wie sie später anderen nutzen können.

Es ist wenig wahrscheinlich, überdurchschnittlich geeignete Nachwuchsführungskräfte auch nur durchschnittlich lang auf einer Position „fesseln" zu können. Man sollte sich daran erfreuen, wie schnell sie das Wesentliche begriffen haben und sie nach Kräften fördern. Dann können sie einen überragenden Beitrag, z. B. in Sonderprojekten, für die IR leisten und damit das Renommee der IR im Unternehmen heben. Bei einem unternehmensinternen Wechsel bildet sich dann gar nicht so langsam ein Netz wohlmeinender und kenntnisreicher Kollegen.

Hierzu sei angemerkt, dass auch die IR in einem Unternehmen einen hervorragenden Bereich darstellen kann, um Führungskräfte auf den nächsten Karriereschritt vorzubereiten. Mit seiner Internationalität, dem vielfältigen Aufgabenspektrum und dem Kontakt zu allen Unternehmenshierarchien ist die IR ein Bereich, der für die Ausbildung geradezu prädestiniert ist. Die IR hat aber auch noch die anderen vier Aufgaben zu erfüllen, sodass sich die Frage nach der Verweildauer und der Mischung von „alten Hasen" und „jungen Wilden" stellt. Keine IR kommt ohne die „alten Hasen" aus, die schon „hinter jedem Busch gelegen haben". Kontinuität und Professionalität sind hier die Stichworte. Neuen Herausforderungen kann man auch mit alternativen Lösungsansätzen begegnen. Eingetretene Wege zu verlassen oder erst gar nicht zu betreten, sondern sich einen neuen Weg zu bahnen, ist ein Merkmal der „jungen Wilden". Kreativität und Leidenschaft sind hier die Stichworte.

Die erkannten Potenziale aller Mitarbeiter zu entwickeln, ist die Aufgabe der Führung in der IR, und gleichzeitig, trotz oder gerade wegen aller Individualität, einen „Teamspirit" zu entwickeln, ist dann der Königsweg.

7.4.4 Mitarbeiterbefragung als Start eines mitarbeiterorientierten Dialog in der IR

Der Weg beginnt wie bei allen Veränderungsprozessen mit einer Ziel- und Wertediskussion, die von allen Mitarbeitern des Bereichs getragen werden sollte. Dazu ist Offenheit, Vertrauen und Konfliktfähigkeit der Führung nötig sowie eine hohe Frustrationstoleranz, wenn der Weg nicht immer geradlinig verläuft und das Tempo gerade am Anfang noch nicht Normniveau erreicht. Auf der Mitarbeiterseite ist ebenfalls Offenheit, Engagement und Abbau möglichen Misstrauens hilfreich. Als Ausgangsbasis für einen Veränderungsprozess, in den alle Betroffenen miteinbezogen werden können, hat sich die von Infratest entwickelte TRI*M-Methodik erwiesen.

http://www.tns-infratest.com/02_business_solutions/02018_TRIM.asp

TRI*M (drei M wie Messen, Managen, Monitoren) bietet ein strategisch ausgerichtetes Instrument, welches das Mitarbeitercommitment (neben der der Arbeitszufriedenheit werden auch die Bindung und Loyalität betrachtet) zur Zielgröße der Personalarbeit macht. Gemessen und dargestellt wird

- das Niveau des Mitarbeitercommitment (TRI*M Index),
- die TRI*M Typologie, die zeigt, in welchen Arbeitsumfeld sich Mitarbeiter momentan befinden,
- sowie themenbezogen Stärken und Schwächen, die das Commitment beeinflussen, dargestellt im sogenannten TRI*M Grid.

Diese Methodik wendet sich in einem strukturierten Fragebogen an alle Mitarbeiter und Führungskräfte. Alle drei Methoden werden aus Daten eines Fragebogens gespeist, der generelle und themenbezogene Fragen enthält. Die Mitarbeiter sind aufgefordert, jede Frage auf einer Skala von „stimme voll zu" bis „ stimme gar nicht zu" zu beantworten. Gleichzeitig werden sie aufgefordert, die Wichtigkeit dieser Frage für sie persönlich einzuschätzen. Die befragten Themengebiete in der Mitarbeiterbefragung sind Führung, Kommunikation, Organisation, Informationsverhalten, Arbeitsinhalte, Bezahlung, Weiterbildung, Arbeitsmittel/Raumausstattung, um nur einige zu nennen.

Aus speziell ausgewählten Fragen ergibt sich im ersten Schritt das Mitarbeitercommitment. Diese enthält in einer einzigen Zahl die wichtigste Information, die Einstellung des Mitarbeiters zum Unternehmen. Dies Zahl ist sowohl intern vergleichbar, wenn viele Bereiche an einer Mitarbeiterbefragung teilnehmen als auch extern mit anderen Unternehmen.

Gleichzeitig ergibt sich dann in einem zweiten Schritt die Mitarbeitertypologie, in der dann in vier Clustern Leistungsträger (I. Cluster), kritisch Distanzierte (2. Cluster), Bewohner[227] (IV. Cluster) und Nicht-Erreichbare (II: Cluster) separat in ihrer Einstellung und ihrem Verhalten untersucht werden können.

In einem dritten Schritt werden der Führungskraft konkrete Hinweise gegeben, wo Stärken und Schwächen im jeweiligen Themengebiet liegen. Die Unterscheidung in Einfluss auf das Commitment und verbale Wichtigkeit erlaubt es der Führungskraft, gezielt an den Themen zu arbeiten, die für das Commitment bedeutsam sind (Stärken und versteckte Chancen). Gleichzeitig werden Themen relativiert, die zwar in Gesprächen betont, aber doch keinen großen Einfluss auf das Commitment haben (Hygienefaktoren und Einsparpotenziale).

Alle drei Methoden sind in nachfolgender Grafik[228] abgebildet:

---

[227] Bewohner werden hier als zufriedene Kunden (Mitarbeiter) bezeichnet, die den Weg der Unternehmung (des Bereichs) mit gehen, jedoch nur mit einem durchschnittlichen Engagement. Kritisch Distanzierte arbeiten ähnlich wie die Leistungsträger mit einem hohen Arbeitseinsatz, haben aber häufig andere Vorstellungen, in welche Richtung sich Themen entwickeln sollten. Für Führungskräfte sind kritisch Distanzierte immer ein Quell neuer Ideen. Sie lassen sich jedoch nur schwer in Projekte integrieren, die andere initiiert haben.

[228] Die Veröffentlichung erfolgt mit freundlicher Genehmigung von TNS-Infratest, die die Abbildung auch erstellt hat.

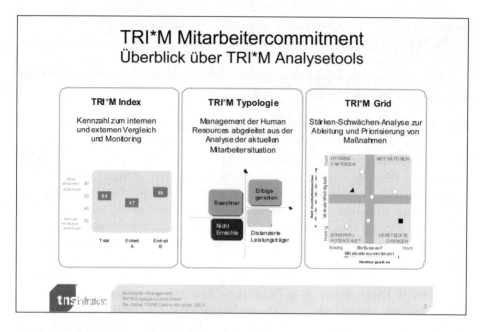

Abbildung 7-11: TR*M Mitarbeitercommitment

Die Grafiken geben einer Führungskraft wertvolle Hinweise, welche Themen in seiner Abteilung verbesserungsfähig sind, welche im Themenvergleich vom Mitarbeiter als besonders wichtig eingeschätzt werden und wie die Meinungsführer in der Abteilung, Cluster I und II, zu den Themen eingestellt sind. Gut ist es, wenn das gesamte Unternehmen an der Mitarbeiterbefragung teilnimmt, und wenn diese Befragung jährlich wiederholt wird, so dass sich Trends und Entwicklungslinien in der Abteilung selbst und im Vergleich zu anderen Abteilungen beschreiben lassen. So kann sich eine IR auch an vergleichbaren Stabsbereichen wie Controlling, Strategieentwicklung oder Organisation messen lassen.

Insgesamt wird mit dieser Methode vom Mitarbeiter mittels eines anonymisierten Dialogs Feedback zu den Meilensteinen einer Organisationsentwicklung vermittelt. Ziel guter Führung ist es, aus „Bewohnern", Cluster IV, und „kritisch Distanzierten", Cluster II, tendenziell mehr engagierte Leistungsträger Cluster I zu machen.

 Die besten Erfolge lassen sich nach Erfahrung der Autoren mit der TRI*M-Methode erbringen, wenn auf Basis der Ergebnisse ein Dialog zwischen Führungskräften und Mitarbeitern in Gang kommt. Dabei ist die Umsetzung wesentlicher Verbesserungswünsche bedeutsam. Wichtiger ist jedoch die erzielte Glaubwürdigkeit der Vorgesetzen beim Mitarbeiter, den Dialog ernst zu nehmen und Dinge ändern zu wollen.

7.4.5 Die Instrumente des Mitarbeiterorientierten Prozesses

Der MOP ist ein länger andauernder Prozess (*MOP: Mitarbeiterorientierter Prozess*)[229] mit vielen strukturierten Gesprächen, beginnend mit einer *Zielvereinbarung*, in der dem Mitarbeiter sein individueller Beitrag zur Bereichszielsetzung erläutert wird. Damit werden die Erwartungen von vorgesetzter Seite für den Mitarbeiter transparent. Durch die Diskussion wird ihm eine Identifizierung erleichtert.

Fehlen ihm zur Zielerreichung notwendige Kenntnisse, so können auf Basis der letzten *Beurteilungsgespräche*, in dem auf die Defizite hingewiesen wurden, Weiterbildungsmaßnahmen vereinbart werden. Nach deren Teilnahme sollten die Schwächen ausgeräumt sein. Wichtig ist beim Zielvereinbarungsgespräch aber auch, die Stärken des Mitarbeiters zu betonen und auf Wünsche zur Verstärkung der Stärken durch Weiterbildungsmaßnahmen ebenfalls einzugehen[230].

Unabhängig davon sollten einmal im Jahr im Rahmen eines *Entwicklungsgesprächs* Erwartungen an die persönliche Karriere innerhalb der nächsten drei Jahre mit den Voraussetzungen für den Karrieresprung – persönliche oder fachliche Verbesserung der Eignungsvoraussetzungen oder Teilnahme an *unternehmensweiten Förderprogrammen* zur Netzwerkbildung – und mit den Erwartungen des Unternehmens abgeglichen werden. Wichtig ist hier, dass Erwartungen realistisch eingeschätzt werden, und die persönliche Aktion des Mitarbeiters zusammen mit Maßnahmen des Vorgesetzten nach der Devise betont werden:

> Der Vorgesetzte sorgt für das Sprungbrett, springen muss der Mitarbeiter alleine!

Wichtig für die Weiterentwicklung gerade junger Mitarbeiter sind *Briefing und Debriefing* bei jedem Prüfungsauftrag: Hier erfährt er von seinem Projektleiter präzise, welche Erwartungen vor dem Start der Prüfung bestehen und wie nach Abschluss diese Erwartungen vom Mitarbeiter erfüllt wurden. Auch wenn diese Gespräche nicht für die Personalakte festgehalten werden müssen, enthalten sie dennoch unterjährig wertvolle Hinweise auf Stärken, Talente und Verbesserungsmöglichkeiten. Am Ende des Weges, nach drei bis fünf Jahren, steht dann die Möglichkeit des Karrieresprungs an, möglichst im eigenen Unternehmen.

---

229 Es sollte selbstverständlich sein, dass in Unternehmen mit einer Personalvertretung diese frühzeitig bei Start eines MOP mit einbezogen werden sollte. Es ist eine offene Frage, ob in Unternehmen, die bisher standardmäßig nicht über die Instrumente eines MOP verfügen, die IR einen MOP im eigenen Bereich oder gar im Unternehmen selbst initiieren sollte. Während Teile des MOP eine sehr sinnvolle Ergänzung zu einem Quality Assessment (beschrieben im Kapitels 12) in der IR sein kann, kommt es beim Vorschlag eines MOP für das ganze Unternehmen auf das Fingerspitzengefühl des Revisionsleiters an, die Innovationskraft des Personalvorstands und des gesamten Vorstands sowie eines langen Atems, da Erfolge sich nur mittelfristig einstellen werden.

230 Siehe hierzu die PA 1230 des IIA, die klar stellt, dass jeder Revisor selbst dafür verantwortlich ist, seine Kenntnisse auszubauen.

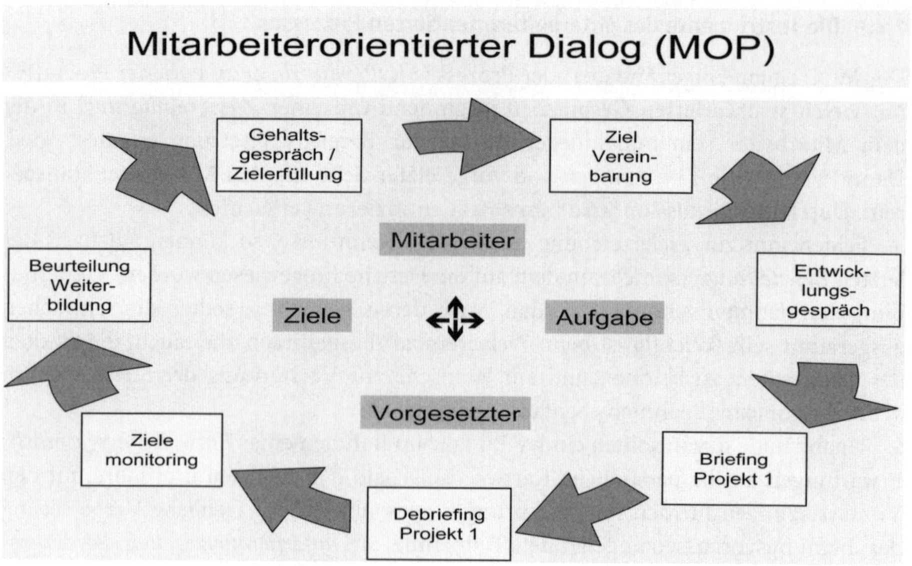

Mitarbeiterorientierter Dialog (MOP)

[Diagram: Kreislauf mit zentralem Element "Mitarbeiter / Ziele ↔ Aufgabe / Vorgesetzter" umgeben von Pfeilen: Gehaltsgespräch / Zielerfüllung → Zielvereinbarung → Entwicklungsgespräch → Briefing Projekt 1 → Debriefing Projekt 1 → Ziele monitoring → Beurteilung Weiterbildung]

Abbildung 7-12: Mitarbeiterorientierter Dialog (MOP)[231]

7.4.6 Job Rotation und das Modell Gastrevisor

Damit die IR nicht nur dem Unternehmen gut ausgebildete junge Führungskräfte zur Verfügung stellt, sondern im Sinne von „give and take" auch selbst in den ersten vier Ziele FA, CO, OA, MA einen Nutzen erhält, bietet sich die Implementierung der Modelle *Gastrevisor und Job Rotation*[232] an.

Beim Modell *Gastrevisor*[233] hilft ein operativer Bereich der IR mit einem Experten aus. Dieser bringt seine Kenntnisse aus seiner alten Funktion (z. B. Marketing/Werbung) in ein Revisionsprojekt ein, das dieselbe Funktion (Marketing/Werbung), aber einen anderen Geschäftsbereich zum Ziel hat. Vorteil 1 ist, dass die IR mittelfristig bei guter Dokumentation vom Expertenwissen des Gastrevisors profitiert. Vorteil 2 löst ein Kapazitätsproblem in der IR, das durch eine Vakanz aufgetreten ist. Vorteil 3 ist, dass die IR sonst notwendige Beraterkosten für das Unternehmen einspart. Vorteil 4 ist: Die IR hat nach dem Rückwechsel des Gastrevisors einen weiteren Fürsprecher innerhalb des Unternehmens gewonnen.

Bei gegenseitiger Job Rotation mit einem Bereich entfallen zusätzlich sonst notwendige Akquisitionsgespräche für die Stelle, die der Gastrevisor vakant verlassen hat. Erhalten beide Kandidaten ein *„Return Ticket" (Rückkehrmöglichkeit an den eigenen, alten Arbeitsplatz)*, so ist die Job Rotation für beide Seiten, Fachseite und IR, mit geringerem Risiko verbunden, wenn die Erwartungen an die Kandidaten sich nicht

---

231 Alle Komponenten des MOP sind erfolgreich bei der Deutschen Telekom implementiert worden.
232 Beide Modelle werden nach Kenntnis der Verfasser seit Jahren erfolgreich in der Siemens-Revision praktiziert.
233 Der IIA Standard 1130.C1 unterstützt das Modell Gastrevisor ausdrücklich.

erfüllen sollten. Die Mitarbeiter kehren nach Ende der vereinbarten Job-Rotation-Zeit wieder an ihren alten Arbeitsplatz zurück. Jedoch besteht für beide während der Job-Rotation-Zeit die Möglichkeit, sich im neuen Bereich zu profilieren und einen Karrieresprung vorzubereiten. Bei dieser Variante profitiert ebenfalls der operative Bereich, in dem er neue Ideen und vielleicht eine professionellere und systematische Vorgehensweise kennen lernt.

7.5 Der Revisionsleiter

„Der Leiter der Internen Revision ist entsprechend dem Erfordernis der Position qualifiziert."

So einfach und treffend beschreibt der Quality Assessment-Fragebogen des DIIR die Anforderung für einen Revisionsleiter. Wie wir schon in den früheren Kapiteln gesehen haben, ist die Definition der Aufgaben in der Geschäftsordnung der IR maßgeblich dafür, welche Fähigkeiten ein Revisionsleiter besitzen sollte.

7.5.1 Die Anforderungen an einen Revisionsleiter

Das Persönlichkeitsprofil entspricht weitgehend dem von international tätigen Topmanagern. Eine Besonderheit stellen die Anforderungen an Integrität, Mobilität und Frustrationstoleranz dar.

In jedem Unternehmen ist, wie schon im Ethik-Kapitel ausgeführt, der Revisionsleiter selbst das Vorbild für ethisches Verhalten. Er ist hiermit häufig auch Ratgeber bei kritischen Fragestellungen, die dem Unternehmen vielleicht zwar kurzfristig Aufträge sichern würden, aber langfristig die Reputation beschädigen könnten.

Im Unterschied zu international tätigen Kollegen, wenn sie nicht als *Expatriats*[234] direkt in einer Auslandsposition arbeiten, ist der Reiseanteil eines Revisionsleiters in einem international tätigen Unternehmen sehr hoch. Denn er verschafft sich durch Teilnahme an den Schlussbesprechungen, die immer vor Ort stattfinden sollten, ein persönliches Bild der vor Ort handelnden Vertreter der Gesellschaft und seines Teams. Er ist dann zugleich Repräsentant der Muttergesellschaft, und somit quasi Auge und Ohr des Vorstandsvorsitzenden. Er trifft vor Ort Unternehmensvertreter unterschiedlicher Hierarchien und muss in kurzer Zeit Vertrauen aufbauen und etwaig vorhandene Ängste beseitigen.

Die Frustrationstoleranz sollte ebenfalls in hohem Maße entwickelt sein, da er zwar rein sachlich, also nicht interessengeleitet beurteilen und bewerten soll, jedoch mit viel Überzeugungsarbeit Verhaltensänderungen angehen muss. Denn die IR besitzt ja grundsätzlich nur ein Informations-, aber kein Anweisungsrecht. Er kann zwar Themen auch in der Führungshierarchie eskalieren, sein wichtigster Auftrag lautet bei einem Unterstellungsverhältnis unter den VV (Vorstandsvorsitzenden) jedoch meist: *Don't bring me problems, bring me solutions!* Von daher verbietet sich eine zu häufige

---

[234] Expatriats sind einheimische Kollegen, die dauerhaft im Ausland arbeiten.

Eskalation von selbst. Die Befriedigung, durch eigene Überzeugung etwas bewegt zu haben, ist bei Erfolg dann natürlich viel größer.

Kommen wir zurück zu seinen Fähigkeiten. Enthält die Geschäftsordnung alle vier Aufgaben typischer Revisionstätigkeit, wie Compliance, Financial, Operational und Management Auditing, so ist ein Hochschulabschluss sicher sehr hilfreich, ein MBA optional. Wichtig werden gerade bei Operational-Auditing-Themen Branchenwissen, IT, technisches und kundenorientiertes Verständnis. Die gar nicht so selten anzutreffende Dreifachbilanzierung nach HGB, IFRS und (noch) US-GAAP verlangt auch hier vertiefende Kenntnisse, besonders wenn das Unternehmen dem SOX unterliegt. Da kein Prozess im Unternehmen heute ohne IT-Unterstützung zu handhaben ist, sind auch hier vertiefende Kenntnisse nötig, sei es in den IT-basierten Prüftechniken oder in der Anwendung IR-IT-Tools zum Managen des eigenen Bereichs.

Last but not least sei die Lebenserfahrung angesprochen, die mit zunehmender Berufserfahrung und Analyse eigener zu verantwortender Fehler, später Erfahrung genannt, zunehmen sollte. Einschätzungsfehler von Menschen und Sachverhalten können verheerende Folgen haben und sind meist nicht mehr rückgängig zu machen, insbesondere in Fraud-Fällen. Deshalb ist Erfahrung wichtig, nämlich auf viele Ähnlichkeitsmuster früherer Fälle zurückgreifen zu können, um schnell und richtig in Situationen großer Unsicherheit entscheiden zu können. Eine innere Unabhängigkeit ist hier auch hilfreich, nach der Devise: „Komme jeden Tag in dein Büro in dem Bewusstsein, dich kündigen zu lassen." Dieser Satz meint kein Harakiri, sondern das konsequente Umgehen mit unpopulären, aber sachlich zu rechtfertigen Entscheidungen.

7.5.2 Der Revisionsleiter und sein Umfeld

Offensichtlich ist erfolgreiche Kommunikation nicht trivial, sondern hängt von vielen Voraussetzungen und Faktoren ab, die wir u. a. oben beschrieben haben. Wir wollen uns jetzt ein wenig mit den Erwartungen beschäftigen.

„Es muss was geschehen, es darf nix passieren!"

Das Zitat eines österreichischen Militärs stellt das Dilemma dar, in dem sich auch die IR befindet. Einerseits soll sie durch gezielte, risikoorientierte Prüfungen mit dazu beitragen, dass die Ziele des Unternehmens erreicht werden, keine Schäden an Reputation und Vermögen entstehen und sogar Verbesserungsprozesse angeregt werden, die die Zielerreichung unterstützen. Dazu benötigt sie einen engen Kontakt zum Management mit gezielten Gesprächen zu Themen des Unternehmensumfelds.

Andererseits soll sie sich gerade nicht in operative Themen einmischen, da ihr unabhängiges Urteil dadurch gefährdet wird. Sie besäße nach Meinung vieler im Unternehmen nicht den nötigen Sachverstand und die Kompetenz zur Analyse der operativen Tätigkeiten. Zusätzlich soll sie ihre Themen geräuschlos und zügig beenden, ohne die Bereiche bei ihrer operativen Tätigkeit zu sehr zu belasten.

Offensichtlich haben wir es hier mit einem Rollenkonflikt unterschiedlicher Erwartungen zu tun.

7.5.2.1 Erwartungen des Topmanagements an die IR

Im besten Falle könnte man meinen, sind die Erwartungen des Topmanagements generell in der Geschäftsordnung der IR verankert, speziell in den jährlichen Zielvereinbarungen mit dem Revisionsleiter, und sehr detailliert schon in der genehmigten Revisionsplanung für das nächste Jahr. Diese umfasst auch schon eine Quartalseinteilung, die für die geprüften Bereiche transparent ist.

Trotzdem können Ent-Täuschungen stattfinden. Der Begriff enthält schon den Schlüssel des Verständnisses einer Enttäuschung, ent-(deckte) Täuschung. Seitens des Topmanagements könnten die Ursachen für die Enttäuschung im Folgenden liegen:

- War der Revisionsplan in seiner Fülle zu mächtig, um tatsächlich zu 100 % umgesetzt zu werden?
- Gelangen Einstellungen nicht rechtzeitig genug, um Kapazitäten und Kompetenzen anzureichern?
- Enthielten die Revisionsberichte wieder einmal eine Fülle bekannter Probleme, aber zu wenig neue Lösungsvorschläge?
- War das Auftreten Einzelner aus der IR unangemessen, die fachliche Kompetenz in wichtigen Sachverhalten zu dürftig und wurde man langsam müde, immer wieder die Sinnhaftigkeit einer IR dem operativen Management erklären zu müssen, weil dies offenbar dem Revisionsleiter nicht gelungen war?

Die Liste ließe sich fortsetzen, aber eines wird deutlich: Seitens des Topmanagements sind die Erwartungen an die IR wieder mit den Themen *Qualität, Professionalität und persönliche Eignung* zu versehen. Ein offener Dialog mit dem Management über die konkrete Situation in der IR, den eingeleiteten Entwicklungspfad mit Vorschau auf die erwartete zukünftige Unternehmensentwicklung und damit auf die aus IR-Sicht voraussichtliche Risikolage hilft – hier gepaart mit einem angemessenen Auftritt der IR, frei nach Martin Luther:

„Mach's Maul auf, tritt fest auf, hör bald wieder auf!"

Schöner und prägnanter kann eigentlich nicht über die Code of Ethics der IR berichtet werden, sich konstruktiv einmischen und Position beziehen und nach erfolgter Umsetzung der Maßnahmen, verursacht durch einen prägnant formulierten RB, sich einem anderen Thema zuzuwenden.

Wenden wir uns nun der etwas schwierigeren Seite zu, einer ent-täuschten IR über das Handeln Einzelner im Topmanagement:

- Haben schwere Entscheidungsfehler im operativen Management nicht zu den erhofften personellen Konsequenzen geführt?
- Gilt der Sparkurs nur für Mitarbeiter?
- Werden Maßnahmen auch nach Eskalation in einer Vorstandssitzung weiter nur schleppend umgesetzt?
- Wird das Budget der IR nicht wie erwartet angehoben, sondern eingefroren, um anderen Zentralbereichen im Unternehmen als Vorbild zu dienen?

Auch hier ließe sich die Liste fortsetzen. Abhilfe sollte hier nicht weiter besprochen werden müssen, sieht sich die IR in Deutschland doch als Teil des Topmanagementteams eines Unternehmens. Sie sollte damit als Erste im Unternehmen die Entscheidungssituation, die ab und zu auch sie betrifft, nachvollziehen können. Und doch hilft auch hier in einigen Punkten das persönliche Gespräch mit einem der Vorstände oder natürlich mit dem Vorgesetzten, um die eigene Frustrationstoleranz wieder zu verbessern. Durch erhaltenes offenes Feed-back werden die gegenseitigen Rollenerwartungen wieder durch soziale Interaktion modifiziert, gefestigt und für zukünftige Handlungen der Zukunft vorbereitet.

7.5.2.2 Erwartungen der geprüften Bereiche an die IR

Um die „andere Seite" verstehen zu lernen, sollte man sich nur vor Augen führen, wie „beliebt" eine externe Qualitätssicherungsmaßnahme in der IR selbst aufgenommen wurde. Von mehr als 1.000 Revisionsabteilungen in Deutschland haben zurzeit weniger als 200 diesen Prüfungsprozess durchlaufen. So viel zum Thema Kritikfähigkeit in eigener Sache[235].

Kritik wie Lob, darüber sollten wir uns klar sein, setzt Berechtigung voraus[236]. Zwar ist eine gut aufgestellte IR stets „Eyes and ears of the CEO, but not his tongue!" So sachlich ein Verbesserungsvorschlag auch formuliert ist, weckt er doch möglicherweise Mindergefühle[237] beim „Getadelten" in Form von:

Darauf hätte ich doch selbst kommen können!

Wie stehe ich jetzt vor meinem Vorgesetzten und meinen Mitarbeitern da?

Welche personellen Konsequenzen drohen mir bald?

Deshalb sollten gegenseitige Erwartungen an die bevorstehende Prüfung in einem gemeinsamen *Einführungsgespräch* in großer Offenheit mit dem Management und den Mitarbeitern des geprüften Bereichs besprochen werden. Vorher seien nach Möglichkeit der Zeitpunkt und die voraussichtliche Länge der Prüfung abgestimmt gewesen. Prüfungsergebnisse sollten nicht sorgsam wie ein Schatz gehütet, sondern vor der Schlussbesprechung während der Prüfungstätigkeit vor Ort mit dem Fachbereich erörtert werden. Das gibt der geprüften Seite die Chance, schon Maßnahmen einzuleiten und bei Berichtsveröffentlichung gegenüber der vorgesetzten Seite Vollzug melden zu können. Die *Schlussbesprechung* sei rechtzeitig terminiert, damit auch alle Entscheidungsträger daran teilnehmen können.

---

235 Jedoch gibt die überwiegende Mehrheit der Revisionsleiter in der jüngsten Umfrage des DIIR in einer Eigeneinschätzung eine ausnehmend große und positive Akzeptanz beim Top-Management an, Kommentar „Honi soit qui mal y pense!" (Ein Schelm sei, wer sich Böses dabei denkt) Belastbare Aussagen zu dem Thema werden nach Auffassung der Autoren erst durch ein externes QA erzielbar sein.
236 Siehe R. Lay, Wie man sich Feinde schafft, S. 147/152f.
237 Siehe B. Kirchner, Die Wende im Ich, S. 41ff.

Durch diese Offenheit wird die *soziale Interaktion* gefördert, Rollenklischees durch persönliche Erfahrungen überlagert und ein konstruktiver Umgang trotz unterschiedlicher Aufgaben im Unternehmen begünstigt.

Eine Ent-Täuschung der IR gegenüber der geprüften Einheit kann hier natürlich nicht diskutiert werden, da es sie schon formallogisch nicht geben kann. Denn die IR wird ja genau deshalb beauftragt, um mögliche Unterschiede zwischen Gesagtem und Gehandeltem herauszufinden, ist also Akteur, und somit Entdecker der Täuschung, nicht Betroffener.

7.5.3 Erwartungsdiskrepanzen an die IR zwischen geprüftem Bereich und Unternehmensleitung

Auch in einer modern aufgestellten IR kann es Sonderaufträge des Topmanagements zu CO-Themen geben, z. B. Sachverhalte wegen vermutetem unethischem Verhalten im Unternehmen mit einer *Hidden Agenda*[238] anzugehen. Da ein derartiger Fall durch schnelles Handeln und Beweissicherung unter großer Informationsunsicherheit bestimmt wird, kann hier die „normale" Vorgehensweise mit Offenheit, Vertrauensaufbau und zeitgerechter Übermittlung der Prüfungsergebnisse kontraproduktiv wirken, d. h. dem in Verdacht geratenen Täter Möglichkeiten zur Verschleierung geben. Deshalb muss die IR hier im Unternehmensinteresse handeln und möglicherweise zwei Vorgehensweisen parallel laufen lassen. Dass dies einem Vertrauensaufbau zukünftig nicht förderlich sein wird, dessen muss man sich im Vorneherein bewusst sein. Noch fatalere Konsequenzen entstehen, falls sich die Verdachtsmomente nicht bestätigen sollten. Deshalb ist es auf jeden Fall überlegenswert, sich vielleicht hier der Hilfe Dritter[239] zu bedienen.

Auf der anderen Seite ist es auch denkbar, dass sich ein geprüfter Bereich entschließt, zur Klärung seiner Unstimmigkeiten und Erwartungsdiskrepanzen mit der Unternehmensleitung die IR mit einer Sachverhaltsklärung zu beauftragen. Auch dieser Auftrag sei vorher sorgfältig im Hinblick auf das Auftreten unterschiedlicher Interessenlagen abzuklären. Denn selbst wenn sich die Sachlage des Auftraggebers im Wesentlichen bestätigen sollte, ist eine Durchsetzung auf Unternehmensebene nicht Aufgabe der IR, sondern wiederum des Auftraggebers, jetzt fundiert mit dem Revisionsbericht. Trotzdem wird sich die IR in diesem Fall nicht „davonschleichen" können, da sie intensiv von ihrer vorgesetzten Stelle und/oder der vorgesetzten Stelle des Auftraggebers befragt werden wird, was Sinn und Intention des Revisionsberichts war. Durch eindeutige Faktenlage sollte dann das Thema im besten Fall unpolitisch

---

238 Hidden agenda meint, das wahre Prüfungsziel nicht zu nennen, sondern Informationen unter einem Vorwand zu sammeln, um nachher entscheiden zu können, ob Vorwürfe gegen eine oder mehrere Personen wegen dolosen Handelns zutreffend sind oder nicht. Mit einer offenen und transparenten Vorgehensweise lassen sich in Ermittlungsfällen keine Informationen gewinnen.
239 Die Big 4 (KPMG, PWC, Ernst&Young; Deloitte & Touche) haben alle forensische Abteilungen, die gerade bei internationalen Sachverhalten helfen können.

entschieden werden können, jedoch ist auch eine Entscheidung „ad acta[240]" möglich, wenn der IR doch nicht alle Begleitumstände der Problematik um Start des Projekts bewusst waren.

Eine schwierige Situation kann entstehen, wenn durch einen IR-internen Zielvereinbarungsprozess ein Erwartungsdruck nach „guten", d. h. zieladäquaten Prüfungsergebnissen beim Mitarbeiter in der IR entsteht. Es kann dann sein, dass durch diese Zielsteuerung nur die erwarteten Ergebnisse berichtet werden, andere Sachverhalte, obschon wichtig, aber nicht zielrelevant, nicht untersucht und somit auch nicht berichtet werden. Gleichzeitig können sich Ton und Stil zwischen IR und Geprüftem verändern, weil ja schon vorher in etwa feststeht, was aus der Prüfung als Ergebnis erwartet wird. Der Geprüfte kann die Erwartung erfüllen und „mitspielen" oder auf eine sachgerechte Behandlung hinweisen. Im ersten Fall ist es äußerst schwer für die IR-Vorgesetzten, das Spiel als Spiel zu durchschauen, insbesondere dann, wenn sie von den Ergebnissen selbst profitieren. Um diese Situation zu vermeiden, sollten die Ziele in der IR möglichst allgemein und verstärkt auf Verbesserung der Kennzahlen im Revisionsprozess hin abgefasst werden.

7.6 Revisionstools zur Unterstützung der Arbeit der IR

Keine moderne IR kann heute auf IT-Unterstützung bei ihrer Arbeit verzichten. Die bei Prüfungen in den Bereichen geforderte Systematik und Effizienz bei der Prozessgestaltung gilt natürlich auch für die IR. Es gibt bei den Tools wiederum zwei Ausprägungen. Eine Art von Tools beschäftigt sich mit der Prozessoptimierung innerhalb der IR. Zur Bewertung von Revisionssoftware mag der etwas ältere Artikel von R. Odenthal dienen:

http://www.roger-odenthal.de/Mitgliederbereich/downloads/SoftwareuntRevProz1.pdf

Die andere Art von Tools erleichtert und verbessert die Prüfungsmethodik der IR, insbesondere in der Datenanalyse. Bevor jedoch die gebräuchlichsten Tools im Einzelnen vorgestellt werden, soll zunächst ein Kriterienkatalog (=*Pflichtenheft*[241]) entwickelt werden, damit sichtbar wird, dass dem Anwender (Auftraggeber) und nicht dem Entwickler (Auftragnehmer) die prägende Rolle zukommt.

---

240 Hier sind jedoch keine Themen mit strfrechtlicher Relevanz gemeint; falls dies impliziter Gegenstand des Auftrags war, ist die Revisionsleitung zur Eskalation auf AR-Ebene gefordert, wenn es den CEO direkt betreffen könnte, bei anderen Vorständen ist es zunächst opportun, die Problematik mit dem eigenen Vorstand durchzusprechen, der dieses Thema von sich heraus dann häufig auf die AR-Ebene heben wird.

241 Aus Vereinfachungsgründen wird hier weiter von Pflichtenheft und nicht wie es richtigerweise heißen müsste von Lastenheft, das vom Anbieter in ein Pflichtenheft umgesetzt wird, gesprochen. Es ist jedoch sorgfältig seitens des Auftraggebers darauf zu achten, dass seine Punkte sich adäquat umgesetzt im Pflichtenheft wiederfinden.

7.6.1 Anforderungen an ein Revisionstool

Zunächst werden die Anforderungen an ein internes Revisionstool beschrieben, Dabei versuchen wir zunächst von den Möglichkeiten der IT zu abstrahieren und uns einfach die Frage nach den Nutzenpotenzialen eines Tools stellen.

- Wir möchten alle Revisionsberichte „auf Knopfdruck" zur Verfügung haben, jedoch, da es sich um vertrauliche Dokumente handelt, in einer geschützten Umgebung.
- Wir hätten gern eine Sortierung dieser Berichte nach Themengebieten, nach Organisationseinheiten, nach Gesellschaften, nach dem Ersteller, nach Geschäftsbereichen, nach Gewichtigkeit des Berichts sowie separate Zugriffe auf Maßnahmenkataloge sowie deren aktuellen Umsetzungsstand.
- Planerisch hätten wir gern den Zugriff auf die (hoffentlich) immer aktuelle Liste aller Organisationseinheiten des Unternehmens inkl. der Minderheitsbeteiligungen, soweit die Beteiligungsquote größer als 25 % ist und/oder das Unternehmen ein beherrschenden Einfluss auf die Minderheitsgesellschaft ausübt.
- Zur Bildung unseres Audit Universe benötigen wir auch eine aktuelle Projektliste aller wesentlichen Projekte, Zugriff auf die relevanten Vorstandsbeschlüsse und zu den Groß- Investitionsprojekten.
- Um dem Vorstand realistische Vorstellungen von unserer Leistungsfähigkeit geben zu können, benötigen wir Angaben zu Jahresprüfzeiten je Revisor, der Anzahl der ungeplanten, sog. Ad-Hoc-Aufträge und Angaben zum Kapazitäts-Bedarf für Follow-up-Prüfungen.
- Um unsere Projektzeiten bei der Prüfung zu verbessern, benötigen wir Zugriff auf die Zeiten der einzelnen *Revisionsobjektplanungen*, den Zeiten der tatsächlichen Prüfung vor Ort und der Berichterstellung.

Zusammenfassend soll das Revisionstool den kompletten Revisionsprozess von der Planung bis zum Follow-up abdecken, uns wesentliche Steuerungsinformationen in unserer Rolle als Revisionsleiter zur Verfügung stellen und dem Mitarbeiter möglichst viele Templates für eine formal einheitliche Vorgehensweise im Prüfungsgeschäft anbieten. Auch sollten uns die Daten für eine zeitlich und räumlich getrennte Zusammenarbeit jederzeit von jedem berechtigten PC/Laptop zur Verfügung stehen. Da wir zunehmend international arbeiten, sollten wesentliche Informationen in einer zweiten Sprache angeboten werden.

Die nachstehende Tabelle fasst die wesentlichen Anforderungen aus Benutzersicht zusammen. Eine weitgehende Konkretisierung in Form eines Pflichtenhefts regelt die Nutzeranforderungen an den IT-Dienstleister, so dass sich spätere Missverständnisse über die Leistungsfähigkeit der gelieferten software später reduzieren lassen:

Nr.	Begriff	Erläuterung	Bedeutung
1.	Workflow-Management	Komplette Prozessunterstützung von der Planung bis zum Follow-up	Sehr wichtig
2.	Navigation	Benutzerführung à la MS-Windows/-Office im Menü-Baum	Sehr wichtig
3.	Dokumentenmanagement/Drag and Drop	Selbst/fremd erstellte Dokumente in einer Menüfunktion zu einem Revisionsobjekt hinzufügen und verwalten können	Sehr wichtig
4.	Auswertungsroutinen**)	Monatliche, quartalsweise, jährliche Soll-Ist-Vergleiche auf frei definierbaren Revisionsobjektstatus	Sehr wichtig
5.	Integrität durch Relationale Datenbank**)	Aktueller Datenstand auch während des Betriebs	Wichtig–Sehr wichtig*)
6.	Rollenkonzept**)	Abgestuftes Zugriff-Berechtigungskonzept	Wichtig–Sehr wichtig *)
7.	Zeitmanagement**)	Detaillierte Prüfungsteamplanung mit Soll-Ist-Abgleich zu Kapazitäten	Wichtig–Sehr wichtig *)
8.	Skalierbarkeit	Erweiterbarkeit um zusätzliche Tochter- oder Länderrevisionen, um zusätzliche Sprache	Wichtig–Sehr wichtig *)
9.	Web-basiert-remote	Zugang zum System über den webbrowser möglich	Wichtig
10.	Wissensmanagement	Zugriff auf Checklisten, Templates, Unternehmensinformationen und sonstigen Informationen nach Begriffen, Organisationseinheiten, Prüffeldern	Wichtig
11.	Vernetzbarkeit (Import und Export zu anderen IT-Systemen)	Zugang zu Unternehmensdatenbanken (Organisation, Projektkontrolle, Vorstandsvorlagen und -protokolle) und zum web	Optional

*) zunehmende Wichtigkeit mit der Größe der IR
**) besondere Bedeutung aus Sicht der Personalvertretung

Abbildung 7-13: Anforderungskatalog an ein internes Revisionstool

7.6.2 Standardsoftware für den internen Revisionsprozess

Mit Audimex, REDIS. Auditmaster und Autoaudit existieren auf dem deutschen Markt für IR-Software verschiedene mächtige Softwarepakete, mit denen sich eine Vielzahl der oben beschriebenen Nutzeranforderungen umsetzen lassen.

Der Nutzen einer solchen Software lässt sich vielleicht an einem Praxis-Statement eines meiner früheren Mitarbeiter ableiten.

> „Ich habe mich bei Ihnen, Herr Kregel, ja früher häufig beklagt, dass unsere Revisionssoftware einen ziemlichen Dateneingabeaufwand erfordert und einige Auswertungen nur wirklich etwas bringen, wenn sich <u>alle</u> an die Vorgaben halten. Jetzt, nachdem ich in dem osteuropäischen Land die Leitung der Revision übernommen habe, bitte ich Sie dringend dafür zu sorgen, dass wir nach Klärung der datenschutzrechtlichen Belange und der Sicherheitsbelange zwischen einem EU-Mitglied und einem Nicht-EU-Mitglied, möglichst schnell die Software aus Deutschland nutzen können. Denn im Moment habe ich Probleme, mich über den Arbeitsstand meiner Projekte zeitnah zu informieren und die Umsetzung der für unsere Arbeit so wichtigen Standards voranzutreiben. Ich gebe zu, ich habe mich gewandelt, wenn Sie so wollen, aus Saulus wurde Paulus!

An dem Beispiel wird deutlich, dass selbst nach eingehender Analyse und Vorbereitung die Einführung mit einigen Widrigkeiten in der Umsetzung verbunden sein wird. Denn es müssen alte Auswertungsroutinen, an die man sich gewöhnt hatte (z. B. excel-sheets) aufgegeben werden, ohne dass einem die neuen Datenbankauswertungen gleich auf Anhieb gefallen. Ein vollständiger Nutzen lässt sich dann erst erzielen, wenn es gelungen ist, auch die letzten Zweifel an den Eingaberoutinen zu beseitigen, so dass die Datenbank täglich oder mindestens wöchentlich den aktuellen Bearbeitungsstand enthält. Auch fällt es schwer, an die Nützlichkeit einer vollständigen Prüfungs-Dokumentation von Kollegen zu glauben, wenn man meint, man selbst könne es ohnehin besser und Datenpflege als administrativen Ballast ansieht.

Jedoch werden die Vorteile eines schnellen Zugriffs auf Informationen immer deutlicher, je umfangreicher die gemachten Dokumentationen über die Jahre geworden sind. Auch eine Vereinheitlichung der Vorgehensweise lässt sich, obschon nur in der formalen Vorgehensweise, nach 1–2 Jahren Einführungszeit mit Sicherheit feststellen.

Ob die geplanten Effizienzvorteile die Kosten für die Software und den durchaus nicht zu unterschätzenden administrativen Aufwand rechtfertigen, kann nur im Einzelfall entschieden werden. Allein eine einheitliche, systematische Vorgehensweise ist ein Wert an sich, der sich an einer leichteren Zertifizierung der IR (Quality Assessment) ablesen lässt. Dass sich die Prüfungsqualität insgesamt verbessert hat, wird als weiterer Vorteil zu werten sein.

Großen Nutzen kann der Einsatz von Revisionssoftware in der Zusammenarbeit mit anderen Bereichen und innerhalb der IR leisten[242],

---

242 Wenn das Gesamtunternehmen Microsoft Sharepoint einsetzt, mag es eine wichtige Überlegung sein, Revisionsprodukte auf dieser Basis wie novaAudit (www.novaAudit.com) zu betrachten.

- sei es, dass in großen Revisionsbereichen das kurz nacheinander gleichzeitige Auftauchen von Teams in derselben Organisationseinheit durch eine vorausschauende Planung verhindert werden kann,
- sei es, dass Follow-up-Prozesse automatisiert werden,
- sei es, dass die Revisionssoftware mit dem Modul Verfolgung von Revisionsmaßnahmen mit automatisierten Projektfortschrittswiedervorlagelisten des operativen Bereichs vernetzt werden,
- sei es, dass nach Übernahmen anderer Revisionsbereiche schnell eine gemeinsame Plattform für die zukünftige gemeinsame Vorgehensweise gefunden wurde.

Dem Verfasser sei an dieser Stelle gestattet, sich der Stimme zu enthalten, welche der am Markt zurzeit angebotenen Revisionssoftware besser sei, da er mit der Vorgängerversion eines der angebotenen Produkte selbst beschäftigt war und sich nun freut, dass die heutigen Kollegen eine Wahl unter mehreren guten Produkten treffen können.

Inzwischen hat die Automatisierung auch die Kontrollfunktionen im Unternehmen erfasst. Ausgehend von SOX mit der Governancediskussion im Finanzbereich und den Bestrebungen a la COSO ERM zu einer Implementierung von Risikomanagementsystemen sind die Anforderungen an eine Funktionstrennung unter SAP hinzugekommen. Weiter kamen die Anforderungen an ein effektives Compliancemanagement hinzu. All diese Überlegungen verbunden mit der Forderung von einem umfassenden Tool haben zu GRC (Governance, Risk, Compliance)-Software-Entwicklungen geführt. Diese sollen mit ihren Diagnose-, Analyse und Reportingtools eine Lösung für alle Themenbereiche bieten. Firmen wie z. B. Nasdaq mit BWise und SAP mit SAP GRC 10. sowie Open Pages (IBM) und ARIS bieten hier vielfältige Unterstützung an[243].

Inwiefern die GRC-Thematik wiederum die Aufbauorganisation im Unternehmen der Organisation der 1., 2., 3. Line of Defense beeinflussen wird, wird abzuwarten sein.

Für den Prüfungsausschuss wird die Versuchung verlockend sein, alles aus einer Hand zu erhalten, ob nun Compliance, Risiko- oder Revisionsthemen betroffen sind.

Die IR ist wiederum gefordert, Farbe zu bekennen und im Unternehmen die Meinungsführerschaft zu übernehmen. Andernfalls könnte sie gezwungen sein, ihre Vorgehensweise Dritten, die nämlich operativ die GRC-Software bearbeiten und pflegen, offen zu legen und sich von diesem neuen operativen Bereich abhängig zu machen.

Ähnlich wie bei der Implementierung von *SAP* oder ähnlichen Standard-Produkten sollte man, nachdem sich für ein Produkt entschieden hat, darauf verzichten, zuviel zu customizen. Bei jedem *Release-Wechsel* entstehen sonst zusätzliche Kosten, wenn die *Customizing*-Änderungen nicht in das neue Standard-Produkt mit eingeflossen sind.

Der Nachteil bei *REDIS*, ursprünglich nur in *LotusNotes* konfiguriert worden zu sein, und damit nicht die gewohnte Windows-Umgebung optisch wiedergeben zu

---

243 Die Gartnergroup bewertet die Entwicklung in diesem Bereich regelmäßig.

können, ist ja inzwischen überholt, so dass auch MS-Anwender in ihrer Office-Umgebung damit arbeiten können.

Die offensichtlich moderne, voll web-basierte Anwendung Audimex, scheint bei vielen Nutzern gut anzukommen und ist etwas flexibler als *REDIS* angelegt. Das könnte für die Weiterentwicklung einen großen Kostenvorteil darstellen. *Audimex* ermöglicht eine Vielzahl von Individualeinstellungen, die z. T. unabhängig vom Revisionsstandardprozess gesetzt werden können. Hier sollte sich der Revisionsleiter oder ein von ihm beauftragter fachkundiger Mitarbeiter genau die Ausnahmesituation dieses speziellen Revisionsobjekts erklären lassen (z. B. Ad-Hoc), bevor von der Standard-Vorgehensweise abgewichen werden darf.

Auch für kleinere Revisionsabteilungen ist eine zusammen mit der DIIR-Arbeitskreis Mittelstand entwickelte Version für kleinere Revisionsabteilungen mit Namen *explAudit* zur Verfügung, die zwar weniger Vorteile in der Vernetzung hat, aber mit einem halbautomatischen implementierten Datenabgleich auch in kleineren Revisionsabteilungen dem Leiter den notwendigen Durchblick verschaffen sollte.

Zusammenfassend lässt sich feststellen, dem geneigten Anwender stehen heute mehrere Produkte zum Revisionseinsatz zur Verfügung stehen, so dass nicht so sehr das „ob" sondern das „Wann" bei hartnäckigen excel-Nutzern diskutiert werden sollte.

Erste Informationen zu den Systemen sind über folgende Internetadressen möglich:

Auditmaster	http://www.mst-technology.de/produkte/auditmaster/Default.aspx
audimex	http://www.stb-ag.com/index.php?id=2
autoaudit	http://www.paisley.com/website/pcweb.nsf/pages/CIRE-65KRUG
explAudit	http://www.stb-ag.com/index.php?id=102
novaAudit	www.novaAudit.com
QSR	http://www.ibo.de/software/revisionssoftware/338.html
REDIS	http://www.softguide.de/prog_o/po_0288.htm
TeamMate	http://tax.cchgroup.com/default.htm

7.6.3 Dateianalysetools

Die alte Zeit, in der die Revisionschefs den jungen Mitarbeitern zuriefen, „Schauen Sie in die Belege", scheint mit dem zunehmenden Einsatz von IT-Tools[244] zur Prüfungsunterstützung, sich langsam dem Ende zu zu bewegen. Heute fordert der SOX von dem AP, in einem sog. walkthrough *retrograd* von einer Bilanz- oder G+V-Position zu

---

244 Die Enquete 2011 kommt gegenüber 2008 zu dem etwas ernüchterten Ergebnis, dass die Bedeutung der IT-Tolls zukünftig nicht mehr so stark steigen wird. Ob dies an einer heute schon intensiven Nutzung dieser Tools liegt oder ob die Ergebnisse manchmal enttäuschend waren, bleibt leider unbeantwortet. S. 65 legt den Schluss nahe, dass die Tools einfacher werden müssen, denn CA, CM, Data Mining und Cloud Computing werden zukünftig stark in der Bedeutung wachsen.

den Quelldokumenten vorzuarbeiten. Kein Prüfer wird dies ohne IT-Kenntnisse heute bewältigen können.

Insofern stellt sich die Frage, wie kann ich mit Hilfe von IT-Tools Prüfungszeit einsparen, gleichzeitig größere Stichproben oder ungewöhnliche Konstellationen entdecken und dann zu einem fundierten Prüfungsurteil gelangen.

Klassische und weiter heute noch gebräuchliche Prüfungs-Fragen im Financial Auditing könnten z. B. folgende sein:

Bereich	Stichwort	Hypothese
Kreditoren	Doppelzahlungen	Welcher Lieferant erhält seine Rechnung zweimal bezahlt?
Kreditoren	Dolose Handlungen	Welcher Lieferant erhält einen Großauftrag, ohne in der Vergangenheit seine Kompetenz bewiesen zu haben?
Debitoren	Mahnverzicht	Welche Kunden brauchen ihre Rechnung nicht zu bezahlen?
Debitoren	= Umsatz	Welche Kunden haben nie Umsatz gemacht, aber der Vertrieb erhielt Akquisitionsprämien.
Löhne und Gehälter	Dolose Handlungen	An welche ausgeschiedenen Mitarbeiter wurde weiter Gehalt überwiesen?
Kasse	Kassendifferenzen	Gibt es Häufungen von Gutschriften, Stornos, Retouren bei bestimmten Kassen-Mitarbeitern?

Abbildung 7-14: Hypothesen im FA, geeignet für ein IT-Tool

Um nur eine dieser Fragen beantworten zu können, ist ohne Abfragetools oder Dateianalysetools ein sehr hoher Zeitaufwand nötig, wenn er denn überhaupt von Erfolg gekrönt sein dürfte. Man denke selbst in mittleren Unternehmen an Tausende von Lieferanten-, Kunden-, Gehaltsbelegen, die zu überprüfen wären. Mit Hilfe spezieller Abfragen (ABAP in einer SAP-Umgebung) oder Dateianalyseprogrammen (IDEA oder ACL) sind entsprechende Analysen mit geringem Zeitaufwand machbar.

Das einzige Grundsatzproblem, das sich stellen könnte, wäre, mit dem Rechenzentrum eine spezielle Laufzeit zu vereinbaren, wenn historische Daten, die sich nicht mehr im online-Zugriff des Systems befinden, aufgespielt werden müssten. Aber auch diese Hürde lässt sich bei gutem Willen aller Beteiligten in absehbarer Zeit lösen.

Natürlich setzt die Anwendung von ABAP`s[245], IDEA, ACL oder anderen selbst erstellten Analyseprogrammen (z. B. mit Hilfe von MS Access), die großen Daten-

---

245 Meist bestehen seitens der Fachseite eine Menge schon vorhandener ABAP`s, die z. T. ohne größere Modifikationen von der IR zu SAP-Datei-Analysen eingesetzt werden können. Die Erstellung eigener ABAP`s setzt im Unterschied zu IDEA und ACL tiefergehende Programmierkenntnisse voraus.

mengen verwalten können, eine entsprechende Schulung voraus. Der Aufwand hierfür ist in jedem Falle dann vertretbar, wenn die betroffenen Mitarbeiter regelmäßig in ihrer Arbeit mit Financial Auditing Fragestellungen befasst sind.

Darüber hinaus bieten die erwähnten Tools auch weiter Möglichkeiten, die vom AP geforderte Prophylaxe für dolose Handlungen, z. B. mit Hilfe einer Benford-Analyse[246], umzusetzen[247]. In der Benford-Analyse von Feldinhalten wird die geprüfte Datei mit einem auf Häufigkeiten der Zahlen 1-9 normierten Statistikprogramm verglichen und entsprechende Abweichungen zur weiteren Analyse ausgewiesen.

Die entsprechenden Links zu den Basis-websites der Tools sind nachfolgend verzeichnet:

ACL	http://www.acl.com/products/ax.aspx
IDEA	http://www.avendata.de/IDEA/IDEA_02.htm?gclid=CIDBvcDQi5gCFRQeZwodHW2sCw
ABAP	http://help.sap.com/saphelp_470/helpdata/de/d3/2e974d35c511d1829f0000e829fbfe/frameset.htm
Access	http://office.microsoft.com/de-de/access/FX100487571031.aspx

So mächtig diese IT-Tools auch sind, eines sollte nie verkannt werden. Letztendlich ist es der Prüfer mit seinen Ideen und Arbeitshypothesen, der die Instrumente justiert und die gewonnenen Daten zu Ende analysiert. Insofern ist es zu wünschen, dass die Handhabung dieser IT-Tools immer benutzerfreundlicher wird, damit ihr Verbreitungsgrad ständig steigen möge.

7.7 Kern-Prozesse der IR

Systematik, Transparenz und Standardisierung sind Forderungen, die die IR üblicherweise an die Verantwortlichen für Unternehmensprozesse stellt. Diese Forderungen gelten jedoch auch für die Prozesse in der Revision, Das klingt plausibel und entspricht einer inneren Logik, ist jedoch nicht selbstverständlich für alle IR-Abteilungen. Gerade Leiter kleinerer und mittlerer Revisionen mit 2-12 Mitarbeitern vermuten manchmal, das Thema Revisionsprozesse ausklammern zu können, um so Verwaltungsaufwand zu sparen.

Dies mag ebenfalls einleuchtend klingen, ist jedoch zu kurz gedacht. Spätestens, wenn der Abschlussprüfer nach Arbeitspapieren zum vorgelegten Revisionsbericht fragt, oder ein neuer Mitarbeiter sich in die Thematik eines Prüfungsgebiets einarbeiten möchte und nur handschriftliche, unchronologische Arbeitspapiere zur Einsicht erhält, wird klar, dass den

---

246 Siehe die Erweiterungstools von Roger Odenthal und eine Vielzahl von Analyseideen und Zusatztools für ACL und IDEA in: http://www.roger-odenthal.de/Mitgliederbereich/werkzeuge_acl.html.
247 Im Band: Compliance werden u. a. die Themen Red Flags, benford-Analysen, Quantitative Analysetechniken detailliiert behandelt werden.

o. g. Werten Systematik, Transparenz und Standardisierung auch eine praktische Bedeutung in kleineren IR-Abteilungen zukommt.

Diese Forderung *hat sich auch das DIIR mit der Formulierung des Revisionsstandards Nr.3*[248] angeschlossen, der in seiner Konkretisierung der 80 Fragen in Anlehnung an die IIA Standards einen umfassenden Fragenkatalog auch zu den Revisionsprozessen enthält.

Welche Vorteile ergeben sich für den Revisionsleiter, die Revisionsprozesse systematisch, transparent und standardisiert zu gestalten? *Das Wort systematisch enthält den* Begriff System und damit verbunden folgende Bestimmungsgrößen
- Ziel und Aufgaben
- Verfahrens- und Entscheidungsregeln,
- Parameter und Einflussfaktoren und
- Ergebnis bzw. Produkt.

Mit dem Begriff Transparenz wird die Forderung nach Nachvollziehbarkeit durch fachkundige Dritte verbunden. Transparenz schafft ein definiertes Anforderungsprofil in den Revisionsprozessen, das die Basis für eine Mindestqualität legt. Gleichzeitig schafft Transparenz für alle Revisionsmitarbeiter die Möglichkeit, ihre Arbeit und Leistung einordnen zu können.

Transparenz ist gleichzeitig auch die Vorraussetzung für eine Standardisierung, nämlich ein gleichmäßiges Qualitätsniveau, das weitgehend von den Betreibern des Revisionsprozesses unabhängig ist. Transparenz und Standardisierung in den Revisionsprozessen hilft auch neuen Revisionsmitarbeitern, sich schnell einarbeiten zu können und Fehler zu vermeiden.

Wie Revisionsprozesse anhand dieser drei Kriterien beschrieben werden können, wird im Folgenden gezeigt. Es geht um die Kernprozesse der IR, die risikoorientierte Planung, die Revisions-Objektplanung, die Prüfungsarbeiten vor Ort und die Berichterstattung mit Follow-up.

Im nachfolgenden Diagramm sind die Revisionsprozesse einem generischen Prozessmodell[249] für ein Unternehmen dargestellt. Man erkennt die vier Prozessarten.

---

248 DIIR 2012, 80 Fragen zum Qualitätsmanagement.
249 Das generische Prozessmodell wurde in Anlehnung an das bei der Deutschen Telekom im Jahr 1996 von Mc. Kinsey entwickelte Prozessmodell von Autoren weiterentwickelt und auf die IR bezogen.

Generisches Prozessmodell IR
Revisionsprozesse

1. Managementprozess 1:	Strategie + Planung
2. Managementprozess 2:	Operatives Führen
3. Managementprozess 3:	Externes + Internes Berichtswesen
3. Marketingmix 1:	Revisions-Leistungskatalog
4. Marketingmix 2:	Kosten- und Leistungsverrechnung
5. Marketingmix 3:	Kommunikation mit intranet Auftritt
6. Marketingmix 4/ Kernprozess 1:	Risikoorientierte Jahresrevisionsplanung mit Roadshow
7. Kernprozess 2:	Revisionsobjektplanung
8. Kernprozess 3:	Prüfungsarbeiten vor Ort
9. Kernprozess 4:	Berichterstattung mit Follow-up
10. Supportprozess 1:	Sourcing: IT-Tools -
11. Supportprozess 2:	Personalmanagement

22.01.2009   © JKU GmbH, Köln, 2006   138

Abbildung 7-15: Revisionsprozesse

Im ersten Block sind die *Managementprozesse* zu sehen, gegliedert in Strategie und Planung, Operatives Führen und Externes und Internes Berichtswesen. Die ersten beiden der drei Führungs-Prozesse sind mit ihren Implikationen auf Organisation und Führungsmodell im Unternehmen im vorherigen Kapitel behandelt worden. Das Thema Berichtswesen ist in der IR gleichzeitig verbunden mit dem Kernprozess Berichterstattung und wird deshalb dort behandelt.

> Die Berichterstattung der IR ist wiederum auf Unternehmensebene Teil des internen Berichtswesens und im ebenfalls schon beschriebenen COSO-Modell Teil des Prozesses 8: Monitoring.

Der zweite Block mit den Marketing-Mix-Prozessen spielt in der IR eine untergeordnete Rolle, da sie im Unternehmen quasi eine Monopolstellung einnimmt und ihre Aufträge vom Vorstand erhält, also eigentlich keine Auftrags-Aquisition betreiben muss. Trotzdem überzeugt die IR mit ihrer täglichen Arbeit im Unternehmen und wirkt so nach „außen". Das kann indirekt gemessen werden an der Anzahl der Ad-Hoc-Aufträge, bei Zuständigkeit für Ermittlungsfragen, an der Zahl anonymer Hinweise und bei „Letzter Hilfe (Third Level Support)" bei Kundenproblemen an der Anzahl von Anfragen aus dem Vertrieb, der allein in einer tiefgestaffelten Organisation nicht mehr die Probleme seiner Kunden lösen kann.[250]

---

[250] Tatsächlich ergibt sich durch den Aufbau einer Hotline bei Prozessproblemen für die IR eine Reihe von Prüfungsideen, wie Prozesse im Unternehmen verbessert werden können.

Wie trotzdem das Top-Management aktiv in die Planung der IR eingebunden werden kann, wird im Kernprozess Risikoorientierte Planung, Kapitel 8, gezeigt.

Das Leistungsangebot einer IR sollte zwar kontinuierlich weiterentwickelt werden, um mit der Unternehmensentwicklung Schritt halten zu können. Jedoch ändert es sich grundsätzlich meist nur in kleinen evolutionären Schritten. Selbst der radikale Schritt eines Unternehmens, sich zu internationalisieren, hat zunächst auf die IR oberflächlich[251] nur den Effekt, dass Fremdsprachenkenntnisse gefordert sind. Das Leistungsangebot muss sich hiermit nicht notwendigerweise ändern.

Wie schon im Strategieabschnitt 7.2 gezeigt wurde, kann es jedoch erheblichen organisatorischen Änderungs- und Anpassungsbedarf in der IR hervorrufen. Der betrifft sowohl die Aufbauorganisation, als auch die Führungsstrukturen bis hin zu einer internationalen Spezialisierung im Sinne von Kompetenz-Centern für spezifische Revisionen.

Wie die vorhandenen Kommunikationsmedien zur Projektunterstützung eingesetzt werden konnten, wurde ebenfalls im Strategiekapitel gezeigt. Ob hierdurch jedoch mehr Aufträge generiert werden können, mag bezweifelt werden. Prüfungs- und Beratungsgeschäft bleiben letztendlich ein Geschäft im engen persönlichen Kontakt.

Für eine intern arbeitende Revision ist das Thema Kosten- und Leistungsverrechnung schnell abzuhandeln. Man sollte im Budget bleiben und steigende Anforderungen nach Prüfungen durch Prozessverbesserungen aufzufangen versuchen. Wenn das nicht gänzlich möglich sein sollte, durch stärkere Priorisierung und Fokussierung der Planung Effektivitätsverbesserungen zu erreichen, sollte erst im letzten Schritt eine Budgeterhöhung beantragt werden.

Ganz anders sieht dies bei extern am Markt tätigenden Gesellschaften aus, die anderen Unternehmen Revisionsleistung verkaufen. Hier spielen Leistungspalette und Darstellung derselben im Internet, das eigene weltweite Netzwerk zur Unterstützung weltweiter tätiger Kunden, eine Datenbasis von best practices, Branchenkenntnisse und das Pricing der eigenen Leistung eine wesentlich höhere Rolle. Da auch bei diesen Unternehmen die Leistungen schließlich im persönlichen Gespräch „verkauft" werden, kann man davon für die IR ableiten, einen engen Kontakt zum Top Management im Unternehmen zu halten.

Die für ein Unternehmen wichtigen Supportprozesse Sourcing mit IT, Immobilien, Betriebsmittel und sonstigen Leistungen und Vorleistungen sind mit Ausnahme der IT für die IR von untergeordneter Bedeutung.

Der IT-Prozess wurde ebenfalls etwas ausführlicher im Strategieabschnitt des Kapitels Organisation behandelt.

Das Personalmanagement ist wiederum ein sehr wichtiger Prozess, dem ein eigener Abschnitt im Strategiekapitel gewidmet wurde.

Wie diese Prozesse in einem Unternehmen geprüft werden können, wird in den nächsten Bänden dieser Revisionsbuchreihe detailliert beschrieben werden.

---

251 Beim näheren Hinschauen wird dann jedoch deutlich, dass sich auch interkulturelle Differenzen auftun und die Rechtssysteme sehr unterschiedlich sein können.

7.8 Kernthesen

Wir haben an einigen Beispielen gesehen, wie sich ein Revisor im Spannungsfeld zwischen geprüftem Bereich, Topmanagement und eigenen Erwartungen positionieren kann.

Da sein einziges Recht das der Information ist, sollte er hierbei Einschränkungen dieses Rechts nicht hinnehmen, obwohl die Situation für den Überbringer der Botschaft nicht immer einfach sein mag.

Auf der anderen Seite ist er für das operative Tun nicht verantwortlich, d. h., was aus den Ergebnissen seiner Arbeit für Schlussfolgerungen gezogen werden, ist die Entscheidung der Berichtsempfänger im Topmanagement. In Deutschland ist mit der Vorstandsebene damit die höchste Eskalationsebene erreicht. Es wurde verdeutlicht, dass in den USA und auch vermehrt in einigen DAX-Unternehmen Audit Committees eingerichtet sind, an die die IR dann in letzter Instanz Themen adressieren kann.

Durch das BilMoG und die Anpassung des § 107 AktG, in dem ausdrücklich ein Prüfungsausschuss mit den Aufgaben Beurteilung Risikomanagement-System, Internal Control System und Internes Revisionssystem genannt wurde, ist das Thema „Serving two Masters" nun auch endgültig in Deutschland angekommen, das mit dem SOX in den USA und der 8. EU-Richtlinie in Europa seinen Anfang nahm.

Wie in der IR eine Strategie entwickelt und umgesetzt werden kann, wurde anhand der Grundsatzkonzepte Governance, Risk Management und Internal Control, die vollständig im COSO ERM, aufgehen theoretisch belegt und es wurde hieraus eine systematische Ableitung der Aufgaben in der IR formuliert. Diese wiederum lassen sich gliedern in FA, CO, OA und MA. Praktisch wurde die Strategieimplementierung an einem Beispiel gezeigt, das für die konkrete Umsetzung das 7S-Modell von McKinsey verwendet.

In einem weiteren Abschnitt wurden einige wesentliche Aspekte der Mitarbeiterführung anhand des dialogorientierten Modells des MOP behandelt. Was im einzelnen Zielvereinbarungsgespräch, Briefing- und Debriefing-Gespräch, Beurteilungs- und Entwicklungsgespräch für die Führung bedeuten und wie ihr Zusammenspiel funktioniert, wurde gezeigt. Die Aspekte Karriereplanung, die Stichworte Gastrevisor und Job Rotation mit einem Fachbereich wurden berührt, um konkrete Möglichkeiten aufzuzeigen, wie und in welche Richtung es nach einer erfolgreichen Revisionstätigkeit weitergehen kann.

Das Anforderungsprofil des Revisionsleiters als Mitglied des Top Management Teams eines Unternehmens wurde anhand des 4-fach-Clusters Analytik-Kreativität-Sozialkompetenz –„Sekundärtugenden" beschrieben, Die vielfältigen Erwartungen an einen Revisionsleiter und seine Gestaltungsmöglichkeiten bei Erwartungsdiskrepanzen wurden eingehend erläutert.

Weiter wurden die Anforderungen an ein IT-Tool aus Nutzersicht sowohl für die interne Prüfungsprozessunterstützung als auch für das eigentliche Prüfungshandwerk skizziert und einige Produkte in diesem Umfeld dargestellt. Besondere Bedeutung könnte in Zukunft der GRC-Software erwachsen, die viele Aspekte der Corporate Governance zusammenfassen hilft.

Anhand eines generischen Prozessmodells, das versucht wurde, auf die IR zu übertragen, können auch die IR-Prozesse unterschieden werden in Managementprozesse, Marketingprozesse, Kernprozesse und Supportprozesse. Eine nur im eigenen Unternehmen tätige IR wird ihren Schwerpunkt in den Managementprozessen und den Kernprozessen haben. Am Markt tätige Unternehmen, die Revisionsleistungen anbieten, kommen ohne die zusätzlichen Marketingprozesse und auch die Supportprozesse Immobilien und Sachmittel nicht aus. Die Verknüpfung der Revisionsprozesse mit den Unternehmensprozessen spiegelt sich am Managementprozess internes Berichtswesen wider, von dem die IR einen Teil, nämlich das prozessunabhängige Monitoring als Feedback für das Top- Management, übernimmt.

Kapitelanhang 7

IIA-Standards

1000 Aufgabenstellung, Befugnisse und Verantwortung
Aufgabenstellung, Befugnisse und Verantwortung der Internen Revision müssen formell in einer Geschäftsordnung der Internen Revision bestimmt sein, der die Definition der Internen Revision, der Ethikkodex und die *Standards* zu Grunde liegen. Der Leiter der Internen Revision muss die Geschäftsordnung regelmäßig überprüfen und der Geschäftsleitung bzw. dem Überwachungsorgan zur Genehmigung vorlegen.

Erläuterung:
Die Geschäftsordnung der Internen Revision ist ein förmliches Dokument[253], das den Zweck, die Befugnisse und die Verantwortung der Revisionsfunktion beschreibt. Die Geschäftsordnung der Internen Revision bestimmt die Stellung der Internen Revision in der Organisation, gestattet den Zugriff auf Aufzeichnungen, Personal und Vermögensgegenstände soweit dies zur Auftragsdurchführung erforderlich ist, und bestimmt den Umfang der Revisionstätigkeit. Die Verantwortung für die Genehmigung der Geschäftsordnung der Internen Revision liegt bei Geschäftsleitung und Überwachungsorgan.
1000.A1 – Die Art der zu erbringenden Prüfungsleistungen muss in der Geschäftsordnung der Internen Revision festgelegt werden. Wenn Prüfungsleistungen für Dritte erbracht werden, müssen diese ebenfalls in der Geschäftsordnung der Internen Revision definiert werden.

1000.C1 – Die Art der zu erbringenden Beratungsleistungen muss in der Geschäftsordnung der Internen Revision festgelegt werden.

Berücksichtigen der Definition der Internen Revision, des Ethikkodex und der Standards in der Geschäftsordnung der Internen Revision

Die Verbindlichkeit der Definition der Internen Revision, des Ethikkodex und der Standards muss in der Geschäftsordnung der Internen Revision berücksichtigt sein. Der Leiter der Internen Revision soll die Definition der Internen Revision, den Ethikkodex sowie die *Standards* mit Geschäftsleitung und Überwachungsorgan besprechen.

1100 Unabhängigkeit und Objektivität
Die Interne Revision muss unabhängig sein, und die Internen Revisoren müssen bei der Durchführung ihrer Aufgaben objektiv vorgehen.

---

253 Die Formalisierung der Geschäftordnung in einem Dokument wurde in Deutschland schon in der Anlage zum DIIR Standard 3 Qualitätsmanagement gefordert und ist nun auch international durchgesetzt.

Erläuterung
Unabhängigkeit bedeutet, dass keine Umstände vorliegen, die die Fähigkeit der Internen Revision oder des Leiters der Internen Revision beeinträchtigen, ihre Aufgaben für die Interne Revision unbeeinflusst wahrzunehmen. Um einen für die wirksame Ausführung der Revisionsaufgaben hinreichenden Grad der Unabhängigkeit zu erzielen, hat der Leiter der Internen Revision direkten und unbeschränkten Zugang zu Geschäftsleitung und Überwachungsorgan. Dies kann durch parallele Berichtswege erreicht werden. Bedrohungen der Unabhängigkeit sind auf Prüfer-, Prüfungs-, Funktions- und Organisationsebene zu steuern.

Objektivität bezeichnet eine unbeeinflusste Geisteshaltung, die es Internen Revisoren erlaubt, ihre Aufgaben dergestalt auszuführen, dass sie ihre Arbeitsergebnisse und deren Qualität vorbehaltlos vertreten können. Objektivität erfordert, dass sich Interne Revisoren ihre Beurteilung prüferischer Sachverhalte nicht anderen Einflüssen unterordnen. Bedrohungen der Objektivität sind auf Prüfer-, Prüfungs-, Funktions- und Organisationsebene zu steuern.

1110 Organisatorische Unabhängigkeit
Der Leiter der Internen Revision muss der Ebene innerhalb der Organisation unterstehen, die sicherstellen kann, dass die Interne Revision ihre Aufgaben sachgerecht erfüllen kann. Der Leiter der Internen Revision muss Geschäftsleitung und Überwachungsorgan mindestens jährlich die organisatorische Unabhängigkeit bestätigen.

NEU! Erläuterung
Organisatorische Unabhängigkeit ist sichergestellt, wenn der Leiter der Internen Revision funktional an die Geschäftsleitung und/oder ein Überwachungsorgan berichtet. Beispiele für funktionale Unterstellung sind folgende Aktivitäten von Geschäftsleitung oder Überwachungsorgan:
- Genehmigung der Geschäftsordnung der Internen Revision
- Genehmigung der risikoorientierten Prüfungsplanung
- Genehmigung des Budgets und Ressourcenplanes für die Interne Revision
- Annahme von Berichten des Leiters der Internen Revision über die Aufgabenerfüllung der Internen Revision in Bezug auf ihren Plan und andere Aspekte
- Genehmigung von Entscheidungen bezüglich der Bestellung oder Entlassung des Leiters der Internen Revision
- Genehmigung der Vergütung des Leiters der Internen Revision sowie
- Sachgerechte Abklärungen bei Management und dem Leiter der Internen Revision, dass keine unverhältnismäßigen Einschränkungen von Prüfungsumfang oder Mittelausstattung vorliegen.

1110.A1 – Die Interne Revision darf bei der Festlegung des Umfangs der Internen Prüfung, der Auftragsdurchführung und bei der Berichterstattung nicht behindert werden.

1111 Direkte Zusammenarbeit mit Geschäftsleitung und Überwachungsorgan
Der Leiter der Internen Revision muss direkt mit Geschäftsleitung und Überwachungsorgan kommunizieren und zusammenarbeiten.

1120 Persönliche Objektivität
Interne Revisoren müssen unparteiisch und unvoreingenommen sein und jeden Interessenkonflikt vermeiden.

Erläuterung
Interessenkonflikte sind Situationen, in denen ein Interner Revisor in einer Vertrauensstellung ein konkurrierendes berufliches oder privates Interesse hat. Solche konkurrierenden Interessen können es schwierig machen, Verpflichtungen uneingeschränkt nachzukommen. Ein Interessenkonflikt besteht bereits, ohne dass tatsächlich unethische oder nicht sachgerechte Aktivitäten erfolgen. Ein Interessenkonflikt kann das Vertrauen in den Internen Revisor, die Revisionsfunktion und den Berufsstand schädigen. Ein Interessenkonflikt kann die Fähigkeit eines Prüfers einschränken, seinen Verpflichtungen unvoreingenommen nachzukommen.

1130 Beeinträchtigungen von Unabhängigkeit und Objektivität
Ist die Unabhängigkeit oder Objektivität tatsächlich oder dem Anschein nach beeinträchtigt, so sind den zuständigen Stellen die entsprechenden Einzelheiten offenzulegen. Die Art der Offenlegung hängt von der jeweiligen Beeinträchtigung ab.

Erläuterung
Beeinträchtigung der organisatorischen Unabhängigkeit und der individuellen Objektivität kann unter anderem persönliche Interessenkonflikte, Beschränkungen des Prüfungsumfangs, eingeschränkten Zugang zu Informationen, Personal, Vermögensgegenständen sowie Ressourcenbeschränkungen wie etwa beschränkte Finanzmittel umfassen. Die richtigen Adressaten, denen Details bezüglich einer Einschränkung von Unabhängigkeit und Objektivität kommuniziert werden müssen, hängen von den in der Geschäftsordnung der Internen Revision niedergelegten Erwartungen der Geschäftsleitung und des Überwachungsorgans an die Interne Revision, den Verantwortlichkeiten des Leiters der Internen Revision sowie von der Art der Beeinträchtigung ab.

1130.A1 – Interne Revisoren müssen von der Beurteilung von Geschäftsprozessen absehen, für die sie zuvor verantwortlich waren. Die Objektivität kann als beeinträchtigt angenommen werden, wenn ein Revisor Prüfungen eines Tätigkeitsbereichs durchführt, für den er im Verlauf des vorangegangenen Jahres verantwortlich war.

1130.A2 – Prüfungen von Organisationseinheiten, für die der Leiter der Revision die Verantwortung trägt, müssen von einer Stelle außerhalb der Internen Revision überwacht werden.

1130.C1 – Interne Revisoren können Beratungsleistungen für Geschäftsprozesse erbringen, für die sie früher Verantwortung getragen haben.

1130.C2 – Wenn Interne Revisoren in Verbindung mit einer Beratungsleistung eine mögliche Beeinträchtigung der Unabhängigkeit oder Objektivität sehen, muss dies dem Kunden vor der Annahme des Auftrags offengelegt werden.

1200 Fachkompetenz und berufliche Sorgfaltspflicht
Die Aufträge müssen mit Fachkompetenz und der erforderlicher beruflicher Sorgfalt durchgeführt werden.

1210 Fachkompetenz
Interne Revisoren müssen über das Wissen, die Fähigkeiten und sonstige Qualifikationen verfügen, die erforderlich sind, um ihrer Verantwortung gerecht zu werden. Die Interne Revision muss insgesamt das Wissen, die Fähigkeiten und sonstige Qualifikationen besitzen oder sich beschaffen, die erforderlich sind, um ihre Aufgaben wahrzunehmen.

Erläuterung
Wissen, Fähigkeiten und sonstige Qualifikationen sind eine zusammenfassende Einheit, die sich auf die Fachkompetenz bezieht, die Interne Revisoren benötigen, um den beruflichen Anforderungen wirksam zu genügen. Internen Revisoren wird empfohlen, ihre Fachkompetenz durch Erlangen von beruflichen Kenntnis- und Befähigungsnachweisen zu belegen, wie beispielsweise durch das „Certified Internal Auditor"-Examen und weitere vom IIA oder anderen einschlägigen Fachverbänden angebotene Zertifizierungen.

1210.A1 – Der Leiter der Revision muss kompetenten Rat und Unterstützung einholen, falls es seinen Mitarbeitern an Wissen, Fähigkeiten oder sonstigen Qualifikationen mangelt, die zur teilweisen oder vollständigen Erfüllung des Prüfungsauftrags erforderlich sind.

1210.A2 – Interne Revisoren müssen über ausreichendes Wissen verfügen, um Risiken für dolose Handlungen und die Art, wie diese Risiken in der Organisation gehandhabt werden, zu beurteilen. Es werden jedoch nicht in gleichem Umfang Sachkenntnis und Erfahrung erwartet wie bei Experten für die Aufdeckung und Untersuchung doloser Handlungen.

1210.A3 – Interne Revisoren müssen Kenntnisse der grundlegenden Risiken und Kontrollen von Informationstechnologien (IT) sowie der verfügbaren technologiegestützten Prüfungstechniken besitzen, um ihre Aufgaben erfüllen zu können. Allerdings wird nicht von allen Internen Revisoren erwartet, dass sie dieselben Kenntnisse besitzen wie spezialisierte IT-Revisoren.

1210.C1 – Der Leiter der Revision muss den Beratungsauftrag ablehnen oder kompetenten Rat und Unterstützung einholen, wenn die Mitarbeiter der Internen Revision nicht über das Wissen, die Fähigkeiten oder sonstige Qualifikationen verfügen, die zur teilweisen oder vollständigen Erfüllung des Auftrags erforderlich sind.

1220 Berufliche Sorgfaltspflicht
Interne Revisoren müssen jenes Maß an Sorgfalt und Sachkenntnis anwenden, das üblicherweise von einem umsichtigen und kompetenten Internen Revisor erwartet werden kann. Berufliche Sorgfaltspflicht ist nicht gleichbedeutend mit Unfehlbarkeit.

1220.A1 – Interne Revisoren müssen ihre berufliche Sorgfaltspflicht wahrnehmen, indem sie folgende Punkte beachten:
– Den zur Erreichung der Prüfungsziele erforderlichen Arbeitsumfang.
– Die relative Komplexität, Wesentlichkeit oder Bedeutung der Sachverhalte, die Gegenstand von Prüfverfahren sind.
– Die Angemessenheit und Effektivität von Risikomanagement-, Kontroll- sowie Führungs- und Überwachungsprozessen.
– Die Wahrscheinlichkeit des Vorliegens bedeutender Fehler, Unregelmäßigkeiten oder der Nichteinhaltung von Vorschriften.
– Die Kosten der Prüfungstätigkeit im Verhältnis zum möglichen Nutzen.

1220.A2 – Im Rahmen ihrer beruflichen Sorgfaltspflicht müssen Interne Revisoren **NEU!** den Einsatz technologiegestützter und anderer Datenanalysemethoden berücksichtigen.

1220.A3 – Interne Revisoren müssen sich der wesentlichen Risiken bewusst sein, die sich auf geschäftliche Ziele, Geschäftsprozesse oder Ressourcen auswirken können. Jedoch können die Prüfverfahren der Internen Revision allein, auch wenn sie mit der erforderlichen Sorgfalt durchgeführt werden, nicht sicherstellen, dass alle wesentlichen Risiken erkannt werden.

1220.C1 – Interne Revisoren müssen ihre berufliche Sorgfaltspflicht wahrnehmen, indem sie bei einem Beratungsauftrag folgende Punkte beachten:
– Die Bedürfnisse und Erwartungen der Kunden, die die Art der Beratung, die Zeitvorgaben und die Berichterstattung über die Ergebnisse einschließen.
– Die relative Komplexität und den Umfang der Tätigkeiten zur Erreichung der Ziele des Beratungsauftrags.
– Die Kosten des Beratungsauftrags im Verhältnis zum erwarteten Nutzen.

1230 – Regelmäßige fachliche Weiterbildung
Interne Revisoren müssen ihr Wissen, ihre Fähigkeiten und ihre sonstigen Qualifikationen durch regelmäßige fachliche Weiterbildung erweitern.

2030 Ressourcenmanagement
Der Leiter der Revision muss sicherstellen, dass die Ressourcen der Internen Revision angemessen und ausreichend sind und wirksam eingesetzt werden, um die genehmigte Planung erfüllen zu können.

Erläuterung
Angemessen bezieht sich auf die Gesamtheit von Wissen, Fähigkeiten und sonstigen Qualifikationen, die zur Erfüllung des Plans erforderlich sind. Ausreichend bezieht sich auf den Umfang der Ressourcen, die zur Erfüllung des Plans erforderlich sind. Ressourcen sind wirksam zugeordnet, wenn sie so verwendet werden, dass der genehmigte Plan bestmöglich umgesetzt wird.

2040 Richtlinien und Verfahren
Der Leiter der Revision muss Richtlinien und Verfahren für die Führung der Internen Revision festlegen.

Erläuterung
Form und Inhalt von Richtlinien und Verfahren sind von der Größe und Struktur einer Internen Revision sowie von der Komplexität ihrer Aufgaben abhängig.

2100 Art der Arbeiten
Die Interne Revision muss durch die Anwendung eines systematischen und zielgerichteten Vorgehens Führungs-, Überwachungs-, Risikomanagement und Kontrollprozesse bewerten und zu deren Verbesserung beitragen.

2110 Führung und Überwachung[254]
Die Interne Revision muss Führungs- und Überwachungsprozesse bewerten und Verbesserungsvorschläge machen, damit durch diese Prozesse folgende Ziele erreicht werden können:
– Fördern ethisch angemessener Normen und Werte in der Organisation,
– Sicherstellen der Steuerung von Leistungsmessung und Leistungssteuerung sowie klarer Verantwortlichkeiten in der Organisation,
– Kommunikation von Risiko- und Kontrollinformationen an die in der Organisation zuständigen Funktionen und
– Koordination der Aktivitäten und Kommunikation von Geschäftsleitung, Überwachungsorgan, internen und externen Prüfern sowie operativem Management.

2110.A1 – Die Interne Revision muss Gestaltung, Umsetzung und Wirksamkeit der ethikbezogenen Ziele, Programme und Aktivitäten der Organisation beurteilen.

2110.A2 – Die Interne Revision muss beurteilen, ob die IT-Führung und -Überwachung der Organisation die Strategien und Ziele der Organisation unterstützt und fördert.

2110.C1 – Die Ziele eines Beratungsauftrags müssen mit den Wert- und Zielvorstellungen der Organisation übereinstimmen.

---

254 In den neuen Standards ist die Reihenfolge von Führung und Überwachung, Risikomanagement und Kontrollen zugunsten von Führung und Überwachung geändert worden.

2120.A2 – Die Interne Revision muss die Möglichkeit des Auftretens doloser Handlungen und die Vorgehensweise der Organisation bei der Steuerung des Risikos doloser Handlungen beurteilen.

2120.C1 – Im Verlauf von Beratungsaufträgen müssen Interne Revisoren Risiken vor dem Hintergrund der Ziele des Beratungsauftrags berücksichtigen und aufmerksam bezüglich anderer wesentlicher Risiken sein.

2120.C2 – Interne Revisoren müssen Erkenntnisse über im Rahmen von Beratungsaufträgen entdeckte Risiken in ihre Beurteilung der Risikomanagementprozesse der Organisation einfließen lassen.

2120.C3 – Im Rahmen der Unterstützung der Führungskräfte beim Aufbau oder der **NEU!** Verbesserung von Risikomanagementprozessen müssen Interne Revisoren von der Übernahme jeglicher Führungsverantwortung durch operative Risikomanagementaktivitäten Abstand nehmen.

2130 Kontrollen
Die Interne Revision muss die Organisation bei der Aufrechterhaltung wirksamer Kontrollen unterstützen, indem sie deren Effektivität und Effizienz bewertet sowie kontinuierliche Verbesserungen fördert.

2130. A1[255] – Die Interne Revision muss die Angemessenheit und Wirksamkeit der Kontrollen, die Risiken von Führung und Überwachung, der Geschäftsprozesse und Informationssysteme der Organisation beurteilen in Bezug auf:
- Erreichung der strategischen Ziele der Organisation **NEU!**
- Zuverlässigkeit und Integrität von Daten des Rechungswesens und von operativen Informationen
- Effektivität und Effizienz von Geschäftsprozessen
- Sicherung des Betriebsvermögens und
- Einhaltung von Gesetzen, Verordnungen und Verträgen

2130.C1 – Interne Revisoren müssen die im Rahmen von Beratungsaufträgen er- **NEU!** langten Kenntnisse über Kontrollen in die Beurteilung der Kontrollprozesse der Organisation einfließen lassen (Alt 2130.C2).

---

255 Der Bezug zu COSO ERM, dass die Kontrollen eines Unternehmens Ausfluss der Risikobewertung sind, ist in den neuen Standards weggefallen. Neu hinzugekommen ist die Forderung nach einer Strategieüberprüfung im Zusammenhang mit dem Begriff Internal Control (Interne Steuerung). Die Standards 2130 A2 und 2130A3 sind konsequenterweise dann weggefallen.

DIIR-Standards

Grundlagen

I. Organisation, Einordnung im Unternehmen und Tätigkeitsfelder

1. Es ist eine offizielle und schriftliche, angemessene Regelung (Geschäftsordnung, Revisionsrichtlinie o. ä.) vorhanden (Mindeststandard 1)[257].
2. Diese Regelung ist von der Unternehmensleitung verabschiedet und im Unternehmen bekannt gemacht. Sie wird regelmäßig auf Aktualität und Angemessenheit überprüft.
3. Wesentliche Aufgaben der Internen Revision sind die Prüfung der Angemessenheit und Effektivität der Internen Kontrollsysteme, der Wirksamkeit eines Risikomanagementsystems sowie die Beurteilung der Wirksamkeit der Maßnahmen zur Verhinderung und Aufdeckung doloser Handlungen.
4. Die Tätigkeitsfelder umfassen alle Aktivitäten des Unternehmens/der Organisation und ggf. an Dritte ausgelagerte Aktivitäten (uneingeschränktes Prüfungsrecht).
5. Neutralität, Unabhängigkeit von anderen Funktionen sowie uneingeschränkter Informationsrecht sind sichergestellt (Mindeststandard 2).
6. Die Mitarbeiter der Internen Revision nehmen keine Verantwortlichkeit im operativen Betrieb wahr und prüfen keine Aktivitäten, bei denen sie befangen sind.
7. Die Interne Revision ist in den Verteiler wesentlicher Unternehmensinformationen aufgenommen.
8. Die Revision verfügt über ein Revisionshandbuch mit folgenden wesentlichen Inhalten: Regelungen und/oder Methoden zur Prüfungsplanung, Prüfungsvorbereitung, -durchführung, -nachbereitung, Berichterstattung, Dokumentation und Archivierung von Prüfungsergebnissen, Methoden.
9. Die Inhalte des Revisionshandbuchs sind den Mitarbeitern der Internen Revision bekanntund wird regelmäßig auf Aktualität und Angemessenheit überprüft (Alt 10).
   Die Einhaltung wird laufend überwacht.

II. Budget (In wesentlichen Teilen NEU!)

10. Die Interne Revision verfügt über eine angemessene quantitative und qualitative Personalausstattung (Mindeststandard 3[258]).
11. Das Personalkostenbudget entspricht den Aufgabenstellungen und Anforderungen an die Interne Revision und ist geeignet, qualitatives Personal zu gewinnen und zu halten.

---

[257] Dieser Punkt geht über den Standard 2040 des IIA hinaus, nach diesem Standard müssen kleinere Revisionsabteilungen kein formelles Revisionshandbuch haben.
[258] Das in einem Unternehmen häufig kritische Thema des Revisionsbudgets wird hier ganz klar als Mindeststandard (K.o.-Kriterium bei einem QA) formuliert und der Bedeutung angemessen auf 5 Unterpunkte von ehemals 2 erweitert.

12. Die IT-Ausstattung[259] für die administrativen Prozesse (z. B. Prüfungsplanung, Revisionssteuerung) ist sinnvoll und angemessen.
13. Die IT-Ausstattung für die operativen Prozesse (z. B. Analysesoftwareware, Berichterstattung und Follow-up Prozess) ist sinnvoll und angemessen.
14. Das sonstige Sachkostengudget (z. B. Reisekosten, Aus- und Weiterbildung, externe Ressourcen)) entspricht den Aufgabenstellungen und Anforderungen an die Interne Revision.

IX. Mitarbeiterqualifikation

61. In der Internen Revision existiert ein der Revisionsgröße angemessener Personalplanungsprozess, der auch Determinanten wie durchschnittliche Fluktuation, Ruhestand, Ausbildungsniveau und Fremdsprachenqualifikationen o. ä. berücksichtigt.
62. Für die Mitarbeiter der Internen Revision sind Stellen- bzw. Aufgabenbeschreibungen definiert.
63. Die Auswahl der Mitarbeiter erfolgt auf Basis der Stellen- oder Aufgabenbeschreibungen.
64. Die Mitarbeiterstruktur der Internen Revision hinsichtlich ihrer Berufserfahrung und Qualifikation gewährleistet die Aufgabenerfüllung.
65. Ist die für die Erfüllung des Prüfungsauftrags/Beratungsauftrags notwendige Berufserfahrung und Qualifikation nicht vorhanden, so zieht die Interne Revision auf sachkundige Dritte hinzu.

X. Mitarbeiter-Entwicklung/-Fortbildung

66. Die fachliche und revisionsbezogene Weiterbildung der Mitarbeiter ist durch regelmäßige interne und externe Maßnahmen sichergestellt.
67. Die Weiterentwicklung der sozialen Kompetenz und der Führungsqualifikation ist durch gezielte interne und externe Maßnahmen sichergestellt..
68. Die Erlangung revisionbezogener Qualifikationen (z. B. Interner Revisor^{DIIR}, CIA, CISA, CFE) wird gefördert.
69. Mit jedem Mitarbeiter werden regelmäßige Beurteilungsgespräche/Zielvereinbarungen durchgeführt, in welche Einflussfaktoren wie u. a. Prüfungsaufgaben, Stärken-Schwächen-Analyse, Potenzialeinschätzung, Entwicklungszielsetzungen des Mitarbeiters und Fortbildungsmaßnahmen einfließen.
70. Die Mitarbeiter der Internen Revision tragen auch Sorge dafür, dass sie ihre Kenntnisse und Qualifikationen weiterentwickeln.

---

259 Leider wird in Punkt 12 und 13 die IT für eigene Zwecke (für die internen Revisionsprozesse) mit der IT für Prüfungszwecke (für die Prozesse der Organisation) vermischt.

XI. Führung der Internen Revision

71. Der Leiter der Internen Revision ist entsprechend den Anforderungen der Position qualifiziert.
72. Die Akzeptanz der Internen Revision bei der Geschäftsleitung ist hoch.
73. Der Leiter der Internen Revision hat Qualitätsstandards erarbeitet, die im Revisionshandbuch dokumentiert sind und anhand derer Qualitätskontrollen durchgeführt werden.
74. Der Leiter der Internen Revision muss ein Programm zur Qualitätssicherung und -verbesserung, das alle Aufgabengebiete der Internen Revision umfasst, entwickeln und pflegen[260].
75. Periodisch wird über die Tätigkeit der Internen Revision, über aktuelle Entwicklungen und wesentliche Risiken an die Geschäftsleitung und den Prüfungsausschuss[261] (oder vergleichbare Organe) berichtet.
76. Der Leiter der Internen Revision trägt u. a. durch prozessintegrierte Maßnahmen des Qualitätsmanagements Sorge für die Umsetzung der im Handbuch festgelegten Grundsätze.
77. Gesetze, Veröffentlichungen mit gesetzesähnlichem Charakter sowie die nationalen und internationalen Standards für die berufliche Praxis der Internen Revision des DIIR und des IIA[262] werden beachtet.
78. Abweichungen von den Standards werden angemessen kommuniziert.
79. Der Revisionsleiter stellt einen regelmäßigen Informationsaustausch mit externen Dritten, wie z. B. dem Abschlussprüfer des Unternehmens, sicher.
80. Der Leiter der Internen Revision stellt einen regelmäßigen Informationsaustausch mit internen Bereichen und Funktionen, wie z. B. Compliance, Risikomanagement, Sicherheit und Datenschutz, sicher[263].

A: Best Practices GAIN (IIA)

1. Organisation und Strategie

1. Die Aufbauorganisation der IR ist an der des Unternehmens gespiegelt.

---

[260] Hiermit ist auch die Interne Revision in der Welt des Knowledge, Quality Management (KQM) KQM; TQM und ISO 9001: 2008 folgende angekommen. Ein externes QA dürfte bei Umsetzung des Punktes 74 nur noch Wiederholungscharakter bereits bekannter Sachverhalte besitzen und keine Grundsatzentscheidung mehr erfordern.

[261] Auch hier geht der Fragenkatlog offensiv mit dem § 107, Absatz 3, Satz 2 AKTG um und formuliert aus der Aufgabe des Prüfungsausschusses zur Beurteilung des Internen Revisionssystems eine Bringschuld seitens der IR. Es wird abzuwarten sein, was in einem Unternehmen geschieht, dass nach der üblichen dualen Aufgabenverteilung zwischen Vorstand und Aufsichtsrat vorgeht, wenn der Vorgesetzte des Leiters der Internes Revision diese Bringschuld der IR negiert.

[262] Auch hier zeigt sich ein neues Selbstbewusstsein des DIIR, das jetzt an erster Stelle genannt wird, obwohl seine Standards nach Einschätzung des IIA nur den Charakter von IPPF (praktische Ratschläge) besitzen

[263] Auch hier der lobenswerte Versuch als Lernerfahrung aus der Vergangenheit mit Offensivkraft die Meinungsführerschaft in der Organisation bei der Corporate Governance wieder zu erobern, übrigens gedeckt als Third Line of Defense, die sich bei der Second Line regelmäßig umschauen sollte.

2. Die Unternehmensziele sind mit dem Jahresrevisionsprogramm und der Leistungsmessung der IR verbunden.
3. Innerhalb der risikoorientierten Planung beachtet die IR alle Themen besonders, die zu Reputationsschäden des Unternehmens führen könnten. Insofern nimmt die IR auch Prüfungen im Bereich der Nachhaltigkeit seines Unternehmens vor.

2. Schulung

1. Die IR führt Schulungen für das operative Management in Internal Control und Risikomanagement durch.
2. Eine Schulungsunterlage Interne Revision ist für interne Clients verfügbar.
3. Mitglieder des Managements werden in Self Audit Ansätzen vertraut gemacht.
4. Mitglieder des Audit Committee erhalten vertiefte Informationen zur Internen Revision und ihren Rahmenkonzepten Corporate Governance, Risikomanagement und Internal Control (Second und First Line of Defense).
5. Im Unternehmen werden bei Mitarbeiterbefragungen und Managerbefragungen auch Fragebögen zur Einschätzung der Corporate Governance verteilt.

3. Aufgabenfelder

1. Die IR nimmt an unternehmensweiten Task Forces und Gremien teil.
2. Die IR beteiligt sich an unternehmensweiten IT-Projekten in Lenkungsausschüssen.
3. Im Unternehmen ist eine Hotline für ethische Fragen etabliert.
4. Die IR prüft die Unternehmenskultur.

4. IT

1. In der Prüfungsarbeit werden systematisch Dateianalysetools wie ACL, IDEA oder andere (ABAP, SQL-Abfragen bei z. B. BigData Analysen in CRM-Systemen) regelmäßig verwandt.
2. Alle Prozesse der IR werden durch den Einsatz von Revisionssoftware unterstützt.

5. Budget

1. Die Leistungen aller IR-Abteilungen werden gemessen.
2. Nationale (Enquete) und international vorhandene Vergleichsmaßstäbe (GAIN) wie Anzahl der Mitarbeiter pro Tausend Beschäftigte, pro Mio. € Umsatz, Kosten, Bilanzsumme werden zur Bestimmung der IR-Mitarbeiteranzahl mit hinzu gezogen.

6. Kennzahlen der Mitarbeiterqualifikation

1. Die Anzahl Jahre Revisionserfahrung und der Anteil der Revisionsmitarbeiter mit Berufsexamina werden als Zielgrößen der Personalqualifikation berücksichtigt.
2. Die Mitarbeiterzufriedenheit wird gemessen, ebenso wird die Fluktuationsrate in der IR und Anteil der Mitarbeiter, die intern gewechselt sind, festgehalten und es werden zu diesen Kriterien Zielgrößen zur Steuerung festgelegt.

3. Es werden Zielgrößen für die Schulungstage für jeden Mitarbeiter festgehalten und nachgehalten.

7. Mitarbeiter-Entwicklung/-Fortbildung

1. Das Knowhow in der IR wird durch den Einsatz von operativen Experten (z. B. Gastrevisor) in den Revisionsteams verstärkt.
2. Es existiert eine systematisiertere Job Rotation mit der anderen Bereichen, Mitarbeiter aus der Linie nehmen als Revisor auf Zeit teil, Mitarbeiter der Internen Revision arbeiten auf Zeit im anderen Bereich.

8. Führung der Internen Revision

1. In der IR ist ein Bonussystem etabliert.
2. Prüfungsteams organisieren sich selbstständig.
3. Der Leiter der Internen Revision ist Teil des Top Management des Unternehmens und nimmt an Weiterbildungsangeboten des Unternehmens wie andere Top Manager teil.

B: Best Practices National

1. Organisation und Strategie

1. Zusätzlich zum Financial Auditing und der Aufgabe Prüfung der Compliance hat die Revision die Aufgabe von Operational und Management Auditing inne. Die Beurteilung des Risikomanagementsystems ist nur Grundlage, tatsächlich setzt sich die Interne Revision inhaltlich mit den substanzgefährdenden Risiken ihres Unternehmens auseinander. Sie unterbreitet dem Prüfungsausschuss Vorschläge über Limitierungs- und Qualifizierungsmöglichkeiten des Risikoappetits in einem Unternehmen.
3. Die Interne Revision ist gefragter Berater bei allen Groß-IT-Projekten und allen Sonderaufgaben, soweit Ihre Unabhängigkeit nicht gefährdet ist.
4. Die IR ist im Verteiler der Vorstandprotokolle involviert. Der Kontakt zum Strategie- Planungs- und Controllingbereich ist gut und intensiv.
5. Die Interne Revision prüft wesentliche Entscheidungsvorschläge des Unternehmens auf Vereinbarkeit mit dem kommunizierten Risikoprofil und mit der strategischen Ausrichtung des Unternehmens.

2. Budget

1. Das Revisionsbudget entspricht dem internationalen benchmark der Branche oder Unternehmen vergleichbarer Größe (GAIN – IIA, Enquete des IIR) oder ist besser.
2. Die Verteilung der Arbeitszeiten bei Prüfungen auf Vorbereitung, Durchführung und Veröffentlichung entsprechen der Branche (GAIN) oder sind besser.

3. Die Verteilung der Revisionskapazität, insbesondere auf IT und operational auditing entspricht der Branche oder ist besser.
4. Es ist genügend Kapazität vorhanden, um die substanzgefährdende Risiken abzudecken, aber auch in einem regelmäßigenTurnus kleinere Einheiten zu überprüfen, die normalerweise durchs Risiko-Prioritätsraster fallen würden.

3. Mitarbeiterqualifikation und Mitarbeiterentwicklung/-Fortbildung

1. Das Knowhow der IR spiegelt die Anforderungen an Mitarbeiters des Unternehmens insgesamt wider (Mischung aus jungen/erfahrenen, kaufmännisch/technisch/IT interessierten, Muttersprachlern/Fremdsprachlern, Experten/Spezialisten).
2. Als Mitarbeiter werden die eingestellt, die das Potenzial für den nächsten Karriereschritt besitzen.
3. Die Mitarbeiterauswahl ist generell geregelt. Ausgangspunkt ist das Idealpotenzial der gesamten Abteilung, das von den zukünftigen Anforderungen des Unternehmens abgeleitet wird.
4. Die Mitarbeiterentwicklung ist sowohl individuell als auch generell geregelt. Ausgangspunkt ist das Idealpotenzial der gesamten Abteilung, das von den zukünftigen Anforderungen des Unternehmens abgeleitet wird.

4. Führung der Internen Revision

1. Der Revisionsleiter ist Ratgeber der Vorstände und Mitgliedern des Audit Committees/Prüfungsausschuss in allen Sonderfragen.
2. Der Revisionsleiter kennt aus eigenem Erleben die Top-down und die Bottom-up-Welt des Unternehmens.
3. Die Revision ist für alle Mitarbeiter (inkl. Geschäftsführung) in Zweifelsfragen die Orientierung in allen kritischen Ethikfragen.
4. Die Bereichskultur der IR ist vorbildlich.

8 Risikoorientierte Revisionsplanung

Selten wird ein Begriff so sehr strapaziert wie die risikoorientierte Revisionsplanung.
Keiner, der als Revisionsleiter en vogue sein möchte, kann auf ihn verzichten. Dem Abschlussprüfer dient er als Indiz für eine professionelle Vorgehensweise der IR. Dem Vorstand gegenüber kann man anhand eines systematischen Ansatzes geltend machen, dass bestimmte Themen aus IR-Sicht deutlich höhere Prioritäten haben als andere, dass man also fokussiert arbeite.
Tatsächlich geht es aber im Inhalt der risikoorientierten Revisionsplanung schlicht darum, dort zu prüfen, wo man Risiken oder Verbesserungspotenziale für die Unternehmenszielerreichung vermutet, und in Bereichen, bei der nach aller Wahrscheinlichkeit nur eine Bestätigung einer guten Vorgehensweise zu erwarten ist, eben nicht.
Dieses Wort „nicht" führt jedoch schon zu einigen Problemen. Der Anspruch der IR ist es, dass es keine *revisionsfreien Räume* geben darf. Aus Risikogesichtspunkten entstehen diese jedoch, wenn ein Modul innerhalb von 3–5 Jahren nicht geprüft wird. Im Bereich der Bankenrevision existieren sog. Pflichtprüfungen, die unabhängig von einem risikoorientierten Ansatz turnusmäßig zu prüfen sind[264].
Offensichtlich haben wir mit den Begriffen *risikoorientierter Ansatz* und *keine revisionsfreien Räume* zwei Pole identifiziert, die bei der Planung eines Jahresrevisionsprogramms berücksichtigt werden sollten.

8.1 Das Audit Universe

Bevor die risikoorientierte Planung begonnen werden kann, sollte zunächst eine Bestandsaufnahme im Unternehmen stattfinden, um einen Überblick zu erhalten, in welchem *internen Unternehmensumfeld* man sich bewegt.
In die Bestandaufnahme gehören die Komponenten eines Unternehmens, für die das Unternehmen spezielle Verantwortungsbereiche gebildet hat. Das sind im Einzelnen:

---

264 BaFin: innerhalb von 3 Jahren alle Betriebs- und Geschäftsabläufe. Diese Vorschrift ist in der MaRisk 2009 und auch in der aktuell gültigen von 2012 etwas abgemildert worden, nach der nicht risikorelevante Themen auch länger ungeprüft bleiben können. Hingegen wird der risikoorientierte Prüfungsansatz nochmals betont.

Nr.	Differenzierungsform	Besonderheiten
1.	Unternehmensfunktionen	Stabs-, Linienfunktionen
2.	Unternehmensprozesse	Management-, Marketing-, Kern-, Supportprozesse; IT-Unterstützung der Prozesse
3.	Geschäftseinheiten	Profit-, Service-, Costcenter
4.	Gesellschaften	Beteiligungsquote; Unternehmerischer Einfluss; Ausland; Regionalgesellschaften, Holdings
5.	Projekte	IT-, Bau-, M&A-Projekte

Abbildung 8-1: Die Komponenten des Audit Universe

Alle angesprochenen Verantwortungsbereiche bilden Komponenten des Audit Universe und sollten in einem noch festzulegenden Rhythmus von der IR geprüft werden. Im Weiteren werden diese Komponenten einzeln betrachtet.

8.1.1 Funktionsprüfungen

Klassische Prüfungsbereiche im *Funktionsfokus* sind das Rechnungswesen mit Debitoren, Kreditoren, Vorräten und Anlagenbuchhaltung sowie das Finanzwesen mit der Treasury und möglicherweise einem eigenen Finanzhandelsbereich. Genügen im Rechnungswesen die in einer IR vorhandenen wirtschaftswissenschaftlichen Kenntnisse, so ist das für Finanzthemen nicht immer selbstverständlich. Schwierig wird es dann bei den Funktionen Controlling, Investor Relations und Mergers und Acquisitions.

Wie die IR (Third Line of Defense) ist auch das Controlling (Second Line of Defense) Teil des Internen Überwachungssystems eines Unternehmens, so dass Prüfungsansätze dieser Funktion eher selten sein werden. Hingegen können beide Bereiche partnerschaftlich zusammenarbeitend vieles Nützliche im Unternehmen bewegen.

Hinweise der IR an das Controlling zur Budgetierung einzelner Bereiche können hilfreich sein, wenn die IR zusammen mit dem operativen Bereich Ergebnisverbesserungspotenziale entwickelt hat.

Umgekehrt können Hinweise des Controllings auf zu hinterfragende Sachverhalte, die besondere Risiken begründen können, an die IR ebenso hilfreich sein, diese Themen in das Jahresrevisionsprogramm mit aufzunehmen.

Weiter kann ein IT-Audit für das Controlling nützlich sein, wenn es in diesem Audit um die Quelldaten für seine Analysen und Berichterstattung geht.

Die Berührungspunkte zwischen Investor Relations und IR waren früher sehr rar gesät. Durch die zusätzlichen Anforderungen der SEC an die externe Berichterstattung für in den USA gelistete ausländische Kapitalgesellschaften[265] ergeben sich über

---
265 Siehe SOX (Sarbanes Oxley Act).

das Disclosure Committee neue Beziehungen zwischen beiden Bereichen. Z. B. kann die IR die Ordnungsmäßigkeit der Abläufe bei der Finanzberichterstattung und bei Ad-Hoc-Meldungen prüfen.

Mergers und Akquisitions sind bis zu einer verbindlichen Entscheidung meist Projekte auf Vorstandslevel mit einem hochkarätig besetzten Projektteam als Vorbereiter. Dies hat zur Folge, dass zumeist die IR selbst bei einer wirtschaftlichen und kulturellen Due Diligence außen vor bleibt, obwohl sie aufgrund ihrer intimen Unternehmenskenntnis hier wertvolle Dienste leisten könnte. Hingegen sind Post-Merger-Integration-Audits heute Teil eines normalen Prüfprogramms.

Wie gezeigt wurde, ist selbst in dem mit der IR sehr verwandten Gebiet der Finanzen eine vollständige Prüfungsabdeckung aller Funktionen nicht selbstverständlich, nicht immer naheliegend und auf keinen Fall routinemäßig machbar.

Ähnlich intensive Vorüberlegungen zum Prüfungsziel und Prüfungsinhalt sind notwendig, wenn es um Prüfungen in den Funktionsbereichen Marketing und Werbung, Forschung und Entwicklung, Public Relations, Human Resources, Unternehmensplanung und Strategieentwicklung, Organisation, Weiterbildung, Top Management Personal, der Rechtsabteilung/Compliancefunktion, des Risikomanagements[266], der Unternehmenssicherheit und des Datenschutzes geht. Diese Funktionen sind meist Stabsbereiche wie die IR und arbeiten mit sehr spezifischen Aufgaben dem Vorstand direkt zu.

Da diese Funktionsbereiche mit den Kernthemen der Zukunft des Unternehmens betraut sind, ist eine Prüfung dieser Bereiche durch sachkundige Dritte, falls das Wissen für eine entsprechende Prüfung fehlt, aus Geheimhaltungsgründen schwierig. Um keinen revisionsfreien Raum entstehen zu lassen und auf der anderen Seite negatives Feedback wegen angeblich fehlendem Funktionsverständnis zu vermeiden, hilft nur der Königsweg, das Knowhow in der IR selbst aufzubauen.

Prüfungen des Einkaufs, der IT, der Produktion und des Vertriebs sind hingegen häufig Standardgeschäft der IR. In diesen Funktionen liegen die Kernkompetenzen und -ressourcen des Unternehmens. Für eine Interne Revision sind Prüfungen in diesen Funktionen damit das Haupt-„geschäft", für das auch entsprechendes Wissen aufgebaut wird bzw. vorhanden sein muss.

8.1.2 Prozessprüfungen

Eine ganz neue Qualität besitzen heute mit Recht die *Prozessprüfungen*.[267] Im Gegensatz zu reinen Funktionsprüfungen kann in Prozessprüfungen ein komplexer Sachverhalt meist substantiell und tiefgründig analysiert werden. Da jedoch Prozesse eine horizontale Ausrichtung besitzen, die Aufbauorganisation hingegen vertikal in ihren Verantwortlichkeiten gegliedert ist, ist es für die IR meist schwierig, Verantwortliche

---

266 Bei der Prüfung des Risikomanagement ist der DIIR-Standard Nr. 2 eine gute Hilfe.
267 Die neueste Befragung des IIA zum Audit Universe unterstreicht, dass die Unternehmensprozesse (horizontal) bei vielen IR als erster Ansatz bei der Gestaltung des Audit Universe herangezogen werden, jedoch die Jahresplanung auf Funktionen und Geschäftseinheiten aufsetzt (vertikal).

für die Abstellung der Prozessmängel zu identifizieren. Kaum ein Unternehmen hat bisher Prozessverantwortliche für die wesentlichen Unternehmensprozesse benannt, manchmal gibt es Funktions-/Prozess-Matrizen.

Da viele Prozesse mit IT-Anwendungen hinterlegt sind, ist es für die IR organisatorisch nicht immer einfach, Zuständigkeiten für Prozessprüfungen festzulegen. Damit nicht nur IT-Belange diskutiert werden, empfiehlt es sich hier, in gemischten Teams vorzugehen, d. h. z. B. eine CRM (Customer Relationship Management)-Prüfung mit einem Vertriebs- und einem Datenbank-Spezialisten zusammen abwickeln zu lassen.

Während Prüfungen in den *Kern- und Supportprozessen* eines Unternehmens auf dem Wege sind, zu einem ähnlichen Standard wie Prozessprüfungen zu werden, sind Prüfungen der *Management- und Marketingprozesse* hier seltener anzutreffen.

Eine Begründung wird wie oben bei der Diskussion der „Nicht"-Prüfung der Stabsfunktionsbereiche gerne vorgebracht, dass das entsprechende Wissen fehlen würde.

Diese Begründung mag für Teilprozesse des *Marketings* gelten, ist aber bei den Managementprozessen nicht stichhaltig. Eine IR, die ihre eigene Aufgabe aus den drei Managementbereichen Governance, Risk Management und Internal Control herleitet und selbst Teil des Managementprozesses *Monitoring* und auch Teil des Prozesses *Internes Berichtswesen* ist, sollte hier selbstbewusst auftreten. Die Managementprozesse *Strategie und Planung, operatives Führen und Externes und Internes Berichtswesen* dürfen kein revisionsfreier Raum bleiben. Sie gehören mit auf die Landkarte eines modernen *Audit Universe*.

Im Gegenteil kann eine IR mit Hilfe aktualisierter Follow-up im Rahmen eines Jahresrevisionsberichts dadurch einen wichtigen Input für die *Strategie*überlegungen der Unternehmensführung liefern, dass sie ein formalisiertes Feedback gibt, wie die in früheren Strategiesitzungen formulierten Ziele im Unternehmen durch Entwicklung neuer Produkte und Services, Erschließung neuer Märkte in neuen Regionen umgesetzt wurden und welche „lessons learnt" zukünftig zu beachten sein könnten.

Auch für die *Planung und Budgetierung* kann eine IR Beiträge leisten, in dem sie dem Controlling Hinweise gibt, in welchen Verantwortungsbereichen z. B. hohe Kosteneinsparungen aus IR-Berichten projektmäßig hinterlegt sind und in welchen nicht, wo also die Planung noch Risiken aufweist.

Prüfungen im Personalbereich, wenn es nicht um Lohn- und Gehalt- oder Reisekostenprüfungen, sondern um *Führungsthemen* einer Unternehmung geht, sind nicht einfach. Es ist aber auf der anderen Seite wiederum nicht vertretbar, in diesem Bereich revisionsfreie Räume aufkommen zu lassen. Beispielsweise können Fragen einer systematischen Nachfolgeregelung im Managementbereich, fehlendes Internationales Knowhow, Fragen zu Krankheitsquoten, zur Fluktuation, zu steigenden Vakanzen und auch zu exzessiver Mehrarbeit durchaus Hochrisikofelder für ein Unternehmen sein und lassen sich durch Revisionsprüfungen transparent machen und einer Lösung zuführen.

In manchen Unternehmen nimmt das Thema Nachhaltigkeit eine wachsende bedeutung ein. Ein Teil der Nachhaltigkeitsprüfung, nämlich die einer „guten", weil auf Nachhaltigkeit bedachten Unternehmenskultur, kann durch eine spezielle Prüfung im Personalbereich, ausgehend von Krankheitsquoten, Fluktuationsquoten und Vakanzen und schlechten Mitarbeiterzufriedenheitswerten, unternommen werden.

Dass die IR auch im Bereich *externes Berichtswesen* einen Beitrag leisten kann, ist bei der Funktionsprüfung Investor Relations beschrieben worden. Auch leisten einige IR jedes Jahr ihren Beitrag durch die Teilnahme an Inventuren und helfen bei Bilanzprüfungen der Abschlussprüfer[268]. Das interne Berichtswesen ist unabhängig von dem Unternehmens-Controlling ein wichtiges Steuerungsinstrument des Managements. Es informiert über Zielabweichungen, ungeplante Vorfälle, Projektfortschritte, Ausschöpfungen von Budgets u. v. a. m. Es sollte auf Effektivität und Effizienz immer mit untersucht werden, wenn Revisionsprüfungen anstehen.

8.1.3 Prüfung von Geschäftseinheiten

Üblicherweise werden die Profit-Center eines Unternehmens im Rahmen von Marketing und Vertriebsprüfungen von der IR in einem jährlichen bis maximal fünfjährigen Rhythmus mehr oder weniger regelmäßig untersucht. Strategische Kenntnisse und Marketingwissen sind in nicht unerheblichem Maße z. B. bei Fragestellungen zu der Kunden- und Marktentwicklung, zu den Akquisitions- und Werbekosten, zur Internationalisierung und Wettbewerbsanalyse vonnöten.

Naturwissenschaftliche Kenntnisse sind unverzichtbar für eine IR in den wesentlichen Cost Center-Prüfungen, nämlich der Produktion, der Forschung und Entwicklung und den Bau- und anderen Investitionsbereichen. Wie in der IT merken Fachleute schon im ersten Gespräch, ob Fachtermini verstanden und in ihrer Implikation auf Problemsituationen dieser Bereiche richtig zugeordnet werden können.

Wer die Themen Luftaufschlag und Fettgehalt bei der Eiskrem-Produktion, Multiplexen und dirty last mile in der Netzplanung eines Telekommunikationsunternehmens, Materialmix und Trageeigenschaften im Textilhandel, Black-Scholes-Modell für Optionen, Mark-to-model-Pricing, CDO (Collaterilized Debt Obligations) CDS (Credit Default Swaps) im Bankengeschäft nicht zuordnen kann, wird durch seine Prüfungstätigkeit in den Kernprozessen des Unternehmens keinen Mehrwert durch Revisionsprüfungen erbringen können, da er offensichtlich die Nomenklatura nicht beherrscht.

Die Anforderungen an die IR steigen insbesondere dann, wenn allein „Nur"-Wirtschaftswissenschaftler diese Prüfung durchführen. Denn wenn etwas nach einer Prüfung in diesen Prüfungsgebieten schief gehen sollte, wird die Unternehmenslei-

---

[268] Der DIIR-Standard Nr. 1, der die Zusammenarbeit zwischen Interner Revision und Abschlussprüfer zum Gegenstand hat, wird zurzeit überarbeitet. Die Abstimmung mit dem IdW hängt von einer Modifizierung des ISA 610 (PS 321) ab. Generell wird durch den PCAOB Nr. 5, Ziffer 16–19 die Verbesserung der Zusammenarbeit zwischen den Bereichen eingefordert, um Doppelarbeiten soweit wie möglich zu vermeiden. Entscheidend hierfür sind die Einschätzungen der Abschlussprüfer zur Kompetenz und Unabhängigkeit der Arbeit der Internen Revision in diesen Arbeitsfeldern.

tung mit der Aussage nicht zu überzeugen sein, dass die Kompetenzenliste eingehalten wurde und die Unterschriften stimmig waren. Sie wird vielmehr fragen, warum die Risiken nicht während der Prüfung schon aufgedeckt werden konnten und warum augenscheinlich Unqualifizierte mit der Prüfung betraut wurden.

Wie man erkennt, ist es nicht ganz einfach, revisionsfreie Räume auch adäquat auszufüllen.

Diese Sonderthemen werden im Band mit dem Titel Operational Auditing sehr intensiv abgehandelt.

Was für die Stabs-Funktionsbereiche gesagt wurde, gilt im ähnlichen Maße für die Prüfung von reinen *Cost-Center*, z. B. die in Zentralen. Das Prüfungsziel und der Prüfungsinhalt sind sorgfältig zu planen. Aus Unternehmenssicht mag es lohnend erscheinen, eine *GWA (Gemeinkostenwertanalyse)* nicht nur mit externen Beratern, sondern auch mit Spezialisten aus der IR auszustatten. Die praktische Konsequenz ist häufig, dass auch das IR-Budget[269] aus Vorbildsgründen mit in große Diskussion geraten kann. Denn durch das (angenommene) Unterstellungsverhältnis unter den Vorstandsvorsitzenden könnte für die IR hier eine Vorbildfunktion gefordert werden, um das Vorstandsprojekt GWA erfolgreich starten zu können.

Nützliche Arbeit für das Unternehmen und die betroffenen Bereiche kann eine IR bei einer *Service-Center*-Prüfung dann vollbringen, wenn diese Bereiche fast nur intern verrechnen und kaum externe Kunden aufweisen. Meist sind dann Qualitätsthemen und Verrechnungskostenthemen dankbare Prüfungsansätze, die durch interne Kundenbefragungen fundiert werden können.

8.1.4 Prüfung von Gesellschaften

Auf den ersten Blick einfach zu sein scheint die Bestandaufnahme der zur Unternehmensgruppe zugehörigen Gesellschaften. Ein gutes internes, aktuelles Verzeichnis vorausgesetzt, erhält man vom Bereich Beteiligungsverwaltung alle notwendigen Informationen.

Zu unterscheiden ist danach in operative und sog. „Mantel"-Gesellschaften[270], die erst später einem neuen Zweck zugeführt werden sollen. Bei den operativen Gesellschaften wiederum ist zu differenzieren in Tochtergesellschaften (100%-ige Beteiligungsquote), Mehrheitsgesellschaften, Minderheitsgesellschaften mit oder ohne unternehmerische Führung und Joint Venture – Gesellschaften mit identischer Beteiligung der zwei oder drei Muttergesellschaften.

Prüfungen bei Tochtergesellschaften dürften relativ unproblematisch zu platzieren sein, ebenso bei Mehrheitsgesellschaften, wenn entsprechende Revisionsvorbehalte im Gesellschaftervertrag oder in der Satzung geregelt sind. Arbeiten die Altgesellschafter

---

269 Siehe hierzu wiederum den neuen Fragenkatalog zum DIIR Standard Nr. 3, der als K.o.-Kriterium ein ausreichendes, den Aufgaben entsprechendes Budget der IR fordert.
270 Als Mantelgesellschaften sind Gesellschaften zu verstehen, deren Geschäftszweck weggefallen ist, oder Gesellschaften, die für einen zukünftigen Geschäftszweck gegründet wurden („Vorratsgesellschaften").

jetzt noch als Minderheitsgesellschafter in der Geschäftsführung der Gesellschaft mit, dürfte die Platzierung der Revisionsleistung in der Gesellschaft jedoch nicht so einfach sein. Der Grund ist der noch manchmal vorherrschende „Geist" der Gründer, die von einer neuen oder modifizierten Unternehmensführung nicht überzeugt sind und die IR im ersten Schritt als Fremdkörper empfinden könnten.

Vorsicht und große Aufmerksamkeit ist von der IR auch gefordert, wenn frühere Staats-Unternehmen privatisiert wurden und die Regierung über ihrem „Golden share" bei bestimmten unternehmerischen Entscheidungen Einfluss nehmen kann. Im Zweifelsfall sollte vor Revisionsbeginn ein entsprechender Gesellschafterbeschluss vorliegen.

Schwieriger wird die Situation noch, wenn unter ähnlichen Bedingungen die Altgesellschafter noch die formale Mehrheit besitzen, die unternehmerische Führung jedoch bei der Muttergesellschaft der IR liegt. Auch hier ist viel Fingerspitzengefühl und Überzeugungsvermögen von der IR-Leitung gefordert, um Prüfungen angehen zu können. Offizielle Gesellschafterbeschlüsse zur bevorstehenden Revision sind auch hier hilfreich, da dadurch die Legitimität der Prüfung in der Gesellschaft nicht angezweifelt werden kann. Gleichzeitig kann in den Aufsichtsgremien durch eine Präsentation der IR und eine Erläuterung der Hintergründe für die konkreten Prüfungsaufträge bei allen Beteiligten Verständnis für die Prüfungen geweckt werden.

Relativ problematisch stellen sich die Prüfungsplanung und die Durchsetzung von Prüfungen dann dar, wenn zwei Muttergesellschaften gemeinsam jeweils mit 50 % Beteiligungsquote ein Joint Venture gebildet haben. Hier hängt es fast ausschließlich von den beiden Vorständen der Muttergesellschaften ab, ob Joint Venture- Prüfungen überhaupt zustande kommen und adäquate Ergebnisse bringen. Denn häufig sind in entsprechenden Gesellschaftsverträgen die Zuständigkeiten in der Joint-Venture Gesellschaft ebenfalls zu 50/50 geregelt. Die eine Gesellschaft erhält z. B. mit einer Person ihres Wohlwollens den Vorstandsvorsitz, die andere den Aufsichtsratvorsitz. Die Verteilung der Ressorts erfolgt dann meistens auch zu 50/50. Dies kann für Prüfungsaufträge zur Folge haben, dass nur in den „eigenen" Ressorts geprüft werden kann. Dies hat entsprechenden Konsequenzen auf das Rollenspiel in der Geschäftsführung. Hiernach liegen die behaupteten Ursachen für ein Problem in der Gesellschaft häufig dann im Ressort des Kollegen. Gelingt es jedoch, mit den Partnerrevisionen auf persönlicher und sachlicher Ebene eine gute Gesprächsbasis zu bilden, so kann es auch gelingen, Probleme, die ihre wahre Ursache im Partnerressort haben, anzusprechen und für die Gesellschaft zu lösen. Es bleibt jedoch immer ein Balanceakt zwischen gutem Willen und jeweiliger Interessenlage der Partner.

Bei Minderheitsbeteiligungen[271] ohne unternehmerische Führung erschöpfen sich die Revisionstätigkeiten zumeist in der Interpretation der im Aufsichtsrat vorgelegten Revisionskurzberichte der Mehrheitsgesellschafters-IR und auf Vorschläge an den

---

271 Siehe hierzu auch BaFin, die in der MaRisk 2012, AT 4.4.3., Ziffer 3, fordert, dass die IR auch Einblick erhält in ausgelagerte, nicht konsolidierte sog. Zweckgesellschaften. Banken müssen zukünftig die in derartigen Gesellschaften entstehenden Risiken in ihrer Bilanz und Risikovorsorge berücksichtigen.

eigenen Vertreter im Aufsichtsrat. Wichtig können auch Prüfungen sein, die sich mit gesellschaftsrechtlichen Fragen von kleinen Minderheitsgesellschaften beschäftigen, bei denen in der Muttergesellschaft ein Genehmigungsvorbehalt des Aufsichtsrats in der Satzung festgelegt ist, z. B. bei Erhöhungen der Beteiligungsquote oder Übernahme von nennenswerten Darlehens- oder Bürgschaftsverpflichtungen.

Aus dem Gesagten wird deutlich, dass es auch im Teilbereich Gesellschaften des Audit Universe nicht trivial ist, revisionsfreie Räume zu verhindern.

8.1.5 Projektprüfungen im Unternehmen

Manche könnten sich fragen, ob Projekte überhaupt Fokus einer IR sein können. Die Frage nach der Unabhängigkeit der IR wird oft gestellt, da durch sog. *ex-ante-Prüfungen* die Gefahr bestehen könnte, sich durch entsprechende Vorschläge im Projektstadium ein zu mischen. Die Umsetzung dieser Vorschläge, so wird konstruiert, bedeute auch, sich in das nach erfolgreichem Projektende folgende operative Tagesgeschäft eingemischt zu haben. Die Unabhängigkeit des IR-Urteils sei somit gefährdet, so dass dann Prüfungen ex-post nicht mehr möglich sein sollten.

Das DIIR hat dazu mit seinem neuen 4. Revisionsstandard ein klare Position bezogen und Rahmenrichtlinien zur ex-ante- Prüfung herausgegeben[272]. Projektprüfungen gehören also zu einem vollständigen Audit Universe dazu. Wichtig ist jedoch zu unterscheiden, dass Projektmitarbeit dann keine Revisionstätigkeit ist, wenn sie vom Management explizit gefordert wird, weil entsprechendes Fachwissen nur in der IR zur Verfügung steht. Dieser Mitarbeiter ist bei einer späteren ex-post-Prüfung befangen und darf deshalb diese nicht durchführen.

Projektprüfungen können sich auf die Überprüfung des Projektmanagements bei der Entwicklung von großen IT-Lösungen und großen Bauprojekten sowie spezielle Due Diligence-Prüfungen bei Mergers & Acquisitions erstrecken. In allen Fällen ist vor Übernahme der meist schwierigen Themen die Fachkompetenz innerhalb der IR sorgfältig zu hinterfragen.

IT-Projekt:
Offensichtlich macht es wenig Sinn, die nachträgliche Implementierung eines *Audit Trails*[273] bei einem Auftragserfassungssystem zu fordern. Denn zur nachträglichen Programmierung von Soll-Ist-Kontrollen bei der Übergabe von Datensätzen oder Werten aus Datensätzen, um die Vollständigkeit der Verarbeitung aller Aufträge sicherzustellen, muss jede Komponente des Auftragserfassungssystems „angefasst" werden. Um wieviel einfacher und schneller gerät die Umsetzung dieses wichtigen Vorschlags schon während der Phase des Systemdesigns.

Bauprojekt:
Genauso wenig sinnvoll ist der Versuch, verbaute Erdmassen rechnerisch nachzuvollziehen, wenn die Lagerhalle samt Fundament schon in Betrieb genommen wurde und der Zustand vor Erdaushub bzw. eine zusätzliche Anfüllung des Bodens wegen Grundwasserge-

---

272 Siehe hierzu DIIR-Revisionsstandard Nr. 4. 2008.
273 Siehe hiezu im Glossar.

fahr nicht mehr feststellbar ist. Eine professionell arbeitende Baurevision ist bei der Abnahme von einzelnen Gewerken dann während des Projekts vor Ort.

M&A-Projekt:
Wenig Sinn macht es, die Kern-Bestimmungsfaktoren des Kaufpreises bei einer Übernahme erst nach Zahlung des Kaufpreises nachzuvollziehen und die Differenzen zu dokumentieren. Die Folge sind bestenfalls langwierige Rechtsstreitigkeiten, die die gerade sensible Phase des ersten Miteinanders schwer belasten könnte, im anderen Fall ist die Konsequenz Schulterzucken und Ignoranz dieses Sachverhalts. Um wie viel einfacher ist auch hier die Diskussion der Mergerpartner zu beflügeln, wenn der Sachverhalt vor Zahlung der ersten Rate auf den Tisch gebracht wird.

Jedoch besteht eine implizite Gefahr bei ex-ante-Prüfungen, dass die IR ihre Ressourcen auf zu viele laufende Projekte aufteilt und andere wichtige Themen zunächst unbearbeitet bleiben.
Wie dieser Gefahr begegnet werden kann, wird im Abschnitt der Ressourcenplanung nach Risikowerten gezeigt werden.

8.2 Risikoklassifizierungen und Risikomodelle

No risk, no fun![274]
Va banque!

8.2.1 Risiko und Chance

Unternehmerische Entscheidungen sind zukunftsorientiert und dadurch immanent mit Risiken behaftet. Als Kompensation zu diesen Risiken dienen die Gewinnchancen. Es wird im Nachfolgenden unterstellt, dass wirtschaftliche Entscheidungen zur Erzielung von Gewinnen ohne Risiko nicht dauerhaft denkbar sind. Werden trotzdem entsprechende Konstrukte oder Modelle gebildet, müssen sie einen systematischen Fehler aufweisen.

Gleichfalls sind Entscheidungssituationen nicht vom Theorem erfasst, deren Umsetzung langfristig nur Verluste für das Unternehmen bedeuten, ohne schon im Modell mindestens eine Netto-Gewinnchance zu besitzen. Hier setzt nach Auffassung der Autoren der Anfangsverdacht einer dolosen Handlung ein[275].

Üblicherweise weisen Projekte, die Basis unternehmerischer Entscheidungen sind, bei allen Risiken über die Realisation in der Zukunft Nettochancen auf. Einzel-Projekte, deren Verlustrisiko auf gleicher Höhe liegt mit der Gewinnchance, sind

---

274 Ohne Risiko kein Spass; zur Bank gehen hieß früher (heute leider manchmal wieder) etwas zu riskieren, da man nie 100% sicher sein konnte, das bei der Bank deponierte Geld wieder zu erhalten. Besondere Verschärfung erhält dieses Bonmot durch die Zypernkrise von 2012/2013, bei der Sparer/Investoren der Banken zu Gläubigern mit Haftungsverzicht zunächst aufgewertet und ihr Vermögen dann abgewertet wurde. Nicht auszudenken, wenn Sparer mit Banken nun seitenlange Kreditverträge abschließen würden, an welche Bedingungen und Covenants sie ihr Spartguthaben bei der Bank knüpfen und welche Berichtspflichten die Bank jedem Sparer für die Verwendung seiner Spareinlagen nachkommen müsste, eine Diskussion, die vor kurzem undenkbar schien.
275 Das Finanzamt spricht von Liebhaberei, wenn auf Dauer keine Gewinnerzielungsabsicht erkennbar wird und erkennt die Aufwendungen nicht an.

nur in einem Portfolio-Ansatz[276] eines Venture-Capital[277]-Unternehmens vernünftig darstellbar.

Projekte, deren Gewinnchance unter dem Verlustrisiko liegt, sind nach Auffassung der Autoren in die Nähe von Glücksspielen einzuordnen.

Es soll nicht bestritten werden, dass auch *Turn Arounds* in ausweglos scheinenden Situationen von Unternehmen möglich gewesen sind. Diese Fälle bestätigen als Ausnahme nur die oben skizzierte Regel. Natürlich können Unternehmen mit einem hoffnungsvollen Marktansatz nach Missmanagement mit einer neuen Führung wieder rentabel werden. Diese Fälle sind jedoch unter der Rubrik Nettochance zu behandeln, da offensichtlich die Hauptursache für die schlechte Zukunftsprognose durch einen Managementwechsel beseitigt werden konnte.

Die nachfolgende Tabelle erläutert die unterschiedlichen Entscheidungssituationen anhand von ausgewählten Beispielen:

Entscheidungssitution	Kapitalmarktbeispiele	Unternehmensbeispiele
Sicherer Gewinn ➔ 0 Verlustrisiko	Triple-A-Staatsanleihe[278] mit positivem Realzins	./.
Gewinn-Chance > Verlust-Risiko	Unternehmensanleihen im Investmentgrade –Ranking, Venture Capital	Unternehmerische Investitionsentscheidungen
Gewinn-Chance = Verlust-Risiko	0-Summen-Spiel	Korrektur von Fehlentscheidungen mit Restrukturierungen
Gewinn-Chance < Verlust-Risiko	Lotterien, Subprime-Anleihen, junk bonds, penny stocks, Optionen, Turbo-k.o.-Papiere, Vabanquespiele	Auslandinvestition in ein branchenfremdes Start-up-Unternehmen;
Sicherer Verlust ➔ 0 Gewinnchance	„Pilotenspiel" á la Madoff-Fonds	Fraudfälle; permanente Kapitalzufuhr ohne Turnaround-Konzept

Abbildung 8-2: Entscheidung unter Risiko

---

276 Eine Vielzahl von Projekten, bei denen nicht sicher ist, dass jedes einzelne eine positive Netto-Chance hat, in der Gesamtsicht aller Projekte jedoch ein positives Nettoergebnis erzielt wird.
277 Siehe Glossar. Ähnliches gilt jedoch auch für Forschungs- und Entwicklungskosten in z. B. Pharmaunternehmen, bei denen im Vorneherein nicht klar ist, welche Projekte floppen und welche sich zu Blockbustern entwickeln.
278 Es soll nicht verhehlt werden, dass selbst Triple-A-Bonds inzwischen nicht zu 100 % ohne Risiko sind, da selbst Länder aus dem EU-Raum sich mit dem Thema „Staatsbankrott" beschäftigen mussten. Die Risikoaufschläge auf Bonds aus diesen Ländern waren beispielsweise im IV. Quartal 2008 und bis in die Jahre 2012 hinein stark gestiegen.

8.2.2 Problem-Risiko-Substanzgefährdendes Risiko-Systemrisiko

Zusätzlich zur Risiko-Chance-Betrachtung gehört auch die Differenzierung von *Problem-Risiko-substanzgefährdendem Risiko*.

Nicht jedes Problem ist gleich ein Risiko für ein Unternehmen. Nicht gelöste Probleme bzw. Probleme, die ignoriert werden, können sich jedoch über die Zeitachse zu Risiken bzw. substanzgefährdenden Risiken auswachsen.

So mag das *Problem* sich schleichend verschlechternder Servicequalität kurz-, mittelfristig die Kosten senken helfen. Mittel-, langfristig wenden sich Kunden aber dem Wettbewerb zu und erzählen ihre negativen Erfahrungen mit dem Unternehmen in ihrem Bekannten- und Freundeskreis weiter.

Nach erfolgten Kundenverlusten wird durch intensive Marktforschung des betroffenen Unternehmens festgestellt, dass die Imagewerte des Unternehmens als kundenfreundliches und innovatives Unternehmen signifikant zurückgegangen sind, das Problem ist ein *Risiko* geworden.

Wird jetzt nicht durch adäquate Maßnahmen massiv gegengesteuert, so kann dem Unternehmen durch weitere Erosion der Kundenbasis die Existenzbasis entzogen werden, das *Risiko* wurde ein *substanzgefährdendes*[279].

Durch die Finanzkrise scheint eine neue Risiko-Kategorie eingeführt worden zu sein, eine Substanzgefährdung höherer Ordnung, ein Systemrisiko. Die *Substanzgefährdung von Teilen des Wirtschaftssystems* wurde ausgelöst durch die Investment-Bankenkrise in den USA. Die Investmentbanken hatten versucht, Chancen und Risiken ein- und desselben Geschäfts auf getrennten Märkten zu handeln. Hypothekenkredite wurden aufgespalten in eine Zahlungs- und eine Risikokomponente. Die Risikokomponente eines möglichen Zahlungsausfalls wurde mit vielen anderen Risiken eines möglichen Zahlungsausfalls in ein Hochrisikopapier, sog. CDO (Collateralized Debt Obligation), zusammengelegt und am Kapitalmarkt über spezielle Zweckgesellschaften verkauft. Gleichzeitig wurde von der Zweckgesellschaft für die CDO Kreditausfallversicherungen geschlossen, verbrieft, sog. Credit Default Swap (CDS), und dann am Kapitalmarkt verkauft. Der Käufer dieser Kreditversicherungen vertraute auf die Liquidität der Monoliner, dass diese im Falle eines Kreditausfalls zahlen würden. Da die Ratings dieser Monoliner Triple A waren, ging der Käufer der Hochrisikopapiere kein Risiko ein, da er für das Risiko entsprechende Versicherungen nachweisen konnte. Als die Hauspreise fielen und Immobilienbesitzer ihre Kredite nicht mehr bedienen konnten, wurden die Versicherungen engros fällig, die Monoliner hatten nicht entsprechend vorgesorgt, die Prämien deckten bei Weitem nicht die Ausfälle.

Am Ende der Vermarktbarkeit wurden diese Derivate unverkäuflich und verblieben als Abschreibungsrisiko in der Bankbilanz des letzten Akteurs[280].

---

279 Das deutsche KonTraG beschäftigt sich im Wesentlichen mit diesem Teil von Risiko, nicht jedoch mit generellen Risiken oder Problemen. Bei sehr enger Auslegung dieses Begriffs fielen bis Ende 2007 gerade bei großen DAX-Unternehmen nur wenige Risiken in diese Kategorie. Das hat sich jedoch, ausgelöst durch die Autoabsatz- und Hypothekenkrise in den USA, die sich zu einer Finanz- und Wirtschaftskrise weltweit ausgewachsen hat, schlagartig geändert.

Es soll nicht verhehlt werden, dass die durch die Bankenkrise ausgelöste Diskussion um die jederzeitige Quantifizierung von Risiken Nahrung erhalten hat. Die Vereinfachung möglicher Zukunftsszenarien von Ereignissen durch eine Normalverteilung wird zukünftig nicht mehr statthaft sein. Ein Problem wird zukünftig sein, dass andere Modelle der Risikobeschreibung noch zu entwickeln sind bzw. sehr aufwendig in der Handhabung sein werden.

Auch die realitätsferne Bepreisung mit Mark-to-Model statt Mark-to-Market sollte aus den *Handelsbüchern* der Banken entfernt werden.[281] In den *Anlagebüchern* der Bank mag diese Bewertung wie auch in der Industrie bei den sog. Cash Generating Units (CGU) weiter ihre Berechtigung haben. Voraussetzung ist aber, dass reale CDO und nicht virtuelle CDO-Hoch^3 [282] realen Cash generieren und zum Basisgeschäft zuordenbar sind.

Dass Triple-A Subprime[283]-Zertifikate versucht haben, riskante Investments als „mündelsicher" zu Geld zu machen, ist schlimm genug. Viel schlimmer ist nach Auffassung der Autoren der ausgelöste Vertrauensverlust der unbedarften Käufer, die statt Triple-A-Zertifikaten Junk-Zertifikate erworben haben. Denn durch den Missbrauch des Ratings kommen auch Papiere unter die Räder, deren Rating grundsätzlich in Ordnung ist. Durch den Vertrauensverlust unter den Banken war die Marktliquidität an den Kapitalmärkten stark gesunken, so dass die Zentralbanken als alleinige Garanten des Vertrauens, Papiere zu liefern, die das halten, was sie versprechen, seit Ende 2007 einspringen müssen. Das aus der „wohlmeinenden" Streuung von Risiken[284] die größte Risikozusammenballung[285] nach der Weltwirtschaftskrise 1929/1933 entstanden ist, wird als Treppenwitz der Geschichte eingehen.

---

280 Wer sich etwas intensiver mit den technischen Ursachen der Finanzkrise beschäftigen möchte, findet eine Reihe verständlich formulierter Wirkungsketten in W. Münchau: Vorbeben, München 2008. Siehe auch für fachlich Versierte den Artikel von Henry C.K. Liu vom Franklin and Eleanor Roosevelt Institute, 24.6.2009, unter Mark to Market versus Mark to Model.

281 Die Abkehr vom Fair Value-Prinzip bei Aktiva, für die sich kein Marktpreis finden lässt, ist nur unter Gesamtsystemgesichtspunkten des Wirtschaftssystems vertretbar. Den Banken die Bepreisung selbst zu überlassen vor dem Hintergrund der Unzuverlässigkeit der Mark-to-Model-Bepreisung, wäre schon sehr erstaunlich. Die Diskussion um die Bad Bank wird bald den Weg vorzeigen. Hier sind auch die rechnungslegenden Boards wie IASB und IAASB gefordert, dem zunehmenden Anteil von Schätzungen für Vermögenswerte einen Riegel vorzuschieben bzw. die unterschiedliche Qualität von Marktbewertung und Selbstbewertung bei Fair Value transparent in der Bilanz darzustellen. Siehe hierzu auch BaFin in diversen Verlautbarungen ab 2008.

282 Schon im Mittelalter ist es nicht gelungen, die chemischen und physikalischen Naturgesetze auszuheben und aus anderen Bestandteilen als Gold selbst Gold zu erzeugen.

283 Etwas seltsam mag einem der verniedlichende Ausdruck „subprime" schon vorkommen, handelte es sich doch in der Realität um „junk", d. h. „Schrott oder Abfall".

284 In Wirklichkeit ging es um eine Umgehung von Eigenkapitalvorschriften, die für Hochrisikopapiere das Mehr-als-Fünffache an Eigenkapital erfordert hätten als der „elegante" Umweg über Zweckgesellschaften-CDO mit CDS außerhalb des Bankensystems.

285 Immerhin bieten nur sog. Monoliner diese Kreditversicherungen gegen Prämie an, die meisten in USA heimisch. Einige von ihnen sind finanziell schwer angeschlagen. Von ihnen gibt es weltweit nur ca. 10 große. Siehe hierzu diverse Verlautbarungen der BaFin seit 2008.

8.2.3 Risikoursache und Risikowirkung

Zusätzlich zur Zeitkomponente, die ein Problem zu einem Risiko erwachsen lässt, ist auch die Situation zu betrachten, ohne genaue Ursachenanalyse schon Entscheidungen zu treffen, um scheinbar Probleme zu lösen nach der Methode " Wir fahren schon einmal los, wir wissen noch nicht genau wohin".

Mangelnde Zielerreichungen sind zuweilen dafür verantwortlich, dass Führungskräfte ihre Position verlieren. Damit wird jedoch nicht zwingend die Ursache beseitigt, die zu der mangelnden Zielerreichung geführt hat.

> Führte z. B. die verspätete, ungeplante Produkteinführung zu Defiziten bei der Umsatzzielerreichung, so wird auch ein neuer Vertriebschef nicht verhindern können, dass Produktneuentwicklungen teilweise später als geplant Marktreife erlangen. Die Entlassung des Vertriebschefs löst das Problem nicht.

> Hat der Vertriebschef jedoch geglaubt, den voraussehbaren Umsatzeinbruch durch flankierende Maßnahmen („Plan B") eindämmen zu können, und erreicht er die Zielerreichung trotzdem nicht, so könnte man von einem Führungsfehler sprechen. Denn er hat seine Möglichkeiten falsch eingeschätzt, die Ursache für den Umsatzrückgang wird mit einer möglichen Entlassung jedoch auch hier beseitigt. Vielmehr wird ein kreativer Kopf das Unternehmen verlassen, der versucht hat, die Folgen eines Fehlers in einem anderen Fachbereich (Produktentwicklung) durch eigene Maßnahmen auszugleichen. Zusätzlich werden zukünftig Mitarbeiter und Führungskräfte, die unternehmerisch denken, davon Abstand nehmen, Zusatzbelastungen in Kauf zu nehmen und sich nur ihren eigenen Bereichszielen verpflichtet fühlen.

> Musste der Vertriebschef jedoch erst durch das zentrale Controlling darüber aufgeklärt werden, dass sein Bereich Umsatzdefizite aufweist und nimmt er die Hinweise nicht ernst nach der Methode, bis zum Jahresende sind noch 6 Monate, in denen das Ziel, auch ohne Maßnahmen, erreicht werden wird, dann könnte sich die Frage nach der Führungsfähigkeit des Vertriebschefs stellen. Aber auch hier ist eine Ablösung kein Garant für zukünftige Zielerreichungen.

> Die einzige wirkliche Maßnahme, die das Übel an der Wurzel fassen könnte, ist ein Projektreview der Entwicklung inkl. des Freigabeprozesses im Unternehmen. Damit könnte versucht werden, die Ursache für die verspätete Produkteinführung zu eruieren und für die Zukunft auszuschalten.

Erst nach fundierter Analyse, die eine gewisse Zeit in Anspruch nehmen kann, sollten Entscheidungen getroffen werden. Entscheidungen über die Einstellung oder Entlassung von Führungskräften sind wegen der Signalwirkung auf andere immer mit Bedacht und nie unter Zeitdruck zu treffen. Mitarbeiter zu entlassen, die ihre Ziele auf Dauer nicht erreicht haben, ist, obwohl im Einzelfall mit belastenden Gesprächen verbunden, immer wirkungsvoller als nach Jahren voller Toleranz dann einen Sozialplan verabschieden zu müssen oder das Unternehmen in die Insolvenz gehen zu sehen.

> Einer meiner früheren Vorgesetzten hatte einen in Plexiglas gegossenen Spruch neben dem Besprechungstisch stehen, auf dem stand:

A problem ...

... Are you the solution of the problem?

Die Wirkung auf uns Mitarbeiter, besonders der Leitenden Angestellten des Unternehmens, war entsprechend, ähnlich wie im alten Griechenland, wo der Überbringer schlechter Nachrichten damit rechnen musste, geköpft zu werden.

Da man selbst die Lösung eines vorgetragenen Problems werden konnte, wurden weniger Probleme vorgetragen. Einige lösten sich durch den Zeitfaktor selbsttätig, eine Strategie, die das „auf die lange Bank schieben" weiterhin möglich macht.

Jedoch blieben wesentliche Themen unbesprochen und wurden zu wirklichen Risiken. Hingegen wurden z. B. statt mit Schulungsmaßnahmen bei Mitarbeitern, die ihre Ziele nur teilweise erreichten, Entlassungen und Versetzungen verfügt, die zu entsprechenden Vakanzen und Mehrarbeit bei den verbleibenden Kollegen führten. Diese wieder hatten zur Folge, dass auch hier die Leistung zurückging, der Teufelskreis war eröffnet.

Im Endergebnis wurde die eigene Position des Vorgesetzten gefährdet, da nicht immer sachgerecht entschieden wurde, weil notwendige Informationen, die eine fundierte Entscheidung ermöglicht hätten, nicht erhoben bzw. aus Angst verschwiegen wurden.

Die Lehre hieraus kann nur sein, durch eine Politik der offenen Tür und den Aufbau einer Vertrauenskultur echtes und sachgerechtes Feedback von seinen Mitarbeitern zu erhalten, um fundiert entscheiden zu können. Die zusätzliche Zeit, die diese Vorgehensweise erfordert wird nach meiner Erfahrung überkompensiert durch die ersparte Zeit, die Risiken erfordern, um in ihren negativen Folgen begrenzt zu werden[286].

8.2.4 Risiko-Faktoren nach COSO II sowie nach DIIR und DRS 5[287]

Im Folgenden sollen beispielhaft zwei Risikokonzepte[288] vorgestellt werden, die beide als Ausgangspunkt für eine systematische Analyse der besonderen Risikosituation im Unternehmen dienen können.

---

286 Siehe hierzu auch den Vortrag von Hubertus Eichler auf der CIA-Tagung 2013 in Frankfurt zum Thema: Unternehmenskultur und Corporate Governance.
287 In 2004 als Grundsatzpapier für Unternehmen entwickelt worden, die ein unternehmensweites Risikomanagementsystem nicht zusätzlich zu den schon vorhandenen Managementprozessen und -verfahren, sondern integriert mit diesen einführen wollten. Die Internetkrise führte in 2004 zu einer radikalen neuen Regulierung in den USA, die mit dem Stichwort SOX verbunden wird. Interessanterweise nimmt SOX Bezug auf COSO, aber auf COSO I (Internal Control- Integrated Framework) von 1992. Diese Sichtweise betont den nachgelagerten Effekt von effektiven Steuerungs- und Kontrollsystemen, greift aber nicht in die unternehmerischen Entscheidungen ein, die die Risiken erst heraufbeschwören können. Die Transparenzforderung von COSO II ERM in der Prophylaxe schon anzusetzen, konnte sich bisher noch nicht entscheidend durchsetzen. Es wird abzuwarten sein, ob die seit Ende 2007 andauernde Weltwirtschaftskrise, die sich aus einer Immobilienkrise zu einer Kredit- und dann einer Vertrauenskrise für den gesamten Bankensektor ausgewachsen hat, hieran Entscheidendes ändern wird.
288 Die konkreten Kataloge sind im Checklisten-Verzeichnis 8.3 und 8.4 auf www.revisionspraxis.esv.info zu finden.

Mit den Stichworten *Risikomanagement und Risikofrühwarnindikatoren* hat COSO-II analog dem schon etwas länger in Deutschland vorhandenen KonTraG dem Thema Enterprise Risk Management (ERM) größeren Raum eingeräumt. Das Thema unternehmensweites Risikomanagement wurde als das zentrale Rahmenwerk übergeordnet zu Internal Control (COSO-I) eingeführt, die vorhandenen 5 Managementprozesse (bei COSO-I) wurden erweitert, die Prozesse *Zielsetzung, Ereignisinventur* und *Risikomaßnahmen* ergänzt.

Im Prozess *Ereignisinventur* sollen bewusst mögliche relevante Chancen und Risiken im Hinblick auf die Zielerreichung ermittelt werden. In der Praxis überwiegen meist die Analysen von *strategischen Risiken*, da die strategischen Chancen meist schon Eingang in die entsprechende Unternehmenspläne gefunden haben.

Die Beeinflussbarkeit der Risikofelder nimmt ab, je weiter der Zeithorizont liegt und je entfernter sich das Risikofeld außerhalb vom Unternehmen befindet.

Die Klassifizierung des DIIR und die fast zeitgleich erfolgte Strukturierung der DRS[289] (Deutscher Rechnungslegung Standard) 5 sind im Ansatz sehr ähnlich und führen zusätzlich zum Betrachtungswinkel extern/intern nach COSO ERM die Dimension strategisch/operativ/Personal/IT/Finanzen/Sonstige Risiken ein.

Zusätzlich zu den sonstigen Risiken aus verfehlter Corporate Governance treten heute noch Glaubwürdigkeitsverluste aus nicht gelebtem Good Global Citizenship und unvollkommen umgesetzter Nachhaltigkeit in unternehmerischen Entscheidungen hinzu. Während für das Thema Corporate Governance wenigstens ein immer wieder aktualisierter Katalog im deutschen Corporate Governance Kodex (DCGK) existiert, werden die Themen *Good Global Citizenship (GGC)* und *Nachhaltigkeit* in wesentlichen Teilen nur durch Non-Government-Organizations (NGO) bestimmt.

Allen beiden Regelwerken haftet in Teilen die Unverbindlichkeit an, so dass Unternehmen mit Gewinnerzielungsabsicht bei der Umsetzung aller Kataloge immer wieder herausgefordert sind, die positiven Effekte aus der Umsetzung dieser Kataloge zu ermitteln.

Beide Risikoklassifizierungen[290], nach COSO II und nach DRS Nr.5/DIIR, können jedoch nur einen Einstieg in das Risikofrühwarn- und Risikomanagementsystem einer Unternehmung bieten. Die Konkretisierung dieser Listen im Rahmen eines gelebten Risikomanagements bildet dann eine von mehreren Grundlagen für eine risikoorientierte Prüfungsplanung der IR.

> In den Zeilen sind die Begriffe strategisch, operativ, Personal, IT und Sonstiges durch eine Klassifizierung nach den wesentlichen Unternehmensprozessen Management-, operative und Support- ersetzt worden. Diese Klassifizierung wurde schon in Kapitel 7.7. zur Differenzierung der Revisionsprozesse gewählt.

---

289 Der DIIR-Standard Nr.2 wurde erstmalig in der ZIR in 2001 veröffentlicht, während der DRS 5 zum 31.12.2003 nach längerer Diskussion in Kraft getreten ist.
290 Siehe auch Basel-Kategorien: people (fraud, misuse), process (error rate, standardization), systems (availability, integrity, confidentiality), external (disaster, security).

Im nachstehenden Schaubild ist versucht worden, die wesentlichen Punkte beider Klassifizierungen herauszuarbeiten:

Risikoklassifizierungen nach COSO II, DRS 5 und DIIR

		A: Extern	B: Intern	
I: Management-prozesse		Wettbewerber Umwelt (Elementar, Feuer) Regulierer/ Rechtsverfahren (Kartell, Gesundheit, Patente, Kapitalmärkte) Genehmigungen (Produkt, Standort; Beteiligung, Bau)	Beteiligungen NEU- Invest: *Produkt *Standort *Land *IT-System Führungs-, Risiko-, Kontrollsysteme	Ersatz Invest: + Reparatur + Kapazität + Produktivität
II: Operative Prozesse		Lieferanten (Marktzugang, Qualität, Termin, Preis) Kunden (Marktzugang, Fluktuation, share of pocket,)	Produkte Fertigung Warenzeichen/Patente Umweltmanagement	Gewährleistung/ Haftung Steuerungssysteme
III: Support prozesse		Logistik/ Lager (Verfügbarkeit, Termin, Kosten) Finanzen (Zinsen, Wertpapier- und Wechselkurs, Kreditlinien, Bonität)	Personal/Management (Qualifikation, Fluktuation, Verfügbarkeit) IT- Verfügbarkeit, -Schutz Bestände (Höhe, Alter, Qualität)	

Abbildung 8-3: Risikoklassifizierungen nach COSO II, DRS 5 und DIIR[291]

8.2.5 Risikomanagementsysteme

Die heute gehandhabten Risikomanagementsysteme sind in Deutschland in der Folge des KonTraG entstanden. Sie haben zum Ziel, durch ein umfassendes Informationssystem, das alle relevanten Unternehmensteile umfasst, mögliche Risikopotenziale zu ermitteln und den Entscheidungsträgern transparent zu machen.

Nach Eliminierung nicht substanzgefährdender Risiken erfolgt dann der Versuch, nach bestem Wissensstand über Simulationen, Worst Case Szenarien, Extrapolationen und andere Techniken die Folgen möglicher Ereignisse, die die Zielerreichung gefährden könnten, zu quantifizieren. Weiter wird dann versucht, nach einem Bewertungsraster Wahrscheinlichkeiten der möglichen Ereignisse den möglichen Ergebnisverlusten zuzuordnen. Im Endergebnis erhält man im Unternehmen eine Portfolio-Matrix möglicher Szenarien, die von niedriger Wahrscheinlichkeit bis hin zu hoher Wahrscheinlichkeit auf der einen Achse und von vertretbaren Ergebniseffekten zu

---

291 Die Inhalte der Abbildung sind exemplarisch zu verstehen. Sie sind zwar in enger Anlehnung an die o.g. Risikokataloge entworfen worden, jedoch nicht als vollständig zu betrachten. Sie können als systematischer Einstieg in das Thema Risiken im Unternehmen und risikoorientierte Revisionsplanung verstanden werden.

substantiellen Ergebniseinbrüchen auf der andern Achse die Felder beschreibt, die für das Unternehmen gefährlich werden könnten[292].

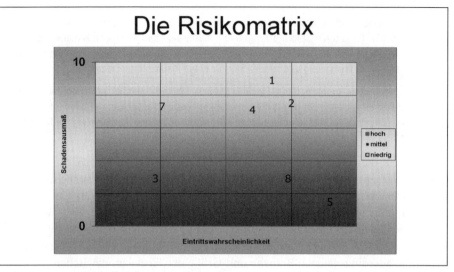

Abbildung 8-4: Die Risikomatrix[293]

Für die identifizierten schadenauslösende Ereignisse werden dann in einem weiteren Schritt Plan-B-Maßnahmenkataloge entwickelt, die für den Eintritt des Falls Verantwortlichkeiten und Aktionen bestimmen. Viele werden dies für das Ereignis eines plötzlichen Feuers oder eines Erste-Hilfe-Falls kennen. Hier gibt der in jedem Unternehmen verpflichtende Aushang betroffenen Mitarbeitern Hinweise zu den Rettungswegen und dem Verhalten im Katastrophenfall.

In einem letzten Schritt werden die Risikoberichte vom verantwortlichen Manager in einem regelmäßigen Turnus dem Vorstand vorgetragen, damit dieser entscheiden kann, ob das Unternehmen mit dem vorgestellten Szenario weiter „leben" kann oder substantielle Änderungen herbeiführen muss[294]. Nach COSO II ist diese Diskussion über den *Risikoappetit* des Managements eine der wichtigsten Grundlagen für ein funktionierendes Risikomanagementsystem.

---

292 Nicht wahrgenommene Chancen können sich ebenfalls zu bestandsgefährenden Risiken auswachsen, wie die Unternehmensbeispiele IBM und PC in den 80-er gegenüber Microsoft und Microsoft und Internet gegenüber Google zeigen. Ebenso zeigt Apple, wie sich ein Unternehmen immer wieder neu auf dem Markt positionieren kann mit I-Pod, I-Phone und I-Tunes, nachdem es seine Vormachtstellung auf dem Markt für private PC Ende der 80/Anfang der 90-er Jahre verloren hatte. Leider werden diese Themen der nutzbaren Chancen in einem Unternehmen selten mit dem Risikomanagement in Verbindung gebracht, sondern separat in Strategieklausuren abgehandelt. Im Band MA wird diesem Thema im Rahmen der Betrachtung der COSO ERM Ereignisinventur ein breiter Raum gewidmet.
293 Die Zahlen in der Abbildung stehen symbolisch für 8 festgestellten Risiken in einem fiktiven Unternehmen.
294 Die Entscheidung des Vorstandes der Deutschen Bank AG im Januar 2009 nach einem katastrophalen Milliardenverlust im Eigenhandel auf dieses Geschäft zunächst zu verzichten, ist eine beispielhafte Entscheidung, das Risiko-Exposure der Gesellschaft zu verringern.

Die Risiken, die nicht *vermieden* werden sollen, weil in dem Geschäftsbereich mit positiven Ergebnissen gerechnet wird, können dann versucht werden auf Dritte *über zu wälzen*.

In der Automobilindustrie sind ganze Komponenten wie ABS (Automatic Brake System)- Systeme, ESP (Electronic Stability Programm) -Systeme, Fahrwerkstechniken u.v.a.m, an führende Lieferanten ausgelagert worden, weil die Entwicklung derartiger Systeme für ein Unternehmen zu kostspielig und zu unsicher für einen Markterfolg erschien.

Systemlieferanten konnten diese Systeme jedoch für verschiedene Automobilhersteller gleichzeitig entwickeln, um damit die Entwicklungskosten auf mehrere Kunden zu verteilen. Das Dilemma parallel einbrechender Automobilnachfragen konnten wir Ende 2008 und Anfang 2009 mit ihren Konsequenzen auf die Zulieferindustrie verfolgen.

Weiter kann dann versucht werden, Risiken gegen Prämie zu *versichern*. Auch sehr große Unternehmen gründen mit einer *Captive* eine eigene Rückversicherung, um gegen Katastophenereignisse gewappnet zu sein. Daneben gibt es im Unternehmen gegen die üblichen Naturereignisse Vermögensversicherungsschutz, aber auch gegen die Folgeschäden aus einer Betriebsunterbrechung kann man sich versichern lassen. Ebenso lassen sich etwaige Managerverfehlungen mit Hilfe einer D&O-Versicherung absichern, allerdings je nach Branche und Größe der Firma zu inzwischen jedes Jahr stark steigenden Beiträgen.

Auch die bei der weltweit größten Versicherungsgesellschaft AIG versicherten Risiken aus verbrieften subprime-Hypothekenkrediten samt daraus abgeleiteten Derivaten (CDO und CDS) gehören im weiteren Sinne hierzu[295]. Dass die bezahlten Versicherungsprämien bei weitem nicht ausreichten, um die Risiken zu decken, soll an dieser Stelle nicht weiter betrachtet werden. Ebenso soll unerörtert bleiben, in welche Wertpapiere AIG die erhaltenen Versichrungsprämien investiert hat.

Für die dann verbleibenden Risiken gilt dann, *selbst tragen*. Dieser lapidar geschriebene Satz hat für Banken ein ungleich höheres Gewicht. Hier muss täglich durch Errechnung der Risiken eine Prognose auf die Tragfähigkeit (Eigenkapital) des Unternehmens unternommen werden. Außerdem besitzt der Risikomanagementbereich in vielen Banken Vorstandsrang und ist in allen Ebenen vom operativen Bereich organisatorisch zu trennen, s. auch BaFin.

Wenn wie bei Betreibern von Atomkraftwerken die Risiken weltweit nicht versicherbar sind, fällt eine Alternative aus. Die Betreiber hatten sich für das Überwälzen auf den Staat und Selbst Tragen entschieden, nach Fukushima hat der Staat die Signale auf Vermeiden gelegt (Atomausstieg).

---

295 Es bleibt aber bis heute umstritten, ob CDS Versicherungsgeschäfte sind oder nicht. Als Versicherungsgeschäfte wäre die Kontrolle dieser Geschäfte durch die Regulierungsbehörden ungleich höher, ebenso das Transparenzgebot von Versicherungsnehmer und Versicherungsgeber. Dass der Versicherer AIG durch den amerikanischen Staat gerettet wurde (Bail-out) und Goldmann Sachs zufällig seine Hochrisiko-Engagements bei AIG und nicht bei den Monoliner versichert hatte, ist noch zusätzlich bemerkenswert.

Auch bei der Hochwasserkatastrophe 2013 im Osten und Süden Deutschlands fiel die Versicherungskomponente bei vielen Anrainern weg. Der Staat musste und wird helfen, das Risiko wird so zurückgewälzt (Überwälzen). Tatsächlich ist es auch hier wahrscheinlich, dass der Staat zukünftig Versicherungspflichten wie bei der Feuerversicherung einfordern wird (Versichern) oder die Genehmigung für bestimmte Bebauungsgebiete zurücknehmen wird (Vermeiden).

Die nachstehende Abbildung fasst das Gesagte noch einmal summarisch zusammen:

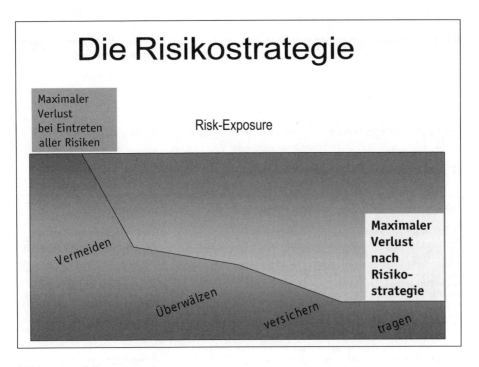

Abbildung 8-5: Risikomanagement

Da nur wenige der Ereignisse, die negative Folgen für ein Unternehmen aufweisen, unter Kosten-Nutzen-Gesichtspunkten *versicherbar* sind, ist der Risikoprophylaxe *„Vermeiden"* sowie den Risikomaßnahmen *„Verringern"* und *„Selbst tragen"* hohe Bedeutung beizumessen.

8.2.6 Risikofrühwarnsysteme

Für den Prozess Risikomaßnahmen ist wiederum bedeutsam, welche Frühwarnindikatoren[297] die möglichen Ereignisse mit einer gewissen Wahrscheinlichkeit prognostizieren lassen. Während *Risikomanagementsysteme* inzwischen in vielen Unternehmen zur täglichen Praxis geworden sind, gilt dies für *Frühwarnsysteme* nicht im gleichen

---

297 Siehe hiezu Krysdek 1999.

Maße. Die Schwierigkeit liegt insbesondere im Vorrang der zahlenbasierten Planungssysteme begründet. Gerade die Erfassung der wichtigen schwachen Signale als Vorboten eines Ereignisses ist häufig nicht widerspruchsfrei und nur als qualitative Größe bewertbar. Die nachfolgende Tabelle illustriert beispielhaft Frühwarnindikatoren.

Es wird unterschieden in Prüfberichte des eigenen Bereichs IR und Berichte des Abschlussprüfers, den Informationen aus einer quantitativen Bereichsanalyse, den Informationen, die sich aufgrund der internen Tätigkeit der IR in ihren vielfältigen Managementkontakten ergeben und Informationen aus externen Quellen. Die Auflistung ist beispielhaft zu sehen und erhebt keinen Anspruch auf Vollständigkeit.

Frünwarnindikator	Risikoimplikationen	Mögliche Maßnahme
I. Prüfberichte		
Auffälligkeit im IR-Bericht	Problem im Internen Überwachungssystem	Follow-up-Prüfung
Auffälligkeit im Managementletter	Problem im Internen Überwachungssystem	Aufnahme des Themas ins Jahresrevisionsprogramm
II. Geschäftsberichts-Analyse quantitativ		
Hoher Beratungsaufwand im Bereich	Knowhow fehlt: Fehlerhäufigkeit steigt	Managementschulung; Managementwechsel
Hoher Vermögenswertanteil	Klumpenrisiko	Diversifikation; Relaunch; Faire Kostenzurechnung statt Tragfähigkeitsprinzip
Hohe Personalkostenanteil	Klumpenrisiko	Reorganisation; Rationalisierung
Hoher Kostenanteil eines Bereichs	Klumpenrisiko	Diversifikation;
Hoher Umsatzanteil eines Bereichs	Klumpenrisiko	Diversifikation;
Hoher Anteil Immaterieller Vermögenswerte ohne regelmäßige AfA	Risiko eines Impairment Tests mit erheblichen Konsequenzen auf das Eigenkapital	Trennung Geschäftswert von Patenten, Markenzeichen etc., die selbstständig bewertbar und abschreibungsfähig sind
Hohe Differenz zwischen Ertragswert und Liquididationswert eines Vermögenswerts	Hoher Abwertungsbedarf, wenn die Ertragschancen sich verringern	Absicherungsstrategie /Plan „B" im Vorneherein, um cash generating unit (CGU) abzusichern
Preisverfall bei Vorräten	Abwertungsbedarf bei Verringerung der Lagerdrehzahl	Monatliche Abwertungen auf den Einkaufspreis

8.2 Risikoklassifizierungen und Risikomodelle

Frünwarnindikator	Risikoimplikationen	Mögliche Maßnahme
III. Interne qualitative Faktoren		
Entscheidender Geschäftsbereich/Prozess	Klumpenrisiko; Bereichskultur und Eigenleben;	Diversifikation; Relaunch; Faire Kostenzurechnung statt Tragfähigkeitsprinzip;
Vernachlässigbarer Geschäftsbereich	Eigenleben: Mangelnde Umsetzung der Standards	Buy-out; Zukauf; Schließen
Häufiger Wechsel des Managements	Knowhow-Verlust: Fehlerhäufigkeit steigt	Ursachenanalyse vor Personalentscheidung
Häufiger Wechsel der Mitarbeiter im Bereichs (Fluktuation)	Knowhow-Verlust: Fehlerhäufigkeit steigt	Mitarbeiterbefragung, Führungskräftetraining
Mangelnde Qualifikation	Fehlerhäufigkeit steigt	Mitarbeiterschulung
Ergebnisprobleme durch Auftritt preisaggressiver neuer Wettbewerber	Durch Personalabbau werden auch indirekt Kontrollen abgebaut.	Automatisierte Kontrollen mit IT
Komplexität: Viele Schnittstellen	Fehlerhäufigkeit steigt	Modulare IT-Landschaft aufbauen; Monolithen zurückbauen; Vorsicht vor Matrixorganisationen
NEU: Bereich/ Produkt/ Prozess/ IT	Knowhow fehlt: Fehlerhäufigkeit steigt	Vor großem Feldversuch Piloten ausgiebig testen; „Ausrollen in der Fläche" erst nach Ausmerzen der wichtigsten Fehler und intensiver Schulung der Mitarbeiter
Neu: Ausland	Knowhow fehlt: Fehlerhäufigkeit steigt	Gemischte Teams mit natives und expats bilden; schrittweise Vorgehensweise über Joint Venture mit put/call-Option zur Mehrheitsbeteiligung oder Vollintegration
Hohe Leitungsspanne	Geringe Managementkontrolle: Fehlerhäufigkeit steigt	Automatisierte Kontrollen verstärken; professionelle Stichprobenverfahren nutzen; Eigenverantwortung der Fertigungsteams stärken (TQM)

8 Risikoorientierte Revisionsplanung

Frünwarnindikator	Risikoimplikationen	Mögliche Maßnahme
IV. Externe Faktoren		
Verlust von Stammkräften	Risiko von Qualitätseinbußen in den Kernprozessen mit Konsequenzen auf das eigene Produkt	Wettbewerbsbeobachtung Mitarbeiterbefragung, Führungskräftetraining
Neue Regulierung	Verschlechterung der Markt-Rahmenbedingungen	Lobbying
Stamm-Kundenverlust	Akquisitionskosten steigen rapide	Wettbewerbsanalyse; Kundenbefragung; Qualitätssicherungs- und Kundenbindungsprogramme
Stamm-Lieferantenausfall	Risiko von Qualitätseinbußen bei Vorprodukten mit Konsequenzen auf das eigene Produkt	Keine Kernkompetenzen outsourcen; Top-Lieferantenprogramme auflegen (TQM); Preisleistungsentscheidungen statt reiner Preisentscheidungen

Abbildung 8-6: Beispiele interner und externer Frühwarnindikatoren

Diese internen und externen Frühwarnsignale scheinen zudem manchmal im Widerspruch zur bisherigen Wahrnehmung der externen Umwelt im Unternehmen zu stehen. Z. B. sind mit „Klumpenrisiko" Themen aufgeführt, die durchaus kurzfristig eine herausragende Chance-Risiko-Relation aufweisen. Das Risiko ergibt sich jedoch dann, wenn unerwartete Ereignisse auftreten. Dann ist mit diesem Geschäftsbereich gleich das gesamte Unternehmen betroffen, da dieser Geschäftsbereich eine so dominante Stellung im Unternehmenszusammenhang aufweist. Eine frühzeitige Diversifizierung und gleichzeitige „Plan-B-Simulation" wäre hier sicher hilfreich.

Das Klumpenrisiko zu hinterfragen, kann zu großem Unverständnis im Unternehmen führen, da der „Mainstream" verlassen werden muss. Deshalb erscheint manchmal die Prognosekraft derartiger Faktoren schwach. Tatsächlich erweitert die Hinterfragung der Dominanz nur den bekannten Kontext und definiert ihn neu und ebnet somit neuen Sichtweisen den Weg.

Dass das Internet auf den Umsatz der Tonträgerindustrie einen dominanten negativen Einfluss haben könnte, war Mitte der 90-er Jahre des vergangenen Jahrhunderts vielen Experten gerade in der Unterhaltungsindustrie nicht bewusst.

Nachdem mit der CD die Produkte digital (schwaches Signal) wurden, war es nur eine Frage der Zeit, bis mit der zunehmenden Verbreitung des Internets (schwaches Signal) und der Schaffung eines einheitlichen digitalen Standards MP3 (schwaches Signal) Musik im Internet gehandelt wurde.

8.2 Risikoklassifizierungen und Risikomodelle

Auch die vielfach entwickelten Kopierschutztechniken konnten letztendlich den Erfolg von Napster und anderen Filesharingprogrammen nicht verhindern. Letztlich profitierte ein Unternehmen von dieser Idee, die in der Musikbranche nahezu unbekannt war und nach seinem stürmischen Aufstieg zum Weltmarktführer bei privat genutzten PC in den 80-er Jahren durch Wintel in ein Nischendasein beim PC-Markt in den 90-er Jahren verurteilt war, APPLE.

Mit dem I-Pod, der seine Fortsetzung in I-Tunes, I-Pad und I-Phone fand, gelangen Apple als Firma quasi ein fundamentaler Neuanfang und eine Rückkehr in die Weltspitze.

Die großen Musikfirmen wie Sony und BMG haben sich bis heute nicht adäquat auf das neue Format (Bytes statt CD) und den neuen Vertriebsweg Internet statt Einzelhandel/Versandhandel einzustellen vermocht.[298]

Deshalb sollte nach Krysdek in operationelle und strategische Frühwarnsysteme unterschieden werden. Während in den operationellen Systemen die herkömmliche Methode von Soll-Ist-Abweichungen (PLAN-IST) und Soll-Wird-Abweichungen (Prognose-Plan) praktikabel ist, verlaufen Diskussionen um die Relevanz von schwachen Signalen der strategischen Frühwarnsysteme qualitativ argumentativ.

Operatives Frühwarnsystem:
Eine Soll-Ist-Abweichung des Umsatzziels in einem neuen Markt erklärt sich ein Unternehmen durch den verzögerten Aufbau des Vertriebs. Da der Rückgang der ersten zwei Quartale nicht aufgeholt werden kann, wird eine reduzierte Jahresumsatzprognose erstellt, Soll-Wird-Abweichung. Die notwendigen zusätzlichen finanziellen Mittel werden von der Unternehmensleitung gewährt, da die mittelfristige Zukunftsprognose weiterhin positiv ist.

Das operative Frühwarnsystem hat rechtzeitig auf die Abweichung aufmerksam gemacht, so dass Gegenmaßnahmen ergriffen werden konnten.

Strategisches Frühwarnsystem:
Hingegen verweisen rückläufige Umsätze in einem etablierten Markt eher auf fundamentale Gefahren hin. Die im Handel beliebte Strategie, durch Neueröffnungen zusätzliche absolute Umsätze zu generieren und damit stagnierende bzw. leicht rückläufige Umsätze auf bestehenden Flächen zu kompensieren, geht solange gut, wie die qm-Umsätze ausreichend Rentabilität generieren. Durch das Aufkommen völlig neuer Konzepte (Discounter, Fachmärkte) in den 80-er Jahren wurden die Warenhäuser in ihrer Standort- und Sortimentspolitik vor völlig neue Herausforderungen gestellt.

Ein strategisches Frühwarnsystem hätte die Frühwarnindikatoren auf der Kundenseite von zunehmender Preissensibilisierung, höherer Mobilität und dem Wunsch nach größerer Auswahl erfasst und zu der unternehmerischen Fragestellung geführt, sich an Fachmärkten zu beteiligen statt in der Fläche mit neuen Filialen zu expandieren. Diese Entscheidung wäre erst nach langen Diskussionen und einigen positiven Ergebnissen auf dem Gebiet der Fachmärkte nachhaltig und durchsetzbar gewesen. Denn beim Wettstreit um die knappen finanziellen Ressourcen hätten die etablierten Kräfte eher die alten Erfolgsfaktoren wie „Alles unter einem Dach" und „Beratungsqualität" und den Mißerfolgsfaktor „Kannibalisierung eigener Umsätze" vorgebracht und einen Großteil der Mittel für sich reklamiert.

---

[298] Wintel abgeleitet von Windows (Microsoft) und Intel stellt auf den Profit der damaligen Zeit im PC-Markt, den die beiden Unternehmen zu über 80 % auf sich vereinigen konnten, deshalb auch Wintel (WIN-WIN) und nicht Mintel.

In einigen Unternehmen erfolgt deshalb vor der Budgetierung/Jahresplanung eine „weiche" Strategieklausur des Vorstands, in der versucht wird, alle relevanten Frühwarnindikatoren im Hinblick auf das Geschäftsmodell der Unternehmung zu diskutieren. Erst danach folgen die planerischen Umsetzungen in den „Top-down"-Ansatz und den „bottom-up"- Ansatz der operativen quantitativen Planung.

> Eine fortschrittlich arbeitende IR kann sich hier schon mit ihren Top-Themen aus dem Jahres-Revisions-Bericht einbringen, soweit sie aus dem oben genannten Risikokatalog relevante Themen eruieren konnte. Dazu folgt im Kapitel Berichterstattung mehr.

8.3 Risikoklassifizierung im Audit Universe

Es wäre nun sehr einfach, beide Strukturen, die des Audit Universe und einen der beiden Risikokataloge vermittels einer Matrix zu verknüpfen. Für eine risikoorientierte Planung der Prüfobjekte sind jedoch zusätzlich zur Konkretisierung eines der beiden Risikokataloge auf die Unternehmenswirklichkeit weitere Überlegungen notwendig.

8.3.1 Risikomatrix zur Jahresplanung

In der Struktur des Audit Universe von Funktionen, Prozessen, Geschäftseinheiten, Gesellschaften und Projekten sind zunächst Qualifizierungen nach *Wesentlichkeit* vorzunehmen. Denn es macht schon einen Unterschied, ob eine Gesellschaft mehr als 25 % zum Unternehmensergebnis beiträgt oder nur 0,25 % (*Bedeutung, finanzielle* [299]).

Zusätzlich ist für die Prüfentscheidung bedeutsam, wie das Prüfobjekt in der Zukunft beschaffen sein wird, ob es strategisch relevant ist, welche zukünftige Auswirkungen auf den Unternehmenswert geplant sind (*Cash Generating Unit*) und ob es in naher Zukunft reorganisiert werden soll (*Strategische Bedeutung*).

Gleichfalls ist es nicht von untergeordneter Bedeutung, ob ein Prüfobjekt in die Jahresplanung aufgenommen wird und wie die Stabilität oder Anfälligkeit für Wandel beurteilt wird (*Externes und Internes Umfeld*). Hier kommen externe Einflüsse wie technologischer Wandel und Wettbewerbsintensität sowie interne Einflüsse wie Produktlebenszyklus seiner Produkte und Innovationsrate zur Geltung.

Auch auffällige Managerwechsel oder langes Beharrungsvermögen und hohe oder niedrige Fluktuation der Mitarbeiter können wichtige Faktoren sein, ein Prüfobjekt aufzunehmen oder nicht (*Relative funktionale Stabilität*). Hohe Fluktuationsraten bieten erste Hinweise auf ein schwieriges Geschäftsmodell, auf eine ungelöste Grundsatzproblematik oder auf Führungsprobleme in einem Teil des Unternehmens. Niedrige Raten deuten hingegen auf Bereichskulturen, Abschottungstendenzen und u. U. mangelnde Flexibilität hin, die bei großen von außen veranlassten Umbrüchen zu Anpassungsschwierigkeiten führen könnten.

---

299 Weitere Faktoren zur Ermittlung der Wesentlichkeit eines Unternehmensteils können sein Umsatzanteil, die Mitarbeiteranzahl, der Anteil an den Gesamtkosten, der Anteil am Gesamtinvestitionsvolumen und Kennzahlen, die auf diesen betriebswirtschaftlichen Kennziffern beruhen.

Letztlich ist die Risikosituation in Prüfobjekten mit hoher Komplexität von Prozessen, Funktionen oder Zugehörigkeit zu Geschäftseinheiten höher einzuschätzen als in denen mit vergleichweise einfacher Struktur, so dass auch diese Frage vor Aufnahme in das Prüfprogramm zu klären ist (*Komplexität*).

Mit den Fragen nach Vorprüfungen und etwaigem Managementwunsch für eine Prüfung komplettiert sich der Kriterienkatalog.

In der nachstehenden Abbildung[300] sind die o. g. Kriterien zusammengefasst dargestellt und mit einem Bewertungsraster versehen worden.

Nr.	Thema	Erläuterung	Dimension	Ausprägung	Gewicht
1.	Internes Umfeld	Risiko- und Kontrollumfeld; Managerwechsel; Mitarbeiterfluktuation; Prüfungsfeststellungen (Interne und Externe Revision)	Qualitativ	0–5	8
2.	Finanzielle Bedeutung	Umsatz, Kosten, Ergebnis	Quantitativ	1–5	10
3.	Strategische Bedeutung	Kundenzufriedenheit; Unternehmensentwicklung;	Qualitativ	1–5	6
4.	Relative funktionale Stabilität	Systemwechsel; Vorgesetztenwechsel;	Qualitativ	0–5	6
5.	Prüfungshäufigkeit	Noch nie; Jährlich	Quantitativ	0–5	8
6.	Komplexität	Mehrere Funktionen Mehrere Geschäftsfelder Mehrere Prozesse	Qualitativ	1–5	3
	Summe: Plan-RO			Maximum	205 Punkte
7.	Wunsch Externer/ Management Wunsch		Qualitativ	0,5 (intern)/ 1,0 extern	500
	Summe: Ad-hoc-RO				250/500 Punkte

Abbildung 8-6: Risikomatrix zur Jahresplanung

---

300 Das IIA hat seit Juli 2009 auf seiner website eine Studie unter dem Titel „Knowledge Briefing: Defining the right Audit Universe!"veröffentlicht, in welcher Form der geforderte Risikoorientierte Ansatz im Audit Universe und in der Jahresrevisionsplanung verankert werden könnte. Siehe auch die PA 2010-1 des IIA, die für den Jahresrevisionsplan eine Risikoeinschätung aller Elemente fordert.

8 RISIKOORIENTIERTE REVISIONSPLANUNG

Auffällig ist das relativ hohe Gewicht eines Managementwunsches, der dem Thema sofort eine Priorität gegenüber analytisch aus dem Audit Universe gewonnenen Themen einräumt. Ein naheliegender Grund ist der Gedanke, dass es nicht opportun ist, einem Vorstandswunsch nach Prüfung nicht zu entsprechen. Ein weiterer Grund ist die Lehre aus der Praxis, dass durch diese Vorschläge meist relevante und wichtige Risikofelder durch die IR geprüft werden konnten. Ein weiterer liegt schlicht im Eingehen auf Wünsche des „Clients".

> Hingegen sollte der Begriff Managementwunsch eng gefasst werden und auf Vorstand und die erste Unternehmensebene unterhalb des Vorstands eingegrenzt werden. Vorschläge aus unteren Managementebenen, die andere Bereiche betreffen, haftet hingegen manchmal der Augout an, Probleme vorzuschlagen, zu deren Lösung der vorschlagende Funktionsinhaber selbst verantwortlich ist oder sich als Marginalien „entpuppen".

8.3.2 Risiko revisionsfreier Räume bei Unternehmensteilen geringerer Bedeutung

Es sollte jedoch nicht unerwähnt bleiben, dass eine gewisse Kapazität auch für Funktionen, Geschäftsbereiche, Prozesse reserviert werden sollte, die durch das unten beschriebene Kriterienraster „hindurch fallen" würden. Die Idee, die hinter diesem Ansatz steckt, ist ebenfalls der Praxis entlehnt. Diese sog. „kleinen" Bereiche können sich auch in den Controllingsystemen, in der Führungsbetrachtung der Vorstandsbereiche und in der Betrachtung der Risikoplanung der Abschlussprüfer als marginal herausstellen und nicht intensiv betrachtet werden.

Trotzdem können aus einer nicht eingeschränkten Geschäftsordnung, Satzung oder Kompetenzenliste Risiken entstehen[301], die sich als durchaus relevant für das Unternehmensergebnis herausstellen würden. Um das zu vermeiden, sollten 10–20 % der Revisionskapazität darauf verwendet werden, revisionsfreie Räume zu vermeiden.

> In einem Großkonzern hatte eine Geschäftseinheit einen Umsatzanteil von 12 % und einen Ergebnisbeitrag von 10 %. Innerhalb dieser Geschäftseinheit gab es wiederum Profit und Loss-Verantwortliche, die die ca. 240 Gesellschaften in 48 Ländern steuern sollten. In einem dieser Länder entstand in einer Tochtergesellschaft der Landesgesellschaft ein Millionenschaden durch nicht genehmigte Devisenspekulation. Insgesamt handelte es sich um die 4. Ebene aus Gesamtkonzernsicht. Eine Revisionsprüfung war aus Risikogesichtspunkten unterblieben. Da das Großunternehmen mit einer überschaubaren Anzahl an Banken weltweit zusammengearbeitet hatte, war es möglich, den Bereich Devisengeschäfte zu zentralisieren und alle Banken weltweit anzuweisen, keine Geschäfte mit Personen außerhalb des Zentralbereichs Finanzen abzuwickeln.

---

301 Gemeint sind die Möglichkeiten, die ein Geschäftsführer auch einer kleinen GmbH besitzt, Verpflichtungen für die Unternehmensgruppe einzugehen, wenn er nicht durch Satzung, Geschäftsordnung oder Kompetenzenliste daran gehindert wird. Beispiele sind Börsenspekulationen, langfristige überteuerte Mietverträge oder der Aufbau von neuen Geschäften, die mit dem eigentlichen Geschäftszweck nichts zu tun haben. Alle drei Beispiele würden bei geschickter Handhabung im Rahmen genehmigter Budgetgrenzen abzuwickeln sein.

Gleichzeitig wurden durch die IR alle Satzungen der Konzerngesellschaften auf Risiken analysiert und eine Vielzahl von Genehmigungsvorbehalten durch den Aufsichtsrat in die jeweiligen Satzungen aufgenommen.

Übrigens hatte der ungetreue Geschäftsführer selbst vorher eine D&O-Versicherung abgeschlossen, so dass der Schaden für das Unternehmen begrenzt war.

Letztlich bleibt es dem Geschick des Revisionsleiters überlassen, die für sein Unternehmen richtige Mischung zu finden.

8.4 Informationsquellen für eine risikoorientierte Prüfungsplanung

8.4.1 Interne Quellen

Weitere Bausteine zu einer risikoorientierten Prüfung und zur adäquaten Einschätzung der einzelnen Bausteine des Audit Universe erhält man durch das Studium der einschlägigen Unternehmensinformationen.

Die wesentliche Quelle, aus der die aktuelle und zukünftige Entwicklung eines Unternehmens herleitbar ist, ist die Vorstandssitzung und die mit diesem Meeting verbundenen entscheidungsvorbereitenden oder informativen Präsentationsunterlagen sowie die nach Behandlung der entsprechenden Tagesordnungspunkte getroffenen Entscheidungen. In einer *Vorstandsitzung* werden die für ein Unternehmen wichtigen Entscheidungen vorbereitet, diskutiert und verabredet. Mittelbar ist dem eingeweihten Leser derartiger Informationen auch die im Unternehmen existierende „Hackordnung" ersichtlich. Aus beiden Erläuterungen wird deutlich, dass eine IR im Blindflug „segelt", wenn sie nicht –wenigstens in groben Umrissen-, über die Vorgänge in einer Vorstandssitzung informiert ist.

Eine unschätzbar wichtige Quelle für die Einschätzung von Funktionen, Prozessen, Gesellschaften, Regionen und Projekten, also der Komponenten des Audit Universe, sind die *Controllingberichte*. Hier werden die für ein Unternehmen wichtigen Soll-Ist-Abgleiche berichtet, die Soll-Wird-Vergleiche bei Plananpassungen über die Prognose augenfällig und über die meist ungeschminkten, sachlichen Kommentare umso verständlicher. Auch ein Zeitreihenvergleich ist häufig verfügbar, wenn nicht zu viele grundsätzliche Umorganisationen die Vergangenheitszahlen obsolet erscheinen lassen. Bei einem Informationsaustausch auf Gegenseitigkeit erhält die IR meist auch den Zugang zu den Controllingsystemen, die eigene Vergleiche ermöglichen.

Als weitere wichtige Quelle sind die *eigenen Revisionsberichte* zu bewerten, insbesondere aber die Follow-up-Ergebnisse aus den abgearbeiteten Maßnahmenkatalogen. Hieraus ergibt sich ein weiterer Baustein zur Abrundung des Urteils der entsprechenden Audit Universe-Komponente. Zwar sollten die Berichte nicht überbewertet werden, da sich auch andere Bereiche ändern, und auch nicht als alleinige Quelle fungieren. Sie vermitteln häufig einen tieferen Einblick in die Prozesslandschaft der zu prüfenden Felder, in sachlicher und detaillierter Form.

Ähnliches gilt, mit gewissen Abstrichen, bei der *Jahresabschlussberichten der Abschlussprüfer* und, wenn heute noch erstellt, dem Management Letter. Eine externe Sichtweise, fundiert auf fachkompetenter Basis, enthüllt so manches Mal Details und Themen, die trotz aller Unternehmenskenntnis der IR wirklich neu und instruktiv für die weitere Prüfungsplanung sind. Die Einschränkung resultiert aus dem Standpunkt, dass eine IR eigentlich nicht sehr viel Neues im Bericht entdecken sollte, wenn Abschlussprüfer und IR einen risikoorientierten Ansatz bei ihrer jeweiligen Tätigkeit obwalten ließen. Denn durch mindestens quartalsweise stattfindenden Meinungsaustausch sollten sich beide über die Risikosituation im Unternehmen gut informiert haben.

Weitere Quellen, über die sich der professionell vorgehende Revisor informieren sollte, sind alle veröffentlichten aktuellen *Geschäftsberichte*, die nach deutscher oder auch ausländischer Rechnungslegung erstellt wurden. Hinzu gehören die Ad-Hoc-Mitteilungen und Quartalsberichte, wenn die IR nicht schon über den SOX in ein sog. Disclosure Committee eingebunden ist.

Auch etwaig erstellte *Nachhaltigkeitsberichte* oder Berichte des Personalbereichs sollten zur Standardlektüre des Revisors gehören, da sie zumindest eigene Ansprüche an das eigene Unternehmen für die interessierte Öffentlichkeit formulieren und gesellschaftlich relevante Leistungen des Unternehmens dokumentieren.

8.4.2 Externe Quellen

Geschäftsberichte von Akteuren, die das externe Unternehmensumfeld bestimmen oder bestimmen könnten, nämlich von Regulierungsbehörden, Wettbewerbern, Lieferanten und von Marktforschungsinstituten erstellte Kundenbefragungen runden das Bild dann ab.

An die Quellen für derartige Informationen kann man durch eigenes Studium der Geschäftsberichte und über das Internet gelangen. Kontakte mit den Kollegen aus dem Strategiebereich und dem Marketing zu Wettbewerbs- und Kundeninformationen, dem Einkauf, der Technik und dem Entwicklungsbereich zu Lieferanteninformationen und neuen Forschungsergebnissen und dem Chefjustitiar zu Gesetzesinitiativen vertiefen dann die selbst gewonnenen Erkenntnisse.

Die nachstehende Abbildung fasst die angesprochenen Quellen mit einer vom Verfasser erfolgten individuellen Bewertung zusammen:

8.4 Informationsquellen für eine risikoorientierte Prüfungsplanung

Nr.	Bezeichnung	Mögliche Inhalte	Relevanz	Ziel
1.	Vorstandsvorlagen	Neue und kritische Themenfelder	Sehr hoch	alle
2.	Vorstandsprotokolle	Änderungen zur Vorlage	Sehr hoch	alle
3.	Monatliche Controllingberichte	Unerwartete Abweichungen, Dauer-Planabweichungen	Sehr Hoch	OA; FA
4.	Eigene Revisionsberichte	Unvollkommene Umsetzungen, kritische Feststellungen	Sehr hoch	alle
5.	Management Letter der Abschlussprüfer	Unvollkommene Umsetzungen, kritische Feststellungen	Hoch	FA, CO
6.	Jahresprüfungsbericht	Neue Themen	Mittel	FA; CO
7.	Nachhaltigkeitsbericht	Inkompatibilitäten zu anderen Unternehmensberichten	Mittel	CO
8.	Quartalsweise erstellte Risikoberichte	Neue Risiken, Neubewertungen bekannter Risiken, „Dauer"-brenner	Mittel	alle
9.	Budgetplanung des nächsten Jahres	Anspruchsvolle, neue Ziele in Umsatz und Kosten	Hoch	MA; OA
10.	Mittelfristplanung des Unternehmens	Kompatibilitäten zu früheren Planungen, zur Jahresplanung	Sehr hoch	MA
11.	Strategieplanung des Unternehmens	Mangelnde Umsetzung einzelner Themen	Sehr Hoch	MA
12.	Geschäftsbericht des Unternehmens	Extern kommunizierte Risiken	Hoch	alle
13.	SEC-Filing des Unternehmens	Extern kommunizierte Risiken	Hoch	alle
14.	Geschäftsberichte Wettbewerber	Extern kommunizierte Risiken, Strategieänderungen	Hoch	alle

Abbildung 8-7: Informationsquellen einer risikoorientierten Prüfungsplanung

8.5 Ideenspeicher: Sammlung von möglichen Handlungsfeldern aus Erkenntnissen von Prüfungen des laufenden Jahres

Man könnte meinen, dass mit den vorherigen Schritten der Risikoanalyse und Risikobewertung inkl. des Aufbaus eines Audit Universe bzw. seiner Aktualisierung alles Notwendige für eine risikoorientierte Jahresplanung getan sei. Von dieser Überlegung gehen auch einige IR aus, die im Rahmen ihrer Jahresplanung standardisierte Schreiben an das Top-Management versenden und um Themenvorschläge für das nächste Prüfungsjahr bitten.

Weder die DIIR-Standards noch die IIA-Standards sehen hier zusätzlichen Handlungsbedarf vor. In diesen Standards steht lediglich, dass der Vorstand den Jahresrevisionsplan zu genehmigen hat und um Themen-Vorschläge gebeten werden soll.

Wie diese Einbindung auch effektiver verlaufen könnte, sei an folgendem empfängerorientierten Prüfungsansatz gezeigt.

8.5.1 Strategiediskussion

In einem ersten Schritt werden im Revisionsteam die Prüfungseckpunkte für das nächste Jahr im Rahmen eines Strategiemeetings mit allen Führungskräften der IR erarbeitet. In Vorbereitung dieses Meetings werden in den IR-Abteilungen vorher bereichsweise Risikoschwerpunkte identifiziert. Basis sind die Prüfungen des letzten Jahrs, die vorliegenden Follow-up-Ergebnisse und „weiße Flecken" des Audit Universe.

Hinzu kommt eine Strategiediskussion der IR, die ihren Ausgangspunkt an der wirtschaftlichen Lage des Unternehmens und den voraussichtlichen geplanten Aktivitäten und nicht zuletzt an den verabredeten Zielen nehmen sollte. In dieser Diskussion sind auch die notwendigen kapazitären Aspekte der IR wie auch ihr Wissensfundament kritisch zu hinterfragen. Im besten Fall ist das Ergebnis eines solchen Strategiemeetings, dass allein nur neue Prüfungs-Eckpunkte für das nächste Jahr definiert sind, aber Struktur und Ausrichtung der IR unverändert bleiben.

> Diese Eckpunkte könnten z. B. eine Kapazitätserweiterung der IR sein, dadurch, dass bisher outgesourcte IT- und Auslandsprüfungen nun mit eigenen Kräften angegangen werden. Weitere Eckpunkte könnten sein, die Unterstützung des Abschlussprüfers tendenziell zu reduzieren, um mehr Kapazität für die Umsetzung von Managementwünschen aus dem Gebiet des OA zu erhalten. Wenn das Unternehmen Verwaltungsarbeiten in der Zentrale reduziert, könnte es sich anbieten, FA- und CO-Ansätze zu verstärken, um das Interne Überwachungssystem zu stabilisieren.

In anderen Fällen führen Eckpunktediskussionen zur Analyse des themenbezogenen Leistungsvermögens der IR-Mitarbeiter bzw. zur kurzfristigen Forderung nach externer Unterstützung.

Die Schwerpunkte sind jeweils individuell zu setzen, das o. g. sollte nur als Beispiel genommen werden. Der Vorteil einer derartigen Vorgehensweise im Vergleich zu der sog. klassischen Vorgehensweise, die nur das zweite Jahr der 3-Jahres-Planung mit kleinen Anpassungen fortschreibt, liegt darin, zielgenau auf die aktuelle Risikosituation des Unternehmens mit seinem externen und internen Umfeld reagieren zu können.

Die nachstehende Tabelle versucht einige wesentliche planerische Eckpunkte anzusprechen. Dabei wird deutlich, dass es sich um einen Mix von risikoorientiertem Ansatz und Ansatz zur Vermeidung revisionsfreier Räume handelt:

Herkunft	Audit Universe	Auswirkung	Primat Risiko
Vollständigkeit der Abdeckung	Funktion	*Größere*	Nein
	Prozess	*Abdeckung*	Nein
	Geschäftsbereich	*durch*	Nein
	Gesellschaft	*Prüfungen*	Nein
	IT-Systeme		Nein
Revisionserkenntnisse/ Abschlussprüfererkenntnisse	Hohes Risiko	Wiederholungsprüfung/ Intensive Follow-up-Prüfung	Ja
		Schwerpunktprüfung im beanstandeten Bereich	Ja
Wandel *(Strategieänderung)*	Neue Funktion	Erstprüfung	Ja
	Neuer Prozess	Erstprüfung	Ja
	Neuer Geschäftsbereich	Erstprüfung	Ja
	Neue Gesellschaft	Erstprüfung	Ja
	Reorganisation/ Kostendämpfung	Gegenstromprinzip IR: Verstärkung der FA und CO-Prüfungen in betreffenden Bereichen	Ja
Unternehmenserkenntnisse	Schwerpunkte	Fokussierung	Ja
(Frühwarnindikatoren)	entsprechend Erkenntnissen	der Prüfungsthemen	Ja

Abbildung 8-8: Eckpunkte-Ansätze als Rahmenansatz einer risikoorientierten Revisionsplanung

8.5.2 Detailplanung möglicher Themen

Nach dem Strategiemeeting wird der gesamte IR-Bereich über die neuen Eckpunkte informiert und die detaillierte Planungsrunde für das nächste Revisionsjahr eröffnet. Bei der Findung der Prüfungsthemen für das nächste Jahr kann es sich durchaus um Vertiefungen oder Erweiterungen schon durchgeführter Prüfungen handeln, wenn die Thematik im vergangenen Jahr schwerwiegende Mängel aufgewiesen hatte. Ein Follow-up durch persönliche Inaugenscheinnahme kann dann leicht integriert werden. Gleichzeitig werden etwaige „weisse Flecken" des Audit Universe mit Themen hinterlegt.

Zu beiden Gebieten kann in den Abteilungen schon eine Brainstorming-Runde mit allen Revisoren vorgesehen werden. Durch diese Vorgehensweise werden alle Teammitglieder in den Revisionsplanungsprozess integriert. Wichtig ist, seitens der Revisionsleitung festzustellen, dass in dieser Phase möglichst viele Prüfungsideen generiert werden sollen. Die Verwirklichung dieses Ziel wird den Teams durch die Schaffung entsprechender Freiräume auch ermöglicht.

In einem weiteren Führungsmeeting werden diese Prüfungsideen bewertet und für den Vortrag vor dem jeweiligen Management bereichsbezogen aufbereitet. Sollten Überschneidungen in der Verantwortlichkeit eines operativen Bereichs zu einem anderen entstehen, so wird beiden das Thema vorgestellt und nach Abschluss der beiden Besprechungstermine über die endgültige Zuordnung entschieden. Bringen die Besprechungstermine keine Klarheit über die Zuordnung, so wird das Thema auf jeden Fall durchgeführt, da eine unklare Verantwortungslage schon per se eine Revisionsfeststellung ist.

Der Prozess der Ideenfindung als Vorprozess der Revisionsplanung wird nachfolgend illustriert.

Prozess-Komponenten	Inhalt: WAS?	Systematik: WIE?
Ziel/Aufgabe	Möglichst viele erfolgsversprechende Prüfungsideen generieren	Differenzierung nach Revisionsarten (FA;MA;OA;CO)
Verfahrensregeln/ Entscheidungsregeln	Auswahl der effektivsten Ideen, gemessen am Prüfungsziel.	Bewertungsraster für Prüfungsideen entwickeln und festlegen, s. Abb.8-5
Rahmenbedingungen	1. Berücksichtigung des Audit Universe 2. Berücksichtigung der Risikosituation des Prüfungsgebiets 3. Berücksichtigung des Knowhows des Prüfungsteams	1. Komplettabdeckung 2. Wert und Wahrscheinlichkeit 3. Dosierte Hilfe des Revisionsleiters in Abhängigkeit von der Erfahrung des Teamleiters
Parameter/ Einflussfaktoren	1. Erfahrung der Ideengeber 2. Nähe zum Prüfungsgebiet 3. Ferne/Unabhängigkeit vom Prüfungsgebiet 4. ernsthafte Mitarbeit der Entscheidungsträger *(Key)* 5. ernsthafte Mitarbeit des Prüfungsteams *(Key)*	1. Mischung der Teams aus „alten Hasen" und „jungen Wilden" 2. Prüfungsleiter haben Fachwissen vom Prüfungsgebiet 3. Revisoren sind noch nicht betriebsblind 4. Roadshow 5. Ideen werden berücksichtigt, Nichtberücksichtigung erläutert
Prozess-Ergebnis	Mehr gute Ideen als Kapazität vorhanden ist	–
Feedback	Vortrag der nicht berücksichtigten Ideen in die nächste Periode	Speicherung der Reservethemen im IT-System

Abbildung 8-9: Prozess der Ideenfindung

8.6 Einbindung des Top-Managements in die Jahresrevisionsplanung

8.6.1 Diskussion von Eckpunkten für die Planung

Um dem Vorstand eine konkrete Einflussnahme auf das Revisionsprogramm zu ermöglichen, reicht eine Abstimmung am Ende der IR-internen Planung nicht aus. Denn am Ende kann der Vorstand einzelne Themen nur gutheißen oder ablehnen, die Chance einer aktiven Einflussnahme wird durch eine derartige Vorgehensweise vertan. Gefällt das Programm überhaupt nicht, ein rein theoretischer Fall, da der Kontakt zwischen Vorstand und Revisionsleitung nach eigener Einschätzung der Revisionsleiter bestens ist[302], so muss das komplette Revisionsprogramm in sehr kurzer Zeit noch einmal grundsätzlich überarbeitet werden, was Zeit- und vor allem Gesichtsverlust für den Revisionsleiter zur Folge hätte.

Besser ist es, mit dem für die Revision hauptverantwortlichen Vorstand noch vor dem Strategieseminar der IR die Eckpunkte des Unternehmens und damit auch mögliche Eckpunkte der IR zu besprechen. Dabei sollte allen Beteiligten klar sein, dass aufgrund von sachlichen Zwängen (Audit Universe: Vermeidung revisionsfreier Räume und Kompetenz des Teams) die Freiheitsgrade in der Planung begrenzt sind. Gleichzeitig ist ebenso klar, dass sich die Vorgaben für das Unternehmen aufgrund unerwarteter Ereignisse ändern und somit die Eckpunkte einem Wandel unterliegen können.

8.6.2 Roadshow

Einen weiteren Input sowie eine Konkretisierung erfährt die Jahresrevisionsplanung bei der Präsentation vor dem Management (revisionsinterne Roadshow) des Unternehmens.

> In diesen Besprechungsterminen werden die Risiken des jeweils operativen Bereichs besprochen, neue Entwicklungen in der IR und im Bereich/Unternehmen diskutiert, die Follow-up-Ergebnisse vergangener Prüfungen im Grundsatz gewürdigt und die Prüfungsideen der IR sowie die Vorschläge aus dem Bereich für die IR gegenübergestellt.

Am Abschluss werden dann die Wünsche der betreffenden Organisationseinheit zum Timing der verschiedenen Prüfungen aufgenommen, ohne jedoch endgültige Zusagen zu machen, damit Freiheitsgrade in der Planung erhalten bleiben.

In diesen Terminen der Roadshow kann viel für ein verbessertes Verständnis von den operativ Tätigen und der IR getan werden. Unabhängig von einem Schlussgespräch können sehr offen Unternehmensthemen und Themen der Organisationseinheit angesprochen werden, so dass der Sachverstand der IR in den nachfolgenden Prüfungen signifikant steigt. Gleichzeitig können aber auch Problempunkte in der Zusammenarbeit angesprochen werden. Hierdurch hat die IR die Chance, als Mittler zwischen Bereichen aufzutreten und mögliches aufgestautes Konfliktpotenzial abzubauen, so dass die Revisoren konstruktiver als in der Vergangenheit arbeiten können.

---

302 Siehe hierzu die Enquete 2011, S. 62 ff.

Dem stehen der scheinbare Nachteil einer Einflussnahme des Bereichs auf die Revisionsplanung und der Vorwurf eines (scheinbaren)Verlust von Unabhängigkeit der IR gegenüber.

Der erste Nachteil ist nach Auffassung der Autoren eher als Vorteil zu sehen, da eine Mehrjahresplanung nur aufgrund von Kriterien des Audit Universe aus Risikoaspekten in die Irre gehen kann, da es versäumt wurde, aktuelle Entwicklungen einzubeziehen. Der zweite Nachteil hat mit dem Missverständnis zwischen Unabhängigkeit und Neutralität zu tun. Mit dem Wissen aus derartigen Gesprächen bleibt die IR nicht lange unbeteiligt, d. h. neutral, sie muss vielmehr einen Standpunkt beziehen. Gleichzeitig übernimmt sie nicht die Einschätzung des Bereichs, sondern betrachtet die Einlassungen des Bereichs als das, was sie sind, Informationen. Urteile über Sachverhalte sollten erst nach erfolgter Prüfung gefällt werden, die Unabhängigkeit bleibt somit gewahrt. Ganz im Gegenteil werden nach einer Roadshow Themen behandelt, die alleine durch Analyse des Audit Universe nicht in den Revisionsfokus gelangt wären.

> Eine Auswertung von Revisionsberichten in verschiedenen Unternehmen, kam zu dem Ergebnis, dass Vorschläge eigener Mitarbeiter und Vorschläge des Top- Management zu den signifikanten Revisionsfeststellungen geführt haben.

8.6.3 Einbindung von Gesamt-Vorstand und Aufsichtsrat

Nach dem Ende der Roadshow werden die Ergebnisse themenmäßig zusammengefasst, ein letztes Mal im internen Führungskreis diskutiert und dann verabschiedet.

Die Jahresrevisionsplanung wird dann dem Vorstand zur Genehmigung vorgelegt, der sie nach Genehmigung auch dem Aufsichtsrat vorlegen kann.

Durch 4-Augengespräche kann mit den einzelnen Vorständen meist sehr schnell ein Einverständnis über die ihn betreffenden Themen erzielt werden. Anders sieht es für den IR-Leiter aus, mit den Themenvorschlägen richtig umzugehen, die den Vorstandsbereich eines Kollegen betreffen. In der Praxis haben sich die Entscheidungskriterien Transparenz und Klarheit als richtiger Maßstab erwiesen.

Durch die offensive Behandlung kann eine IR bewirken, dass Themen, die bisher ein Dasein im Verborgenen fristeten, einer Lösung zugeführt werden konnten.

> Zur eigenen Rückversicherung sei anempfohlen, diese Vorgehensweise im Vorhinein anzusprechen, damit auf Seiten des vorschlagenen Vorstands die Überraschungsmomente nicht so groß werden. Gleichzeitig sollte auch eine Vertraulichkeit der 4-Augengespräche vereinbart werden.

Die Präsentation vor dem Gesamtvorstand, so sie überhaupt stattfindet, sollte sich auf die großen Linien der Planung beschränken und sich nicht in einer erschöpfenden Aufzählung der Themen ergehen. Es sollte gleichzeitig genügend Raum für Diskussion eingeplant werden.

Eine mögliche Präsentation der Jahresplanung vor dem Aufsichtsrat/Prüfungsausschuss sollte auch mit einer kurzen Präsentation der IR, ihrem Kompetenzprofil, ihrem Budget und ihren Follow-up-Ergebnissen aus den wichtigsten vergangenen

Prüfungen verbunden werden. So kann sich das Gremium einen umfassenden Eindruck vom Internen Revisionssystem[303] machen. Traut sich die IR ein eigenes Urteil über das im Unternehmen vorhanden Überwachungssystem (First und Second Line of Defense) zu, und mutig sollte der Revisionsleiter als Vertreter der Third Line of Defense schon sein, so rundet das den Vortrag der IR weiter ab.

> Möglichen geplanten Einschränkungen im Budget kann durch Einflussnahme des Gremiums Einhalt geboten werden, wenn die Präsentation professionell vorbereitet und mit dem zuständigen Vorstand vorher in seiner Intention besprochen wurde. Dies ist sicher nur ein Notbehelf, aber, wenn überlegt eingesetzt, trotzdem wirksam[304].

Ergänzungen der Planung durch das Gremium sollten nach einer Diskussion aufgegriffen werden, da allein durch die Behandlung dieser Themen die Unabhängigkeit der IR gestärkt wird. Zusätzlich kann die IR eine weitere Vermittlungsrolle übernehmen und so manchmal vermeiden, dass Streitpunkte außerhalb statt innerhalb des Unternehmens diskutiert werden.

> Die Berichterstattung an die Gremien wird in einem späteren Kapitel beschrieben, so dass an dieser Stelle auf weitere Details verzichtet werden kann.

8.7 Ressourcenplanung und Teambildungsprozess

8.7.1 Planung der internen und externen Ressourcen

Eine systematische, risikoorientierte Prüfungsplanung ist nun möglich, da alle gewünschten Prüfungsthemen bekannt und abgestimmt sind. Zusätzlich sind die Anzahl der Mitarbeiter und die voraussichtliche Dauer der Prüfungen bekannt, so dass die technische Seite der Planung um gesetzt werden kann.

Entsprechend den Standards des IIA[305] und des DIIR darf eine Prüfung nur durch kompetente IR-Mitarbeiter durchgeführt werden. Insofern kommt der laufenden Weiterbildung der IR-Mitarbeiter eine hohe Bedeutung zu. Auch ist im Rahmen des mitarbeiterorientierten Prozesses mindestens jährlich zu überprüfen, ob die Basisqualifikation für die Anforderungen (z. B. zunehmende Internationalisierung, Automatisierung durch IT) an die IR zukünftig ausreichen wird. Falls dies nicht der Fall sein sollte, sind seitens der Revisionsleitung die notwendigen Maßnahmen einzuleiten.

Falls es nicht gelingen sollte, geeignete Mitarbeiter für die notwendigen Prüfungen zu finden, darf unter Risikogesichtspunkten keinesfalls die Prüfung abgesetzt werden. Sie war ja nach allen vorhandenen Bewertungskriterien des Risikoscores als dringlich eingestuft worden. Vielmehr ist interner oder externer Sachverstand hinzuziehen bzw. die Prüfungstätigkeit an kompetente Unternehmen outzusourcen. Die entsprechen-

---

303 Nach § 107 AktG für den Aufsichtsrat/Prüfungsausschuss zwingend erforderlich, nach dem neuen Fragenkatalog des DIIR von 2012 als Bringschuld seitens der IR zu verstehen.
304 Auch hier können die neuen Feststellungen in den 80 Thesen zum DIIR Standard Nr. 3, Ziffer 3 der Mindestanforderungen von 2012 hilfreich sein.
305 IIA-Standard 1200, 1210, 1220: Proficiency and Due Professional Care und den zugehörigen PA 1200-1, 1210-1, 1210-A1-1, 1220-1, 1230-1.

den Sachkosten sind im Jahresbudget der IR nach Genehmigung durch den Vorstand vorzusehen.

Bei der Vergabe sind natürlich die Maßstäbe des Unternehmens an eine Vergabe, die zudem auch durch die IR gefordert werden, strikt anzuwenden. Das bedeutet, dass ein Ausschreibungsverfahren unter Wettbewerb nach Veröffentlichung eines qualifizierten Anforderungsprofils einzuleiten ist. Ob die Leistung in Form eines Werkvertrags oder nach Aufwand erbracht werden soll, hängt von der konkreten Ausgestaltung des Auftrags ab. Wird für ein bestehendes Team ein Experte benötigt, so bietet sich die Abrechnung nach Aufwand an, da das Teamergebnis nicht einfach auf die einzelnen Teammitglieder herunterzubrechen ist. Wird jedoch ein kompletter Prüfungsauftrag vergeben, bietet sich der Werkvertrag an, da mit einem Revisionsbericht gleichzeitig auch das Produkt als Endergebnis des Auftrags definiert werden kann. Im Vertrag sind Vertraulichkeitserklärungen des Dienstleisters zu bestimmen, um einen Abfluss von vertraulichem Wissen aus dem Unternehmen nach allen Möglichkeiten einzuschränken.

> Eine Alternative zu externer Hilfe kann die Hinzuziehung internen Sachverstands sein, die im Kapitel Organisation und Strategie der IR unter den Stichworten Gastrevisor und Job Rotation beschrieben wurde.

Mit den möglichen Ressourcen sind jedoch noch nicht die Teams für die jeweiligen Prüfungen zusammengestellt. Idealerweise sollten je Thema die Anforderungen an Kompetenz, Erfahrung und Spezialwissen beschrieben werden, die dann mit den Leistungsprofilen der jeweiligen Mitarbeiter abgeglichen werden. Daraus könnten dann die Idealteams, bei denen sich Projekt-Anforderungen und Teamprofil entsprechen, gebildet werden.

8.7.2 Teambildungsprozess

Die oben beschriebene idealtypische Teambildung sieht in der Praxis aus verschiedenen, dazulegenden Punkten leider anders aus. Nicht immer sind die zum Zeitpunkt des Projektstarts benötigten Teammitglieder verfügbar, da sie noch in anderen Projekten gebunden sein könnten. Leider ist es auch nicht so, dass alle Mitarbeiter der IR auf ihrem Gebiet Experten sind, da die IR typischerweise auch ein Führungsnachwuchsbereich ist, in dem erste Führungserfahrungen aufgebaut werden sollen. Weiter gibt es in der IR wie in jedem anderen Bereich Leistungsträger und Entwicklungsfähige, so dass für die Projektteambildung bei flexiblen Teams ein Wettbewerb um die „besten" Mitarbeiter („War of talents") einsetzt.

Letztlich gibt es eine nicht zu unterschätzende psychologische Komponente. Nicht die Summe der besten „Einzelkämpfer" ergibt das beste Team, sondern die beste Mischung von Menschen, die sich respektieren, sich gegenseitig unterstützen und sich im Hinblick auf das Projektziel bedingungslos zusammenfinden. Erfolgreiche Teams werden meist nicht am grünen Tisch gebildet, sondern finden sich im Laufe von Projekten zusammen. Sie zeichnen sich durch ein gemeinsames Verständnis der Aufgabe, großen Einsatzwillen, die Aufgabe in einer vorgegebenen Zeit erfolgreich zu bewältigen und den gegenseitigen Respekt vor dem Anderssein des anderen Teammitglieds aus. Die gegenseitigen Schwächen und Stärken der jeweiligen Teammitglieder werden gesehen und zum Wohl des Projekts kompensiert bzw. herausgestellt, so dass am Ende ein Endprodukt sichtbar wird und nicht eine Summe von Einzelleistungen. Die Projekterwartungen werden meist erfüllt oder übertroffen, Zeitengpässe durch Freizeitverzicht ausgeglichen und unerwartete Schwierigkeiten durch kreative Lösungen überwunden.

Wie erhält man nun solche Teams?

Viele Komponenten müssen stimmig sein, damit durch die Teams Spitzenleistungen erzielbar werden. Die Basis ist die *Unternehmenskultur* und die Bereichskultur, getragen von einem gemeinsam entwickelten Wertesystem, vertieft durch Offenheit und Respekt im täglichen Umgang miteinander und geeint durch Akzeptanz der Bereichsziele. Um dem Eindruck entgegen zu treten, dass Führung in diesem teamorientierten Ansatz keine Rolle spielt, sei bemerkt, dass dieses kooperative Führungsmodell gerade von den Führungskräften besondere Fähigkeiten in Kommunikation, Überzeugungsvermögen, Mut, Geduld und Einsatzbereitschaft verlangt.

Auch für den einzelnen Revisor wird der Anforderungskatalog anspruchsvoller, von der Offenlegung seiner Fähigkeiten, Erfahrungen und auch seiner Verbesserungsmöglichkeiten bis hin zu einer Zielorientierung, sich mit den Bereichszielen und den Unternehmenszielen eingehend auseinandersetzen zu wollen und sich mit seiner gesamten Persönlichkeit einzubringen.

Konkret könnte ein Teambildungsprozess wie folgt aussehen:

1. *Voraussetzungen:* Die Aufbauorganisation der IR erlaubt entsprechend der Jahresplanung jährlich sich neu bildende Teams aus jeweils drei bis vier Mitarbeitern zusammen mit einem verantwortlichen Prüfungsleiter, der Experte in seinem Themengebiet ist. Hier wird schon deutlich, dass dieses Modell eher für mittlere bis größere IR geeignet ist mit einer Mitarbeiterzahl von mehr als 20 Revisoren.
2. *Tagungsvorbereitung:* In den Teams des laufenden Jahres werden die möglichen Prüfungsthemen des Folgejahres entwickelt, gleichzeitig der Ausschnitt ihres Audit Universe aktualisiert und eine Priorisierung nach Themen, zu prüfenden Unternehmensteilen und Teamanforderungen formuliert.
3. *Markt der Ideen:* Im Rahmen einer Jahrestagung finden sich alle Revisionsmitarbeiter zusammen und haben Gelegenheit, sich die Themengebiete aller Kollegen für das nächste Jahr anzuschauen und offene Fragen zu diskutieren.
4. *Teamwahl:* Jeder Revisionsmitarbeiter kann sich drei Teams auswählen (Erst-, Zweit-, Drittwunsch). Die Prüfungsleiter erhalten in einem geheimen Verfahren die jeweiligen Teamwahlergebnisse und haben ein Vetorecht, falls sie die Mitarbeiter, die sich für ihr Team entschieden haben, für nicht geeignet halten.
5. *Zuteilung der offenen Vakanzen und nicht berücksichtigten Mitarbeiter:* Nach der Teamwahl können angebotene Stellen offenbleiben, weil Mitarbeiter andere Teams favorisiert hatten bzw. Prüfungsleiter von ihrem Vetorecht Gebrauch gemacht haben. Gleichfalls können Mitarbeiter mit ihren Erst-, Zweit und Drittwünschen unberücksichtigt bleiben, weil sich die Prüfungsleiter für aus ihrer Sicht qualifiziertere entschieden hatten. Die Führung nimmt dann eine Zuteilung der

verbliebenen Mitarbeiter auf die Vakanzen hin vor. In diesem Prozess wird von allen Beteiligten ein hohes Maß an Kompromissfähigkeit, Realitätssinn und diplomatisches Geschick eingefordert, da in den Diskussionen sehr viel Persönliches, Heikles und Unbequemes zum Vorschein kommen kann.

6. *Offenlegung der Wahl:* Am Ende des Prozesses wird das endgültige Ergebnis der Wahl allen Revisionsmitarbeitern offengelegt. Dabei ist zu beachten, dass die Hintergründe der konkreten Einzelwahl oder Einzelentscheidung geheim bleiben sollten, um die Privatsphäre des Einzelnen zu wahren.

7. *Fazit:* Der beschriebene Teambildungsprozess weist gegenüber einer von der Revisionsleitung verfügten Teamzuordnung den großen Vorteil einer Freiwilligkeit und Verhandlungslösung aus. In den vielen Gesprächen vor der Wahl können sehr unterschiedliche Aspekte wie Leistungsvermögen, Stärken und Schwächen von Mitarbeiter und Führungskraft, Ziele des Teamgebiets u. v. a. m. angesprochen, diskutiert und dann verabredet werden. Die Verantwortungsbereitschaft jedes einzelnen wird gefordert und gefördert, da jede Entscheidung individuelle, Teamziele und Bereichsziele einbeziehen muss. Letztlich profitieren alle von dem erzielten Ergebnis. Der Aufwand für dieses Verfahren ist unweit größer als bei einer Entscheidung am „grünen" Tisch, jedoch wird dieser Nachteil durch die ungleich höhere Motivation einer solchen Tagung und den erzielbaren Teamergebnissen aufgewogen und meist übertroffen.

Die nachfolgende Abbildung fasst den Planungsprozess in seinen wichtigsten Komponenten zusammen:

Prozess-Komponenten	Inhalt: WAS?	Systematik: WIE?
Ziel/Aufgabe	Risikoorientiertes, an die konkrete Unternehmenssituation angepasstes Prüfungsprogramm mit der Chance zur Mehrwertgenerierung für das Unternehmen	*Richtlinie:* Roadshow *Richtlinie:* Aktualisierung des Audit Universe
Verfahrensregeln/ Entscheidungsregeln	1. Planung der Revisionsthemen in Abhängigkeit vom Risiko-Score 2. Planung der Revisionsthemen zur Vermeidung revisionsfreier Räume 3. Planung der Revisionsthemen mit dem höchsten Mehrwert für das Unternehmen 4. Planung der Revisionsthemen mit Mindestanteilen MA, FA, OP, und CO	1. Richtlinie: Risikomatrix anwenden 2. Aktualisiertes Audit Universe nach Firmen, Funktionen, Prozessen, Geschäftseinheiten, Projekten 3./4. Planungsvorgabe OA-MT, MA-MT, FA-MT und CO-MT
Rahmenbedingungen	1. 80 % Ausplanung, um 20 % der Kapazität für Ad-Hoc-Themen zur	1./2. Richtlinie Planungsvorgabe „Nächstes Jahr"

Prozess-Komponenten	Inhalt: WAS?	Systematik: WIE?
	Verfügung zu haben, ohne geplante Themen stornieren zu müssen 2. Planung der Summe Mensch-Tage unter Berücksichtigung von Urlaub, Krankheit, Weiterbildung, Vakanzen und Beratungsbudget	
Parameter/Einflussfaktoren	1. Anzahl Ad-Hoc-Themen 2. Risikopräferenz im Unternehmen 3. Risikoberichte 4. Controlling-Berichte 5. Vorstands-Vorlagen 6. Management Letter des AP 7. Road-Show-Protokolle/Feedback-Schreiben zu Prüfungswünschen 8. Anzahl Follow-up-Prüfungen	1.–7. Analyse aller relevanten Informationen
Prozess-Ergebnis	Jahres-Revisionsprogramm berücksichtigt alle revisionsinternen, unternehmensinternen sowie bekannten externen Parameter	–
Feedback	Genehmigung mit oder ohne Änderungen durch Vorstand bzw. Prüfungsausschuss	Vorlage des Jahresrevisionsprogramms in Einzelgesprächen mit Vorständen oder zu einer Vorstandssitzung/ Sitzung des Prüfungsausschuss

Abbildung 8-10: Prozesskomponenten einer risikoorientierte Revisionsplanung

Eine Jahresrevisionsplanung sollte nie die Kapazität der IR vollständig ausplanen. Vielmehr sollte ein Teil der Kapazität als Reserve für mögliche Ad-hoc-Themen des Top-Managements vorgehalten werden[306]. Diese Vorgehensweise unterstützt in der IR eine sachgerechte, aktuelle und empfängerorientierte Vorgehensweise.

---

306 S. a. BaFin, die dies von einer IR fordert, nämlich genügend Kapazität freigehalten zu haben, um aus sich unterjährig ergebenen Risikosituationen kurzfristig Prüfungen ansetzen zu können (s. MaRisk 2012, BT 2.3., Ziffer 3 zu Sonderprüfungen). Die Teilnehmer der Enquete 2011, S.30, sehen das ähnlich. Hiernach wird der Anteil sog. Adhoc-Prüfungen zukünftig zunehmen

8.8 IT-Tools zur Unterstützung des Planungsprozesses

8.8.1 Informationstool für das Audit Universe: Datenbank

So mächtig excel-sheets auch in der programmierten Form sein mögen, für eine Dokumentenablage sind sie ungeeignet. Im Kapitel Organisation sind einige Revisionsprodukte angesprochen worden, die die Revisionsprozesse mit der Hilfe einer Datenbank unterstützen.

Gerade für den Planungsprozess ist eine Vielzahl von Unterlagen sehr kurzfristig bereit zu halten, so dass eine gute gepflegte Datenbank, die vielleicht auch noch Updates von unternehmensinternen Datenbanken erhält, erste Wahl ist.

Schon für den vergleichsweise eher qualitativ strukturierten Unterprozess Revisionsplanung, die Strategietagung, ist ein Rückgriff auf ein aktualisiertes *Audit Universe* hilfreich und wertvoll.

Eine Vielzahl von Fragen wird durch entsprechende Auswertungsroutinen einer Datenbank leicht beschaffbar. Hierzu zählen Fragen nach Abdeckung von Beteiligungsgesellschaften, Funktionen, Geschäftseinheiten und Prozessen oder der Update der Projektdatenbank des Unternehmens. Auch wird ersichtlich, welche der IT-Anwendungen geprüft wurden oder welche im nächsten Jahr ersetzt oder in größerer Form umgearbeitet werden sollen.

8.8.2 Prozessbegleitende Revisionssoftware

Die im nächsten Schritt zu planenden Themen für das nächste Revisionsjahr erfordern weitere Grobplanungen, die am besten am konkreten *Revisionsobjekt (RO)*[307] gespeichert werden sollten. Hierzu gehören Brainstorming-Unterlagen, Bereichsunterlagen zum Objekt, Mengengerüste, die den Stellenwert des Revisionsobjekts klarmachen u. v. a. m.

Die Entscheidungsmeetings, in denen besprochen wird, welche Themen den einzelnen Bereichen vorgestellt werden sollen, mit welcher Kapazität geplant, zu welchem Zeitpunkt die Prüfung begonnen werden soll und wer zum Prüfungsteam gehören sollte, bedürfen ebenfalls einen Rückgriff auf eine gut gepflegte Datenbank.

Letztlich sollte am Ende eines Planungsprozesses eindeutig definiert sein, welche RO im nächsten Jahr angegangen werden sollen, welche als Reserve zurückgestellt und welche mangels Relevanz gestrichen wurden. Hierzu ist die Vergabe eines Prozesskennzeichens hilfreich, anhand dessen die Bestimmung des RO im Revisionsprozess eindeutig nachvollziehbar ist.

In der Zusammenfassung der verabschiedeten Planung wird dann zum Audit Universe zurückgespiegelt, welche Teile im nächsten Jahr geprüft werden sollen, welche prozentuale Abdeckung aller Unternehmensteile in 3–5 Jahren zu erreichen sein wird bzw. schon erreicht wurde und welche möglichen Kapazitätsanforderungen sich

---

307 Das RO sollte einen sprechenden Schlüssel enthalten, in dem das Prüfungsjahr, die Gesellschaft, das Prüfungsteam und einen fortlaufende Unternummer des Teams enthalten sind.

ergeben, wenn eine 5-Jahres-Abdeckung mit der bestehenden und für das nächste Jahr genehmigten Mitarbeiterzahl nicht möglich sein sollte.

Die nachstehende Tabelle[308] illustriert ein Prozesskennzeichen[309]:

0	Neu
1	Bewertet
2	Genehmigt
3	Unbeplant
4	Beplant
5	Abgestimmt
6	Ad-Hoc
12	Reserve
13	Abgesetzt

Abbildung 8-11: Das Prozesskennzeichen

Insgesamt werden durch eine wohl strukturierte Datenbank der Ideenfindungs- und der Planungsprozess wirksam unterstützt und Entscheidungen werden sofort dokumentiert. Auch können Diskussionen durch die unterstützenden Unterlagen sachbezogener geführt werden. Es sollte nicht unerwähnt bleiben, dass eine frühzeitige Aufnahme der Gespräche mit dem betreffenden Sozialpartner für eine rechtzeitige Implementierung des IT-Tools hilfreich ist, da immer mitarbeiterbezogene Informationen aus dem Tool direkt oder indirekt gewonnen werden könnten. In Überzeugungsarbeit zusammen mit dem Datenschutzbeauftragten wird es meist gelingen, das IT-Tool zur Praxisumsetzung zu bringen, da ja Prozessverbesserungen in der IR und unnötiger administrativer Aufwand eingespart werden soll.

Falls das IT-Tool anstelle von bisher praktizierten Insellösungen treten soll, ist es opportun, die Pflege dieser proprietären Systeme nach erfolgreicher Implementierung des neuen Tools einzustellen. Diese Vorgehensweise vermeidet Doppelarbeit und fördert die praktische Anwendung des neuen Tools. Sie erfordert Fingerspitzengefühl, Mut zur Entscheidung und viel geduldige Überzeugungsarbeit, da ja etwas Gewohntes aufgegeben werden soll. Zwar lässt die IR derartige Argumentationen von geprüften Bereichen selten gelten, doch ist es manchmal erstaunlich, im eigenen Bereich dieselben Argumente von einem Prüfer vorgehalten zu bekommen.

---

308 Die Diskrepanz zwischen 6 und 12 zeigt, dass in den nächsten Kapiteln das RO weitere Schritte durchlaufen wird.
309 Mit Hilfe des Prozesskennzeichens ist jederzeit ersichtlich, in welchem Prozessstadium sich ein RO gerade befindet. Es dient weiter als Sammler für alle Dokumentationen während des jeweiligen Prozessschrittes.

8.9 Kernthesen

In diesem Kapitel haben wir die Voraussetzungen und Vorgehensweisen der risikoorientierten Revisionsplanung kennengelernt.

Ausgangspunkt ist das Audit Universe mit seinen Dimensionen Funktionen, Prozessen, Geschäftseinheiten und Gesellschaften sowie der Projekte in einem Unternehmen. Aus ihm ergeben sich die einzelnen Revisionsthemen, da das Unternehmen ja nicht in einer Prüfung als Ganzes geprüft werden kann. In einem Balanceakt zwischen alles prüfen und nur die Risiken prüfen wurden dann die Begriffe revisionsfreie Räume und Fokussierung auf die Risiken in einem Unternehmen erörtert.

In einem Exkurs sind die Kataloge von Risikofaktoren von COSO ERM und DIIR/DRS 5 eingehend besprochen worden. Diese Kataloge hatten die Risiken in externe und interne, strategische, operative, aus dem Personal, von der IT, aus den Finanzen herrührend beschrieben. Die Begriffe Risikomanagementsystem und Risikofrühwarnsystem in einem Unternehmen wurden zusammen mit einer zu wählenden Risikostrategie diskutiert.

Der Prozess der Themengenerierung im Ideenspeicher der IR und seine Ergänzung durch Interviews mit allen Entscheidungsträgern im Unternehmen wurden dargestellt. Eine Spiegelung der gewonnenen Themen am Audit Universe, der eigenen Revisionskapazität sowie dem vorhandenen Kompetenzlevel in der IR führt letztlich zur einen risikoorientierten Priorisierung des Themenkatalogs.

Durch eine Berücksichtigung der „kleinen" Unternehmensteile wird das Risiko eines revisionsfreien Raums unterbunden.

Die Einbindung aller Revisionsmitarbeiter und gleichzeitig des Top-Management hat zur Folge, dass die Planung substantiiert, aktuell und auf das Unternehmen zugeschnitten ist.

Ein Teambildungsprozess in der IR unterstützt die Idee, mit dem bestmöglichen Team die Revisionsthemen behandeln zu können.

Wenn die vorhandene Kapazität nicht zu 100 % ausgeplant wird, bleibt Raum für Ad-Hoc-Vorschläge des Managements, ohne zu viele angekündigte Prüfungen unterbrechen zu müssen.

Insgesamt führt diese Vorgehensweise zu einer risikoorientierten Revisionsplanung, die umfassend, fokussiert und systematisch eine effektive Basis für das Revisionsjahr einer IR schafft.

Kapitelanhang 8

A: IIA Standards

2010 Planung
Der Leiter der Internen Revision muss einen risikoorientierten Prüfungsplan erstellen, um die Prioritäten der Revisionstätigkeit nach Risikokriterien und im Einklang mit den Organisationszielen festzulegen.

Erläuterung
Der Leiter der Internen Revision ist für die Entwicklung einer risikoorientierten Planung verantwortlich. Der Leiter der Internen Revision berücksichtigt das Risikomanagementkonzept der Organisation, einschließlich der vom Management festgesetzten Risikoakzeptanzniveaus für die verschiedenen Aktivitäten und Teile der Organisation. Wenn ein solches Konzept nicht existiert, bewertet der Leiter der Internen Revision die Risiken nach eigenem Ermessen, nachdem Input von leitenden Führungskräften, der Geschäftsleitung und dem Überwachungsorgan eingeholt wurde.

2010 Planung
2010.A1 Die Prüfungsplanung der Internen Revision muss auf Basis einer dokumentierten Risikobeurteilung erfolgen, die mindestens einmal pro Jahr durchzuführen ist. Der Input der leitenden Führungskräfte, der Geschäftsleitung und des Überwachungsorgans müssen dabei berücksichtigt werden.

2010.A2 – Der Leiter der Internen Revision muss feststellen und berücksichtigen, **NEU!** welche Erwartungen bezüglich der Beurteilungen und Schlussfolgerungen der Internen Revision bei leitenden Führungskräften, der Geschäftsleitung, dem Überwachungsorgan und anderen Interessengruppen bestehen.

2010.C1 Der Leiter der Internen Revision beurteilt bei der Annahme eines vorgeschlagenen Beratungsauftrags dessen Chance, zur Verbesserung des Risikomanagements, zur Wertschöpfung und zur Verbesserung der Geschäftsprozesse beizutragen. Die angenommenen Aufträge müssen in die Planung einbezogen werden.

2020 Berichterstattung und Genehmigung
Der Leiter der Internen Revision muss der Geschäftsleitung und dem Überwachungsorgan die Planung der Internen Revision, den Bedarf an Personal und Sachmitteln sowie zwischenzeitliche wesentliche Änderungen zur Kenntnisnahme und Genehmigung berichten. Außerdem muss der Leiter der Internen Revision die Folgen etwaiger Ressourcenbeschränkungen erläutern.

NEU! 2120 Risikomanagement[310]

Die Interne Revision muss die Funktionsfähigkeit der Risikomanagementprozesse beurteilen und zu deren Verbesserung beitragen.

NEU! Erläuterung

Die Feststellung, ob Risikomanagementprozesse funktionsfähig sind, wird anhand der Beurteilung des Internen Revisors getroffen, dass:

- die Ziele der Organisation mit deren Mission im Einklang stehen und diese unterstützen,
- wesentliche Risiken erkannt und bewertet sind,
- angemessene Risikomaßnahmen ergriffen worden sind, die mit der Risikoakzeptanz der Organisation im Einklang stehen und
- wesentliche risikobezogene Informationen erfasst und rechtzeitig in der Organisation kommuniziert werden, so dass es Mitarbeitern, Führungskräften, Geschäftsleitung und Überwachungsorgan möglich ist, ihren Verantwortlichkeiten gerecht zu werden.

Risikomanagementprozesse werden durch laufende Aktivitäten von Führungskräften, durch gezielte Beurteilungen oder durch beides überwacht.

NEU! Die Interne Revision kann die Informationen zur Begründung dieser Beurteilung im Rahmen mehrerer Aufträge erlangen. Die gesamthaft betrachteten Ergebnisse dieser Aufträge begründen das Verständnis der Risikomanagementprozesse der Organisation sowie von deren Funktionsfähigkeit.

Risikomanagementprozesse werden durch laufende Aktivitäten von Führungskräften, durch gezielte Beurteilungen oder durch beides überwacht.

2120.A1 Die Interne Revision muss die Risikopotenziale in Führung und Überwachung, in Geschäftsprozessen und in den Informationssystemen der Organisation bewerten in Bezug auf

- Erreichung der strategischen Ziele der Organisation
- Zuverlässigkeit und Integrität von Daten des Rechnungswesens und von operativen Informationen,
- Effektivität und Effizienz von Geschäftsprozessen,
- Sicherung des Betriebsvermögens und
- Einhaltung von Gesetzen, Verordnungen und Verträgen.

---

310 Statt einer Assistenzfunktion zum Management, alle wesentlichen Risiken im Unternehmen zu identifizieren, übernimmt die IR nach den neuen Standards jetzt lediglich die Bewertung der Funktionsfähigkeit des Risikomanagementsystems analog der Vorgehensweise der AP. Die Erläuterung wiederum schließt sich komplett an COSO ERM an, so dass in der Praxis die IR weiterhin aufgefordert bleiben sollte, sich inhaltlich mit den Risiken und deren Aufarbeitung in den Managementprozessen zu kümmern.

2120.A2 – Die Interne Revision muss die Möglichkeit des Auftretens doloser Hand- **NEU!** lungen und die Vorgehensweise der Organisation bei der Steuerung des Risikos doloser Handlungen beurteilen.

2120.C1 – Im Verlauf von Beratungsaufträgen müssen Interne Revisoren Risiken vor dem Hintergrund der Ziele des Beratungsauftrags berücksichtigen und aufmerksam bezüglich anderer wesentlicher Risiken sein.

2120.C2 – Interne Revisoren müssen Erkenntnisse über im Rahmen von Beratungsaufträgen entdeckte Risiken in ihre Beurteilung der Risikomanagementprozesse der Organisation einfließen lassen.

2120.C3 – Im Rahmen der Unterstützung der Führungskräfte beim Aufbau oder der Verbesserung von Risikomanagementprozessen müssen Interne Revisoren von der Übernahme jeglicher Führungsverantwortung durch operative Risikomanagementaktivitäten Abstand nehmen.

B: DIIR Standards

	III. Planung
15.	Der Prüfungsplan der Internen Revision wird auf Grundlage eines standardisierten, risikoorientierten Planungsprozess erstellt (Mindeststandard 4).
16	Die Prüfungen für die Planungsperiode werden mindestens einmal jährlich systematisch zusammengestellt und der zuständigen Geschäftsleitung zur Einwilligung vorgelegt.
17.	Bei der Planung werden gesetzliche Anforderungen, besondere Anforderungen der Geschäftsleitung und Vorschläge von innerhalb und außerhalb der Internen Revision berücksichtigt.
18.	Die Prüfungsobjekte (Audit Univers) werden im Rahmen der Planung vollständig abgebildet.
19.	Es besteht eine einheitliche Methodik zur systematischen Analyse des Risikopotentials der Prüfungsobjekte.
20.	Der Umfang und die Bewertung der Prüfungsobjekte werden regelmäßig auf Vollständigkeit und Aktualität geprüft.
21.	Die Befugnisse zur Änderung der Risikobewertungsmethode und der Prüfungsobjekte sind festgelegt.
22.	Kurzfristig notwendige, außerplanmäßige Prüfungen werden angemessen berücksichtigt.
23.	Nachträgliche Änderungen/Anpassungen des Prüfungsplans wie die Streichung oder Aufnahme von Prüfungen sind nachvollziehbar. Sie werden der Unternehmensleitung in angemessenem Umfang bekannt gemacht.

C: Best Practices GAIN (IIA)

1. Die Anzahl der Managementanfragen/Ad-Hoc-Themen wird festgehalten und als Steuerungsgröße in der IR verwandt.
2. Das Management nimmt aktiv an der Planung des Jahresrevisionsprogramms teil.
3. Besonders schwierige und risikoreiche Themen (Hot Spots) des Unternehmen sieht die IR als besondere Herausforderung an und nimmt sie mit Vorrang in die Jahresplanung auf.
4. Die Ideen der Rahmenwerke COSO, CoCo, Cadbury oder Kings Report oder im IT-Bereich CobiT, ITIL, PRINCE2, ISO-Normen wie z. B.ISO: 27.000 werden im Rahmen der risikoorientierten Revisionsplanung umgesetzt.
5. Der Anteil der effektiven Prüfungszeit an der Jahresarbeitszeit wird bei der Planung berücksichtigt.

D: Best Practices National

1. Das Management wird durch einen besonderen Planungsansatz direkt, persönlich und unmittelbar in die Prüfungsplanung top down und bottom up eingebunden.
2. Die Revisionsplanung hat Einfluss auf die Strategieausrichtung des Unternehmens (lessons learnt) und wird wiederum von ihr beeinflusst.
3. Der Umfang der ungeplanten Ad-Hoc's liegt über 25 %, aber unter 50 %.
4. Die Planung des Abschlussprüfers wird von der Revisionsplanung beeinflusst (Vermeidung Doppelarbeit), und beeinflusst die Revisionsplanung (Abarbeitung Management Letter, Vermeidung von Material Weaknesses)).
5. Die Mitarbeiter werden in einem systematischen Prozess in die Jahresplanung einbezogen.
6. Ein Workflow-Managementsystem unterstützt den Revisionsprozess von der Ideengenerierung bis zum Follow-up, ist ein integriertes System für Dokumentenmanagement, Ressourcenplanung und Statistik.
7. Die Risikobewertungsmethode enthält sowohl quantifizierbare Daten (Umsatz, Kosten, Ergebnisbeitrag, Mitarbeiter, Ergebnisse von follow-ups etc.) als auch Spielraum für Einschätzungen des Revisionsteam („Störgefühle").

9 Revisionsobjekt-(RO)-planung und Prüfungsarbeiten vor Ort

Jede Revisionstätigkeit ist mit Kosten verbunden. Insofern macht es Sinn, vor Start einer Prüfung eine möglichst gute, aktualisierte Analyse derjenigen Arbeitshypothesen und anderer Grundüberlegungen durchzuführen, die Hintergrund der konkreten Prüfung waren. Immerhin können zwischen erster Idee zu der Prüfung und Start mehr als ein Jahr vergangen sein. Nach der aktualisierten Analyse kann eine Prüfung noch ohne größere Schwierigkeiten abgebrochen und die Ressourcen dann in effektivere Themen eingesetzt werden.

Die These einer zu aktualisierenden RO-Planung mag bei sogenannten Pflichtprüfungen[311] angezweifelt werden, die aufgrund regulatorischer Auflagen unabhängig vom konkreten Risikoprofil durchgeführt werden müssen. Hier besteht nicht die Wahl, eine Prüfung mangels fehlenden Risikoprofils gar nicht erst durchzuführen. Jedoch bedeutet eine detaillierte Planung grundsätzlich die Gewinnung besserer Erkenntnisse in der Vorgehensweise vor Ort, so dass Prüfungsziele besser erreicht und Prüfungszeiten und damit knappe Revisionsressourcen gespart werden können. Nach Einschätzung der Autoren sollte also auch bei sogenannten Pflichtprüfungen nicht auf eine detaillierte Planung verzichtet werden[312].

Je umfangreicher der Anforderungskatalog und je größer das Prüfungsteam, desto gründlicher sollten die Vorbereitungsarbeiten vonstatten gehen. Einige IR planen Auslandsprüfungen sehr detailliert vor, um Reisekosten zu minimieren. Dies ist sehr sinnvoll. Umso wichtiger sollte es sein, da nicht nur Sachkosten, sondern auch Personalkosten betroffen sind, die in einem Revisionsbudget immer noch den „Löwen"-Anteil von ca. 70 % ausmachen können.

9.1 Revisionsobjekt-(RO)-planung[313]

Themen, die einer näheren Analyse vor Prüfungsbeginn bedürfen, sind Ziel(e), Umfang, Zeitbudget in Menschtagen, Start und voraussichtliches Ende der Prüfung, Ansprechpartner und Verantwortungsbereiche, Mengengerüst (kritische Zahlen eines M-I-S Management- Information- System), System-, Verfahrens-, Prozessdokumentation, Aufbauorganisation, Geschäftsbereich und Geschäftsauftrag.

Durch frühzeitigen Kontakt mit der zu prüfenden Einheit sollte es möglich sein, die entsprechenden Informationen zu erhalten.

---

311 Die neuen der BaFin sehen seit neuestem für die IR die Möglichkeit vor, den dreijährigen Prüfungsturnus aller Elemente des Audit Universe dann zu verlängern, wenn die Prüffelder kein großes Risikoniveau aufweisen.
312 Dies sehen auch die deutschen und internationalen Standards so vor, s. hierzu IIA Standards 2020 ff.
313 Siehe hierzu die PA 2210 A-1-1, 2230-1, 2240-1, 2340-1, des IIA, die detailliert auf die Aufgaben der RO-Planung eingehen und insbesondere das Rollenspiel zwischen IR-Leiter (Genehmigung des RO, Supervision, IR-externer Zugang zu Prüfungsunterlagen) und Revisor (Planung inkl. Risikoinventur und Kompetenzenprofil des Prüfungsteams, Durchführung, Arbeitspapiere) beschreiben.

Wird in der IR nach Zielen gesteuert, so ist die RO-Planung die letzte Möglichkeit, vor Start der Prüfung eine Fokussierung aller Ressourcen vorzunehmen. Dies kann nicht nur Budgetfragen, sondern auch interne Prozesskennzahlen betreffen, wenn sie im Rahmen der Jahresrevisionsziele vereinbart worden sind.

Allgemeiner Erfahrung nach lassen sich die meisten internen Prozesskennzahlen wie Vor-Ort-Zeiten, Start zu Ende-Termin einer Prüfung und die Phase von der Berichtsschreibung bis zur Schlussbesprechung/Veröffentlichung des Berichts durch eine angemessene Planung und adäquate Vorbereitung verkürzen bzw. optimieren.

9.1.1 Briefing und Vorrecherche möglicher Inhalte

Im Rahmen der Jahresrevisionsplanung wurden einige Hypothesen und Grundüberlegungen in dem betreffenden RO zu den IR-Zielen FA, CO, OA, MA formuliert. Diese wiederum waren ihrerseits aus dem umfassenden Rahmenwerk von COSO II (ERM), das Internal Control, Risikomanagement und Corporate Governance abgeleitet. Diese Hypothesen werden nun in der Briefingphase konkretisiert.

Wichtig ist es in dieser Phase, auch die Ziele der Bereiche, die das RO berühren wird, zu kennen, um erste *Risikoeinschätzungen* vornehmen zu können. Liegen zum RO Dokumentationen zum Prozess, System und Verfahren vor, können diese schon in der Vorphase anhand eines SOLL-IKS gespiegelt werden und ersten Hinweise auf mögliche Schwachpunkte gefunden werden.

Über die Konkretisierung des *Mengengerüst* (Umsatz, Kosten, Ergebnis, Datenvolumen, M-I-S-Zahlen) lassen sich der erforderliche Prüfungsumfang und damit die notwendige Prüfungszeit einschätzen. Zu diesem Zeitpunkt sollte auch die Frage nach einer möglichen IT-Unterstützung beantwortet werden, um statt späterer aufwendiger Einzelbelegprüfungen gleich den Zugriff auf große Grundgesamteinheiten zu erhalten und auswerten zu können. Gerade *SAP-Anwendungen* erlauben mit Hilfe von *ABAP* detaillierte Hypothesentests. Mit Hilfe von *IDEA* und *ACL* ist dies auch bei anderen Systemen und Dateiformaten möglich, wenn die entsprechenden Revisionskenntnisse im Bereich aufgebaut wurden. Durch für die Prüfung speziell geschaltete Zugriffe auf die M-I-S des tangierten Bereichs lassen sich schon in der Vorbereitung weitere Prüfungshilfen gewinnen, die für die spätere Durchführung eine schnelle und fundierte Analyse erlauben werden.

Betrifft die Prüfung Vermögensgegenstände, die bei Dritten lagern, oder Funktionen, die zwar outsourct, aber dennoch in der Verantwortung des Unternehmens geblieben sind, so sind frühzeitig die verantwortlichen Bereiche um Kontaktanbahnung und -vermittlung zu bitten. Vergleichbares gilt für Prüfungen in Joint Venture Gesellschaften oder bei Lieferanten, bei denen die *zuständigen Gremien* gebeten werden sollen, die notwendigen Beschlüsse für die vorgesehenen Prüfungen zu fassen. Abhängig von Funktion, Prozess, Geschäftsbereich oder Projekt sind dann weitere Vorarbeiten möglich.

Betrifft die Prüfung einen *Geschäftsbereich*, so sind die Controllingzahlen, sein Wettbewerbsumfeld, seine Zielerreichungsgrade in der Vergangenheit sowie mögliche neue Produkte und Veränderungen im Kundenumfeld wichtige Rahmendaten.

Ist ein *Projekt* betroffen, so ist die vorhandene Projektdokumentation, die Projektziele, das Projektbudget und die, hoffentlich vorhandene, *Meilensteinplanung* zu analysieren inkl. möglicher unternehmensinterner Sollstandards für die Projektabwicklung auf Einhaltung.

*Prozess*prüfungen umfassen meistens mehrere Verantwortungsbereiche, z. T. sogar unterschiedliche Gesellschaften, so dass sich eine Aufteilung in Teilprozesse anbieten könnte. Gleichzeitig sind häufig IT-Systeme zur Unterstützung des Prozesses eingesetzt, so dass sich ein Projektteam rechtzeitig des revisionsinternen, manchmal knappen IT-Expertenwissens versichern sollte. Meistens liegt eine umfangreiche System-, Programm- und Verfahrensdokumentation vor, so dass die Aufstellung des Prüfprogramms mehr Zeit in Anspruch nehmen könnte als bei anderen Prüfungen.

Klassische Prüfungen beschäftigen sich mit Unternehmens*funktionen* oder Teilen davon. Die Dokumentation des Ist-IKS, etwaige Risikoüberlegungen, ein innerhalb der IR vorhandenes Soll-Konzept zu der spezifischen Funktion, *Kompetenzliste* und Verfahrensanweisungen gehören zu dem Kranz der Informationen, die im Vorwege analysiert werden können. Vorberichte der IR und Auszüge aus einem *Management Letter* des AP können dann die Analyse abrunden.

Ein banal klingender Punkt, nämlich der konkrete Ansprechpartner, ist ebenfalls in den Briefingkatalog mit aufzunehmen. Nichts ist frustrierender, wenn zum Prüfungsstart ein Prüfungsteam anreist, nur um festzustellen, dass der zuständige Gesprächspartner sich für die Zeit der Prüfung auf Urlaub befindet und sein Stellvertreter an den Grenzen seiner Belastbarkeit angekommen zu sein scheint. Frühzeitige Kommunikation hilft hier, solche Friktionen zu vermeiden.

Eine Analyse der *Unternehmensorganisation* und der konkrete *Geschäftsauftrag* des zu prüfenden Bereichs runden das Bild der bevorstehenden Prüfung ab.

> Zwei Ausnahmen sollten nicht unerwähnt bleiben, in denen der Kontakt zum prüfenden Bereich in der Prüfungsvorbereitung entfällt. Der Ad-Hoc-Prüfungsfall in einem CO-Thema, bei dem das Prüfungsteam ohne Ankündigung vor Ort auftritt und der seltene Fall, bei dem gerade der Urlaubsfall mit seiner Auswirkung auf das IKS geprüft werden soll. In diesen Fällen entfällt in der Prüfungsvorbereitung der Kontakt zum zu prüfenden Bereich.

Die nachstehende Tabelle fasst die oben getroffenen Aussagen zusammen:

Nr.	Thema	Erläuterung
1.	Prüfungsziele	Festlegung des Scopes
2.	Jahresziele des geprüften Bereichs	Prioritäten des Prüfungsprogramms festlegen
3.	Bereichsdokumentationen zu Systemen, IKS und Risikomanagement und MIS	Ermittlung von möglichen Schwerpunkten mit ersten Hnweisen auf Verbesserungsmöglichkeiten
4.	Mengengerüst	Festlegung des Prüfungsumfangs nach Zugriffsarten der verschiedenen Systeme, Vor-Ort-Besichtigungen von Vermögensgegenständen und Produktionsstätten/Filialen/Lägern
5.	Funktion, Prozess, Projekt, Geschäftsbereich	Spezielle Vorgehensweisen für das Prüfungsprogramm festlegen
6.	Ansprechpartner	Entscheidungskompetenz für mögliche Maßnahmen
7.	Betreuer[314]	Facilitator während der Prüfung
8.	Aufbauorganisation/ Kompetenzen	Rahmen der Prüfung/Abgrenzung zu anderen Prüfungsbereichen
9.	Geschäftsauftrag	Überschneidungsfreiheit zu anderen Bereichen; Prioritäten des Prüfungsprogramms festlegen

Abbildung 9-1: Briefing Details

9.1.2 Planung von Zeit, Kosten und speziellen Anforderungen des RO

Nach Festlegung der Schwerpunkte sollte vom Teamleiter das Soll-Profil für die Teammitglieder der bevorstehenden Prüfung ermittelt werden. Die Anforderungen des IIA wurden verschärft, insofern *muss* nach neuer Fassung die entsprechende Kompetenz im Team vorhanden sein[315].

Damit ist nicht Unfehlbarkeit gemeint, jedoch u.a. ein tiefes und eingehendes Verständnis für die Anforderungen eines Internen Überwachungssystems, eines Risikomanagementsystems und der Corporate Governance. Weiter sollte das Team die Fähigkeiten besitzen, die zu prüfenden Sachverhalte mit ihrer Komplexität zu verstehen, um die Konsequenzen von festgestellten Schwachstellen auf die Bereichs- und Unternehmenszielsetzung einschätzen zu können, Kosten und Nutzen von Verbesserungsvorschlägen errechnen zu können, die Wahrscheinlichkeit von bedeutsamen Fehlern, Betrug und Nichteinhaltung von Regeln und Gesetzen aus bestimmten Handlungsweisen abzuleiten.

---

[314] Kann nicht generell empfohlen werden. Kann die Arbeit der IR beschleunigen, da der Betreuer die Organisation meist besser kennt als die IR, kann jedoch auch hinderlich sein, wenn Gedankenspiele der IR (Brainstorming des Teams) als Tatsachen ins Unternehmen getragen werden bzw. wenn versucht wird, die Arbeit der IR mittelbar zu beeinflussen.
[315] Siehe IIA-Standards No. 1220, 1220 A1–A3.

Die Themen Internes Überwachungssystem, Risikomanagementsystem und Corporate Governance wurden eingangs des Kapitels 8 vorgestellt.

Mag die Fähigkeit, komplexe Sachverhalte zu verstehen und bewerten zu können, ein generelles Kriterium zu sein, in der IR als Revisor arbeiten zu können, so geht die konkrete Projektanforderung nach Einschätzung der Autoren darüber hinaus.

Das IIA unterscheidet in den IPPF (1210-1) in Proficiency, Knowledge und Understanding/Appreciation. Danach ist vertiefte Kenntnis (Proficiency) vor allem für die IR-Prüfungsmethodik und die Anwendung der Prüfungsgrundsätze erforderlich, Kenntnis reicht für Rechnungswesenthemen und Dolose Handlungen und Grund-Verständnis für alle übrigen Themen aus. Das reicht zumeist nach Ansicht der Autoren für wertschaffende Prüfungen nicht aus. Aber eines wird an diesem Standard deutlich, ein Standard definiert einen Sachverhalt aus der Minimal- oder Mindestperspektive, Best Practise oder Best- in-Class/Breed gehen deutlich darüber hinaus.

In Geschäftsbereichsprüfungen geht es um ein tiefes Verständnis der Strategie- und Marketingkonzeption mit Implikationen auf Kunden und Wettbewerb, in Projektprüfungen um Kenntnisse des M&A-Prozesses, der IT oder des Baubereichs, um nur die drei wichtigsten Projektbereiche zu nennen. Prozess- und Funktionsprüfungen verlangen ein vertieftes Verständnis der Unternehmensprozesse und ihres Zusammenspiels untereinander.

Diese Themen werden im Revisionsband zum Thema Operational Auditing eingehend dargestellt.

Auslandsprüfungen erfordern Fremdsprachenkenntnisse. Hier ist jedoch nicht nur Englisch gemeint, das auf Managerebene gesprochen wird, sondern die Landessprache, da das Team sich auch adäquat mit den Sachbearbeitern verständigen muss. Eine regionale IR-Gruppe kann hier wertvolle Dienste leisten, andernfalls bieten sich externe Dienstleister der großen Abschlussprüfergesellschaften an, die meist auch eine Revisionsfunktion aufgebaut haben.

Gegenüber einem von der IR-Leitung festgelegten Zuordnungsprinzip für die Zusammensetzung der Teams plädieren die Autoren eher für das im vorherigen Kapitel gewählte Teambildungsprinzip mit unterjährig festen Gruppen. In diesem Modell ist es eher möglich, dass sich ein positives Gruppengefühl entwickelt als in von Prüfung zu Prüfung wechselnden Teams. Diese Aussage gilt im Besonderen für mittlere und große IR, in IR mit bis zu 10 Mitarbeitern sollte der Zusammenhalt der Mitarbeiter untereinander auch ohne feste Teams natürlich wachsen.

Ein letzter wesentlicher Punkt der RO-Planung ist die Bestimmung des Zeitbudgets und die von Start und Ende der Prüfung. Bei der Planung des Zeitbudgets sind die Komponenten des magischen Dreiecks Termin, Kosten und Funktionalität wie bei allen Projekten gleichzeitig zu berücksichtigen.

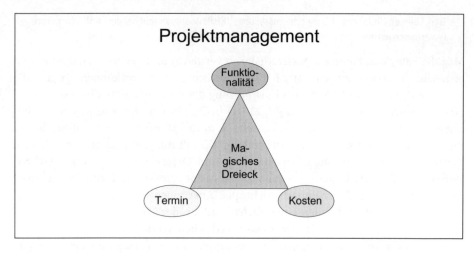

Abbildung 9-2: Magisches Dreieck zur Projektarbeit

Das Theorem des magischen Dreiecks sagt aus, dass nicht alle drei Komponenten gleichzeitig zu realisieren sind. Auf die IR übertragen bedeutet das, volle Kostenkontrolle und fixer Endtermin kollidieren in der Praxis mit der kompletten Abarbeitung des Prüfungskatalogs.

Werden Überstunden zur Aufrechterhaltung des Prüfungsendetermins eingesetzt, ergeben sich Zusatzkosten. Zusatzkosten entstehen auch bei Einsatz zusätzlicher Teammitglieder.

Soll der Prüfungskatalog inkl. der während der Vor-Ort-Prüfung festgestellten zusätzlichen Prüfungsthemen vollständig vom Team abgearbeitet werden, so kann der Termin für die Schlussbesprechung nicht am Start der Prüfung festgelegt werden. Zusätzliche Brüche entstehen allerdings dann, wenn Teammitglieder des aktuellen Prüfungsteams schon für die nächsten Prüfungen mit festem Starttermin eingeplant wurden. Denn dann müsste der Start der Prüfung verschoben werden bzw. das „Rumpf"-Team würde schon einmal ohne ihr weiteres Mitglied beginnen, beides keine akzeptablen Alternativen.

> Nach Erfahrung der Autoren übersteigt der quantitative und qualitative Nutzen einer Revisionsprüfung im Durchschnitt die Kosten. Deshalb sollten, auch dies entsprechend der Revisions-Standards, keine Abstriche am Prüfungskatalog gemacht werden. Die Steuerung der Revisionsteams sollte nicht so sehr nach Budgeteinhaltung und Einhaltung des Endtermins, vielmehr eher an der Qualität der Revisionsberichte gemessen werden.

Eine weitere Herausforderung kann sich für die RO-Planung durch das Auftreten sog. Ad-Hoc-Prüfungen ergeben. In diesen Ad-Hoc-Prüfungen spiegelt sich die Managementwünsche wider, die sich z. B. aufgrund unplanmäßiger Unternehmenssituationen nach Verabschiedung der Jahresrevisionsplanung ergeben haben. Eine vorausschauende IR-Leitung plant in die JRP Reserven ein, um Ad-Hoc-Themen, die meist eilig und wichtig sind, berücksichtigen zu können[316]. Die Flexibilität der IR und ihr

---

316 Siehe hierzu auch die neue Forderung der BaFin im Rundschreiben 15/2009, 2009.

Interesse an der aktuellen Unternehmenssituation werden durch eine derartige Vorgehensweise unterstrichen.

Für ein konkretes RO kann dies Abbruch, Unterbrechung oder Verschiebung ins nächste Jahr bedeuten. Dies lässt sich dadurch vermeiden, dass die Kapazität der IR nicht komplett ausgeplant wird. Die bestehende Kapazität wird nach und nach im Laufe der ersten drei Quartale mit Themen gefüllt, wenn sich absehen lässt, in welchem Maße Ad-Hoc-Prüfungen notwendig waren.

9.1.3 Interne Genehmigungsprozesse mit RO-Zielplanung

Nach Genehmigung der Jahresrevisionsplanung kann theoretisch mit den ersten Vor-Ort-Prüfungen begonnen werden. Jedoch sollte, wie oben dargelegt, erst die konkrete Ausplanung des RO erfolgt sein, um die Ressourcen vielleicht doch besser in ein anderes RO zu steuern. Dies ist dann der Fall, wenn die Ausplanung ein geringeres Risikoprofil ergeben hat als es in der JRP angenommen wurde. Der Test des Risikoprofils kann mit dem gleichen Modell erfolgen, das zum Zeitpunkt der Jahresrevisionsplanung für die Auswahl der konkreten RO eingesetzt wurde.

> Das entsprechende Modell ist unter Abbildung 8.9. im Kapitel revisionsorientierte Revisionsplanung erläutert worden.

Gleichzeitig ergibt sich nach erfolgter Ausplanung, inwieweit die Revisionsziele mit diesem RO erreicht werden können.

Die nachstehende Abbildung fasst die wesentlichen Aspekte des Prozesses RO-Planung zusammen:

Prozess-Komponenten	Inhalt: WAS?	Systematik: WIE?
Ziel/Aufgabe	Konkretisierung der Hypothesen, die das RO für die JRP qualifiziert haben	RHB mit Qualifizierungen zu FA, CO, OA, MA
Verfahrensregeln Entscheidungsregeln	Risikomodell der JRP	s. risikoorientierte JRP
Rahmenbedingungen	Audit Universe (Gesellschaft; Funktion; Prozess; Geschäftsbereich; Projekt)	Systemdokumentation aus früheren Prüfungen; revisionsinterne Wissens-Datenbank; interne und externe Informationsquellen
Parameter/Einflussfaktoren	Teamzusammensetzung; Zeitbudget (Menschtage, Endtermin); Sachkostenbudget (Reisekosten; IT-Kosten; externe Partner)	Teambildungsprozess; IR-Organisation; IR-Budget; IR-Jahresziele; Mitarbeiterqualifikationsprofile im IST und SOLL

Prozess-Komponenten	Inhalt: WAS?	Systematik: WIE?
Prozess-Ergebnis	Detaillierter Prüfungsleitfaden;	Briefing-Richtlinie
Feedback	Prüfung wird durchgeführt/ abgebrochen	IR-Leitung

Abbildung 9-3: RO-Planung

9.2 Prüfungsmethoden

Die zu wählende Prüfungsmethodik hängt sehr stark von dem ausgewählten RO ab. Lt. der Enquete 2011 werden zukünftig die Rahmenwerke COSO ICS und COSO ERM, für die IT CobiT bzw. die Standards der ISACA und für alle Revisoren die IIA- und DIIR-Standards zunehmende Bedutung erfahren[317].

Ein Prüfer sollte breite Teile der Methodik-Palette beherrschen, um nicht während der Prüfung an der falschen Wahl der Methodik zu scheitern. Insgesamt sollte das Prüfungsteam die relevanten Methoden beherrschen.

Hierbei kann zwischen einzelfallbezogenen Verfahren wie z. B. einfachen Belegprüfungen und eher anspruchsvollen wie *analytischen und systemischen Prüfungsverfahren* unterschieden werden. Zusätzlich zum erhöhten Schwierigkeitsgrad ist bei den letztgenannten Verfahren auch eine mehrjährige Revisionserfahrung vonnöten.

Ex-ante-Prüfungen von Projekten sind gleichfalls komplexer als *ex-post-Prüfungen*, da sich der Prüfer hier mit einem sich verändernden Revisionsobjekt befasst (Moving Target). Zusätzlich ist der Prüfer während des gesamten Projekts mit der Frage konfrontiert, durch seine Fragen keine operativen Eingriffe hervorzurufen und damit seine Unabhängigkeit zu verlieren.

Internationale Prüfungen weisen durch die mindestens vorhandenen zwei Sprachen größere Komplexität als nationale Prüfungen auf. Besonders schwierig wird es in einer multilingual-Umgebung mit jeweiligen Native Speakern in Deutsch, Englisch und z. B. Spanisch.

Die gewählten *Prüfungsarten Prüfung, Beratung oder Ermittlung* erfordern so tiefgreifende Unterschiede in der Herangehensweise, dass sie gleichzeitig in einem IR-Bereich äußerst selten anzutreffen sind. Beratungsprojekte setzen Vertrauen voraus, das Gegenteil ist der Fall bei Ermittlungsthemen.

Dass einschlägige Informationen aus der IT, dem Bau, den Finanzen oder auch dem Marketing und Vertrieb ein Verständnis der spezifischen Nomenklatura voraussetzen, versteht sich von selbst. Insofern ist entsprechender Sachverstand bei derartigen Prüfungen angeraten.

Die nachstehende Grafik illustriert die Prüfungsmethoden der IR nach Prüfungszeitraum, Prüfungsort, Prüfungsverfahren, Prüfungsart, Informationsquellen sowie Teamzusammensetzung grafisch:

---

317 Enquete 2011, S. 29. CobiT wird detailliert im nächsten Band OA vorgestellt werden.

9.2 Prüfungsmethoden

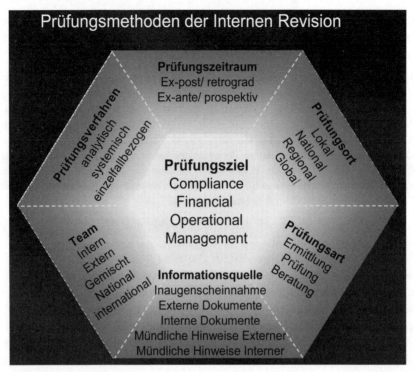

Abbildung 9-4: Prüfungsmethoden

9.2.1 Prüfungsverfahren

Innerhalb der Revisionsmethodik wird üblicherweise in *analytische Verfahren, Systemprüfungen und Stichprobenprüfungen* unterschieden.

In einem analytischen Prüfungsverfahren verprobt der Prüfer Daten aus Statistiken und Kontrollsystemen und bildet daraus Arbeitshypothesen, die er mit Hilfe von Massendatenauswertungen (Grundgesamtheit) und in Ausnahmefällen mit Stichprobenverfahren überprüft:

- Korrelations- und Regressionsanalysen
- Trendanalysen
- Verprobung von Finanzkennzahlen (Bilanzkennzahlen, Rentabilitätskennziffern u. ä.)
- Sensitivitätsanalysen und Anteil vom Umsatz-Vergleiche zum Vorjahr oder Plan in der jeweiligen Kostenposition
- Benchmarking
- best practices Vergleiche und
- Performance Tests

sind die etwas aufwendigeren Verfahren aus dem analytischen Bereich.³¹⁸

Für den Revisor sind z. B. die Abweichungen interessant, die unerwartet sind bzw. keine Abweichungen, wo welche vermutet wurden.

> Hohe Kassendifferenzen und Inventurdifferenzen bzw. über eine große Zeit fehlende Kassendifferenzen bzw. ungewöhnlich niedrige Inventurdifferenzen sind hier Beispiele, die einen kundigen Revisor neugierig machen können. Beide Sachverhalte deuten auf mögliche Manipulationen hin. Im ersten Fall negativer Kassendifferenzen wird offensichtlich nicht korrekt kassiert. Im zweiten Fall führt jemand offensichtlich ein zweites Buch und entnimmt der Kasse exakt den Betrag, der ansonsten bei einer Kassenbestandkontrolle als Plusdifferenz auftauchen würde. Möglichkeiten der Beeinflussung einer Kasse sind alle manuellen Vorgänge wie Umtausch/Retoure, Storno, Leergut-Bons, Gutscheine, Rabatte, Warengruppenbuchungen statt Artikelbuchungen u. ä.

Aus der Differenzanalyse ergeben sich erste Hinweise, in welchen Bereichen die Prüfung weiter vertieft werden sollte.

Analytische Revisionsverfahren liefern also erste Anhaltspunkte, sind aber in den allermeisten Fällen nicht ausreichend, schon Revisionsfeststellungen zu begründen. Dazu sind weitere Tests, Interviews und Beleganalysen etc. notwendig.

Bei *Systemprüfungen* wertet der Prüfer vorliegende Dokumentationen aus und prüft das SOLL-System auf Schwachstellen im Design. Große Erfahrung mit ähnlichen Systemen und guter abstrakt-logischer Sachverstand sind hier wichtig, um die Prüfung erfolgreich abschließen zu können. Danach wird das System mit Daten getestet, um die Verarbeitungslogik zu überprüfen. Weitergehende Prüfungen schließen auch den Test mit fehlerbehafteten Daten ein, um zu überprüfen, ob das System diese Daten-Fehler erkennt und adäquat behandelt.

Einen großen Raum in der wissenschaftlichen Diskussion nehmen die unterschiedlichen Stichprobenverfahren³¹⁹ ein. Kardinalthema ist bei der Behandlung dieser Verfahren immer, ob es mit Hilfe der Größe und Güte der Stichprobe gelingen möge, die gewonnenen Aussagen auf eine Grundgesamtheit mit einer bestimmten Vertrauenswahrscheinlichkeit hochzurechnen. Parallel ist mit einer professionellen Auswahl dokumentiert, dass nach dem augenblicklichen Stand der Prüfungstechnik vorgegangen wurde. Falls ein systematischer Fehler während der Prüfung unentdeckt bliebe, scheidet dann die mögliche Haftung wegen Organisationsverschulden (Falsche Prüfungsmethodik) aus.

Nachfolgendes Beispiel zeigt das Dilemma bei Stichprobenprüfungen auf:

---

318 Im Band OA wird detailliert auf dies Verfahren eingegangen.
319 Es soll hier nicht unerwähnt bleiben, dass das bisher zur Risikoabschätzung praktizierte value-at-risk-Verfahren bei Banken häufig auf einer Normalverteilung der früheren Ereignisse basiert. Hiernach hätte es keine Finanzkrise geben dürfen, da die Wahrscheinlichkeitstheorie diesen Fall als absolutes Ausnahmeereignis für einmal in höchstens 100 Jahren qualifiziert hat. Trotzdem ist heute vielen Experten bewusst, das aufgrund von Ausreißerphänomenen die Vereinfachung der Verteilung auf eine Normalverteilung nicht zulässig war und ist, da Krisen sich in kürzeren Abständen als 100 Jahren in der Vergangenheit ereignet haben (z. B. große Depression-30er-Jahre; Ölkrise 70er-Jahre; Japan-Immobilienblase-90er-Jahre; Asien- und Russlandkrise-90er-Jahre; Internetblase-2000/2001).

9.2 Prüfungsmethoden

Anhand von 20 zufällig ausgewählten Debitorenkonten soll überprüft werden, ob das Mahnsystem funktioniert. Geprüft wird jeweils die Datumskette von der Leistungserbringung, Fakturierung bis zum Zahlungseingang. Diese Datumskette im IST von 20 Fällen wird mit dem hinterlegten SOLL verprobt, wann eine Mahnung hätte versandt werden müssen. Stellt der Prüfer nun fest, dass nur in einem Fall keine Mahnung versandt wurde, kann er schwerlich diesen Fall auf die Grundgesamtheit von vielleicht 40.000 Debitorenkonten hochrechnen.

Trotzdem wird er dem Fall nachgehen und vielleicht durch Interviews herausbekommen, dass bei diesem Kunden eine Mahnsperre vergeben worden ist, weil es sich um ein öffentliches Unternehmen handelt, das eine erstklassige Bonität besitzt. Nach Klärung dieses Sachverhalts ist der Fall dann abgeschlossen.

Ist der Kunde aber ein sog. VIP-Kunde aufgrund einer alten Klassifizierung, die zum Zeitpunkt der Prüfung schon seit 2 Jahren neu gefasst war, könnte er die Hypothese eines Systemproblems aufstellen. Offensichtlich waren nicht alle VIP-Konten nach dem neuen Verfahren reklassifiziert worden.

Stellt sich bei dem Konto durch weitergehende Recherchen heraus, dass verwandtschaftliche Beziehungen zwischen Kunde und einem Unternehmensmitarbeiter im Debitorenmanagement bestehen und dieser Kunde zu Unrecht eine VIP-Klassifizierung erhalten hat, so beginnt die Prüfung unter der Annahme eines möglichen Aufspürens doloser Handlungen neu.

In allen Fällen kann keine Hochrechnung auf die Grundgesamtheit vorgenommen werden, die vertrauenswürdige Ergebnisse liefert. Auch wenn alle 20 Fälle ohne Beanstandungen abgelaufen wären, ist der Prüfungsschluss gewagt, das Mahnsystem würde angemessen funktionieren.

Denn es wurden nicht alle Ausnahmetatbestände geprüft wie z. B.,

ob die 20 Fälle repräsentativ für den Kundenquerschnitt von Groß- und Kleinkunden sind,

ob es im Prüfungszeitraum einmal Systemprobleme mit dem Mahnsystem gegeben hatte, so dass für z. B. einen Monat der Versand von Mahnungen gänzlich unterblieb,

ob der Rechnungsversand tatsächlich der angenommenen Karenzzeit für den Kunden von z. B. 14 Tagen entspricht und so vielleicht Mahnungen systematisch zu früh versandt werden mit entsprechendem vermeidbaren Ärger und Aufwand in der Kundenbetreuung oder den CallCenter,

ob Bearbeitungsrückstände bei der Verarbeitung der Kundenstammdaten vorhanden sind, so dass die systemseitig hinterlegten Solltermine Makulatur sind.

Fazit:
Selbst repräsentative Stichprobenprüfungen sind nur dann in ihren Ergebnissen zuverlässig interpretierbar, wenn die Prozesse, IT-Systeme und organisatorischen Regelungen im Vorhinein einer Systemprüfung unterzogen worden sind[320].

---

320 Die Autoren sind sich bewusst, dass diese Feststellung nicht ganz mit der h.M. übereinstimmt. Sie nehmen aber für sich in Anspruch, diese Feststellung vor dem Hintergrund des Wissens um Dateianalyseprogramme wie IDEA und ACL treffen zu können, mit denen gleich Grundgesamtheiten analysiert werden können, so dass der Rückgriff auf Stichproben aus heutiger Sicht nicht mehr so relevant zu sein scheint.

9.2.2 Prüfungszeitraum

Wichtig in jeder Prüfung ist die Festlegung des Prüfungszeitraums. Die Festlegung, welcher Zeitraum geprüft werden sollte, sollte möglichst nahe am Prüfungsbeginn liegen. Damit können Änderungen an Systemen und Prozessen, die durch den operativen Bereich veranlasst wurden, um Verbesserungen bereits bekannter Schwachstellen herbeizuführen, in das Prüfungsergebnis einfließen. Nichts ist frustrierender für einen Prüfer als am Ende einer Prüfung festzustellen, dass die von ihm erkannten Schwachstellen sich mit denen decken, die der Bereich selbst schon vor Wochen entdeckt **und** beseitigt hatte. Anders hingegen wäre der Sachverhalt zu werten, wenn der Tatbestand zwar erkannt, nicht aber mit Maßnahmen hinterlegt worden wäre. Bei Bewertung durch den Prüfer ist ein derartiger Sachverhalt schwerer zu gewichten als einmalige Arbeitsfehler, da offensichtlich trotz einer Schwachstelle nicht gehandelt worden war.

Gleichzeitig sollte der Zeitraum so gewählt werden, dass er repräsentativ ist und nicht durch Zufallsereignisse verfälscht wird. Auf der anderen Seite wird ein Prüfer Tests eines IKS vor allem in Ausnahmezeiten (Urlaub, Vakanzen; Arbeitsüberlastung) vornehmen, um zu sehen, ob die vorgesehenen Kontrollen auch in diesen Zeiträumen greifen.

> In der Urlaubszeit mag es einen ungeplanten Auftragsschub gegeben haben. Wenn jetzt die vorgesehene Bonitätsprüfung aus dem Grund einer schnellen Bearbeitung der Kundenaufträge unterbleibt, so wird dieser Mangel zwangsweise zu einer höheren Debitorenausfallquote in einigen Monaten führen.
>
> Der Verstoß gegen das IKS hätte gleichzeitig ein materielles Folgeproblem verursacht, da Teile des Forderungsbestands wertberichtigt werden müssten.

Das soeben Ausgeführte gilt für Prüfungen, die *ex-post* an bestehenden Systemen oder Prozessen durchgeführt werden.

Anders sieht es bei *Projektprüfungen* aus, die zukünftige Systeme oder Prozesse zum Gegenstand haben. Hier ist der Zeitraum *prospektiv*, d. h. zukunftsgerichtet und der Revisor hat eine Systemdesignprüfung durchzuführen. Zusätzlich zu dieser Verprobung von Funktionalitäten sollten auch Zeitbudget und Kostenbudget analysiert werden.

Diese Analyse ist wiederum als ex-post zu verstehen, da ja verglichen wird, ob die geplanten Meilensteine mit dem dafür vorgesehenen Budget erreicht wurden. Im Unterschied zu herkömmlichen ex-post-Prüfungen kann das Ergebnis aber noch beeinflusst werden, da das Projekt noch nicht beendet ist.

> Da der Prüfer hier mit seinen möglichen Empfehlungen direkt ins operative Geschehen eingreifen kann, ist ein gutes Augenmaß von Nutzen.
>
> Z. B. können erhöhte Budgets gefordert werden, um den Projekt-Ende-Termin doch noch zu halten. Es können Abstriche am Pflichtenheft vorgeschlagen werden, um das Budget zu retten.

Meist ist hierzu eine Vorstandsentscheidung notwendig. Die IR kann Gefahr laufen, ihre unabhängige Rolle zu verlieren, wenn ihre Vorschläge trotz sachlicher Fundierung einseitig bestimmte Interessen zu unterstützen scheinen.

9.2.3 Prüfungsort

Auf den ersten Blick sieht die Frage nach der Auswahl des Prüfungsorts trivial aus, denn geprüft wird doch dort, wo sich der zu prüfende Bereich befindet. Im Zeitalter des Intranets und der Videokonferenzen können aufwendige Dienstreisen häufig abgekürzt oder ganz unterbleiben. Jedoch sollte trotzdem großer Wert auf den persönlichen Kontakt gelegt werden, da nur so Hintergründe für Sachverhalte erkannt und kommuniziert werden können. Selbst bei den erwähnten Massendatenauswertungen sind intensive Vorgespräche zur Gestaltung der Abfrageroutinen notwendig, um nicht Ergebnisse zu erhalten, die nicht tragfähig sind.

Eine andere Fragestellung ergibt sich, wenn innerhalb eines Prüfungsthemas aus einer Vielzahl von Unternehmenseinheiten wie z.B. Läger, Filialen, Betriebs- und Produktionsstätten nur wenige ausgewählt werden müssen, um das Prüfungsthema abzuhandeln. Hier sollten nicht nur Reisekosten und Repräsentativitäts-Überlegungen eine Rolle spielen, sondern auch die Idee, bekannte Einheiten nicht mit Prüfungen zu überladen bzw. neue Einheiten kennen zu lernen.

Fällt der Prüfungsort ins Ausland, sind naturgemäß Sprachkenntnisse und Reisekosten ein wichtiges Thema. Trotzdem sollte die Auswahl mehr nach einem repräsentativem Querschnitt erfolgen. Hier sollten dann Mitarbeiteranzahl, Umsatz, Kostenbudget etc. der Einheiten untereinander die entscheidende Rolle spielen und nicht die Frage, ob höhere Reisekosten entstehen.

Wird ein Thema global oder regional vereinbart, so müssen entsprechende Reisen und Zusatzkosten durch externe Beratung mit eingeplant werden. Eine große Unterstützung können hier sog. *self audits oder self assessments* spielen, wenn nach einer zentral verabredeten Checkliste alle tangierten dezentralen Einheiten befragt werden und sich selbst überprüfen. Zwar sind bei den Antworten Abstriche an der Zuverlässigkeit zu konstatieren, da die Einheit sich selbst beurteilt. Jedoch sind nach einer Auswertung aller Antworten auf eine derartige Fragebogenaktion schnell und substantiiert Schwerpunkte für stichprobenweise Überprüfungen der Antworten problemlos zu erkennen. Die Nachprüfung der Antworten sollte dann vor Ort geschehen, um sich einen persönlichen Eindruck vom Sachverhalt machen zu können.

9.2.4 Prüfungsart

Mit der Bestimmung des Prüfungsthemas ist zumeist auch die Art der Revisionstätigkeit festgelegt.

Man kann hierbei prinzipiell drei Arten von Revisionstätigkeit unterscheiden, die *Prüfung, die Beratung und die Ermittlung.*

Die *Beratung* unterscheidet sich von der Prüfung durch eine große Einflussnahme des Auftraggebers auf Ziel, Zeitraum und Budget. Die Beziehung zwischen Auftraggeber und Berater ist weiter im Normalfall durch hohe Offenheit und ein großes Vertrauensverhältnis geprägt. Beide Seiten profitieren dann. Der Berater erfährt wichtige strategische Informationen zur Einordnung des Themas gleich am Anfang und kann seine Arbeit gezielter planen.

Der Beratende verspricht sich von dem erteilten Auftrag einen direkten Vorteil durch bessere Informationen für strategische Entscheidungen. Er erhält Informationen nach der Devise „Was sagt der Markt?" oder Bestätigung von dritter Seite für eine schnellere Umsetzung notwendiger Kostendämpfungsmaßnahmen nach dem Motto „Handeln ist jetzt geboten, das wird durch die Analyse der Berater überdeutlich" etc.

Im Unterschied zur Prüfung besitzt eine *interne Ermittlung* immer auch eine „hidden agenda", d.h. Prüfungsziel und Prüfungsmethodik werden demjenigen, gegen den ermittelt wird, erst dann transparent gemacht, wenn die Faktenlage unumstößlich ist. Diese Vorgehensweise setzt auf Revisionsseite, wenn es keinen eigenen Ermittlungsbereich gibt, besondere Kenntnisse, große Erfahrung und sehr viel Fingerspitzengefühl bei allen Teammitgliedern voraus. Denn zu Beginn der Ermittlung steht das Ergebnis nicht fest, es existieren nur Verdachtsmomente.

Frühzeitige Vorverurteilungen oder Maßnahmen des Unternehmens wie Beurlaubung oder gar fristlose Entlassung setzen das Ermittlungsteam einem zu hohen Erwartungsdruck aus. Sie erschweren die Ermittlungstätigkeit, so dass letztendlich durch schwache und wenig belastbare Ermittlungsergebnisse der Erfolg der Aktion im Nachhinein gefährdet sein kann.

Auf der anderen Seite lassen sich Ermittlungsaktionen nicht lange im Verborgenen durchführen, da durch die Anzahl der Mitwisser die Gefahr einer Offenlegung stark ansteigt. Insofern sei bei Verdachtsmomenten wohl überlegt, wann gehandelt werden sollte und wann nicht. Die beste Situation ergibt sich, wenn der Informant der Verdachtsmomente gesprächsbereit ist. Leider erfährt die IR auch nach erfolgreichem Abschluss der Aktionen selten die Identität des „whistler blowers[321]".

9.2.5 Auswahl der benötigten Informationsquellen

Die Auswahl der benötigten Informationsquellen hängt grundsätzlich stark vom Untersuchungsgegenstand ab.

Bei *Systemprüfungen* wird man sich nach einer mündlichen Vorinformation die Systembeschreibung aushändigen lassen. Dann wird man sich einige Module oder Programmteile erklären und darauf aufbauend Test-Modalitäten bestimmen lassen, um den beschriebenen Teil gegen den Produktionsteil abzugleichen *(Konzeptionstest und Funktionstest)*.

Gleichzeitig helfen Unterlagen des RZ (Rechenzentrum)-Betriebs oder der Systemadministration, um ungewöhnliche Vorfälle, die das System in der Vergangenheit aufgewiesen hat, zu erkennen. Entsprechende *Patch*[322] zum Notbehelf und später

---

321 Begriff aus dem SOX. Danach muss nach amerikanischem Recht ein Tippgeber, der ungesetzliches Handeln im Unternehmen aufdeckt, besonders geschützt werden. Wörtlich übersetzt heißt whistler blower „Verpfeifer".
322 Siehe Glossar.

dokumentierte neue Release (Incident und Release Management Reports) werden dann ebenfalls sicher geprüft werden. Die Zuverlässigkeit aller erwähnten Dokumente mag sehr hoch sein, die höchste Evidenz besitzen jedoch in diesem Beispiel die selbst erstellten und erhobenen Daten der eigenen Test-Prozeduren. Sie sind vom Prüfer selbst erstellt worden, der unabhängig vom geprüften Bereich agiert. Alle übrigen erwähnten Dokumente können interessengeneigt erstellt sein, da sie vom operativ aktiven Bereich erstellt wurden. Werden hingegen Incident Reports maschinell nach festgelegten Routinen vom RZ-Überwachungssystem selbst generiert, so ist deren Aussagekraft wiederum größer als vom Operator erstellte Protokolle, da die erst Genannten nicht direkt manipulierbar waren.

Bei *Belegprüfungen (Einzelfallprüfung)* ist die Evidenz vom Grundsatz her durch den Charakter eines Buchungsbelegs schon gegeben, da er zu den Geschäftsdokumenten einer Gesellschaft gehört. Manipulationen hieran wie Überschreibungen, Radierungen und andere Korrekturen sollten einem professionell agierenden Prüfer auffallen und sind bei Vorliegen dieses Tatbestands dann gleich eine Feststellung für die Schlussbesprechung. Trotzdem sollte ein Prüfer nicht bei dem Formalmangel verweilen, sondern versuchen, auch Hintergründe für die Manipulation aufzudecken.

Beispielsweise könnten Hinzusetzungen von Zahlen bei Inventurunterlagen zu gravierenden Falschbewertungen führen. Insofern macht ein Plausibilitätscheck im Lager durchaus Sinn, ob denn überhaupt so viele Vermögensgegenstände wie aufgeführt ins Lager gepasst hätten.

Die Belegprüfung wird so durch eine *analytische Prüfungshandlung* ergänzt. In diesem Falle tritt zur Informationsquelle „Beleg" die *persönliche Inaugenscheinnahme* des unabhängigen Prüfers. Die wiederum besäße die höchste Stufe der Evidenz, wenn er an der Inventur teilgenommen und genau beobachtet hätte, wie viele Vermögensgegenstände sich zum Zeitpunkt der Prüfung im Lager befunden hätten.

Aber auch ex-post ist die Evidenz der Fälschung oder Manipulation gegeben, wenn die Anzahl physisch nicht ins Lager gepasst hätte.

Durch IFRS wird neuerdings der Buchungsbeleg, dessen Basis früher zumeist ein externes Dokument war, in seiner Eindeutigkeit zu hinterfragen sein. Denn die internen Schätzungen haben inzwischen ebenso ein Gewicht für einzelne Bilanzpositionen wie externe Dokumente.

Z. B. wird im Rahmen eines *Impairment-Test* von Gegenständen des Anlagevermögens *geschätzt*, inwiefern eine sog. *Cash Generating Unit* zukünftig in der Lage ist, den heute angesetzten Bilanzwert durch abgezinste Einzahlungsüberschüsse zu rechtfertigen. Entsprechen die ermittelten Einzahlungsüberschüsse dem angesetzten Bilanzwert, ist alles o.k., andernfalls muss aufgrund einer Schätzung abgewertet und gebucht werden.

Über die Höhe des Zinssatzes, die Länge des Zeitraums und die Annahmen, die zu den Umsatz- und Kostenpositionen der cash generating unit gehören, lässt es sich dann vortrefflich diskutieren. Die Evidenz der Schätzung versucht man zu erhöhen, in dem der Impairment Test von einem nicht an der Abschlussprüfung beteiligten WP-Unternehmen durchgeführt wird. Damit wird eine Schätzung wieder zu einem externen Dokument ge„adelt".

Damit ist jedoch die Diskussion mit dem Abschlussprüfer nicht beendet, da das WP-Unternehmen für den Impairment Test von der betroffenen Gesellschaft bezahlt wurde und mit Recht vom AP als nicht unabhängig qualifiziert werden könnte. Man mag einwenden, dass ähnliche Schätzungen schon immer mit der Länge der AfA-Dauern bei technischen Vermögensgegenständen einhergingen und gehen werden. Aber beim Impairment Test betrifft es auch immaterielle Vermögensgegenstände wie Goodwill, Patente und Lizenzen sowie Markenrechte und selbst erstellte software. Diese Wirtschaftsgüter unterliegen nicht immer einer planmäßigen Wertminderung. Eine erforderliche Sonder-Abschreibung aufgrund eines Impairmenttests reduziert sofort das Eigenkapital der Gesellschaft.

Insofern sind die Folgen hier wesentlich gravierender als bei einer Änderung der AfA-Dauern.

Zusätzliche Verständnisprobleme können durch die fachspezifischen Nomenklaturen in den zu prüfenden Bereichen entstehen.

Es macht denn doch einen Unterschied, ob man die Zwischentöne vernehmen und als Revisor richtig deuten kann, wenn der IT-ler von einer Vielzahl von Patchen in gerade erst implementierten Systemen spricht, der Marketer über fehlenden Response-Quoten seiner Flyer lamentiert, der Baumann von unvollständigen Leistungsverzeichnissen und typischer Bauherrenmentalität redet und der Finanzer seine CDS nicht mehr bepreisen kann.[323]

9.3 Prüfungsarbeiten vor Ort

Nachdem die Planung des RO abgeschlossen worden ist, beginnt die Prüfungstätigkeit vor Ort. Vor Ort ist etwas zu eng ausgedrückt, geht s doch bei einer Revisionstätigkeit generell darum, sich durch persönlichen Augenschein davon zu überzeugen, dass sich die behaupteten Aussagen zum Internen Überwachungssystem, zum Risikomanagementsystem und zur Corporate Governance belegen lassen. Da eine der besten Evidenzen durch einen unabhängigen Prüfer mittels der Methode „persönliche Inaugenscheinnahme" gewonnen wird, ist es notwendig, dass der Prüfer sich an den Ort des operativen Geschehens und nicht nur an den grünen Schreibtisch der Konzepterstellung und Planung begibt, also vor Ort.

> Ein Kontrollsystem ist nur so gut, wie es in Ausnahmesituationen angewandt wird, also in Situationen von Urlaub, Vakanzen, Vertretersituationen und zeitweiser Arbeitsüberlastung, dieser Lehrsatz müsste über allen Richtlinien und Verfahrensvorschriften stehen.

Ein weiterer Grund der Vor-Ort-Prüfung ist der unmittelbare Kontakt des Revisors mit den vor Ort handelnden Personen in ihrem normalen Berufsumfeld, auf Augenhöhe. Durch diesen unmittelbaren Kontakt dokumentiert sich für den geprüften Bereich ein besonderes Interesse der IR an seinem Aufgabengebiet. Nach der Prüfung erwirbt der Revisor ein Detailwissen der geprüften Funktion und eine Kenntnis an den Begleitumständen von Tätigkeiten, die sich allein durch Aktenstudium nicht

---

323 Diese und viele andere Fachbegriffe werden in den weiteren Bänden der Buchreihe detailliert erläutert werden.

gewinnen ließen. Wer jemals Logistikzentren, Produktionsprozesse, Verwaltungsgebäude oder auch Rechenzentren geprüft hat, wird nachvollziehen können, was es heißt „hard"-ware (physikalisch Konkretes) statt „soft"-ware (virtuell Abstraktes) vor Augen zu haben.

Einfach ausgedrückt, sollte eine Richtlinie nach der *KISS-Methode* verfasst sein, *keep it simple and stupid*! Alle komplizierten Regelungen, die versuchen, jeden Einzelfall zu regeln, sind für menschliche „Computer" verfasst, die bar jeder Intuition und tieferen Einsicht handeln (müssen).

Ein Unternehmen, dass noch vom Gründerunternehmer und Minderheitsgesellschafter geleitet wurde, sollte in einen Konzernverbund integriert werden. Es bestand die Aufgabe, eine Vereinheitlichung seiner Regelungen mit den Konzernregelungen zu erreichen. In dem zu integrierenden Unternehmen bestand der Richtlinienordner aus 4 Seiten vor und aus 8 Seiten nach der Integration, und das bei einem Unternehmen aus dem Handelsbereich mit mehr als 100 Filialen in ganz Europa.

Die Konzernrichtlinie hingegen bestand aus mehr als 400 Seiten engbeschriebenem Papier. Im zu integrierenden Unternehmen war eine Kompetenzenliste in Ansätzen erkennbar, diese war jedoch nicht aktuell. Eine Vertreterrichtlinie bestand nur im Außenverhältnis, nicht nach innen und Detailvorschriften zu einzelnen Prozessen, sei es Wareneingang, Warenausgang, Bestandsführung, Limits und Covenants[324] im Finanzbereich etc. fehlten gänzlich. Trotzdem war allen befragten Mitarbeitern der Begriff von Verschwendung von Firmenvermögen sehr bewusst. Sie gingen sehr sorgfältig mit den Vermögensgegenständen um. Delegation von Verantwortung und Entscheidungsfreude waren an der Tagesordnung. Einige beklagten sich über die mehrfachen Zuständigkeiten im integrierenden Konzern, die sich in endlosen Meetings mit 1 zu 7 Situationen (1 Mitarbeiter des Tochterunternehmens, 7 aus dem Konzern) niederschlagen würden. Trotzdem sei das Tochterunternehmen in der Umsetzung einmal beschlossener Maßnahmen, in Schnelligkeit der Umsetzung und in der effizienten Ausgestaltung des notwendigen Instrumentariums dem Konzern weit voraus.

Fazit:
Im Tochterunternehmen herrschte der Geist des Gründers fort, der Bürokratie hasste und geschäftlichen Erfolg in jeder Handlung erkennen wollte. Dieser Geist oder „Code" machte detaillierte Regelungen weitgehend überflüssig. Trotzdem ließ sich durch die Fixierung einiger Eckpunkte zur Unternehmenssteuerung etwas „Wildwuchs" und einige „eigenwillige" Interpretationen des „Es soll sich alles rechnen" vermeiden.

9.3.1 Anschreiben und Anforderung von vorbereitenden Informationen

In der heutigen Zeit beginnt der Prüfungsstart mit einem Ankündigungsschreiben an den/die zuständigen Manager, in dessen/deren Bereich die Prüfung stattfinden soll. Dieses Schreiben stellt für die Betroffenen keine Überraschung dar, da die Prüfung ja schon im Vorwege der *Jahresplanung* diskutiert wurde. Vielleicht wurde sogar bei der Quartalsauswahl auf den operativen Bereich Rücksicht genommen. Im Anschreiben selbst sollte genau dieser Bezug einfließen, weiterhin die Prüfungsziele grob umrissen

---

324 S. Glossar.

werden und die Größe des Teams sowie die Namen der Prüfer Erwähnung finden. Ein voraussichtlicher (unverbindlicher) Zeithorizont kann zusätzlich angegeben werden, um die Planungsarbeit des zu Prüfenden etwas zu erleichtern. Die Unverbindlichkeit sollte deshalb ausdrücklich erwähnt werden, um Formaldiskussionen bei Überschreitung des Zeitrahmens, die ja durchaus durch den Klienten versucht sein konnten, zu vermeiden. Insgesamt sollte das Anschreiben standardisiert sein und den offiziellen und professionellen Charakter der Revisionsarbeit unterstreichen.

Dies ist ein Thema, das bei der Berichtsschreibung, Kapitel 10, noch näher beschrieben wird.

In der Anlage sollte dann das Prüfungsthema und das Prüfungsziel zusammen mit den geplanten Prüfungshandlungen beigefügt werden. Diese Transparenz mag durch andere IR kritisiert werden, die Autoren sind jedoch der Überzeugung, dass es ein zuviel an Transparenz bei Regelprüfungen nicht geben kann. Je konkreter das RO gefasst ist, umso besser kann das Thema durch Mithilfe des operativen Bereichs abgehandelt werden. Gleichzeitig ist die Offenheit keine Einbahnstrasse, so dass auch der operative Bereich dazu gebracht wird, in der Prüfungsintension weiter mit zu denken und zu unterstützen, so auch auf Fragen zu antworten, die gar nicht gestellt wurden, die aber der Intention entsprechen. Dadurch dass die IR im Sinne des Unternehmens handelt und der operative Bereich dies mindestens ebenso für sich in Anspruch nimmt, wird dadurch das Thema „hidden agendas[325]„ auf beiden Seiten obsolet.

Vor allem bei Auslandsprüfungen, aber auch bei Inlandsprüfungen mit einem größeren Reisebudget sollte die Vorbereitung der Prüfung einen starken Raum einnehmen. Mit der Bitte um e-mailen[326] von wesentlichen Systemdokumentationen und Systembeschreibungen, Selbst-Darstellungen des Bereichs inkl. seines Kunden-, Produkt und Wettbewerbsumfelds und anderen detaillierten Fragekatalogen können teure Prüfungszeiten vor Ort eingespart werden und auch der prüfende Bereich zeitlich etwas entlastet werden. Die Beantwortung der konkreten Fragen kann jedoch selbst eine gewisse Zeit in Anspruch nehmen.

In Weiterentwicklung der Fragenkataloge kann dann bei standardisierbaren Themen ein self audit bzw. ein control self assessment vorbereitet werden, bei dem der zu prüfende Bereich einen größeren Teil der Prüfungsarbeit übernimmt und die IR in die Rolle des Moderators schlüpft und einige stichprobenartige Überprüfungen der Antworten auf Plausibilität vornimmt. Der Vorteil derartiger moderner Prüfungstechniken ist nicht so sehr die Zeitersparnis bei der IR, da die Vorbereitung detaillierter Fragenkataloge einen hohen Erstaufwand bedeutet. Vielmehr lassen sich bei gleichartigen Organisationseinheiten eingehende Erkenntnisse über die Anwendung von

---

325 Mit hidden agenda ist das Vorgeben eines anderen als des geplanten Interesses gemeint, das im höchsten Maße zu Irritationen und Verdruss auf beiden Seiten, der des Prüfenden, aber auch auf der zu Prüfenden, führen kann.
326 Die Autoren gehen davon aus, dass durch smart cards, Verschlüsselungen oder public/private keys die e-mail-Kommunikation abgesichert ist. Sollte dies nicht der Fall sein, muss der Postweg beschritten werden. Dieser Weg ist dann nur sehr aufwendig „elektronisierbar", wenn ansonsten ein workflow-System in der IR verwandt wird. Mit Microsoft Sharepoint dürfte die Informationsbereitstellung heute einfacher werden, in Microsoft Office lassen sich alternativ für ein betreffendes RO separate, gesicherte Ordner für IR und Fachseite definieren.

vorgeschriebenen oder empfohlenen Standards gewinnen, so dass über die mehrfache Anwendung ein Entwicklungsprozess, auch im Sinne einer positiv zu sehenden Gruppendynamik (Jeder möchte besser werden oder der Beste sein) eingeleitet werden kann.

Jedoch sollte dieser Ansatz aus Kostengründen auf gleichartige Organisationseinheiten beschränkt bleiben und die Antworten der self audit-Fragebögen in Stichproben durch Vor-Ort-Test überprüft werden, um die Validität zu stärken.

9.3.2 Das Eröffnungsgespräch

Es versteht sich (eigentlich) von selbst, dass alle Revisionsgespräche, also auch das Eröffnungsgespräch, gut vorbereitet sein sollten.

Hierzu gehören ein im Team abgestimmter Gesprächsleitfaden mit Gesprächsziel, Eckpunkten und Detailfragen aus dem ersten Studium der bereits ausgewerteten Unternehmensunterlagen sowie einem Vorschlag zur Vorgehensweise und zum Verlauf der Prüfung, eine kollegiale Atmosphäre im Revisionsteam, die richtige Zusammensetzung der Teilnehmer auf der Seite der Geprüften und ein adäquater Besprechungsraum mit entsprechender Technikausstattung, um mögliche mediale Inhalte vorstellen zu können.

Das Eröffnungsgespräch kann der erste persönliche Kontakt zwischen Prüfer und zu Prüfenden sein. Es werden alle Ebenen einer Kommunikation, die Sachebene, die emotionale Ebene, die Ebene der Selbstdarstellung und die des Appells bewusst und z. g. T auch unbewusst angesprochen.

9.3.2.1 Emotionale Ebene

Die emotionale Ebene der Gesprächsteilnehmer wird vor allem durch Auftritt, Gestik, Mimik und Haltung als non-verbale Komponenten und die Art der Gesprächsführung, die Frageform und die gewählten Gesprächsinhalte als verbale Komponenten der Gesprächsführung beeinflusst. Weitere wichtige Komponenten sind die Rahmenbedingungen des Meetings. Dazu gehören ein ausreichendes Zeitbudget, ein ruhiger und störungsfreier Gesprächsort und eine offene, konstruktive Gesprächsatmosphäre.

Treffen die Teilnehmer das erste Mal aufeinander, so gebietet es der Akt der Höflichkeit, dass sich die Gesprächsteilnehmer am Anfang mit Namen, Funktion im Unternehmen und ihrer Erwartung an die Prüfung kurz vorstellen. Kleine Hinweise auf persönliche Vorlieben sind nicht vorgeschrieben, erleichtern dem anderen jedoch, eine persönliche Beziehung aufzubauen. Auch wenn einige Teilnehmer sich aus anderen Projekten und Prüfungen schon kennen sollten, so ist es für die im Gespräch „Neuen" wichtig, erste Informationen von allen andern zu erhalten, so dass die Vorstellungsrunde nur dann unterbleiben sollte, wenn alle sich schon einmal begegnet sind. Zudem sollte trotz Anschreiben und Kommunikation im Vorwege mit dem geprüften Bereich die Frage nach der gegenseitigen Erwartung nicht ausgeklammert werden, da diese wichtige Hinweise auf Vorurteile, Ängste oder mögliche Änderungen an der gewählten Prüfungsmethodik geben kann. Gleichzeitig sorgt die Erwartungsformulierung von Seiten der IR für Klarheit und Offenheit, so dass der Verdacht möglicher hidden Agendas, die wiederum zu Blockadesituationen führen könnten, entkräftet wird.

Findet das Eröffnungsgespräch im Ausland statt und sind seitens des geprüften Bereichs Teilnehmer aus dem unteren Managementbereich anwesend, die nicht Englisch oder Deutsch sprechen, so sollte nach Möglichkeit die Landessprache gewählt werden. Da von beiden Seiten nicht eine Vielsprachigkeit vorausgesetzt werden kann, bietet sich der Einsatz von Dolmetschern an. Trotzdem kann viel gewonnen werden, wenn wenigstens einer aus dem Prüfungsteam, im Zweifel der Leiter, einige Sätze in der Landessprache formuliert, auch wenn er ablesen muss. Diese Worte in Landessprache sind ein Ausdruck von Respekt und Achtung eines fremden Landes und einer fremden Kultur und zeigen, dass die Gesprächspartner aus dem Mutterland des Konzerns gewillt sind, Bedürfnisse der anderen Seite anzuerkennen.

9.3.2.2 Selbstdarstellung

Im ersten Gespräch sollte der geprüfte Bereich, auch vermittels einer ausführlichen Präsentation Gelegenheit haben, sich, seine Rolle im Unternehmen, seine Ziele, sein Geschäftsmodell und mögliche Probleme darzustellen. Demgegenüber sollte der Anteil der IR an der Selbstdarstellung etwas knapper ausfallen, da mit dieser Vorgehensweise die Clientbeziehung unterstrichen wird. In der Darstellung der IR sollten die Ziele der Prüfung, Vorgehensweisen und Rolle der IR im Unternehmen kurz erläutert werden, um mögliche Distanzen zum geprüften Bereich überwinden zu helfen.

9.3.2.3 Sachebene

Zusätzlich zur Abarbeitung des vorbereiteten Fragenkatalogs sind die Fragen nach der Prüfungsdauer und der Teamzusammensetzung zu diskutieren. Ansprechpartner des geprüften Bereichs und zeitliche Limitierungen der Verfügbarkeit bestimmter Schlüsselpersonen sind zu hinterfragen und entsprechende Vereinbarungen zu schließen.

Durch gute Vorbereitung der Fragen kann auf professionelle Weise Vertrauen aufgebaut werden. Dies kann gelingen, wenn eine mögliche Nomenklatura des geprüften Bereichs im Groben seitens der IR zwar verstanden wird, jedoch mögliche Unklarheiten im Detail dann hinterfragt werden. Denn im Wissen um die geschäftlichen Zusammenhänge ist immer der geprüfte Bereich Experte und nicht die IR.

Auch sollte schon im Eröffnungsgespräch der Revisionsprozess bis zur Schlussbesprechung und die gewählte Informationspolitik thematisiert werden. Die Arbeit der IR wird durch die Erwähnung, dass frühzeitig informiert werden wird, auf eine nüchterne und sachliche Ebene gehoben. Der geprüfte Bereich kann somit sicher sein, dass Überraschungseffekte in der Schlussbesprechung nach Möglichkeit unterbleiben, und auf der anderen Seite aufgefundene Schwachstellen in den Arbeitspapieren durch Unterschrift des zuständigen Sachbearbeiters dokumentiert werden.

Auch sollte ein „Betreuer" erfragt werden, der das Prüfungsteam bei organisatorischen, IT und Terminvereinbarungsfragen unterstützt. Hierdurch lässt sich viel unnötige Prüfungszeit und Frustration sparen.

> Auch hier sollte nicht unerwähnt bleiben, dass ein positives Konzept sich umkehren kann, nämlich dadurch, dass der „Betreuer" sich über jeden Schritt des Prüfungsteam informieren lässt, um die geprüften Bereiche aus falsch verstandener Loyalität zu schützen oder im schlimmeren Fall zu decken[327].

Eine offene Kommunikation im Vorwege einer Prüfung hilft hier, Vertrauen aufzubauen und eine sachliche Zusammenarbeit zu begründen.

Die Klärung organisatorischer Fragen wie Zimmer, PC und Zugriffe auf interne Bereichssysteme bzw. Firmen-Intranets und Fragen nach dem Zutritt zum Gebäude und spätestes Verlassen helfen, Alltagsprobleme gleich im Keim zu ersticken.

9.3.2.4 Appell

Die vierte Dimension des Kommunikationsprozesses „Appell" sollte im Eröffnungsgespräch gänzlich außen vor bleiben. Zum einen wird eine IR zuweilen von Personen, die sie noch nicht persönlich kennengelernt haben, mit dem Augout der Besserwisserei versehen, so dass vorschnelle Wertungen, wie z. B. Prozesse zu strukturieren sind und was Corporate Governance für den geprüften Bereich bedeuten müsste, das Vorurteil nur bestätigen würden. Auch fehlen in einem Eröffnungsgespräch naturgemäß die entsprechenden Prüfungsinformationen, um ein Werturteil fundiert abgeben zu können, so dass auch aus diesem Grund der Appell unterbleiben sollte.

Wünsche des Bereichs, bestimmte Themen anzugehen und andere weniger stark anzugehen, können berücksichtigt werden. Dazu ist erforderlich, dass in der Nachbearbeitung des Eröffnungsgesprächs die Argumente auch unter IR-Aspekten einer unabhängigen Prüfungsmethodik als stichhaltig angesehen werden. Jedoch sollten Zusagen und Versprechungen hierzu im Eröffnungsgespräch unterbleiben, da sich während der Prüfung andere Aspekte ergeben könnten, die genau diese Prüfungsschritte als angemessen erscheinen lassen würden. Im Übrigen reagiert eine professionell arbeitende IR auf Einlassungen des Bereichs, was sinnvoll wäre und was nicht, immer souverän und verbindlich.

> Man sollte immer die Gegenposition im Blick haben, wenn man selbst in der Rolle des Geprüften wäre, wie man selbst reagieren würde. Dies ist ein Thema, das im Kapitel Qualitätsmanagement noch näher beleuchtet werden wird.

Die nachstehende Abbildung fasst die kommunikativen Dimensionen noch einmal plakativ zusammen.

---

327 Siehe Gogol „Der Revisor" mit einem Revisionsverständnis, das ins letzte Jahrhundert gehören sollte.

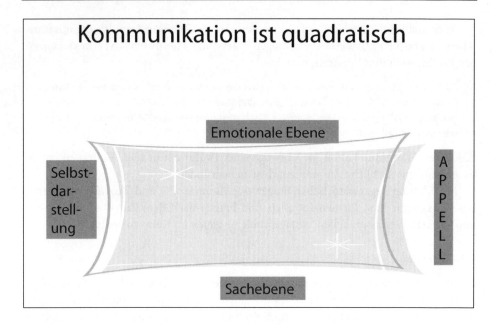

Abbildung 9-5: Kommunikation ist quadratisch

Im Idealfalle schrumpft das Quadrat fast auf ein Dreieck mit einer Dominanz der Sachebene, danach emotionale Ebene und Selbstdarstellung, und ganz zum Schluss die Dimension des Appells.

Das nachfolgende Schaubild fasst die Revisionsthematik der Vor-Ort-Prüfung zusammen:

Prozess-Komponenten	Inhalt: WAS?	Systematik: WIE?
Ziel/Aufgabe	Planmäßiges Abarbeiten des RO-Katalogs	Meilensteinplanung bei größeren Projekten; wöchentliche Statusrunden
Verfahrensregeln/ Entscheidungsregeln	Flexible Schwerpunktsetzung je nach angetroffenem Sachverhalt	Gezielte Wahl der effektiven Prüfungsmethodik, erst analytische Verfahren, dann Tests und Stichproben
Rahmenbedingungen	Know-how im Team, Unterstützung durch den zu prüfenden Bereich	Systematische Personalentwicklung; Vertrauensaufbau zu den zu prüfenden Bereichen bei Klarheit über die unterschiedlichen Aufgaben
Parameter/Einflussfaktoren	Zeitbudget; Umfang des Revisions-Katalogs; unerwartete Vor-Ort-Erkenntnisse	Flexible Zeitplanung; unterjährig feste Gruppen

Prozess-Komponenten	Inhalt: WAS?	Systematik: WIE?
Prozess-Ergebnis	Berichtsentwurf	Arbeitspapiere schon während der Prüfung anfertigen; Hilfestellung bei gravierenden Themen durch die Revisionsleitung; Abstimmung zum Fachbereich schon während der Prüfung
Feedback	Supervision der Revisionsleitung	Regelmäßiger Kontakt der Revisionsleitung zum Revisionsteam während der Prüfung;

Abbildung 9-6: Prozesskomponenten der Vor-Ort-Prüfung

9.4 Schwachstellenanalyse

Im Folgenden werden einige Methoden besprochen, die bei der Einordnung von Feststellungen während der Prüfung hilfreich sein können. Es geht um eine SOLL-IST-Analyse, einem kleinen Aufriss des durch SOX aufgewerteten Themas, den Kontrollen, und zum Schluss zu einem etwas kreativeren Ansatz, der eher im Beratungsgeschäft zum Tragen kommt, dem IST-SOLL-Vergleich.

9.4.1 Die sechs Zustände von SOLL und IST

Einer der ersten Vorgesetzten eines der Autors hat einmal versucht, die Essenz der kompletten Revisionsarbeit in einem Satz auszudrücken, „ In der IR geht es letztlich nur um die Analyse von *SOLL* und *IST*". Diese Abstraktion mag auf den ersten Blick relativ simpel gestrickt sein, trotzdem steckt in dem Einfachen immer ein Hauch von Genialität, wenn es wirklich gelingt, ein Thema auf den Punkt formuliert zu haben.

Nun sollte man annehmen, dass ein Abgleich von SOLL und IST doch zu trivial sei, um die komplette Welt der IR mit Risikomanagementsystem, Corporate Governance und Internal Control zu verdeutlichen, sind doch auf den ersten Blick nur zwei Zustände denkbar, nämlich „SOLL ungleich IST" und „SOLL gleich IST".

Im ersten Fall ergibt sich die Identifikation einer Schwachstelle, im anderen Fall, in der Grafik unten als dritter Fall tituliert, ist alles o. k., so what!?

Weitet man die Fragestellung jedoch auf das Infragestellen des SOLLs aus, so ergibt sich ein weiterer Fall „SOLL = IST, aber das SOLL ist nicht o. k.". Dieser Fall ist gleichzeitig der unangenehmste Revisionsfall, setzt er doch beim Prüfer professionelles Verständnis der Zusammenhänge voraus. Er muss dem Experten auf der geprüften Fachseite klarmachen, dass die Konzeption an sich fehlerhaft bzw. risikobehaftet ist und der Nachbesserung bedarf. Und das geschieht in einem Kontext, dass bisher alles o. k. war und eine Umstellung des Systems u. U. erhebliche Kosten verursachen könnte. Zudem wird mit dieser Kritik gleich die Kompetenz eines oder mehrerer Systemdesigner in Frage gestellt.

Noch bitterer ist die Erfahrung eines Systemversagens, das der Prüfer vorher für gut befunden hatte, „SOLL = IST". Es entstand jedoch ein beträchtlicher Schaden und es wird die Frage aufgeworfen, warum hat die IR diesen Systemmangel nicht entdeckt.

Der Einsturz der Wiener Reichsbrücke am 1.8.1976, das Zusammenbrechen von Hallendächern in Bad Reichenhall und Kattowitz im Winter 2005/2006 unter zu großer Schneelast, der Zusammenstoß von einem Sportflugzeug mit einem Passagierflugzeug auf dem Flughafen Linate/Mailand (I) am 8.10.2001, der Brand auf dem Fernsehturm in Moskau am 29.8.2000, die Brandkatastrophe im Flughafen Düsseldorf am 11.4.1996 sind Beispiele, bei denen Menschen wegen Konstruktionsfehlern, Systemdesignfehlern oder Nichtbeachtung von Sicherheitsstandards ums Leben gekommen sind. In allen Fällen waren die Sicherheitsbestimmungen überprüft worden, jedoch wurden offenbar Systemfehler übersehen bzw. ignoriert.

Im Vermögensbereich lassen sich sicher eine Vielzahl von weiteren Systemproblemen benennen, die meist mit Namen von in Konkurs gegangenen Firmen verbunden werden, Lehmann-Illiquidität, Kaupthing-Illiquidität, Northern Rock-Beinahe-Illiquidität, Hypo-RealEstate-Beinahe-Pleite wg. junk-CDO's, Holzmann-Illiquidität, Bremer Vulkan-Überschuldung, Babcock-Überschuldung, Eskom- mangelndes Einkaufspreiscontrolling, Anker/Triumpf-Adler/Nixdorf- nicht zukunftsträchtiges Geschäftsmodell u. v. a. m.

Meist waren nicht dolose Handlungen die Hauptursache, sondern eher das Ausbleiben von kritischem Hinterfragen bisher erfolgreicher Geschäftspraktiken.

Dass die Autoren so großen Wert auf diesen Fall 2 legen, hat den Grund, dass manchmal durch falsche „Systemgläubigkeit" auch die IR bei aller Unabhängigkeit in ihren Prüfungsansätzen in echte Gefahren laufen kann, die ihre Reputation und die des gesamten Unternehmens in Frage stellen können. Insofern sollte vor zu starrer Anwendung von Checklisten, so nützlich sie auch in Einzelfällen sein können (in diesem Buch selbst sind eine Reihe von Checklisten aufgeführt), abgeraten werden und an die erste Stelle der gesunde Menschenverstand gesetzt werden. Dieser weist gegenüber einem Computermodell den großen Vorteil der freien Kontextwahl, der Intuition und der Konstruktion neuer Zusammenhänge auf.

Fall 4 ist auf den ersten Blick eine seltsam anmutende Konstruktion „SOLL ungleich IST, IST ist o. k". Auch bei diesem Fall kommt auf eine professionell arbeitende IR viel Überzeugungsarbeit zu, z. B. in zentral geführten Unternehmen dem operativen Bereich die Entschlackung der Richtlinien zuzugestehen und dem Zentralbereich die Aufgabe einer praxisnäheren Richtlinienformulierung nahezulegen. Fehlende Marktnähe, übergroßes Expertentum verbunden mit einem Ductus „Bei uns in der Zentrale spielt die Musik!" erschweren hier manchmal den sachlichen Zugang zum Problem.

Fall 5 und 6 sind auf den ersten Blick reine Formalkonstrukte, obwohl man sie mit einem geschärften Blick in der Praxis durchaus zu entdecken vermag.

Es geht im Fall 5 um ein „IST ohne SOLL", ein Fall, der in einigen Start-up-Unternehmen vorkommen kann, wenn dem operativen, improvisierenden, personenabhängigen unternehmerischen Handeln der Vorrang vor einem risikoorientierten, vorsichtigen und voraus denkenden Ansatz eingeräumt wird. Mit viel Praxisnähe im

Wissen um mögliche Geschäftsrisiken, gravierenden Fehlentscheidungen, die bei sorgsamer Planung hätten vermieden werden können und viel Fingerspitzengefühl kann auch in diesen Unternehmen ein Verständnis für das SOLL geweckt werden. Nach der Erfahrung der Autoren werden auf der anderen Seite derartige Änderungen viel schneller und konsequenter in die Praxis umgesetzt als in Unternehmen, in denen alte Richtlinien durch Systemänderungen obsolet geworden waren und abgewandelt werden mussten.

Dies führt zum letzten Fall, „SOLL ohne IST", reine Bürokratie ohne Praxisbezug. Trifft die IR auf einen derartigen Fall und verlangt die Abschaffung einer Anweisung, weil das System längst nach anderen Regeln abläuft, ist ihr der Dank der Unternehmensleitung gewiss („alter Zopf wurde abgeschnitten"), jedoch sollte sie sich mit guten Argumenten wappnen, da durch die Abschaffung dieser Anweisungen sich durchaus Bereiche oder Abteilungen in ihrem Daseinszweck bedroht fühlen könnten und entsprechende Schutzmaßnahmen bereit sind zu ergreifen.

> Im Jahre 2009 möge in einem fiktiven Unternehmen oder einer fiktiven Behörde eine Dienstanweisung aus dem Jahre 1975 bestimmen, alle Schreibmaschinen einmal im Jahr zu warten.

In der nachfolgenden Abbildung sind die sechs SOLL-IST-Vergleiche mit weiteren Beispielen zusammengestellt worden:

Beispiele Soll - Ist

1.	Soll = Ist	**SOLL und IST stimmen überein:** Persönliche Steuererklärung; Beachten der Regeln im Straßenverkehr Gesunde Ernährung
2.	Soll = Ist	**SOLL war falsch, an dem das IST gemessen wurde:** GAU: Einsturz der Dächer von Hallen durch Nassschnee GAU: Untergang der Titanic, Exxon Valdez GAU: Enron, Worldcom, Ahold, Schneider/ Dt. Bank, u.v.m.
3.	Solli ≠ Ist	**Übliche Feststellung in RB:** Buchungsfehler; Gesetzesverstoß; Unwirtschaftlichkeit; Fehlende Zielkongruenz von Maßnahmen.
4.	Soll ≠ Ist	**Richtlinie = SOLL ist veraltet:** Richtlinie zur Aufbewahrung von Magnetbändern (Kassetten)Richtlinie zur jährlichen Überprüfung der Schreibmaschinen (PC); Beachtung des Vorsichtsprinzip beim IFRS/ IAS-Abschluss
5.	Soll ohne Ist	**Theoretischer Fall(?):** Organisation, Funktion, Prozess, Geschäftseinheit existieren schon gar nicht mehr
6.	Ist ohne Soll	**Fehlende schriftliche Ordnung im Unternehmen:** Unternehmer-Unternehmen; start-up's; „schlanke" Organisationen Restarbeiten an eingestellten Projekten

Abbildung 9-7: Beispiele SOLL – IST

9.4.2 Kontrollen

Kein Themengebiet innerhalb der IR wird so emotional verteidigt bzw. auch von der Fachseite so angegriffen wie der Bereich Kontrollen. In dem inzwischen fast zur Banalität verkommenen Ausspruch Lenins: Vertrauen ist gut, Kontrolle ist besser, schwingt genau das Unbehagen mit, das Kontrollen bei Mitarbeitern üblicherweise auslösen. Wegen einer äußerst geringen Zahl an Regelverstößen, die jedoch zu erheblichen Verlusten geführt haben können, sollen täglich langweilige, zeitaufwendige Kontrollroutinen von allen unternommen werden.

> So muss manchmal sprichwörtlich der Schaden erst eingetreten sein, z. B. der Diebstahl von Privateigentum während der Mittagspause, dass die „alte Weisheit", das Büro und den Schreibtisch beim Verlassen des Raums abzuschließen, wieder zu einer Selbstverständlichkeit wird.

Bei allen Kontrollen sollte der Revisor immer im Auge behalten, dass Kontrollen systematisch als Maßnahmen gegen mögliche Risiken gedacht sind und auch immer ein Kontrollziel besitzen[328]. In einem risikolosen Umfeld sind Kontrollen sinnlos, überflüssig und unwirtschaftlich. Dies gilt ebenfalls für sinkende Risikolevel, hier sollte der Kontrollaufwand ebenfalls abgesenkt werden.

Nach den 6 möglichen Zuständen von SOLL zu IST werden im Folgenden die Kontrollen behandelt, die standardmäßig von der IR im Rahmen ihrer Revision auf die Prüfungsziele überprüft werden sollen.

> Es macht schon einen gehörigen Unterschied aus, ob es in einem Produktionsprozess darum geht, bei der Eiskremproduktion genau 10 % Fettanteil im Endprodukt zu erzeugen oder bei der Erstellung des Geschäftsberichts alle externen und internen Anforderungen ordnungsgemäß umzusetzen.
>
> Im ersten Fall der Eiskremproduktion darf der Fettgehalt nicht weniger als 10 % betragen, weil die Charge dann nicht mehr als Eiskrem klassifiziert werden darf, aber auch nicht mehr, weil Butter ein verhältnismäßig teurer Rohstoff ist und die Ergebniskalkulation der Tagesproduktion sonst Verluste ausweisen würde. Hier müssen im kontinuierlichen Produktions-Prozess permanent Proben genommen werden, um das Kontrollziel: „Fettgehalt: 10 %" zu gewährleisten.
>
> Im Produktionsprozess sollten die Verfahren so *automatisiert* ablaufen, dass die Probeentnahmen nicht zu Produktionsstillständen führen. Wird am Endprodukt im Labor im Nachhinein doch noch eine Unterschreitung des Fettgehalts festgestellt (*manuelle Kontrolle*), so wird zwar die Charge gesperrt und muss mit hohen Zusatzkosten aufgearbeitet werden, jedoch wurde der Fehler vor der Auslieferung an den Kunden bemerkt. Das Kontrollziel einer fehlerfreien Auslieferung wurde dennoch erreicht, obwohl das Produktionsziel fehlerfreier Produktion ohne Nacharbeit nicht erreicht wurde. Ein IR-Mitarbeiter wird dann höchstens im Rahmen eines OA-Ansatz hinterfragen, wie häufig Sperrungen vorgekommen sind und was die „lessons learnt" waren bzw. wie diese umgesetzt wurden.

---

328 Siehe hierzu COSO ERM, Control Activities, Kapitel 7, S. 63 ff.

Im anderen Fall der Geschäftsberichtserstellung dürfen keine gesetzlichen Anforderungen unberücksichtigt bleiben. d. h. z. B. der Geschäftsbericht muss nach IFRS/IAS-Norm eine Bilanz, eine GuV, ein Eigenkapitalspiegel, eine Kapitalflussrechnung, einen Anlagenspiegel, eine Segmentberichterstattung und einen erläuternden Anhang enthalten.

Im Textteil gehören dazu ein Bericht des Vorstands, ein Bericht des Aufsichtsrats, der Lagebericht, der Risikobericht, u. U. ein Abhängigkeitsbericht und ein Corporate Governance Bericht dazu, in dem über die Compliance zum DCGK und im einzelnen zu den Vorstandsbezügen und zur Aufsichtsratvergütung berichtet werden muss.

Die Versicherung nach § 312 ff. AktG, das für jede Leistung eine Gegenleistung erbracht wurde, ist zusätzlich vom Vorstand zu versichern. Fehlt allein diese Erklärung, ist der gesamte Geschäftsbericht mit einem gravierenden Mangel versehen und wird am Kapitalmarkt zu großen Irritationen führen.

Ein Gesamtkonzept der zu berichtenden Tatbestände mit Benennung von Termin und Verantwortlichen steht bei diesem Fall am Anfang, eine *Vollständigkeitskontrolle* auf zeitgerechte und komplette Umsetzung hilft, die oben beschriebenen Irritationen zu verhindern.

Beim Geschäftsbericht gibt es zwar durch den HV-Termin und den Vorlauf der Druckereien einen definierten Endtermin, der nicht überschritten werden darf, trotzdem sind die Kontrollen anderer Natur.

Beispielsweise ist es kein guter Ansatz, dass die Abteilung Investor Relations den AP auf das Fehlen des Testatsvermerk anspricht, garniert noch mit der Mitteilung, dass alle übrigen Berichtsteile fertig gestellt seien und man nur noch auf den Vermerk warte. Obwohl die *Kontrolle auf Vollständigkeit* funktioniert hat, war die Maßnahme „Abschlussprüfer ansprechen" fehlgeleitet. Denn es wurde nicht inhaltlich analytisch hinterfragt, welche Gründe den AP bewogen haben könnten, seinen Vermerk noch nicht oder gar nicht zuzuleiten.

Ein *adäquateres Kontrollsystem* hätte z. B. regelmäßige Meetings zwischen Finanzchef und AP während der Abschlussprüfung vorgesehen, so dass möglichen Einwendungen der AP zu bestimmten Sachverhalten rechtzeitig hätte begegnet werden können. Durch nachträglich vorgenommene Abwertungen im Anlagevermögen aufgrund der realistischen Wahl des Kapitalisierungszinses hätte der Finanzchef bestimmt das Testat erhalten, wenn Impairment das Thema des Vorbehalts des AP gewesen sein sollte.

Auf den ersten Blick wird klar, dass an das Design und die Handhabung der Kontrollen ganz unterschiedliche Anforderungen gestellt werden müssen. *Automatisierte Kontrollen* sind prozessimmanent und laufen ohne Zeitverzögerung in Echtzeit ab. *Manuelle Kontrollen* starten erst am Ende eines Prozesses, können aber dann Fehler im Nachhinein noch korrigieren. Das können automatisierte Kontrollen in der Regel nicht. Die von automatisierten Kontrollen festgestellten Fehler werden entweder durch einen vorprogrammierten Regelkreis bereinigt, oder durch Aussteuerung der fehlerbehafteten Artikel isoliert, damit der Prozess ohne Fehler beendet werden kann.

Eine weitere Unterscheidung kann bei Kontrollen nach der Hierarchieebene getroffen werden. Entscheidungen bei Kontrolldesign und substantiellen Zielabweichungen, die nur von der ersten Führungsebene getroffen werden können, werden als

High-Level-Controls oder generelle bezeichnet, die anderen als spezifische oder *Low-Level-Controls*.

Zu den High-Level-Controls gehören z. B. alle Richtlinien und Verfahrensbeschreibungen, die den Umgang mit den Vermögensgegenständen des Unternehmens regeln. Kontrollziel könnte hier ein möglichst schonender Umgang mit Unternehmensressourcen (OA) sein.

Weiter gehören zu den High-Level-Controls alle Richtlinien und Verfahrensanweisungen, die sicherstellen, dass alle Mitarbeiter sich im Unternehmen gesetzeskonform verhalten (CO). Einhaltung von Brandschutz, Arbeitsschutz, Datenschutz, Baurecht, Umweltauflagen, Arbeitszeitregelungen, Auftragsvergabe nach ethischen Grundsätzen, die Regelungen zur Abgrenzung von Privatsphäre und Unternehmen wie Reisekosten, Repräsentationskosten, Nutzung von Internet und Firmenwagen, Teilnahme an Events u. v. a. m. sind hier zu benennen.

Eine andere Unterscheidung von CO-Kontrollen besteht in den Begriffen von präventiven und aufdeckenden Kontrollen. *Präventive oder vorbeugende Kontrollen* verhindern z. B. die missbräuchliche Nutzung von Vermögenswerten eines Unternehmens. *Zutritts-* und *Zugangskontrollen* mit *Berechtigungs- oder Rollenkonzepten* sind hier zu nennen. Aufdeckende Kontrollen entlarven im Nachhinein den Missbrauch oder Betrug. Hierzu gehören z. B. Saldenbestätigungen, Inventuren, Kassenprüfungen, Vollständigkeitskontrollen bei vornummerierten Schecks und Kasseneinzahlungsbelegen, Anzahl der Lohnsteuerkarten im Vergleich zur Anzahl der Abrechnungen um nur einige aus dem Finanzbereich oder dem Bereich physischer Vermögensgegenstände zu nennen

Alle Regeln und System- bzw. Prozessvorkehrungen für ein regelkonformes Reporting des Unternehmens mit seiner Außenwelt sind ebenfalls High-Level-Controls. Hierzu gehören in erster Linie die Finanzberichte und Steuererklärungen des Unternehmens (FA), aber auch Meldesysteme für den Katastrophenfall, ein etwaig zu erstellender Personalbericht, ein Umweltbericht und ein freiwillig erstellter Nachhaltigkeitsbericht gehören hierher, unabhängig davon, ob sie Teil des Geschäftsbericht oder separat veröffentlicht werden.

Regelungen und Festlegungen zur Strategie und Planung des Unternehmens, der Risikobereitschaft, die Geschäftsfelder, Bereiche, Funktionen, Prozesse und Projekte, alle Vergütungssysteme, Geschäftsordnungen des Unternehmens und seiner Tochtergesellschaften, die spezifische Abwicklung der gegenüber dem Aufsichtsrat zu genehmigende Geschäfte u.v.a.m sind ebenfalls High-Level-Controls (MA) oder in diesem besonderen Zusammenhang auch *Managementkontrollen* genannt. Zu Managementkontrollen gehören nicht nur einmalige Festlegungen, sondern systematische Reviews und Follow-ups mit Berichtspflichten sowie Aktionen bei schwerwiegenden Abweichungen vom Angeordneten.

Das Controlling, dessen Aufgabe die Gegenüberstellung von IST zum PLAN ist, kann man in dieser Systematik als High-Level bezeichnen. Dies gilt ebenso für den Organisationsbereich und alle Bereiche des Unternehmens, die die Vorstands- und Aufsichtsrattätigkeit unterstützen, also gewissermaßen auch die IR, wenn sie an den

Vorstand und/oder Aufsichtsrat berichtet. Wenn sie an diese Funktionen nicht berichtet, dieser Fall ist im Kapitel Strategie und Organisation detailliert beschrieben worden, dann ist sie Low-Level.

Alle Low-Level-Controls befassen sich mit der praktischen Umsetzung der High-Level-Controls. Eine Kompetenzen- und Vertreterrichtlinie, die die Verantwortlichkeit auf Managementebene regelt ist vom Design her High-Level, jedoch in der Umsetzung bis auf Abteilungs- und Gruppenebene dann Low-Level. Alle automatisierten Kontrollen sind low-level, das heißt aber nicht, dass die Revision auf Angemessenheit im Design und praktischer Funktionsfähigkeit auch mit Low-Level-Sachverstand durchführbar wären. Ganz im Gegenteil verlangt das Testen von automatisierten Kontrollen einen ausgeprägten Sachverstand bis hin zum Experten, sei es im IT-Bereich, beim Bau oder in Produktion und Logistik.

Hingegen sind mit etwas gesundem Menschenverstand das Design und die Funktionsfähigkeit von High-Level-Controls zu überprüfen. Hier sind von der IR eher der Bekennermut und die Sozialkompetenz einzufordern. Dadurch, dass diese Themen meist auf Geschäftsführungsebene entschieden werden, ist die Leitungsebene der IR hiermit befasst[329].

Ein weiteres Kriterium, ob die eingerichtete Kontrolle schon vom Design her aussagefähige und belastbare Ergebnisse liefern kann, ist der Grad der Unabhängigkeit der Personen, die kontrollieren. Bei automatisierten Kontrollen sind es die designkonforme Umsetzung in den Produktionssystemen bzw. autorisierte Genehmigungen, wenn im Unterschied zum Standardablauf „flickschusterliche" Eingriffe, sog. „patche", in ein System erfolgen.

Auf Unternehmensebene ist bedingt der Aufsichtsrat, unbedingt der AP als *prozessunabhängig* zu qualifizieren. Beim Aufsichtsrat spricht eine frühere, nicht lang zurückliegende Tätigkeit als z. B. Vorstand tendenziell gegen ein unabhängiges Urteil. Deshalb fordern der DCGK und der amerikanische SOX vom Unternehmen unabhängige Mitglieder des AR. Ein formeller *Sachkundenachweis* wird heute von Mitgliedern des AR noch nicht gefordert, jedoch eine in regelmäßigen Abständen zu treffende Selbsteinschätzung. In USA muss mindestens ein Mitglied einschlägige Kenntnisse vorweisen, die ihn als Financial Expert qualifizieren.

Ein AP muss, internationalen Normen folgend, seine Unabhängigkeit dem Gremium, das seine Wahl vorschlägt, anhand einer Unabhängigkeitserklärung nachweisen. Der Sachkundenachweis des AP, dass anerkannte Standards bei der Prüfung verwandt werden, wird neuerdings über sog. *Assessments* und *Peer Reviews* nachgewiesen.

Auf der Ebene unterhalb des Vorstands sind meist ähnliche Anforderungen an die Kontrollen wie auf Unternehmensebene zu stellen. AP und in großem Umfange die IR teilen sich hier die Arbeit. Das Thema Sachkunde in der IR wurde schon im Kapitel

---

329 Standard-Beispiele für High-Level-Controls im IKS sind im Checklisten-Verzeichnis des Kapitel 9 auf www.revisionspraxis.esv.info unter 9.3. aufgeführt.

Strategie und Organisation der IR angesprochen, dem Thema Qualitätsmanagement, zu dem Assessments und Peer Reviews zählen, folgt im übernächsten Kapitel.

Ein gleitender Übergang besteht zur nächsten Ebene und jeglicher Untergruppe in Bereich, Funktion, Prozess oder Projekt. Das unabhängige Monitoring erfolgt hier meist über die vorgesetzte Stelle. Diese veranlasst oder gibt auch mindestens bei der Automatisierung der Kontrollen das Design, die Implementierung und die Änderung frei. Organisiert über eine *Kompetenzenliste* kommen hier die Grundprinzipien der *Internal Control* mit *4-Augen-Prinzip* und *Funktionstrennung* zur Geltung. Aus Sicht der Unabhängigkeit der Kontrollfunktion geben hier die Autoren der Funktionstrennung gegenüber dem 4-Augen-Prinzip den Vorzug.

> Beim 4-Augen-Prinzip kommen die zwei Unterzeichner einer Kontrollfunktion aus demselben Interessensbereich. Das ist bei einer Organisation über Funktionstrennung durch Bereichsgrenzen etwas unabhängiger gestaltet.

9.4.3 Die Ist-Soll-Analyse

In vielen Prüfungen ist SOLL und IST für den Revisor vorgegeben, so dass er sich Dokumentationen für beide Systembestandteile vom zu prüfenden Bereich zur Verfügung stellen lassen kann. In einigen Fällen, insbesondere bei Beratungsaufträgen, sind IST und gleichzeitig das SOLL aus Sicht des Auftraggebers unbefriedigend.

> In einem Unternehmen werden alle Vorgaben der Leitung beachtet, die Ergebnisziele jedoch seit Jahren verfehlt. Offensichtlich stimmt etwas mit dem SOLL nicht. Das Jahresbudget wird beispielsweise von den Mitarbeitern als vollkommen unrealistisch abgetan, so dass aus einer demotivierenden Haltung schon im ersten Monat das neue Jahresziel als unerreichbar erscheint. Eine Analyse des Zahlenwerks mag ergeben, dass sich zwar die vom Bereich beeinflussbaren Kosten kontinuierlich in ihrer Relation zum Umsatz verbessert haben, jedoch die Zentralumlagen jedes Jahr den so sicher geglaubten Erfolg konterkariert haben.

> Gleichzeitig sind neue Wettbewerber am Markt aufgetaucht, die ihre Produkte weit günstiger als das betroffene Unternehmen anbieten. Durch Kostendämpfungsmaßnahmen sei auch noch das Marketingbudget gekappt worden, um höhere Nachlässe geben zu können.

> Offensichtlich ist nach einer schonungslosen Erhebung des IST-Zustands eine Neubestimmung des SOLLS notwendig.

> Zu dieser Überlegung gehören auch eine Portfolio-Betrachtung innerhalb des gesamten Unternehmens und alternative Szenarien wie Verkauf an einen der Marktführer, Management-Buy-Out, Zusammenfassung mit anderen ähnlichen Bereichen oder auch Einstellung des Betriebs.

> Bleibt die Blickrichtung nur intern, so werden u. U. bessere externe Lösungen ausgeschlossen, das Unternehmen erleidet einen vermeidbaren Schaden durch Fehlberatung.

> Das Gleiche gilt auch umgekehrt, wenn, historisch bedingt, die Kostenallokation nicht mehr verursachungsgerecht erfolgt, um aufstrebende, aber noch ergebnisschwache Bereiche zu stützen. In diesem Fall wäre z. B. der Verkauf der Cashcow an Dritte kein sinnvoller Weg aus der Krise, sondern eher eine Fokussierung im Bereich der Neuproduktentwicklung angeraten.

Generell gilt hier, der intensiven Diskussion um ein neues SOLL sollte großer Raum gewidmet werden. Die Entwicklung einer neuen Zielsetzung, einer Strategie, diese zu erreichen, alles bisher Akzeptierte auf den Prüfstand zu stellen, setzt andere Techniken voraus.

Die Beratungstechniken können sich hier nicht in Analysen, Interviews und Tests erschöpfen, vielmehr geht es hier um Worksshoptechniken, Techniken der Kreativitätsentfaltung, Projektmanagement inkl. Promotion und Sponsoring auf höchster Unternehmensebene sowie Moderationstechniken auf allen Ebenen des Unternehmens, um das NEUE zu „er-finden" und dann auch durchzusetzen.[330]

Ein Revisor in der Beraterrolle ist hier vom Persönlichkeitsprofil stark gefordert. Ohne emotionale Intelligenz, Einbindung in Netzwerke und hohe Frustrationstoleranz wäre ein derartiges Projekt stark in der Umsetzung gefährdet.

9.5 Feststellungen

Feststellungen sind, so nüchtern sie sich auf den ersten Blick anhören mögen, des „Pudels Kern" des Revisors. In den Feststellungen erkennt der Fachbereich auf den ersten Blick Kompetenz, Sachlichkeit und Philosophie der IR. Sie können eine prägende Wirkung auf die Veränderungsbereitschaft im Unternehmen haben und einen wertvollen Beitrag zur qualitativen und quantitativen Verbesserung der wirtschaftlichen Situation leisten. Eine unsachliche oder sachlich falsche Feststellung kann aber auch das genaue Gegenteil davon verursachen. So können Frust, Verfestigung von Beharrungsvermögen und ein Einfrieren der Beziehung zwischen geprüften Bereich und IR entstehen. Zwar gilt, dass die IR letztlich jedes RO prüfen kann, das sie mit Überzeugung vertritt, jedoch können sich trotz vorhandener und genehmigter Geschäftsordnung und Jahresplanung erhebliche Friktionen auftun. Beispielsweise entstehen diese, wenn Feststellungen in guter Absicht, jedoch ohne Berücksichtigung des aktuellen Kontextes vorgebracht werden.

9.5.1 α- und β-Fehler: Schlussfolgerungen

Der Prüfer ist bei seinen Handlungen verschiedenen Risiken ausgesetzt, die alle zum Gegenstand haben, ob alle vorhandenen Schwachstellen aufgedeckt werden können.

Das erste Hauptrisiko, nicht in den wesentlichen Unternehmensrisikobereichen, sondern in Sekundärbereichen zu prüfen, wurde im Kapitel risikoorientierte Prüfungsplanung eingehend erläutert (*Inhärentes Risiko*[331]).

Ein zweites Risikofeld liegt darin, dass das IKS systemmäßig Fehler zulässt und nicht aufdeckt *(Kontrollrisiko)*. Um dieses Risiko einschätzen zu können, ist eine Reihe von grundsätzlichen Unterlagen in die Prüfung einzubeziehen. Das Fehlen einzelner im Nachhinein aufgelisteter IKS- Bestandteile muss nicht zwangsläufig zu Ver-

---

330 Die SWOT-Analyse (Strengths, Weaknesses, Opportunities, Threads) kann hier auch wertvolle Beiträge leisten. Im Band OA wird diesem Aspekt mehr Raum gewidmet werden.
331 Die Begriffe Inhärentes Risiko, Kontrollrisiko und Entdeckungsrisiko wurden in Anlehnung an Prof. Banthleon gewählt (Schulungsunterlagen 2005 für CIA-Examen).

mögensverlusten führen, jedoch steigt das Risiko unentdeckter Missbräuche und von Vermögensverlusten.

Das dritte Hauptrisiko ist das *Entdeckungsrisiko,* d.h. ob alle wesentlichen Schwachstellen durch den Prüfer festgestellt werden oder nicht. Wie schon unter den 6 SOLL-IST-Vergleichen erläutert, gibt es für den Revisor eine Reihe von Fallstricken, die er möglichst während der Prüfung vermeiden sollte. Zum einen geht es darum, ob eine vorhandene Schwachstelle entdeckt wird oder nicht, zum anderen um eine Falschbeurteilung des Prüfers, dass nämlich etwas Richtiges als Fehlerhaftes beurteilt wird.

Dass eine vorhandene Schwachstelle nicht entdeckt wird (**ß-Fehler**), erklärt sich bei den SOLL-IST-Vergleichen im gravierenden GAU-Problem. Die Sollkonzeption stimmt mit dem Ist-Tatbestand überein, aber es ist ein Fehler in der Sollkonzeption vorhanden (Fall 2). Die Stichprobe ist nicht adäquat oder die Prüfung war zu oberflächlich, so dass Abweichungen unbemerkt blieben (Fall 3).

Während der letzte Fall durch einen professionellen, systematischen Prüfungsansatz weitgehend ausgeschlossen werden kann, liegt der erste Fall komplizierter. Denn hier wird vom Prüfer ein Expertenwissen gefordert, dass über das der Fachseite hinausgeht, da sie ja sonst eine adäquate Sollkonzeption als Maßstab ihres Handeln genommen hat. Für diesen Fall ist eine professionelle Supervision, große Erfahrung und Intuition notwendig sowie eine hohe Frustrationstoleranz, da Veränderungen an der Sollkonzeption hohe Kosten nach sich ziehen, wenn die alte Sollkonzeption schon umgesetzt wurde. Diese Kosten werden selbst von höheren Managementebenen selten genehmigt, solange das „Kind nicht in den Brunnen gefallen ist", also kein Schaden entstanden ist.

Der Brand des Moskauer Fernsehturms hat bei allen Betreibern von Fernsehtürmen zu einem Umdenken geführt, durch geeignete bauliche Maßnahmen eine Luftrettung zu ermöglichen, da anders ein Zugang zu den im Turm befindlichen Personen durch Aufzug, Leiter oder Treppenhaus nicht möglich war.

Die Einstürze der Hallendächer wird allen Betreibern eine Mahnung sein, das Thema Feuchtigkeit bei der Tragfähigkeit von Holzbalken zu überprüfen und geeignete Abwehrmaßnahmen zu ergreifen.

Die offene Bauweise und die Verwendung von schwerstbrennbaren Materialien hat nach dem Flughafen(-schwel-)brand in Düsseldorf sicher zu neuen konstruktiven Ideen und Konzepten geführt, in großflächigen abgeschlossenen Bereichen für Sicherheit zu sorgen.

Die Implementierung von Audit Trails in datenbankgestützen online-Systemen ist eine der wenigen Möglichkeiten, die Vollständigkeit der Verarbeitung in einem Programmsystem sicherzustellen. Die nachträgliche Implementierung ist zwar sehr aufwendig, sollte seitens der IR aber immer wieder gefordert werden, da ansonsten diese Systeme bei Abschlussrelevanz einen schwerwiegenden Mangel konstatiert bekämen. Dies wäre z.B. bei US-Notierung der Wertpapiere des Unternehmens (Anleihen oder Aktie) SEC-berichtsrelevant (material weakness).

Nicht so gravierend, aber für die Reputation der IR schädlich sind behauptete Fehler, die sich im Verlaufe der Prüfung, schlimmstenfalls während der Schlussbesprechung als Irrtum des Prüfers herausstellen (α-**Fehler**).

In unseren 6 SOLL-IST-Vergleichen könnte es sich hierbei z. B. um einmalige Arbeitsfehler handeln, die zu Systemproblemen hochstilisiert werden (**Fall 1**). Routinierte Prüfer erwähnen diesen Punkt in der Schlussbesprechung nur mündlich.

Ein weiterer α-Fehler könnte sich hinter dem Fall Soll ohne IST (Fall 5) verbergen, wenn der Prüfer die gelebte Realität in den alten Soll-Zustand zurückentwickeln möchte statt eine Überarbeitung der Richtlinie zu fordern.

Letzter α-Fehler ist ein korrektes Arbeiten der Fachseite, das jedoch nicht oder unzureichend dokumentiert ist (Fall 6: IST ohne SOLL). Erfahrene Prüfer fordern hier mit Hinweis auf Urlaubsvertretung, Einsatz von Aushilfen oder neuen Mitarbeitern eine kurze Dokumentation der Arbeitsweise, vermeiden es aber vor dem Hintergrund einer an sich korrekten Arbeitsweise des Fachbereichs, diesen Punkt über zu betonen.

Letztlich ergibt sich, dass α-Fehler in den meisten Fällen für ein Unternehmen unschädlich sind, da die Fachseite aus eigenem Interesse diesen Fällen entgegen tritt. Es leidet, wenn überhaupt, das Renommee der IR. Doch auch hier gilt für eine IR:

Errare humanum est![332]

Gravierender sind die ß-Fehler, die es gilt durch Qualitätssicherungsmaßnahmen im IR-Team, durch Weiterbildungsmaßnahmen und durch eine gute Mischung im Prüferteam zu reduzieren. In den IIA-Standards[333] steht hierzu Tröstliches, dass nämlich ein IR-Mitarbeiter nicht in allen Gebieten Experte sein kann. Er sollte sich nur dessen bewusst sein und sich nicht scheuen, in kritischen Fällen externe Hilfe in Anspruch zu nehmen.

9.5.2 Abstimmung mit der Fachseite

Tauchen während der Prüfung nun Ungereimtheiten auf, sollte der Revisor diese unverzüglich mit der Fachseite abklären. Dies gibt der Fachseite die Chance, mögliche Fehleinschätzungen des Prüfers in der Anfangsphase zu korrigieren, ohne dass in einer Schlussbesprechung dann Fronten entstehen. Auf der anderen Seite erhält die Fachseite einen ersten Einblick in die Prüfungstätigkeit und kann bei Vorliegen eines Mangels schon erste Überlegungen zur Abstellung dieses Mangels anstellen. Damit es in der Schlussbesprechung keine Diskussionen über die sachliche Richtigkeit des Mangels gibt, sollte sich der Prüfer die Feststellung des Mangels von der Fachseite bestätigen lassen.

Manchmal ist jedoch zusätzliche Recherche notwendig, um die gefundene Ungereimtheit zu substantiieren. Stichproben müssen erweitert, Testanfragen vorbereitet

---

332 Irren ist menschlich.
333 Die IIA-Standards unterscheiden hier in Grund-, Aufbau- und Spezialwissen am Beispiel von Fraud und IT in dem Standard 1210, nehmen aber den Revisionsleiter persönlich in die Pflicht, für adäquaten Ausgleich bei etwaigen Defiziten zu sorgen.

und Hintergründe abgeklärt werden. Für den Revisor ist es im Stadium einer möglichen Hypothesenbildung wichtig, sich mit seinem Vorgesetzten oder anderen Mitgliedern des Revisionsteams abzustimmen, um mögliche Irritationen mit der Fachseite im Vorstadium einer Feststellung zu vermeiden. Sehr hilfreich kann es sein, im Sinne einer dialektischen These-Antithese-Diskussion zu versuchen, nach glaubhaften Erklärungen zu suchen, die diesen Mangel entkräften, um quasi im Umkehrschluss dann, wenn sich keine entkräftenden Argumente mehr finden lassen, die Feststellung untermauern zu können.

Was zeichnet denn nun eine Feststellung besonders aus? Hier gelten vom Grundsatz die Prinzipien für einen Revisionsbericht, der in einem späteren Kapitel ausführlich behandelt wird. Die Feststellungen sollten evident, klar, wahr und eindeutig sein, d. h. dass ein fachkundiger Dritter in Kenntnis des Sachverhalts zu den gleichen Schlussfolgerungen gekommen wäre. Zur Evidenz gehören in dieser abgestuften Reihenfolge eigene Inaugenscheinnahme des Prüfers, extern erstellte Dokumente, mündliche Aussagen Dritter, intern erstellte Dokumente, mündliche Aussagen des Fachbereichs.

Dem Revisor wird in der Schlussbesprechung entgegen gehalten, die Fachseite habe ihm bestätigt, dass sie in dem neuen System nicht richtig geschult worden wäre. Deshalb habe die Fehlerbearbeitung einen immer größer werdenden Teil der knapp bemessenen Arbeitszeit eingenommen. So hätten sich die festgestellten Bearbeitungsrückstände aufgebaut. Diese Argumentationskette kann vom für die Systemimplementierung zuständigen Projektleiter mit Rückgriff auf die Schulungspläne entkräftet werden.

Die Prüfung des Mangels Fehlerlistenanstieg mit der Konsequenz eines Anstiegs des Bearbeitungsrückstandes müsste nach der Schlussbesprechung neu beginnen. Dies ist für alle Seiten ein unangenehmer Vorgang.

Um wieviel besser kommt die Feststellung an: Durch die von 1 auf 5 Sekunden gestiegenen Antwortzeit des neuen im Vergleich zum alten System konnten nur noch die Hälfte der geplanten täglichen 750 Vorgänge bearbeitet werden. Dies hat innerhalb von vier Wochen zu einem Arbeitsrückstand von 5 Arbeitstagen geführt, da die Mitarbeiter mit Überstunden und Multitasking während der langen Antwortzeiten versucht hatten, der Arbeit Herr zu werden. Die Revision empfiehlt, die Systemauslastung zu überprüfen und ggf. Hardware- und Netzwerkerweiterungen vorzunehmen.

Ein Hauptproblem der Fehlerlisten liegt in falscher Migration der Kundenbestände, bei denen das neue System unzutreffende Zuordnungen verfügt hat. Diese können durch Modifikationen am System maschinell behoben werden. Diese Modifikationen sollten auf Empfehlung der IR mit Priorität vorangetrieben werden, um zu normalen Bearbeitungsroutinen im Fachbereich zu gelangen.

Im letzten Fall hat sich der Revisor einen IT-Kollegen während der Prüfung zur Hilfe geholt, der mit eigenen kurzen Recherchen die Ursache des Mangels aufklären konnte. Dies ist ein Teamansatz, der den Zusammenhalt in der IR stärkt und das Renommee der IR gegenüber der Fachseite zusätzlich ausbaut.

9.6 Verbesserungsvorschläge

Bei dem Punkt, Verbesserungsvorschläge zu entwickeln, kommt es manchmal zu Grundsatzdiskussionen innerhalb der IR. Zuweilen tritt diese Problem auch zwischen Unternehmensleitung und Revisionsleitung auf.

Der Kernpunkt der Diskussion betrifft die Rollenverteilung innerhalb des Unternehmens, hier der fachlich kompetente, professionell agierende operative Bereich, dort der prozessunabhängig prüfende Bereich IR.

Die Extremposition stellt fest, dass die Unabhängigkeit der IR schon mit dem Vorbringen und Diskutieren von Lösungskonzepten zur Eliminierung der Schwachstellen verloren gehen kann. Die IR greife ins operative Fachgeschehen ein und könne bei der nächsten Revision dann nicht unabhängig prüfen.

Auch mit der IIA-Definition, die auf die Mehrwertschaffung einer IR abzielt, entgegnet diese Extremposition, dass allein die Feststellungen, die durch professionelle und unabhängige Methodik entstanden sind, dem Unternehmen den nötigen Mehrwert verschaffen. Denn es wäre andernfalls in größere Risiken geraten, die durch die IR-Feststellungen nun vermieden worden sind.

Die Unabhängigkeit der IR wird umgekehrt von der Fachseite so interpretiert, dass die IR mehr oder weniger als „fünftes Rad am Unternehmenswagen" wahrgenommen wird, die faktisch zur Verbesserung einer Problemsituation keinen Beitrag leisten könne.

Die Unternehmensleitung motiviert beide Bereiche, besser zu werden. Dies treibt in der IR das Auffinden von schwerwiegenden Schwachstellen an, was zwar auf der Fachseite den professionellen Umgang mit Risiken verbessert, aber auch dazu verleiten kann, der IR nicht alles offen zu legen. Denn man könnte es nachher im Revisionsbericht wieder lesen.

Im Ergebnis entfremden sich beide Bereiche von einander, Karrieren zwischen IR und Linie werden seltener, die Erarbeitung von neuen Feststellungen durch die IR schwieriger. Die Fachbereiche bauen interne Supervisionsstellen auf, damit nun ja kein Mangel von der IR gefunden werden kann. Dies kostet dann zusätzliche Kapazitäten im Unternehmen, Supervisionsstellen und IR, und führt zu bürokratischen Verkrustungen.

Der Druck auf die IR wird größer, sich effizienter aufzustellen. Da sie weniger in den Fachbereichen findet, werden mit dem AP Vereinbarungen getroffen, die konzerneigene, prozessunabhängige IR vermehrt für Hilfsarbeiten des AP heranzuziehen, um das Prüfbudget des Unternehmens effektiver einsetzen zu können.

In kleineren Unternehmen und Unternehmen mit Mehrheitsbesitz einer Familie kann die Situation für die IR ganz anders aussehen. Hier wird von der IR der Mehrwert in Form von „zähl-Barem" Beiträgen zum Unternehmenserfolg geradezu eingefordert. Das typische *Prinzipal-Agent-Phänomen*[334], das der eigentliche Ausgangs-

---

334 Der Auftraggeber (Prinzipal) sieht seinen Auftragnehmer (Agent) als arbeitsscheu an und als Folge nur durch monetäre Anreize und Kontrollen zur Erfüllung der Unternehmensziele zu bringen. In Familienunternehmen hingegen trifft diese Sichtweise meistens nicht zu, da der Mitarbeiter als Teil der Familien angesehen wird.

punkt sich verschärfender Corporate Governance und Internal Control Anforderungen ist, entfällt weitgehend in diesen Unternehmen, so dass sich die IR mehr über OA-Themen im Sinne von Best Practices einbringen kann.

Auf der anderen Seite entsteht häufig ein Begründungszwang für Revisionen, da sich das selbstbewusste Management in einigen Fällen nicht positiv herausgefordert sieht („Challenge"). Es sieht in der IR einen „Rosinenpicker", die sich unabhängig vom zeitraubenden Tagesgeschäft nur mit strategischen Themen der Verbesserung der Leistung auseinandersetzen darf.

Ist die Transparenz über die unterschiedliche Rollen und Aufgaben im Unternehmen zwischen beiden Bereichen erst einmal geschaffen und damit Vertrauen aufgebaut, so gelingen mit diesem Revisionsansatz meist relativ spektakuläre Prozessverbesserungen, die in Summe die IR-Kosten mehrfach einspielen.

Aber auch bei diesem letzteren Ansatz bleibt die IR weiter in einer unabhängigen, beratenden Rolle, die Umsetzung der Vorschläge, d. h. die *Maßnahmenverantwortung* obliegt der Fachseite.

An diesem Punkt lässt sich die obige Diskussion fühlbar entkrampfen. Im Kapitel 10: Revisionsbericht wird dieser Punkt noch einmal intensiv behandelt werden. Die IR macht *Verbesserungsvorschläge* zur Beseitigung der Schwachstellen. In einer Diskussion mir der Fachseite entstehen dann Maßnahmen, zu deren Umsetzung sich die Fachseite mit Termin und Budget verpflichtet.

9.6.1 Verbesserungsvorschläge im FA

Im FA geht es bei vielen Feststellungen um Themen der Ordnungsmäßigkeit. Entsprechend den 6 SOLL-IST- Beschreibungen ist im Falle einer festgestellten Abweichung vom SOLL (Fall 3) der Verbesserungsvorschlag relativ einfach zu formulieren, Einhaltung des SOLLS durch den Einbau zusätzlicher Kontrollen.

Im SOLL sei beispielsweise formuliert, nur Aufträge von Kunden zu generieren, die eine hohe Wahrscheinlichkeit besitzen, dass sie auch bezahlt werden.

Werden dann im IST Aufträge potenzieller Kunden beispielweise ohne vorherige Adress- und Kreditprüfung entgegen genommen, so stellt diese Vorgehensweise ein hohes Risiko dar. Denn das Unternehmen stellt diesen Kunden seine Produkte und Dienstleistungen bei Nachfakturierung zur Verfügung, ohne die Adressen und sein vergangenes Zahlungsverhalten zu kennen. Um dieses Risiko zu verringern, sollten vor der Auftragsfreigabe eine Adress- und Kreditprüfung veranlasst werden, am besten durch automatisierte Kontrollen, im online-Dialog, durch sog. Pflichtfelder.

Gleichzeitig könnte der Auftrag solange im System gesperrt bleiben, bis die erforderlichen Adress- und Kreditdaten vorliegen. Das erhöht den Druck auf den Vertrieb, die notwendigen Daten nach zu erheben, damit der Kunde Produkt oder Dienstleistung nutzen kann und der Vertrieb seine Provision erhält.

Ist Vorauskasse vereinbart, so könnte diese Prüfung entfallen, da das Risiko mangelnder Gegenleistung des Kunden (Bezahlung) dann nicht vorhanden ist.

Im Beispiel wird deutlich, dass der Verbesserungsvorschlag „Zusätzliche Kontrollen einführen" eine Schwachstelle, ein spezifisches Risiko voraussetzt, dass z. B. Vermögenswerte gefährdet sind. Die Betrachtung des Risikos klärt dann auch den Blick auf die mögliche Höhe des Schadens und die Ausfallwahrscheinlichkeit. Dies ist eine typische Betrachtung innerhalb des Risikomanagements. Gleichzeitig wird die Fachseite motiviert, etwas zu ändern, da zusätzliche Ergebnisbeiträge dem zusätzlichen Kontrollaufwand gegenübergestellt werden können.

Nicht immer ist es so einfach wie im oben diskutierten Debitorenfall, Kosten und Nutzen zu ermitteln. Aber in Vorbereitung einer Schlussbesprechung ist eine solche Sammlung von Pro- und Kontra-Argumenten (Kosten versus Nutzen) äußerst hilfreich, da sie jedem einzelnen Revisor des Teams die Betrachtung beider Seiten abverlangt. Es mag zwar einfacher und im FA-Bereich auch manchmal nicht zu vermeiden zu sein, entsprechende Kontrollen im Hinblick auf das Risiko fehlender Ordnungsmäßigkeit zu fordern.

Jedoch ist der Motivationseffekt für die Fachseite ungleich größer, wenn eine Win-Win-Situation vorliegt. Um wieviel besser ist diese Situation verglichen damit, dass aus Sicht der Fachseite nur zusätzliche Kontrollkosten und Bürokratie produziert werden, für die die Fachseite auch noch ihr knappes Budget hergeben muss.

Fall 2 (SOLL = IST, SOLL ist falsch), sollte gerade im Finanzbereich selten oder gar nicht vorkommen, da die Finanzthemen auch vom AP, der DPR (Deutsche Prüfstelle für Rechnungslegung) und den Steuerbehörden und den Vertretern der Sozialversicherung geprüft werden. Fehlen jedoch z. B. Vorschriften zur Eingrenzung des Risikos bei Finanzgeschäften (Einhaltung von Limits oder Covenants), ist die Bankvollmacht oder das Recht zur Zahlungsfreigabe von Lieferantenrechnungen etc. nicht geregelt, sind die Konsequenzen meist verheerend für das betreffende Unternehmen. Gerade in Großkonzernen mit einer Verschachtelung von Tochter- und Enkelgesellschaften sollten diese „Basics" im Finanzbereich zentral und eindeutig geregelt sein.

Die Fälle 1, 4–6 werden hier nicht einzeln besprochen, da sie leicht durch den ersten Schritt einer Vor-Ort-Prüfung, nämlich der Analyse des IST-Zustands und der Analyse der Dokumentation von SOLL und IST ermittelt werden können.

9.6.2 Verbesserungsvorschläge im OA

Die unter FA geschilderten Überlegungen gelten im Besonderen für alle OA-Bereiche. Dies sind meist Unternehmensbereiche, die nicht immer einer gesetzlichen Regelung unterliegen, bei denen das Unternehmen also in der Gestaltung und Organisation bedingt frei ist. Kontrollen machen auch hier nur Sinn, wenn sie helfen, Risiken zu verringern. Auf der anderen Seite sind die Risiken dieser Bereiche außerhalb des Finanzbereichs nicht so offensichtlich, insbesondere dann, wenn die Bereiche auch keine Risiken für den Unternehmensrisikobericht gemeldet haben.

Von der IR wird wie im Finanzbereich hier profunder Sachverstand (Professional Proficiency) gefordert, um auf Augenhöhe mit den Fachbereichen diskutieren zu können.

Geplante Investitionsvorhaben zu hinterfragen, gleich ob im Bau- oder Produktionsbereich, oder die Sinnhaftigkeit steigender Marketingbudgets zu bezweifeln setzt einen ebenso hohen Sachverstand in den entsprechenden Technik- oder Marketingfeldern voraus wie im Finanzbereich sich auf die Prüfung der Annahmen eines Impairment-Tests von Anlagevermögensgruppen einzulassen. Der Unterschied zum Finanzbereich ist, dass diese Bereiche, da sie nicht auch extern reguliert sind, die Mentalität von Revisor oder einer Revision manchmal zum ersten Mal erfahren und entsprechend empfindlich reagieren können.

Auf der anderen Seite liegen nach der Erfahrung der Autoren gerade im OA-Bereich die größten Chancen für Revisoren, sich zu beweisen und für das Unternehmen und die IR durch sorgfältige Analyse und innovative Verbesserungsvorschläge viel an Mehrwert erreichen zu können.

Ein SOLL im Marketingbereich möge heißen, die Marketingausgaben immer zielgruppenadäquat auf Projekte aufzuteilen, d. h. ein und denselben Kunden nicht von zwei unterschiedlichen Bereichen desselben Unternehmens anzusprechen.

Nun mag es im IST zweifelhaft erscheinen, einen selbstständigen Arzt in seiner Eigenschaft als Arzt und Unternehmer (Geschäftskunde) und gleichzeitig als Privatmann (Privatkunde) mit Informationen über Innovationen aus dem Automobilbereich zu beglücken.

Immerhin kann ein Revisor in einem Automobilunternehmen durchaus die Grundsatzfrage der Kundenzuordnung zu den einzelnen Vertriebsbereichen stellen und das Risiko von vermeidbaren Kosten diskutieren. Bei festgestellten Überschneidungen mit Hilfe eines sorgfältig ausgearbeiteten Verbesserungsvorschlags, der entsprechende signifikante Kosteneinsparungen errechnet, ist einiges an Gutem für das Unternehmen zu bewegen.

Das Ersparnispotenzial ist eine Möglichkeit der Schaffung von Mehrwert, die Umstellung von der Kategorie Privat- und Geschäftskunden in die Kategorie Umsatzhöhe könnte einen weiteren positiven Effekt in diesem Unternehmen auslösen, nämlich die Vertriebsorganisationen stärker zu fokussieren.

Im Unterschied zu FA wird deutlich, dass es mit dem Vorschlag zusätzlicher Kontrollen im Marketingbereich nicht getan ist. Der Vorschlag, an ein und denselben Kunden nicht zwei Prospekte zu senden, und als Kontrolle im Kundenstamm ein Kennzeichen zu setzen, das den zweiten Versand verhindert, greift zu kurz, da im obigen Beispiel zwei unterschiedliche Kundenverantwortliche, Privat- und Geschäftskunden ein und denselben Kunden angesprochen haben.

Die mögliche Verschwendung von Marketingmitteln wird nur deutlich, wenn es mit Hilfe von IT-Tools gelingt, innerhalb einer Prüfung beide Kundenstämme zusammenzuführen und die „Doppelbeglückung" sichtbar zu machen. Und dies gelingt auch nur dann, wenn in beiden Kundenstämmen Werbekennzeichen vorhanden sind, die aufweisen, welcher Kunde an welcher Werbeaktion teilgenommen hat. Trotzdem führt auch diese Prüfung nicht zum erstrebenswerten Ergebnis, da die Grundproblematik der Aufteilung in Privat- und Geschäftskunden nicht angesprochen wird. Außerdem wird das postulierte SOLL „zielgruppengerechte Ansprache der Kunden" nicht genügend problematisiert.

Im Wesentlichen geht es also darum, den Kontext des SOLL hinsichtlich der Unternehmensziele auf Effektivität mit zu analysieren. Ergeben sich in dieser Analyse Widersprüche oder Ungereimtheiten, so kann sich die Revision darauf konzentrieren. Eine weitere Analyse des IST ist dann nicht notwendig, wenn das SOLL am Ende der Revision neu justiert und kalibriert wird.

9.6.3 Verbesserungsvorschläge im CO

Die Diskussion der Zweckmäßigkeit des SOLL wird bei CO-Prüfungen noch um die Überlegung verschärft, ob alle gesetzlichen Vorschriften im Unternehmen in entsprechende SOLL-Vorschriften umgesetzt wurden.

> Das gilt nicht nur für den Bereich Finanz- und Rechnungswesen, sondern setzt sich fort auf den
>
> Einkauf (z. B. EU-Compliance, Antikorruptionsmaßnahmen),
>
> das Personalwesen (u. a. Arbeitsrecht, Tarifrecht, Urlaubsrecht, Datenschutz, Geheimhaltung, Wettbewerbsverbote, Gleichbehandlung),
>
> den Produktionsbereich (Arbeitsschutz, Emissionsschutz, Entsorgungsvorschriften, Umweltschutz, Lärmschutz, regelmäßige technische Abnahmen der Anlagen) und
>
> das Marketing (Wettbewerbsgesetzgebung, Patent- und Gebrauchsmusterschutz, Datenschutz, Markenrecht u. a. m.).
>
> In allen diesen Fällen, die Auflistung sei nur beispielhaft, müssen gesetzliche Vorschriften in unternehmensinterne SOLL umgesetzt werden. Andernfalls trifft das Unternehmen der Vorwurf eines möglichen Organisationsverschulden nach § 91, 1 und 2 AktG.

CO-Prüfungen sind nach einer unternehmensinternen Abarbeitung der aktuellen Gesetzeslage dann typische Ordnungsmäßigkeitsprüfungen. In der Vorbereitung dieser Prüfungen sind dann, wenn Mitarbeiterinteressen betroffen sein könnten, die Sozialpartner und zumeist auch der Datenschutz mit einzubeziehen.

Verbesserungsvorschläge der IR im CO-Bereich umfassen also zum einen die Zweckmäßigkeitsprüfungen des SOLL. Hier wären als Verbesserungsvorschläge der IR die gesetzlichen Regelungen zu benennen, die noch nicht in interne Vorgaben umgesetzt sind (Fall 2)

In Abstimmung mit den Rechtsbereichen des Unternehmens ergeben sich dann aus Revisionen, ob diese Vorgaben auch eingehalten werden, entsprechende weitere Vorschläge zur Einhaltung bzw. zur Umsetzung der vorhandenen internen Vorgaben (Fall 3).

Sonderfälle des CO sind Revisionen, ob dolosen Handlungen vorliegen. Verbesserungsvorschläge bzw. Maßnahmenvorschläge betreffen dann meist Themen des Schadensersatzes, der strafrechtlichen Verfolgung und arbeitsrechtliche Maßnahmen. Eine enge Abstimmung mit dem zuständigen Personalbereich und dem Arbeitsrechtlern ist anzuraten.

Darüber hinaus ist zu analysieren, welche Lücken im IKS zu den Vorkommnissen geführt haben. Diese sind durch zusätzliche Kontrollen zu schließen. Auch hier gibt es die Verbindung zum Risikomanagement, dass nämlich Kontrollen eine Reaktion auf mögliche Risiken sind. Die Risiken sind bei dolosen Handlungen nun virulent geworden und der Schaden ist eingetreten. Meist ist es auch opportun, eine Vertrauensschadenversicherung abzuschließen. Diese Versicherung schützt das Unternehmen vor den wirtschaftlichen Schäden, die von ungetreuen Managern und Mitarbeitern begangen wurden.

Weitergehende Vorgehensweisen zum Anti-Fraud-Management (AFM) finden sich in dem neuen Standard 5 des DIIR Anti-Fraudmanagement[335]. Sehr hilfreich sind die gesetzlichen Grundlagen und die Hinweise bei Sonderermittlungsfällen sowie die Kommunikationspolitik des Unternehmens.

Wirksames AFM kann an Begriffen wie gelebter Code of Conduct, Zero Tolerance Strategy und Tone at the Top festgemacht werden. Leider ist das Fehlen von anonymen Hinweisen nicht ein Indiz für ein weitgehend fraudfreies Unternehmen, sondern leider meistens das Gegenteil. Mitarbeiter haben gelernt, dass anonyme Hinweise im Papierkorb landen bzw. Gespräche mit dem Vorgesetzten über das Thema im Sande verlaufen und melden daher nichts mehr[336].

Eine Zusammenfassung wesentlicher Prozesskomponenten findet sich nachstehend:

Prozess-Komponenten	Inhalt: WAS?	Systematik: WIE?
Ziel/Aufgabe	Fraud-Prevention, Fraud-Detection, Fraud-Investigation	Prüfung der Umsetzung der gesetzlichen Regelungen in Aufbau- und Ablauforganisation, Prüfung des IKS, IT-Security-Prüfungen
Verfahrensregeln Entscheidungsregeln	Konkrete Hinweise, Häufung von Red Flags in bestimmten Bereichen	Hintergrundanalysen unter Beachtung des BDSG und BetrVG mit und ohne IT
Rahmenbedingungen	gesetzlichen Regelungen wie StGB und OWiG; (US) Foreign Corrupt Practises Act, UK Bribery Act Tone at the Top, Zero Tolerance-Strategy	Code of Conduct, CO-Officer, Ombudsmann, AFM-Kreis, spezifische Richtlinien (Reisekosten, Geschenke, Event, Einkauf, Vertrieb)

---

335 DIIR Revisionsstandard Nr. 5 : Standard zur Prüfung des Anti-Fraud-Management-Systems durch die IR.
336 Aktueller Fall ist der Bericht des Handelsblatts vom 27.6.2013 über Imtech. Hiernach soll das holländische Mutterunternehmen trotz erdrückender Hinweise erst nach 2 Jahren die Reißleine bei der deutschen Tochter gezogen haben, geschätzter Schaden im dreistelligen Mil.€-Bereich.
Siehe auch den Revisionsbericht der HVB zum Fall Mollath. Herr Mollath sitzt seit 6 Jahren in der Psychiatrie, seine Hinweise auf Geldwäsche und dolose Handlungen seiner Frau wurden damals nicht ernst genommen.

Prozess-Komponenten	Inhalt: WAS?	Systematik: WIE?
Parameter/Einflussfaktoren	Anzahl Fraudfälle, Anzahl substanzieller anonymer Hinweise	Ombudsmannsystem/Whistle Blowing System[337] Berichterstattung Prüfungsausschuss
Prozess-Ergebnis	Besserer Schutz des Unternehmens, Aufdeckung doloser Handlungen, Vermögensrückführung	Implementierung eines AFM, Schulung der Mitarbeiter, Einsatz geeigneter Verfahren
Feedback	Höhere Sensibilität der Mitarbeiter	Lessons-Learnt, anonyme, systematische Mitarbeiter-Befragungen

Abbildung 9-8: Prozesskomponenten Anti-Fraud-Management

9.6.4 Verbesserungsvorschläge im MA

Wie im CO sind im MA Zweckmäßigkeitsprüfungen an den Anfang zu stellen, ob es für die verschiedenen Managementprozesse definierte SOLL-Vorschriften im Unternehmen gibt. Anders als bei CO steht es dem Unternehmen frei, die Managementprozesse eigenverantwortlich zu gestalten.

Das kann es für eine IR etwas schwieriger machen, das SOLL

- einer Unternehmensplanung und Budgetierung,
- einer Strategieentwicklung inkl. einer Risikoinventur,
- einer Führungskräfteentwicklung zusammen mit einer Zielekaskadierung,
- eines internen Berichtswesens inkl. Vorstandvorlagen, Controlling-, Risikomanagement- und Revisionsberichten

einzufordern.

Werden diese Prozesse nicht schriftlich fixiert, so ist eine angemessene Unternehmensüberwachung (Corporate Governance) zumindest eingeschränkt, wenn nicht unmöglich. Die Verantwortung zur Einrichtung entsprechender Prozesse liegt in der Unternehmensleitung und den Aufsichtsgremien. Die IR kann hier beratend tätig werden, um SOLL-Prozesse zu designen und danach zu implementieren (Fall 2).

Auch in diesem Betrachtungsfall macht eine IST-Revision erst dann Sinn, wenn das spezifische SOLL definiert und damit prüffähig geworden ist.

Die Risiken mangelnder Dokumentation von Managementprozessen liegen dann in ihrer fehlender Einheitlichkeit, der Beliebigkeit des jeweils Verantwortli-

---

337 Inganggesetzt wurde das Thema durch die damals unerschrockene Revisionsleiterin von WorldCom, Cynthia Cooper, die einen Bilanzbetrug von fast 4 Mrd. $ in ihrer Firma aufdeckte, danach ihren Job verlor.

chen, in ihrer fehlenden Fokussierung auf und Ableitung von den Unternehmenszielen, in fahrlässig hingenommenen Zielabweichungen, wenn Unternehmensziele nicht kommuniziert werden, und in einer Vergeudung von Ressourcen, wenn das Unternehmen nicht mit all sein Möglichkeiten auf die Ziele ausgerichtet ist.

SOLL-IST-Vergleiche im MA beziehen sich häufig auf Zweckmäßigkeitsrevisionen, ob die Bereichsziele im Einklang mit den Unternehmenszielen stehen[338], und auch Ordnungsmäßigkeitsprüfungen, ob die entsprechenden Prozesse auch gelebt werden (Fall 3).

9.6.5 Generelle Merkmale von Verbesserungsvorschlägen

Zusammenfassend kann man zu Verbesserungsvorschlägen feststellen, dass sie ein latentes oder virulentes Risiko beseitigen oder verringern helfen. Sie helfen dem geprüften Bereich, seine Ziele besser zu erreichen. Sie sind konkret, umsetzungsorientiert und mit einem positiven Kosten-Nutzen-Verhältnis ausgestattet. Verbesserungsvorschläge werden erst dann zu Maßnahmen und gehen dann in die Verantwortung des Fachbereichs über, wenn sie mit einem Umsetzungstermin und einer Verantwortlichkeit der ausführenden und umsetzenden Stelle versehen sind. Sie reduzieren nach Auffassung der Autoren die Unabhängigkeit einer IR nicht, sondern steigern ihre Akzeptanz in einem Unternehmen, da sich im Verbesserungsvorschlag Problem und Lösungsmöglichkeit aus Sicht des Bereichs und des Unternehmen widerspiegelt.

9.7 Dokumentation

Von der IR werden die Bereiche häufig aufgefordert, Vorgehensweisen, Grundsatzthemen, Kontrollen, Prozesse zu beschreiben und diese Dokumentation in regelmäßigen Abständen zu aktualisieren. Gute Dokumentationen machen den Nachvollzug für fachkundige Dritte einfach. Sie zeigen, dass das Management sich seiner Verantwortung für seinen Unternehmensbereich bewusst ist, Chancen und Risiken erkannt hat und effizient mit den Unternehmensressourcen umzugehen weiß.

Diese Grundüberlegungen gelten in gleichem Maße für die IR. Auch in der IR spiegelt sich die professionelle Verfahrensweise in einer gezielten Dokumentation der IR-Arbeitsprozesse wider.

Besondere Bedeutung erhalten Arbeitspapiere seit jeher bei der Dokumentation von dolosen Handlungen, die Teil des Strafverfahren werden können. Aber auch „normale" CO-Prüfungen können zu größeren Stolpersteinen für eine IR werden, wenn nachher im geprüften Bereich ein Todesfall eintritt und offensichtliche Mängel nicht bemerkt worden waren. Kritisch sind dann fegelnde Dokumentationen der Stichprobengröße, die Systematik der Stichprobenauswahl und mögliche, undokumentierte Änderungen an den Arbeitspapieren. All dies kann zu einem Organisationsverschulden der IR beitragen.

---

338 Ein Prüfungsschwerpunkt, der lt. Prof. Dr. Eulerich in seinem Vortrag am 14.6.2013 in Frankfurt a.M. im Rahmen der CIA-Tagung in den nächsten stark an Bedeutung gewinnen wird, Rang 5 unter 25 möglichen, nämlich "Review addressing linkage of strategy and company performance".

Arbeitspapiere müssen zum Bericht passen, Änderungen von Feststellungen müssen autorisiert werden. Weglassungen von Feststellungen müssen begründet sein. In allen nicht dokumentierten Abweichungen trifft die Revision möglicherweise dann ein Organisationsverschulden.

Das kann bei Arbeitsschutzüberprüfungen, bei denen Leib und Leben betroffen sein kann, zu Strafverfahren wegen fahrlässigem Handeln führen. Bei Gefährdungsstellen z. B. in der Produktion akzeptieren Gerichte keine Mindeststichprobe unter 10%.

Wichtig ist also die Prüfungsdokumentation, insbesondere aber die Berichtsdokumentation. Als Arbeitshilfsmittel wird in diesem Zusammenhang gerne auf die Referenzierung und Crossreferenzierung verwiesen.

9.7.1 Formalisierung und Referenzierung

Im Zeitalter des PC und des Dokumentenmanagement sollte es heute jeder IR gelingen, eine einheitliche Vorgehensweise während der Prüfung und nachher in der Berichterstattung zu organisieren.

9.7.2 Prüfungsdokumentation

Im Kapitel Strategie und Organisation wurden auf die IT-Tools verwiesen, die hier praktische Hilfe geben können. Wird ein Workflow- unterstützendes Tool in der IR eingesetzt, so ist mit der Definition des Revisionsobjekts und der verschiedenen Stadien des Revisionsprozesses gleichzeitig schon die Nomenklatura der IT-Dokumentation vorgegeben. Die RO-Nummer wird mit den Prozessschritten, beispielsweise 1–10 (Ideenfindung- Archivierung), verknüpft und die in den verschiedenen Stadien der Prüfung angelegten Dokumente werden so eindeutig dem RO und dem Prozessschritt zugeordnet.

Auch Fremddokumente können sehr einfach mit Hilfe von „drag and drop" in die Dokumentendatenbank eingeführt und eindeutig zugeordnet werden.

9.7.3 Berichtsdokumentation

Umgekehrt kann zusätzlich ausgehend vom Maßnahmenkatalog retrograd über die Maßnahmen-Nr. eine Crossreferenzierung in das System eingebracht werden, die alle Dokumente, die mit der Maßnahme in Verbindung stehen, zusätzlich kennzeichnet.

Beispielweise ist in der Vorbereitung einer Schlussbesprechung mit der Crossreferenzierung eine genaue Zuordnung der Feststellung zur Maßnahme, der Prüfungspunkt, der zu der Feststellung geführt hat, der Name des Sachbearbeiters, mit dem der Revisor die Feststellung besprochen hat und das Datum, an dem diese Abstimmung zwischen Fachseite und IR stattfand, möglich.

Zusätzliche Analysen, z. B. in excel-sheets, externen Dokumenten, die die Feststellung unterstreichen und der Verbesserungsvorschlag, der sinnigerweise auch mit der Fachseite vorbesprochen worden war, komplettieren das Bild.

9.7.4 Systemdokumentation, Dauerakte/Permanent File und Wissensmanagement

Ob in Zeiten von mächtigen IT-Prozess-Dokumentations-Tools[339] noch in der IR Prozess- und Systemdokumentationen angelegt werden, ist vor dem Hintergrund der Anzahl von Wiederholungsprüfungen konkret abhängig zu machen. Meist erleichtert ein Zugriff auf die spezifische Intranet-Domain des Fachbereichs vor Prüfungsstart diese Arbeit und durch eine aktuelle Verlinkung wird dann mit relativ niedrigem Aufwand eine Systemdokumentation handhabbar.

Interessante Erkenntnisse aus einer Prüfung können darüber hinaus in eine Wissensbasis eingestellt werden. Ob sich dieses Wissensmanagement für die IR lohnt, hängt hier wieder von der Fluktuation in der IR ab. Erfahrene Revisoren scheuen hier mit Recht den Aufwand, Neulinge auf der anderen Seite begrüßen die Möglichkeit der schnellen Einarbeitung in ein Thema.

Da die wirklich interessanten Themen aus datenschutzrechtlichen Überlegungen meist verschlüsselt werden müssen, bringt eine Wissensbasis mit Zugriff auf alle Revisionsberichte meist nicht den wirklichen Zusatznutzen. Dieser entsteht erst dadurch, dass besondere Vorgehensweisen und Methoden, die zu den besonderen Feststellungen in einem konkreten RB geführt haben, für alle einfach zu erlernen sind. Dies setzt auf der anderen Seite einen professionellen Pflegeaufwand bei der Eingabe in die Datenbank voraus, den sich meist nur große Abschlussprüfergesellschaften und Unternehmensberatungen leisten können. Auch dort läuft dieser Prozess nicht ohne zusätzliche motivierende Anreize, da die Identifizierung und Dokumentation z. B. von best practices sehr aufwendig ist. Der Ersteller des Datenbankeintrags stellt sein Spezialwissen einer interessierten Öffentlichkeit zur Verfügung. Hat dieser Ersteller nicht auch Nutzen von anderen Personen seines Bereichs, so wird er sehr schnell auf die Eingabe in die Wissensbasis verzichten.

Eine eindeutige Empfehlung können die Autoren an dieser Stelle nicht aussprechen, die Pros und Contras sind eigenverantwortlich von jedem IR-Leiter sorgfältig abzuwägen.

9.7.5 Archivierung

Die Archivierung von Revisionsberichten und der Prüfungs- und Berichtsdokumentation sollte ebenso in Zeiten von PC, Internet und Intranet mit ihren mächtigen Serverkapazitäten im Petabyte (10 hoch 24 Byte)- Bereich kein Volumenthema sein.

Ein Thema ist vielmehr der Password-Schutz der Dokumente und die Lesbarkeit der Datenträger, die von Zeit zu Zeit einmal überprüft werden sollte, um Überraschungen zu vermeiden. Zusätzlich spielt die Vergabe von Lösch-Kennzeichen eine große Rolle, um zu entscheiden, nach wie vielen Jahren Revisionsberichte bzw. andere Dokumente zu vernichten sind. Nimmt man die RB`s zu den Abschlussunterlagen eines Unternehmens, so gelten hier 10 Jahre Aufbewahrungsfrist. Dies könnte vor

---

339 Siehe hierzu u. a. ARIS von IDS Scheer, das zusätzlich zum Dokumentationstool inzwischen eine komplette Systemstrukturierung der IT beinhaltet.

allem für die Revisionsberichte gelten, die dem AP zum Jahresabschluss ausgehändigt wurden.

Dass die anderen Dokumente im handelsrechtlichen oder steuerrechtlichen Sinne unter Handelsbriefen oder Geschäftsbriefen zu zählen sind, erschließen sich den Autoren nicht. Diese Dokumentationen werden zumeist nicht benötigt, um geschäftliche Sachverhalte im Nachhinein zu rekonstruieren, dies ist klare Aufgabe der Fachseite.

Insofern gilt hier, die Dokumente dann zu vernichten, wenn die Thematik revisionsintern abgeschlossen ist. Dass sollte längstens nach drei bis vier Jahren Follow-up-Prozess der Fall sein. Im konkreten Entscheidungsfall möge man sich mit den Fachseiten aus Recht und Rechnungswesen abstimmen.

9.8 Kernthesen

Bevor die Vor-Ort-Arbeit einer Revision beginnen kann, ist eine sorgfältige Vorbereitung angemessen. Hierzu gehört im Wesentlichen die Aktualisierung der Jahresrevisionsplanung, die das einzelne RO schon einmal genehmigt hatte. Die damals bekannten Sachverhalte sind um neuere Entwicklungen zu ergänzen bzw. zu konkretisieren. Der konkrete Prüfungsstart und das voraussichtliche Ende sind zu bestimmen, die genaue Zusammensetzung des Revisionsteams ist festzulegen und die Vor-Ort-Arbeit zeitlich mit dem geprüften Bereich abzustimmen bzw. anzukündigen.

Weiter sind inhaltlich die Prüfungsmethoden zu bestimmen, die dem Prüfungsgegenstand angemessen sind. Wenn aufwendige Datenerhebungen mit IT geplant sind, sind diese professionell vorzubereiten, u. U. mit Hilfe eines IT-Revisors. Etwaige Genehmigungen bei joint venture Unternehmen oder Minderheitsbeteiligungen sind vorab durch die unternehmenseigenen Vertreter in den Aufsichtsorganen einzuholen.

Vor Ort ist der Kontakt zu den zuständigen Managern zu etablieren, im Eröffnungsgespräch die gegenseitigen Erwartungen abzuklären, in groben Umrissen den Prüfungsverlauf zu skizzieren und alle relevanten organisatorischen Fragen wie Revisorenraum, Zugriff auf die IT und adäquate Ansprechpartner abzuklären. Ziel und einzelne Schwerpunkte der Revision sind vorzustellen und zusätzliche Wünsche des geprüften Bereichs zu erfragen.

Während der Prüfung sind die gesammelten Erkenntnisse in Feststellungen im Rahmen der Arbeitspapiere zu dokumentieren, durch Hintergrundinformationen zu fundieren und die Stellungnahme des Bereichs einzuholen. Mögliche Verbesserungsvorschläge sind bei Schwachstellen zu überlegen und im Team als Vorbreitung der Schlussbesprechung pros und cons der Besprechungspunkte durchzusprechen. Hierbei sind auch die festgestellten Kontrollen am tatsächlichen Risikoprofil zu spiegeln und entsprechend der Kontrollaufwand neu zu justieren.

Die Prüfungs- und Berichtsdokumentation ist zu vervollständigen und etwaige Vorschläge für Best Practices oder Wissensdatenbanken vorzubereiten.

Kapitelanhang 9

A: IIA Standards

2200 Planung einzelner Aufträge
Interne Revisoren müssen für jeden Auftrag eine Planung entwickeln und dokumentieren, die Ziele, Umfang, Zeitplan und zugeordnete Ressourcen umfasst.

2201 Planungsüberlegungen
Bei der Planung eines Auftrags müssen Interne Revisoren folgende Faktoren berücksichtigen:
- Die Ziele des zu prüfenden Tätigkeitsbereichs sowie die Mittel, mit denen dieser seine Leistung überprüft
- wesentliche Risiken für den Tätigkeitsbereich, dessen Ziele, Ressourcen, Geschäftsprozesse und die Mittel, mit denen mögliche Folgen der Risiken in einem vertretbaren Rahmen gehalten werden
- die Angemessenheit und Effektivität der Risikomanagement- und Kontrollprozesse des betreffenden Tätigkeitsbereichs im Verhältnis zu einem relevanten Risikorahmenwerk oder Risikomodell und
- die Möglichkeiten, wesentliche Verbesserungen an den Risikomanagement- und Kontrollprozesse des betreffenden Tätigkeitsbereichs vorzunehmen

2201.A1 – Wenn Interne Revisoren einen Auftrag für organisationsexterne Dritte planen, muss mit dem Dritten eine schriftliche Vereinbarung betreffs Ziel, Umfang, der Verantwortlichkeiten sowie anderer Erwartungen einschließlich Beschränkung der Ergebnisverbreitung und Zugang zu den Auftragsakten getroffen werden.

2201.C1 – Interne Revisoren müssen mit den Kunden, die Beratungsaufträge erteilen, Ziele, Umfang, jeweilige Verantwortung und andere Erwartungen vereinbaren. Bei größeren Aufträgen muss diese Vereinbarung schriftlich festgehalten werden.

2210 Auftragsziele
Für jeden Auftrag müssen Ziele festgelegt werden.

2210.A1 – Vor der Auftragsdurchführung müssen Interne Revisoren eine Einschätzung der Risiken des zu prüfenden Tätigkeitsbereiches vornehmen. Die Auftragsziele müssen diese Einschätzung widerspiegeln.

2210.A2 Interne Revisoren müssen bei der Festlegung der Prüfungsziele die Wahrscheinlichkeit, dass wesentliche Fehler, dolose Handlungen, Regelverstöße sowie sonstige Risikopotenziale vorliegen und Vorschriften nicht eingehalten werden, berücksichtigen.

NEU! 2210.A3 Zur Bewertung von Kontrollen sind angemessene Kriterien erforderlich. Interne Revisoren müssen ermitteln, inwieweit das Management angemessene Kriterien zur Beurteilung der Zielerreichung festgelegt hat. Soweit die Kriterien angemessen sind, müssen sie von Internen Revisoren in der Bewertung verwendet werden. Soweit die Kriterien nicht angemessen sind, müssen die Internen Revisoren gemeinsam mit dem Management geeignete Kriterien entwickeln.

2210.C1 Die Ziele eines Beratungsauftrags müssen die Führungs- und Überwachungs-, Risikomanagement sowie Kontrollprozesse, in dem Ausmaß ansprechen, wie sie mit dem Kunden vereinbart wurden.

2210.C2 – Die Ziele eines Beratungsauftrags müssen mit den Werten, Strategien und Zielen der Organisation übereinstimmen.

2220 Umfang des Auftrags
Der festgelegte Umfang muss ausreichend sein, um das Erreichen der Auftragsziele zu ermöglichen.

2220.A1 Bei der Festlegung des Prüfungsumfangs müssen relevante Systeme, Aufzeichnungen, Personalausstattung und Vermögensgegenstände einbezogen werden, einschließlich jener, die sich in der Kontrolle Dritter befinden.

2220.A2 Sollte im Verlauf eines Prüfungsauftrages ein wesentlicher Beratungsbedarf auftreten, sollte eine gezielte schriftliche Vereinbarung getroffen werden, die Ziele, Umfang, Verantwortlichkeiten und weitere Erwartungen umfasst; die daraus resultierenden Ergebnisse werden unter Zugrundelegen der Beratungsstandards kommuniziert.

2220.C1 Bei der Durchführung von Beratungsaufträgen müssen Interne Revisoren sicherstellen, dass der Umfang des Beratungsauftrags ausreicht, um die vereinbarten Ziele zu erreichen. Wenn bei Internen Revisoren im Verlauf der Arbeiten Zweifel an der Angemessenheit des Umfangs auftreten, müssen diese mit dem Kunden besprochen werden, um über die Fortführung des Beratungsauftrags zu entscheiden.

2220.C2 – Im Verlauf von Beratungsaufträgen müssen Interne Revisoren Kontrollen im Einklang mit den Zielen des Beratungsauftrags berücksichtigen und auf das Vorhandensein anderer wesentlicher Kontrollschwächen achten.

2230 Ressourcenzuteilung für den Auftrag
Interne Revisoren müssen eine angemessene und zum Erreichen der Auftragsziele ausreichende Ressourcenausstattung festlegen. Dabei sind Art und Komplexität des Auftrags, Zeitvorgaben und die zur Verfügung stehenden Ressourcen zu berücksichtigen.

2240 Arbeitsprogramm
Interne Revisoren müssen Arbeitsprogramme entwickeln und dokumentieren, die dem Erreichen der Auftragsziele dienen.

2240.A1 Die Arbeitsprogramme müssen die Verfahrensschritte zur Identifikation, Analyse, Bewertung und Aufzeichnung von Informationen während der Prüfung enthalten. Das Arbeitsprogramm muss vor Beginn seiner Umsetzung genehmigt werden; alle späteren Anpassungen sind umgehend zur Genehmigung vorzulegen.

2240.C1 Form und Inhalt der Arbeitsprogramme für Beratungsaufträge können in Abhängigkeit von der Art des Auftrags variieren.

2300 Durchführung des Auftrags
Interne Revisoren müssen Informationen identifizieren, analysieren, bewerten und dokumentieren, die ausreichend zum Erreichen der Auftragsziele sind.

2310 Identifikation von Informationen
Interne Revisoren müssen zum Erreichen der Auftragsziele ausreichende, zuverlässige, relevante und nützliche Informationen identifizieren.

Erläuterung NEU!
Ausreichende Informationen sind sachlich, angemessen und überzeugend, so dass eine umsichtige und sachverständige Person die gleichen Schlussfolgerungen wie der Prüfer ziehen würde. Zuverlässige Information ist die bestmögliche Information, die sich mit geeigneten Prüfungstechniken erlangen lässt. Relevante Informationen stützen Prüfungsfeststellungen und -empfehlungen und sind mit den Prüfungszielen konsistent. Nützliche Informationen helfen der Organisation bei der Realisierung ihrer Ziele.

2320 Analyse und Bewertung
Interne Revisoren müssen ihre Schlussfolgerungen und Revisionsergebnisse auf geeignete Analysen und Bewertungen stützen.

2330 Aufzeichnung von Informationen
Interne Revisoren müssen die zur Begründung der Schlussfolgerungen und Revisionsergebnisse relevanten Informationen aufzeichnen.

2330.A1 Der Leiter der Internen Revision muss den Zugang zu den Prüfungsunterlagen regeln. Vor der Freigabe dieser Unterlagen an externe Stellen muss der Leiter der Internen Revision die Genehmigung der Geschäftsleitung, ggfls. auch die Stellungnahme eines Rechtsberaters, einholen.

2330.A2 Der Leiter der Internen Revision muss für die Prüfungsunterlagen, ungeachtet des verwendeten Mediums, Aufbewahrungsfristen festlegen. Diese Aufbewahrungsfristen müssen den Richtlinien der Organisation und allen einschlägigen behördlichen oder sonstigen Anforderungen genügen.

2330.C1 Der Leiter der Internen Revision muss Richtlinien für die Aufbewahrung und Aufbewahrungsfristen der Unterlagen von Beratungsaufträgen festlegen, wie auch für die Offenlegung dieser Unterlagen an interne und externe Stellen. Diese Vorgaben müssen den Richtlinien der Organisation und allen einschlägigen behördlichen oder sonstigen Anforderungen genügen.

2340 Überwachung der Auftragsdurchführung
Die Durchführung der Aufträge ist in geeigneter Weise zu überwachen, um sicherzustellen, dass die Auftrags- und Qualitätsziele erreicht werden sowie die Weiterentwicklung des Personals gefördert wird.

Erläuterung NEU!

Das Maß der erforderlichen Überwachung hängt von der Fachkompetenz und Erfahrung der Internen Revisoren sowie der Komplexität des Auftrags ab.

Der Revisionsleiter hat, egal ob durch oder für die Interne Revision durchgeführt, die Gesamtverantwortung für die Überwachung eines Auftrags. Er kann aber hinreichend erfahrene Revisionsmitarbeiter mit der Überwachung beauftragen. Angemessene Nachweise der Überwachung sind zu dokumentieren und aufzubewahren.

B: DIIR Standards

Durchführung

IV. Vorbereitung

24. Auf der Basis des Prüfungsplans werden zeitlicher Rahmen und Abfolge der zu prüfenden Objekte entwickelt sowie die Zuordnung der Ressourcen und Verantwortlichkeiten nachvollziehbar abgeleitet.
25. Das Prüfungsobjekt wird analysiert, Informationen werden beschafft und Prüfungsmethoden definiert.
26. Vor Beginn der Prüfung werden Meilensteine und damit auch die voraussichtliche Prüfungsdauer bestimmt.
27. Die Prüfung wird dem zu prüfenden Bereich grundsätzlich angekündigt. Abweichungen hiervon sind plausibel und im Einzelfall angemessen (z. B. Prüfung doloser Handlungen/Deliktprüfung).
28. Ein Kick-Off-Meeting mit dem zu prüfenden Bereich ist Bestandteil der Prüfungsvorbereitung (auch telefonisch oder per Videokonferenz).
29. Die Ziele der Prüfung sind grundsätzlich festgelegt.
30. Das Arbeitsprogramm wird von der Revisionsleitung oder dem von ihr benannten Verantwortlichen verabschiedet.

V. Prüfung

31. Die Prüfungen werden entsprechend des genehmigten Arbeitsprogramms durchgeführt.
32. Bei Prüfungen werden gesetzliche Vorgaben und unternehmenseigene Regelungen auf ihre Umsetzung hin bewertet (Ordnungsmäßigkeit).
33. Es werden auch Aspekte wie Wirtschaftlichkeit, Rentabilität, Unternehmenszielsetzungen, Sicherheit, Risikohaftigkeit, Wirksamkeit der Maßnahmen zur Verhinderung und Aufdeckung doloser Handlungen geprüft.
34. Es werden zu den negativen Prüfungsfeststellungen Maßnahmen/Empfehlungen aufgezeigt.
35. Die Prüfungsschritte werden, soweit erforderlich, mit dem geprüften Bereich und mit dem Prüfungsverantwortlichen abgestimmt.
36. Wesentliche Abweichungen der Prüfungsschritte vom Arbeitsprogramm werden dokumentiert und genehmigt.

37. Art und Umfang der Prüfungshandlungen und -ergebnisse werden einheitlich, sachgerecht und ordnungsgemäß dokumentiert (Mindeststandard 5).
38. Die einheitliche Bewertung von Prüfungsergebnissen (Systematik für alle Prüfungsarten und Prüfungsobjekte) wird vorgenommen.
39. Die Prüfungsergebnisse sind aus den Arbeitspapieren eindeutig ableitbar und somit auch für sachkundige Dritte in angemessener Zeit nachvollziehbar.
40. Die eingesetzten Methoden und Checklisten sind systematisch, aktuell und angemessen.

C: Best Practices National[340]

1. Aus Gründen der Zeit- und Kostenersparnis werden die Bereiche gebeten, bestimmte zu prüfende Unterlagen schon vorab zur Verfügung zu stellen.
2. Die Prüfung hat auch Priorität bei den geprüften Bereichen, so dass die notwendigen Ansprechpartner zeitnah zur Verfügung stehen.
3. Vor Beginn längerer Prüfungen wird im Revisionsteam ein sog. Briefing durchgeführt, das die Prüfung soweit wie möglich vorab plant und Schwerpunktuntersuchungsbereiche schon im Vorhinein einbezieht.
4. Die Prüfungsunterlagen sind nach Möglichkeit elektronisch verfügbar, die Arbeitspapiere sind standardisiert und referenzierbar.
5. Feststellungen werden schon während der Prüfung mit den Verantwortlichen abgestimmt und dokumentiert.
6. Die Feststellungen in den Arbeitspapieren entsprechen „ZDF: Zahlen, Daten, Fakten".
7. Als Prüfungssoftware wird ACL/IDEA o. Ä. verwandt, die entsprechenden Mitarbeiter sind entsprechen geschult. Dies gilt ebenfalls für ABABs o. Ä. bei SAP.
8. Auf die alleinige Verwendung von Checklisten wird verzichtet, da sie Prüffehler – Checkliste deckt nicht ausreichend den konkreten Untersuchungsgegenstand ab – enthalten können.
9. Moderne Techniken wie Control Self Assessment, Workshop werden bei Prüfungen mehrerer Lokationen, SOX-Prüfungen oder Wiederholungsprüfungen eingesetzt.

---

340 Zu den Themen dieses Kapitels sind den Autoren keine Best Practices GAIN (IIA) aus GAIN bekannt.

10 Berichterstattung

In den ersten Kapiteln dieses Buches haben wir erfahren, dass der Revisor bzw. der Revisionsleiter keine *Weisungsrechte* besitzt, sich nicht in das operatives Tagesgeschäft einbinden lässt und nur der obersten Geschäftsführungsebene berichtspflichtig sein sollte. Diese *Berichtspflicht* ist auf der anderen Seite auch das einzige Recht, das die Interne Revision inne hat, und dieses Recht sollte angemessen, verantwortlich und so objektiv wie nur möglich ausgeübt werden. Wie, das erfahren wir in den nächsten Abschnitten dieses Buches.

10.1 Anforderungen an eine professionelle Berichterstattung[341]

Man mag meinen, dass eine professionelle Berichterstattung sich aus dem Gegenstand einer Prüfung und ihren *Feststellungen* schon selbst erschließt, dass es auf die Wortwahl, die Struktur des Berichts, die Anzahl von Abbildungen und Tabellen und die Länge nicht ankommt, solange die Feststellungen fundiert und vor allem die Vorschläge zielführend sind – doch mit dieser Einschätzung kann man gehörig danebenliegen.

> Ein früherer Kollege erklärte mir vor einigen Jahren auf die Frage, was er denn unternehme, wenn eine Gesellschaft seine Revisionsempfehlungen zur Neuausschreibung von Gebäudereinigungsleistungen nicht umgesetzt habe: „Dann schreiben wir sie im nächsten Jahr ein weiteres Mal auf."

> Auf meine Frage, wenn weiter nichts geschehen wäre, dann im nächsten Jahr noch einmal, und dann würde der Mangel ad acta gelegt. Man habe ja dem Management mehrfach berichtet und es sei Sache des Managements zu entscheiden, ob es mit dem festgestellten Mangel leben wollte oder nicht.

Das Beispiel verdeutlicht, dass zur Umsetzung eines guten *Vorschlags* mehr gehört, als den Sachverhalt aufzuschreiben und als Bericht zu verteilen. Offensichtlich waren die handelnden Personen nicht bereit, ihr Einkaufsverhalten zu ändern. Sie waren offensichtlich mit dem Vorschlag nicht einverstanden. Die Motive lassen sich nur erahnen. Auch die vorgesetzten Stellen haben nicht eingegriffen, das Thema ist offensichtlich auch nicht auf einer Vorstandssitzung behandelt worden, mit anderen Worten, eine *Eskalation* fand nicht statt. Aber offensichtlich war auch kein Handlungsdruck entstanden, vielleicht waren die Sachkostenbudgets auskömmlich, die Jahresziele des Bereichs nicht gefährdet und es fand sich offensichtlich keiner im Unternehmen, der die gute Idee einer Neuausschreibung der Gebäudereinigungsleistungen umsetzen wollte.

> Im Rahmen eines unternehmensweiten Kostensenkungsprogramms (GWA: Gemeinkostenwertanalyse) wurden seitens McKinsey mit dem betroffenen Bereich Maßnahmen zur Kos-

---

341 Siehe hierzu die PA 2420-1: Quality of Communications des IIA von 2009.

tensenkung diskutiert. Der Bereich erinnerte sich an die Revisionsberichte zum Thema Reinigungskosten und erarbeitete mit einer Neuausschreibung eine Kostensenkung von mehr als 30% p. a., konnte so die geforderten 25% Kostensenkung ohne Personalabbau realisieren.

Offensichtlich war es den McKinsey-Leuten gelungen, Handlungsdruck zu erzeugen und eine Identifizierung des Bereichs mit dem Thema Reinigungskosten zu erreichen. Die IR hatte es wohl versäumt, die mögliche Kosteneinsparung zu diskutieren, bei dem zuständigen Vorstand anhand von Beispielen Überzeugungsarbeit zu leisten, da bei einer Neuausschreibung fast immer 10% Kostenreduktion zu verzeichnen sind, und die Vorteile für den Bereich klarzumachen. Der dezente Hinweis, man sollte mindestens alle zwei bis drei Jahre auch solche Dienstleistungsverträge neu ausschreiben, war nicht auf fruchtbaren Boden gefallen, sondern als überzogene Kritik an einem sonst erfolgreich agierenden Bereich vernommen und als Besserwisserei abgetan worden.

Dies führt uns zu der Frage, wie wir mit einer *empfängerorientierten, aktuellen, klaren, objektiven Berichterstattung* mit den richtigen Schwerpunkten etwas im Unternehmen bewegen können.

10.1.1 Detaillierungsgrad von Revisionsinformationen in Abhängigkeit vom Empfänger[342]

Offensichtlich macht es für die Frage nach dem Detaillierungsgrad von Revisionsinformationen einen Unterschied, an wen berichtet wird. Zum Beispiel ist es gänzlich ausgeschlossen, dass ein *Prüfungsausschuss,* der sich auch mit der Ergebnissen der IR beschäftigen möge[343], auch nur einen einzigen Bericht, und sei er noch so gut abgefasst, prägnant formuliert und einfach und verständlich geschrieben, in seiner Gesamtheit liest[344].

Dieser Ausschuss trifft sich vielleicht vier- bis sechsmal pro Jahr und hat zusätzlich zu den Ergebnissen der IR vor allem die Berichte der Vorstände, die des *Abschlussprüfers* und die gesamte externe Berichterstattung mit Quartalsberichten, Jahresberichten und Ad-hoc-Mitteilungen bei Sondersituationen zu überprüfen und zu genehmigen.

Tritt die IR im Prüfungsausschuss auf, so greife sie tunlichst auf *Zusammenfassungen (Executive oder Management Summaries)* zurück und berichte im Schwerpunkt stärker über die Ergebnisse der *Follow-up*-Ergebnisse.[345] Da das Management für die Umsetzung der *Maßnahmen* verantwortlich ist, mag es zwar für ein Ausschussmit-

---

342 Siehe hierzu auch die PA2440-1: Disseminating Results, 2009.
343 Siehe hierzu, 8. EU-Richtlinie, §42 Abs. 2.
344 Ausnahme sind vielleicht Berichte zu Fraud-Themen, die ein Prüfungsausschuss immer in Gänze lesen sollte, um mögliche Implikationen auf das Unternehmen richtig einschätzen zu können.
345 In Unternehmen, die der SOX-Regulierung unterliegen, sollten alle Revisionsergebnisse aus dem Financial-Auditing-Bereich und dem Fraud-Bereich dem Prüfungsausschuss berichtet werden, weil sie möglicherweise zum Thema externer Berichterstattung mutieren können (Material Weakness oder Management Fraud).

glied interessant sein, welche wesentlichen Feststellungen seitens der IR getroffen worden sind. Handlungsdruck und Entscheidungsdruck entstehen aber vor allem, wenn das Ergebnis eines *Follow-ups* ergab, dass wesentliche Schwachstellen nicht zeitgerecht ausgeräumt wurden. Hier gibt es dann im Unternehmen offenbar ein Problem mit dem Thema Verantwortlichkeit oder dem Umgang mit Ergebnissen der IR. Die Priorisierung Follow-up vor RB gilt nicht für *Fraud-Themen*. Diese Themen sind für ein Ausschussmitglied deshalb interessant, um zu beurteilen, ob im zu beaufsichtigen Unternehmen das Thema *Internal Control* und der *Vermögensschutz* funktionieren und wie es um die Einhaltung des *Ethikkodexes* steht[346].

Der tägliche Termindruck und der enge Terminkalender eines Vorstandsvorsitzenden oder Vorstands lassen es opportun erscheinen, stark mit *Kurzberichten* (Verteilerliste des RB, Zusammenfassung, Maßnahmenkatalog) zu arbeiten und die ausführliche Version (*Detailbericht*) auf Anforderung zu versenden.

> Dies sollte insbesondere für nicht vom Inhalt des RB direkt tangierte *Vorstände* gelten, obwohl alle Vorstände gemeinsam laut Aktiengesetz eine Gesamtverantwortung für das Unternehmen haben, die formal unteilbar ist[347].

Dem Finanzchef leite man tunlichst alle Berichte zu, da er bei allen Revisionsthemen, sei es *Compliance, Financial, Operational oder Management Auditing*, immer über seine zu verantwortenden Bereiche tangiert ist. Dies gilt bei *Management Fraud* für den Personalchef oder den für die Führungskräfte verantwortlichen Vorstand.

Der *Gesamtbericht, Detailbericht und Kurzbericht*, sollte dem *Management des geprüften Bereichs* zugeleitet werden. Sie haben so die Chance, nach der Prüfung detaillierter in die Prozesse einzusteigen und die festgestellten Mängel zu beheben.

Der *Abschlussprüfer* benötigt zur eigenen Prüfungsschwerpunktsetzung, zur schnellen Einarbeitung in die Themenbereiche und zur Abrundung seiner Bewertung am Ende der Abschlussprüfung die RB aus den Bereichen Financial Auditing und Compliance.

> Ist das Unternehmen dem Haushaltsgrundsätzegesetz unterworfen, eine Bank oder Versicherung, so sollte der AP alle RB zur Ansicht erhalten, da er zumeist die Interne Revision mitbeurteilen muss und bei öffentlichen Unternehmen auch die Geschäftsführung[348].

Gehen RB im Rahmen von Staats wegen angeordneter Ermittlungen an *öffentliche Institutionen*, so bleibt dem Unternehmen meist keine Wahl, als alle Unterlagen, meist auch die gesamte Prüfungsdokumentation, zum Zwecke der Beweissicherung herauszugeben.

---

346 Bis 1999 war Auslandsbestechung in Deutschland steuerlich absetzbar, die UNO Antikorruptionsinitiative ist zwar seit 2005 in Kraft, aber von Deutschland und anderen Mitgliedstaaten noch nicht ratifiziert. Dass nicht der Eindruck einer „Nestbeschmutzung" aufkommen möge, sei an dieser Stelle auch erwähnt, dass es in den USA zwar schon seit 1976 den Foreign Corruption Practices Act gibt, aber auch amerikanische Unternehmen zur Beziehungspflege mit dem Gastland gemeinnützige Institutionen unterstützen.
347 Siehe hierzu § 77, 1 AktG.
348 Siehe hierzu § 53 Haushaltsgrundsätzegesetz.

Dass das Unternehmen, obwohl Geschädigter, nicht schnell und schon gar nicht automatisch Zugriff auf die Ermittlungsakten der Behörden hat, ist einem anderen Band dieser Buchreihe („Compliance und IR") zur Diskussion vorbehalten.

Wohl dem, der seine Berichte und Dokumentationen sorgfältig bearbeitet und prophylaktisch mit zukünftig interessierten Kreisen gerechnet hat. Nicht zuletzt deshalb ist die Dokumentation der Prüfungshandlungen zum neuen Mindeststandard 5 eines QA erhoben worden.

10.1.2 Zeitnah und aktuell

Nichts ist so alt wie die Zeitung von gestern – das sollte für einen RB in dieser Schärfe nicht gelten! Jedoch macht ein Bericht wenig Sinn, wenn das Herausgabedatum dieses Berichts nach dem letzten Datum des Maßnahmenvorschlags liegt. Das Empfängerinteresse schrumpft dann gegen null.

Alle Empfänger des Berichts haben durch die Vorabstimmung des Themas im Rahmen der *Revisionsplanung* und durch das *Mitteilungsschreiben* über den Start und das voraussichtliche Ende der Prüfung eine Erwartung zum Veröffentlichungstermin gebildet, die nicht ohne große Not ent-täuscht werden sollte. Auch eine IR sollte zeigen, dass sie in der Lage ist, eine Aufgabe in einer vorgegeben Zeit zu vollenden. Die Rede ist hier nicht von einer „fast sklavisch anmutenden Termintreue mit punktgenauer Landung" zulasten des *Prüfungsgegenstands*, sondern eine Termintreue, die auf guter und vorausschauender Projektplanung basiert. Diese Termintreue ohne Zugeständnisse an den Inhalt ist dann ein wahrnehmbares Zeichen zunehmender Professionalisierung nach dem Motto: Denn sie wissen, was sie tun!

Lassen Sie uns nun einige Probleme besprechen, die den Veröffentlichungstermin eines RB gefährden können.

Durch gute Vorbereitung im Revisionsteam sollte nach einer *Schlussbesprechung* nicht mehr viel Zeit für *Nachrecherche* verbraucht werden müssen, bevor der Bericht dann veröffentlicht werden kann.

Falls dies doch einmal geschehen sollte, ist es sinnvoll, der Ursache der jetzt notwendigen aufwändigen Nachrecherche im sog. *Debriefing* oder in der Manöverkritik auf den Grund zu gehen. Gründe können eine mangelnde *Vorabstimmung* der Feststellungen während der Prüfungsphase, plötzlich auftauchende Dokumente, die vergeblich während der Prüfung angefordert wurden, oder fachliche Themen, die eine Weiterbildungsmaßnahme eines der Teammitglieder geboten erscheinen lassen,sein. Eine detaillierte Bestandsaufnahme nach der Devise „Was lief, was hätte besser laufen können?" hilft der IR signifikant, ihren eigenen Prüfungsprozess zu verbessern.

Auch sollte in einer IR genügend Selbstbewusstsein vorhanden sein, bei Einigung über Feststellungen und Maßnahmen, die Kunst der Formulierung des Gesamtberichts nicht erneut in eine Abstimmrunde zu geben. Auch in diesem Falle sollte eine Woche nach der Schlussbesprechung die letzte Formulierung fertig gestellt sein, sodass der Bericht dann zügig dem vorgesehenen Adressatenkreis zur Information und weiteren Veranlassung zugeleitet werden könnte. Die täuschende Sicherheit, allen Beteiligten im Prüfungsprozess gerecht geworden zu sein, führt meist zu einer „Verwässerung" der Kernaussagen und dann zu Unklarheit und Missverständnissen, die letztendlich vom Revisionsleiter zu verantworten sind. Von der IR abweichende Bewertungen des Fachbereichs können durchaus in einem RB Platz finden, und zwar ungekürzt und unredigiert in einer separaten Anlage zum Bericht. Der Adressat des Berichts kann sich dann ein viel besseres Bild über die unterschiedlichen Positionen machen und seine eigene Einschätzung treffen.

> Um es noch einmal andersherum zu sagen: Feststellungen sollten unstrittig sein, über Maßnahmen mag es dem Inhalt und dem Umsetzungstermin nach unterschiedliche Auffassungen geben.

Berichte mit signifikanten Beiträgen zur Kostensenkung nach einer *Vorstandssitzung* zu veröffentlichen, auf der genau dieses Thema behandelt wurde, macht augenscheinlich wenig Sinn und bereitet allen Beteiligten, die sich ein zweites Mal mit der Thematik beschäftigen müssen, Verdruss. Viel angenehmer und für die Imagebildung der IR im Unternehmen hilfreich ist es, wenn die Vorstandsvorlage auf den RB Bezug nimmt. Jedoch sei die Vorstandsvorlage im Vorwege durch die IR daraufhin zu prüfen, ob Inhalt und Intention des RB zur Vorstandsvorlage ins richtige Verhältnis gesetzt wurden. Einhalt sei einer die Klarheit verletzenden Verkürzung oder Missinterpretation geboten.

> Genauso wenig zweckdienlich ist die Veröffentlichung eines Berichts über eine Beteiligungsgesellschaft zu einem Datum, das nach der entscheidenden *Vorstandssitzung* liegt. Zwar ist *Zeitspiel* auch aus dem Fußball als Stilmittel zur „Resultatszementierung" bekannt. Eine IR sollte jedoch durch ebenso geschickte Terminabsprachen die Veröffentlichung der Ergebnisse aus der Prüfung zum richtigen Zeitpunkt, d. h. rechtzeitig vor der Vorstandssitzung, sicherstellen. Im Zweifel sollte sich der Revisionsleiter nicht scheuen, die betreffenden Aufsichtsorgane der Beteiligungsgesellschaft mündlich in Kenntnis zu setzen und die noch strittigen Punkte, die einer sofortigen Veröffentlichung des Berichts im Wege stehen, freimütig benennen.

Mit den Themen Nachrecherche, Berichtsabstimmung und richtiges Timing sind Problempunkte und mögliche Lösungsansätze für eine aktuelle Berichterstattung diskutiert worden. Im nächsten Abschnitt geht es um die Anforderungen Klarheit, Detaillierung und Vollständigkeit.

10.1.3 Klar, wahr, konkret und vollständig

Gerade die oben beschriebenen externen Interessenten für RB, Abschlussprüfer oder staatliche Stellen, könnten nun den Maßstab dafür hergeben, was in einem RB an Sachverhalten aufgeführt wird und was nicht. Auf der anderen Seite kann die Erwartung Externer kein Maßstab für die Art der Berichtsschreibung sein. Denn die IR wird vom Unternehmen bezahlt und hat ihm zu dienen. Das heißt, durch RB dürfen den Unternehmen keine Nachteile entstehen. Trotzdem sollte die Formulierung klar und wahr und nicht verklausuliert sein. Dies ergibt sich schon aus dem Ethikkodex der IR.

Weiterhin kann ein Standpunkt „Ich habe es doch auf Seite 8 im dritten Absatz angedeutet, dass die getätigte Investition X schon von den Planwerten nicht den Unternehmensstandards entsprach" den Empfänger nicht befriedigen. Der Entscheider möchte klipp und klar wissen, ob durch den RB Handlungsdruck für ihn entsteht oder nicht. Er hat für diese Entscheidung vielleicht maximal fünf Minuten Zeit und ist dem Verfasser dankbar, wenn er diese Information schon auf Seite 2 erhält (Seite 1 ist das sog. Deckblatt mit Berichtsverteiler).

Auch vermeintlich klare Aussagen ohne Bewertung/Schlussfolgerung lassen den Berichtsempfänger im Unklaren, ob denn etwas korrigiert werden muss oder nicht. Deshalb entsteht Unklarheit auch durch das Weglassen wichtiger Informationen bzw. eigener Bewertungen, wie folgendes Beispiel verdeutlicht:

Es mag aufgrund der Prüfungsstichprobe im Revisionsteam zu Diskussionen über die Hochrechnung gekommen sein, beispielsweise, ob bei drei fehlerhaft nicht wertberichteten von 20 geprüften Forderungsbeträgen eine Gesamtaussage auf ein schwaches Debitorenmanagement begründet werden könnte. Hier kann die Lösung jedoch nicht in der Formulierungskunst liegen und im RB wie folgt lauten:

„Wir haben während der Prüfung des Debitorenmanagements einige Fälle fehlerhafter Anwendung der Wertberichtigung aufgrund des Altersgrads der Debitoren festgestellt."

Der geneigte Leser möchte wissen, ob er den ausgewiesenen Zahlen des Debitorenmanagements vertrauen kann oder nicht, ob es sich um menschliche Irrtümer, mangelnde Schulung Einzelner oder um ein Systemproblem derart handelt, dass z. B. die turnusmäßige Zahlungsterminüberwachung nicht funktioniert hat.

Wir sehen an diesem Beispiel, dass Schwächen in der Formulierung des RB ihre Ursache in vorherigen Prozessschritten haben können, nämlich der Prüfungsdurchführung. Die Stichprobe sollte daher während der Prüfung so gewählt werden, dass die Aussage des RB in der einen oder anderen Form unterstützt wird. Danach ist der Sachverhalt bis zum Ende zu diskutieren, z. B. wie folgt:

Wir haben die Altersstruktur der Debitoren der letzten drei Monate des laufenden Geschäftsjahres überprüft. In einer repräsentativen Stichprobe von 20 Einzelforderungen waren drei nicht ihrem Altersgrad entsprechend wertberichtet worden. Es handelt sich bei diesen Forderungen ausschließlich um Forderungen an öffentliche Institutionen, deren Bonität außer Frage steht.

Die vom IT-System vorgeschlagene Wertberichtigung wurde manuell vom zuständigen Sachbearbeiter rückgängig gemacht. Die Genehmigung des Vorgesetzten mit Beschreibung des Sachverhalts hat uns vorgelegen.

Insgesamt kommen wir zu der Aussage, dass das von uns geprüfte Forderungsmanagement hinsichtlich der Wertberichtigungen aufgrund der Alterstruktur im geprüften Zeitraum ordnungsgemäß entwickelt, implementiert und angewandt wurde.

Falsches Harmoniestreben in der Formulierungskunst nützt letztlich auch dem, der nicht so arg kritisiert werden sollte, wenig. Die Botschaft „Es war doch nicht so schlimm", führt bei ihm zu der Erkenntnis, doch nichts ändern zu müssen, was bei großen Mängeln auf Dauer seine eigene Position gefährden kann. Es mag zunächst bitter und auch für die IR mit etwas Leidensdruck verbunden sein, die Wahrheit klar und unmissverständlich auszusprechen. Im Nachhinein wird sich aber herausstellen, dass die schnelle Korrektur den möglichen Schaden für den Bereich und das Unternehmen reduziert hat.

Eine Formulierung in einem RB, in dem die Prüfungsergebnisse der Marketingkosten einer gerade neu gegründeten Auslandsgesellschaft dargestellt werden, möge lauten:

„Eine Analyse der Neukundenakquisitionskosten ergab keine nennenswerten Kostenabweichungen. Das Budget wurde eingehalten."

Tatsächlich wurde mit dem Marketingbudget das quantitative Ziel der Neukundenakquisition um mehr als 50 % verfehlt. Eine nicht sofortige Analyse der Ursachen für die mangelnde Effektivität könnte für die neue Gesellschaft unabsehbare Folgen in der Zukunft haben. Eine sofortige Kurskorrektur mithilfe der Muttergesellschaft würde dagegen einen positiven Effekt bewirken, die neue Gesellschaft hätte eine realistische Chance für die Zukunft. Gleichzeitig würde sie durch das „Turn-around-Projekt" neue Mitstreiter in der Zentrale finden, die sich ebenfalls für die Zukunft als nützlich erweisen könnten.

Deshalb hätte das Revisionsteam besser formuliert:

„Die Erwartungen an die Neukundenakquisition haben sich bei der neuen Gesellschaft nicht erfüllt. Das Budget wurde zwar eingehalten, das quantitative Ziel der Neukundenakquisition jedoch um mehr als 50 % verfehlt. Wir empfehlen dringend, Gespräche mit der Zentrale zur Initiierung eines Turn-around-Projekts zu führen."

Wir halten also fest: Klare, wahre und vollständige Darstellungen in einem RB sollten eigentlich selbstverständlich sein. In der Praxis erfordert diese Vorgehensweise jedoch von den Beteiligten Mut und innere Unabhängigkeit, um Sachverhalte aus Unternehmenssicht fair und umsichtig zu bewerten und mit dem Bericht die notwendigen Veränderungen in Gang zu setzen.

10.1.4 Objektiv und konstruktiv

Objektivität[349]:
Eine unvoreingenommene geistige Haltung, die Internen Revisoren ermöglicht, Aufträge so durchzuführen, dass sie von ihrem Arbeitsergebnis und davon, dass keine Kompromisse bezüglich der Qualität eingegangen sind, überzeugt sind. Objektivität verlangt von Internen Revisoren, sich bei der Beurteilung von geprüften Sachverhalten nicht von der Meinung anderer Personen beeinflussen zu lassen.

Wir kommen beim letzten Punkt unserer Anforderungen an einen RB wieder zu eigentlich Selbstverständlichem: den Werten Objektivität und Konstruktivität.

Der Wert *Objektivität* wurde schon in früheren Abschnitten dieses Buchs im Rahmen der *Code-of-Ethics*-Diskussion (Kapitel 3) und anhand der Organisation der IR (Kapitel 7) erläutert.

---

349 Siehe dazu die deutsche Übersetzung der IIA-Standards.

Wir wollen jetzt im Zusammenhang mit dem RB versuchen, den Begriff Objektivität in seiner praktischen Anwendung verstehen zu lernen und ihn zusätzlich von der Neutralität abzugrenzen.

Offensichtlich kann keiner etwas mit interessengeneigten, subjektiv gefärbten RB anfangen. Gerade deshalb wird ja eine IR in einem Unternehmen etabliert, um wenigstens einen Bereich zu haben, der Berichte nicht deshalb so formuliert, weil er direkt davon persönlich profitieren will, sondern weil er dem Unternehmen helfen will, seine Ziele besser zu erreichen. Insofern ist die Erwartungshaltung an einen RB auch viel höher als an den Bericht eines Fachbereichs.

Um mögliche Interessenkonflikte bei der Abfassung von Abschlussberichten der Externen Revision soweit es geht zu verhindern, ist in den USA der Abschlussprüfer durch SOX verpflichtet worden, seine Unabhängigkeit dem Audit Committee in einem unterschriebenen Brief zu belegen. Im Einzelnen gilt es zu belegen, dass Familienangehörige, Verwandte und deren Angehörige sowie der Abschlussprüfer selbst keinen eigenen Besitz am zu prüfenden Unternehmen halten. Weiter sollte er versichern, dass mögliche andere Geschäftsbeziehungen zum Unternehmen, wie eine Tätigkeit als Berater, als Lieferant oder im Aufsichtsrat, nicht bestehen oder bestanden haben (Independence Letter). Diese geforderte *Unabhängigkeit* von anderen Interessen ist also eine wesentliche Voraussetzung, um zu objektiven Beurteilungen aus Sicht des Kapitalmarkts zu gelangen.

Aber eins kommt hinzu: Sich nicht von anderen in seinem Urteil beeinflussen zu lassen, setzt eigenes Wissen voraus, Evidenz durch persönliche Inaugenscheinnahme.

Eine Systembeschreibung zu verstehen, die auf mehreren Hundert Seiten die Fakturierung eines Handelshauses beschreibt, ist die eine Sache *(Sollzustand)*.

Zu erkennen, wie sie im Produktionsbetrieb eines großen Rechenzentrums angewandt wird, ist eine andere *(Istzustand)*.

Die richtige Umsatzsteuerermittlung innerhalb des Fakturierungssystems zu verfolgen, ist vielleicht die noch etwas schwierigere Aufgabe (Prüfung mithilfe der IT).

In allen Fällen geht es um persönliches Nachvollziehen eines beschriebenen Sollzustands anhand von Beispielen im Ist.

Ist dies praktisch ausgeschlossen, kann *Evidenz* auch durch ein externes Dokument, z. B. eine extern bestätigte Saldenabstimmung zu einer Debitorenposition, vorhanden sein. In ihrer Glaubwürdigkeit eingeschränkter zu werten sind *interne schriftliche Dokumente*, z. B. interne Prüfvermerke auf Zahlungsvorschlagslisten vor Bezahlung der Kreditorenrechnungen oder die mündlichen Aussagen des Fachbereichs, jedes Jahr einmal die ausgebuchten und an das Inkassobüro abgegebenen Forderungen auf mögliche Ergebnisbeiträge untersucht zu haben.

Je nach Sachverhalt, Ziel der Prüfung und Wesentlichkeit ist der Prüfer gefordert, vor seiner Bewertung eigene Prüfungshandlungen unternommen zu haben. Offenkundig ist Neutralität hierbei fehl am Platze. Eine verbindliche Aussage ist seitens der IR schon gefordert. Nur aufschreiben, was man festgestellt hat, reicht meistens nicht aus.

Insofern ist das Bild vom Schiedsrichter (Neutralität) hier etwas irreführend, da die IR zwar meist ins Spiel nicht direkt eingreift, aber quasi als Coach, oder etwas weniger hochtrabend als Sparringspartner, kritische Situationen und ihre Konsequenzen analysiert oder Hilfe zur Neuausrichtung der Strategie, zur Überarbeitung des Trainingsprogramms oder im Ausnahmefall zur Auswechslung von Spielern leistet.

Im konstruktiven Rahmen sollte diese Bewertung der Zielangemessenheit von Aktionen im Unternehmen ablaufen, d. h. proaktiv, fokussiert, engagiert und das Wohl des Bereichs und das des Unternehmens im Auge behaltend, nicht jedoch vernichtend, „erbsenzählerisch" oder selbstherrlich und machtbewusst. Diese konstruktive Vorgehensweise setzt immer nur am Verhalten einer Person, die eine Funktion ausübt, nie jedoch an der Person selbst an. Sie erkennt die mögliche Drucksituation durch hohe Anforderungen, Turn-around-Situationen oder Personalabbau an und versucht mit kreativen Vorschlägen nach klarer Analyse des Ist zu helfen. Sie versteht auch, die Sondersituation einer Prüfung für den Geprüften, richtig zu deuten und geht souverän mit persönlichen Verunglimpfungen und anderen negativen Gefühlen des Geprüften um, indem sie immer wieder zum Sachthema zurückführt. Sie ist hart in der Sache bei den Feststellungen, aber entgegenkommend bei Inhalt und Termin der Maßnahmenimplementierung, soweit nicht sofortiges Handeln geboten ist. Sie sieht den Geprüften als Partner im Dialog, nicht als Feind oder Gegner im Kampf.

Natürlich ist eine konstruktive Vorgehensweise nicht einfach umzusetzen, besonders, wenn die andere Seite andere Strategien bevorzugt. Aber ich habe auch nicht behauptet, dass das Revisionsgeschäft einfach zu betreiben ist. Es gibt in der Praxis keinen Königsweg, und ich kann Ihnen versichern, ich habe alle anderen Wege auch schon ausprobiert[350]!

10.1.5 Schwerpunktsetzung

Das Beste bis zum Schluss aufzuheben, ist bei der Abfassung eines RB eine Strategie, die erfolglos bleiben wird. Kein Leser wird dafür die Geduld aufbringen und das beste Ergebnis verstaubt so im Schrank.

Ebenso wenig zielführend ist es, chronologisch nach der Prüfungsreihenfolge in der Berichtsschreibung vorzugehen. Keinen Leser wird es wirklich interessieren, wie viele vergebliche Ansätze und Versuche es bedurft hat, bis endlich ein vorzeigbares Resultat erzielt wurde.

> Die Botschaft lautet: Im Unternehmen wird nicht nach Einsatz oder Fleiß bewertet, sondern nach dem erzielten Ergebnis[351]. Dies ist übrigens genau die Messlatte, nach der die IR selbst die Sachverhalte anderer Bereiche bewerten sollte.

---

350. In Anlehnung an Churchill, der ätzend über die amerikanischen Politiker gesprochen haben soll, dass sie immer die richtige Lösung für ein Problem finden würden, nachdem sie alle anderen Wege ausprobiert hätten.
351. Siehe hierzu auch Lencioni: The 5 Temptations of a CEO, der genau das von einem CEO einfordert, nicht Statusdenken und -gehabe (Größe des Autos, Bürogröße und aufwendige Ausstattung, VIP-Mitgliedschaften u.ä.), sondern Ergebnisse.

Nahe liegend und verführerisch ist es, anhand des Arbeitsprozesses der geprüften Einheit die Revisionsergebnisse darzustellen. Aber selbst bei sehr intimer Kenntnis des Prozesses wird einem Experten aus dem Fachbereich einiges unklar dargestellt vorkommen, vielleicht die eine oder andere Auslassung auffallen etc. Es bringt nach meiner Auffassung nichts, wenn die IR versucht, den verantwortlichen Managern ihren Bereich oder Prozess vorzustellen. Missverständnisse und Irritationen können die Folge sein, im besten Falle Langeweile oder Häme: „Schön, dass ihr uns endlich auch verstanden habt."

Nein, die Aufgabe eines RB ist es, die wichtigsten Feststellungen im Kontext des Prüfungsgegenstands und der getroffenen Prüfungshandlungen mit ihren Konsequenzen auf Internal Control, Compliance, Risikoposition oder operative Performance des Unternehmens darzustellen und die gemeinsam verabredeten Maßnahmen mit Umsetzungsplan kundzutun – nicht mehr, aber auch nicht weniger.

Beispielsweise sind Probleme mit der Umstellung auf neue Controllingsysteme eines *Postmerger-Audits* sicher im ersten Jahr von nachrangiger Wichtigkeit. Wichtig ist: Sind die Projekte zur Hebung der Synergien im Zeitplan? Entwickelt sich eine neue Managementkultur? Ist der neue Marktauftritt erfolgreich gewesen und haben sich die Überraschungen in der Akten- und Vertragslage durch die vorgenommene Due Diligence in akzeptablen Grenzen gehalten oder nicht? Läuft ein Knowhow-Transfer in beiden Richtungen an?

Was sind nun wichtige Feststellungen, was weniger wichtige, und wer entscheidet darüber?

Fokussierung ist und bleibt eine Managementaufgabe. In der IR ist es also die Aufgabe des Revisionsleiters oder die einer seiner operativ im Revisionsgeschäft arbeitenden Führungskräfte. Das heißt jedoch nicht, dass Berichtsschreibung eine Führungsaufgabe sei. Vielmehr sollte man sich beim Gedanken an ein Qualitätsmanagement in der IR darüber klar werden, dass kein noch so guter Stabsmann in der IR ohne Kontakt zum Prüfungsgeschehen in der Lage sein wird, das Wichtige in einem RB herauszuarbeiten oder bewerten zu können. Es fehlt hier schlicht die Praxis des Vor-Ort-Geschehens, nämlich das Erleben, auf welch unterschiedliche Arten versucht wird, neue Unternehmenszielsetzungen zu implementieren mit ebenso unterschiedlichem Erfolg.

Berichtsschreibung ist eine Aufgabe des vor Ort tätigen Revisionsteams. Eine Führungsaufgabe ist die Vermittlung der Kriterien zur Unterscheidung der Grade von „Wichtigkeit". Eine gute Übung für die Revisionsteammitglieder auf ihrem Weg zu einer Führungskraft ist es, sich in die Lage eines Topmanagers hineinzuversetzen. Das hat zur Konsequenz, dass derjenige Revisor abstrahiert, wie fleißig man im Team war und dies dann auch noch im Bericht kundtun kann, nach der Devise: „Alles, was ich weiß."

Vielmehr konzentriert man sich darauf, den Bericht aus Sicht des Entscheiders zu schreiben.

Wer dabei welchen Beitrag zum RB erbracht hat, ist dann für die Berichterstattung unerheblich.

Eine Idee, wie Kriterien zur Kategorisierung von RB aussehen könnten, gibt nachfolgende Tabelle:

Kategorie	Financial Auditing	Operational Auditing	Management Auditing	Compliance[352]
niedrig	Geringe Mängel, kein Systemfehler	Geringe Prozessmängel, Verbesserungspotenzial unter X^{353} T €	Zielerreichung nicht gefährdet	Kein Gesetzes oder Regelverstoß
mittel	Viele kleine oder einige mittlere Mängel, behobene Systemfehler	Mehrere Prozessmängel, z. z. g. T. schon behoben, Verbesserungspotenzial bis 2,5 X T €	Einige Probleme, die Bereichsziele zu erreichen	Mittlerer Verstoß, alle notwendigen Maßnahmen waren zum Zeitpunkt der Prüfung eingeleitet
hoch	Systemfehler, zur Behebung werden mehr als drei Monate benötigt	Gravierende Prozessmängel, Verbesserungspotenzial bis zu 7,5 X T €	Bereichsziele stark gefährdet	Gravierender Gesetzes- oder Regelverstoß; vollkommene Unkenntnis der Vorschriften
Sehr hoch[354]	Ein sehr schwerer Mangel oder eine Vielzahl von Systemfehlern mit der Konsequenz einer mögl. Testatseinschränkung des AP	Gefährdung des Gesamtprozesses durch schwerwiegende Mängel Verbesserungspotenzial über 7,5 X T €	Bereichsziele akut gefährdet, kann auf Unternehmensebene durchschlagen, Ad-hoc-Mitteilung wahrscheinlich	Akutes Reputationsrisiko durch regel- oder gesetzeswidrige Verhalten

Abbildung 10-1: Berichtskategorisierung nach Revisionsarten

Eine sehr schwierige Frage ist nun, ob diese Kategorisierung dem Berichtsempfänger mitzuteilen ist. Aus Gründen der Transparenz und um einer vertrauensvollen Zusammenarbeit willen könnte man meinen, dass die Einstufung der RB immer offengelegt werden sollte. Viele und besonders große, international arbeitende Revisionen sind genau dieser Ansicht. Die Einstufung des RB hat manchmal noch die Zusatzkomponente, dass

---

[352] Für Unternehmen mit SOX-Regulierung sind alle Fraud-Fälle von mittel bis hoch dem Audit Committee zu melden, sodass es dort nur zwei Berichtsarten gibt: Complied/Not Complied. In Deutschland war bis 1999 die Auslandsbestechung eine steuerlich abzugsfähige Betriebsausgabe. Zusätzlich hat D bis heute noch nicht die Antikorruptionsinitiative der UNO ratifiziert.

[353] Die Größe des X ist stark von der Unternehmensgröße und der Branche abhängig. Eine Orientierung könnte die Risikokategorisierung bieten, ein weiterer Maßstab könnte bei „Sehr hoch" 10 sein.

[354] RB mit einer Einstufung „Sehr Hoch" sollten auch dem Prüfungsausschuss/Audit Committee zur Kenntnis gegeben werden; die entsprechende Entscheidung sollte nach vorheriger Abstimmung mit dem für die IR zuständigen Vorstand im Dualen System der Unternehmensverfassung erfolgen.

sie sich negativ auf die individuelle Zielerreichung des zuständigen Managers auswirkt. Hieraus entsteht dann auch das Hauptproblem aus der Publizierung der Berichtskategorien: Die Diskussion in der Schlussbesprechung hat nicht mehr die Mängel zum Thema, sondern die Einwertung dieser Mängel in den Bericht, verbunden mit einer entsprechenden Konsequenz auf die Zielerreichung des Managers.

Um eine weit gehend sachliche Auseinandersetzung mit den Berichtsfeststellungen zu ermöglichen, empfehle die Autoren, die Kategorisierung intern innerhalb der IR zu belassen. Der kleine Nachteil möglicher Intransparenz wird mehr als aufgewogen durch eine kürzere und tendenziell sachlicher geführte Schlussbesprechung.

10.2 Prüfungsergebnisse und Maßnahmenempfehlungen zielgruppenorientiert aufbereiten und berichten[355]

Wir haben gelernt, welchen Anforderungen RB genügen sollten, aber wie setzt man diese Anforderungen praxisnah um? Ist Berichtsschreibung nicht ein individuelles Ereignis, dass sich schwer schematisieren lässt? Müssen RB nicht immer unterschiedlich aussehen, damit sie immer wieder neue Aufmerksamkeit gewinnen können?

Wir werden in diesem Kapitel sehen, dass bei aller Individualität des Verfassers einige Regeln einzuhalten sind, damit die im vorherigen Kapitel dargelegten Anforderungen umsetzbar sind.

Wir werden den RB in all seinen Fassetten kennen lernen:

Unterschiede in der Berichterstattung nach	Bestandteile der Berichterstattung
Informationsübermittlung	Mündlich oder schriftlich
Revisionsprozess	Vorabinformation, Berichtsentwurf, Endfassung
Adressatenkreis	Kurzversion, Langversion
Bestandteile	Deckblatt, Executive Summary, Detailbericht und Maßnahmenkatalog, Anlagen
Aufbau	Zielsetzung, Prüfungsobjekt, Prüfungsumfang, Feststellungen, Schlussfolgerungen/Bewertungen, Maßnahme/Vorschlag
Sonderthemen	RB als Vorstandsvorlage, Sideletter, Attorney's Privilege, RB als Beweismittel vor Gericht

Abbildung 10-2: Differenzierung der Berichterstattung mit ihren jeweiligen Bestandteilen

---

[355] Siehe hierzu die sehr prägnante PA 2410-1: Communication Criteria, die die verschiedenen Anforderungen an die Kommunikation von Revisionsergebnissen beschreibt, Juli 2009.

Mit ihrer Prüfungstätigkeit greift die IR immer in Verantwortungsbereiche Dritter, der operativ zuständigen Führungskräfte, ein. Es gebietet sich vor diesem Hintergrund schon, über die Ergebnisse dieser Handlungen und ihrer Bewertung zu berichten. Weiter hilft eine Berichterstattung, gewonnene Erkenntnisse zu vermitteln und Handlungsfolgen zu initiieren.

10.2.1 Mündliche versus/und schriftliche Berichterstattung im Revisionsprozess

Mündliche Kommunikation ist fehleranfällig und Missverständnissen ausgesetzt. Schriftliche Kommunikation ist hingegen, wenn die Botschaft der Kommunikation klar, wahr und objektiv dargestellt ist, eher nachvollziehbar. Sie ist weiter eindeutig, sodass sich ihr Inhalt Dritten leichter erschließt. Ein Nachteil ist die manchmal fehlende Aktualität und das persönliche Moment, das wiederum die mündliche Kommunikation auszeichnet. Die Vertraulichkeit ist ebenfalls eher auf dem mündlichen Wege aufrechtzuhalten, wenn die Personanzahl nicht zu groß wird (fünf bis max. sieben).

So ist es nicht verwunderlich, dass in allen wichtigen Entscheidungssituationen, wie Aufsichtsrat- und Vorstandssitzung, Projektmeeting, Personaleinstellung u. v. a. m., der mündlichen vor der schriftlichen Kommunikation aufgrund ihrer Unmittelbarkeit, ihrer Flexibilität und dem persönlichen Involvement aller Beteiligten der Vorzug eingeräumt wird.

Die schriftliche Kommunikation hat ihre Vorteile in der Entscheidungsvorbereitung und -nachbereitungsphase. In der Vorbereitung einer Entscheidung verschafft sie allen Entscheidungsträgern einen annähernd gleichen Informationsstand über das Entscheidungsobjekt. Nach der getroffenen Entscheidung herrscht bei guter Ergebnisprotokollierung Klarheit über die Entscheidungspunkte und die Punkte, zu denen noch weiterer Diskussionsbedarf besteht.

Der Evidenzgrad bzw. die Verwertbarkeit einer Aussage hängt von der Unabhängigkeit und Unmittelbarkeit der aussagenden Person und der Art der Kommunikation (schriftlich oder mündlich) ab. So hat der schriftliche Bericht eines unmittelbaren, unabhängigen Prüfers die höchste Beweiskraft, während ein Sachverhalt, der vom mündlichen Hörensagen einer abhängigen Person herrührt, noch zusätzlich überprüft werden sollte.

Der Evidenzgrad als wichtiges Unterscheidungsmerkmal zwischen mündlicher und schriftlicher Kommunikation ist bei der schriftlichen wesentlich höher zu bewerten als bei der mündlichen. In der nachfolgenden Tabelle wird eine Abstufung von Evidenzen vorgenommen:

Nr.	Art der Evidenz	Beweiskraft	Begründung
1.	Persönliche Inaugenscheinnahme durch den Prüfer („walkthrough" nach SOX[356]); Vollerhebung	Sehr Hoch	Prüfer als fachkundiger Dritter bzw. Gesamtsicht auf alle Dokumente bei Vollerhebung
2.	Repräsentative Stichprobe von Unterlagen Dritter im eigenen Unternehmen	Hoch	Ausreißerphänomen oder β-Fehler[357]
3.	Unterlagen Dritter	Mittel	Ausreißerphänomen und fehlende Repräsentativität
4.	Unternehmensinterne Unterlagen	Mittel bis niedrig	In Abhängigkeit von der Glaubwürdigkeit des Erstellers
5.	Mündliche Aussagen Unternehmensangehöriger	Niedrig	In Abhängigkeit von der Glaubwürdigkeit und Stellung der Person

Abbildung 10-3: Rangfolge von Evidenzen im Revisionsprozess

Ähnliche Kriterien gelten auch für die Berichterstattung der IR. Geht es um schnelle und unmittelbare Unterrichtung mit einer groben Einschätzung oder um Themen von höchster Vertraulichkeit verbunden mit hohem Zeitdruck (z. B. Compliance-Themen), so sollte die IR vorab mündlich informieren.

Geht es um Entscheidungen, wie und wann ein Mangel abgestellt werden sollte, so bietet sich die Schlussbesprechung als weitere mündliche Informationsrunde mit allen Entscheidungsträgern an. Als Vorbereitung dient dann der RB-Entwurf, damit alle Beteiligten annähernd den gleichen Informationsstand gewinnen können und der veröffentlichte RB als Zusammenfassung der Prüfungsergebnisse und der in der Schlussbesprechung getroffenen Entscheidungen gilt.

Durch Vorabinformationen wird beim Empfänger der Information die Ungewissheit zumindest teilweise verringert.

Handelt es sich z. B. um einen Vorstand, in dessen Bereich ein Manager verdächtigt wird, ungesetzliche Handlungen begangen zu haben, so kann eine schnelle Information Entscheidungen beschleunigen oder bisher getroffene verändern.

Ist das Verdachtsmoment bestätigt worden, kann sehr schnell eine Beurlaubung ausgesprochen werden, die weiteren Schaden vom Unternehmen durch Handeln dieses Managers verhindert. Lässt sich das Verdachtsmoment nicht belegen, kann der Manager rehabilitiert werden, sodass er wieder „normal" seinen Geschäften nachgehen kann. Die Reputation des Unternehmens und die des Managers werden wieder hergestellt.

---

356 PCAOB, 2004.
357 α- und β-Fehler wurden im Abschnitt 9.5.1 schon einmal aufgeführt: Während der α-Fehler einen Mangel aus Prüfersicht darstellt, der in Wirklichkeit keiner ist, ist ein β-Fehler ein vom Prüfer übersehener Mangel.

Beide Informationen, Bestätigung und Entkräftung des Verdachtsmoments, sind gleich wertvoll für das Unternehmen und die handelnden Personen. Es sollte sich bei diesen Informationen jedoch um gesicherte Erkenntnisse und nicht um Mutmaßungen handeln. Andernfalls wären die Folgen verheerend.

Eine weitere wichtige mündliche Zwischeninformation seitens der IR sollte bei den ersten Feststellungen während einer Prüfung an den Fachbereich erfolgen und nicht erst zum Ende der Prüfung mit dem RB-Entwurf. Vorteile einer derartigen frühzeitigen Information zeigen sich dann in der Schlussbesprechung. Da die Sachverhalte schon während der Prüfung bekannt wurden, entfällt die Diskussion darüber während der Schlussbesprechung weit gehend. Weiter hat der Fachbereich schon eigene Vorschläge zur Abstellung der Mängel entwickeln können. Dies verkürzt die Schlussbesprechung nochmals.

In seltenen Fällen kann die mündliche Information den Abschluss aller Revisionsarbeiten und keine schriftliche Berichterstattung bedeuten. Solche Fälle können entstehen, wenn durch die schriftliche Information der IR sofortiges Handeln der Entscheidungsträger präjudiziert würde, das seinerseits dem Unternehmen schaden würde. Diese Situation ist für eine IR doppelt belastend. Einmal, da eine IR sui generis nur entscheidungsvorbereitend wirken soll, nicht jedoch entscheidend, zum anderen, da eine IR durch ihre Tätigkeit dem Unternehmen Nutzen und nicht Schaden bringen soll.

> In einem konstruierten Fall sei in einer Prüfung festgestellt worden, dass die Brandschutzeinrichtungen in den Gebäuden des Unternehmens unvollkommen sind. Eine sofortige Umsetzung der notwendigen Maßnahmen hätte hohe Budgetüberschreitungen mit entsprechenden Folgen für das Jahresergebnis zur Folge gehabt. Eine abgestufte Vorgehensweise mit Sofortmaßnahmen für den Personenschutz[358] und gestuften Maßnahmen für den Vermögensschutz nach Abstimmung mit der Feuerversicherung hätte das latente Risiko erheblich reduziert. Ein schriftlicher RB hätte u. U. im Brandfall die Annahme eines *Organverschuldens* unterstützen können, zum Nachteil des Unternehmens. Da der IR die Umsetzung der Maßnahmen von höchster Ebene zugesichert worden wären, habe sie nach Abwägung aller Interessen auf die schriftliche Abfassung eines RB verzichtet.
>
> Anders wäre der Fall zu beurteilen gewesen, wenn das zuständige Management nicht bereit gewesen wäre, der Einleitung der gebotenen Maßnahmen zuzustimmen. Hier hätte der Revisionsleiter eine Verpflichtung gehabt, die Angelegenheit bis zur höchsten unternehmensinternen Instanz vorzutragen.

Bei allen kritischen Einzelfällen ist der Revisionsleiter gehalten, eine Güterabwägung nach möglichst guter juristischer Beratung durch z. B. den Chefjustitiar vorzunehmen. Weitere Entscheidungsvorschläge kann er aus dem Ethikkodex seines Unternehmens, dem Code of Ethics des IIA oder den berufsständischen Regelungen des IIA oder DIIR erhalten.

---

358 Selbst in diesem konstruierten Beispiel ist das Risiko eines Organisationsverschuldens durch die IR, wenn etwas nach einer Prüfung passiert wäre, nicht gering einzuschätzen.

In der dualen Unternehmensverfassung ist diese Güterabwägung manchmal etwas einfacher, da die IR in jedem Falle höchstens an den Vorstandsvorsitzenden oder an ein Vorstandmitglied berichtet, nicht jedoch zwingend an den Aufsichtsrat[359]. In Unternehmen mit monalem System oder auch Unternehmen, die der SOX-Regulierung unterliegen, hat der Revisionsleiter bei Vorliegen von Compliance-Verstößen meist[360] keine Wahl und muss schriftlich an das Audit Committee berichten, dies natürlich nach Vorabinformation im Vorstand. Weiter gilt der sog. Whistler-Blower-Schutz des SOX in den USA für Personen, die über vermutete ungesetzliche Handlungen berichten mögen.

Im Grundsatz gilt jedoch: Jeder Prüfungsauftrag wird mit einem RB abgeschlossen! In Ausnahmefällen kann nach der Entscheidung des Revisionsleiters nur mündlich informiert werden oder in Form eines Sideletters, der nur ausgewählte Empfänger adressiert.

10.2.2 Der Kurzbericht

Wir kommen nun zur Strukturierung von RB. Die Spannbreite der Adressaten von RB reicht vom Experten, z. B. im IT- oder Baubereich, bis zum Aufsichtsratmitglied in Unternehmen, die einen Prüfungsausschuss gebildet haben. Insofern muss sich die IR hier auch den Herausforderungen unterschiedlicher Erwartung, wie wir sie schon im vorherigen Kapitel diskutiert haben, stellen und mit empfängerorientierter, aber einheitlicher Berichterstattung agieren.

Wir beginnen die Erörterung mit dem Kurzbericht, der tendenziell eher an die oberste Führungsebene verteilt wird, und vervollständigen die Diskussion mit dem Detailbericht, der tendenziell eher an die Fachseite geht. Der Kurzbericht besteht aus den Teilen Deckblatt, Zusammenfassung und Maßnahmenkatalog.

10.2.2.1 Das Deckblatt[361]

Das Deckblatt eines RB ist die Annoncierung einer speziellen Nachricht, nämlich von der IR.

Das *Deckblatt* eines RB informiert den Empfänger über
- den Herausgeber: die IR,
- das Thema des RB,
- den Verteilerkreis, an den der Bericht verteilt wurde,
- und die Mitarbeiter innerhalb der IR, die den Bericht verantworten.

---

359 Die neue MaRisk sieht hier eine Änderung vor, der ARV oder der Vorsitzende des Prüfungsausschusses kann den Revisionsleiter persönlich befragen. Wie sich der neue § 107 AKTG auswirken wird, nach dem der Prüfungsausschuss die Aufgabe hat, sich mit dem Internen Revisionssystem zu beschäftigen, bleibt abzuwarten. Der neu gefasste Fragenkatalog zum DIIR Standard Nr. 3 geht offensiv damit um, Unterrichtung des Prüfungsausschusses durch die IR, Frage 75.
360 Das im amerikanischen Recht verankerte *attorney's privilege* schützt zwar bestimmte Informationen vor staatlichem Zugriff oder Zugriff interessierter Dritter, kann aber in bestimmten Fällen von übergeordneten Gerichten in bestimmten Bundesstaaten außer Kraft gesetzt werden.
361 Siehe hierzu das Beispiel 10.1. im Checklisten-Verzeichnis auf www.revisionspraxis.esv.info.

Da die IR als Hauptprodukt Berichte herausbringt, bietet es sich an, diese Berichte unverwechselbar zu gestalten. Eine Möglichkeit hierzu ist ein spezielles Logo, das dem Empfänger signalisiert, einen RB erhalten zu haben. Eine weitere Möglichkeit, sich von anderen schriftlichen Verlautbarungen im Unternehmen abzuheben, ist ein festes Layout, das den Platz, die Ziferngröße, den Anteil am Seitenplatz und die Schriftart für die Inhalte des RB einschließlich des Deckblatts festschreibt. Mit der heutigen PC-Technik dürfte dies kein großes Problem darstellen.

Das Thema des RB sollte sich aus dem Prüfungsauftrag herleiten. Es ist Geschmackssache, ob der Leser sich an das mit ihm abgestimmte Thema durch den Titel auf dem Deckblatt erinnern soll oder der Titel plakativ das Thema beschreibt, um erste Aufmerksamkeit für den RB zu erhalten. Beide Möglichkeiten sollten, wenn gewählt, dann konsequent für alle zu veröffentlichen Berichte beibehalten werden.

Eines bleibt klar und ist auch für Zeitungsleser offenkundig: Eine gute Schlagzeile erhöht die Wahrscheinlichkeit, dass der Artikel gelesen wird, beträchtlich, eine weniger gute verringert sie. Solange die Seriosität nicht infrage gestellt wird, bestehen für die IR hier einige Optionen, auf sich aufmerksam zu machen. Jedoch gilt auch: Auf den Inhalt kommt es an. Eine gute Verpackung kann helfen, wenn der Inhalt überzeugend ist, aber auch hinderlich sein, wenn der Inhalt nicht stimmig ist.

Eine sehr komplexe Angelegenheit ist die Bestimmung des Verteilerkreises des RB, insbesondere in großen Unternehmen. Durch die größere Arbeitsteilung entstehen meist lange Hierarchieketten. Von den Vorgesetzten des Managers, in dessen Verantwortungsbereich die IR Prüfungen durchgeführt hat, sollte keiner übergangen werden. Arbeitet die IR im Rahmen ihrer Prüfungen weitgehend ohne Berücksichtigung des „Dienstwegs", streng an der Sache orientiert, so ist das in einem Unternehmen normalerweise ein Sakrileg, den Vorgesetzten nicht informiert zu haben. Das sollte man tunlichst nicht so häufig begehen, wenn einem die eigene Karriere wichtig ist.

> Es gilt übrigens auch innerhalb der IR, dass Informationen über eine Prüfung erst dann dem Fachbereich zugeleitet werden sollten, wenn die eigenen Vorgesetzten informiert sind. Man vermeidet durch diese Vorgehensweise Irritationen, wenn Vorgesetzte von Kollegen auf Themen angesprochen werden und dann nicht adäquat antworten können, weil sie durch ihre eigenen Mitarbeiter nicht vorab informiert worden sind.

Je nach Art der Prüfung werden tangierte Vorstände und ihre tangierten Direct-Reports auf die Verteilerliste eines Kurzberichts gesetzt. Natürlich gilt dies in besonderem Maße für den Vorgesetzten des Revisionsleiters, und, falls der Vorstandsvorsitzende es nicht selbst ist, für den Vorstandsvorsitzenden bei den besonders wichtigen Berichten. Es bietet sich an, die Verteilerliste nach dem Ranking der RB, wie im vorangegangenen Kapitel dieses Kapitels vorgeschlagen, aufzubauen. Hierbei sollte gelten: Je höher das Berichtsranking ist, desto hochrangiger sollte die Verteilerliste ausfallen.

Besondere Usancen im Unternehmen oder bei einzelnen Vorständen können weiter berücksichtigt werden. Auch sollte insgesamt innerhalb der aufgezeigten Grenzen flexibel auf Wünsche der Fachbereiche nach zusätzlicher Information eingegangen werden.

10 Berichterstattung

Für hochsensible Themen im Compliance-Bereich gilt die Faustregel, dass ein kleiner Verteiler besser ist als ein großer. Darüber hinaus bestehen je nach dem Charakter der Prüfung, z. B. Joint-Venture-Prüfungen, Due-Diligence-Prüfungen oder bei Prüfungen börsennotierter Tochtergesellschaften (kein Informationsprivileg für die Muttergesellschaft), Besonderheiten bzw. Restriktionen bei der RB-Veröffentlichung, die im Zweifel mit dem Chefjustitiar des Unternehmens und dem Vorgesetzten der IR einzeln verabredet werden sollten. Dies soll an dieser Stelle nicht weiter erörtert werden.

Unterschreiben sollten die zuständigen Führungskräfte der IR, die Mitarbeiter des IR-Teams sollten namentlich genannt werden. Dadurch wird die Verantwortlichkeit transparent, die Identifizierung mit dem Produkt gefördert und bei besonders gelungenen Berichten eine Karrierechance offeriert. Mehr als drei Unterschriften zeigen keine hohe Delegationsfähigkeit in der IR an, sondern eine vermutlich zu hohe Leitungsdichte in der IR. Dies kann schädlich in der Außenwirkung eines RB sein, deshalb ist vor jeder Veröffentlichung zu prüfen, ob nicht weniger mehr bedeuten könnte. In sehr großen IR kann es durchaus so geregelt werden, dass die Bereichsleiter des Revisionsleiters den RB letztverantwortlich unterzeichnen, wenn dieser in die unteren Kategorien des Berichts-Rankings fällt. Damit zeigt der Revisionsleiter keinen mangelnden Einsatz, sondern die Fähigkeit zur Delegation und Fokussierung seiner Arbeit. Er sollte sich jedoch die entsprechenden Berichte stichprobenweise vor der Veröffentlichung vorlegen lassen, um ggf. eine Umkategorisierung vornehmen zu können.

10.2.2.2 Die Zusammenfassung[362]

Schauen wir uns jetzt einmal die einzelnen Komponenten der Zusammenfassung auf ihre Relevanz hin an.

Die Zusammenfassung beschreibt
- auf *einer Seite*[363], in seltenen Ausnahmen auch zwei,
- den *Hintergrund* bzw. das *Ziel der Prüfung*, den *Umfang der Prüfungstätigkeit* mit Mengengerüst, Untersuchungszeitraum und Stichprobenumfang,
- den *Zeitraum*, in dem die Prüfung stattgefunden hat,
- die *Geschäftseinheiten*, bei denen die Prüfung stattgefunden hat,
- und die *wesentlichen Feststellungen* mit ihren *Konsequenzen* auf die Risikosituation oder das Internal Control des Unternehmens bei Prüfungen des Compliance- und Financial-Auditing Aufgabengebiets und mit den Konsequenzen auf die Zielerreichung bzw. auf die Ergebnissituation des Unternehmens bei Management Auditing und Operational Auditing.

---

362 Siehe im Checklisten-Verzeichnis 10.2. auf www.revisionspraxis.esv.info ein Praxisbeispiel.
363 Bei sehr großen Prüfungen, bei denen eine große Niederlassung oder eine komplette Länderorganisation eines international tätigen Konzerns geprüft wird, kann die Zusammenfassung mehr als zwei Seiten ausmachen. Trotzdem sollte man sich auch hier immer wieder die Sinnfrage nach solchen Großprüfungen stellen, da der interne Koordinationsaufwand und der unternehmensinterne Abstimmaufwand erheblich sein können.

10.2 Prüfungsergebnisse und Maßnahmenempfehlungen aufbereiten und berichten

Das Phänomen „One Page Presentation" hat eine bestechend formale Einfachheit und wird ebenso oft deshalb infrage gestellt. Jeder Verfasser eines RB geht von der Einzigartigkeit seines Themas aus, das unmöglich auf einer Seite einem Dritten verständlich und ohne Abkürzungen erläutert werden könnte. Trotzdem sollte der Entschuldigungsspruch von J. W. von Goethe „Ich schreibe Dir heute länger, denn ich hatte wenig Zeit" nicht für einen RB gelten. Sondern es sollte sorgfältig und im Bemühen um die Klarheit und Wesentlichkeit „die eine Seite" als Ideal angestrebt werden. In einer Zeit von E-Mail-Flut und opulenten Präsentationsfolien kann der RB seine Einzigartigkeit durch Schlichtheit und Klarheit festigen und eine eigene Bedeutung innerhalb der Unternehmenskommunikation erhalten.

Hintergrund und Ziel der Prüfung zu erwähnen, ist für den Empfänger des Berichts wichtig, um ihn in seinen eigenen Unternehmenskontext einordnen zu können. Gleichzeitig wird die Erwartungshaltung klar, welches Aufgabengebiet der Revision beschritten wurde. Auch nehmen die Empfänger gerne zur Kenntnis, ob das Thema aus dem Jahresrevisionsprogramm systematisch entwickelt wurde oder aufgrund eines besonderen Hinweises als sog. Ad-hoc-Thema flexibel ins Prüfungsprogramm eingebaut wurde. Wegen der relativ großen Verbreitung von RB und einer – hoffentlich – über den Tag hinausgehenden Gültigkeit empfiehlt es sich auch, auf Namen zu verzichten und bei Bezugnahmen die Funktionsbezeichnung zu erwähnen.

> RB sollten nie ad personam, sondern ad functionem abgefasst werden (Verwendung von Funktionsbezeichnungen statt Namen).

Die Konkretisierung des *Prüfungsumfangs* macht es dem Leser einfacher, die nachfolgenden Feststellungen einzuordnen.

> So wird die Aussage einer Prüfungsfeststellung „Wir haben zwei Forderungsausfälle in Höhe von jeweils 100 TEUR festgestellt" relativiert durch den Prüfungsumfang mit einem Mengengerüst von 1 Mrd. EUR Debitoren, so unschön der Verlust auch sein mag.
>
> Bei einem Mittelständler, etwa einer Baufirma mit 5 Mio. EUR Umsatz und 100 TEUR Debitoren, sieht dieselbe Feststellung gänzlich anders aus. Hier kann ein Forderungsausfall in dieser Größenordnung eine ernste Unternehmenskrise auslösen.

Hinweise auf den Stichprobenumfang und den Untersuchungszeitraum, in dem Daten gewonnen wurden, bestimmen weiter den Kontext. Entsprechende Hochrechnungen eines in der Stichprobe festgestellten Mangels werden seriöser eingewertet, wenn die Stichprobe repräsentativ war. Hingegen ist nach Auffassung des Verfassers in jedem Fall eine Vollerhebung mithilfe von IT-basierten intelligenten Abfragen einer Stichprobe vorzuziehen, da Ausreißerphänomene oder gezielte Hypothesentests so fundierter möglich werden. Der Zeitraum kann wichtig sein, wenn es um festgestellte Systemmängel geht, die z. B. durch einen Release-Wechsel, der nach der Prüfung stattfand, relativiert werden. Sind sie trotz Release-Wechsel noch vorhanden, so empfiehlt sich eine schon in der Prüfungsplanung abgestimmte Vorgehensweise mit den IT-Verantwortlichen, welche Themen in der Versions- und Programmplanung vorgesehen sind und welche Mängel abgestellt werden sollten, um möglicherweise eine

Prüfung in der Terminierung anzupassen, sodass mögliche Mängel noch in die neuen Versionen aufgenommen werden können.

Am spezifizierten Zeitraum der Prüfung erkennt der geneigte Leser des RB *interne Prozesszeiten* zwischen Prüfungsende und Berichtsveröffentlichung. Er kann daraus seine individuellen Rückschlüsse auf Abstimmprozesse in der IR und zwischen IR und den Fachbereichen ziehen bzw. darüber hinaus seine Hilfe zur schnelleren Terminierung von Schlussbesprechungsterminen und der Auswahl der zuständigen Führungspersonen anbieten.

Die Erwähnung der Geschäftseinhei*t*e*n*, bei denen die Prüfung stattgefunden hat, erweckt beim Leser des RB Kompetenz, aber nur, wenn kein wichtiger Bereich zum angesprochenen Thema fehlt. Unverständnis bei den Schlussfolgerungen im Teil der Feststellungen wird erzeugt, wenn ein wichtiger Fachbereich offensichtlich nicht eingebunden wurde. Mussten jedoch sehr viele Bereiche angesprochen werden, so ist offensichtlich organisatorischer Handlungsbedarf gegeben, da durch fehlende oder mehrfache Zuständigkeit eine „heiße Kartoffel" immer schnell weitergereicht wird. Die Verantwortlichkeit sollte dann auf Vorschlag der IR eindeutiger geregelt werden.

Zu den Feststellungen der Zusammenfassung sei eine Verprobung der genannten Feststellungen im Maßnahmenkatalog empfohlen, da dieser zusammen mit der Executive Summary an denselben Adressatenkreis verteilt werden sollte. Insofern sollten sich Feststellungen und Maßnahmen entsprechen. Wichtig ist auch die IR-interne Verprobung zwischen Detailbericht und Zusammenfassung, dass nämlich auch wirklich nur die wesentlichen, aber dann bitte alle wesentlichen Feststellungen in der Zusammenfassung auftauchen. Die Empfänger des RB haben ein Recht zu erfahren, welche wesentlichen Mängel durch eine IR gefunden wurden, auch wenn der Fachbereich die Abstellung der Mängel verantwortet.

 Der Hinweis eines Kollegen aus der amerikanischen Automobilbranche, den RB nur an die zuständigen Manager zu verteilen, da diese die Umsetzung verantworten, kann hier nur Nachdenklichkeit auslösen. Denn entweder ist das Topmanagement an RB nicht sonderlich interessiert oder es soll über Mängel im Unklaren gelassen werden. Beides ist für eine verantwortlich arbeitende IR kein Ruhmesblatt.

Für eine Schlussbesprechung empfiehlt es sich, etwaige Diskussionen nur an der Zusammenfassung zuzulassen, um kostbare Zeit zu sparen und zuzusichern, analog zu Änderungen in der Zusammenfassung Entsprechendes im Detailbericht vorzunehmen.

10.2.2.3 *Der Maßnahmenkatalog*

Das Entscheidende jeder Tätigkeit in einem Wirtschaftsunternehmen sind Ergebnisse, möglichst zieladäquat. Auf welchem Wege, mit wie viel Mühe und gegen wie viele Widerstände diese Resultate erreicht wurden, interessiert später keinen mehr. Dies gilt ebenso für den RB. Es kann daher nicht oft genug betont werden, dass eine Prüfungschronologie für ein internes Debriefing sinnvoll sein kann, aber nicht für den RB.

Die Essenz des RB liegt nach meiner Auffassung in dem Maßnahmenkatalog. Hier zeigt sich, ob es dem IR-Team gelungen ist, nicht nur Schwachstellen herauszuarbeiten, sondern auch Vorschläge[364] zu unterbreiten, die Probleme dauerhaft lösen können. Durch intime Kenntnis des Geschäftsbereichs, des Prozesses, des Projektes oder der Funktion sind die Maßnahmenvorschläge zielgerichtet, „customized" und dauerhaft angelegt, sodass Mängel zukünftig verhindert oder zumindest reduziert werden können. Die Fachseite sieht ihrerseits ihre Verantwortung und entscheidet mit Nennung des Verantwortlichen und dem Umsetzungstermin darüber, inwiefern ihr tatsächlich an einer Beseitigung des Mangels gelegen ist. Sollten Unklarheiten über die Verantwortung oder das erforderliche Budget zur Umsetzung der Maßnahmen bestehen, kann eine IR helfen, einen entsprechenden Prozess der Vereinheitlichung, Standardisierung oder gar die Zuständigkeit in die richtigen Bahnen zu lenken. Um dorthin zu gelangen, ist seitens der IR Kompetenz, Unabhängigkeit im Urteil und Führungsqualität gefordert.

Schlussbesprechungen, in denen zu 100 % die von der IR vorgeschlagenen Maßnahmen vom Fachbereich übernommen werden, enthalten ein gewisses „G'schmäckle". Der offene Dialog wird vom Verfasser bezweifelt, möglicherweise ist die Fachseite froh, dass nichts Schwerwiegenderes gefunden wurde, oder sie schätzt die Zeit für die Schlussbesprechung als vertan ein, was wieder nicht für eine erfolgreiche Umsetzung der Maßnahmen hoffen lässt, da offensichtlich eine persönliche Identifizierung nicht gänzlich erreicht wurde.

Als Umsetzungstermin sollte je nach Schwierigkeitsgrad der Maßnahme ein Datum gewählt werden, das nicht länger als ein Jahr nach dem Schlussbesprechungstermin liegt. Besser sind drei Monate, damit das Thema mit Verlassen des IR-Teams nicht in Vergessenheit gerät und später mühsam wiederbelebt werden muss. In einzelnen Fällen, z. B. bei IT-Implementierungen, kann es sinnvoll sein, Termine für Konzept, Beauftragung und Umsetzung in neuem Release separat im Maßnahmenkatalog aufzuführen. Das verschafft dem Fachbereich Zeit, bei sehr schwierigen Problemen bestehende Grundsatzfragen, die über die eigentlichen Prüfungsfeststellungen hinausgehen, gleich mit zu klären.

Die Verantwortlichkeit für jede Maßnahme sollte individuell vereinbart werden, jedoch nur mit einer Zuständigkeit. Bei Mehrfachzuständigkeiten sollte in der Schlussbesprechung die Federführung klar ausgehandelt und definiert werden, um eine Verfolgung der Maßnahme im Follow-up auch gewährleisten zu können.

---

[364] Es soll hier nicht verschwiegen werden, dass es international tätige IR gibt, die nur Feststellungen treffen, die Maßnahmenvorschläge aber komplett dem Management überlassen, um auch nicht den Hauch eines Augout an ihrer Unabhängigkeit zu lassen. Diese IR glauben in einer Welt zu leben, in der die Fachseite ungeprüft Themen der IR ohne Rücksicht auf deren praktischen Nutzen übernehmen könnte. Ich spreche mich für eine IR aus, die mit der Fachseite in einen konstruktiven Dialog eintreten und mit Maßnahmenvorschlägen eine derartige Diskussion provozieren will. Die These ist hier, dass die Fachseite nur Maßnahmen umsetzt und beibehält, von denen sie überzeugt ist, und sich auch durch die scheinbar Einflussnahme einer IR nicht ihrer Gesamtverantwortung für das operative Geschäft beeinflussen lässt.

Mit einer Unterschrift unter den Maßnahmenkatalog seitens des Fachbereichs signalisiert dieser seine Zuständigkeit für die Maßnahme und natürlich auch die getroffene Feststellung, die die Maßnahme auslöste. Die IR bekennt sich ebenfalls verantwortlich, dass sie glaubt, mit der Maßnahmenvereinbarung das Problem als lösbar gestaltet zu haben, und sie signalisiert formal den Verantwortungsübergang auf die Fachseite. Deshalb kann die IR nur Vorschläge erarbeiten, Maßnahmen werden erst dann daraus, wenn die Fachseite mit Nennung der Verantwortlichkeit und einem Termin ihr Einverständnis erklärt hat.

Die Unterschrift signalisiert für den Vorgesetzten: Problem in Bearbeitung, Wiedervorlage zum Termin xyz, IR und Fachseite haben einen konstruktiven Dialog geführt, kein weiterer Handlungsbedarf vonnöten.

Einige handschriftliche Änderungen im Maßnahmenkatalog signalisieren keine unordentliche Arbeitsweise, sondern weisen auf eine stattgefundene Diskussion mit entsprechender Einigung hin. Die Änderungen können durchaus ordentlich in den PC eingegeben und dann gut lesbar im Bericht ausgedruckt werden, die handschriftlichen Änderungen sollten jedoch beigeheftet werden, damit der Prozess der Diskussion sichtbar wird. Sind aus Sicht der vorgesetzten Seiten, der IR oder der Fachseite, „faule" Kompromisse vereinbart worden, so haben die RB-Empfänger aufgrund der Transparenz in den Unterlagen immer noch die Möglichkeit, Entscheidungen zu revidieren.

Das Gleiche gilt umso mehr für den Fall, dass sich Fachseite und IR nicht einig werden und ihren unterschiedlichen Standpunkt im RB dokumentiert haben. Hier ist dann die nächste Managementebene gefordert, eine Lösung zu finden. Werden die Feststellungen angezweifelt, ist die IR gefordert, durch eine entsprechende Dokumentation, die während der Prüfung aufgebaut wurde, für Transparenz zu sorgen.

Fehlen Budgets und müssen Veränderungen in der Priorisierung von Aufgaben vorgenommen werden, so ist die vorgesetzte Stelle der Fachseite am Zuge. Vorteilhafter ist es, dass das IR-Team die Prüfungsdokumentation auf Anfrage bereithält, und dass seitens der Fachseite nur Vertreter mit Entscheidungskompetenz für die Maßnahmen in die Schlussbesprechung eingeladen werden.

10.2.3 Die Langversion mit Detailbericht und Anlagen

So schön eine kurze und klare Darstellung von Prüfungsergebnissen in der Zusammenfassung auch ist, entscheidend für die Umsetzung der Maßnahmen ist, dass der operativ Verantwortliche Hintergrund, Zielsetzung und Kontext von Feststellung, Schlussfolgerung und Maßnahme erkennen kann. Dies kann eine Zusammenfassung mit einer mehr oder weniger Aneinanderreihung von Fakten nicht leisten. Das ist Aufgabe des Detailberichts.

Innerhalb der Langversion beschreibt der Detailbericht im Einführungsteil
- auf *maximal 10 Seiten*[365], in seltenen Ausnahmen mehr,
- den *Hintergrund* bzw. das *Ziel der Prüfung*,
- den *Umfang der Prüfungstätigkeit* mit Mengengerüst, Untersuchungszeitraum und Stichprobenumfang,
- den *Zeitraum*, in dem die Prüfung stattgefunden hat,
- die *Geschäftseinheiten,* bei denen die Prüfung stattgefunden hat,
- optional eine Bewertung der Zusammenarbeit mit den Fachbereichen und optional eine generelle Einschätzung des Prüfungsgegenstands;

im Ergebnisteil
- eine kurze Sachverhaltsdarstellung,
- die wesentlichen Feststellunge
- mit ihren Konsequenzen auf die Risikosituation oder das Internal Control des Unternehmens bei Prüfungen des Compliance- und Financial-Auditing-Aufgabengebiets, und mit den Konsequenzen auf die Zielerreichung bzw. die Ergebnissituation des Unternehmens bei Management Auditing und Operational Auditing,
- die Empfehlung von Maßnahmen, mit denen dem Mangel abgeholfen werden könnte.

Er enthält optional
- eine *Gliederung*,
- Anlagen,
- einen Feedback-Fragebogen, mit denen die Empfänger des Berichts die Arbeit der IR einschätzen können.

Deckblatt, Zusammenfassung und Maßnahmenkatalog des Kurzberichts finden sich auch in der Langversion des RB wieder, sodass hier auf die Erörterung dieser Bestandteile verzichtet werden kann.

Der Detailbericht enthält im Einführungsteil verglichen mit der Zusammenfassung, etwas ausführlicher identische Aussagen zu Prüfungsziel, Prüfungsumfang, Zeitraum und geprüften Geschäftseinheiten, sodass hier auf die o. g. Aussagen verwiesen werden kann. Jedoch kann in einem kurzen Statement auf die Zusammenarbeit mit den Fachbereichen eingegangen werden, was auch durchaus positiv ausfallen kann.

Statt

„bei der Bereitstellung der geforderten Unterlagen vom Fachbereich gab es keine Beanstandungen",

wäre es besser, wenn sachlich zu rechtfertigen, folgendermaßen zu formulieren:

„die Zusammenarbeit mit dem Fachbereich war konstruktiv, die geforderten Unterlagen wurden bereitwillig zur Verfügung gestellt, sodass die Prüfung im geplanten Zeitbudget beendet werden konnte."

---

365 Bei sehr großen Prüfungen, bei denen eine große Niederlassung oder eine komplette Länderorganisation eines international tätigen Konzerns geprüft wird, kann der Detailbericht mehr als zehn Seiten ausmachen. Trotzdem sollte man sich auch hier immer wieder die Sinnfrage nach solchen Großprüfungen stellen, da der interne Koordinationsaufwand und der unternehmensinterne Abstimmaufwand erheblich sein können.

Im Ergebnisteil werden die Feststellungen aus einer knappen Sachverhaltsdarstellung, die den Kontext bildet, abgeleitet und in ihren Konsequenzen auf Internal Control, Risikosituation, Zielerreichung und Ergebnisverbesserungspotenziale je nach Prüfungsschwerpunkt dargestellt. Die Beschreibung der Konsequenzen ist hier besonders hilfreich, um zu erläutern, wie weitreichend festgestellte Mängel sein können.

> Die IR wurde zu einer Ex-post-Analyse einer Systemumstellung gebeten, die statt eines erhofften Rationalisierungseffekts erhebliche Zusatzkosten verursacht hatte (Sachverhalt).
> Die Feststellung, dass mehrere Wochen lang Stammdatenänderungen von Kunden, die vom System nicht akzeptiert worden sind, aus Kapazitätsgründen nicht manuell nachgearbeitet werden konnten, wirft schon ein schlechtes Licht auf die Kundenorientierung in dem Unternehmen.
>
> Dass jedoch durch Priorisierung der Systemversionen erst nach einem Jahr der Mangel abgestellt werden und dadurch ein Jahr ein Teil der Bewegungssätze (Kundenumsatz) nicht den geänderten Stammdaten zugespielt werden kann und nach einer gewissen Zeit abgeschrieben werden muss, zeigt erst die *Implikation* auf das Financial Auditing (korrekter Umsatzausweis), das Operational Auditing (ausgebuchte Umsatzwerte und zu niedrige Projektbudgets für den Änderungsdienst) und das *Management Auditing* (fehlende Umsatzzielerreichung durch eben jene Ausbuchungen, Reputationsverlust, Kundenverlust), und vielleicht noch *Compliance* (bei falscher Zuordnung der Bewegungsdaten).
>
> Eine entsprechende Revisionsempfehlung, durch Veränderung der Priorisierung den Mangel mit einer neuen Version schon nach drei Monaten statt nach zwölf zu beheben, wird so besser verständlich und leichter als Maßnahme durchsetzbar. Auch die *Empfehlung* zur Bildung einer Task Force zur schnellen Abarbeitung der Rückstände, bis die Systemumstellung greift, macht vor den o. g. Konsequenzen Sinn.

Ob am Anfang des Ergebnisteils eine generelle Beurteilung des Prüfungsgegenstands abgegeben wird (analog zum Abschlussprüfer), ist wiederum eine Entscheidung des Revisionsleiters. Er muss sich sicher sein, mit den Prüfungshandlungen seines Prüferteams alle wesentlichen Aspekte des Prüfungsgegenstands abgedeckt zu haben, dann könnte er z. B. feststellen:

> Wir haben das vom zuständigen Management eingerichtete Kontrollsystem des Auftragseingangs von schriftlichen und telefonischen Bestellungen sowie der E-Mail-Bestellungen für den Tag xyz vollständig anhand des Logfiles[366] überprüft, inwiefern alle Datensätze vom Logfile in die angeschlossenen Systeme weitergeleitet wurden, und sind zu der Überzeugung gelangt, dass das System einwandfrei arbeitet.

Ist er sich aber nicht sicher, ob alle Datensätze des Tages xyz das Logfile erreicht haben, weil er z. B. die Reset-Prozeduren bei Systemabbruch nicht geprüft hat, so müsste er seine Feststellung auf den tatsächlichen Prüfungsgegenstand einschränken, etwa wie folgt:

---

[366] Auf einem Logfile werden alle Datenänderungen einer Zeitperiode, z. B. eines Tages, im Maschinencode festgehalten.

Wir haben das vom zuständigen Management eingerichtete Kontrollsystem des Auftragseingangs von schriftlichen und telefonischen Bestellungen sowie der E-Mail-Bestellungen für den Tag xyz vollständig anhand des Logfiles überprüft, inwiefern alle Datensätze vom Logfile in die angeschlossenen Systeme weitergeleitet wurden, und sind zu der Überzeugung gelangt, dass das System für den Tag xyz einwandfrei gearbeitet hat.

Wie das System auf Abbrüche, Deadlocks[367] und fehlerhafte Datenzuspielung reagiert, werden wir mit der nächsten IT-Systemprüfung klären.

Die Berichtslänge des Detailberichts sollte zehn Seiten nicht überschreiten, damit auch für den Experten, der die Umsetzung der Maßnahmen vollziehen soll, die nötige Straffheit und Klarheit der Darstellung im RB gewahrt bleibt. Durch das Zehn-Seiten-Limit wird revisionsintern automatisch eine Fokussierung auf das Wesentliche bewirkt und beschreibende Prozess- und Sachverhaltsdarstellungen auf das Nötigste beschränkt. Der einheitliche Auftritt der IR wird durch das Limit implizit gefördert. Gleichfalls positiv kommt beim Empfänger der Anspruch an, auch die komplexesten Themen innerhalb eines Seitenlimits abhandeln zu können. Dass das Limit auch unterschritten werden kann, bedarf eigentlich keiner besonderen Erwähnung.

Bei zehn Seiten kann es empfehlenswert sein, ein *Inhaltsverzeichnis* zu erstellen, um dem eiligen Leser Gelegenheit zu geben, das für ihn Interessante sofort entdecken zu können. Ein Inhaltsverzeichnis zeigt überdies, dass der Verfasser eine einheitliche Linie entwickelt hat, und wie sich die Einzelteile (Prüfungshandlungen) zu einer Gesamtstruktur entwickelt haben.

In einer optional zu erstellenden Anlage können Abkürzungsverzeichnis, Systembeschreibungen, Errechnungsunterlagen und auch gegenteilige Stellungnahmen der Fachseiten ihren Platz finden. Üblicherweise finden sich diese Unterlagen in der Prüfungsdokumentation. Wichtig ist, dass der Detailbericht ohne Zuhilfenahme der Anlage lesbar bleibt und so einfach und klar formuliert ist, dass ein fachkundiger Dritter die Anlagen zum Verständnis des Textteils nicht benötigt.

Wenn der Fachbereich auf eine Gesamtdarstellung seiner Stellungnahme besteht, ist es nicht optional, sondern verpflichtend, sie als Anlage beizufügen. Manchmal kann es sinnvoller sein, die andere Sichtweise gleich im Textteil mit zu erwähnen, wenn z. B. Einigkeit über die Feststellungen, aber unterschiedliche Auffassung über die damit erzeugten Risiken besteht. Damit werden die beiden Positionen für den Leser sofort klar.

Nicht empfehlenswert ist es, Mehrfach-Änderungen, d. h. mehrfache RB-Entwürfe mit Korrektur der Fachseite, vor der eigentlichen Schlussbesprechung des RB durchzuführen, nur um Kompromissfähigkeit zu signalisieren. Zusätzlich zu dem hohen Zeitbedarf und der Verzögerung bis zur Berichtsveröffentlichung strahlt eine derartige Berichtsschreibung kein Selbstbewusstsein aus. Eine selbstbewusste IR steht zu ihrem Berichtsentwurf, weil er auf evidenten Sachverhalten beruht, die sich alle aus

---

367 Problem insbesondere bei Online-Datenbankanwendungen, bei denen ein Benutzer auf ein Feld zugreifen will, das durch die Eingabe eines anderen geändert wird.

einer gut geführten Prüfungsdokumentation herleiten lassen. Dies gilt natürlich nicht für die Änderungen, die die Sachverhaltsdarstellung klarer erscheinen lassen.

Das Motto der IR in derartigen Auseinandersetzungen sollte lauten:

Fortiter in re, suaviter in modo
(Energisch in der Sache, sanft in der Vorgehensweise)!

Schlussendlich kann der Empfänger des RB gebeten werden, eine Bewertung des RB abzugeben, bei dem die zeitgerechte Umsetzung des Auftrags, die Kompetenz des Teams, die Zusammenarbeit mit dem Fachbereich u. a. m. nach z. B. dem Schulnotensystem bewertet würde.

Allein das Angebot, sich bewerten zu lassen, kommt bei den Geprüften positiv an und fördert die vertrauensvolle Zusammenarbeit. Negatives Feedback ermöglicht der IR-Leitung, den Punkten einer Prozessverbesserung in der IR oder Schulung von Mitarbeitern frühzeitig nachzukommen, bevor größerer Reputationsschaden entsteht. Bei der Auswertung der Bewertungen ist indes eine gewisse Vorsicht geboten. Zu viele gute Bewertungen signalisieren möglicherweise Handlungsbedarf, weil der gebotene Abstand, der eine objektive Beurteilung seitens der IR erlaubt, verloren gegangen sein kann. Umgekehrt kann eine schwache Bewertung eben die gerade angesprochene innere Unabhängigkeit signalisieren, die zu ungeliebten, aber bei nüchterner Betrachtung eben doch gerechtfertigten Feststellungen gelangt. Jedoch sollte auch das Signal des Fachbereichs offensiv hinterfragt werden, ob bei aller inneren Unabhängigkeit vielleicht galt:

Fortiter in re et fortiter in modo
(Energisch in der Sache und energisch in der Vorgehensweise)!

10.2.4 Monatsberichte, Jahresberichte und Berichterstattung vor dem Prüfungsausschuss[368]

In manchen Unternehmen ist es Usus, dass der Vorstandsvorsitzende und ebenfalls seine Vorstände sich monatlich von ihren Direct Reports (direkt unterstellte Mitarbeiter) berichten lassen. Obwohl die IR nach Abschluss ihrer Arbeiten grundsätzlich Berichte herausgibt, die auch immer den Vorgesetzten erreichen, lässt es sich in diesem Kontext nicht verhindern, dass die IR auf ein bis zwei Seiten zu den laufenden Themen Stellung nimmt. Diese Berichterstattung kann dann unangenehm werden, wenn Vorstände vor dem geprüften Fachbereich über schwer wiegende Feststellungen informiert werden. Deshalb ist es eminent wichtig – wie oben schon erläutert –, dass Zwischenergebnisse mit der Fachseite besprochen werden, bevor sie im Monatsbericht der IR zu lesen sind. In manchen Fällen kann es geboten sein, die Konsequenzen von Feststellungen schon vorab zu berichten. Sind die Feststellungen zutreffend, sollten sich daraus die Schlussfolgerungen konsistent entwickeln lassen. Trotzdem sei

---

368 Siehe hierzu die neue PA 2060-1 des IIA, die sehr gut die Anforderungen an Zwischenberichte und die möglichen Reaktionen des Managements und des Boards (AR) dazu beschreibt.

10.2 Prüfungsergebnisse und Maßnahmenempfehlungen aufbereiten und berichten

Vorsicht geboten, denn „weniger ist auch hier manchmal mehr", wenn vor einer Schlussbesprechung vorab Ergebnisse bekannt werden.

In mittleren und größeren IR ist es sinnvoll, die Ergebnisse eines Jahres in dem sog. Jahres-RB zusammenzufassen. Als Basis des Detailberichts können die Zusammenfassungen der wichtigsten Berichte dienen, bei denen im Maßnahmenteil, anders als in den Einzelberichten, nicht nur die geplanten, sondern die bis dato realisierten Maßnahmen aufgeführt werden können. Gibt es einen funktionierenden Follow-up-Prozess, dürfte dies keinen größeren Aufwand darstellen.

Wie der Follow-up-Prozess zu strukturieren ist, werden wir im nächsten Abschnitt sehen.

Der Jahres-RB sollte in seinem originären Textteil Aussagen zur angetroffenen Situation von Internal Control, Compliance, Risiko, Berichterstattung, Unternehmenszielerreichung (soweit geprüft) und zu wirtschaftlichen Themen (soweit geprüft), also den Aufgabenfeldern der IR, enthalten.

Zusätzlich ist der Revisionsplan für das kommende Jahr und die Ergebnisse des abgelaufenen Jahrs darzustellen. Einige Prozesskennzahlen aus den Revisionsprozessen, wie durchschnittliche Tätigkeit im Ausland/Inland, Vor-Ort-Prüfungszeit, Aufwand je Prüfung u. Ä. m., geben einen guten Überblick über die Effizienz der Revisionstätigkeit, insbesondere im Vorjahresvergleich. Einige Aussagen zum Budget und zur Mitarbeiterentwicklung runden den Bericht dann ab.

Da dieser Bericht auch an die Vorstände, den Abschlussprüfer und den Prüfungsausschuss verteilt werden kann, empfiehlt es sich, die Abdeckung des Unternehmens durch IR-Tätigkeit anhand der Funktionen, Prozesse, Geschäftseinheiten und Projekte zu beleuchten. Dies zeigt auch zudem noch Prüfungslücken auf, die zusammen mit dem risikoorientierten Ansatz mögliche Budgetprobleme (= revisionsfreie Räume) dokumentieren könnten. Auch hier sei wieder Vorsicht angeraten, damit daraus nicht ein Organisationsverschulden konstruiert werden kann.

Ein ganz wichtiger Punkt im Jahres-RB ist letztlich die Darstellung der Follow-ups, ob es nämlich der IR gelungen ist, nicht nur durch die Berichterstattung neues Bewusstsein zu schaffen, sondern ob es durch die umgesetzten Maßnahmenvorschläge gelungen ist, Defizite im Unternehmen dauerhaft zu beheben.

Die Präsentation im Prüfungsausschuss sollte die wesentlichen Revisionsthemen im Compliance und Financial Auditing zum Gegenstand haben, darüber hinaus, falls gewünscht und verabredet, auch aus den anderen Aufgabenbereichen der IR. Einmal im Jahr sollte die Prüfungsplanung und das Budget mit Bereichskennzahlen, entwickelt aus dem Jahres-RB, in den anderen Quartalen der Follow-up-Stand der abgeschlossenen Themen, präsentiert werden. Sonderthemen können in Abstimmung mit dem Abschlussprüfer ergänzt werden, um den Prüfungsausschuss bei wesentlichen neuen Themen in den Komplexen von z. B. US-GAAP, IFRS/IAS oder auch Fraud/Compliance auf dem Laufenden zu halten. Beim Timing ist im dualen System der Unternehmensverfassung zu beachten, dass die vorgesetzte Stelle in jedem einzelnen Punkt der Präsentation vorab informiert wurde, um mögliche Missverständnisse/Loyalitätskonflikte von vornherein auszuschließen.

10.2.5 Sonderberichte

In seltenen Fällen kann es geschehen, dass die IR ihr Thema auf einer Vorstandssitzung präsentiert. Hier ist es meist nicht möglich, nur den Kurzbericht auf das für Vorstandsvorlagen übliche Format umzuformatieren. Eine zusätzliche Präsentation sollte angefertigt werden. Ist für eine schon stattgefundene Schlussbesprechung, die Auslöser für die Präsentation auf der Vorstandssitzung war, eine Präsentation angefertigt worden, möge diese als Basis dienen. Eine Überarbeitung ist notwendig, da die unterschiedlichen Punkte von IR und Fachseite zusätzlich eingebaut werden müssen. Grafiken sind obligatorisch, da die Teilnehmer der Sitzung meist an Powerpoint gewöhnt sind und reine Textfolien nicht die gebotene Aufmerksamkeit ernten würden. Man beachte, dass es meist nicht möglich ist, auf der Tagesordnung der Sitzung in die ersten zwei Stunden zu gelangen! Trotzdem sollten die wichtigsten Aussagen der Zusammenfassung mit einer Handlungsmöglichkeit textlich dargestellt werden. Besser ist es jedoch, Alternativen anzubieten und anhand von Vor- und Nachteilen gegenüberzustellen. Natürlich sollte aus der Präsentation auch eine Präferenz der IR sichtbar werden, zusammen mit qualitativen und quantitativen Kosten- und Nutzenüberlegungen. Man sollte sich immer bewusst sein, dass man vor Entscheidern präsentiert und die Vorlage nicht nur informieren, sondern auf die Entscheidungen hin abgefasst sein sollte.

Geht es um Themen, die wegen der Sensibilität nur mündlich kommuniziert werden sollten, so kann es angemessen sein, einen Sideletter mit den entsprechend erzielten Ergebnissen zu verfassen. Der Verteiler ist sorgfältig zu überlegen, da sowohl RB wie auch Sideletter zu den Unternehmensunterlagen gehören und bei „zeugenschaftlicher Vernehmung" den staatlichen Behörden zur Verfügung gestellt werden müssen. Insofern schützt ein Sideletter nicht immer die vertrauliche Information! In sehr schwierigen Fällen kann dieser Sideletter dem Chefjustitiar zur Verfügung gestellt werden. In Deutschland genießt er leider meist kein besonderes anwaltliches Privileg, da er nach den berufsständischen Regelungen nur für ein Unternehmen und nicht gleichzeitig als vertretungsberechtigter Anwalt arbeiten darf. In den USA gibt das Attorney's Privilege einen gewissen Schutz, der aber höchstinstanzlich wieder aufgehoben werden kann. Auf jeden Fall können gewisse Unternehmensinformationen für eine Zeit geschützt werden. Dass Sideletter nicht übers Intranet oder gar über das Internet verteilt werden sollten, bedarf wohl keiner weiteren Erläuterung. Anders als der RB sollten Sideletter in der Form von Memos oder Gesprächsprotokollen abgefasst werden.

Sollte es wegen Compliance-Themen zu gerichtlichen oder vorgerichtlichen Untersuchungen staatlicher Instanzen kommen, so sollten nicht nur die RB ausgehändigt werden, sondern auch Prüfungsdokumente mit Evidenzcharakter. Da Hochrechnungen und Kopien nur sehr schwer, wenn überhaupt, von Zivilgerichten anerkannt werden, gilt es, alle Einzeldokumente, obwohl sie abschlussrelevant sein können, zum entsprechenden Fall als Originale vorzulegen bzw. auszuhändigen. Nützlich sind auch alle Gesprächsprotokolle, die nicht als Ergebnis- sondern als Verlaufsgesprächsprotokolle mit Frage-Antwort-Schema angefertigt sein sollten. Deren Genauigkeit ist Gedächtnisprotokollen oder reinen Ergebnisprotokollen überlegen. Es versteht sich leider von selbst, dass auch elektronische Speichermedien von den staatlichen Stellen beansprucht werden können. Deren Beweiskraft richtet sich nach den schon vorgestellten Evidenzkriterien.

Das in diesem Absatz Gesagte trifft umso mehr für einseitig zu führende Prozesse wie Arrestverfahren zu, die ohne Anhörung der Gegenseite zu vollstreckbaren Urteilen führen sollen. Hier müssen Dokumente und Anträge eine lückenlose Kette dergestalt bilden, dass die vorgetragene Angelegenheit sich nur so und nach menschlichem Ermessen auf keinen Fall anders zugetragen haben kann.

10.3 Präsentationstechniken

Es gibt viele Seminare, die sich ausführlich mit Präsentations- und Visualisierungstechniken beschäftigen. In diesem Abschnitt soll dargelegt werden, welche Techniken für unser Thema der Kommunikation des RB besondere Bedeutung beizumessen ist.

Und gleich vorneweg sei gesagt: Entscheidend für eine erfolgreiche Kommunikation ist immer der Inhalt, das Revisionsergebnis. Gibt es hier Schwächen, lassen sich diese durch entsprechende grafische Aufbereitung nicht verbessern oder kaschieren. Das Gegenteil soll unser Ziel sein: Gute Ergebnisse sollen auch gut beim Adressaten platziert werden.

10.3.1 Visualisierung

Ein Bild sagt mehr als tausend Worte!

Bis zu 80 % aller Informationen werden vom Sinnesorgan Auge ins Gehirn übertragen. Deshalb ist es wichtig, dass wir von der IR unsere Berichte mit dosierter Nutzung dieses Tatbestands für unsere Zwecke nutzen.

Bilder i. e. S. und Bilder im übertragenen Sinne, wie Abbildungen, Grafiken und Diagramme, können Emotionen wachrufen und damit Aufmerksamkeit beim geneigten Betrachter erzeugen. Damit erzeugen Bilder beim Betrachter ihren eigenen Kontext aus dem Wissen, der Erfahrung, der bewussten und unbewussten Erinnerung. Das kann ein Vorteil sein, wenn durch die Bilder positive Emotionen wie Freude, Vertrauen, Sympathie hervorgerufen werden, die dann auf die im Bild genannten Produkte und Firmen übertragen werden (Imagetransfer). Nachteilig wird dasselbe Bild, wenn beim Betrachter allein schon durch das Produkt, das Logo oder den Namen des Unternehmens eigene negative Erfahrungen assoziiert werden und diese zu den positiv gemeinten Werten im Widerspruch stehen (kognitive Dissonanz). Aufgelöst werden kann dieser Widerspruch nur durch ein bewusstes Eingehen auf die negativen Erfahrungen der Betrachter, um durch Offenheit wieder glaub-würdig und vertrauens-würdig zu werden. Eine Aufgabe, bei der der Bereich Public Relations mit dem Bereich Marketing eng zusammenarbeiten sollte.

Ein Beispiel für die Darstellung von Emotionen in einer IR-Grafik zeigt nachfolgende Grafik:

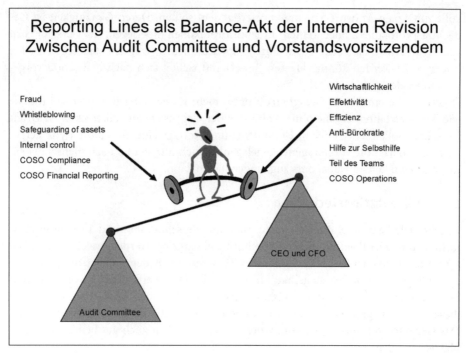

Abbildung 10-4: Reporting Lines[369]

Bilder verdichten Information und lenken die Wahrnehmung auf das vom Fotograf, Maler, Grafiker oder Ingenieur als wesentlich Bestimmtes. Sie machen damit komplexe Zusammenhänge, die in Worten nur schwer, weil sequenziell, transportierbar sind, unmittelbar deutlich und verständlich.

Damit können Bilder auch manipulativ wirken. Jeder kennt den Effekt einer Umsatzgrafik, bei der die X-Achse bei Werten > 0 beginnt, um das Wachstum größer aussehen zu lassen. In der nachstehenden Grafik ist ein anderes Beispiel aufgeführt, das den Hockey-Stick-Effekt zeigt, also die immer wieder neuen Anläufe, den Ursprungsplan noch zu erfüllen, wenn auch mit einigen Jahren Verspätung. Hier wurde oberflächlicher Genauigkeit (Ursprungsplanwerte) der Vorrang vor der Klarheit (Unmöglichkeit, die Ziele zu erreichen)[370] eingeräumt. Es wird dem Betrachter nicht klar, aufgrund welcher neuen Erkenntnisse denn nun nach vier Jahren des Misserfolgs plötzlich der Erfolg eintreten soll.

---

369 Grafik erstellt von einer ehemaligen Mitarbeiterin der Deutschen Telekom AG.
370 Lencioni, 1998, S. 127f.

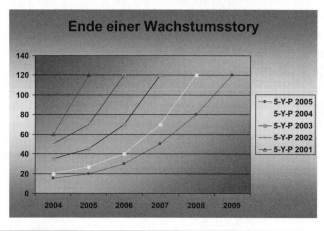

Abbildung 10-5: Der Hockey-Stick-Effect

Man mag einwenden, dass diese Betrachtung zwar für Marketing- und Werbefachleute wichtig ist, aber für die IR? Sie benötige doch solche Techniken nicht, die IR verkaufe doch nicht, der geschriebene RB spreche für sich selbst, außerdem habe eine IR es nicht nötig, mit manipulativ wirkenden Techniken zu hantieren. Und doch, der Erfolg guter Visualisierung spricht auch in der IR für sich.

Hierzu zwei kleine Beispiele.

> In einem Prüfungsauftrag waren die Bedienungsanleitungen eines großen Handelsunternehmens auf einheitlichen Auftritt und Unterstützung des Firmenmottos und -logos zu untersuchen. Keine leichte Aufgabe für die Einkäufer von mehr als 1.000 Produkten, auch nicht für das Revisionsteam. Auf einer großen *Packpapierwand* wurden einige sehr unterschiedlich gestaltete Anleitungen aufgepinnt und danach für den RB *fotografiert*.
>
> Nach Veröffentlichung des RB auch an den Unternehmenseigentümer wurden sofort Initiativen eingeleitet, die den einheitlichen Auftritt zukünftig absicherten. Der Maßnahmenkatalog war davor mehrere Wochen mit den Fachbereichen in Diskussionen und im „Zuständigkeitsgerangel" verharrt.
>
> Ein toller Erfolg für eine gelungene Visualisierung!

Das nächste Beispiel verdeutlicht, wie ein mutiger Revisionsleiter bewusst einen produktiven Konflikt zulasten der Harmonie[371] eingeht, um ein Unternehmensproblem zu lösen:

---

371 Lencioni, 1998, S. 128f.

In einer Vorstandssitzung eines Logistikunternehmens musste der Revisionsleiter wie alle seine Kollegen einmal im Jahr die Ergebnisse der Arbeit seines Teams vorstellen.

Das Unternehmen hatte eine Regel aufgestellt, dass alle Artikel mit mehr als x kg Gewicht von zwei Personen ausgeliefert werden sollten, die unterhalb dieser Grenze von nur einer.

Durch ein Versehen war jedoch für alle Artikel der damaligen Fernsehwarengruppe das Kennzeichen für „zwei Personen" in der EDV gesetzt worden.

Der in der IR eingesetzte, auch grafisch hochbegabte Sohn des Direktors entwarf eine Präsentationsfolie, auf der Videorekorder, die auch zur TV-Gruppe gehörten, von einer Person getragen wurden, während die andere Person gemütlich eine Zigarette rauchte.

Der Lacherfolg in der Vorstandssitzung nach der mutigen Präsentation dieser Folie durch den Revisionsleiter war überwältigend, das Thema mit einer Grafik platziert, und das IR-Budget ohne große Diskussion für das nächste Jahr genehmigt – so weit so gut. Der zuständige Logistikdirektor war als Einziger nicht amüsiert, obwohl er für die Einstufung nicht verantwortlich gewesen war.

10.3.2 Formalanforderungen

Die Anforderungen an grafische Darstellungen haben einiges gemeinsam mit dem RB. Auch hier geht es um den überzeugenden Auftritt, der die IR mit ihrem Logo erscheinen lässt, wobei jede Folie eine Headline hat, in der bei jeder Folie in der Below-the-Line Datum, Ersteller und © erscheinen sollte. Wo außerdem, über den Folienmaster bei Powerpoint heute vordefinierbar, bestimmte Buchstabengrößen nicht unterschritten und bestimmte Mengen von Grafikelementen nicht überschritten werden sollten. Weiter sollten bestimmte Symbole, die Fragen, Aussagen oder besonders bemerkenswerte Tatsachen unterstreichen, in einer Präsentation analog gewählt werden.

Das nachfolgende Beispiel verdeutlicht den Zusammenhang zweier Themen (COSO I Internal Control System und COSO II Enterprise Risk Management) im Thema der Folie, nämlich in der Headline, die Umsetzung der Below-the-Line-Anforderungen und eine Darstellung mit einem Grafikelement, das die Unterschiede zwischen COSO I und COSO II langsam herausarbeiten will:

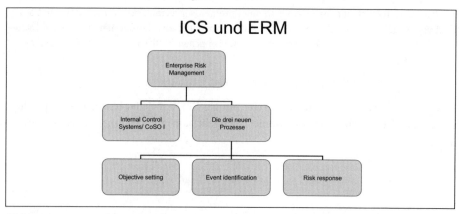

Abbildung 10-6: Internal Control System und Enterprise Risk Management System nach COSO II

10.3.3 Techniken

Die gewählte Technik ist immer vom Ziel der Präsentation und der Visualisierung abhängig.

Ergebnispräsentationen innerhalb einer IR-Schlussbesprechung mit mehr oder weniger Diskussionen, die im Grunde auf eine Entscheidung zwischen Alternativen hinauslaufen, sind mit dem nicht ganz änderungsfreundlichen, aber über viele Anwendungsbeispiele verfügenden Powerpoint heute fast der Standard. Außerdem lässt sich relativ schnell und ohne großen Aufwand eine Protokollierung erarbeiten, die, falls ein Drucker bereitsteht, jedem Teilnehmer ausgehändigt bzw. zugemailt werden kann.

In Brainstorming-Prozessen, die sich am Anfang oder an einem kritischen Punkt eines Projekts ergeben und bei denen es auf die individuelle Mitarbeit aller ankommt, sind eher dialogunterstützende Medien wie Metaplan oder Packpapier mit Kamera-Bildern am Ende einer Sitzung zur Protokollierung angebracht.

Flipcharts haben den Vorteil – eine lesbare Schrift vorausgesetzt –, dass der Stand komplexer Diskussionen ohne Zeitverschiebung vom Moderator dokumentiert werden kann, ohne den gerade laufenden Diskussionsprozess zu stören. Entsprechende Schriftgröße vorausgesetzt, sind sie für alle Teilnehmer der Runde sofort lesbar. Ist der Projektraum mit „pickbaren" Wänden versehen, können auch Diskussionen von mehreren Tagen präsentierbar bleiben. Sie sind hingegen bei nötigen *Korrekturen* nicht so einfach zu handhaben.

Das zeichnet wiederum Metaplankarten auf Packpapier-Hintergrund aus. Sie können abgenommen (bei erwiesener Irrelevanz), umgedreht (nach Durchsprache des Punkts) und neu zugeordnet werden (nach intensiver Diskussion in einer Runde, wie strukturiert werden sollte). Der Vorteil von Packpapier ist seine schiere *Größe*, auf dem auch komplexe IT- oder Technikprozesse sowie größere Visualisierungen Platz finden. Es ist ähnlich wie das Flipchart und Powerpoint nicht so änderungsfreundlich.

Die nachstehende Tabelle versucht, die Elemente der soeben dargestellten Medien zusammenzufassen:

Element	Powerpoint	Metaplan[372]	Flipchart	Packpapier	Metaplan + Packpapier
Kosten	Hoch[373]	Mittel	Niedrig	Sehr niedrig	Mittel[374]
Dialog	Wenig	Sehr gut	Gut	Sehr gut	Sehr gut
Änderungen	Mittel	Sehr gut	Weniger	Weniger	Sehr gut
Größe	Gut	Ungeeignet	Mittel	Sehr gut	Sehr gut
Manuelle Handhabung	Mittel	Sehr gut	Gut	Sehr gut	Sehr gut

---

372 Siehe zur Methode weitere Informationen unter: *http://www.metaplan.de/*.
373 Powerpoint: Powerpoint benötigt Beamer und PC.
374 Packpapier mit Metaplan benötigt Stellwände, ist dann etwas teurer.

Element	Powerpoint	Metaplan[372]	Flipchart	Packpapier	Metaplan + Packpapier
Individuelle Grafik	Mittel	Ungeeignet	Gut	Sehr gut	Sehr gut
IT-Protokollierung[375]	Sehr gut	Weniger	Weniger	Weniger	Weniger
Individuelle Mitarbeit in Gruppen	Weniger	Sehr gut	Weniger	Weniger	Sehr gut
Schnelligkeit	Mittel	Sehr schnell	Schnell	Schnell	Mittel

Abbildung 10-7: Präsentationstechniken im Vergleich

10.4 Revisionspsychologie: Revisionsgespräche erfolgreich führen

Allein der Titel dieses Kapitels soll herausfordern.

Wozu braucht man noch ein erfolgreiches Gespräch, es steht doch alles im RB? Was wir zu sagen haben, ist im RB doch sehr klar und umfangreich niedergelegt. Wer lesen kann, ist klar im Vorteil! Wir müssen niemanden überzeugen, unsere Aufgabe ist schlicht und einfach die Information des Managements, und das leistet der RB. Stellungnahmen der Fachseiten, gut und schön, aber wo bleibt dann unsere Unabhängigkeit, wenn wir auf Wunsch der Fachseite Änderungen in unserem RB vornehmen? In Schlussbesprechungen gehen wir den RB Punkt für Punkt quasi wie in einer „Dichterlesung" durch, sodass am Ende alle Punkte geklärt sind. Eine zusätzliche Präsentation für die Schlussbesprechung anzufertigen, halten wir für überflüssig und sogar schädlich, denn es steht ja alles im RB und eine Präsentation bedeutet Zusatzaufwand. Gleichzeitig werden durch die bewussten Vergröberungen in einer Powerpoint-Präsentation Aussagen des RB verkürzt, weggelassen oder sogar verfälscht.

Alle diese Aussagen werden bemüht, weil offensichtlich einigen Kollegen das Ziel einer Schlussbesprechung nicht ganz klar ist.

In einer Schlussbesprechung werden nämlich die Weichen gestellt,
- ob zukünftig die festgestellten Mängel zeitnah beseitigt werden (Umsetzen des Maßnahmenkatalogs),
- ob ein Bewusstsein für ein internes Überwachungssystem und ein Risikomanagementsystem beim operativen Management geschaffen wurde, sodass zukünftig ähnlichen Themen mehr Bedeutung beigemessen wird (Prophylaxe),
- ob die IR als unabhängige, fachkundige Kontroll- und Beratungsinstanz akzeptiert wird (Networking = Reputation der IR),
- ob Mitarbeiter der IR sich durch gute Arbeit und überzeugende Argumentation den nächsten Karriereschritt erarbeiten (Networking = Management Development),

---

375 Bei Flipchart, Metaplan und Packpapier ist mithilfe einer Digitalkamera auch bedingt eine IT-Protokollierung möglich.

- ob das Management im Sinne der Gesellschaft arbeitet, qualifiziert ist und ihm im Sinne der Zielerreichung zu trauen ist *(IR als „eyes and ears of the CEO"* = Reputation des operativen Managements*)*.

In einer Schlussbesprechung zeigt sich die Kommunikationsfähigkeit und Fachkompetenz der IR sehr deutlich. Vage Andeutungen, unklare Formulierungen und oberflächliche Recherche werden durch die Fachseite schonungslos aufgedeckt. Schließlich war sie es, die die IR in ihre Bücher hat schauen lassen. Sie hat in vielen Gesprächen jungen Kollegen mehrfach die Zusammenhänge des Geschäfts erläutert, aufgrund dessen das IR-Team erst prüfungsfähig wurde, und hat damit das Tagesgeschäft trotz Termindrucks vernachlässigt. Insofern hat sich beim Fachbereich eine Erwartungshaltung für die Schlussbesprechung herausgebildet, zumindest fair, unabhängig und kompetent, wenn schon nicht wohlwollend beurteilt zu werden.

Die Angelegenheit wird komplizierter, wenn der geprüfte Bereich ein sehr positives Image im Unternehmen aufgebaut hat, als *der* Ergebnisbringer, *der* Kreativbereich oder *der* Reorganisator angesehen wird, und sich im RB darüber nicht so viel lesen lässt.

10.4.1 Vorbereitung einer Schlussbesprechung

Die erste Vorbereitung einer Schlussbesprechung erfolgt während der Prüfung. Hier sollten die Feststellungen besprochen und schon vorher abgestimmt werden, bei kritischen Themen auch mit Unterzeichnung eines Gesprächsprotokolls über dieses Thema. Sind die Fakten beisammen und der RB-Entwurf in der Bearbeitung, so sollte sich das IR-Team über die Teilnehmer der Schlussbesprechung frühzeitig Gedanken machen, gleichfalls über den Termin.

Die Teilnehmer bestimmen sich immer nach dem Verantwortungsbereich, der die Maßnahmen zur Beseitigung der Schwachstellen umsetzen wird, und nicht, wen man alles während der Prüfung befragt hat. Hier genügt zum Feedback des Prüfungsergebnisses ein kurzes Telefonat, dass alles o. k. war, verbunden mit einem Dankeschön für die konstruktive Zusammenarbeit. Will der Bereich jedoch unbedingt einen Vertreter in die Schlussbesprechung entsenden, so willige man ein, da man vielleicht einen Unterstützer für kritische Themen gefunden hat.

Sind die Feststellungen so hochkarätig, dass jemand aus dem Topmanagement eingeladen werden muss, so ist es obligatorisch, dass der Revisionschef die Leitung der Schlussbesprechung und sein Sekretariat die Terminkoordination übernimmt, um auch hier ein Signal der besonderen Bedeutung zu setzen. Im Übrigen sollte bei kleinen und mittelgroßen IR der Revisionschef immer persönlich präsent sein, da es ja beim RB um sein „Produkt" geht. In großen IR ist das nicht immer möglich, gerade wenn mit der Schlussbesprechung Auslandsreisen verbunden sind. Trotzdem sollte es sich der Chefrevisor auch dort nach Möglichkeit nicht nehmen lassen, zu einer Schlussbesprechung (ins Ausland) zu reisen, wenn er die Kollegen zum ersten Mal während einer Prüfung kennen lernen kann.

Das IR-Team sollte in der Regel komplett an der Schlussbesprechung teilnehmen. Dies ist für die Festigung der Gruppe wichtig, gerade bei neuen und jungen Kollegen. Diese werden aus ihrer Teilnahme viel Motivation für die nächste Aufgabe mitnehmen. Eine Ausnahme ergibt sich, wenn nur zwei bis drei Teilnehmer des Fachbereichs teilnehmen. Aus Paritätsgründen sollten dann seitens der IR auch nur zwei bis drei Personen teilnehmen. Andernfalls könnte man sich den Vorwurf einhandeln, überbesetzt zu sein oder mit der Teilnehmerzahl über mangelnde Berichtsqualität hinwegtäuschen zu wollen.

Stehen Teilnehmer und Termin fest, so sollte der RB-Entwurf nach der internen Durchsprache in der IR rechtzeitig vor dem Termin der Schlussbesprechung versandt werden. Will der Revisionschef den RB vor dem Versand einmal querlesen, so sollte er dies tunlichst schon beim RB-Entwurf erledigen. Nichts ist für das IR-Team schlimmer und gleichzeitig für das Image der IR schädlicher als eine telefonische Nachverhandlung bzw. einer Neuansetzung einer schon stattgefundenen Schlussbesprechung.

Auch hier gilt für die IR dasselbe wie für jeden anderen Fachbereich, nämlich mit der Aufgabe (Durchführung der Schlussbesprechung) auch die Verantwortung (RB-Formulierungen) zu delegieren.

Rechtzeitig heißt hier, eine Woche vor dem Termin, nicht früher, aber auch nicht später. Ein zu früher Versand beeinträchtigt die Aktualität der RB-Feststellungen in der Besprechung. Ein zu später Versand führt zu Kontroversen mit dem Fachbereich, zu schlechter Stimmung oder schlimmstenfalls zu Terminabsagen, weil aus Zeitgründen der Bericht nicht gelesen werden konnte (bzw. nicht mit allen Mitarbeitern des Verantwortungsbereichs vorbesprochen werden konnte). Denn auch wenn die Absage durch „Seelenmassage" verhindert werden konnte, so ist der Termin auf jeden Fall vorbelastet. Man sollte sich im Geschäftsleben nicht darüber hinwegtäuschen lassen: Wer Fehler im Verhalten oder Handeln sucht und bewertet, sollte selbst so professionell wie möglich sein, andernfalls leidet trotz aller inhaltlicher Leistung im RB die Reputation nach der Maßgabe: „Der ... hat seinen Laden nicht im Griff!"

Im *RB-Entwurf* sollte der Verteiler dem Fachbereich schon mitgeteilt werden, um etwaigen Fragen in der Schlussbesprechung vorzubeugen.

Die Motivation, an der Schlussbesprechung teilnehmen zu wollen, steigt auch signifikant an, wenn der Berichtsverteiler zugänglich gemacht wird. Überraschungsmomente dürften nicht entstehen, da bei Prüfungsstart die Berichtslinien der IR bekannt gemacht worden sind. Etwaige Diskussionen zum Berichtsverteiler, z. B. wegen der Streichung von Vorständen, sollten nach sorgfältiger Prüfung der Argumente immer dann abgelehnt werden, wenn das einzige Recht der IR, den Vorstand zu informieren, aus interessengetriebenen Gründen aufgegeben werden soll. Sachlich gerechtfertigte Änderungswünsche sollten hingegen berücksichtigt werden.

Wie sollte nun mit Stellungnahmen des Fachbereichs, und dann mit solchen, die am Abend vor dem Termin eintreffen, umgegangen werden? Erst einmal ist Gelassenheit angesagt. Jeder RB löst, ob beabsichtigt oder nicht, Emotionen aus. Selbst Lob kann negative Emotionen hervorrufen, wenn der Lobende nicht als kompetent angesehen wird bzw. das Lob zwischen vielen Kritikpunkten versteckt ist. Im zweiten Schritt ist im IR-Team die Besprechung vorzubereiten, die Prüfungsdokumentation noch einmal zu „befragen", ob die Feststellungen alle belegbar sind, und daraufhin, wie mit den Vorschlägen der Fachseite zu verfahren ist.

Auch hier gilt wieder die Aussage des Jesuitengenerals: „Fortiter in re, suaviter in modo!" Das bedeutet: Keine Kompromisse bei den Feststellungen. Falls trotz aller vorhandenen Dokumente die Haltung der Fachseite nicht entkräftet werden kann: Den Punkt schmerzvoll fallen lassen und die Ursachen in der Nachbesprechung klären.

Die Umsetzung der vorgeschlagenen Termine und Maßnahmen liegen letztlich in der Verantwortung der Fachseite. Hier seien großzügige Vorgehensweisen empfohlen, soweit nicht Gefahr im Verzuge ist. Jedoch sollten zeitlich eilige Punkte schon vor der Schlussbesprechung mündlich kommuniziert werden, sodass erste Ad-hoc-Maßnahmen schon eingeleitet sind.

Dagegen sollte man nicht auf den Vorschlag eingehen, den Schlussbesprechungstermin aufgrund der Vielzahl der Änderungswünsche zu verschieben. Dies bedeutet für eine IR den GAU, da entweder die Reputation beschädigt wird, weil die Punkte im RB tatsächlich nicht haltbar sind und der RB-Entwurf zurückgezogen werden muss, oder weil die Kompromissfähigkeit der IR über Gebühr strapaziert wurde, wenn die Punkte im Wesentlichen haltbar waren und nun die vorgesetzten Stellen bedingt durch die Terminverschiebung später als nötig informiert werden.

Sagt ein Topmanager wegen einer Terminkollision ab, so möge er einen zur kompetenten Vertretung Befugten als Ersatz schicken, der jedoch hinsichtlich des Termins und der Verantwortlichkeit der Maßnahmen entscheidungsbefugt sein muss. Eine Verschiebung verbietet sich schon allein aus dem Grund, dass auch die IR unter Zeitdruck arbeitet und ihre „Kunden" auf ihr „Produkt" nicht unnötig lange warten lassen kann.

Mit dem IR-Team lege man den Sitzungsverlauf fest, überprüfe selbst noch einmal die Dokumente und die Argumentationsketten. Vor sehr schwierigen Sitzungen kann es angebracht sein, in Rollenspielen die Argumente der Fachseite gegen die eigenen abzuprüfen. Dies stärkt das Selbstbewusstsein im Team und hilft, letzte Schwächen der Argumentation auszumerzen. Denn man hat mit jeder Schlussbesprechung praktisch nur eine Chance, sein Thema vorzubringen. Deshalb ist eine gute Vorbereitung der Königsweg des Erfolgs.

10.4.2 Vorbereitung der Unterlagen

Basis für die Schlussbesprechung sollten die Feststellungen im Maßnahmenkatalog sein, um dann bei Einverständnis die Maßnahmenvorschläge auf Effektivität, Verantwortlichkeit und Fertigstellungstermin hin diskutieren zu können. Meist ergeben sich in der Sitzung jedoch Rückfragen zur Zusammenfassung, die dann vorab geklärt werden sollten. Änderungswünsche zum Detailbericht sollten vom Grundsatz her nicht zugelassen werden, sondern thematisch an der Zusammenfassung diskutiert werden, die als Kurzbericht von den Hauptentscheidern im Unternehmen gelesen wird. Nach der Einigung über den Text in der Zusammenfassung sollte dann die analoge Bearbeitung im Detailbericht zugesichert werden. Dies verkürzt die Schlussbesprechung und lenkt den Fokus wieder auf die Maßnahmenvorschläge.

Alle gemachten Feststellungen sollten auf Anfrage minutiös belegbar sein, und zwar, wie in einem anderen Kapitel schon einmal erläutert, evident. Unterschriebene Gesprächsprotokolle zum Sachverhalt und entsprechende Dokumentationen helfen hier, die Überzeugung in der Gruppe wachsen zu lassen, dass das Präsentierte als zutreffend hinzunehmen sei. Weitere Fragen erübrigen sich dann meistens. Umgekehrt kann sich die Sitzung durch sehr detaillierte Nachfragen nach den anderen Punkten in die Länge ziehen, wenn beim ersten Mal durch schlechte Dokumentation seitens der IR Zugeständnisse gemacht werden mussten.

Eine kurze Präsentation des Prüfungsthemas mit den wesentlichen Feststellungen und ihren Konsequenzen auf die Internal-Control-Situation, die Risikosituation oder die Unternehmensziele kann helfen, alle Teilnehmer noch einmal ins Thema einzuführen. Wie im vorherigen Kapitel ausgeführt, können Grafiken ein besseres Verständnis des Sachverhalts unterstützen und auch die Gruppe positiv auf das Ziel der Sitzung einstimmen. Die zusätzliche Vorbereitungszeit ist hier gut investiert.

Für die Protokollierung der wesentlichen Punkte der Diskussion sollte am besten ein Flipchart genutzt werden. Am Ende der Diskussion kann dann im Laptop eine Anpassung im Maßnahmenkatalog, sichtbar für alle, vorgenommen werden. Das Gleiche gilt für etwaige Änderungen in der Zusammenfassung. Für alle Änderungen gilt jedoch, der RB ist ein Produkt der IR und von ihr zu formulieren, während eine verabredete Maßnahme Thema des Fachbereichs ist, die von ihm umzusetzen ist. Hier sollte die Formulierung zwischen IR und Fachbereich abgestimmt sein.

Insofern kann man zusammenfassen, dass Grafiken am Anfang zur Verdeutlichung des Themas sinnvoll sind, am Ende dem geschriebenen Wort für die Maßnahmenvereinbarung wieder der Vorrang einzuräumen ist.

10.4.3 Gruppendynamik (TZI: Themenzentrierte Interaktion) in den Schlussbesprechungen

Ein Modell, das die Ebene vom Ich und Du auf die Gruppe erweitert, ist das Modell der Themenzentrierten Interaktion (TZI). Es versucht durch Offenheit der Kommunikation in der Gruppe, gegenseitigen Respekt und Betonung der gleich wichtigen Komponenten des Individuums (Ich), der Gruppe (Wir) und der gemeinsamen Aufgabe (Es) die für Projekte schädlichen Widerstände an die Oberfläche zu bringen, die Fähigkeiten und Fertigkeiten jedes einzelnen Individuums zur Geltung kommen zu lassen und so ein best mögliches Ergebnis zu erzielen. Voraussetzung für die Wirksamkeit dieses Modells ist, dass sich jeder Gruppenteilnehmer einbringt (Devise: Everybody has a say), aber nach der Chairman-Regel, d. h. jeder entscheidet selbst, was und wie er beiträgt und trägt die daraus in der Gruppe entstehenden Konsequenzen eigenverantwortlich. Ein wichtiger Punkt, um vorhandene Blockaden zu lösen, ist die Devise: Störungen haben Vorrang. Dies bedeutet, dass gerade am Anfang der

Eindruck entstehen kann, das man sich im Kreis dreht, weil scheinbar Selbstverständliches immer wieder diskutiert wird (Besonders für ungeduldige Vorgesetzte/Mitarbeiter eine Prüfung). Am Ende wird man aber feststellen können, dass das Projekt doch zeitgerecht und mit unerwartet positiven Ergebnissen beendet wird, weil sich alle eingebracht haben und letztlich alle an einem Strang in die gleiche Richtung gezogen haben.

TZI kann funktionieren, wenn der Vorgesetzte die Moderationsrolle einnimmt, er reduziert aber dadurch sein Ich, da er als Moderator/Projektleiter die Verantwortung des Wir in den Vordergrund stellten muss. Besser ist es, wenn ein externer Moderator den Vorgesetzten bei der Gruppenarbeit unterstützt.

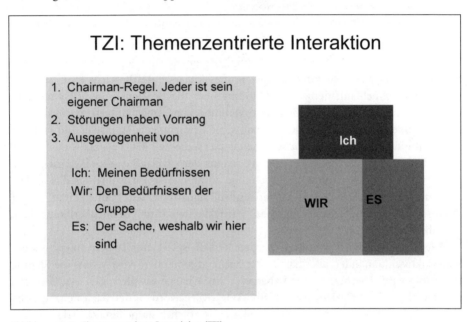

Abbildung 10-8: Themenzentrierte Interaktion (TZI)

In der Unternehmenswirklichkeit geht es zwar um Hierarchien, sodass Individuen aus einem Bereich selten eine unterschiedliche Auffassung zum Vorgesetzten vortragen, wenn Bereichsfremde mit anwesend sind (Loyalitätskonflikt), so können wir doch von einem „Ich" sprechen, wenn wir es allen Individuen des Bereichs zuordnen. Dasselbe soll gelten für alle Mitarbeiter der IR, sozusagen das zweite vorhandene „Ich" in der Schlussbesprechungsgruppe. Das „Es" soll der RB-Entwurf sein.

Offensichtlich kann es nach TZI keine wirklichen Vereinbarungen zwischen den zwei „Ichs" der Gruppe geben, solange wahrgenommene Störungen nicht artikuliert, diskutiert und mit Vereinbarungen gelöst sind. Dem Versammlungsleiter, meist der Revisionschef, kommt somit eine doppelte Rolle zu. Er muss einerseits als Chef das eine „Ich" der IR vertreten, auf der anderen Seite sorgfältig beobachten, inwiefern die Befindlichkeit des anderen „Ichs" des Bereichs gestört sein könnte, damit nicht der RB-Entwurf als unerledigt am Ende des terminierten Zeitlimits der Schlussbesprechung liegen bleibt. Diese Befindlichkeiten lassen sich durch die Reaktionen des anderen „Ichs" auf das Eingangsstatement, das das Ziel des Treffens verdeutlicht, und auf sorgfältig gestellte Eingangsfragen erahnen, wie z. B.

Eingangsfragen
- nach einem unternehmensaktuellen Thema, damit der Dialog in Gang kommt,
- nach der Art der Zusammenarbeit zwischen IR und Bereich (nur dann, wenn der Revisionsleiter nicht an der Prüfung persönlich teilgenommen hat),
- nach der aktuellen Arbeitssituation des Fachbereichs (hierbei ist die Reaktion interessant, wenn die Prüfung das Zeitbudget der Experten des Bereichs über Gebühr strapaziert hatte),
- nach der momentanen Geschäftssituation,
- oder gleich nach einem Punkt aus der Stellungnahme, der in der IR-Vorbesprechung zum Meeting nicht sofort zu klären war.

Geraten die ersten fünf Minuten des Treffens zu einem Monolog des Leiters des Prüfungsteams, der auf mehr oder weniger großes Interesse des Bereichs trifft, so kann die Sitzung schnell mit dem Einverständnis über die Ergebnisse der IR enden. Es bleibt aber unklar, ob die Maßnahmen vereinbarungsgemäß umgesetzt werden, da sich das andere „Ich" nicht artikuliert hat, seine Erwartungen, Wünsche und Haltung nicht hat offenkundig werden lassen. Genau das Gegenteil kann ebenfalls geschehen, nämlich dass man am Ende der Sitzung seitens der IR glaubte, alles besprochen zu haben und nur noch einmal die Ergebnisse zusammenfassen wollte, als das andere „Ich" überraschend sein „Nicht-Einverstanden" signalisiert, und man erst nach langer Diskussion (Störung) wieder zum „Es" zurückkehren kann, wenn überhaupt noch Zeit übrig ist.

Beginnen die ersten Minuten dagegen lebhaft, so ist damit zu rechnen – wenn konstruktiv miteinander, aber hart in der Sache argumentiert wird –, dass die Sitzung ein Erfolg wird. Denn am Ende haben alle ihre Chance erhalten, sich einzubringen und aus dem IR-„Es", dem RB, ist ein „Wir"-RB geworden, der dazu beiträgt, den Unternehmenswert[376], auf den alle Beteiligten letztlich hinarbeiten, zu steigern. Der Maßnahmenkatalog wird nach intensiver Diskussion von Kosten, Nutzen und Beitrag zur Verbesserung der Risiko- und Internal-Control-Situation vom Fachbereich unterschrieben und damit als eigene Aufgabe akzeptiert, für die Verantwortung übernommen wird.

Es ist also von besonderer Wichtigkeit, die Dynamik der Besprechung als Sitzungsleiter immer im Auge zu halten und die Sitzung so fair und objektiv wie möglich zu leiten. Man hüte sich davor, allzu sehr Partei für die IR-Sicht, gerade wenn es kritisch wird, zu ergreifen. Dies ist Aufgabe des Teamleiters der Prüfung. Manchmal ist es auch angemessen, wenn sich die Diskussion festgefahren hat, eine „Auszeit" zu verfügen und den Teams Gelegenheit zu geben, ihre Positionen im kleinen, eigenen

---

376 Unternehmenswert steigern soll hier definiert sein als erfolgreiche Arbeit auf allen Feldern der IR, d. h. nicht nur quantitative Ergebnisverbesserungen, sondern auch Verbesserung der Internal Control und der Risikosituation.

Kreis zu überdenken. Eine Vertagung der Sitzung ist nur ein Notanker, wenn wesentliche Revisionsfeststellungen widerlegt wurden, und bedeutet den GAU für die IR!

Besondere Besprechungen zum RB-Entwurf entstehen, wenn ein oder mehrere Vorstände an der Schlussbesprechung teilnehmen, in der Hauptsache bei kritischen Entscheidungssituationen zu Compliance-Themen. Keiner erwartet, dass der Revisionsleiter in Ehrfurcht erstarrt, sondern dass die Sitzung so professionell wie üblich verläuft. Man wird am Ende feststellen, dass die Sitzung kürzer, diskussionsfreudiger und ergebnisgetriebener verlaufen ist als sonstige Schlussbesprechungen. Leider lassen es die Terminkalender meist nicht zu, dass solche Sitzungen häufiger stattfinden.

Selten, wenn auch nicht unüblich, ist es, dass der Revisionsleiter gebeten wird, seine Feststellungen in einer Vorstandssitzung vorzutragen. Meist handelt es sich dann um ein Thema, das auf dem „normalen" Wege nicht einvernehmlich regelbar war. Der Revisionsleiter bereite sich hier noch sorgfältiger vor, eine Powerpoint-Präsentation vorab als Teil der Sitzungsunterlagen ist meist obligatorisch, das Zeitbudget ist auf zehn, maximal 30 Minuten begrenzt. Unterbrechungen sind einzuplanen, ebenso ein höherer Diskussionsanteil als in anderen Schlussbesprechungen. Meist ist ein Vorstand persönlich durch seinen Fachbereich involviert, eine Konfrontation mit ihm ist mit beiderseitigem, sofortigem Gesichtsverlust verbunden und möglichst zu vermeiden. Man rechne nicht damit, dass gerade bei Vorstandsvorsitzenden-Unterstellungsverhältnissen der IR dieser die IR über Gebühr schützen wird. Seine Hauptrolle ist, die Sitzung zu leiten und das vorgetragene Problem einer Lösung zuzuführen. Trotzdem sollte man seine Position sachlich, prägnant und mit Mut vortragen. Immerhin war man selber ja der Beantragende für das Thema, und dass es als Thema zugelassen wurde, ist allein schon ein großer Erfolg. Man kalkuliere auch ein, dass man für die Diskussion des Themas unter den Vorständen nach der Präsentation herauskomplimentiert wird. Das Ergebnis erhält man dann im Protokollauszug.

10.4.4 Debriefing/Prüfungsnachbereitung

So wichtig die gute Vorbereitung einer Prüfung ist, genauso wichtig ist die Prüfungsnachbereitung/das Debriefing nach einer Schlussbesprechung. Ein Ziel des Debriefings ist es, den an der Prüfung Beteiligten seitens der Leitung ein Feedback zu geben nach dem Motto „Was lief gut, was könnte zukünftig besser laufen?". Ein weiteres Ziel ist es, das in der Prüfung gewonnene Knowhow für zukünftige Prüfungen nutzbar zu dokumentieren.

Wenden wir uns zunächst dem ersten Ziel zu, dem *Feedback*[377]. Das IR-Team hat ein Anrecht darauf zu erfahren, welche Erwartungen an das prüferische Verhalten und Handeln erfüllt wurden und welche nicht. Ausgangspunkt sind hierfür das Briefing und das letztlich nach der Schlussbesprechung im RB dokumentierte Prüfungsergebnis. Weitere Informationen liefern das Verhalten der Teammitglieder während der

---

[377] Ein gänzlich faires Feedback, eines ohne eigene Interessen, erhält man nach Auffassung der Autoren vom Lebenspartner, einem guten Freund oder auch von gänzlich Fremden, die einem zum ersten Mal, z. B. auf einem Seminar, begegnen.

Schlussbesprechung und, falls als Instrument genutzt, die ausgefüllten Feedbackbogen der Berichtsempfänger.

Ist der RB zur vollen Zufriedenheit veröffentlicht worden, so sollte dieses Lob auch an das Team weitergegeben werden.

Sind besonders schwierige Situationen hervorragend gelöst worden (Zeitknappheit, schwierige Stellungnahmen der Fachseite, Ausfall von Kollegen während der Prüfungszeit usw.), so sollte die Anerkennung etwas herzlicher ausfallen (Geld für die Teamkasse, gemeinsames Essengehen, ein besonderes Seminar, Sonderurlaub).

Dieses manchmal leider so seltene *Lob* motiviert, verleiht zusätzliche Energie für die Zukunft und schweißt das Team noch mehr zusammen. Gewarnt sei in diesem Zusammenhang jedoch vor gekünsteltem, der Technik „Loben motiviert" verpflichtetem Verhalten, das einen gegenteiligen Effekt erzielen kann und zudem als unglaubwürdig apostrophiert und innerlich nicht akzeptiert wird. Denn Mitarbeiter, die Karriere machen wollen, möchten frühzeitig aus Fehlern lernen und haben einen hohen Anspruch an die eigene Arbeitsleistung, die sie zudem auch ziemlich gut realistisch einzuschätzen vermögen. Insofern sollte die Basis für das *Lob* fundiert sein.

In einem zweiten Teil geht es in der Manöverkritik darum, gemachte Fehler zu analysieren, zu besprechen und für die Zukunft abzustellen. Das kann auch bedeuten, zusätzlich Seminare zur Verhaltenssensibilisierung oder für fehlendes Fachwissen zu buchen. Weiter kann eine befristete Job Rotation in einem operativ tätigen Fachbereich helfen, zusätzlich benötigtes Wissen aufzubauen.

Etwas mehr zu dem Thema hatten wir bereits im Abschnitt 7.4.3 „Die IR als Teil des Führungsnachwuchspools des Unternehmens" „Führungskräfteentwicklung/Management Development" diskutiert, wobei das Debriefing einen Baustein im *mitarbeiterorientierten Dialog* darstellt.

Das zweite Ziel des Debriefing ist auf den ersten Blick einfach zu erreichen: Das gewonnene Wissen sollte durch eine gute Prüfungsdokumentation ins IR-Intranet gestellt werden. Auf den zweiten Blick wird es jedoch gleich schwieriger, wenn folgende Fragen beantwortet werden sollen:
1. Wie motiviere ich den Teamleiter, sein zusätzlich gewonnenes Wissen nutzbringend und für Dritte verständlich ins IR-Intranetz einzustellen (Struktur)?
2. Wie überwinde ich die Klippe, dass die, die etwas ins Netz einstellen, zusätzlichen Aufwand haben und möglicherweise von ihren Kollegen nur Allgemeinplätze in deren „Erkenntnissen" wiederfinden (Incentive)?
3. Wie rechtfertige ich die auf den ersten Blick „unproduktiven Kosten" einer aufwändigen Nachbereitung (Erfolgskontrolle)?
4. Wie überwinde ich die „Trägheit" von uns allen, sich bei der E-Mail-Flut für die interessanten Erkenntnisse des Kollegen, die sich erst beim Lesen erschließen, geistig zu öffnen und die E-Mail nicht gleich zu löschen (Aufmerksamkeit)?

5. Wer genehmigt die Mittel für die Implementierung einer Wissensdatenbank und wer die Kosten für die Experten, die von der Revisionsleitung legitimiert Daten einstellen dürfen (Kosten-Nutzen)?
6. Sind diese Experten nicht besser und produktiver in der Prüfung eingesetzt als beim „Redaktionsdienst" (Kosten-Nutzen)?
7. Wenn preiswertere Kräfte zum Sondieren als „Redakteure" eingesetzt werden, wie erhalten sie Akzeptanz von den „alten" Hasen (Akzeptanz)?

Hier sollen keine Antworten auf die oben gestellten Fragen gegeben werden, sondern es sollte sensibilisiert werden, erst Antworten auf die oben gestellten Fragen zu finden, bevor die Investition einer Wissensdatenbank in Angriff genommen wird.

Enthält diese nachweislich Best Practices für Unternehmensprozesse, Präsentationen und Revisionsmethoden, die laufend aktualisiert werden, so kann sie einen unschätzbaren Schatz (Thesaurus) für den Bereich, ja für das Unternehmen darstellen, nach dem Motto: „Wenn mein Unternehmen nur wüsste, was mein Unternehmen alles weiß!" Oder wie es Jack Welch[378] in einem seiner Bücher sinngemäß formulierte: „Weltweit tätige Revisoren sollten Botschafter der Best Practices sein!"

Wir haben in diesem Abschnitt, „Revisionsgespräche erfolgreich führen", am Beispiel der Revisionsschlussbesprechung gelernt, wie wichtig eine gute Vorbereitung ist. Dies betrifft die Auswahl der Gesprächsteilnehmer, die sorgfältige Erstellung des RB und einer Präsentation, und eine Vorbesprechung vor dem eigentlichen Termin. Die Schlussbesprechung mit ihren gruppendynamischen Prozessen wurde mit der Anwendung der Moderationstechnik TZI dargestellt. Das Debriefing mit seinen Aspekten Feedback zum IR-Team und Wissensmanagement wurde zum Abschluss des Abschnitts erläutert.

10.5 Überwachung von Prüfungsergebnissen[379]

So wichtig ein veröffentlichter RB ist, entscheidend für den Unterschied, ob die IR als Tiger gestartet und als Bettvorleger gelandet ist oder nicht, ist der Follow-up bzw. das Follow-up-Ergebnis. Im Follow-up-Ergebnis zeigt es sich, ob es gelungen ist, die Stationen der Überzeugung *vom* Hören, Verstehen, Einverstanden, Umsetzen bis zum Beibehalten zu gehen. Das Follow-up-Ergebnis ist auch ein Indiz für die Managementkultur in einem Unternehmen: „Es gilt das unterschriebene Wort!", oder nicht. Entweder es gelingt der IR, die Konsequenzen schwacher Internal Control, zu ausgeprägter Risikoneigung, von Lippenbekenntnissen zur Unternehmenskultur, von Ineffizienzen und mangelnder Zielharmonisierung bewusst zu machen und Maßnahmen zur Änderung einzuleiten oder nicht.

Der damals zuständige Teamleiter ruft den Leiter Rechnungswesen an und befragt ihn, ob die verabredete Maßnahme der monatlichen Überprüfung manuell veranlasster Mahnsper-

---

378 Vergleiche Welch, S. 136.
379 Siehe hierzu den PA2500-1: Monitoring Progress und PA2500-A1-1: Follow-up Process.

ren implementiert wurde und ob er das entsprechende Dokument, auf dem die Kontrolle vermerkt worden ist, in Kopie erhalten könne.

Der Leiter Rechnungswesen antwortet, dass es gut sei, dass die IR sich bei ihm gemeldet habe, die Maßnahme befinde sich gerade in der Projektierung für das nächste Rechnungswesen-Release, dass in spätestens sechs Monaten in Betrieb gehen sollte.

Die IR fragt nach, wie denn zwischenzeitlich die Mahnsperren auf Aktualität kontrolliert würden. Der Leiter Rechnungswesen antwortet, dass die Zusatzanforderungen des Finanzvorstands zur Beschleunigung der Quartalsberichterstattung bei konstantem Personalbudget ihm keine Chance gelassen hätten, auch noch manuelle Kontrollen bei Mahnsperren durchzuführen. Und außerdem wären die Feststellungen aus dem RB, die ein Risiko des Forderungsausfalls in dreistelligem TEUR konstruiert hätten, unrealistisch. Es handele sich bei den Debitoren meist um staatliche Stellen, die zwar fast immer zu spät, aber immer zu 100 % gezahlt hätten.

Auf die Einlassung des Teamleiters, dass dieser Sachverhalt schon damals zu Ende diskutiert worden sei und dass neben staatlichen Stellen auch einige VIP's eine Mahnunterdrückung aufwiesen, die schon aus damaliger Sicht nicht zu rechtfertigen gewesen sei, räumt der Rechnungswesen-Leiter ein, diesen Sachverhalt vergessen zu haben, aber trotzdem unerwartet ein Personalproblem bekommen zu haben.

Auf die Einlassung des IR-Teamleiters, dass doch seine Unterschrift unter dem Maßnahmenkatalog stehen würde und die drei Monate ereignislos verlaufen seien, verabschiedet sich der Leiter Rechnungswesen höflich mit dem Hinweis, dass er jetzt einen Vorstandstermin habe. Das Gespräch ist beendet.

Der Teamleiter informiert seinen Revisionschef über das Telefonat, mit dem Ergebnis, dass der Revisionsleiter den Leiter Finanz- und Rechnungswesen anruft.

10.5.1 Terminüberwachung

Doch lassen Sie uns starten bei der Schlussbesprechung des Maßnahmenkatalogs und der Unterschrift des Fachbereichs, die dokumentiert, dass die Maßnahmen innerhalb der nächsten drei Monate umzusetzen sind. Die Zeit ist vergangen und der Fachbereich hat die schriftliche Stellungnahme mit der Dokumentation des Vollzugs der Maßnahme noch nicht abgesandt:
Was ist hier falsch gelaufen?
Offensichtlich ist in der Schlussbesprechung nicht der vollständige Sachverhalt im Bereichskontext erörtert worden. Es scheint zusätzlich nicht gelungen zu sein, die Bedeutung der Schwachstelle mit dem Risiko auf Internal Control und Wirtschaftlichkeit klarzumachen. Vermutlich hat die IR ein kleines Akzeptanzproblem bei dem Leiter Rechnungswesen bzw. der Leiter Rechnungswesen glaubt, sich höflich durch die Situation durchlavieren zu können, und hat die IR unterschätzt, die angewiesen war, zukünftig strikt auf die Umsetzungstermine zu achten.
Jedoch wäre es wohl nicht zu dieser Eskalation gekommen, wenn beide in der Schlussbesprechung die Kosten-Nutzen-Situation des Problems intensiver besprochen hätten. Dann hätte das Problem gelöst werden können, indem eine abgestufte Vorge-

hensweise in einem realistischen Zeitfenster vereinbart worden wäre, mit zunächst manuellen Kontrollen, später einer Systemlösung, die automatisch mit dem Verlust des VIP-Status die Mahnsperre aufhebt.

Nun jedoch wird der Revisionsleiter seinerseits versuchen, mit dem Leiter Finanz- und Rechnungswesen, seinem Kollegen, eine kurzfristige Vereinbarung zu treffen, die sicherstellt, dass die Schwachstelle durch eine Maßnahme beseitigt wird. Falls das Prioritätsproblem weiter besteht, wird er abwägen, bis zum Finanzvorstand zu eskalieren oder auf das neue Rechnungswesen-Release zu warten und die Verantwortung für die noch offene Maßnahme in einem Memo an den Finanzvorstand und seinen Vorgesetzten, den Vorstandsvorsitzenden, festzuhalten. Beide Vorstände haben auf Basis dieses Memos die Möglichkeit, ihre beiden Direct Reports zu überstimmen und dem Leiter Rechnungswesen ein Zusatzbudget zu genehmigen, das es ihm ermöglicht, die manuelle Kontrolle doch noch durchzuführen, oder die getroffene Entscheidung zu akzeptieren.

Weiter kann es dazu führen, dass beide Vorstände ihre Direct Reports anweisen, sie zukünftig nicht mehr mit derartigen Angelegenheiten zu behelligen, die sie aufgrund ihrer Kompetenzen selbst hätten regeln können. Auf der anderen Seite könnten beide Direct Reports indirekt dafür gelobt werden, dass sie sich genau an ihre Anweisungen gehalten haben: der Leiter Finanz- und Rechnungswesen strikt an sein Budget und die vereinbarten Prioritäten, der Leiter Revision an strikte Termineinhaltung der Maßnahmen zur Verbesserung der Umsetzungskultur im Unternehmen. Wahrscheinlicher ist jedoch der erste Fall.

Wir sehen an diesem kleinen Beispiel, wie der Prozess der Eskalation schematisch ablaufen könnte. Wichtig ist jedoch auch zu erwähnen, dass dieser Prozess nicht bei jeder Zeitüberschreitung einer Maßnahme in Gang gesetzt werden kann. Deshalb sind Prophylaxemaßnahmen notwendig.

10.5.2 Eskalationsprozess

Bei einer mittelgroßen Revisionsabteilung mit 40 RB pro Jahr und durchschnittlich sieben Maßnahmen pro Bericht, benötigt man schon einen regelkonformen Follow-up-Prozess, um die dann 280 Maßnahmen zu überwachen. Hierfür sollten IR-intern Kriterien vorgegeben sein, in welcher Form und von wem welche Eskalationsaktion durchgeführt werden sollte. Die Differenzierungsmöglichkeit ist natürlich umso größer, je größer das Unternehmen ist, und damit auch die Anzahl der Führungsebenen in der IR.

Eine weitere Rolle spielt die zwischen dem Vorgesetzten und dem Chef der IR festgelegte Vorgehensweise, und letztlich, ob Ratings von RB oder gar Ratings nach Maßnahmen durchgeführt wurden.

Eine einfache Eskalationstreppe sei beispielhaft im Nachfolgenden vorgestellt:

10 Berichterstattung

Stufe	Kriterium	Verantwortlich	Aktion	Thema	Ergebnis
1.	14 Tage vor Ablauf des Termins	Teamleiter IR	Telefonat mit zuständigem Manager des Fachbereichs	Erinnern an vereinbartes Memo	Follow-up Memo des Fachbereichs wird termingerecht zugesandt
2.	Termin, kein Memo vom Fachbereich	Teamleiter IR	Telefonat mit zuständigem Manager des Fachbereichs	Erinnern an vereinbartes Memo und geführtes Telefonat	Follow-up Memo des Fachbereichs wird verspätet zugesandt
3.	14 Tage Fristüberschreitung	Teamleiter	Teamleiter informiert seinen Vorgesetzten	Terminüberschreitung und Info über unternommene Aktionen	Vorgesetzter IR nimmt Kontakt mit dem Vorgesetzten des Managers des Fachbereichs auf.
4.	Ein Monat Fristüberschreitung	Revisionsleiter	Termin bzw. Telefonat mit zuständigem Vorstand	Managementverantwortung für Maßnahmen	Umsetzung der Maßnahme und z. B. IR-Vortrag im Führungskreis des operativen Vorstands zum besseren Verständnis der IR-Aufgaben
5.	Mehr als 1 Monat Fristüberschreitung nach erfolgloser Eskalation der Schritte 1.–4.	Revisionsleiter	Vorstandsvorlage	Managementverantwortung für Maßnahmen	Laufende Berichterstattung im Vorstand, bis das Thema in allen Bereichen „angekommen" ist

Abbildung 10-9: Beispiel einer Eskalationstreppe

Man sieht an der Tabelle, dass die Handlungsmöglichkeiten der IR, auf eine Umsetzung zu drängen, sehr weit reichend sein können. Die Differenzierung ist hier überschaubar, bezogen auf den RB und den Ablauf der Maßnahme mit dem spätesten Realisierungstermin. In einem Unternehmen mit Prüfungsausschuss kann die Eskalationstreppe noch einen Schritt weitergehen. Jedoch sei aus der Praxis bemerkt, dass bei genereller Akzeptanz der IR im Unternehmen die Stufen 4 und 5 selten praktiziert werden müssen.

Zum Einwand, dass zwei bis vier Wochen Zeitverzögerung, und dann auch auf die letzte Maßnahme des RB zu warten, zu lange dauern würde, sei bemerkt, dass jeder in seinem Unternehmen die Treppe verschärfen kann. Es soll auch Unternehmen geben, in denen mangelnde Umsetzung von Maßnahmen aus RB einen Kündigungsgrund für den verantwortlichen Manager darstellen können. Aber diese Methode, die IR als Instrument für korrektes Managementverhalten einzusetzen, kann letztlich nicht überzeugen. Denn hier geht es um die Durchsetzung korrekten Verhaltens mit Sanktionierung, weniger um sachliche Lösungsfindung. Eine Kooperation zwischen Fachbereich und IR wird in einem solchen Unternehmen während der Prüfungszeit auf das Notwendige beschränkt bleiben, und die Idee, IR als Botschafter für Best Practices einzusetzen, wird in diesem Unternehmen fehlschlagen. Die Unabhängigkeit der IR ist hier in hohem Maße gewahrt, der Nutzen für das Unternehmen begrenzt.

Nach Auffassung der Autoren geht es letztlich darum, von Anfang an, d. h. während der Prüfung und in der Schlussbesprechung mit geeigneter Kommunikation dafür zu sorgen, dass die Fälle 2.–5. gar nicht erst eintreten.

Eine weitere Möglichkeit, die Umsetzung der Maßnahmen aus IR-Projekten zu beschleunigen, stellen Zugriffe des Assistenten des zuständigen Vorstandsbereichs auf die Maßnahmen dar, die seinen Vorstandsbereich betreffen. Damit sind die Maßnahmen wie alle anderen Verabredungen innerhalb des Vorstandsbereichs auf der Vorstandsagenda und werden folglich mit Vorrang bearbeitet. Zusätzlich erhält die IR „kostenlose" Follow-up-Unterstützung durch „Dritte". Die Änderungen am benutzten IT-System in der IR können kostenträchtig sein, insbesondere, wenn es noch keine Web-Schnittstelle[380] besitzt. Dieser Aufwand zahlt sich in zweierlei Hinsicht aus. Einmal entfallen umständlich zu erstellende Excel-Listen, zum anderen öffnet einmal die IR einen Teil ihres Systems für IR-Außenstehende. Dies wird in der Regel sehr positiv angenommen.

Zum anderen Einwand, dass man generell auf die Maßnahmenverfolgung verzichten würde, weil sowieso jede Organisationseinheit einmal im Jahr geprüft würde, sei angemerkt: „Herzlichen Glückwunsch zum großzügig bemessenen IR-Budget!"

Formal sei eingewandt, dass theoretisch 23 Monate zwischen Berichtsveröffentlichung und Umsetzungskontrolle liegen können, und dies ist wahrlich ein zu langer Zeitraum. Auf der anderen Seite macht im Regelprozess die Maßnahmenverfolgung weniger als 10 % des Prüfungsprogramms aus. Dies spricht allein schon aus Effizienzgründen gegen 100 % Follow-up-Prüfungen.

10.5.3 Follow-up-Prüfungen

In einigen Fällen kann es dennoch sinnvoll sein, statt einer schriftlichen Stellungnahme des Fachbereichs zu vertrauen, eine Wiederholungsprüfung, also eine Follow-up-Prüfung, seitens der IR durchzuführen.

In einigen Unternehmen, in denen die Konzernrevision nur komplexe Großprüfungen durchführt, kann diese Vorgehensweise überzeugen. Hier sind die Teams in

---

380 Dürfte heute in Unternehmen, die mit Microsoft Sharepoint arbeiten, relativ einfach lösbar sein.

Mannschaftsstärke angetreten und haben eine Fülle von Verbesserungsvorschlägen auf die Bahn gesetzt. Hier ist es sinnvoll, noch einmal vor Ort zu gehen und die Umsetzungsergebnisse nach dem Evidenzmodell = „Persönliche Inaugenscheinnahme" zu bewerten. Man wird dann erkennen, dass ein großer Teil, aber leider nicht das volle Programm erledigt wurde, meist mit einsichtigen Begründungen mit Hinweisen auf Prioritätssetzungen, Umorganisationen, Managementwechsel etc. Die IR sollte hier nach meiner Auffassung ebenfalls professionell reagieren und in dem Follow-up-Bericht die Leistung des Managements in der Umsetzung der wichtigsten Maßnahmen positiv würdigen und die nicht umgesetzten Maßnahmen neu terminieren.

Sinnvoll kann es sein, nach einem Zufallsverfahren oder einer gezielten Stichprobe unter Risikoaspekten ca. 10 % Follow-up-Prüfungen mit Vor-Ort-Einsatz des Teams anzuberaumen. Die Wirkung auf die Umsetzungsqualität der anderen RB-Maßnahmenkataloge ohne Follow-up-Prüfung ist erfahrungsgemäß überaus positiv. Denn jeder Fachbereich, so gut das Arbeitsverhältnis mit der IR auch ist, geht lieber seinen eigenen Aufgaben im Unternehmen nach, statt sich mit dem IR-Team zum wiederholten Male zu treffen.

Erstprüfungen bei Tochtergesellschaften und Prüfungen in Großprojekten sprechen ebenfalls für eine Follow-up-Prüfung im folgenden Jahr, um die gemachten Fortschritte in der Zusammenarbeit würdigen zu können und eine bessere Einschätzung über die noch notwendige „Betreuungsintensität" durch Zentralfunktionen wie die IR zu erhalten. Die IR kann hier mit einer Follow-up-Prüfung auch zu einer positiven Reputationsbildung dieser neuen Bereiche im Unternehmen beitragen. In Projekten (z. B. IT- oder Bauprojekten) sind dann die Maßnahmenvorschläge eher oder überhaupt nur dann umsetzbar, wenn eine Ex-ante-Revision rechtzeitig vor dem Zeitpunkt durchgeführt wurde, ehe das Programmcoding veranlasst oder der Beton geflossen war.

Letztlich bieten sich Follow-up-Prüfungen bei den Revisionsthemen an, bei denen die höchste Berichtskategorie vergeben wurde. Hier muss Reputation für den betroffenen Fachbereich wieder aufgebaut werden. Dies gelingt am besten durch eine in ihren Ergebnissen überzeugende Follow-up-Prüfung, die am besten mit dem Urteil endet: Alle Maßnahmen umgesetzt, Risiko wieder normal!

Eine andere Sichtweise auf das Follow-up-Prüfungsergebnis ergibt sich zwingend, wenn formal zwar die meisten, nach Risiko klassifiziert aber nur die Maßnahmen des RB mit mittlerem bis geringem Risiko umgesetzt wurden. Die Würdigung der Managementleistung in dem Follow-up-RB fällt dann etwas differenzierter aus.

Das Team für die Follow-up-Prüfung sei am besten aus den Personen rekrutiert, die die erste Prüfung durchgeführt haben, hier ist die Gewähr am höchsten, dass die Prüfung am effizientesten abgewickelt wird. Falls dies nicht möglich ist, sollte der damals verantwortliche Teamleiter das Briefing des Follow-up-Teams zur Prüfung durchführen, um soweit wie möglich den Kenntnisstand auf das damalige Niveau zu heben.

Naturgemäß treten manchmal auch neue Erkenntnisse auf, die wie bei jeder Prüfung Eingang in den RB finden sollten. Unterschiedliche Wertungen des gleichen

Sachverhalts von unterschiedlichen Personen der IR sind möglich, aber der Reputation der IR schädlich, und somit immer ein Führungsthema in der IR, bevor sie den Fachbereich erreichen. Hier sollte die Kommunikation der neuen Bewertung des gleichen Sachverhalts sorgfältig geprüft werden und dann offen dem Fachbereich mitgeteilt werden, falls die Modifizierung sachlich angemessen ist.

Einer „Verböserung" im Sinne der Finanzbehörden, einer Entdeckung eines β-Fehlers der Erstprüfung in der Follow-up-Prüfung mit nachträglicher Verschärfung des Prüfungsurteils, sollte sich eine IR nach Möglichkeit enthalten. Andernfalls werden Fragen des Fachbereichs in der Follow-up-Schlussbesprechung zu beantworten sein, warum heute anders, oder warum beim ersten Mal nicht gleich vollständig geprüft wurde: Alles keine sehr erquicklichen Themen für die Reputation einer IR.

Übrigens unterscheidet sich der Follow-up-Bericht nicht sonderlich von einem „normalen" RB. Er besteht in seiner Kurzversion immer aus Deckblatt, Zusammenfassung und Maßnahmenkatalog. Im Verteiler des Deckblatts kann eine höherrangige Liste entstehen, wenn z. B. bei einem als mittel kategorisierten RB die wichtigen Maßnahmen im Follow-up nicht umgesetzt wurden, besonders dann, wenn sich nicht klärbare Widersprüche zwischen der Stellungnahme des Fachbereichs und den gefundenen Tatsachen vor Ort ergeben. Hier sollte die Unternehmensleitung umgehend in Kenntnis gesetzt werden.

Die Zusammenfassung enthält wie der Maßnahmenkatalog deutliche Bezüge zum Ursprungs-RB und zur erhaltenen Stellungnahme des Fachbereichs, und konzentriert sich auf die noch offenen Punkte aus dem Ursprungs-RB. Im Maßnahmenkatalog sollten die Fristen für die noch offenen Maßnahmen den Willen des Fachbereichs ausdrücken, „die Scharte auswetzen zu wollen", und längstens drei Monate betragen.

Werden in der Follow-up-Prüfung neue Feststellungen aufgeworfen, so behandele man diese nach der Vorgehensweise in einer Ursprungsprüfung. Es sei hier für die IR angenommen, dass die Original-Erst-Prüfung eine vollständige Behandlung des Sachverhalts vorgenommen hatte und die in der Follow-up-Prüfung gefundenen neuen Sachverhalte auf Umorganisationen, IT-Umstellungen etc. zurückgeführt werden können. Andernfalls werden, wie schon oben gesagt, Fragen des Fachbereichs in der Follow-up-Schlussbesprechung zu beantworten sein.

10.6 Kernthesen

Im ersten Abschnitt haben wir erfahren, wie wichtig die empfängerorientierte Detaillierung eines Berichts ist und wer Empfänger eines RB sein kann. Die Grundprinzipien einer aktuellen, klaren, wahren und objektiven Sachverhaltsdarstellung wurden anhand von Beispielen erläutert. Es wurde die richtige Schwerpunktsetzung in der Berichtsschreibung anhand vorgegebener Kriterien unabhängig von einer Prüfungschronologie und Prozessbeschreibung beschrieben. Hierbei wurden die unterschiedlichen Revisionsarten berücksichtigt.

Wir haben im zweiten Abschnitt, „Prüfungsergebnisse und Maßnahmenempfehlungen zielgruppenorientiert aufbereiten und berichten", die unterschiedlichen Fassetten mündlicher und schriftlicher Berichterstattung kennen gelernt. Die unterschiedlichen Adressaten des RB, wie Fachseite, Topmanagement, Prüfungsausschuss und staatliche Stellen, benötigen für ihre Zwecke unterschiedliche Detaillierungsgrade der Berichtsinformation. Die Hintergründe für den Aufbau und Inhalt von Deckblatt, Zusammenfassung, Detailbericht und Maßnahmenkatalog wurden in einigen Beispielen erläutert. Monatsberichte, Jahresberichte und Präsentationen vor dem Prüfungsausschuss wurden besprochen, ebenso mögliche Sonderberichte der IR für spezielle Zwecke neben ihren Implikationen auf Vertraulichkeit und Vertrauensschutz. Die Palette der Möglichkeiten der Berichterstattung macht deutlich, dass der gewählte Kommunikationskanal mit Bedacht gewählt werden sollte, um eine empfängerorientierte Information ohne Irritation zu gewährleisten.

Im dritten Abschnitt wurde anhand einiger Beispiele gezeigt, wie eine Visualisierung auch in der IR Gewinn bringend eingesetzt werden kann. Die unterschiedlichen Medien zur Visualisierung wurden kurz angerissen und entsprechend dem Präsentationsziel kategorisiert. Einige Formalkriterien für den einheitlichen Auftritt wurden skizziert. Letztlich wurde die Bedeutung des Inhalts betont, den eine gut gemachte Visualisierung nur unterstützen kann.

Wir haben im vierten Abschnitt, „Revisionsgespräche erfolgreich führen", am Beispiel der Revisionsschlussbesprechung gelernt, wie wichtig eine gute Vorbereitung ist. Dies betrifft die Auswahl der Gesprächsteilnehmer, die sorgfältige Erstellung des RB und einer Präsentation, und eine Vorbesprechung vor dem eigentlichen Termin. Die Schlussbesprechung mit ihren gruppendynamischen Prozessen wurde mit der Anwendung der Moderationstechnik TZI dargestellt. Das Debriefing mit seinen Aspekten Feedback zum IR-Team und Wissensmanagement wurde zum Abschluss des Kapitels erläutert.

Wir haben in dem letzten Abschnitt unseres Kapitels die Bedeutung des Follow-up-Prozesses näher beleuchtet. Schwerpunkte waren hierbei die Terminüberwachung, die gestufte Eskalation bei verspäteter Umsetzung von Maßnahmen und mögliche Kriterien zum Ansatz von Follow-up-Prüfungen. In der Terminüberwachung wurden Beispiele für eine gestufte Eskalation gegeben und Ideen erörtert, wie schon im Vorhinein die Umsetzung der Maßnahmen forciert und begünstigt werden kann. Als Kriterien für Follow-up-Prüfungen wurden die Komplexität der Ursprungsprüfung, die Schwere der Prüfungsergebnisse und die Integration neuer Unternehmensteile diskutiert. Zusätzlich wurde eine stichprobengestützte oder risikogesteuerte Auswahl von Follow-up-Prüfungen diskutiert, bei denen die o. g. Kriterien nicht zutrafen.

Kapitelanhang 10

A. IIA – Standards zur Berichterstattung und zum Follow-up:

2400 Berichterstattung
Interne Revisoren müssen über die Ergebnisse der jeweiligen Prüfungs- bzw. Beratungsaufträge berichten.

2410 Berichterstattungskriterien
Die Berichterstattung muss Ziele und Umfang sowie diesbezügliche Schlussfolgerungen, Empfehlungen und Aktionspläne enthalten.

2410.A1 Der Schlussbericht eines Auftrages muss, soweit angebracht, eine zusammenfassende Stellungnahme und/oder Schlussfolgerung des Internen Revisors enthalten. Bei Verbreitung von Beurteilungen oder Schlussfolgerungen müssen diese die Erwartungen der leitenden Führungskräfte, der Geschäftsleitung und des Überwachungsorgans sowie von anderen Interessengruppen berücksichtigen und durch ausreichende, zuverlässige, relevante und konstruktive Informationen belegt sein.

Erläuterung
Auftragsbezogene Beurteilungen können Einstufungen, Schlussfolgerungen oder andere Beschreibungen der Ergebnisse sein. Ein Auftrag kann sich auf Kontrollen eines spezifischen Geschäftsprozesses, ein Risiko oder eine Organisationseinheit beziehen. Das Abfassen solcher Beurteilungen erfordert die Berücksichtigung der Auftragsergebnisse und ihrer Bedeutung.

2410.A2 Internen Revisoren wird empfohlen, zufriedenstellende Leistungen im Rahmen der Berichterstattung anzuerkennen.

2410.A3 Beim Offenlegen von Auftragsergebnissen an organisationsexterne Stellen muss auf Verbreitungs- und Nutzungsbeschränkungen hingewiesen werden.

2410.C1 Form und Inhalt der Berichterstattung über den Fortschritt und die Ergebnisse von Beratungsaufträgen können, abhängig von der Art des Auftrags und den Bedürfnissen des Kunden, variieren.

2420 Qualität der Berichterstattung

Revisionsberichte müssen richtig, objektiv, klar, prägnant, konstruktiv und vollständig sein und zeitnah erstellt werden.

Erläuterung
Richtige Berichte sind frei von Fehlern und Verzerrungen und entsprechen den zu Grunde liegenden Tatsachen. Objektive Berichte sind sachlich, unparteiisch, unvoreingenommen und das Ergebnis einer sachlichen und ausgewogenen Beurteilung aller relevanten Tatsachen und Umstände. Klare Berichte sind leicht verständlich und

logisch; sie vermeiden unnötige Fachausdrücke und legen alle wesentlichen und relevanten Informationen dar. Prägnante Berichte kommen direkt zur Sache und vermeiden unnötige Ausführungen, überflüssige Einzelheiten, Doppelaussagen und Langatmigkeit. Konstruktive Berichte unterstützen den Auftraggeber sowie die Organisation und führen zu den erforderlichen Verbesserungen. Vollständige Berichte lassen keinerlei für die Berichtsempfänger wichtige Informationen aus und enthalten alle wesentlichen und relevanten Informationen und Feststellungen zur Erläuterung der Empfehlungen und Schlussfolgerungen. Zeitnahe Berichte sind abhängig von der Problemstellung zweckdienlich und rechtzeitig, so dass das Management angemessene Maßnahmen ergreifen kann.

2421 Fehler und Auslassungen

Enthält ein Schlussbericht wesentliche Fehler oder Auslassungen, muss der Leiter der Internen Revision allen Parteien, die den ursprünglichen Bericht erhalten haben, die berichtigten Informationen übermitteln.

NEU! 2430 Gebrauch der Formulierung „in Übereinstimmung mit den Internationalen Standards für die berufliche Praxis der Internen Revision durchgeführt"

Interne Revisoren können darauf hinweisen, dass ihre Aufträge „in Übereinstimmung mit den Internationalen Standards für die berufliche Praxis der Internen Revision durchgeführt" wurden, wenn die Beurteilung ihres Qualitätssicherungs- und Verbesserungsprogramms diese Aussage zulässt.

NEU! 2431: Offenlegung der Nichteinhaltung der Standards

Falls sich ein Abweichen vom Ethikkodex oder von den Standards auf einen bestimmten Auftrag auswirkt, muss im Revisionsbericht Folgendes offen gelegt werden

- Prinzipien oder Regelungen de Ethikkodex oder der Standard(s), der bzw. die nicht vollständig eingehalten wurde(n),
- Grund bzw. Gründe der Nichteinhaltung und
- Auswirkung des Abweichens auf den Auftrag und die berichteten Auftragsergebnisse.

2440 Verbreitung der Ergebnisse

Der Leiter der Internen Revision muss alle zweckmäßigen Parteien über die Ergebnisse informieren.

Erläuterung

Der Leiter der Internen Revision ist verantwortlich für die Durchsicht und Genehmigung des Schlussberichts sowie die Festlegung des Verteilers. Falls der Leiter der Internen Revision diese Aufgaben delegiert, verbleibt die Gesamtverantwortung bei ihm.

2440.A1 Der Leiter der Internen Revision ist dafür verantwortlich, dass die Endergebnisse an diejenigen Beteiligten kommuniziert werden, die sicherstellen können, dass die Ergebnisse angemessene Beachtung finden.

2440.A2 Soweit durch rechtliche, gesetzliche oder behördliche Regelungen nicht anders vorgesehen, muss der Leiter der Internen Revision vor Weitergabe von Ergebnissen an organisationsexterne Stellen:
- das Risiko für die Organisation zu bewerten,
- sich mit der Leitung der Organisation und/oder wenn erforderlich mit einem Rechtsbeistand abzustimmen,
- die Verbreitung durch Nutzungsbeschränkungen einzuschränken.

2440.C1 Der Leiter der Revision ist verantwortlich für die Berichterstattung über Beratungsergebnisse an die Kunden.

2440.C2 Im Verlauf eines Beratungsauftrags können Schwachstellen im Bereich Führung und Überwachung, Risikomanagement und Kontrolle festgestellt werden. Falls diese für die Organisation von Bedeutung sind, müssen sie den leitenden Führungskräften, der Geschäftsleitung und dem Überwachungsorgan zu berichtet werden.

2450. Zusammenfassende Beurteilungen NEU!
Wenn eine zusammenfassende Beurteilung abgegeben wird, muss diese die Erwartungen der leitenden Führungskräfte, der Geschäftsleitung und des Überwachungsorgans sowie von anderen Interessengruppen berücksichtigen und durch ausreichende, zuverlässige, relevante und konstruktive Informationen belegt sein.

Erläuterung
Die Berichterstattung wird aufzeigen:

- Den Umfang und Zeitraum auf den sich die Beurteilung bezieht;
- Beschränkungen des Prüfungsumfangs;
- Berücksichtigung aller relevanten Projekte einschließlich des Vertrauens auf andere Bestätigungs- und Prüffunktionen.
- Das Risiko- oder Kontrollmodell oder andere Kriterien, die für die gesamthafte Beurteilung zu Grunde gelegt wurden sowie
- Die zusammenfassende Beurteilung, Bewertung oder Schlussfolgerung.

Negative Gesamtbeurteilungen müssen begründet werden.

2500: Überwachung des weiteren Vorgehens
Der Leiter der Revision muss zur Überwachung der Erledigung der Feststellungen in Revisionsberichten, die dem Management übergeben wurden ein System entwickeln und pflegen.

2500.A1 Der Leiter der Internen Revision muss ein Follow-up-Verfahren einrichten, mit dem überwacht und sichergestellt wird, dass Maßnahmen des Managements wirksam umgesetzt werden oder die Leitung der Organisation das Risiko auf sich genommen hat, keine Maßnahmen durchzuführen.

2500.C1 Die Interne Revision muss die Umsetzung der Beratungsergebnisse in dem mit dem Kunden vereinbarten Umfang überwachen.

2600 Kommunikation über Risikoakzeptanz
Kommt der Leiter der Internen Revision zu dem Schluss, dass die Führungskräfte ein für die Organisation nicht tragbares Risiko akzeptieren, so muss der Leiter der Internen Revision diese Sachlage mit der Geschäftsleitung besprechen. Falls der Leiter der Internen Revision der Auffasung ist, dass die Angelegenheit nicht zufriedenstellend gelöst wurde, muss er die Angelegenheit dem Überwachungsorgan vorlegen.

B. Auszug aus dem Leitfaden zum DIIR-Standard Nr. 3 „Qualitätsmanagement in der Internen Revision" zum Thema Berichterstattung, Prüfungsnacharbeit und Follow-up

	VI. Berichterstattung
44.	Der Bericht besteht aus folgenden Bestandteilen: • Auftrag und Auftragsdurchführung (Prüfungsziel und -umfang inkl. Themenabgrenzung (was?), Prüfungsteam (wer?), Prüfungszeitraum (wann?), Prüfungsort (wo?), Prüfungsanlass (warum?), Art der Prüfung (wie?)) • Managementzusammenfassung • Detailbericht inkl. Feststellungen, Risiken, Maßnahmen/Empfehlungen mit Umsetzungsterminen (Aktionsplan), Verantwortlichen und ggf. Bewertung.
45.	Die Form der Berichte ist standardisiert.
46.	Vorläufige Prüfungsergebnisse, z. B. in der Form von Berichtsentwürfen werden rechtzeitig vor der Schlussbesprechung bei der Leitung der geprüften Einheit vorgelegt.
47.	Bei Meinungsverschiedenheiten ist die Möglichkeit zur Berücksichtigung einer Stellungnahme des geprüften Bereiches im Bericht vorgesehen oder es wird zumindest auf die Meinungsverschiedenheit hingewiesen.
48.	Die Berichterstattung und Verteilung von Bericht und Maßnahmenliste erfolgt zeitnah.
49.	Der Prüfungsbericht wird vor der Verteilung vom Leiter der Internen Revision oder von ihm autorisierten Person genehmigt.
50.	Der Berichtsverteiler wird entsprechend der grundsätzlichen Festlegung angewandt.
51.	Für jede abgeschlossene Prüfung liegt ein Prüfungsbericht oder ein Vermerk vor.
52.	Die Berichte oder Zusammenfassungen der Berichte (z. B. in Jahresberichten) werden der Unternehmensleitung bekanntgegeben
	VII. Prüfungsnacharbeit
53.	Der Leiter der Internen Revision oder ein von ihm benannter Verantwortlicher führt Feedbackgespräche mit dem Prüfungsteam durch.

	VII. Prüfungsnacharbeit
54.	Aus den Feedbackgesprächen werden Verbesserungspotenziale zur Weiterentwicklung der Interne Revision abgeleitet (z. B. Risikoeinschätzung, Prüfungsmethoden und -prozesse sowie Ressourcenplanung).
55.	Den Mitabeitern der Internen Revision werden gewonnene Erkenntnisse aus Prüfungen verfügbar gemacht (Wissensmanagement).
56.	Aufbewahrungsmethoden und -fristen für Prüfungsberichte und Prüfungsunterlagen werden eingehalten.
	VIII. Follow-Up
57.	Die Umsetzung der im Bericht dokumentierten Maßnahmen wird von der Internen Revision durch einen etablierten Follow-up-Prozess überwacht (Mindeststandard 6).
58.	Fristverlängerungen für die Durchführung von Maßnahmen sind begründet und dokumentiert.
59.	Es erfolgt regelmäßig eine Information an die Geschäftsleitung über Maßnahmen, die ohne nachvollziehbare Begründung nicht umgesetzt wurden.
60.	Es werden auch Vor-Ort-Prüfungen als ergänzendes Instrument des Follow-up-Prozesses durchgeführt.

C: Best Practices GAIN (IIA)

1. Der Bestand an Checklisten wird regelmäßig gepflegt, der Aufbau eines Wissensmanagement wird initiiert und weiterentwickelt.
2. Die Prozesszeiten, die Zeitspanne zwischen Ende der Vor-Ort-Zeit und Schlussgespräch sowie die Zeitspanne zwischen Schlussbesprechung und Berichtsveröffentlichung, werden gemessen und einer kontinuierlichen Verbesserung unterzogen.
3. Die Anzahl geänderter Revisionsfeststellungen und der Anteil der Wiederholungsfeststellungen werden analysiert, um Prozessverbesserungen zu erreichen.
4. Die Anzahl der Feststellungen und Maßnahmen, der Anteil der akzeptierten Verbesserungsvorschläge, die Anzahl der vorgeschlagenen Prozessverbesserungen und die Kosteneinsparungen pro Bericht werden gemessen, analysiert und auf ihre Eignung zur Steuerung der IR untersucht.

D: Best Practices National

a. Berichterstattung

1. Die Verabredungen während der Schlussbesprechung werden online für alle Teilnehmer dokumentiert, Verantwortlichkeiten für Maßnahmen per Unterschrift in einem Maßnahmenkatalog festgelegt.
2. Auf reine .ppt-Berichte wird wegen der mangelnden Eindeutigkeit verzichtet.

3. Der Berichtsstil ist aktiv, prägnant und eindeutig. Abkürzungen werden erläutert. Die Berichtslänge überschreitet nicht das festgelegte Mindestmass.
4. Das Top-Management erhält einen Client- Fragebogen, um systematisch Feedback geben zu können.

b. Prüfungsnacharbeit

1. Beim Team- Debriefing wird die Prüfung systematisch durchgesprochen.
2. „Lessons learnt fachlich/sachlich" werden der Abteilung in gebotener Form (Wissensmanagement) zur Verfügung gestellt.
3. „Lessons learnt persönlich" bespricht der Vorgesetzte mit seinem Mitarbeiter. Dies wird auf Wunsch des Mitarbeiters schriftlich festgehalten und ist eine Basis für die Beurteilungsgespräche.
4. Aus den Defiziten wird auch der Weiterbildungsbedarf systematisch abgeleitet und mindestens ein Mal jährlich in den Weiterbildungsplan integriert.
5. Das feedback des Topmanagements und der geprüften Bereiche wird in der gebotenen Form gewürdigt. Mögliche Missverständnisse klärt der Revisionsleiter zeitnah.

c. Follow-up

1. Für etwaige Terminüberschreitungen ist ein an der Hierarchie in der Revision festgelegter Eskalationspfad festgelegt.
2. Dieser enthält als letzte Stufen Gesamtvorstand und Prüfungsausschuss.
3. Es ist festgelegt, bei welchen Prüfungen systematische Follow-up- Prüfungen angesetzt werden, über welche mündlich oder schriftlich informiert wird.
4. Ersparnispotenziale werden planmäßig dem Controlling weitergeleitet, das seinerseits die Budgets der nächst folgenden Planungsperiode anpasst.
5. Die Maßnahmen werden in geeigneter Form in das vom zuständigen Vorstand/ Geschäftsführer vorhandene Monitoring von Projekten integriert.
6. Bei einem vorhandenen Berichts-Grading führt mangelnde Umsetzung von Maßnahmen zu einem höherwertigen Verteiler als der Ursprungsbericht.

11 Qualitätsmanagement in der IR

Systematisches Vorgehen, dokumentierte Prozessdarstellungen, Übereinstimmung von SOLL und IST- dies sind u. a. die Erwartungen, die Revisoren an die geprüften Bereiche stellen. Ziel ist es hierbei, eine standardisierte, wohl überlegte Vorgehensweise dann als Qualität anzusehen, wenn unabhängig von der handelnden Person immer wieder erneut identische, fehlerfreie Arbeitsergebnisse mit dem gleichen Aufwand produziert werden. Qualität wäre hiernach Verlässlichkeit und Freiheit von Schwankungen in den Arbeitsergebnissen und planbarer Umgang mit Ressourcen. Es geht also nicht um einmalige Meisterwerke, die mit mehr oder weniger hohem Aufwand alles bisher Bekannte in den Schatten stellen, sondern schlicht um Professionalität in dem, was man tut und wie man etwas tut.

11.1 Qualitätsstandards

Seit Ende der 80-er Jahre hat das Thema Qualität als Wettbewerbsfaktor, als Faktor der Verbesserung der Ergebnissituation eines Unternehmens und als der Faktor, mit dem sich signifikant die Kundenzufriedenheit verbessern lässt, stark an Bedeutung gewonnen.

Fast die gesamte deutsche Automobilindustrie ging in Japan lernen, was KAIZEN[381] denn bedeuten würde und stellte fest, dass es nicht so sehr die Technik war, die die Herstellungsprozesse in Japan von den westlichen unterschieden, sondern das Konzept einer kontinuierlichen Verbesserung (KQM). Hinzu kam eine Abkehr der Vorratsproduktion in Richtung just-in-time- Produktion (JIT). Der Bedarf der abnehmenden Stelle wurde an die ersten Stelle der Prioritätenliste gestellt und nicht so sehr die Einhaltung eines Produktionsplans. Eine einheitliche Ausrichtung aller Unternehmensprozesse auf das Qualitätsthema (TQM: Total Quality Management) war eine weitere Lernerfahrung.

Toyota brach mit der damals westlichen Vorstellung, dass Qualität teuer sein musste und nur denen vorbehalten war, die als Kunden bereit waren, für Qualität viel Geld auszugeben. Auch Amerika musste umdenken, ist z. T. noch gerade in der Automobindustrie dabei zu lernen, dass der Wahlspruch „You get what you pay for" irreführend sein kann. Nach Toyota war nicht länger gültig „Preiswert = mindere Qualität" und „Teuer- Hohe Qualität". Dies traf auch für Deutschland zu. Deutschland hatte nach dem 2. Weltkrieg aus einer einst als negative Qualifizierung gedachten Labelling „Made in Germany" eine bahnbrechende positive Qualifizierung im Export erreicht. Es musste nun einsehen, dass „was gut ist, muss auch teuer sein" keine Verkaufsschlager am laufenden Band mehr produzierte. Grund für den zunehmend

---

381 Der Begriff ‚KAIZEN' wurde von dem Japaner Masaaki Imai in seinem Weltbestseller:" KAIZEN: The Key to Japan's Competitive Success" geprägt. ‚KAI' steht für ‚Veränderung' und ‚ZEN' für ‚zum Besseren', siehe hierzu www.de.kaizen.com.

schwerer werdenden Exporterfolg waren auch die stark gestiegenen Lohnkosten, die entsprechende hohe Produktpreise nach sich zogen. Damit war nicht automatisch auch eine Qualitätssteigerung verbunden.

In USA wurde das Theorem Six Sigma[382] erfunden, nach dem bei einer Million Vorgängen nur maximal 3,4 Fehler entstehen durften. In Europa fanden Qualitätsbefürworter in der European Foundation of Quality Management (EFQM[383]) die richtige Plattform.

Deutschland wertete seine DIN[384] (Deutsche Industrie Norm) als Qualitätssiegel auf, international ist sie inzwischen teilweise in den ISO-Normen[385] integriert. Auch die deutschen TÜV (Technischer Überwachungsvereine) vergaben vermehrt nach Produkten und Anlagen Zertifizierungen auf komplette Prozesslandschaften eines ganzen Unternehmens.

Kurz gesagt, das Qualitätsthema ist seit gut 20 Jahren aus dem Dornröschenschlaf erwacht und wird zunehmend zum Wettbewerbs-, Kundenerfolgs- und Ergebnisfaktor von Unternehmen.

Ohne Umweltengel, Öko-Produkt-Siegel, geprüft nach VdS (Sicherheit), VdE (Elektro) sind Produkte heute schwer verkäuflich.

„Are you qualified?" oder „Are you certified?" sind in internationalen Meetings die Fragen, die die Glaubwürdigkeit und Zuverlässigkeit von Aussagen des Redners testen sollen. Letztendlich geht es auch in der IR darum, bei Prüfungen mit den o. g. Begriffen etwas anfangen zu können.

Eine Vertiefung werden diese Begriffe im Band Operational Audit erhalten, in diesem Kapitel geht es aber vordringlich darum, Quality Management in der IR zu erörtern.

Doch vorab sollen die o. g. Normen und Standardkonzepte beschrieben werden, um ein Gefühl dafür zu erhalten, worum es bei Qualitätsthema in der IR gehen könnte, und was den Konzepten gemeinsam ist und worin sie sich unterscheiden.

Ein Fazit soll hier schon vorweggenommen werden. Es geht bei allen Standards um die Schritte Analyse, Konzeption, Dokumentation, Umsetzung, Qualifizierung, Zertifizierung. Doch diese Schritte sollten nicht einmalig, sondern regelmäßig geschehen.

---

382 Die Idee von Six Sigma wurde 1979 bei Motorola geboren, als ein leitender Mitarbeiter, Art Sundry, bei einem Managementmeeting aufstand und erklärte: „Das eigentliche Problem bei Motorola ist, dass unsere Qualität zum Himmel stinkt!", siehe hierzu z. B. www.4managers.de.
383 EFQM wurde 1988 wurde von 14 Firmen gegründet, um die Managementqualität in ihren Unternehmen durch Erfahrungsaustausch zu steigern, Sitz der Gesellschaft ist in Brüssel, siehe hierzu www.efqm.org.
384 Das DIN Deutsches Institut für Normung e. V. erarbeitet Normen und Standards als Dienstleistung für Wirtschaft, Staat und Gesellschaft. Das DIN ist privatwirtschaftlich organisiert mit dem rechtlichen Status eines gemeinnützigen Vereins. Der Geschäftssitz ist seit 1917 in Berlin.
385 ISO (International Organization for Standardization) ist der größte Entwickler und Veröffentlicher von Internationalen Standards auf der Welt.

11.1.1 ISO-Normen[386]

ISO-Normen – es gibt inzwischen über 17.000 – sind ähnlich wie die in Deutschland bekannten DIN (Deutsche Industrie Norm) ursprünglich für Produkte entwickelt worden.

Die internationale Standardisierung ist jedoch inzwischen auch auf Prozesse übergegangen. Fast jeder kennt die ISO Norm 9001: 2008 (Qualitätsmanagement), die Lieferanten heute als Pflichtthema behandelt haben müssen, um überhaupt zu einem Vergabeverfahren zugelassen zu werden. Für das Thema Umweltverträglichkeit gibt es die generische Norm 14000 ff., die wie die 9001 ff. auf fast alle Organisationen, d. h. Unternehmen und auch öffentliche Institutionen, anwendbar ist. Für den IT-Bereich (Service) scheint sich die ISO Norm 20000 ff. zu etablieren, für IT-Security ISO 27.000. Das ist vor dem Hintergrund der großen und etablierten speziellen Standardisierungsrahmenwerke der IT wie ITIL, CobiT, CMMI bemerkenswert.

Man könnte vor diesem Hintergrund versucht sein festzustellen, dass selbst Normierungskonzepte international konzipiert sein müssen, also bei ISO registriert, um sich auf Dauer durchzusetzen.

Diese vier Normen 9.001, 14.000 und 20.000 ff., 27.000 bleiben nicht bei den Kernprozessen eines Unternehmens stehen, sondern erfassen auch die zugehörigen Managementprozesse. Insofern kann man mit Fug und Recht behaupten, dass das Qualitätsthema der Ebene der operativen Prozesse entwachsen ist und das „Adelsprädikat" Managementthema erhalten hat.

Ein weiteres Charakteristikum von Qualitätsnormen ist die externe und unabhängige Validierung des Qualitätsmanagementprogramms. Dies können die Kunden eines Unternehmens sein, denen ein Zugang zum Qualitätsprogramm gewährt wird. Meist sind es jedoch akkreditierte unabhängige Institute wie z. B. die TÜV oder der DEKRA, die durch eine umfangreiche Schulung und Ausbildung ihrer Auditoren, Assessoren – man beachte die Namensverwandtschaft zur IR – den Sachkundenachweis erbracht haben. Wie in der IR ist es auch die Unabhängigkeit dieser Prüfinstitute, die die Glaubwürdigkeit der ausgestellten Zertifikate begründet.

Die nachstehende Abbildung fasst das Qualitätsmanagementprogramm in seinen Hauptpunkten zusammen:

---

[386] Siehe hierzu www.iso.org.

11 Qualitätsmanagement in der IR

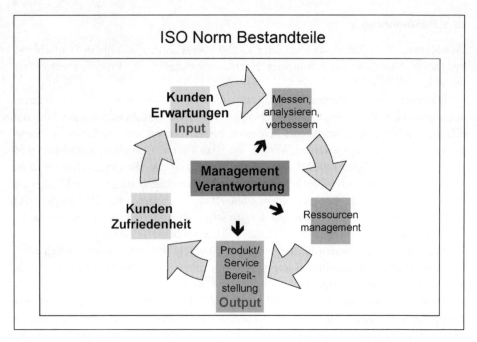

Abbildung 11-1: ISO Norm Bestandteile

11.1.2 DIN-Normen

Aus DIN = Deutscher Industrie Norm wurde inzwischen das DIN e. V. das Deutsche Institut für Normung, das mit ca. 26.000 externen Experten, 380 eigenen Mitarbeitern in 77 Normenausschüssen jährlich 2600 neue Normen erarbeiten lässt[387].

Innerhalb des DIN, das seit 1951 bei der ISO als einzige deutsche Vertretung mitarbeitet, gibt es eine Vielzahl von Kommissionen, von denen sich eine auch mit Managementsystemen beschäftigt.

Der Normenausschuss Informationstechnik gibt seit einigen Jahren zusammen mit der BITKOM, dem Bundesverband Informationswirtschaft, Telekommunikation und neue Medien e. V. einen Leitfaden heraus, der u. a. die aktuell weltweit vorhandenen Standards, Normen und gesetzlichen Regelungen zu den IT-Sicherheitsstandards enthält und dem interessierten Leser eine Menge Such- und Konzeptionsarbeit abnimmt[388].

Mit DIN SPEC (Specification) ist zusätzlich zur konsensorientierten Normung eine Vorstufe geschaffen worden. Interessierte Kreise einigen sich verbindlich auf einheitliche Vorgehensweisen, die dann als Standards interpretiert werden. Setzt sich dieser Standard dann im entsprechenden Markt durch, kann es in den Rang einer Norm erhoben werden, die dann für alle verbindlich wird.

---

387 Siehe hierzu www.din.de.
388 Siehe hierzu http://www.din.de/cmd?workflowname=dinSearch&languageid=de.

Interessantes Beispiel ist die DIN SPEC 1086, die seit Anfang 2009 Qualitätsstandards für das Controlling festlegt[389].

Man kann erkennen, dass in der DIN die Norm- und Standardisierungsarbeit seit langem über die Bestimmung von Produktspezifikationen wie die bekannte DIN A4 hinaus gegangen ist und internationale Prozesszertifizierungen bis hin zu den Managementprozessen umfasst.

Das Grundprinzip ist dasselbe wie bei ISO, durch Normung und Standardisierung Wettbewerbsvorteile und Kosteneinsparungen der angeschlossenen Mitgliedsorganisationen zu verbessern und eine End-Kundenzufriedenheit durch Verlässlichkeit von Qualitätsstandards zu ermöglichen.

11.1.3 Total Quality Management (TQM)

Die Umsetzung der Lernerfahrungen aus Japan ging in Deutschland relativ schnell vonstatten. Insbesondere in der Automobilindustrie wurden nach und nach alle operativen und schließlich auch die Managementprozesse einer radikalen Analyse auf ihren Leistungsbeitrag unterzogen.

Die ursprünglich aus der Elektrotechnik herrührenden Begriffe von Blindleistung, Wirkleistung und Scheinleistung wurden um den Begriff Fehlleistung ergänzt und in ein Gesamtkonzept TQM z. B. bei VW umgesetzt.

Fehlerhafte Produkte wurden nicht mehr nur nach der Endkontrolle nachgearbeitet, sondern der gesamte Fertigungsprozess wurden von allen Mitarbeitern auf der Suche nach dem Fehler, der zu dem Mangel geführt hat, analysiert.

Organisiert in Arbeitsteams konnten sie in eigener Verantwortung Verbesserungen vornehmen, die im Rahmen ihrer Budgets lagen (A-Projekte). Verbesserungsvorschläge mit mehrfacher Ausstrahlungswirkung auf verschiedene Fertigungsstufen innerhalb des Unternehmens oder rückwärts auf die Lieferantenstufe wurden vom Projektteam dem Management vorgelegt. Im Rahmen seiner Befugnis bewertete es dann aus den vorgelegten B-Projekten A-Projekte (sofortige Umsetzung) oder C-Projekte (Ablehnung).

Lange Bearbeitungszeiten, wie sonst im Verbesserungsvorschlagwesen üblich, wurde vermieden. Die Fehlerraten im Fertigungsprozess sanken signifikant. Die nachgelagerten Kontrollen konnten zugunsten der prozessimmanenten Kontrollen zum großen Teil abgebaut werden. Reduzierte Fehlleistungen und gesunkene Kontrollkosten steigerten das Ergebnis.

Durch den Einsatz von Technik CAM (Computer Aided Manufacture) und noch radikalere Veränderung des Entwicklungsprozesses CAD (Computer Aided Design) wurden weitere Verbesserungen erzielt. Mithilfe von CAD war es schon in der Entwicklungsphase möglich, die Fertigungskosten zu optimieren. So konnten z. B. spätere teurere Bandstillstände durch Prozess- und Werkzeugänderungen vermieden werden.

---

389 Siehe hierzu www.spec.din.de.

Durch die Verdichtung der Herstellung auf einzelne große Module unter Einbeziehung der Lieferanten wurde die Endmontagezeit radikal reduziert.

Die Vergabe von konkreten Entwicklungsaufträgen für spezifische Module an Lieferanten setzten diese wiederum in die Lage, zu günstigeren Losgrößen fertigen zu können, deren Preisvorteile sie jedoch z. g. T. an die Endmontagefirmen wieder weitergeben mussten. Die mit Einschluss der Lieferanten aufgebaute und mit IT vernetzte Fertigungskette setzte die beteiligten Firmen in die Lage, in Sinne von CIM (Computer Integrated Manufacture) analog zu KAIZEN nur das zu produzieren, was im Moment benötigt wurde. Nach und nach entwickelte sich daraus just-in-time, heute weiterentwickelt in just-in-sequenz. Der Abbau großer Teileläger und damit verbunden eine starke Reduzierung des gebundenen Kapitals waren und sind die wirtschaftlichen Vorteile für das Unternehmen, Scheinleistungen wurden reduziert.

Das Konzept der GWA (Gemeinkosten Wert Analyse) geht in Managementprozessen einen ähnlichen Weg, echte Wirkleistung von Scheinleistung zu trennen und über die Konstruktion von Lieferanten-Kunden-Ketten im Unternehmen nur noch das zu beauftragen, was vom Empfänger benötigt wird.

Das nachfolgende Chart verdeutlicht noch einmal die unterschiedlichen Leistungsarten in einem Unternehmen:

Leistungsart	Beispiele	Konsequenz	Anpassungsaufwand
Blindleistung	Blindstrom; versickerndes Wasser	Verschwendung	Gering nach genauer Analyse
Fehlleistung	Qualitätsmangel	Vermeidbare Kosten	Hoch, viele Prozessänderungen und neues Wertesystem notwendig
Scheinleistung	Lager; Überpropotionaler Anteil an Stabsstellen	Zusatzkosten	Sehr hoch, da Scheinleistungen nicht so einfach identifizierbar sind
Wirkleistung	Fehlerfreies Endprodukt	Gewünschtes Ergebnis	–

Abbildung 11-2: VW-Theoreme der Leistungsarten bei TQM

11.1.4 European Foundation on Quality Management (EFQM)

Die europäische Antwort auf die Qualitätsfragen in Managementprozessen hieß EFQM. Wie schon bei ISO dargestellt, ist Qualität nicht allein unternehmensspezifisch mit den sog. Befähiger-Modulen definiert, sondern erfordert über die Kundenbeziehung Feedbackmechanismen (Innovation und Lernen), die wiederum Anstöße für eine Verbesserung liefern.

Zusätzlich zu den Kunden bewerten auch die Mitarbeiter und die Gesellschaft die Ergebnisse der Befähiger-Module, und somit die Produkte und Dienstleistungen des Unternehmens. Sie lösen mit ihrer Bewertung ihrerseits wieder Feedback-Mechanismen aus.

Für das Modul Mitarbeiter hatten wir die Organisation des Feedbacks im sog. TRI:M-Prozess des Abschnitt 7.4.4 gesehen, der die Führungsprozesse inkl. der Personal- und Strategieprozesse, die operativen Prozesse und das Thema Ressourcen und Partner bewertet.

Gesellschaftliche Feedbacks zu organisieren, steckt im Rahmen einer Corporate Social Responsibility (CSR)[390] oder eines Umweltberichts m.W. in den „Kinderschuhen" von Selbstdarstellungen der Unternehmen. Auszeichnungen und Preise im positiven Motivationssinne wie Presseartikel, Kampagnen, Internet-Blogs als negative Sanktionen von NGO (Non-Government-Organisations) wie, Greenpeace, B.U.N.D., Amnesty International, Transparency International und u. v. a. m. werden hierfür in Zukunft ihr Übriges tun.

Unternehmen und selbstständige Einheiten von Unternehmen können das EFQM- Modell für sich adaptieren, indem sie eine eigene Selbstbewertung durchführen und sich dann extern zertifizieren lassen oder sogar an nationalen und internationalen Wettbewerben teilnehmen.

Die nachfolgende Grafik fast Befähiger- und Ergebnismodule mit ihren jeweiligen Wechselwirkungen zusammen:

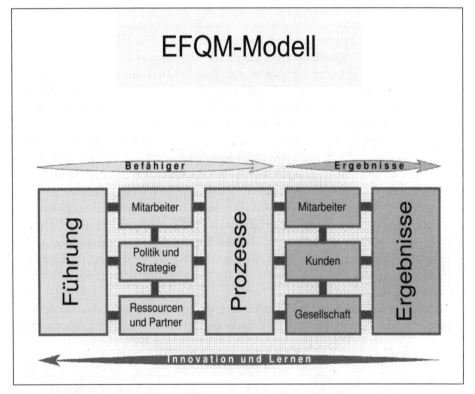

Abbildung 11-3: Module des EFQM-Modells[391]

---

390 Siehe hierzu beispielhaft GRI (Global Reporting Initiative: www.globalreporting.org).
391 Frei nach dem Erfolgsmodell der EFQM, siehe unter anderem: www.deutsche-efqm.de.

11.2 Die IIA-Standards für Qualitätsmanagement in der IR

11.2.1 Hintergrund

Mit dem Standard 1300 ff verfolgt das IIA weltweit das Ziel einheitliche Standards für die Arbeit der Internen Revision weltweit zu setzen. Mit inzwischen weit über 170.000 Mitgliedern, von denen auch schon fast 70 % außerhalb der Vereinigten Staaten ansässig sind, verfügt das IIA inzwischen auch über nicht unerheblichen Einfluss auf die Regulierungsbehörden, so dass jene immer mehr darauf bauen, dass die vorgelegten IIA Standards auch von den Mitgliedsorganisationen beachtet werden.

Wenn auch die Situation in Deutschland und Europa in vielen Fragen der Unternehmensüberwachung, Unternehmensführung und Revision nicht ganz mit den USA vergleichbar ist[392], so spielt das Thema Qualitätsmanagement (ISO Normen, EFQM) in deutschen und europäischen Unternehmen eine immer größere Rolle.

In vielen Unternehmen prüft die Interne Revision das Qualitätsmanagement des Unternehmens. So ist es nur konsequent, wenn sie sich selbst auch alle 5 Jahre einem QA-Prozess mit externer Zertifizierung stellt. Die Rechtsfolgen sind für Revisionsabteilungen, die im DIIR organisiert sind, aber kein QA durchführen möchten, formal nicht so sehr einschneidend (sie dürfen in ihren Revisionsberichten nicht feststellen, dass sie ihre Arbeit entsprechend den IIA Standards durchführen). Inhaltlich profitieren die meisten Revisionsabteilungen jedoch sehr davon, dass sie sich einem QA unterzogen haben. Sie erhalten Einblick in sog. Best Practices, die ihnen in einem QA von einem qualifizierten Reviewer[393] nahegebracht werden. Weiter werden Arbeitsweisen, die nicht dem Standard entsprechen, identifiziert, so dass seitens der Revisionsleitung Anpassungsmaßnahmen eingeleitet werden können.

Gegenüber dem Abschlussprüfer wird das Ergebnis dieser Überprüfung (natürlich nur, wenn bestanden) positive Wirkungen hervorrufen, die sich in verbesserter Zusammenarbeit, aber auch in reduziertem Prüfungsaufwand des Abschlussprüfers niederschlagen sollte[394]. Die verbesserte Zusammenarbeit wird fundiert durch die gegenseitige Akzeptanz von interner Revision und Abschlussprüfer in der Einhaltung der berufsständigen Standards[395]. Der reduzierte Prüfungsaufwand wird sich dadurch ergeben, dass die Dokumentation und die Qualität der Arbeitsergebnisse den Anforderungen der Abschlussprüfer immer mehr entsprechen dürfte. Hierbei ist die alleinige Entscheidung des Abschlussprüfers bei der Verwendung der Arbeitspapiere der internen Revision unbestritten.

Gegenüber Vorstand und Aufsichtsrat zeigt die Interne Revision, dass sie der Kritik fähig ist und Schritt hält mit den neuesten Entwicklungen der Corporate Go-

---

392 Siehe hierzu die aktuelle Diskussion zu Basel II und neuerdings Basel III in den USA; die etwas unterschiedlichen Rollen der Internen Revision im Two Tier Board System in vielen Staaten Europas gegenüber dem mit der gestärkten Aufgabe der Audit Comitees One Tier Board System in den USA.
393 Reviewer müssen den Sachkundenachweis durch eine Bewerbung mit Referenzen und die regelmäßige Teilnahme an den QA-Seminaren der DIIR nachweisen.
394 Siehe hierzu auch DIIR Standard Nr. 1 „Die Zusammenarbeit zwischen Interner Revision und Abschlussprüfer".
395 Der alte und erste Standard des DIIR „Zusammenarbeit der IR mit dem AP" wird gerade überarbeitet.

vernance[396]. Im QA werden auch Denkanstöße für das Topmanagement gegeben, die über die Ausrichtung und Arbeit der Interne Revision hinausgehen. So werden im QA beispielsweise die Struktur und Wirkungsweise des Risikomanagements, die Effektivität und Effizienz der Internen Kontrollen und sogar die Ausrichtung des gesamten Unternehmens auf die Managementkontrollen zur Zielerreichung mit analysiert, soweit sie für die Beurteilung der Internen Revision auf Vereinbarkeit mit den Standards von Belang sind.

Letztlich geht es aber beim QA für die Interne Revision nicht allein um Vereinbarkeit mit den Standards, sondern um Verbesserungen der Arbeit der Internen Revision. Dies kann durch verbesserte Kommunikation im Unternehmen, durch Umsetzung weltweiter Best Practices oder schlichtweg durch Generierung neuer Ideen zur Prüfungsplanung geschehen. Hinweise zur Risikoprophylaxe, zur Systematisierung der Dokumentation der Arbeitspapiere, für eine effizientere Prüfungsdurchführung und für ein effektiveres Berichtswesen sind häufig weitere Vorteile aus einem QA.

11.2.2 Formen der Zertifizierung

Um die Einführung des QA Modells als wichtigen Standards zu beschleunigen, kann das QA nach Abstimmung mit dem IIA und dem DIIR in verschiedenen Formen durchgeführt werden:

1. Externe Zertifizierung durch ein Team qualifizierter QA- Assessoren: Diese vollwertige Zertifizierung bietet sich für mittlere und große Revisionsabteilungen an, die schon auf Erfahrung eines Qualitätsprogramms im eigenen Bereich zurückblicken können. Der eigene Aufwand und der Aufwand des Zertifizierungsteam halten sich mit je ca. 50% die Waage.
2. Self Assessment mit externer Validierung: Diese auch vollgültige Zertifizierung bietet sich für kleinere und mittlere Revisionsabteilungen an. Erfahrung mit einem Qualitätsprogramm ist von großem Vorteil. Die Mitwirkung der eigenen Mitarbeiter an diesem Projekt steigt auf eine Quote von 80–90% des Gesamtaufwands des Projekts.
3. Self Assessment: Dieses Projekt bietet sich für alle Revisionsabteilungen an, für die die Standards mit ihren Dokumentationsanforderungen noch Neuland sind. In einer Art Trockenlauf kann der gesamte Prozess des QA durchlaufen werden, ohne dass bei nicht vollständiger Kompatibilität mit den Standards mit negativer Außenwirkung zu rechnen wäre. Einige externe Dienstleister unterstützen dieses Self Assessment mit Beratungsleistungen (Preview). Ein reines Self Assessment ist noch kein voll gültiges QA, sondern erst der erste Schritt in diese Richtung.

Für den zu zertifizierenden Bereich ist es vorteilhaft, dass vor Start ein Seminar bei dem DIIR gebucht wird, um Fachexpertise zu erhalten und adäquate Ansprechpartner

---

396 Siehe COSO II und die im Oktober 2006 hierzu verfasste Ausarbeitung der Projektgruppe COSO ERM, die in einem Sonderheft ZIR (Zeitschrift für Interne Revision) veröffentlicht wurde.

für das QA-Team zu sein. Wichtig ist es auch, dass der Revisionsleiter und ggf. sein Vorgesetzter das QA befürwortet bzw. noch besser aktiv unterstützt.

11.3 Das deutsche Quality Assessment nach DIIR-Norm[397]

Andere Voraussetzungen der Internen Revision in Deutschland sowie eine Straffung der Inhalte auf Essentielles haben zum Leitfaden Quality Assessment als praktische Ergänzung zum IIR Standard Nr. 3 geführt. Unterschiede zu den vom IIA praktizierten Verfahren sind marginal[398]. So hat das deutsche Verfahren auch die wohlwollende Zustimmung des IIA erfahren. Auch der Verband der deutschen Wirtschaftsprüfer, organisiert im IDW (Institut der Wirtschaftsprüfer in Deutschland e. V.), hat dieses Verfahren als Bereicherung der weiteren Professionalisierung angesehen und einige Ideen beigesteuert.

11.3.1 Die 6 K.O.-Kriterien

Im Unterschied zum IIA hat man sich in Deutschland beim DIIR entschlossen, den Qualitätsmaßstab an die eigene Arbeit ein wenig höher zu schrauben. Man hat deshalb 6 K.O.-Kriterien bestimmt, die bei fehlender Umsetzung auch nur eines dieser Kriterien eine Zertifizierung verhindern.

> In den Kapiteln 7-10 sind die Hintergründe für die K.O.-Kriterien eingehend beschrieben worden. Es ist auffällig, aber nicht ganz zufällig, dass alle Kapitel dieses Buches, die sich konkret mit der Arbeit der IR beschäftigen, mindestens 1 K.O.-Kriterium enthalten.

Fehlt beispielsweise die schriftliche Fixierung der Geschäftordnung einer IR, so wird Dritten nicht klar, welche Ziele und Aufgaben die IR verfolgen soll. Sind Rechte und Pflichten nicht geregelt, so könnte vermutet werden, dass die IR ihre Berichtsergebnisse nicht unter der vollen Nutzung aller Zugriffs- und Zutrittsrechte erzielt hat. Da dies Dritte wie z. B. der AP nicht in jedem RB einzeln nachprüfen können, könnten die Erkenntnisse für ihn dann sogar nahezu wertlos werden, da die Unabhängigkeit der IR während der Prüfung formal nicht gewährleistet und inhaltlich nicht überprüfbar war.

Letztlich wäre eine Bemerkung im RB, dass alle angeforderten Unterlagen beschafft, alle Ansprechpartner zur Verfügung standen und die Ergebnisse der IR-Arbeit unabhängig erzielt wurden, nur ein Notbehelf bei fehlender GO. Diese Passage müsste in jedem RB wiederholt werden. Dann könnte sie auch gleich in die GO Eingang fin-

---

397 Nach reiflicher Überlegung hat das Deutsche Institut für Interne Revision e. V. (IIR) in 2005 erste Seminare für ein deutsches Quality Assessment (QA) angeboten. Diese Seminarangebote sind auf große Resonanz gestoßen und sind seit 2006 im Angebot der Akademie des IIR aufgeführt. Dem vorausgegangen war eine intensive Vorarbeit der Projektgruppe „Cauers", die sich mit dem IIR Standard Nr. 3 und den daraus abgeleiteten praktischen Fragen beschäftigt hat.
398 Siehe hierzu die PA 1300-1 (Grundsätze eines QA), 1310-1 (generelle Anforderungen), 1311-1 (Interne Assessments), 1312-1 (Externes Assessment),1312-2 (Interne Assessments mit externer Validierung).

11.3 DAS DEUTSCHE QUALITY ASSESSMENT NACH DIIR-NORM

den. Ab 2009 ist die schriftlich fixierte Ordnung inzwischen sogar als Muss-Vorschrift in die IIA-Standards[399] eingeflossen.

> Im Kapitel 7, Strategie und Organisation, ist auf die schriftliche fixierte Ordnung hingewiesen worden. In diesem Kapitel wird auch über eine angemessene quantitative und vor allem qualitative Personalausstattung berichtet.

Die Effektivität einer IR ist nur durch eine risikoorientierte, standardisierte Planung zu gewährleisten. Ohne den Aspekt der Risikoorientierung ist nicht sichergestellt, dass die wirklich entscheidenden Unternehmensthemen von der IR auch geprüft werden. Ohne Systematik in der Planung ist es nicht auszuschließen, dass revisionsfreie Räume entstehen. Deshalb ist die Betonung dieses Planungsaspektes sofort nachvollziehbar.

> Kapitel 8 steht unter der Überschrift Risikoorientierte Prüfungsplanung.

„Was du schwarz auf weiss besitzt, kannst du getrost nach Hause tragen", der schriftliche Revisionsbericht bleibt bis auf ganz wenige Ausnahmen immer obligatorisch[400]. Der Eingriff in einen anderen Führungsbereich wird hiermit dokumentiert, die verabredeten Maßnahmen stellen sicher, wer für den geprüften Bereich die Führungsverantwortung trägt. Missverständnisse über die „to do`s" können so gar nicht erst aufkommen. In Zeiten von .ppt-Interpretationsspielräumen in Vorstandsvorlagen zählt in der IR weiterhin das geschriebene Wort[401].

> Kapitel 9 enthält eine Reihe von Hinweisen zu den Prüfungshandlungen und deren planmäßiger, ordnungsgemäßer Dokumentation.

„Gestartet als Tiger, gelandet als Bettvorleger", diesem Vorwurf sollten sich IR gar nicht erst aussetzen. Eine Umsetzung der vereinbarten Maßnahmen zeigt jedem, dass hier professionell, partnerschaftlich und im Unternehmenssinn zusammen gearbeitet wurde.

> Im Kapitel 10 werden die Anforderungen an die Berichterstattung und den Follow-up-Prozess der IR eingehend beschrieben.

Alle Prozesse der IR und die, nach EFQM, Befähiger-Module aus Kapitel 7 sind also gleich wichtig für die Zertifizierung nach den Standards des DIIR.

Insgesamt gilt: Die 6 K.O.-Kriterien sind die Essenz der Revisionsarbeit. Wie bei einem guten Essen sind Abstriche bei der Garnitur erlaubt, nicht aber bei der Essenz.

Die nachstehende Abbildung fasst die Originalformulierungen für die 6 K.O.-Kriterien aus dem Anhang zum 3. DIIR- Standard zusammen.

---

399 Siehe hierzu die IIA-Standards 2008/2009.
400 Interessanterweise geht hier Deutschland weiter als die IIA-Normen, die das Thema zumindest formal unter Communications, aber nicht unter Reporting abhandeln.
401 In den IIA Standards bleibt es bei dem Begriff Communications, der nur mit viel Wohlwollen als Revisionsbericht ins deutsche übersetzt werden kann.

Nr.	Text	Bedeutung
1.	Es ist eine offizielle schriftliche, angemessene Regelung (geschäftsordnung, Revision-Richtline o.ä.) vorhanden.	Ziele und Aufgaben der IR sind für Dritte transparent.
2.	Neutralität, Unabhängigkeit von anderen Funktionen sowei uneingeschränktes Informationsrecht sind sichergestellt.	Die Unabhängigkeit im Urteil ist das wichtigste Asset der IR.
3.	Die Interne Revision verfügt über eine angemessene quantitative und qualitative Personalausstattung.	
4.	Der Prüfungsplan der Internen Revision wird auf Grundlage eines risikoorientierten und standardisierten Planungsprozesses erstellt.	Die IR arbeitet professionell, systematisch und unternehmensorientiert.
5.	Art und Umfang der Prüfungshandlungen und -ergebnisse werden einheitlich, sachgerecht und ordnungsgemäß dokumentiert.	Die Arbeit der IR ist transparent, professionell, effizient.
6.	Die Umsetzung der im Bericht dokumentierten Maßnahmen wird von der Internen Revision durch einen effektiven Follow-up-Prozess überwacht.	Die Arbeit der IR ist effektiv.

Abbildung 11-4: Die 6 K.O.Kriterien im QA, nach der Anlage zum 3. DIIR-Standard

11.3.2 Die 11 Hauptkapitel des QA

Die Überlegungen zu den 11 Themengebieten sind alle in den Buch-Kapiteln 7 bis 10 geschildert worden, so dass hier auf eine weitere inhaltliche Erörterung verzichtet werden kann. Die 81 Fragen des deutschen QA sind in die jeweiligen Checklisten der einschlägigen Kapitel zusammen mit den best practices und den neuen IIA-Standards zum gleichen Thema eingearbeitet worden.

Zu den einzelnen Gebieten sind aufgrund einer in diesem Buch zum QA etwas modifizierten Vorgehensweise noch einige klärende Erläuterungen zu geben:

Die Themengebiete Strategie, Aufbauorganisation, Revisionstools und Revisionsprozesse werden in den internationalen und den nationalen Standards nur rudimentär, wenn überhaupt, abgehandelt. Die Autoren des voliegenden Buches sind der Auffassung, dass diese Gebiete in einer modernen Revision definiert sein sollten und haben sich deshalb entschieden, diese Gebiete zusätzlich zu besprechen, um dem Leser einen umfassenden Überblick zu geben.

In dem vorliegenden Buch wird das Thema Schlussbesprechung im Kapitel Berichterstattung und Follow-up abgehandelt, da vor der Schlussbesprechung nach der Erfahrung der Autoren mindestens im Inland zunächst ein Berichtsentwurf erstellt und den geprüften Bereichen zugeleitet wird. Deshalb passt das Thema Schlussbesprechung eher in das Kapitel 10.

Die Themengebiete Mitarbeiterauswahl, Mitarbeiterentwicklung und Fortbildung sowie Führung der IR sind nach Auffassung der Autoren von der Systematik her den Führungsprozessen zuzurechnen und Grundlagen der Arbeit der IR und nach EFQM eher Befähiger-Module. Sie wurden deshalb im Kapitel 7 zusammen mit den übrigen Grundlagen besprochen.

Die nachstehende Tabelle gibt noch einmal einen Überblick über die jeweiligen Themengebiete:

Nr.	Themengebiete	Buchkapitel und Abschnitt	Fragen-Nr. des deutschen QA
1.	Organisation, Einordnung im Unternehmen und Tätigkeitsfelder	Kapitel 7.1.1– 7.1.4.	1–9
2.	Budget	Kapitel 7.1.5.	10–14
3.	Planung	Kapitel 8	15–23
4.	Vorbereitung der Prüfung	Kapitel 9.1.–9.2.	24–30
5a.	Durchführung der Prüfung	Kapitel 9.3.–9.7.	31–43
5b.	Schlussbesprechung	Kapitel 10.4.	44–52
7.	Prüfungsnachbearbeitung	Kapitel 10.4.4.	53–56
8.	Follow-up	Kapitel 10.5.	57–60
9.	Mitarbeiterauswahl	Kapitel 7.4.	61–65
10.	Mitarbeiterentwicklung und -fortbildung	Kapitel 7.4.	66–70
11.	Führung der Internen Revision	Kapitel 7.5.	71–80

Abbildung 11-5: Themengebiete der IR nach den 81 Fragen des QA und nach den Kapitelabschnitten dieses Buches

11.3.3 Die Bewertungssystematik

Gemeinhin unterscheidet man bei Bewertungen in nominale (ja/nein), ordinale (Rangliste) und kardinale (zahlenmäßig messbar).

> Eine nominale Ergebnisbewertung könnte lauten, der Vertriebsbereich Nord habe seine Ziele erreicht. Ein Vergleich mit anderen Vertriebsbereichen ist mit dieser Aussage nicht möglich.

> Eine ordinale Ergebnisbewertung könnte aufzeigen, dass der Vertriebsbereich Nord unter den 40 teilnehmenden Geschäftsbereichen Rang 10 belegt habe. Zwar wird durch die Angabe des Rangs eine Beziehung zwischen dem Vertriebsbereich Nord und den 40 anderen gebildet, über die absolute Leistung des Vertriebsbereichs sagt die ordinale Bewertung jedoch nichts aus.

Die kardinale Bewertung nun könnte feststellen, dass der Vertriebsbereich Nord mit einer überdurchschnittlichen Umsatzsteigerung von + 8,3 % gegenüber dem Vorjahr und + 2,3 % gegenüber dem Plan seine Ziele übertroffen habe. Diese Umsatzsteigerung liege nun 3,0 %-Punkte über dem Durchschnitt aller Vertriebsbereiche.

Es ist auf den ersten Blick ersichtlich, dass eine kardinale Messung die aussagekräftigsten Ergebnisse liefert.

Im deutschen QA hat man entschieden, zusätzlich zur internationalen nominalen Bewertungs-Praxis „Comply with the Standards" oder „Does not conform with the Standards" ein ordinales System hinzu zu fügen. Dies erlaubt dem QA-Team, etwas differenzierter mit besonderen Situationen während der Zertifizierung vor Ort umzugehen. Analog eines verkürzten Schulnotensystems gibt es 4 Bewertungsabstufungen von erfüllt(3 Punkte) bis nicht erfüllt (0 Punkte).

Im Gesamtbild der 81 Fragen ergeben sich dann folgende Beurteilungsabstufungen:

Zielerreichung	Bewertung
> 90 %	Voll erfüllt
75 %–90 %	Leichte Verbesserungspotentiale
50 %–74 %	Deutliche Verbesserungspotentiale
< 50 %	Unzureichend

Abbildung 11-6: Deutsche QA-Bewertung, Grafik nach der Anlage zum 3. DIIR Standard

11.4 Die Vorbereitung und Durchführung eines QA

Das QA nach deutschem oder amerikanischem Standard verlangt eine Reihe von formalen Dokumentationserfordernissen. Dies unterscheidet den QA Prozess in der Internen Revision nicht von den anderen Zertifizierungsprozessen ISO, EFQM oder Six Sigma.

Dokumentationen dienen der Transparenz und sich selbst zu verdeutlichen, wie Regeln und Verfahren in der eigenen IR verfasst sind. Es geht bei der Formulierung, dass die Regeln und Verfahren in sich klar sind und untereinander widerspruchsfrei und konsistent aufgebaut sind. Gegenüber diesem SOLL stellt sich dann die Prüfungswirklichkeit = IST, wie es gelungen ist, das Soll umzusetzen. Im Einzelnen bedeutet Umsetzung, dass alle Revisionsmitarbeiter das SOLL kennen, verstanden haben und danach arbeiten.

Eine gute Vorbereitung ist für ein QA der halbe Erfolg. Zur Vorbereitung zählt zunächst ein entsprechendes Bewusstsein auf den Führungsebenen für die Notwendigkeit der Zertifizierung. Begeisterungsfähige, kompetente und geschulte Mitarbeiter kommen hinzu. Last but not least bildet eine fehlertolerante Lernkultur den Nährboden, auf dem dann Bestehendes in Frage gestellt werden kann und durch Neues ersetzt wird.

„Was ich nicht messen kann, kann ich nicht verändern", hört man häufig in Qualitätsmanagement-Seminaren. Für die IR bedeutet dies, sich in den IR-Prozessen über Kennzahlen Gedanken zu machen, sich mit anderen IR zu vergleichen und dann in analytischer Genauigkeit die Stellschrauben zu finden, die die Prozesskennzahlen verbessern.

Prozess	Mögliche Kennzahl	Begründung
Risikoorientierte Planung	Anzahl der Themen, die vom Management vorgeschlagen wurden	Feedback, wie die Aufgaben der IR im Unternehmen akzeptiert werden
Prüfung – Vor-Ort	Anzahl schwerwiegender gefundener Mängel	Feedback, ob die risikoorientierte Planung funktioniert hat
Berichterstattung	Zeit vom ersten Berichtsentwurf bis zur Berichtsveröffentlichung	Feedback, wie professionell die Durchführung und Abstimmung mit den operativen Bereichen funktioniert hat
Follow-up	Anzahl der Themen, die nicht fristgerecht umgesetzt wurden.	Weiteres Feedback, wie die Aufgaben der IR im Unternehmen akzeptiert werden

Abbildung 11-7: Beispiele für Prozesskennzahlen in den Revisionsprozessen

Vieles kann man zur Vorbereitung des QA auf den Seminaren des DIIR erfahren. Fast noch entscheidender ist es jedoch, die eigenen Prozesse in der IR auf die neuen Erfordernisse hin abzustimmen. Diese Abstimmung ist manchmal nicht ganz einfach und erfordert zudem einen nicht zu unterschätzenden Arbeitsaufwand. Diese Abstimmung bringt jedoch eine Systematik und Transparenz in die eigene Arbeit, wie sie die IR auch von anderen Bereichen immer wieder einfordert.

Inzwischen gibt es auf dem Markt der Beratungsunternehmen auch einige, die sog. Previews anbieten. Diese ermöglichen es, dem Revisionsleiter ohne Gesichtsverlust Verbesserungen und Veränderungsnotwendigkeiten aufzuzeigen, die für eine erfolgreiche Zertifizierung erforderlich sind. Wie im Revisionsleben auch, geht es beim QA jedoch nicht darum, nicht-standardgemäße Arbeit anzuprangern, sondern die Qualität der Arbeit zu steigern.

Insofern setzt der QA Prozess mit oder ohne Preview ein konstruktives Miteinander von Zertifizierer und Zertifiziertem voraus.

Prozessschritt	Methoden	Vermutliche Erkenntnisse
Analyse	Stärken-/Schwächen-Profil	Fehlende Gesamtkonzeption; Unvollständige Einbindung der Mitarbeiter; Messpunkte fehlen, ebenso Messkriterien
Konzeption	Ist-Soll-Vergleich; Kreativ-Techniken Projektstart	Zunächst großer Sprung nötig
Dokumentation	Projektbegleitende Erstellung	keine vollständige Widerspruchsfreiheit; Unvollständige Dokumentation.
Umsetzung	Meilensteine; Erfolgskontrolle; Motivation und Vorbild der Führung	Strategie der kleinen Schritte
Qualifizierung	KVP	Zunächst schwierig, Thema ins Tagesgeschäft zu integrieren, später immer selbstverständlicher
Zertifizierung	QA	Auf gutem Weg; neue best practices anderer IR einmal ausprobieren

Abbildung 11-8: Prozessschritte im Qualitätsmanagement in Anlehnung an KVP (Kontinuierlicher Verbesserungsprozess)

11.4.1 Vorbereitung eines QA durch den Auftraggeber mittels einer Selbstbewertung

Im Einzelnen enthält der Self Assessment Prozess (mit oder ohne externen Previewer) alle Bestandteile des externen QA. Das bedeutet, dass alle Beteiligten im Revisionsprozess wie Vorstand/Aufsichtsrat, oberste Führungsebene, Abschlussprüfer und die eigenen Mitarbeiter der Revision qualifiziert interviewt werden. Die Interviews führen beim Self Assessment Führungkräfte der Internen Revision alleine durch, beim externen QA ist der Zertifizierer zugegen (z. B. für das 360° Feedback).

Die Arbeitspapiere, die Unterlagen für die risikoorientierte Prüfungsplanung und die Revisionsberichte sollten ebenfalls einer qualifizierten Durchsicht unterzogen werden. Wichtig ist hierbei, dass diese Arbeit zwar durch Führungskräfte der Internen Revision durchgeführt werden sollte, aber durch prozessunabhängige. Dies sichert die Unabhängigkeit des Urteils und den notwendigen Blick über den „Tellerrand" hinaus.

11.4.2 Mittlere und größere Revisionsabteilungen/Externes QA

11.4.2.1 Strategie

Essentiell für den Erfolg eines QA's ist es, sich im QA Team sowohl mit dem Unternehmen als auch mit der Organisation der Revision in dem Unternehmen eingehend auseinander gesetzt zu haben. Zum einen wird die Individualisierung des QA's hierdurch befruchtet, zum anderen wird der Erfahrungsraum Revision jedes einzelnen Teammitglieds von Anfang an erweitert und fokussiert.

Letztendlich ist das QA trotz aller detailliert beschriebenen Leistungskriterien ein subjektiver Prozess.

Ein Hauptvorteil aus Sicht des Auftraggebers ist nicht allein die Zertifizierung und der Punktwert, der erzielt wurde, sondern es sind wie bei jeder normalen Revision die Verbesserungsvorschläge. Diese helfen, Probleme zu lösen und zur nachhaltigen Qualitätssteigerung des Revisionsbereichs beizutragen.

Man beachte, dass die Einhaltung eines Standards immer die Einhaltung einer Mindestnorm bedeutet, Best Practices oder Best-in-Class fordern höhere Maßstäbe.

Erfahrene Zertifizierer können hier sowohl vorhandene Best Practices identifizieren als auch Hinweise geben, wie und an welchen Stellen man sich verbessern kann. Bei der Formulierung des Zertifzierungsauftrags sollten diese Aspekte voneinander getrennt werden. D. h., wenn nur eine Überprüfung auf die Einhaltung der Mindestnormen gewünscht wird, sollte dies im Auftrag auch so formuliert werden.

11.4.2.2 Planung des QA

Damit der Zeitraum, bei dem das QA beim Auftraggeber vor Ort durchgeführt wird, möglichst klein bleiben kann (1–2 Wochen[402]), ist eine detaillierte Vorarbeit von Nöten. Alle vom Auftraggeber angeforderten schriftlichen Informationen sollten vor Start des QA's dem QA-Team bekannt sein.

Die Auswahl der Managerkollegen, die während des QA's befragt werden, kann durch den örtlichen Revisionsleiter vorgenommen werden. Das Team sollte sich die Auswahl jedoch erklären lassen und gegebenenfalls nachbessern, wenn Systematiken berührt sind (siehe auch in der Checkliste Kapitel 11: 360° Feedback).

Möglichst alle Termine sollten in den 1–2 Wochen des QA's fest vereinbart sein.

Wenn nicht schon bei der Auftragserteilung festgelegt, sollten Reisen an andere Orte außer der Zentrale möglichst frühzeitig geplant werden. Dies kann sinnvoll sein bei regionaler oder divisionaler Organisationsstruktur des Unternehmens oder der Revision. Bei großen divisional strukturierten Revisionen empfiehlt es sich, separate QA's zu vereinbaren.

Ein sehr zeitaufwendiger Bereich ist die Beurteilung der Arbeitspapiere. Auch hier sollten dem örtlichen Revisionsleiter die entsprechenden QA-Prüfungsobjekte rechtzeitig mitgeteilt werden.

Seitens des Auftraggebers sollte in den Räumen des Unternehmens ein Büro mit PC und Intranet/Internet-Anschluss zur Verfügung gestellt werden.

---

402 Der Zeitbedarf kann in Abhängigkeit der Größe einer IR, der Verteilung der Mitarbeiter in der Fläche, national und international, und von dem Umfang der Hilfeleistung des geprüften Bereichs stark schwanken. Die 1–2 Wochen entsprechen einer durchschnittlichen großen IR, die zentral organisiert ist.

Es ist günstig, wenn gerade in größeren Revisionsabteilungen seitens des Auftraggebers, ein permanenter Ansprechpartner („Mentor") benannt wird, um organisatorische Fragen möglichst schnell geklärt zu bekommen. Ideal ist ein Mitarbeiter, der das CIA-Examen abgelegt hat, die Schulung beim DIIR besucht und an einer Selbstbewertung schon teilgenommen hat.

Ebenso ist es günstig, zeitweilig auf die Bereichssekretärin wegen möglicher zusätzlicher Terminabsprachen zugehen zu können.

Wichtig ist es auch, den örtlichen Revisionsleiter laufend (möglichst täglich) auf dem neuesten Stand des QA's zu halten, auf jeden Fall sollte dies vom QA-Team angeboten werden.

Insgesamt betreffen die o. g. Themen Fragestellungen, die die IR bei der Planung einer Revision selbst beachten sollte. Deshalb ist in diesem Abschnitt nicht sehr viel Neues zu finden, außer dass es diesmal die IR selbst betrifft.

11.4.2.3 Zusammenstellung des Teams

Mindestens ein Teammitglied benötigt die durch ein Seminar beim DIIR erworbene Qualifikation als QA-Assessor.

Der Leiter des Teams sollte selbst Revisionsleiter (gewesen) sein oder zumindest einschlägige Führungserfahrung in der Revision besitzen. Bestimmte Fragestellungen, z. B. nach dem Unterstellungsverhältnis des Revisionsleiters oder dem Ergebnis des 360° Feedback erfordern diplomatisches Geschick, Erfahrung und Augenmaß bei der Beurteilung.

Es ist empfehlenswert, ein Mitglied mit speziellen IT-Erfahrungen im Team zu haben.

IT-RO sind nicht immer einfach zu überprüfen, ebenso erfordern eventuelle Nachfragen in der IT einen Fachmann im Prüfungsteam.

Alle Teammitglieder müssen praktische Revisionserfahrung besitzen, um ein QA durchführen zu dürfen.

Das Team sollte nicht größer als 3-5 Personen sein, um die interne Abstimmung zu minimieren.

Auf Wunsch des Auftraggebers kann auch ein branchenerfahrener Kollege hinzugezogen werden, wenn nicht wettbewerbsrechtliche Bedenken dagegen sprechen (Peer Reviewer). Die Kosten eines QA können stark reduziert werden, wenn jeder bei dem anderen ein QA vornimmt. Aus praktischen Erwägungen heraus ist es sinnvoll, dass sich immer drei Unternehmen an den gegenseitigen Peer Reviews beteiligen. Damit reduziert sich etwas die gegenseitige Abhängigkeit, die jeweiligen QA Teams können aus zwei Revisionen gemischt zusammengesetzt werden[403].

Das IIR baut seit 2006 eine Datenbank mit QA zertifizierten Kollegen auf, auf die die Auftraggeber im ersten Schritt bei einem QA zugehen können.

---

403 Bei einem Peer Review zwischen zwei Partnerunternehmen sollte nach DIIR-Vorstellungen ein 5-Jahre-Zwischenraum zwischen den zwei QA bestehen, um die Unabhängigkeit der jeweiligen QA zu gewährleisten.

11.4.2.4 Teambildungsprozess im QA-Team

Nach Erteilung des Auftrages durch den Auftraggeber trifft sich das Team vor Start des QA's mindestens einmal, um die nähere Vorgehensweise und die Arbeitsteilung während des QA's zu besprechen.

Inhaltlich sollten die Selbststudie (siehe hierzu Checkliste Kapitel 11.1.) und die schon vorliegenden Informationen des Auftraggebers besprochen werden und erste Hypothesen andiskutiert werden.

Da der Leiter des QA- Teams mit dem Auftraggeber auch schon die Interviews terminiert hat, ist bei diesem Treffen auch die Teilnahme der Teammitglieder an den Interviews festzulegen. Obwohl in 2er-Gruppen Interviews zumeist effektiver durchzuführen sind (einer fragt, einer schreibt), empfiehlt es sich gerade bei Topmanagementterminen eher nur mit einer Person aufzutreten, zumal wenn der örtliche Revisionsleiter selbst zugegen ist.

Der Teamleiter informiert das Team darüber hinaus noch über das erste Interview mit dem örtlichen Revisionsleiter bzw. dem Auftraggeber, bei dem Besonderheiten für das bevorstehende QA besprochen wurden.

> In allen Zweifelsfragen während des QA's versetzen sie sich bitte in die Lage des örtlichen Revisionsleiters und fragen sich: Wie würde ich gerne an seiner Stelle/an seiner Position, dass der Sachverhalt beurteilt würde?

11.4.3 Exkurs: Das „360° Feedback" als Management-Tool im QA- Prozess

Aus Personalbeurteilungen für Manager ist seit längerer Zeit das sog. 360° Feedback bekannt. Bei dieser Beurteilungsmethode wird der Manager-Mitarbeiter von seinem Chef und zusätzlich von seinen Kollegen, seinen Kunden und seinen Mitarbeitern beurteilt. Für den einzelnen Manager sollen sich daraus eine größere Objektivität und zusätzliche Hinweise für Verbesserungsmöglichkeiten ergeben.

Diese Beurteilungsmethode ist noch nicht Standard in Industrie und Dienstleistungsunternehmen, jedoch wird es heute zumeist für den Führungsnachwuchs als optionales Instrument eingesetzt[404].

Sozialpsychologischer Hintergrund für das 360° Feedback ist das Modell von Rolle und Rollenerwartung an eine Funktion. Die Rollenerwartungen sind beim 360°Feedback gegenüber dem klassischen Modell, in dem nur die Beziehung zwischen Vorgesetzten und Mitarbeiter analysiert wird, auf das nähere Umfeld des Rollenträgers, die Kollegen, die Kunden und die Mitarbeiter ausgeweitet. Konflikte entstehen nach diesem Modellansatz immer dann, wenn die Rollenerwartungen des Funktionsträgers mit den Erwartungen seines Umfeldes nicht zu weitgehender Übereinstimmung gebracht sind. Im klassischen Modell, das in den meisten Unternehmen auf Managerebenen angewandt wird (jährliches Beurteilungsgespräch), sind die Entscheidungsal-

---

[404] Auch Unternehmensberatungen, die in einem Unternehmen sog. Management Audits durchführen, wenden gerne 360 Grad Feedbacks an. Hier ist Vorsicht angeraten, da die Ziele dieser Audits und die Vertraulichkeit der gemachten Aussagen nicht immer transparent kommuniziert werden.

ternativen „Vote or Exit"[405] gegeben. Mitarbeiter, Kunden und Kollegen bleibt bei Unzufriedenheit mit dem Rollenträger meist nur die Alternative „Exit". Dies kann für ein Unternehmen bedeutsame Nachteile mit sich bringen, (innere) Kündigung von Mitarbeitern, Kundenverluste und „Grabenkriege" zwischen Kollegen können die Folge sein. Das 360° Feedback systematisiert die Möglichkeit des Feedbacks, und damit des „Vote's" für diese Akteure des Umfelds des Funktionsträgers.

In einer normalen Revisionstätigkeit, die vom konstruktiven, kritischen Miteinander in einer Organisation ausgeht, übernimmt die Revision als unabhängige Instanz manchmal die Aufgabe des Coachs. Die IR spiegelt dann dem Vorgesetzten des geprüften Bereichs die dem Revisor bekannten Rollenerwartungen des Umfeldes des Geprüften wider.

Im QA-Prozess kann nun dieses Modell genutzt werden, um dem normalerweise nicht „ge-coachten" Revisionsleiter genau dieses fehlende Feedback zu verschaffen. Den Part des Kunden übernehmen beim QA-Prozess die Nutzer der Revisionsarbeit, also die Kollegen, bzw. das Topmanagement des Revisionsleiters.

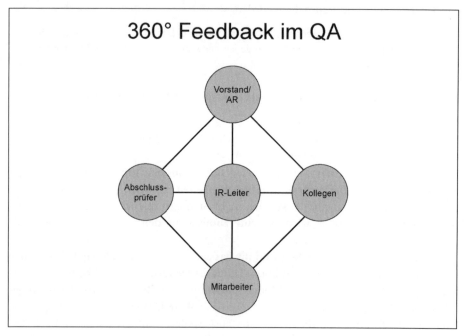

Abbildung 11-9: 360° Feedback im QA

---

405 Vote or Exit ist ein Begriffspaar aus der Kundenanalyse. Es unterstellt, dass sich Kunden in einer unzufriedenen Situation beim Unternehmen entweder beschweren (vote) oder zum Wettbewerb abwandern (exit). Ein aktives Beschwerdemanagement, das gezielt auf Kundenbeschwerden eingeht, kann Kundenabwanderung verhindern. Deshalb gilt die Hypothese, dass ein unzufriedener Kunde, der sich beschwert, besser für ein Unternehmen ist als ein unzufriedener Kunde, der ohne Signal zum Wettbewerb abwandert. Der letztere ist schwer zu identifizieren, geschweige denn wieder zum Unternehmen zurückzuführen.

Wie bei jedem Beurteilungssystem sind Intensionen, Haltungen und Fundament der Unternehmensphilosophie entscheidend für den Nutzen. Das bedeutet z.B., dass in Unternehmen mit mehr oder weniger verdeckter Kommunikation und schwelenden Interessenskonflikten, die durch das 360° Feedback geschaffene Transparenz unangenehme Folgen für alle haben kann. Umgekehrt führt die Anwendung dieses Modells in offeneren Kommunikationskulturen zu gewollten Anpassungsmaßnahmen und größerer Transparenz in den Beziehungsgeflechten.

Letztendlich profitiert die Organisation durch die gewonnene Klarheit dahingehend, dass weniger Zeit für Rollenkonflikte und mehr Zeit zur Lösung der Kundenprobleme seitens des Managements aufgewendet wird.

Im QA-Leitfaden wird das Hauptaugenmerk auf den Revisionsbereich an sich gelenkt. Trotzdem kann es für den örtlichen Revisionsleiter sehr hilfreich sein, Klarheit in seinem Beziehungsumfeld zu erhalten, das vermutlich vielen, nur ihm nicht bekannt ist.

Die Interpretation der Antworten aus dem 360° Feedback sollte nur von dem Leiter der QA-Teams vorgenommen werden, der mindestens auf gleichem Hierarchielevel schon praktische langjährige Erfahrungen vorzuweisen hat.

11.4.4 Selbstbewertung mit externer Validierung

Nach den Standards des IIA und des IIR gibt es für kleinere und mittlere Revisionsabteilungen die Möglichkeit, eine Zertifizierung durch Selbstbewertung mit externer Validierung zu erreichen. Die Vorgehensweise entspricht in etwa einer Selbstbewertung. Die bedeutet, dass die Hauptarbeit des QA durch die IR selbst zu verrichten ist. Der externe QA Assessor ist bei diesem Prozess zugegen und prüft den QA Prozess auf Ordnungsmäßigkeit. Weiter stellt er durch Stichproben sicher, dass die vom internen Team getroffenen Bewertungen fundiert und begründet sind. Er übernimmt also die Rolle eines Supervisors bzw. eines Projektleiters.

Es versteht sich von selbst, dass diese Arbeit von erfahrenen Revisionsmanagern unternommen werden sollte, da sie ja schnelle Einarbeitung, unabhängiges Urteil trotz reduzierter Information und große Erfahrung mit Revisionsprozessen erfordert.

11.5 Gemeinsamkeiten und Unterschiede von IIA und DIIR beim Quality Assessement

Die IIA- Standards kennen kein K.O.-Kriterium wie die 6 Kriterien, die im deutschen QA-Leitfaden erwähnt und explizit hervorgehoben sind.

Insofern ist es besonders für das QA-Team wichtig, die in Deutschland gewollte Verschärfung der IIA-Standards durch die 6 K.O.-Kriterien zu beachten. Im Einzelnen geht es um
- Eine schriftlich fixierte Ordnung der IR
  Eine angemessene Personalausstattung der IR
- Eine weisungsunabhängige Revision mit uneingeschränktem
- Informationsrecht

- Einen risikoorientierten Planungsprozess
- Ordnungsgemäß dokumentierte Prüfungsergebnisse
- Ein funktionsfähiger Follow-up-Prozess.

Das Fehlen eines Revisionshandbuchs ist nach den IIA-Standards bei kleineren Revisionsabteilungen tolerabel, führt in Deutschland „nur" zum Punktabzug, aber nicht zum K.O. Denn die schriftlich fixierte Ordnung im Sinne einer Audit Charter kann ja durchaus vorhanden sein.

Bei der Bewertung auf Weisungsunabhängigkeit ist auch nach den IIA-Standards zu beachten, dass nach der deutschen Unternehmensverfassung der Vorstand bzw. die Geschäftsführung die letzte Entscheidungsinstanz für das „ja oder nein" der Durchführung einer Prüfung ist. Dieses duale System wird seit einiger Zeit schon in einigen Großunternehmen mit einem Audit Committee/Prüfungsausschuss ergänzt. Doch macht es einen Unterschied in der Bewertung der Unabhängigkeit zum monalen System aus, wenn dort der Revisionsleiter turnusmäßig an das Audit Committee berichtet. Im Dualen System kommt es im Einzelfall auf den Revisionsleiter an, ob er die Eskalation in adäquater Weise für seinen Prüfungswunsch durchgeführt hat oder von vornenherein- was nicht so positiv wäre- darauf verzichtet hat[406].

Während es durchaus sehr unterschiedliche Methoden der risikoorientierten Prüfungsplanung gibt, ist eine ausschließlich nach einer einmal festgelegten „ Revisionslandkarte" ausgerichtete Prüfungsplanung heute sicher nicht mehr zeitgemäß, nachdem das KonTraG schon seit 1998 eingeführt ist.

Mag es bei Sonderprojekten, die sich im Kern meist mit dem Verdacht auf „dolose Handlungen" befassen müssen, durchaus strenge Geheimhaltungsverpflichtungen geben, so sind Lücken in der Dokumentation von Prüfungstätigkeiten nicht tolerabel.

Auch das Konstrukt eines Sideletters[407] bietet sich ja hier an. Bei projektbegleitender Beratungstätigkeit der Revision können durchaus Zwischenberichte verfasst werden.

Auch die IIA-Standards lassen unterschiedliche Follow-up-Möglichkeiten von mündlicher Auskunft bis zu einer vollen Nachprüfung zu. Auf der anderen Seite verpflichten sie den Revisionsleiter zu entscheiden, ob eine mögliche Akzeptanz von Risiken im Einklang zu den Unternehmensinteressen steht. In einem strittigen Fall sollte der Revisionsleiter den aus seiner Sicht kritischen Punkt bis zu seiner letzten Berichtsinstanz vortragen, die dann endgültig über die Akzeptanz des Risikos entscheidet[408].

Letztlich geht es bei diesem K.O.-Kriterium „Follow-up-Prozess" um einen systematischen Prozess, der den früher manchmal vorhandenen „Papiertiger" IR heute in einen für die Unternehmensperformance wichtigen Bereich transformiert.

---

406 Durch das BilMoG wurde im Aktiengesetz der § 107, Absatz 3, Satz 2 modifiziert. Hiernach muss sich der Prüfungsausschuss eines Unternehmens Gedanken über das Interne Revisionssystem machen, nämlich, ob es zweckmäßig eingerichtet ist und adäquat funktioniert. Die Rolle der IR wird dadurch stark aufgewertet.
407 Sideletter bezeichnet eine meist streng vertrauliche Information, die nur einem sehr kleinen Kreis von einer bis drei Personen zugeleitet wird.
408 Siehe hierzu die IIA Standards 2500 und 2600.

Weitere Unterschiede zwischen deutscher und amerikanischer Regelung ergeben sich daraus, dass der QA-Leitfaden formal den Charakter einer Practical Advisory hat, die nur für deutsche Mitglieder verbindlich ist. Nach den IIA-Standards ist die Beachtung der PA optional, obwohl hier seit 2009 der Maßstab strenger geworden ist[409].

Beispielsweise schreibt der deutsche Leitfaden sehr detailliert in den Fragen 31–56 Abstimmung, Schlussbesprechung und Berichterstattung vor, vergleichbar den PA 2420 und 2440-1 und 2440-2. Die IIA- Standards 2420, 2440 nennen nur Kommunikation, nicht aber ausdrücklich einen schriftlichen Revisionsbericht[410]. Zwar findet man im Standard den Begriff der Empfehlung, der im deutschen Leitfaden natürlich auftaucht und auch in den PA enthalten ist. Die Empfehlung und der Maßnahmenkatalog sind inzwischen nach IIA Standard 2410 auch verpflichtend worden[411] (recommendations und action plans).

> Da der QA- Leitfaden für DIIR- Mitglieder in Deutschland verbindlich ist und vom IIA anerkannt wurde, sollte der Vergleich mit den USA aus Zweckmäßigkeitsgründen bei den deutschen QA unterbleiben, den amerikanischen Kollegen sei der Blick nach Deutschland jedoch empfohlen.

11.6 Kosten und Nutzen eines Qualitätsmanagement in der IR

Ein Quality Assessment ist nicht zum 0-Tarif zu haben. Der meiste Aufwand entsteht nach der Erfahrung der Autoren durch die Dokumentation aller Richtlinien, Vorschriften und Entscheidungsgrundlagen im Rahmen eines Self Assessments. Im Rahmen dieses Self Assessments werden nicht nur Lücken in der Dokumentation geschlossen, sondern bisherige Vorgehensweisen werden vor dem Hintergrund des 81-Fragen-Katalogs des DIIR und der Standards des IIA in Frage gestellt.

Die Forderung nach Systematik, Professionalisierung und Effektivität in der IR kann Gewohntes verändern, z. B. die Berichtslinie an das Audit Committee oder eine unternehmensinterne Diskussion über die zukünftige Gründung eines Audit Committees.

Bisher akzeptierte revisionfreie Räume stellen sich auf einmal als Risiken dar, die adressiert werden sollten. So können neue Revisionsthemen generiert werden.

Die Diskussion über die zukünftige Ausrichtung der IR kann zu einer veränderten Einstellungspolitik führen, um z. B. mehr Fremdsprachenkenntnisse, mehr IT und Technik und mehr Beratungsthemen für die Geschäftsbereiche zu generieren.

Die Hinterfragung der Personalweiterentwicklung in der IR kann dazu führen, dass die IR erstmals ebenfalls genannt wird, wenn Führungsnachwuchskräfte erste Einstiegspositionen suchen.

---

409 Ein Großteil der PA befindet sich zur Zeit in Überarbeitung, einige werden dringend zur Beachtung empfohlen (strictly recommended), also gegenüber früher aufgewertet, andere werden zu Positions-Papieren abgewertet.
410 In der deutschen Übersetzung der neuen Standards ist das amerikanische Wort Communications mit Revisionsbericht übersetzt worden. Dies ist aus Sicht der Autoren zu eng gefasst.
411 Siehe IIA-Standard 2410.

Durch eine verstärkte Selbstdarstellung im Unternehmen über einen neuen Auftritt im Intranet können bei internen Stellananzeigen neue und interessante Fachkräfte für die IR-Arbeit begeistert werden.

Die Beschäftigung mit dem Feedback-Mechanismus gegenüber dem Mitarbeiter kann zu Befragungen nach TRI:M mit einem Beiblatt zu Fragen der Führungskultur im Unternehmen führen.[412]

Diese Liste lässt sich weiter fortsetzen. Es sollte nur gezeigt werden, welcher Nutzen in der Vorbereitung eines QA entstehen kann und in welchem Zusammenhang diese möglichen Änderungen gesehen werden können.

Dem Nutzen stehen Kosten gegenüber. Dazu gehören Seminar- und Qualifizierungsbesuch beim QA-Assessment-Kurs des DIIR, interne Zeiten bis hin zu einem eigenen Projekt des Self Assessment, das in großen Revisionen durchaus über drei Monate laufen könnte, die Kosten eines externen Reviews[413] und die laufenden Kosten, die aufgebaute Dokumentation aktuell zu halten und die formulierten Regeln bei allen Entscheidungen auch immer wieder umzusetzen.

Durch die im Rahmen eines Self Assessment gewonnenen Erkenntnisse zusammen mit den erfahrenen Best Practices aus einem externen Reviews ziehen die Autoren den Schluss, dass der Nutzen die Kosten überwiegt. Darauf basierend hegen sie die Hoffnung, dass sich das QA in Deutschland, Österreich und der Schweiz sowie in den anderen Ländern weiter durchsetzen möge.

Qualitätsmanagement ist heute eine Führungsaufgabe geworden. Sie betrifft sowohl das Unternehmen als auch die IR.

11.7 Kernthesen

Im Unternehmen dienen Prozesse, die unter Qualitätsaspekten gestaltet wurden und gehandhabt werden, der Kundenzufriedenheit und der Ergebnisverbesserung. Sie bieten einen Wettbewerbsvorteil gegenüber anderen Unternehmen bzw. können heute schon bei Nichtbeachtung einen gravierenden Wettbewerbsnachteil bedeuten. Dieser entsteht, wenn Unternehmen zum Leistungsangebot nur zugelassen werden, wenn sie z. B. die ISO Norm, 9100:2007 erfüllen.

Ähnliche Vorbehalte könnte auch die Interne Revision treffen, wenn der AP ihre Ergebnisse nur deshalb nicht verwerten würde, weil sie kein Quality Assessment durchgeführt hat. Dies ist heute zwar nur selten der Fall, wird aber im Zuge der zunehmenden Professionalisierung des Berufsstands zunehmen.

Die verschiedenen Rahmenwerke im Qualitätsmanagement wie ISO 9100, Six Sigma, EFQM und KAIZEN haben alle ähnliche Ziele und Vorgehensweisen. Produkte und Services eines Unternehmens sollen mehr auf die Kundenbedürfnisse hin ausgerichtet werden. Um diese zu erreichen, müssen Prozesskennzahlen entwickelt, KVP

---

412 Siehe hierzu den von dem Unternehmen El Paso entwickelte Fragebogen, der mit wenig Mühe ins deutsche übersetzt werden kann.
413 Inzwischen bieten viele WP-Organisationen das QA der IR als Produkt Dritten an, nachdem sie ihre Mitarbeiter beim DIIR haben schulen lassen.

bei den Mitarbeitern initiiert und bisherige Verfahrensweisen permanent auf den Prüfstand gestellt werden. Hohe Qualität bedeutet keineswegs höhere Kosten, sondern niedrigere Kosten, zunehmende Geschwindigkeit in den Lieferprozessen durch stärkere Fokussierung und steigende Kundenzufriedenheit.

Das Qualitätsthema umfasst inzwischen alle Unternehmensprozesse, nicht nur die Kernprozesse. Insofern tut eine IR gut daran, sich dem Thema Quality Assessment zu stellen und sich wie alle anderen Bereiche auch auf den Prüfstand stellen zu lassen.

Das DIIR besitzt inzwischen eine umfangreiche Liste zertifizierter Personen, die derartige externe Assessments durchführen können. Der Erfolg für die teilnehmende IR ist aller Erfahrung nach am größten, wenn sie vor einem externen QA ein internes QA durchgeführt hat und ihre Prozesse selbst schon vorher dokumentiert und miteinander verzahnt hat.

Die wichtigsten Themen, die eine IR vor Start eines QA gelöst haben sollte, sind die, die zu einem K.O. führen können. Diese sind im Einzelnen fehlende schriftliche Ordnung der Revisionsarbeit, unzureichende Personalausstattung, fehlende Unabhängigkeit oder Einschränkungen beim Informationsrecht, Revisionsplanung ohne Berücksichtigung der Unternehmensrisiken, unzureichende Dokumentation der Prüfungshandlungen und ein Verzicht auf einen Follow-up-Prozess.

Weitere Hinweise sind in den 80 Fragen des deutschen QA zusammengefasst. Diese orientieren sich weitgehend an den IIA-Standards und sind deshalb auch vom IIA gebilligt und gut geheißen worden.

Insgesamt bedeutet die Teilnahme an einem Zertifizierungsprozess nicht nur Kosten und Verlust von Flexibilität. Überkompensiert werden die Kosten durch eine verbesserte Systematik der Vorgehensweisen in den verschiedenen Stadien der Revisionsprozesse, die Anwendung von weltweiten bewährten Best Practices und einer verbesserten Kommunikationskultur innerhalb der IR und von und zu der IR aus dem Unternehmen.

Kapitelanhang 11

A: IIA Standards

1300 Programm zur Qualitätssicherung und -verbesserung

Der Leiter der Internen Revision muss ein Programm zur Qualitätssicherung und -verbesserung, das alle Aufgabengebiete der Internen Revision umfasst, entwickeln und pflegen.

Erläuterung
Ein Programm zur Qualitätssicherung und -verbesserung ist so gestaltet, dass es die Beurteilung der Revisionsfunktion in Bezug auf ihre Übereinstimmung mit der Definition der Internen Revision und den *Standards* sowie eine Beurteilung, ob Interne Revisoren den Ethikkodex einhalten, ermöglicht. Das Programm beurteilt weiter die Wirtschaftlichkeit und Funktionsfähigkeit der Revisionsfunktion und identifiziert Verbesserungsmöglichkeiten.

1310 Anforderungen an das Qualitätssicherungs- und – verbesserungsprogramm

Das Programm zur Qualitätssicherung und -verbesserung muss sowohl interne als auch externe Beurteilungen umfassen.

1311 Interne Beurteilungen

Interne Beurteilungen müssen umfassen:
- Laufende Überwachung der Aufgabenerfüllung der Internen Revision und
- regelmäßige Beurteilungen durch Selbstbeurteilung oder durch Personen innerhalb der Organisation, die über ausreichende Kenntnisse der Arbeitsmethoden der Internen Revision verfügen.

Erläuterung
Laufende Überwachung ist ein wesentlicher Bestandteil der täglichen Beaufsichtigung, Bewertung und Messung der Revisionsfunktion.

Laufende Überwachung ist in Routineverfahren und -vorgehensweisen berücksichtigt, die zur Führung der Revisionsfunktion angewandt werden und nutzt Abläufe, Instrumente und Informationen, die für die Beurteilung der Übereinstimmung mit der Definition der Internen Revision, dem Ethikkodex und den *Standards* erforderlich sind.

Regelmäßige Beurteilungen sind Beurteilungen, die durchgeführt werden, um die Übereinstimmung mit der Definition der Internen Revision, dem Ethikkodex und den *Standards* zu bestimmen.

Ausreichende Kenntnis von Vorgehensweisen der Internen Revision erfordert zumindest das Verständnis aller Elemente der Internationalen Grundlagen für die berufliche Praxis der Internen Revision.

1312 Externe Beurteilungen

Externe Beurteilungen müssen mindestens alle fünf Jahre von einem qualifizierten, unabhängigen Prüfer oder Prüfungsteam durchgeführt werden, der bzw. das nicht der Organisation angehört. Der Leiter der Internen Revision muss folgende Aspekte mit der Geschäftsleitung und dem Überwachungsorgan besprechen:
- Den möglichen Bedarf häufigerer externer Beurteilungen und
- die Fachkenntnis und Unabhängigkeit des externen Prüfers oder Prüfungsteams einschließlich möglicher Interessenkonflikte.

Erläuterung

Qualifizierte Beurteiler oder Beurteilungsteams sind Personen, die über Sachkunde in Bezug auf die berufliche Praxis der Internen Revision und auf das Verfahren der externen Beurteilung verfügen. Die Bewertung der Sachkunde von Beurteiler oder
  Beurteilungsteam berücksichtigt die Berufserfahrung in der Internen Revision sowie die fachlichen Qualifizierungen der mit der Beurteilung betrauten Personen. Die Bewertung der Sachkunde berücksichtigt weiter die Größe und Komplexität der Organisationen, in denen die Beurteiler tätig waren im Hinblick auf die zu beurteilende Revisionsfunktion, sowie den Bedarf an spezifischer Bereichs-, Branchen- oder technischer Erfahrung.
  Unabhängiger Beurteiler oder Beurteilungsteam bedeutet, das kein tatsächlicher oder scheinbarer Interessenkonflikt vorliegt, sowie dass diese nicht Teil oder unter Kontrolle der Organisation sind, zu der die beurteilte Revisionsfunktion gehört.

1320 Berichterstattung zum Qualitätssicherungs- und Verbesserungsprogramm

Der Leiter der Internen Revision muss die Ergebnisse des Qualitätssicherungs- und Verbesserungsprogramms an die Geschäftsleitung und das Überwachungsorgan berichten.

Erläuterung

Form, Inhalt und Häufigkeit der Berichterstattung über die Ergebnisse des Qualitätssicherungs- und Verbesserungsprogramms werden in Gesprächen mit Geschäftsleitung und Überwachungsorgan festgelegt; dabei werden die in der Geschäftsordnung der Internen Revision bestimmten Verantwortlichkeiten der Revisionsfunktion und des Leiters der Internen Revision berücksichtigt. Um die Übereinstimmung mit der Definition der Internen Revision, dem Ethikkodex und den *Standards* nachzuweisen, werden die Ergebnisse externer und regelmäßiger interner Beurteilungen nach deren Abschluss berichtet; die Ergebnisse der laufenden Überwachung werden mindestens einmal jährlich berichtet. Die Ergebnisse umfassen die Beurteilung der Übereinstimmung durch den Beurteiler oder das Beurteilungsteam.

1321 Gebrauch der Formulierung „übereinstimmend mit den Internationalen Standards für die berufliche Praxis der Internen Revision"

Der Leiter der Internen Revision kann die Übereinstimmung mit den Internationalen Standards für die berufliche Praxis der Internen Revision nur behaupten, wenn die

Ergebnisse des Programms zur Qualitätssicherung und -verbesserung diese Feststellung stützen.

1322 Offenlegen von Abweichungen
Wenn sich Abweichungen von der Definition der Internen Revision, dem Ethikkodex oder den *Standards* auf den Tätigkeitsbereich oder die Durchführung der Internen Revision auswirken, muss der Leiter der Internen Revision Abweichung und Auswirkungen an die Geschäftsleitung und das Überwachungsorgan berichten.

B: DIIR-Standards

73. Der Leiter der Internen Revision hat Qualitätsstandards erarbeitet, die im Revisionshandbuch dokumentiert sind und anhand derer Qualitätskontrollen durchgeführt werden.
74. Die Interne Revision wendet ein Verfahren zur Überwachung und Beurteilung der allgemeinen Effektivität des Qualitätssicherungsprogramms an. Dies sind z. B. laufende Assessments der Aufgabenerfüllung der Internen Revision und periodische Selbstbeurteilung.
76. Der Leiter der Internen Revision trägt u. a. durch prozessintegrierte Maßnahmen des Qualitätsmanagements Sorge für die Umsetzung der im Handbuch festgelegten Grundsätze.

Siehe weiter hierzu die Kapitelanhänge 7–10 dieses Buches

C: Best Practices (GAIN)[414]

1. Maßnahmen

1.1. Werden regelmäßig interne und externe QA durchgeführt.

1.2. Wird TQM in allen IR Prozessen angewandt?

1.3. Werden die IR Prozesse zusammen mit dem Management regelmäßig überprüft?

1.4. Gibt es einen organisierten KVP zur Reduzierung der Prüfungszeiten?

2. Kennzahlen

2.1. Wie wird die Zufriedenheit der Clients mir der Revisionsarbeit gemessen?

2.2. Welche Ergebnisse zur Zufriedenhiet der Clients der IR wurden erzielt?

2.3. Wie hoch ist die Anzahl der Beschwerden auf Revisionsberichte?

2.4. Welche Massnahmen wurden aufgrund der Auswertung der Client Feedbacks getroffen?

---

[414] In Anlehnung GAIN Best Practices.

12 Die Interne Revision in ihrer Außenansicht, national und international

12.1 Zusammenarbeit der Internen Revision mit verwandten Bereichen

12.1.1 Zusammenarbeit mit dem Abschlussprüfer

12.1.1.1 Gründe für die Zusammenarbeit zwischen Interner Revision und Abschlussprüfer

Als wesentlicher Grund für die Zusammenarbeit gilt die wirtschaftliche Urteilsgewinnung. Wenn zwei Prüfungsinstitutionen die Verpflichtung haben – zumindest in einer Reihe von Prüfungsgegenständen – Prüfungen durchzuführen, müssten sie nicht von beiden erfolgen. Insofern kann Doppelarbeit vermieden werden und zum anderen der Grundsatz der Internen Revision, dass es keine revisionsfreien Räume im Unternehmen geben darf, wirtschaftlicher erreicht werden. Voraussetzung dafür ist, dass bei den Prüfungen vergleichbare Qualitätsstandards gelten, die Ziele der Prüfung identisch sind und auch mit vergleichbaren Prüfungsinstrumenten gearbeitet wird. Zudem müssen die Prüfungen gut dokumentiert sein und die Arbeitspapiere und die Prüfungsberichte für die Interne Revision wie auch für den Abschlussprüfer vorliegen.

Der zweite Grund ergibt sich aus den unterschiedlichen Informationen, die von den beiden beteiligten Prüfungsinstitutionen beigesteuert werden können. Die Interne Revision verfügt über die betrieblichen internen Kenntnisse des Unternehmens. Diese Kenntnisse stammen aus abgeschlossenen Prüfungen, der Mitarbeit in Projektgruppen und aus den Dokumentationen über die Verfahrensanweisungen im Unternehmen. Der Abschlussprüfer bringt externes Expertenwissen ein, was sich auf das Rechnungswesen, das Risikomanagementsystem (RMS) und das Interne Kontrollsystem (IKS) bezieht. Aufgrund der Tätigkeit in unterschiedlichen Unternehmen sind zwischenbetriebliche Vergleiche möglich. Aus der Zusammenarbeit zwischen Interner Revision und Abschlussprüfer können die Detailkenntnisse der Internen Revision und die externen Spezialkenntnisse des Abschlussprüfers genutzt werden.

Im Zusammenhang mit der wirtschaftlichen Urteilsgewinnung steht auch der Ausgleich zeitlicher Engpässe bei der Prüfung. Durch die zeitliche Ballung der Prüfungsmandate des Abschlussprüfers kann eine Zusammenarbeit mit der Internen Revision zusätzliche Kapazität liefern und damit zu einer zeitlichen Entspannung beitragen. Voraussetzung dafür wäre ein vergleichbarer Ausbildungsstand und vergleichbare Erfahrungen der Prüfer. Allerdings sind dabei auch die unterschiedlichen Zielrichtungen der Prüfungen und die Grundsätze der Berufsausübung zu beachten. Der Abschlussprüfer beurteilt die Ordnungsmäßigkeit des Jahresabschlusses und die Interne Revision führt risikoorientierte Prüfungen im gesamten Unternehmen durch. Tragende Säule der Tätigkeit des Abschlussprüfers ist die Unabhängigkeit, während die Interne Revision die Prüfungen im Auftrag der Geschäftsführung vornimmt.

Ein weiterer Grund für die Zusammenarbeit kann sich aus den räumlichen Entfernungen, z. B. der Tochtergesellschaften ergeben. Ortsansässige Wirtschaftsprüfer könnten die Prüfungen für die zentrale Konzernrevision übernehmen, um aufwändige Reisezeiten und -kosten zu vermeiden.

In den letzten Jahren ist die Bedeutung der Internen Revision deutlich aufgewertet worden, was auch unmittelbar Auswirkungen auf die Zusammenarbeit mit dem Abschlussprüfer hat. Durch das KonTraG erfolgte eine gesetzliche Verankerung der Internen Revision als integraler Bestandteil eines vorgeschriebenen Überwachungssystems.[415] Damit wird die Interne Revision zum Prüfungsobjekt des Abschlussprüfers. Auch durch die Pflicht zur Prüfung der Risiken der künftigen Entwicklung nach § 317 Abs. 2 HGB ergeben sich weitere Überschneidungen mit den Kernbereichen der Internen Revision. Dies gilt insbesondere für die Verfahrensprüfungen und die IKS-Prüfungen. Vom IDW wurde der Prüfungsstandard Feststellung und Beurteilung von Fehlerrisiken und Reaktionen des Abschlussprüfers auf die beurteilten Fehlerrisiken verabschiedet, der eine Prüfung des IKS einschließlich der Internen Revision vorsieht.[416] Für die Unternehmen, die unter den Sarbanes-Oxley Act fallen, ergeben sich durch Section 404 Verpflichtungen zur Prüfung des IKS, wodurch sich erhebliche Auswirkungen auf die Interne Revision ergeben können.[417]

12.1.1.2 Regelungen zur Zusammenarbeit zwischen Interner Revision und Abschlussprüfer

1. Wesentliche Regelungen der Zusammenarbeit nach IDW PS 321[418]

Der Abschlussprüfer hat im Interesse einer wirksamen und wirtschaftlichen Prüfung abzuwägen, ob und inwieweit er die Ergebnisse der Internen Revision bei der Festlegung seiner Prüfungshandlungen berücksichtigen will. Die Arbeit der Internen Revision hat für die Abschlussprüfung insoweit Bedeutung als

- sie das Risiko verringert, dass im Rahmen des rechnungslegungsbezogenen IKS Fehler unentdeckt bleiben (Kontrollrisiko). Damit geht eine Verminderung des Risikos einher, dass in den Prüfungsgebieten des Abschlussprüfers unentdeckte Fehler enthalten sind (Fehlerrisiko);
- der Abschlussprüfer sich auf Erkenntnisse der Internen Revision bei der Planung von Art, Zeitpunkt und Umfang der Prüfungshandlungen stützen kann;
- der Abschlussprüfer unter gegebenen Voraussetzungen Feststellungen der Internen Revision als Feststellungen Dritter verwenden kann.

Die alleinige und unteilbare Verantwortung für das Prüfungsurteil verbleibt allerdings beim Abschlussprüfer. Für die Entwicklung einer risikoorientierten Prüfungsstrategie hat der Abschlussprüfer zunächst eine vorläufige Beurteilung der Internen Revision vorzunehmen. Das Ergebnis dieser Beurteilung ist maßgebend dafür, ob und inwieweit er sich voraussichtlich auf die Ergebnisse der Internen Revision stützen kann. Für

---

415 Vgl. §91 Abs. 2 AktG i.d.F. des KonTraG.
416 Vgl. IDW PS 261, WPg Supplement 2012, S. 3 ff.
417 Vgl. Buderath, BfuP 2004, 39 ff.
418 Vgl. IDW PS 321, 2010, S. 1–8.

diese Beurteilung sind die Kriterien organisatorische Eingliederung, Umfang der Tätigkeit, fachliche Kompetenzen und berufliche Sorgfalt heranzuziehen. Wenn die Arbeit der Internen Revision verwertet werden soll, hat sich der Abschlussprüfer im Folgenden einen Einblick vom Arbeitsprogramm der Internen Revision zu verschaffen und dieses mit der Internen Revision zu erörtern. Der Abschlussprüfer muss zudem Zugang zu den Berichten der Internen Revision erhalten und Besprechungen in angemessenen Zeitabständen durchführen.

Die Arbeit der Internen Revision ist daraufhin zu beurteilen, ob das Vorgehen und der Umfang der Revisionstätigkeit angemessen ist und die vorläufige Einschätzung der Wirksamkeit der Internen Revision bestätigt werden kann. Dazu ist festzustellen, ob ausreichende Prüfungsnachweise vorliegen, die Schlussfolgerungen richtig und in Übereinstimmung mit den durchgeführten Arbeiten sind. Ungewöhnliche Sachverhalte sind in diesem Zusammenhang zu klären. Eine vollständige Übernahme der Tätigkeiten der Internen Revision durch den Abschlussprüfer in Form eines Outsourcings ist nicht zulässig.

Der IDW PS 321 entspricht weitgehend dem ISA 610. Allerdings wird in Tz. 29 des IDW PS 321 betont, dass zwei Abweichungen vorliegen. Nach ISA 610.34 kann das Personal der Internen Revision vom externen Prüfer genutzt werden, während im IDW PS 321 die Eingliederung von Mitarbeitern in das Prüfungsteam des Abschlussprüfers ausgeschlossen wird (Tz. 27). Insofern ist zwischen Verwertung und Verwendung zu unterscheiden. Nach angemessener Beurteilung können die Prüfungsergebnisse der Internen Revision durch den Abschlussprüfer verwertet werden. Eine Verwendung der Ergebnisse der Internen Revision oder ihres Personals durch den Abschlussprüfer kommt aber nicht in Betracht. Ebenfalls ist im ISA 610 keine Regelung enthalten, die eine vollständige Übernahme von Aufgaben der Internen Revision durch den Abschlussprüfer ausschließt, wie es in Tz. 28 des IDW PS 321 verlangt wird. Es liegt nun der überarbeitete ISA 610 vom International Auditing and Assurance Standards Board der International Federation of Accountants vor.[419] Er behandelt sowohl die Nutzung der Funktion Interne Revision als auch die Nutzung der Mitarbeiter der Internen Revision zur Unterstützung unter der Führung, der Aufsicht und der Durchsicht der externen Revision. Dabei werden drei Fragestellungen geklärt:
- Der Abschlussprüfer muss eine Beurteilung der Internen Revision vornehmen, um zu beurteilen, ob die Interne Revision für eine Prüfung genuetzt werden kann. (Tz. 15)
- Wenn der externe Prüfer plant, die Arbeit der Internen Revision zu nutzen, hat er die geplante Nutzung mit der Internen Revision zu diskutieren, die Prüfungsberichte der Internen Revision zu lesen und die Performance der Internen Revision zu beurteilen. (Tz. 21 ff.)
- Sollen Mitarbeiter der Internen Revision zur Unterstützung der Prüfung des externen Prüfers herangezogen werden, ist eine schriftliche Zustimmung der Unternehmensführung erforderlich, dass der Interne Revisor den Anweisungen des ex-

---

419 Vgl. IFAC : IAASB 610, März 2013.

ternen Prüfers folgt. Außerdem muss die Zusicherung vorsehen, dass der Interne Revisor die erhaltenen Informationen vertraulich behandelt und Beeinträchtigungen seiner Objektivität meldet. Der externe Prüfer leitet und überwacht die Leistung des Internen Revisors im Rahmen der Prüfung (Tz. 34).

2. *Wesentliche Regelungen nach DIIR Revisionsstandard Nr. 1*[420]
Für die Zusammenarbeit sind unterschiedliche Formen und Abstufungen möglich. Die Zusammenarbeit kann sich auf die Phasen Planung, Durchführung und Überwachung erstrecken, z. B. durch die Abstimmung von Prüfungsprogrammen, Durchführung gemeinsamer Projekte oder auch den Austausch von Berichten. Eine Verstärkung der Zusammenarbeit wird im Bereich der Prüfung des RMS und des Überwachungssystems erwartet. Dabei kann der Abschlussprüfer die Kenntnisse der Internen Revision über das Unternehmen nutzen, um das Risiko zu vermindern, dass Fehler zum IKS unentdeckt bleiben. Bei der Zusammenarbeit muss der Grundsatz der Wirtschaftlichkeit erfüllt sein und sowohl die Anforderungen aus Sicht der Internen Revision als auch aus Sicht des Abschlussprüfers beachtet werden. Die Prüfungshandlungen des Abschlussprüfers setzen voraus, dass er seinen allgemeinen und besonderen Berufspflichten nachkommt. Bei der Internen Revision sind die Kriterien organisatorische Stellung, ordnungsgemäßer Ablauf der Tätigkeiten und Unterrichtung des Abschlussprüfers über alle relevanten Feststellungen zu beachten.

Nach Ansicht des DIIR kommt es zukünftig zu einer weiter verstärkten Zusammenarbeit zwischen Interner Revision und dem Abschlussprüfer. Verantwortlich dafür sind die Aspekte zunehmender Komplexität der Prüfungsaufgaben, wachsende Bedeutung der Steuerungs- und Überwachungssysteme sowie der Informationstechnologie und die zunehmende Professionalisierung der Internen Revision. Ein weiteres Argument für eine engere Koordination resultiert aus der Verschlankung und Flexibilisierung der Organisation der Unternehmen, die z.T. mit einem Abbau von Kontrollen erkauft werden.

3. *Wesentliche Regelungen nach IIA 2050 Koordinierung*[421]
Der Standard 2050 verlangt lediglich die Koordination des Leiters der Internen Revision mit externen Stellen, um eine ordnungsgemäße Abdeckung aller Bereiche zu erzielen und Doppelarbeit zu vermeiden. Die nähere Ausgestaltung findet sich dazu im Praktischen Ratschlag 2050-1. Während die Beachtung der Standards verbindlich ist, ist das Einhalten der Praktischen Ratschläge nachdrücklich empfohlen. Der Leiter der Internen Revision sollte die Arbeit mit der externen Revision koordinieren und die Tätigkeiten der Internen Revision so lenken, dass sie sich nicht mit der Arbeit des Abschlussprüfers überschneiden. In regelmäßigen Abständen hat der Leiter der Internen Revision eine Beurteilung der Koordination mit dem Abschlussprüfer abzuge-

---

420 Vgl. IDW PS 321, S. 333–337. Der Standard wird 2013/14 in Abstimmung mit dem IDW neu gefasst werden.
421 Vgl. DIIR (Hrsg.): Internationale Standards, 2013, 2050 Koordination.

ben. Dabei sind die Effizienz und die Effektivität der Tätigkeiten einschließlich der Gesamtkosten zu beurteilen. Der Leiter der Internen Revision kann auch vom Management beauftragt werden, die Leistung der externen Revision zu beurteilen. Während der Prüfung sollten ausreichende Besprechungen angesetzt werden, um eine effiziente und termingemäße Durchführung der Prüfung zu gewährleisten. Der Zugang zu den Programmen, den Arbeitspapieren und den Berichten sollte wechselseitig ermöglicht und ein gegenseitiges Verständnis für die Prüfungsverfahren, Methoden und Terminologie geschaffen werden.

4. Geltungsbereich der Regelungen
In Deutschland regelt der IDW PS 321, der in einer langen Reihe ähnlicher Verlautbarungen steht[422], die Zusammenarbeit. Der Standard des DIIR zeigt nur Möglichkeiten der Zusammenarbeit auf, nennt die zu beachtenden Kriterien und Anforderungen, unterbreitet aber keine Vorschläge für eine konkrete Zusammenarbeit. Der Standard 2050 des IIA weist lediglich auf die Koordinierung von Interner und Externer Revision hin; eine spezielle Form der Zusammenarbeit ist daraus aber nicht abzuleiten. Der Praktische Ratschlag 2050-1 mit der Beurteilung der Koordination wird den deutschen Verhältnissen nicht gerecht.

12.1.1.3 Ausprägungen der Zusammenarbeit in der Praxis[423]

Die Zusammenarbeit zwischen Interner Revision und Abschlussprüfung lässt sich in der Praxis anhand unterschiedlicher Reifegrade untergliedern. Sie reicht von der Koexistenz über eine Koordination sowie Kooperation bis zu einer sehr engen Zusammenarbeit, die als Partnering bezeichnet werden kann.

1. Koexistenz
Koexistenz bedeutet, dass Interne Revision und Abschussprüfer ohne jede Zusammenarbeit tätig sind. Dieses bloße Nebeneinander ist in der Praxis noch anzutreffen und beschränkt sich auf einen oberflächlichen Kontakt, der einen Informationsaustausch nur in wenigen Eckpunkten vorsieht. In der Praxis findet hier z. B. der Austausch von Prüfungsplänen oder Prüfungsergebnissen statt. In der Regel werden Informationen nur in Richtung des Abschlussprüfers und auf besondere Nachfrage hin übermittelt. Die bereitgestellten Informationen werden dabei oft ohne weitere Rücksprache lediglich zur Kenntnis genommen.

2. Koordination
Eine erste Stufe der Zusammenarbeit wird in der gezielteren Zusammenführung von Informationen und in der Abstimmung der jeweiligen Prüfungen gesehen. Diese Koordination bezieht sich insbesondere auf die zeitliche und sachliche Prüfungsplanung. Dabei stehen die Vermeidung von Doppelarbeiten sowie die möglichst umfäng-

---
422 Vgl. IDW FG 6/1934 und 1/1988 sowie HFA 2/1966.
423 Vgl. Heese/Peemöller 2007, S. 1381.

liche Abdeckung relevanter Prüfungsgebiete im Vordergrund. In der Praxis findet sich ein Spektrum, das von Ad-hoc-Gesprächen bis zu turnusmäßigen Treffen reicht. Oft ist die Koordination auf die Leitungsebene beschränkt, bezieht aber Aspekte einer zielgerichteten und risikoorientierten Prüfung mit ein. Ebenso findet eine geordnete Kommunikation über die Prüfungsfeststellungen statt.

3. Kooperation

Bei der Kooperation zwischen Interner Revision und Abschlussprüfung tritt der Aspekt der Gewinnung möglicher Synergien hinzu. Über die Abstimmung hinaus existiert eine kontinuierliche Kommunikation mit dem Ziel, auch die Prüfungsstrategien miteinander wo sinnvoll und möglich in Einklang zu bringen. Hier steht neben der Auswahl der Prüfungsfelder auch die Intensität der jeweiligen Prüfungsdurchführung im Fokus. So beeinflussen Ergebnisse der Internen Revision die prüfungsstrategischen Überlegungen des Abschlussprüfers und umgekehrt. Dies kann auch bedeuten, dass aufgrund der Ergebnisse der einen Instanz die Intensität der anderen Prüfer sogar ausgeweitet wird. Deren Ergebnisse fließen dann nach gemeinsamer Diskussionen und Analyse wiederum in die Prüfungsplanungen beider Prüfungsinstanzen ein. Ziel ist somit die Steigerung der wirtschaftlichen Urteilsgewinnung beider Prüfungen. In der Praxis ist dieses Model verstärkt anzutreffen. Es setzt allerdings die Erfüllung qualitativer und weiterer organisatorischer oder berufsrechtlicher Kriterien voraus.

4. Partnering

Vom Partnering kann gesprochen werden, wenn die Zusammenarbeit zu einer Verzahnung zwischen Interner Revision und Abschlussprüfer unter Beachtung der jeweiligen Verantwortungsbereiche und der rechtlichen Anforderungen führt. Ziel ist ein kontinuierlicher und aktiv gesteuerter Informations-, Wissens- und Erfahrungsaustausch. Beide Prüfungsinstanzen können aus ihren jeweiligen Blickwinkeln und Ausrichtungen dazu beitragen, ein möglichst umfassendes Bild über die Risiken und Chancen, Organisationen und Kontrollen oder andere relevanten Themen zu erlangen.

Als Best Practice kann der Einsatz spezieller IT-gestützter Tools angeführt werden, die den gegenseitigen Zugang zu Prüfungsplanungen, -fortschritten und -ergebnissen sowie den Zugriff auf Wissensdokumente ermöglichen. In der Praxis bieten sich insbesondere zwei Fälle für ein effizientes Partnering an. Bei der Neueinführung komplexer Enterprise Ressource Planning-Systeme ist eine projektbegleitende Prüfung sinnvoll. Hier können der Fokus des Abschlussprüfers auf die Ordnungsmäßigkeit und Verlässlichkeit der Rechnungslegung und die Ausrichtung der Internen Revision auf eine effiziente und effektive Unternehmensorganisation zum beiderseitigen Nutzen ergänzt werden. Im Rahmen der Prüfung des Risikomanagementsystems und des Internen Steuerungs- und Überwachungssystems kann eine Verzahnung ebenso fruchtbar sein. Während der Abschlussprüfer zu einer Beurteilung der Angemessenheit und Wirksamkeit, insbesondere im Rahmen der finanziellen Rechnungslegung gelangen muss, kann die Interne Revision weitere Aspekte, wie die Ausrichtung der

Systeme auf die Unternehmensstrategie, die Einbettung in andere Bereiche der Unternehmensorganisation oder die Einbeziehung sog. non-financial information einbringen. In jedem Fall ermöglicht die Analyse des Gesamtbildes die Beurteilung der jeweiligen Teilaspekte in weit höherem Maße.

Einer der Treiber des Partnerings sind zunehmend Prüfungsausschüsse bzw. Audit Committees. Im Rahmen einer zeitgemäßen Corporate Governance können hier die Fäden zusammenlaufen, um die Effizienz und Qualität einer wirksamen internen wie externen Unternehmensüberwachung zu stärken.

12.1.2 Zusammenarbeit mit dem Controlling

12.1.2.1 Gemeinsamkeiten zwischen Interner Revision und Controlling

Tätigkeitsobjekte
Eine Zusammenarbeit zwischen Interner Revision und dem Controlling erscheint sinnvoll, da insbesondere hinsichtlich der organisatorischen Eingliederung, der Tätigkeitsobjekte, des Anforderungsprofils der Mitarbeiter und der Entwicklungstendenzen der Abteilungen erkennbare Gemeinsamkeiten bestehen.

Gründe der Zusammenarbeit:

- Verwandtschaft der Tätigkeit Controlling und Prüfung
- rechnungswesenorientierte Grundhaltung
- gemeinsames Interesse am IKS
- Controlling liefert Hinweise auf Schwachstellen
- Interne Revision zeigt Verbesserungsmöglichkeiten des Planungs-, Steuerungs- und Kontrollsystems auf

Die Prüfungsaufträge der Internen Revision beziehen sich auf alle Sparten, Bereiche, Funktionen und Projekte eines Unternehmens. Auch das Controlling mit seinen Aufgaben Planen, Steuern, Kontrollieren und Informieren, bezieht sich auf diese Sachverhalte. Die Anforderungen an die Interne Revision, die Entwicklungsfähigkeit des Unternehmens zu gewährleisten, entsprechen stark der Aufgabenstellung des Controllings, das Unternehmen langfristig erfolgsorientiert zu steuern. Interne Revision und Controlling sind Management-Instrumente zur Steuerung und Überwachung des Unternehmens, um die komplizierten Vorgänge und Objekte sowie die größeren Informationsmengen und höheren Ablaufgeschwindigkeiten zu bewältigen.[424] Abbildung 12-1 zeigt Tätigkeitsobjekte von Interner Revision und Controlling:[425]

---

424 Vgl. Heigl 1989, S. 13 ff.
425 Näheres zum Funktions-, Projekt-, Sparten- und Faktoreinsatz-Controlling in: Peemöller 2005, S. 75 ff.

Interne Revision	Unternehmen	Controlling
Überwachungs-instrument	Sparten	Steuerungs-instrument
zur ⇒	Bereiche	⇐ zur
Sicherung	Funktionen	Schaffung
der Entwicklungs-fähigkeit	Projekte	von Erfolgs-potenzialen

Abbildung 12-1: Gemeinsame Tätigkeitsobjekte

Anforderungsprofil
Bei den Revisoren wie auch bei den Controllern wird ein breites Spektrum erwünschter persönlicher Eigenschaften und Fähigkeiten sichtbar. Von einem Bewerber – sowohl für Revisions- als auch Controlling-Tätigkeiten – wird erwartet, dass er zu selbstständiger Arbeit fähig, engagiert, initiativ, kooperationsbereit mit analytischen Fähigkeiten ausgestattet und durchsetzungsstark ist.[426] Bei den fachlichen Anforderungen bestehen hinsichtlich der Studienschwerpunkte der Ausbildung Gemeinsamkeiten, was die Fächer Rechnungswesen, Steuern, Datenverarbeitung und Finanzen betrifft.

Gemeinsamkeiten bei den Indikatoren der zukünftigen Entwicklung
Die Unternehmen sehen sich ständig neuen Situationen und Problemen ausgesetzt. Die zunehmende Komplexität und Dynamik führt zur Unsicherheit bei Prognosen über die weitere Entwicklung.[427] Deshalb sind Instrumente gefordert, welche die Planung verbessern, Abweichungen ermitteln und die Ursachen der Abweichungen aufdecken. Die zunehmende Größe der Unternehmen erschwert die Koordination und Kommunikation. Hinzu kommt die räumliche und entscheidungsmäßige Dezentralisation weitverzweigter Betriebe mit entsprechenden Organisationsstrukturen, die es immer schwieriger machen, die Gesamtübersicht zu behalten. Das Interesse an Steuerung, Koordination und Information hat sich erheblich erhöht. Controlling als Koordinationsinstrument und Revision als Analyse- und Ermittlungsinstrument bekämpfen diese Defizite.[428] Aus diesem Grunde beschäftigen sich Controlling wie Interne Revision u. a. mit der Installation von Früherkennungssystemen.

12.1.2.2 Unterschiede zwischen Interner Revision und Controlling

Prüfung beinhaltet das Vergleichen von zuvor ermittelten Ist- und Sollzuständen mit anschließender Urteilsbildung.[429] Als weiteres Merkmal tritt hinzu, dass der Prüfer

---
[426] Vgl. Peemöller/Schmid, 1989, S. 228. Eine weitere Auswertung von Stellenanzeigen wurde von Weber/Kosmider 1991, S. 20 ff.
[427] Vgl. Hofmann 1993, S. 25.
[428] Vgl. Schmid 1990, S. 381.
[429] Vgl. Wysocki 1988, S. 7.

außerhalb des von ihm zu prüfenden Systems steht. Der Prüfer führt weder den Realisationsprozess durch und ist damit nicht direkt abhängig, noch ist er dem Realisationsträger gegenüber weisungsgebunden, also indirekt abhängig. Aus dieser Unabhängigkeit kann auf eine größere Unbefangenheit geschlossen werden.[430]

Demgegenüber ist Controlling Lenken, Beachten, Messen, Differenzieren und neues Einwirken. Zur Durchführung des Controllings müssen deshalb die Führungsgrößen des zugrundeliegenden Sachverhaltes bekannt sein, Entscheidungsregeln sowohl für die Bewertung der Ausführung als auch für die Korrekturmaßnahmen vorliegen und geeignete Maßstäbe für die Ausführung existieren.

12.1.2.3 Formen der Zusammenarbeit

In welcher Form die Zusammenarbeit stattfindet, hängt maßgeblich von den jeweiligen betrieblichen Gegebenheiten ab. Abbildung 12-2 gibt einen Überblick über mögliche Ausgestaltungsformen der Zusammenarbeit.

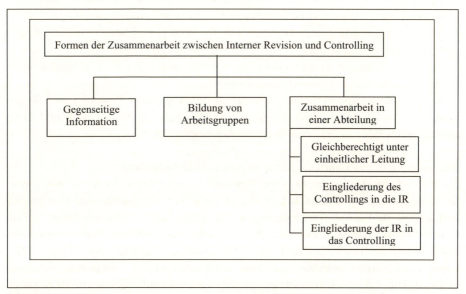

Abbildung 12-2: Formen der Zusammenarbeit zwischen Interner Revision und dem Controlling

Gegenseitige Information
Eine gegenseitige Information sollte für Prüfungen der Internen Revision und Analysen der Controlling-Abteilung bestehen. Die Controlling-Abteilung ist über Prüfungen zu informieren, da sie dann Unterlagen vorbereiten kann, die dem Prüfer das Erkennen von Schwachstellen erleichtert und Doppelarbeit verhindert. Analysiert und durchleuchtet der Controller im Rahmen der Kostensenkung einzelne Funktionsbereiche, sollte die Interne Revision verständigt werden, da sie in diesem Fall

---

430 Vgl. Peemöller 1976, S. 11.

Informationen bereitstellen kann bzw. ein Interesse daran hat, an der Analyse mitzuwirken. Empirische Erhebungen haben dazu festgestellt, dass die Güte der Kooperation bezüglich des Informationsaustausches noch verbessert weerden kann.[431]

Bildung von Arbeitsgruppen
Die Bildung einer Arbeitsgruppe hat den Vorteil, dass sowohl dem Internen Revisor als auch dem Controller neue Impulse vermittelt werden und der Tendenz zur Beibehaltung bewährter, aber möglicherweise überholter Revisionsverfahren entgegengewirkt wird.
  Zwei Formen der Zusammenarbeit sind hier denkbar:
– controllerorientierte Teams
– prüfungsorientierte Teams

Bei den controllerorientierten Projektgruppen geht es um Fragen der Informationsversorgung, der Kostensenkung und der Einführung von Budgets. Der Controller wird durch Analysen und Prüfungen der Internen Revision unterstützt.
  Prüfungsorientierte Teams kommen z. B. für Werks- und Spartenprüfung in dezentralisierten Organisationen in Betracht. Eine derartige Prüfung gibt dem Spartencontroller Hinweise für das Entdecken von Schwachstellen und der Prüfer erhält vom Controller eine Interpretation der Zahlenwerte.
  Der Einsatz interfunktionaler Arbeitsgruppen bei größeren Projekten und die gemeinsame Fortbildung fördern den Austausch zwischen Interner Revision und Controlling und werden in der Praxis als förderlich empfunden.[432]

Interne Revision und Controlling in einer gemeinsamen Abteilung
Die Entwicklungstendenzen zwischen Controlling und Interner Revision zeigen eine Reihe von Gemeinsamkeiten auf. In der ersten Entwicklungsstufe sind Controlling und Interne Revision durch einen engen leistungsmäßigen Verbund geprägt.[433] Das Controlling verfolgt u. a. das Ziel der Ordnungsmäßigkeit der Rechnungslegung. Dafür liefert die Interne Revision durch das Financial Auditing Informationen. Abweichungen werden gemeldet, die dann Aktivitäten in der Controlling-Abteilung auslösen. Um Arbeitswiederholungen zu vermeiden, könnte die Interne Revision in die Controlling-Abteilung integriert werden. Denn diese zieht in erster Linie Nutzen aus der Tätigkeit der Prüfung.
  Soll die Interne Revision aber prüfen, ob die Informationen, die vom Controlling an die Unternehmensführung als Entscheidungsgrundlage geliefert werden, angemessen, genau, zuverlässig, wirtschaftlich und zeitgerecht gewonnen und verarbeitet werden, erscheint diese Abgrenzung nicht mehr sinnvoll. In diesem Fall ist die Unabhängigkeit der Internen Revision gefährdet und damit auch die Wirksamkeit ihrer Arbeit,

---

431 Vgl. Birl, 2007, S. 132 ff.
432 Vgl. ebenda, S. 188 f.
433 Vgl. Heigl 1989, S. 13.

da der Leiter der Controlling-Abteilung kein unmittelbares Interesse daran haben kann, Fehler und Abweichungen seiner Abteilung der Unternehmensführung offen zu legen.

Die Vor- und Nachteile einer gemeinsamen Abteilung „Überwachung oder Betriebswirtschaft" zeigt die Abbildung 12-3:[435]

Vorteile	Nachteile
Vermeiden von Abgrenzungen, Überschneidungen und Kompetenzstreitigkeiten	Verlust der Unabhängigkeit der Internen Revision
Bessere Potenzialnutzung der Mitarbeiter mit ihren Kenntnissen	Entstehen von prüfungsfreien Räumen (Controlling)
Bessere, direktere Nutzung der Informationen von IR und Controlling	Mangelnde Spezialisierung und Professionalisierung der Mitarbeiter
Gemeinsame Fragestellungen hinsichtlich des IKS	Vernachlässigung von Arbeitsgebieten bei Prüfung und Controlling
Ganzheitliche Betrachtung der Objekte unter Wirtschaftlichkeitsgesichtspunkten	Keine spezifische Reaktion auf die Verkomplizierung und Erschwernis der Überschaubarkeit

Abbildung 12-3: Vor- und Nachteile einer gemeinsamen Abteilung „Überwachung oder Betriebswirtschaft"

Bei der Gestaltung formaler Organisationsstrukturen zeigt sich, dass die Gesamtaufgabe nach einer Vielzahl von Kriterien aufzuteilen ist, aus denen unterschiedliche Strukturen und abweichende Koordinationserfordernisse und Effizienzwirkungen resultieren. Als Aufgabendimensionen können Verrichtungen, Objekte, Ort und Raum, Zeitpunkt oder Zeitraum, Verfahren und Hilfsmittel und die Empfänger aber auch die Träger der Aufgabe herangezogen werden. Den größten Vorteil bietet eine Zentralisation nach den Verrichtungen, d. h. nach den Funktionen, die durchzuführen sind.

Controlling und Interne Revision weisen zwar bei allen angesprochenen Dimensionen Gemeinsamkeiten, aber auch Unterschiede auf, sodass eine Zusammenfassung in einer Abteilung mit erheblichen Problemen verbunden wäre. Die Nachteile überwiegen nach Meinung der Verfasser deutlich die Vorteile. Hinzu kommt die Entstehung einer Informationsmachtzentrale, die Akzeptanzprobleme haben wird.

Zum anderen ist aber auch zu beachten, dass bei entsprechender Größe beider Abteilungen aus einer Zusammenlegung kaum noch Kostensenkungen zu erwarten sind, was die Struktur und die personelle und sachliche Ausstattung der Stellen betrifft.

12.1.3 Zusammenarbeit mit den Bereichen Sicherheit/Compliance

In jüngster Zeit haben sich viele Bereiche mit dem Thema Corporate Compliance beschäftigt. Zielsetzung des Compliance-Ansatzes ist die Einhaltung von Gesetzen und Vorgaben. Es sollen damit unzulässige Handlungsweisen verhindert und die

---

[435] Vgl. hierzu die Diskussion „Revision und Controlling in einer Abteilung, in: ZIR 1993, S. 27ff., S. 96, S. 158ff., S. 208ff., S. 267f.

Konformität mit den vorgegebenen Verhaltensstandards hergestellt werden. Durch ein Compliance-System soll erreicht werden, dass den komplexen und sich wandelnden Vorschriften, wie z. B. Kartellgesetze, Umweltschutzrichtlinien, Anforderungen der Wertpapieraufsicht usw. insgesamt entsprochen wird. Eine erfolgreiche Compliance-Strategie verfolgt drei Ziele:[436]

- Prävention: Vermeiden von Gesetzesverstößen und Abschreckung der Mitarbeiter vor gesetzeswidrigem Verhalten
- Identifizierung von Problembereichen: Erkennen und Beseitigen von kritischen Strukturen, die ein erhöhtes Risiko für Verstöße in sich bergen
- Frühzeitiges Aufdecken von Verstößen: Erkennen von Verstößen, bevor sie von Behörden untersucht werden, um damit pro-aktiv den Schaden zu begrenzen und Wiederholungen zu vermeiden

Compliance ist ein Teil der Organisations- und Leitungsverantwortung der Unternehmensleitung. Die Verankerung dieser Funktion muss deshalb in der Geschäftsleitung erfolgen, von der auch eine entsprechende Vorbildfunktion erwartet wird. Je nach Größe der Unternehmen bieten sich unterschiedliche Formen der organisatorischen Einbindung an. Für überschaubare Unternehmen kann es genügen, dass klare Vorgaben von der Unternehmensführung vorgelegt werden und die Einhaltung dieser Vorgaben durch das Controlling oder die Interne Revision erzwungen und überwacht wird. Insofern kann die Interne Revision die Rolle eines Compliance Officers einnehmen. Sie hat dann allerdings dafür Sorge zu tragen, dass der Anforderung der Unabhängigkeit entsprochen wird.

In großen Unternehmen mit erhöhter Schadensneigung oder auch in dezentral geführten Konzernen, muss die Unternehmensführung die Gesamtverantwortung zur Überwachung der aufsichtsrechtlichen Einhaltung von Standards und Verfahren bestimmten Mitarbeitern der oberen Führungsebene übertragen. Der Prüfungsplan der Internen Revision sollte in diesen Fällen einen Review des Compliance Programms des Unternehmens und der Verfahren einbeziehen.

Aufgrund der Gemeinsamkeiten zwischen Interner Revision und Compliance sollte eine deutliche inhaltliche Abgrenzung erfolgen. Ziel der Compliance-Anstrengungen ist der Aufbau einer Compliance Kultur. Die Mitarbeiter müssen von den langfristigen Vorteilen eines an den externen und internen Standards orientierten Verhaltens überzeugt sein. Die Interne Revision prüft im Rahmen ihrer Ordnungsmäßigkeitsprüfung, ob alle Vorgaben auch eingehalten werden. Die Ziele und die Adressaten der Compliance Funktion unterscheiden sich dadurch im Unternehmen von denen der Internen Revision. Es besteht aber ein großes Interesse an einer Zusammenarbeit zwischen Interner Revision und Compliance.[437] Aus dieser Zusammenarbeit kann eine Befruchtung beider Funktionen erfolgen. Die Prüfungsqualität kann durch einen gezielten Informationsaustausch mit dem Compliance verbessert werden, wenn Hinweise auf Problembereiche und kritische Strukturen vorliegen, was

---

436 Vgl. Lampert 2007, S. 143 f.
437 Vgl. Palazzesi/Pfyffer 2004, S. 12.

einem risikoorientierten Prüfungsansatz entspricht. Zum anderen können prozessorientierte Prüfungen von Complinace-Belangen zur Beurteilung und Verbesserung des Kontrollumfeldes und des Kontrollsystems beitragen.[438] Ein sehr umfassender Ansatz zur Compliance und zur Prüfung von Compliance ist der PS 980 des IDW.[439] Die Grundelemente eines Compliance Management Systems werden vorgestellt und die Prüfungsplanung und Prüfungsdurchführung dargestellt. Das CMS kann drei Prüfungen unterzogen werden:

- Wirksamkeitsprüfung
- Konzeptionsprüfung
- Angemessenheitsprüfung

Konzeptionsprüfung und Angemessenheitsprüfung beziehen sich auf Entwicklung und Einführung eines CMS und führen zu einer unabhängigen Beurteilung des Entwicklungsstands des CMS für die Unternehmensorgane. Die Wirksamkeitsprüfung schließt die Prüfung der Konzeption und der Angemessenheit mit ein und liefert ein Urteil darüber, ob das System in der Lage ist, die Risiken und wesentlichen Regelverstöße rechtzeitig zu erkennen und die Regelverstöße zu verhindern. Der PS 980 enthält auch Hinweise, wo der Abschlussprüfer auf die Interne Revision zurückgreifen kann. So wäre im Rahmen der Aufbauprüfung auch Befragungen der Internen Revision durchzuführen und im Rahmen der Funktionsprüfung wäre auf die Prüfungshandlungen und den Prüfungsbericht der Internen Revision zurück zu greifen.

12.1.4 Zusammenarbeit mit Strafverfolgungsbehörden

Nicht angenehm ist die Situation für einen Revisionsleiter, wenn er beim morgendlichen Arbeitsbeginn gleich einen Anruf vom Chefjuristen des Unternehmens erhält, die Kripo und die Steuerfahndung hätten sich angekündigt. Sie würden einen Durchsuchungsbeschluss vorlegen und einige Unterlagen beschlagnahmen, darunter auch Revisionsunterlagen aus einem konkreten Ermittlungsfall.

Das Verhalten des Revisionsleiters sollte in dieser schwierigen Situation von Besonnenheit, Umsicht und Höflichkeit geprägt sein. Das entkrampft die Situation viel eher als markige Worte auszusprechen wie z. B. dass man sich schon noch Konsequenzen überlegen werde, und dass man hier genau beim Falschen ermittle, oder die Staatsbediensteten mögen doch für das Unternehmen bei den Beschuldigten genau diese Beschlagnahmeaktion durchführen.

Tatsache bleibt, aufgrund eines richterlichen Durchsuchungsbeschlusses ist auch eine IR zur Herausgabe von Unterlagen verpflichtet. Dies gilt auch bei streng vertrau-

---

438 Vgl. Schartmann/Lindner 2005, S. 42.
439 Vgl. IDW Prüfungsstandard: Grundsätze ordnungsmäßiger Prüfung von Compliance Management Systemen PS 980, 2011.

lichen Unterlagen[440]. Gleichfalls ist man, solange man den Zeugenstatus besitzt, zur wahrheitsgemäßen Aussage verpflichtet.[441]

Rechtliche Grundlagen
Im Eingangstext sind einige Sachverhalte angesprochen worden, die ein juristisches Verständnis erfordern. Der Revisionsleiter sollte sich also vorher sachkundig beraten lassen, bevor er Aktionen veranlasst oder Stellungnahmen abgibt[442]

Seine Reaktionen sind wichtig für das Unternehmen, da er einerseits als eine Person gilt, von der Loyalität zum gesamten Unternehmen erwartet wird. Gleichzeitig gilt er andrerseits auch für Ermittlungsbehörden als vertrauenswürdig, sei es durch frühere Kontakte aus alten Verfahren, die von ihm selbst angestoßen worden waren, sei es durch die Rolle und Funktion als Leiter einer IR.

Da es meist um Vermögensdelikte geht, spielt das StGB (Strafgesetzbuch) und die *StPO (Strafprozessordnung)* eine wesentliche Rolle für die Rechte und Pflichten der Beteiligten im Ermittlungsverfahren.

Im StGB sind u. a. folgende Straftatbestände geregelt, die im unternehmerischen Alltag vorkommen können:
– Die *Untreue* (§ 266 StGB), d. h. ein feststellbarer Vermögensschaden für das Unternehmen, mit dem eine persönliche Bereicherung des Täters verbunden sein kann, aber nicht muss.
– Die *Kollusion* (§ 1 GWB, § 26 und 266 StGB), hier spielen Innentäter und Außentäter zusammen, und nehmen, um sich zu bereichern, einen Vermögensschaden des Unternehmens billigend in Kauf.
– Der *Betrug*, der in unterschiedlichen Formen vom „normalen" Betrug (§ 263 StGB), bis hin zum *Kapitalanlagebetrug* (§ 264a StGB) und *Computerbetrug* (§263a StGB) reicht. Auch die *Urkundenfälschung* nach § 267 StGB fällt unter diese Rubrik, nicht jedoch die *schriftliche Lüge*, die nur zivilrechtlich Ansprüche begründen kann, jedoch nicht strafbar ist[443].
– Die *Unterschlagung* nach § 246 StGB und der *Diebstahl* nach § 242 StGB.

Zur Verfolgung dieser Tatbestände aus zivilrechtlichen Gründen, um den Schaden ersetzt zu bekommen, kann die IR oder ein spezieller Bereich „Interne Ermittlungen" aus dem Unternehmen beauftragt werden.

Mehr dazu wird im Band zum Thema Compliance dieser Buchreihe ausgeführt werden.

---

440 Das Attorneys Privilege im amerikanischen Recht gilt in Deutschland nicht. D. h., die Hinterlegung bestimmter Unterlagen bei einem Anwalt schützt nicht auf Dauer vor der Herausgabe. In USA können Behörden die Herausgabe der Unterlagen durch Gerichtsbeschluss erzwingen. Außerdem sind keine Unterlagen geschützt, die im Zusammenhang mit einem Verbrechen (Crime) oder (Fraud) stehen. LT. StPO § 52, 53 und 55 sind Aussageverweigerungsrechte und Zeugnisverweigerungsrechte definiert, die jedoch nur bestimmte Sachverhalte und Berufsgruppen betreffen.
441 Dies bestimmt der § 156 StGB bei eidesstattlicher Falschaussage, die unter Strafe gestellt ist. Im Übrigen verpflichten auch die Code of Ethics des IIA in diesem Fall.
442 S. hierzu auch die IIA Standards 2440. A2.
443 Eine schriftliche Lüge liegt dann vor, wenn der Inhalt einer Urkunde unwahr ist, aber der Unterzeichner erkennbar und eindeutig identifizierbar ist.

Zur Verfolgung dieser Tatbestände als Straftatbestände sind die Ermittlungsbehörden zuständig, im Wesentlichen ist hier die Staatsanwaltschaft zu nennen, die sich als Leiterin des Verfahrens der Kripo bedient.

Eine parallel dazu arbeitende Behörde ist die Steuerfahndung, die nach § 369 ff. AO ähnliche Rechte wie die Staatsanwaltschaft besitzt. Sie ist aber nicht so sehr am Täter interessiert, sondern möchte den Vermögensschaden, den der Staat durch Steuerdelikte erlitten hat, abwenden.

Auch durch OLAF (europäische Behörde gegen Fraud) können Auskunftsersuchen, Durchsuchungen und Beschlagnahmungen[444] im gesamten Beitragsgebiet erfolgen, die immer in Zusammenarbeit mit den nationalen Ermittlungsbehörden organisiert werden.

Zollfahndung, Bundesarbeitsamt und Kartellbehörden (national und international) seien hier nur der Vollständigkeit halber miterwähnt. Auch sie haben in ihrem Verantwortungsbereich Durchgriffsrechte bis in ein Unternehmen hinein. Die StPO regelt die Rechte und Pflichten der Ermittlungsbehörden im Hinblick auf die sonst durch Bürgerrechte geschützten Orte (Wohnung, Grundgesetz), Informationen (Bundesdatenschutzgesetz), Tätigkeiten (Telekommunikation, z. B. Telekommunikations-Schutzverordnung) u. ä.

Im Einzelnen kann es hier um folgende Fragen gehen:
- *Anfangsverdacht* (§ 152 Abs. 2 StPO), der eine Strafanzeige und damit die Ermittlungstätigkeit der Staatsanwaltschaft oder Steuerfahndung begründet
- *Gefahr im Verzug* (§ 105, Abs. 1 StPO), die im Ausnahmefall eine Durchsuchung und Beschlagnahme (§ 97 StPO) durch die Steuerfahndung und/oder Staatsanwaltschaft ohne *richterlichen Durchsuchungsbefehl* begründen kann
- *Durchsuchung bei Unbeteiligten* (§ 103 StPO), an die etwas höhere Anforderungen an den richterlichen Durchsuchungsbeschluss gestellt werden als bei einer Durchsuchung bei Beschuldigten (§ 102 StPO)
- *Zeugnisverweigerungsrecht* (§ 52/53 StPO), das jedoch starken Beschränkungen der entsprechenden Personen und Sachverhalte unterliegt
- *Aussageverweigerungsrecht* (§ 55 StPO), das jedem Angeschuldigten zusteht,
- *Akteneinsicht als* Person mit berechtigtem Interesse (§475 StPO) bzw. als Beschuldigter (§ 147 StPO)

Nach den Standards muss und kann ein Revisor nicht in allen Fragen Experte sein, deshalb ist es gerade für die in diesem Abschnitt diskutierten Sachverhalte äußerst wichtig, sich im Unternehmen mit dem Chefjuristen und dem Vorstand abzustimmen.

Gemeinsame Interessen
Vergleicht man interne und externe Ermittlungstätigkeit, so kann es durchaus einen Gleichklang in den Methoden geben.

---

444 OLAF (The European Anti-Fraud Office) hat das Recht zur Durchsuchung (Nr. 2185/96 des Rats vom 11.11.96).

Bei internen Ermittlungen geht es darum, einen Vermögensschaden aufzuklären. Dazu sind meist eine Vielzahl von Interviews zu führen, Dokumente zur Beweissicherung zu beschaffen, Muster der dolosen Handlung zu erkennen und letztendlich den oder die Täter zur Herausgabe des unrechtmäßig erworbenen Vermögens zu bringen.

Die Ermittlung des erlittenen Schadens ist schon schwierig genug. Denn wer kennt bei einem Schaden durch überhöhte Einkaufspreise schon genau den Marktpreis zum Zeitpunkt der dolosen Handlung. Noch schwieriger ist es, den Verbleib des verlorenen Vermögens aufzuspüren, das durch die überhöhten Preise entstanden ist. Zur Aufklärung dieser Frage ist externe Hilfe staatlicher Ermittlungsstellen unverzichtbar.

Ohne eine Strafanzeige werden jedoch Ermittlungsbehörden selten von sich allein tätig. Ohne ihre Hilfe wiederum kommt man jedoch an die relevanten Informationen nicht heran, z. B.:
- Wer hat im kollusiven[445] Spiel mitgemacht?
- Ab wann sind Vermögensveruntreuungen des Unternehmens erstmals aufgetreten?
- Über welche Bankkonten wurden die Transaktionen abgewickelt?
- Welche möglicherweise internationalen Verbindungen gibt es?
- Welche Scheinfirmen und Geldwäschefirmen wurden zwischen geschaltet?

Sicher, eine Reihe der Fragen kann durch sorgfältige Analyse unternehmensinterner Unterlagen, Rechnungen, Schriftverkehre und Terminbücher wenigstens teilweise beantwortet werden.

Alle externen Recherchen[446] sollte man jedoch den Strafverfolgungsbehörden überlassen, da sie den größten Durchgriff haben.

Es ist also wichtig, schon frühzeitig, aber erst nach dokumentierter Bestätigung eines Anfangsverdachts, eine Strafanzeige zu stellen. Auf Basis dieser Anzeige begründet sich dann, Ermittlungskapazität staatlicher Stellen vorausgesetzt, die Zusammenarbeit.

Jedoch sei nicht verschwiegen, dass eine Strafanzeige auf Dauer der Öffentlichkeit nicht verborgen bleibt. Es ist also opportun, sich von Anfang an darüber klar zu werden, wie man reagiert, wenn die Presse von dem Fall Kenntnis erlangen sollte.

Viel Verständnis ist von dieser Seite meist nicht zu erwarten,
- da es im Einzelfall immer um den Großen (das Unternehmen) gegen den Kleinen (den ungetreuen Angestellten) geht,
- da scheinbar (schon wieder) alle Sicherungsmaßnahmen versagt haben, dass es überhaupt zu so einem Fall kommen konnte,

---

445 Unter **Kollusion** (*von lat. colludere: mit einem anderen zusammenspielen*) oder auch **kollusivem Zusammenwirken** versteht man im Privatrecht Fälle des Zusammenwirkens von zwei oder mehr Beteiligten im Bewusstsein, einen Dritten zu schädigen.
446 Die Autoren sind sich bewusst, dass nicht so selten Detekteien zur Beschaffung externer Daten eingesetzt werden, kann aber nicht zur Verfolgung dieser Strategie ohne Einschränkungen zuraten.

- da selbst mittlere Schadensfälle eine hohe öffentliche Aufmerksamkeit erfahren und somit presserelevant (only bad news are good news), da interessant, sind,
- da gerne vorschnell Verurteilungen und Mutmaßungen ausgesprochen werden, auch wenn sich die Verfahren häufig über mehrere Jahre hinziehen können,

etc.

Gute Praxis ist es hier, zumindest bei materiell bedeutsamen und öffentlichkeitswirksamen Fällen ein Sonderprojektteam einzusetzen, das direkt dem Vorstand berichtet, und alle operativen Fragen klärt, u. U. mit externer rechtsanwaltlicher Hilfe. Mitglieder können z. B. Vertreter der Rechtsabteilung, der Öffentlichkeitsarbeit, des Bereichs Finanzen, des Bereichs Interne Ermittlungen oder der IR sein. Oft ist es sinnvoll, externen rechtsanwaltlichen Rat einzuholen oder zeitweise im Team mitarbeiten zu lassen.

Da das Team am Anfang den Kreis der Innentäter nicht genau kennt, ist es angeraten, die Information über die neuen Erkenntnisse nur einem sehr kleinen Kreis auch im Vorstand (z. B. VV und VF) weiterzuleiten.

Vor dem Hintergrund eines großen Schadens ist es verständlich, dass Unternehmen häufig zur Sicherung ihrer Reputation und Schutz vor weiterem Vermögensverlust die Dienste Dritter (Detekteien, Beratungsunternehmen) in Anspruch nehmen. Diese Dienste sind im Einzelfall – professionelle Auswahl vorausgesetzt, denn die Beratungsqualität ist von unterschiedlicher Qualität – manchmal nützlich. Die Zusammenarbeit mit den staatlichen Stellen können sie jedoch nicht ersetzen, nur in gewissen Grenzen unterstützen.

Aufgrund ähnlicher Interessen bei einer Vermögensschadenwiedergutmachung gelingt die Zusammenarbeit mit der Steuerfahndung normalerweise gut. Kaufmännische Expertise, Denkrichtung und Verschwiegenheit waren bei dieser Behörde besonders gut ausgeprägt. Auf der anderen Seite ist immer zu bedenken, dass diese Behörde einen gesetzmäßigen Auftrag hat, die dem Staat entzogene Steuer zurückzuführen. Eine Gefahr für ein Unternehmen kann darin liegen, die Vorsteuer auf überhöhte Rechnungen oder gar Scheinrechnungen zurückzahlen zu müssen und infolgedessen für Teile der Ausgaben die Anerkennung als Betriebsausgaben zu verlieren. Dies kann zu hohen zusätzlichen MwSt- und Körperschaftsteuer-Nachzahlungen führen.

Eine Chance besteht für das Unternehmen wiederum darin, dass eine Schadenwiedergutmachung der Täter strafmildernd wirkt. Sind dagegen Vermögensgegenstände schon im Ermittlungsverfahren aufgetaucht, kann sich schon durch Strafverfahren ein Rechtsanspruch des unrechtmäßig erworbenen Besitzes durch das Konstrukt „Verfall der Vermögensvorteile bei den Beschuldigten (§ 73 StGB)" ergeben. Vorübergehende Festnahmen der Täter wirken in der Regel positiv für den weiteren Verlauf des Verfahrens[447].

---

447 In Untersuchungshaft bleibt jedoch ein Täter auf Dauer nur, wenn er keinen festen Wohnsitz hat (Fluchtgefahr), oder wenn er Zeugen beeinflussen will (Verdunkelungsgefahr). Die Verdunkelungsgefahr ist nach Erfahrung der Autoren eher mit einer längeren Untersuchungshaft verbunden als der Tatbestand der Fluchtgefahr.

Die Zusammenarbeit mit der Staatsanwaltschaft und der Kripo ist ebenfalls nicht frei von Friktionen[448].

Das betriebswirtschaftliche Interesse des Unternehmens an einer Schadenwiedergutmachung ist bei der Kripo nicht so deutlich ausgeprägt wie bei der Steuerfahndung. Inzwischen mag die Kripo/Staatsanwaltschaft durch die Einrichtung besonderer Schwerpunktgruppen im Bereich der Wirtschaftskriminalität in den oben genannten Kriterien nachgezogen haben.

Jedoch bleibt aus unternehmerischer Sicht der Vorbehalt, dass es dieser Behörde aufgrund ihres gesetzlichen Auftrags mehr um die Strafverfolgung der Täter als um die Rückführung des Vermögens gehen muss, sodass sich hier die Interessenlagen zwischen Unternehmen und Behörde nicht komplett zur Deckung bringen lassen werden.

Eine starke Arbeitsüberlastung beider Behörden kann in der Praxis zu langwierigen Ermittlungszeiten führen. Ein Unternehmen ist hingegen an schnellen, verwertbaren Ergebnissen interessiert.

Beispielsweise ist es fast unmöglich, als betroffenes Unternehmen während des laufenden Ermittlungsverfahrens Akteneinsicht zu erhalten. Gründe dafür sind die hohen rechtsstaatlichen Anforderungen an die Ordnungsmäßigkeit des Strafverfahrens, um nicht schon im Ermittlungsverfahren Revisionsgründe für die Gegenseite zu liefern. Weiter können sich durch Erkenntnisse der Ermittlungsbehörden Indizien dafür häufen, dass weitere Innentäter zu Beschuldigten werden. Das Unternehmen wird erst dann davon in Kenntnis gesetzt werden, wenn die Ermittlungen schlagkräftige Beweise geliefert haben.

Auf der anderen Seite kann das Unternehmen mit seinem betriebswirtschaftlichen Wissen den Ermittlungsbehörden detaillierte Errechnungen und Dokumente für den erlittenen Schaden liefern, der wiederum das Ermittlungsverfahren verkürzen kann. In der Praxis wird man sich auf der Suche nach einem zweckmäßigen und ordnungsgemäßen Kompromiss einigen können. Der könnte so aussehen, dass auserwählte Ergebnisse in Teilbereichen des Verfahrens seitens der Kripo oder Staatsanwaltschaft einsehbar gemacht werden oder andere Absprachen getroffen werden.

12.1.5 Zusammenarbeit mit dem Bereich Risikomanagement

12.1.5.1 *Organisation des Risikomanagements*

Unter organisatorischen Aspekten stellt sich die Frage nach der zweckmäßigen institutionellen Einordnung des Risikomanagements. Zu unterscheiden sind dabei die Möglichkeiten der Verankerung des Risikomanagements in dezentralen, operativen Einheiten, der Verankerung in zentralen Diensten und einer Verankerung in der zentralen Geschäftsleitung. Da sich das Risikomanagement nicht nur auf einen Bereich beschränkt, sondern vielmehr alle Geschäftsbereiche umfassen muss, scheint eine zentrale Stelle Risi-

---

448 Im Unterschied zum öffentlichen Eindruck ist der gemeinsame Dienstherr der Landesinnenminister. Ermittlungen werden meist von der Staatsanwaltschaft geleitet, jedoch von besonderen Wirtschafts Straf-Kammern der Kriminalpolizei durchgeführt, die der Staatsanwaltschaft nicht weisungsgebunden sind.

komanagement ab einer gewissen Größe des Unternehmens nahezu zwingend erforderlich. Nur so wird die Beachtung von Gesamtrisikoeffekten möglich, können langfristige Aspekte und komplexe Beziehungen berücksichtigt und eine einheitliche und konsistente Risikoanalyse und Handhabung für das Unternehmen gewährleistet werden.

Betrachtet man das Risikomanagement als das System zur aktiven Steuerung der Risiken, kann keine eindeutige Charakterisierung als Stabsstelle oder Linienaufgabe erfolgen. Möglich wäre die Schaffung einer Stabsabteilung, deren Aufgabe in der Unterstützung der Unternehmensleitung und der Führungskräfte durch Informationsbereitstellung sowie in der Erarbeitung einer generellen, institutionsspezifischen Risikostrategie liegt, während die Verantwortung für die einzelnen Risiken weiterhin bei den dezentralen Einheiten verbleibt. Diese verwirklichen die Vorgaben der übergeordneten Teilbereiche im Rahmen der operativen Risikobewältigung und fungieren zugleich als die wichtigsten Quellen der Informationsbeschaffung. Es ist jedoch ersichtlich, dass sowohl im Rahmen der Steuerung als auch in den Phasen Planung und Kontrolle Entscheidungen zu treffen sind, was der Einrichtung als reiner Stabsstelle entgegensteht. Neben der Planverabschiedung und Einleitung von Gegenmaßnahmen zählen vor allem Bewältigungsentscheidungen bei der Steuerung zu den Linienaufgaben des Risikomanagements.

Das Risikocontrolling als Teilbereich des Risikomanagements eignet sich dagegen sehr gut zur Ausgestaltung als Stabsstelle. Durch die zentrale Stelle ergibt sich eine konsistente, klare, vergleichbare und vollständige Risikoübernahme bzw. -analyse mit einheitlicher Methodik, die leichter als über dezentrale Lösungen zu realisieren ist, da Abweichungen in der Methodik von vornherein ausgeschlossen sind. Weiterhin erlaubt bei Marktrisiken erst eine zentrale Verdichtung auf Unternehmensebene eine vollständige und aussagekräftige Risikoanalyse. Die Kompetenzen und die Verantwortung dieser koordinierenden Stelle erstrecken sich im Wesentlichen auf Informationsrechte bzw. die Informationsversorgung. Dezentrale, hierarchisch untergeordnete Einheiten ergänzen die zentrale Risikocontrollingstelle. Durch die Marktnähe befindet sich die beste Informationssituation im Umfeld der entscheidenden Instanz. Auch hat die Beschäftigung mit den eigenen Risikopotenzialen zur Folge, dass Erkenntnisse spezifischer gewonnen und folglich besser akzeptiert werden. Solche dezentralen Stellen müssen fachlich in jedem Fall der zentralen Risikocontrollingstelle untergeordnet sein, um das Prinzip der Funktionstrennung zu gewährleisten.

12.1.5.2 Zusammenarbeit mit der Internen Revision

In der Praxis spielt die Interne Revision eine sehr unterschiedliche Rolle im Rahmen des Risikomanagements. Zum Teil ist sie für die Konzeption und Einführung des Risikomanagementsystems verantwortlich. Eine besondere Aufgabenstellung ergibt sich für die Interne Revision, wenn kein Risikomanagementsystem eingerichtet ist. Dann hat die Interne Revision dem Management diese Defizite mitzuteilen und Vorschläge für die Errichtung zu unterbreiten. Auf Verlangen des Managements kann die Interne Revision eine aktive Rolle bei der erstmaligen Einrichtung eines Risikomanagementsystems übernehmen. Dadurch könnte eine Beeinträchtigung der Unabhängigkeit entstehen. Dies ist dem Management und dem Board zu melden (Practice Advisory 2120-1). Die

Rolle der Internen Revision selbst liegt innerhalb eines Kontinuums, das von keiner Beteiligung über Revision des Risikomanagementsystems und aktive kontinuierliche Unterstützung durch Teilnahme an Gremien und Überwachungsaktivitäten bis hin zur Steuerung und Koordinierung des Risikomanagementprozesses reichen kann. Welche Rolle dabei die Interne Revision übernimmt, bestimmt das Management.

Nach dem heutigen Verständnis besteht die Aufgabe der Internen Revision aber darin, das Risikomanagement zu beurteilen und zu verbessern (Praktischer Ratschlag 2120-2). Dabei sollte die IR darauf achten, dass durch ihre Mitwirkung kein falscher Eindruck einer Sicherheit entsteht. Das betrifft die Nutzung von Ressourcen der IR für die Identifizierung und Bewertung von Risiken, die exakt abzugrenzen sind.

Das Management ist für das Risikomanagementsystem verantwortlich. Die Interne Revision unterstützt das Management durch Untersuchungen, Bewertungen und Empfehlungen bezüglich der Eignung und Wirksamkeit der Risikoprozesse des Managements. Ihr obliegt damit das Monitoring des Risikomanagement. Sie sollte lediglich die Prüfung übernehmen, um ihre Unabhängigkeit nicht zu gefähren. Nach der Phase der Entwicklung und der Einführung sollten Risikomanagement und Interne Revision getrennt werden. Dadurch wird sichergestellt, dass eine neutrale Stelle das Risikomanagement auf seine Arbeitsweise und Effizienz prüft. Gegenstand der Prüfung kann die folgende Checkliste sein:

Checkliste	Kontrollumfeld – Kontrollbewusstsein der Führung – Klare Zuständigkeit – Richtlinien für das Verhalten – Schulung der Mitarbeiter – Einbindung in die Personalpolitik Risikosteuerung – Sind die Prozesse standardisiert und formalisiert? – Liegen Risikorichtlinien vor? – Existiert ein Risikoprofil? Kontrollaktivitäten – Wie gut ist das IKS? – Sind konkrete Defizite erkennbar? Information und Kommunikation – Existiert ein angemessener Informationsfluss zwischen den betroffenen Bereichen? – Sind die Systeme sicher (Funktion, Wartung, Integration)? Monitoring – Regelmäßige Überwachung durch Vorgesetzte, externe und interne Prüfer – Regelmäßige Berichterstattung an die Geschäftsführung und den Aufsichtsrat

Abbildung 12-4: Checkliste Risikomanagement nach COSO I

Die Identifizierung, Analyse, Bewertung und Bewältigung der Risiken kann durch ein Control-Risk Self Assessment erfolgen. Die Process Owner haben sich damit um die sie betreffenden Risiken zu kümmern. Im Rahmen eines solchen Control-Risk Self Assessment kann die Interne Revision auch die Moderation der Workshops übernehmen. Die Verantwortlichkeiten und Aktivitäten im Risikomanagementprozess aller beteiligten Personen sind zu dokumentieren.

Die Zusammenarbeit von Risikomanagement und Interner Revision bezieht sich auch auf die Verwendung der Risikoeinschätzung durch das Risikomanagement. Für die Prüfungsplanung hat der Leiter der Internen Revision die Risiken nach den Prioritäten zu gliedern. Bei dieser Beurteilung der Risiken, die mindestens jährlich vom Leiter der Internen Revision zu erfolgen hat, kann er auf die Risikoeinschätzung des Risikomanagements zurückgreifen. Auch für die Planung des einzelnen Auftrags müssen Interne Revisoren eine Einschätzung der Risiken des zu prüfenden Tätigkeitsbereichs vornehmen. Dazu berücksichtigen sie die von den Führungskräften für den zu prüfenden Bereich vorgenommene Risikobeurteilung.

12.1.6 Gefüge der Überwachung.: Das Three Lines of Defense-Modell

Da eine Reihe von Instrumenten und Institutionen im Unternehmen besteht, die sich mit Fragen der Überwachung beschäftigen, liegt es nahe, daraus ein Gefüge zu entwickeln. Dabei ist insbesondere die Beziehung zwischen der Internen Revision, der Compliance-Funktion und der Risikomanagementfunktion zu betrachten. Zwischen den Geschäftsbereichen, den Servicefunktionen und der Internen Revision gibt es eine Beziehung, die als Modell der drei Verteidigungslinien umschrieben wird.[449]

Die erste Verteidigungslinie bilden die Geschäftsbereiche. Sie sind verantwortlich und rechenschaftspflichtig für die Identifizierung und Bewertung der Risiken und die Entwicklung geeigneter Kontrollen, um das Eintreten der Risiken zu verhindern.

Die zweite Verteidigungslinie umfasst die Servicefunktionen wie Risikomanagement, Compliance und Controlling, aber auch Unternehmenssicherheit, Qualitätssicherung, IT-Security und die Personalabteilung. Ihre Aufgaben bestehen darin, in enger Verbindung mit den Geschäftsbereichen sicher zustellen, dass die Risiken angemessen identifiziert und gesteuert werden und die Kontrollen wirksam arbeiten. Sie helfen dabei, die Strategie für die Risikopolitik zu definieren und Informationen für einen unternehmensweiten Überblick über Risiken und Kontrollen zu sammeln und zu vermitteln.

Die dritte Verteidigungslinie bildet die Interne Revision. Sie kann prozessunabhängig die Effektivität und Effizienz der Prozesse bewerten und zur Sicherheit dieser Prozesse beitragen. Damit wird die herausgehobene Stellung der Internen Revision in diesme Gefüge deutlich. Die vorgelagerten Verteidigungslinien unterliegen der Prüfung durch die Interne Revision.

---

449 Vgl. IIA Position Pasper 2013; Eulerich 2013, S. 55 ff.

Das Three Lines of Defense-Modell ist als Rahmenkonzept zu verstehen, das im konkreten Fall auszugestalten ist. Unabdingbar ist aber die Veranwortung der Geschäftsbereiche für das IKS und das RMS. In KMUs werden nicht immer die Servicestellen der zweiten Verteidigungslinie vorhanden sein. Es spricht aber für diese Konzeption, dass das Controlling unabhägig von der Internen Revsion agieren sollte, um zumindest einen Bestandteil der zweiten Verteidigungslinie zu bilden.

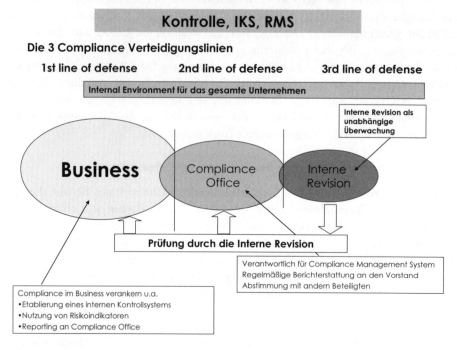

Abbildung 12-5: Three-Lines-of-Defense Model

12.2 Branchenspezifische Besonderheiten der IR in Deutschland

12.2.1 Interne Revision in Banken und Versicherungen

Interne Revisionen in Banken
Die Interne Revision in Banken hat eine lange Tradition und durch die Vorgaben des BAKred in der Vergangenheit und die BaFin heute auch eine aufsichtsrechtliche Grundlage. Die Interne Revision ist danach durch die MaRisk[450] geregelt. AT 4.4.3 verlangt, dass jedes Kreditinstitut über eine funktionsfähige IR verfügt. Sie ist der Geschäftsleitung unmittelbar unterstellt und hat risikoorientiert und prozessunabhängig die Wirksamkeit und Angemessenheit des RMS und des IKS sowie die Ordnungsmäßigkeit aller Aktivitäten und Prozesse zu prüfen. Dazu ist sie mit umfassen-

---
450 Vgl. i. d. F. vom 14.12.2012.

den aktiven und passiven Informationsrechten auszustatten. Wechselt die Leitung der Internen Revision, ist das Aufsichtsorgan zu informieren.

Ein Verzicht auf eine eigene IR kommt nur in Betracht, wenn die IR auf ein anderes Unternehmen ausgelagert wird und die Revisionstätigkeit dieser IR den Anforderungen der MaRisk in vollem Umfang entspricht. Im Abschnitt BT 2 werden die besonderen Anforderungen an die Ausgestaltung der IR aufgeführt. Sie entsprechen den Grundsätzen der Berufsausübung der IR. Sie muss unabhängig und ausschließlich mit Prüfungsaufgaben befasst sein. Beratungsaufgaben können nur insoweit übernommen werden, wie die Unabhängigkeit nicht beeinträchtigt wird.

Im Weiteren werden die Prüfungsplanung und -durchführung, die Berichtspflicht und die Reaktion auf festgestellte Mängel behandelt. Der Prüfung muss ein umfassender und jährlich fortzuschreibender Prüfungsplan zu Grunde liegen. Dabei ist die Prüfungsplanung risikoorientiert durchzuführen, wobei die Aktivitäten und Prozesse grundsätzlich innerhalb von drei Jahren zu prüfen sind bei besonderen Risiken jährlich. Die gesamte Tätigkeit der IR ist laufend zu überprüfen und weiterzuentwickeln. Die Planung muss auch berücksichtigen, dass kurzfristig notwendige Sonderprüfungen jederzeit durchgeführt werden können. Die Prüfungsplanung und alle wesentlichen Änderungen sind von der Geschäftsleitung zu genehmigen. Für alle Prüfungen ist zeitnah ein schriftlicher Bericht zu erstellen, der den fachlich zuständigen Mitgliedern der Geschäftsleitung vorzulegen ist. Er hat den Prüfungsgegenstand, die Prüfungsfeststellungen und die vorgesehenen Maßnahmen zu enthalten. Die Prüfungsergebnisse sind zu beurteilen, wesentliche Mängel hervorzuheben und bei schwerwiegenden Mängeln ist der Bericht der Geschäftsleitung unverzüglich vorzulegen. Die MaRisk unterscheidet drei Abstufungen von Mängeln: „Wesentliche", „schwerwiegende" und „besonders schwerwiegende" Mängel. Damit wird eine ordinale Skala vorgegeben, die von der einzelnen Bank genauer abzugrenzen ist. Die durchgeführten Arbeiten, die festgestellten Mängel und die Schlussfolgerungen müssen in Arbeitsunterlagen dokumentiert werden, sodass sie von einem sachkundigen Dritten nachvollzogen werden können.

Besteht hinsichtlich der zu ergreifenden Maßnahmen keine Einigkeit zwischen Prüfer und Geprüften, hat die geprüfte Einheit eine Stellungnahme dazu zu verfassen. Ebenfalls zeitnah ist ein Jahresprüfungsbericht zu erstellen und der Geschäftsleitung vorzulegen. Er hat über die wesentlichen Mängel und die ergriffenen Maßnahmen im Rahmen der durchgeführten Prüfungen und über die Einhaltung des Jahresprüfungsplans zu berichten. Besondere Berichtspflichten ergeben sich bei schwerwiegenden Feststellungen gegen Geschäftsleiter. In diesem Fall ist der Geschäftsleitung unverzüglich Bericht zu erstatten. Diese hat den Vorsitzenden des Aufsichtsorgans und die Aufsichtsinstitutionen zu informieren. Kommt sie dieser Verpflichtung nicht nach, so hat die Interne Revision den Vorsitzenden des Aufsichtsorgans zu informieren. Insgesamt hat die Geschäftsleitung dem Aufsichtsorgan einmal jährlich über die von der Internen Revision festgestellten schwerwiegenden und über die noch nicht behobenen wesentlichen Mängel zu informieren. Revisionsberichte und Arbeitsunterlagen sind sechs Jahre aufzubewahren.

Die Interne Revision hat die fristgerechte Beseitigung der festgestellten Mängel zu überwachen. Hierzu kann eine Nachschauprüfung eingesetzt werden. Erfolgt die Beseitigung der Mängel nicht fristgerecht, ist zunächst der fachlich zuständige Geschäftsleiter zu informieren. Erfolgt die Mängelbeseitigung nicht, ist dieser Punkt spätestens in den Jahresprüfungsbericht aufzunehmen.

Die MaRisk enthält unter AT 4.4.1 Hinweise zur Risikocontrolling-Funktion und unter AT 4.4.2 Hinweise zur Compliance-Funktion. Sie werden unter dem Gliederungspunkt 5.1.3 näher erläutert.

Interne Revisionen in Versicherungen
Am 15. November 2007 hat der deutsche Bundestag die 9. VAG-Novelle verabschiedet, in der im § 64a (Geschäftsorganisation) die aufsichtsrechtlichen Anforderungen an das Risikomanagement von Versicherungsunternehmen spezifiziert werden. Dabei wird unter Abs. 1 Nr. 4 die Revisionsfunktion explizit genannt. Von der BaFin wurden mit Rundschreiben 3/2009 (VA) die aufsichtsrechtlichen Mindestanforderungen an das Risikomanagement (MaRisk VA) konkretisiert. Der Internen Revision kommt als unabhängiger Überwachungsinstanz eine entscheidende Rolle zu. Eine funktionsfähige Interne Revision stellt einen notwendigen Bestandteil einer ordnungsgemäßen Geschäftsorganisation dar.

Die Vorgaben zur Internen Revision ähneln weitgehend den Vorgaben für die Kreditinstitute. Ein wesentlicher Unterschied besteht in der Funktionsauslagerung der Internen Revision. Insbesondere bei kleinen Unternehmen muss die Interne Revision nicht notwendigerweise das ganze Jahr tätig werden. Eine Ausgliederung ist nur auf der Grundlage einer schriftlichen Vereinbarung zulässig. Bei einer Ausgliederung auf Externe hat sich das Unternehmen davon zu überzeugen, dass der Dritte über ausreichende Kenntnisse und Kapazitäten verfügt, um eine ordnungsgemäße Prüfungstätigkeit zu gewährleisten. Bei einer Ausgliederung der Internen Revision muss die Geschäftsleitung einen Revisionsbeauftragten benennen, der die ordnungsgemäße Durchführung der Internen Revision sicherstellen muss. Er sollte entweder Mitglied der Geschäftsleitung sein oder ein Mitarbeiter mit ausreichenden Kenntnisse auf diesem Gebiet und mit der erforderlichen Unabhängigkeit. Wichtig erscheint dabei der Hinweis, dass die Mitarbeiter der Internen Revision die internationalen Standards (IIA) und die nationalen Standards (DIIR) kennen und anwenden. Planung und Durchführung der Prüfungen sowie die Berichterstattung der Internen Revision sind analog zur Internen Revision von Kreditinstituten geregelt. Es fehlt allerdings der Hinweise, dass die Revisionsobjekte mindestens einmal in drei Jahren zu prüfen sind. Hier wird nur verlangt, dass die Prüfungen risikoorientiert nach einem jährlich fortzuschreibenden Plan zu erfolgen haben. Betont wird wiederum die Unabhängigkeit und Objektivität der Internen Revision.

Es liegt nun der Entwurf des zehnten Gesetzes zur Änderung des Versicherungsaufsichtsgesetzes vor, mit der die Solvency-II-Richtlinie in deutsches Recht umgesetzt werden soll. Sowohl Regelungsdichte wie -intensität gehen weit über die bisherigen Ansätze hinaus. Der Entwurf enthält sieben Abschnitte. Der Abschnitt 2: „Vorschriften für die Erstversicherung und die Rückversicherung" beschäftigt sich mit Governance. Es werden dort Anforderungen an die Geschäftsordnung von Versicherungsunternehmen gestellt. Dazu zählen nun die Vorgaben zur Qualifikation von sogenannten Schlüsselpositionen. Neu gefasst werden auch die Vorgaben an das Risikomanagement, das interne Kontrollsystem und die Interne Revision. Diese Aufgaben werden aus dem § 64 a VAG herausgelöst und separat behandelt. Das Aufgabenspektrum des RMS wird dabei deutlich erweitert. Da diese Teile nun aus dem § 64 a VAG ausgelagert werden, ist eine Diskussion entstanden, ob es dann noch eine neue VA geben wird. Davon ist aber auszugehen.

Die Verhandlungen zwischen Europäischem Parlament, Rat und Kommission haben im Laufe des Jahres über die Omnibus II Richtlinie zur Novellierung von Solvency II zu keiner Einigung geführt. Omnibus II fasst alle noch offen Rechtsgrundlagen der Solvency II-Richtlinie zusammen, so dass ohne deren Verabschiedung die weiteren Schritte nicht durchgeführt werden können. Damit musste auch die geplante 10. VAG-Novellierung verschoben werden. Es wird nun davon ausgegangen, dass Solvency II nicht 2014, sondern zum 1. Januar 2016 umgesetzt wird. Ein neuer Entwurf der 10. VAG-Novelle ist frühestens 2014 zu erwarten.

12.2.2 Interne Revision in öffentlichen Unternehmen und Verwaltungen

Zu den Aufgaben der öffentlichen Hand gehört die Vermittlung und Bereitstellung von Leistungen und Gütern, die durch die Privatwirtschaft nicht oder nicht hinreichend angeboten werden. Dabei ist diese Grenze zwischen den öffentlichen Aufgaben von Bund, Ländern und Kommunnen und der privaten Wirtschft fließend. Im Wesentlichen beziehen sich die Aufgaben auf die Infrastruktur, die Versorgung und die Kultur. Welche wirtschaftliche Bedeutuung dieser Sektor hat, zeigt sich bei den klassisch zu verrichtenden Aufgaben:[451]
- Versorgungsbetriebe wie Strom, Gas, Heizung, Wasser
- Entsorgungsbetriebe wie Müllabfuhr, Müllverbrennung, Kanalisation
- Vekehrsbetriebe wie Bahn, öffentlicher Personenverkehr
- Krankenhäuser wie Universitätskliniken und Spezialkliniken
- Pflegeeinrichtungen wie Altenpflege, Behindertenbetreuung
- Kinder- und Jugendeinrichtungen
- Kulturbetriebe wie Theater, Oper

Für das Betreiben können die Rechts- und Organisationsformen des Privat- und öffentlichen Rechts gewählt werden. Dabei ist der Staat gehalten – nach den jeweiligen Gesetzen – einen bestimmten Einfluss auf das Unternehmen auszuüben. Diese Einflussnahme kann bei den Rechtsformen öffentlichen Rechts sehr stark sein, wenn an Regiebetrieb, Zweckverband oder Eigenbetrieb gedacht wird; sie kann geringer sein wenn die Rechtsform GmbH und AG gewählt wird. Im Rahmen der Public Private

---

[451] Vgl. Rieckmann 2008, S. 816.

Partnership kommt es zu einer Kooperation zwischen dem öffentlichen und dem privaten Sektor, auch was die Steuerungs- und Kontrollinstrumente betrifft.

Öffentliche Zwecke schließen die Gewinnerzielung nicht aus. Das Erzielen von Überschüssen für die Haushalte der Kommunen wird in den Gemeindeordnungen ausdrücklich angesprochen. Aus den öffentlichen Zwecken folgt jedoch üblicherweise ein Vorrang der Sachziele vor den Formal-(Ertrags-)zielen. Der Leistungsauftrag bestimmt das Handeln, nicht die Maximierung der Rendite für das eingesetzte Kapital. So werden geringe Renditen oder auch Fehlbeträge hingenommen. Nicht die Gewinnmaximierung sondern die Fehlbetragsminimierung steht im Vordergrund des Handelns. Daraus können Anforderungen an die Prüfung und Überwachung dieser Unternehmen abgeleitet werden. Als Folge ergibt sich auch, dass die Rechts- und Ordnungsmäßigkeit Vorrang vor der Wirtschaftlichkeit hat, da das Verwaltungshandeln dem Vollzug gesetzlicher Vorschriften zur Umsetzung öffentlicher Sachziele dient.[452]

Für die öffentlichen Unternehmen und Verwaltungen regeln unterschiedliche Gesetze und Verordnungen die Prüfung. Für Kapitalgesellschaften, unabhängig von der Trägerschaft, und für Kapitalgesellschaften in öffentlichem Eigentum, gilt die allgemeine Prüfungspflicht. Insofern unterliegen diese Unternehmen der jährlichen Abschlussprüfung. Daneben existieren noch für spezielle Wirtschaftszweige und bestimmte Rechtsformen spezifische Prüfungspflichten. Die überörtlichen Prüfungen des Kommunalrechts sind in den einzelnen Bundesländern unterschiedlich geregelt. Nach § 44 des HGrG ist zusätzlich eine Prüfung der Betätigung von Bund und Ländern bei privatrechtlichen Untenehmen durch den Bundesrechnungshof vorgesehen.

Aufgrund dieses Gefüges der Prüfungen wurden Fragen einer Intenen Revison z. T. erst spät in Angriff genommen. Nach Größe, Branche und wirtschaftlicher Bedeutung sind nun aber auch in diesen Unternehmen IR eingerichtet worden. Die Notwendigkeit zur Einrichtung einer Internen Revision besteht bei diesen Unternehmen in gleicher Weise wie für die privatwirtschaftlichen Unternehmen. Neuere Studien belegen, dass die öffentlichen Unternehmen erhebliche Steuerungs- und Kontrolldefizite aufweisen.[453] So wurden im Beziehungsgeflecht zwischen Kommunen und öffentlichen Unternehmen häufig Verstöße gegen formale Vorgaben festgestellt. Hinzu kommt z. T. eine mangelnde Vorgabe der Leitungsfunktionen gegenüber Kunden, Auftaggebern und Kostenträgern. Der Bedarf nach einer IR ist damit deutlich gestiegen.

Das Bundesministerium des Innern hat am 21. 12. 2007 die „Empfehlungen für Interne Revisionen in der Bundesverwaltung" vorgelegt.[454] Danach soll die Interne Revision die Behördenleitung bei der Wahrnehmung ihrer Gesamtverantwortung unterstützen und entlasten und durch ihre Tätigkeit die Risiken mindern. Es wird ausdrücklich darauf verwiesen, dass zu ihren Aufgaben die Prüfungs- und die Beratungstätigkeit gehören und die Prüfungsplanung risikoorientiert zu erfolgen hat. Auch auf internationaler Ebene existiert ein Standard zur Internen Revision. Die

---

452 Vgl. Rieckmann/Hornung 2011, S. 763
453 Vgl. Budhäus/Strocke 2003 S. 79–102.
454 Vgl. Bundesministerium des Innern: bmi.bund.de

Internationale Organisation der Obersten Rechnungskontrollbehörden (INTOSAI) hat mit Gov 9140 einen Standard zur „Unabhängigkeit der Internen Revision im öffentlichen Sektor" herausgegeben.[455] Wie auch bei der Empfehlung des Bundesministeriums des Innern erkennt man als Grundlage die Internationalen Standards des IIA.

Aus der Vielfalt der Organisations- und Rechtsformen, den möglichen Kooperationen zwischen öffentlichen und privaten Unternehmen sowie der unterschiedlichen Zielsetzungen ergeben sich die speziellen Anforderungen an die IR. Sie hat die Wirtschaftlichkeit der Geschäftsprozesse, die Erfüllung formal-rechtlicher Vorgaben und die Erfüllung der vorgegebenen Daseinsfürsorge zu beachten. Die Probleme für die Prüfung ergeben sich daraus, dass diese drei Vorgaben nicht immer deckungsgleich zu erfüllen sind. Deshalb erfordert die Prüfung in diesem Bereich noch stärker als in der Privatwirtschaft transparente und effiziente Steuerungsmechanismen, da ein Markt als Kontroll- und Sanktionsmechanismus weitgehend ausfällt. Wenn Wirtschaftlichkeit, öffentliches Interesse und rechtliche Übereinstimmung gegeben ist, kann von einer klassischen IR gesprochen werden. Fallen diese Zielgrößen auseinander, hat die IR abzuwägen und einen Ausgleich zwischen den divergierenden Interessen zu finden, wobei die Gefahr besteht, dass die Wirtschaftlichkeit auf der Strecke bleibt. Durch die Fortentwicklung zur Privatisierung weiter Bereiche der öffentlichen Unternehmen wird diese Aufgabe nicht einfacher. Es sind klare Zielvorgaben erforderlich, wie das Verhältnis zwischen staatlicher Steuerung und privatwirtschaftlichen Interessen verlaufen soll. Durch Wirkungsanalysen lässt sich dann ermitteln, ob dieser Grad der Kooperation erreicht wurde. Allerdings werden von den unterschiedlichen Bezugsgruppen, die in den Aufsichtsgremien der öffentlichen Unternehmen vertreten sind, sehr unterschiedliche Erwartungen an die Unternehmen gerichtet. Die Interessen der Vertreter der Parteien, der Gerwerkschaften, der Kommunen und der privaten Wirtschaft müssen in einer gemeinsamen Zielfunktion zusammengefasst werden, wo Spielräume für Entscheidungen vorliegen. Dies gelingt häufig nur mit sehr hohem Abstraktionsgrad und ohne detaillierte Vorgaben für die praktische Handhabung. Der Nachteil besteht bei derartigen Regelungen immer darin, dass in Konfliktfällen die kontroverse Diskussion der verschiedenen Vertreter auflebt.

12.2.3 Interne Revision bei den Wirtschaftsprüfungsgesellschaften

Wirtschaftsprüfende Dienstleistungen stellen eine immaterielle Verrichtung dar, wenn auch das Ergebnis teilweise in Form von Prüfungsberichten materieller Natur ist. Die Produktion kann jedoch nicht auf Vorrat erfolgen, da zum einen die Lagerfähigkeit der Leistung nicht gegeben ist, zum anderen weil die Integration des externen Faktors – des Mandanten – die wesentliche Voraussetzung für das Tätigwerden darstellt. Die Dienstleistung des Prüfers kann nur erbracht werden, wenn ein Mandant aus eigener Initiative an den Wirtschaftsprüfer herantritt und die für die Prüfung nötigen Informationen übergibt. Der Mandant erlangt insofern eine Doppelfunktion

---

455 Vgl. INTOSAI: Unabhängigkeit der Internen Revision im öffentlichen Sektor, intosai.org.

und wird zum Kunden, der nicht nur konsumiert, sondern teilweise auch produziert. Die erste Wertkette – die Integration des Mandanten – enthält die Herausforderung, einerseits den Informations- und Datenfluss zwischen WPG und Mandant zu optimieren, andererseits die Integration des Mandanten in die Dienstleistungserstellung zu verbessern. Insofern sind die Bewertung und Beurteilung der Prozesse einer WPG auf die Beziehung zum Mandanten vorzuverlagern, was den Antrag und seine Bearbeitung in der WPG betrifft. Vor der Auftragsannahme muss deshalb der Abschlussprüfer zunächst feststellen, ob die Auftragsannahme zu Konflikten mit bestehenden Mandatsbeziehungen oder Verstöße gegen die Unabhängigkeit führen würde. Der Prüfungsprozess besteht dann aus der Prüfungsplanung, der Einholung von Prüfungsnachweisen und der Berichterstattung.

Die Einrichtung einer Internen Revision in Wirtschaftsprüfungsgesellschaften ist in Deutschland nicht gesetzlich geregelt. Insofern gelten zunächst die gleichen Anforderungen wie in anderen Unternehmen auch, die nach Branchen und Größe eine Interne Revision einrichten. Auch für die WPG sichert eine effektive Interne Revision die Funktionsfähigkeit und Effizienz der internen Steuerungs- und Überwachungssysteme.[456] Die Besonderheit für die WPG ergibt sich aus den Anforderungen an die Ausgestaltung von Qualitätssicherungssystemen, die in einer Reihe von Vorschriften verlangt wird:
- Anforderungen an die Qualitätssicherung in der Wirtschaftsprüferpraxis (VO I/2006) von WPK und IDW
- Wirtschaftsprüferordnung, insbesondere § 55 b
- Berufssatzung für Wirtschaftsprüfer/vereidigte Buchprüfer, insbesondere §§ 37 ff.
- Standards und Verlautbarungen des Berufsstandes
  - ISA 220 und der International Standard on Quality Control 1 (ISQC 1) der IFAC
  - Abschlussprüferaufsichtsgesetz (APAG)

Die Aufgabenstellung der Internen Revision in WPG unterscheidet sich nicht von denen anderer Unternehmen:

1. Prüfung von betrieblichen Abläufen und Strukturen
Bei den WPG liegt das Hauptaugenmerk auf der Durchführung von Prüfungen. Durch die Optimierung und Standardisierung der internen Prozesse lässt sich eine Verbesserung der Tätigkeitsabläufe erzielen. Aufgabe der Internen Revision ist die Beurteilung der Ordnungsmäßigkeit und der Zweckmäßigkeit der durchgeführten Prüfungen. Ziel der Prüfung ist die Ermittlung von Ist-Abweichungen und das Auslösen von Sanktionen gegenüber den verantwortlichen Personen und die Verbesserung der Abläufe, um einzelne Mängel abzustellen. Ausgangspunkt dieser Beurteilung ist die Dokumentation, da der Abschlussprüfer alle Sachverhalte zu dokumentieren hat, die als Nachweis für die Prüfungsaussage von Bedeutung sein könnte und mit denen der Nachweis ge-

---

456 Vgl. Hoffmeister/Riedel/Seibel, 2008, S. 831.

führt werden kann, dass die Abschlussprüfung in Übereinstimmung mit den Grundsätzen ordnungsmäßiger Abschlussprüfung durchgeführt worden ist. Unter der Dokumentation ist die Aufnahme der im Rahmen der Abschlussprüfung erstellten oder erhaltenen Unterlagen in die Arbeitspapiere des Abschlussprüfers zu verstehen. Diese Arbeitspapiere müssen so vollständig und detailliert sein, dass sich ein sachkundiger Dritter in angemessener Zeit einen Überblick über die Durchführung der Prüfung verschaffen kann. Hier ergeben sich hohe Anforderungen an die Organisation und Dokumentation der Prüfungen, da Referenzierungen hinsichtlich Bilanz, GuV, Anhang, Lagebericht, Kapitalflussrechnung und Segmentberichterstattung erfolgen müssen.

2. Beurteilung der Funktionsfähigkeit des Internen Kontrollsystems
Bei der Beurteilung der Funktionsfähigkeit des Internen Kontrollsystems wird das System selbst Prüfungsgegenstand. Es soll damit überprüft werden, ob seine Elemente die verlangten Funktionen erfüllen. Maßgebend für die Wirksamkeit der Kontrollmaßnahmen ist, dass mögliche Abweichungen auf ihre Ursachen untersucht und die gefundenen Ergebnisse zu einer Verbesserung der Funktionsfähigkeit des Systems herangezogen werden. Die Interne Revision muss ein Gesamturteil über die Angemessenheit und Wirksamkeit der Kontrollprozesse treffen. Dabei ist darauf zu achten, dass das Interne Kontrollsystem dafür sorgt, dass
- das Rechnungswesen und die betrieblichen Informationen vollständig und zuverlässig sind,
- die Prozesse zur Zielerreichung beitragen und effizient ablaufen,
- das Betriebsvermögen gesichert wird und
- interne wie externe Vorgaben eingehalten werden.

3. Beurteilung der Qualitätssicherung der WPG
Im Bereich der Qualitätssicherung wird die Interne Revision dann tätig, wenn es keine dafür gesondert vorgesehene Institution gibt. Ihre Aufgabe besteht in der Beurteilung des Qualitätssicherungssystems der WPG. Dazu muss sichergestellt sein, dass alle Mitarbeiter über angemessen strukturierte und klar verständliche Anweisungen zur Prüfungsdurchführung verfügen. Dadurch werden sie mit ihren Aufgaben vertraut gemacht und auf ihre Verantwortlichkeit hingewiesen. Um dem Erfordernis der Eigenverantwortlichkeit gerecht zu werden, muss sich der Abschlussprüfer in ausreichendem Maße an der Prüfung selbst beteiligen. Während der Prüfung muss der Abschlussprüfer die beteiligten Prüfer anleiten und kontrollieren. Die Kontrolle bezieht sich darauf, ob die Mitarbeiter über die erforderlichen Kenntnisse verfügen, die Prüfungsanweisungen verstehen, sie auch umsetzen und ob der Prüfungsablauf insgesamt der Planung entspricht. Der Abschlussprüfer muss auch dafür Sorge tragen, dass er als Gesprächspartner für kritische Fragen und Probleme zeitnah zur Verfügung steht.

Vor Abschluss der Prüfung ist die Ordnungsmäßigkeit der Arbeiten und der Dokumentation zu beurteilen. Ein nicht zum Prüfungsteam gehörender Mitarbeiter sollte anhand des Prüfungsberichts und der Arbeitspapiere eine Beurteilung der wichtigsten Prüfungshandlungen und -ergebnisse vornehmen können. Dabei ist auf die

Einhaltung der Prüfungsanweisungen, die Dokumentation der Prüfungshandlungen und das Vorliegen ausreichender Prüfungsnachweise zu achten.

Die Interne Revision spielt im Bereich der WPG keine dominante Rolle, da das Qualitätssicherungssystem z. T. nicht zum Aufgabenbereich der Internen Revision gehört. Die Anforderungen an die WPG steigen; neben der Erwartungslücke hat sich auch noch eine Vertrauenskrise aufgetan. Hier kann und wird in Zukunft die Interne Revision einen Beitrag leisten, um die Einhaltung der Vielzahl von Vorschriften zu sichern und damit auch die Qualität zu halten bzw. zu steigern, um zu vertrauensbildenden Maßnahmen beizutragen.

12.2.4 Interne Revision im Mittelstand

Die Unternehmensführung hat sich durch Kontrollen und Prüfungen von der Ordnungsmäßigkeit und Wirtschaftlichkeit der vollzogenen Tätigkeiten zu überzeugen. Die Prüfungsfunktion kann allerdings delegiert werden. Im Mittelstand ist dies abhängig von der Branche und Struktur des Unternehmens. Eine eindeutige Abgrenzung des Mittelstands fehlt in Deutschland. In der betriebswirtschaftlichen Lireratur werden die Begriffe kleine und mittlere Unternehmen (KMU), mittelständische Unternehmen und Mittelstand häufig synonym verwendet. Zur Kennzeichnung werden üblicherweise qualitative und quantitative Kriterien gewählt. Das Institut für Mittelstandsforschung geht von bis zu 500 Mitarbeitern und einem Jahresumsatz bis 50 Mio. EUR aus, als Kennzeichen für mittelständische Unternehmen.

Als qualitative Merkmale werden am häufigsten genannt:
- Einheit von Leitung und Eigentum
- Bedeutung der Persönlichkeit des Unternehmers
- geringerer Formalisierungsgrad
- keine Konzernbindung
- begrenzte Möglichkeiten der externen Kapitalbeschaffung
- Erbringen von individualisierten Leistungen auf einem regionalen Markt

Unter Berücksichtigung der Besonderheiten des Mittelbetriebs und der Branche sind in der Praxis zur Erfüllung der internen Revisionsaufgaben folgende Formen der Aufgabenverteilung denkbar:[457]

Ein Prüfer ist für alle Prüfungsaufgaben verantwortlich (Einzelrevisor) und vollamtlicher Träger der Prüfungsaufgabe. Die Prüfungsaufgaben können aber auch in Einzelaufgaben zerlegt und von unterschiedlichen Mitarbeitern als Nebenaufgaben wahrgenommen werden, wie z. B. dem Assistenten der Geschäftsleitung, dem Leiter der Buchführung und dem Geschäftsführer selbst. Denkbar ist auch, dass dem Prüfer neben seinen eigentlichen Aufgaben weitere Aufgaben zugewiesen werden. Die Prüfungsaufgaben werden z. B. um das Controlling oder Teile des Rechnungswesens erweitert. Als vierte Möglichkeit kommt in Betracht, dass die Prüfungsaufgabe nicht

---

457 Vgl. Peemöller/Hussmann, S. 588.

durch Mitarbeiter des Unternehmens sondern durch externe Personen, wie Wirtschaftsprüfer und Unternehmensberater, wahrgenommen werden.

Eine Aufspaltung oder Erweiterung der Prüfungsfunktion kann nur eine vorübergehende Lösung darstellen. Der größte Nutzen ergibt sich aus einem Einzelrevisor oder einer Revisionsabteilung, wenn sie kostenmäßig tragbar ist. Allerdings müssen auch die Voraussetzungen erfüllt sein, um die Vorteile zu nutzen. Dazu gehören qualifizierte Mitarbeiter, die über Wissen, Fähigkeiten, Erfahrungen und Kompetenz verfügen und denen es auch gelingt, den von ihnen generierten Added Value gegenüber den potenziellen Auftraggebern zu kommunizieren[458]. Häufig sind die Revisionsabteilungen in mittelständischen Unternehmen personell unterbesetzt.[459] Eine verbesserte Kommunikation gegenüber den Geprüften und den Kunden der Internen Revision durch eine positive Einstellung zu den Mitarbeitern, aggressionsfreie Gesprächsführung, Eingehen auf die Argumente und eine gemeinsame Erarbeitung von Lösungen erhöht die Akzeptanz im Unternehmen.

Da in kleinen und mittleren Unternehmen eine voll ausgestattete Interne Revision eher der Ausnahmefall sein wird, bietet sich das Instrument des Teiloutsourcing an. Die Interne Revision hat im ersten Schritt zu erfassen, welche Prüfungen erforderlich sind und im zweiten Schritt, für welche Prüfungen sie die erforderlichen Kenntnisse und Kapazitäten besitzt. Der Teil, der nicht von der Internen Revision übernommen werden kann, ist dann auf externe Spezialisten zu übertragen. Wichtig ist eine klare Abgrenzung der Verantwortlichkeiten zwischen Unternehmen und externem Prüfer, um zu verhindern, dass revisionsfreie Räume im Unternehmen entstehen. Dabei sollten auch alle Mischformen der Zusammenarbeit mit in die Überlegungen einbezogen werden. Dazu gehört die Teambildung zwischen internen und externen Prüfern, die Einbeziehung von Gastrevisoren und die Einbindung von Spezialisten aus dem eigenen Unternehmen in das Prüfungsteam.

Unterstellung der Internen Revision
Die organisatorische Unabhängigkeit der Internen Revision und damit die Möglichkeit zur Erbringung objektiver Revisionsleistungen wird durch die Zuordnung unter den Vorstand bzw. die Geschäftsleitung gesichert. Dabei sollte sie funktional der gesamten Führung unterstellt sein, disziplinarisch aber dem aktiven Leiter des Unternehmens. Durch diese Unterstellung erhält die Interne Revision die erforderliche Unterstützung, welche unverzichtbar ist, da nur die Unternehmensführung selbst die Umsetzung der Revisionsergebnisse anordnen kann. Gleichzeitig ist gewährleistet, dass alle Unternehmensbereiche einer Prüfung durch die Interne Revision unterzogen werden können. Die grundlegende Anforderung, keine revisionsfreien Räume zu dulden, wird somit weitgehend erfüllt. Die Unterstellung der Internen Revision unter den Vorstand bzw. die Geschäftsleitung ist in Deutschland üblich. Um die Wirksamkeit der Internen Revision zu erreichen, ist allerdings eine enge Kommunikation zwischen der Internen Revi-

---

458 Vgl. Benischke 2000, S. 1044.
459 Vgl. Günther 2008, S. 291.

sion und der Geschäftsleitung erforderlich. Dazu hat die Interne Revision jährlich eine Jahresprüfungsplanung, eine Budgetplanung und eine Personalplanung vorzulegen, die mit der Geschäftsleitung diskutiert und von dieser zu genehmigen ist. Auch der Jahresprüfungsbericht sollte Gegenstand einer Diskussion mit der Geschäftsleitung sein. Darüber hinaus sollte vereinbart werden, dass regelmäßige Treffen zwischen Geschäftsleitung und Interner Revision stattfinden, um die Ergebnisse von Prüfungen vorzutragen, Beurteilungen zur Qualität von IKS und RMS abzugeben, auf Veränderungen der Risiken und von dolosen Handlungen hinzuweisen, Aufträge für Sonderprüfungen entgegenzunehmen und Vertrauen und Akzeptanz zu erreichen.

Dadurch wird die Interne Revision zu einem integralen Bestandteil des Managements. Hieraus ergeben sich auch die besonderen Anforderungen an die Interne Revision im Mittelbetrieb, unternehmerisch zu denken und zu handeln. So gilt es, die gesamte Organisation auf bislang ungenutzte Gewinnmöglichkeiten zu untersuchen, Schwachstellen zu beseitigen und unternehmerische Entscheidungen vorzubereiten. Die Prüfungen sind so zu definieren, dass die Unternehmensleitung bestmöglich entlastet wird und sich durch die Delegation der Überwachungsaufgabe auf die primären Unternehmensaufgaben konzentrieren kann.

Diese Aufwertung der Internen Revision lässt ihr Verhältnis zur Unternehmensleitung nicht unberührt. Zu erwarten sind insbesondere folgende Veränderungen:

- Eine positive(re) Einstellung der Unternehmensleitung zur Überwachungsfunktion und zur Tätigkeit der Internen Revision. Die zu erwartenden Einstellungsänderungen sind auch im Zusammenhang mit den erhöhten Haftungsrisiken zu sehen, denen sich eine Unternehmensleitung bei einer Vernachlässigung ihrer Überwachungsverpflichtung aussetzt.
- Ein erleichterter Zugang der Internen Revision zur Unternehmensleitung.
- Eine verbesserte Machtstellung der Internen Revision gegenüber den geprüften Bereichen, vor allem in Konfliktfällen.
- Zusätzliche bzw. veränderte Aufgaben. Wenn die Interne Revision ihrer Unterstützungsfunktion für die Unternehmensleitung gerecht werden will, muss sie das Risikomanagementsystem (RMS) und das Interne Kontrollsystem (IKS), zu Prüfungsschwerpunkten machen.

12.3 Internationale und nationale Berufsorganisationen der Internen Revision

12.3.1 Deutsches Institut für Interne Revision e. V. (DIIR)

Das Deutsche Institut für Interne Revision e. V. (DIIR) wurde im Jahre 1958 als gemeinnütziger Verein zur wissenschaftlichen und praktischen Förderung der Internen Revision, mit Sitz in Frankfurt a. M., gegründet. Die Aufgabe besteht in der Interessenvertretung der Internen Revision. In der Satzung wird die umfangreiche Aufgabenstellung gekennzeichnet: Informationen über die Interne Revision; wissenschaftliche Forschung im Tätigkeitsbereich der Internen Revision; Entwicklung von Revisionsgrundsätzen und -methoden und deren laufende Anpassung an die betriebswirtschaftlichen, organisatorischen und technischen Gegebenheiten; wissenschaftliche und praktische Weiterbildung von Mitarbeitern der Internen Revision; Kontakte zu Institutionen der Wirtschaftsprüfung; Beziehungen zur Praxis und Wissenschaft im In- und Ausland.[460] Insofern stellt das Institut die zentrale Kapazität für die Interne Revision in Deutschland dar.[461]

Die Organe des DIIR sind die Mitgliederversammlung, der Verwaltungsrat und der Vorstand. Neben diesen satzungsmäßigen Organen bestehen noch ein Wissenschaftlicher Beirat und die Geschäftsführung.

Ordentliche Mitglieder können Leiter und Mitarbeiter von Revisionsabteilungen und anderen Stellen werden, denen die Durchführung der Internen Revision in Unternehmen übertragen ist. Ferner werden Personen aufgenommen, von denen aufgrund ihrer Ausbildung oder beruflichen Tätigkeit eine die Ziele des Instituts fördernde Mitarbeit erwartet werden kann.

Unternehmen und Wirtschaftsverbände sowie betriebswirtschaftliche Institute und Vereine kommen als fördernde Mitglieder in Betracht.

Das DIIR hat derzeit mehr als 2.300 Mitglieder aus allen Bereichen der Wirtschaft, aus der Wissenschaft und aus der Verwaltung. Das Institut versteht sich als Mittler zwischen Wissenschaft und Praxis, als Ansprechpartner und als Koordinator der Aktivitäten zur Förderung und Weiterentwicklung von Praxis und Ausbildung.[462]

Die Arbeit des DIIR basiert auf folgenden Säulen:

Programmausschuss
Er ist für die Grundsatzarbeit zuständig und übernimmt die konzeptionelle Gestaltung des Gesamtarbeitsprogramms des DIIR.[463]

Arbeitskreise
Ein wesentlicher Teil der Institutsarbeit vollzieht sich in den derzeit 27 Arbeitskreisen, in denen sich Revisionsleiter und erfahrene Revisoren mit der systematisch revisorischen Durchdringung aller wesentlichen Prüfungsgebiete beschäftigen. Sie legen ihre Arbeitsergebnisse in Form von Revisionsfragebögen und anderen Ausarbeitungen vor. Das DIIR fungiert als Herausgeber der „Zeitschrift Interne Revision (ZIR)" und der „DIIR Schriftenreihe" mit mittlerweile 48 Veröffentlichungen und des DIIR Forum mit nunmehr 9 Buchveröffentlichungen.[464]

Erfahrungsaustausch
Das Institut führt regelmäßig Erfahrungsaustauschtage für unterschiedliche Branchen durch. In diesen Veranstaltungen werden aktuelle Fragen und Probleme der Internen Revision diskutiert.

---

460 Vgl. DIIR, Satzung vom 9. November 2011, Frankfurt 2011.
461 Vgl. Heinhold/Wortschofsky 2002, Sp. 1227.
462 Vgl. http://www.iir.ev.de.
463 Vgl. IIR, 25 Jahre Deutsches Institut für Interne Revision e. V. Frankfurt am Main 1983, S. 25.
464 Stand Juli 2013.

Aus- und Weiterbildung

Zur Aus- und Weiterbildung von Internen Revisoren aus allen Bereichen der Wirtschaft bietet das Institut Grundlagen- und Aufbauseminare an. Dazu gehört auch die Ausbildung und Prüfung zum CIA und zum Internen Revisor^{DIIR}. Wie das IIA Österreich und das SVIR bietet das DIIR die IIA Zertifizierungen in Deutschland an.

Kongresse und Jahrestagungen

Die im zweijährigen Turnus durchgeführten Kongresse und Jahrestagungen informieren Revisionsleiter und Revisoren sowie Führungskräfte der Wirtschaft über Aufgaben, Bedeutung, Standort und Leistungen der Internen Revision.

Forschungsvorhaben

Vom Institut werden daneben Forschungs- und Entwicklungsvorhaben durchgeführt bzw. unterstützt. Neben der internen Arbeit unterhält das DIIR regelmäßig einen intensiven Gedanken- und Erfahrungsaustausch über Fragen der Internen Revision mit verwandten in- und ausländischen Institutionen, so z. B. als Mitglied der European Confederation of Institutes of Internal Auditing (ECIIA) sowie des Institute of Internal Auditors Inc. (IIA), Altamonte Springs (USA). Es bestehen ebenfalls enge Kontakte zu den Schwesterorganisationen in Österreich und der Schweiz.

12.3.2 Institut für Interne Revision Österreich und Schweizerischer Verband für Interne Revision

Das Österreichische und das Schweizerische Institut für Interne Revision sind deutschsprachige Schwesterninstitute, die eine vergleichbare Organisation und eine Reihe von gemeinsamen Aktivitäten betreiben.

Das Institut für Interne Revision – IIA Austria – ist die Interessenvertretung des Berufsstandes der Internen Revisoren in Österreich mit ca. 450 Mitgliedern. Sein Ziel ist die Förderung und Entwicklung der Internen Revision in Österreich. Dieses Ziel wird unter anderem verfolgt durch:
- Erarbeitung von Revisionsgrundsätzen
- wissenschaftliche und praktische Weiterbildung
- Information über die Interne Revision
- Intensivierung der Zusammenarbeit zwischen Wissenschaft und Praxis
- Förderung von wissenschaftlichen und anderen fachorientierten Arbeiten
- Anbahnung und Aufrechterhaltung von Beziehungen zu ähnlichen Institutionen des Auslands und relevanten Berufsgruppen.

Zu den regelmäßigen Veranstaltungen gehört die Jahrestagung (2009 wurde die 29. durchgeführt), eine Konferenz für Mitarbeiter der Internen Revision, Erfa-Tagungen und Gesprächskreise. Schwerpunkte der Arbeit sind die 10 Arbeitskreise, die überwiegend nach Branchen gegliedert sind, aber auch Arbeitskreise für CIA, EDV und neue Revisoren enthalten. Als regelmäßige Veröffentlichung erscheint das Audit Journal.

Es werden Schulungen und Prüfungen für 5 Zertifizierungen angeboten:
- Certified Internal Auditor (CIA)
- Certification in Control Self-Assessment (CCSA)
- Certified Financial Services Auditor (CFSA)
- Certified Government Auditing Professional (CGAP)
- Certification in Risk Management Assurance (CRMA).

Danben erfolgt die Schulung und Prüfung zum Diplomierten Internen Revisor.

Der Schweizerische Verband für Interne Revision (SVIR), der 1980 gegründet wurde, ist ein eingetragener Verein in Zürich. Der Verband bezweckt den Zusammenschluss sowie die Aus- und Weiterbildung der Internen Revision von privaten, gemischtwirtschaftlichen und öffentlichen Unternehmen, von öffentlichen Verwaltungen sowie von Gesellschaften, welche interne Revisions-Dienstleistungen bei Kunden-Unternehmen erbringen. Weiterhin gehört die Schaffung und Erhaltung eines hohen Qualitätsstandards der Internen Revisionen und die fachliche Förderung des Berufsstands sowie der Erfahrungsaustausch auf regionaler, schweizerischer und internationaler Ebene dazu. Die Statuten des Verbands sehen als Organe die Generalversammlung, den Vorstand und die Rechnungsrevisoren vor. Es werden die identischen Zertifizierungen wie von IIA Österreich angeboten. Insoweit bestehen große Gemeinsamkeiten zwischen DIIR, IIA-Austria und SVIR, was Ziele, Aktivitäten und Zusammenarbeit betrifft.

Zu den gemeinsamen Aktivitäten der drei Institute gehören die deutschsprachige Prüfung zum CIA und die Veröffentlichung „Die Interne Revision", die das Ergebnis einer Untersuchung in den drei Ländern ist, die im Abstand von ca. 5 Jahren durchgeführt wird. Ansonsten werden enge Kontakte zwischen den Instituten gepflegt, die auch alle Mitglieder des ECIIA und des IIA sind.

12.3.3 The Institute of Internal Auditors (IIA)

Das IIA mit Sitz in Orlando, Florida, wurde 1941 gegründet und umfasst heute mehr als 180.000 Mitglieder aus mehr als 100 Ländern. Anfänglich handelte es sich um einen nationalen Verband der nordamerikanischen Regionalgruppen. Seit 1970 wurden auch Verbände außerhalb Nordamerikas aufgenommen. Das IIA versteht sich nun als der weltweite professionelle Führer der Internen Revision in der Zertifizierung, der Ausbildung, der Forschung und der technischen Unterstützung. Das Institut dient weltweit als Quelle und Hüter des Berufsstandes bei der Klärung wichtiger Fragen zur Prüfung. Zu den Aufgaben gehört die Ausrichtung von Konferenzen und Seminaren für die berufliche Weiterbildung, die Entwicklung von Ausbildungsprodukten, die Zertifizierung von Berufsangehörigen, die Bereitstellung von Reviews und Benchmarks zur Prüfung und die Durchführung von Forschungsprojekten über die IIA Research Foundation. Das IIA versorgt Interne Revisoren, Manager, Boardmitglieder und Audit Committees mit Grundsätzen, Unterstützung und Information zum „Best Practice" der Internen Revision.[465]

Die Mission des IIA besteht darin, die dynamische Führungsrolle für den weltweiten Beruf Interne Revision zu unterstützen. Dazu zählt
- die Begründung und Unterstützung den Mehrwert zu verdeutlichen, den die Interne Revision für ihre Organisationen schafft.
- Ausbildungs- und Weiterbildungsmöglichkeiten, Standards und praktische Hilfen sowie Zertifizierungen anzubieten.
- Forschung, Verbreitung und Promotion von Wissen bezüglich der Internen Revision hinsichtlch IKS, RMS und Governance
- Unterrichtung von Praktikern hinsichtlich Best Practice
- Erfahrungsaustausch zwischen den Prüfern aller Länder zu ermöglichen.

Das IIA unterhält folgende Organe und Gremien:
- Board of Directors: Bei den jährlichen Mitgliederversammlungen werden im Rahmen der internationalen Konferenz die Führungsfunktionen gewählt. Neben dem Vorsitzenden sind ein Geschäftsführer für das operative Geschäft und ein Leitungsausschuss vorgesehen.
- Senior Vice Chairman Committees, das dem Global Advocacy Committee, dem Ethics Committee und dem Academic Relations Committee vorsteht.
- Professional Certification Committee mit den Bereichen Professional Certification Board und dem Exam Development Committee.
- Professional Guidance Committee mit dem International Internal Audit Standards Board, dem Professional Issues Committee und dem Public Sector Committee..
- Global Services Committee mit dem Institute Relations Committee und dem International Conference Committee.
- IIA Research Foundation Committee mit dem Board of Trustees und dem Committee of Research and Education Advisors.

Zu den wichtigsten Aufgaben gehört die Festlegung der Berufsgrundlagen. 1978 wurden erstmals derartige Berufsgrundsätze verabschiedet, die 1999 grundlegend erneuert wurden. Nun sind 2013 die Standards nochmals überarbeitet worden.

Vom IIA werden fünf Zertifizierungen[466] abgenommen, die weltweit und auch von den drei deutschsprachigen Instituten angeboten werden:
- CIA Certified Internal Auditor: Es ist die einzige weltweit anerkannte Zertifizierung für den Internen Revisor. Sie stellt den Standards dar, mit dem der einzelne Revisor seine Kompetenz und seine Professionalität nachweist. Die Prüfung wird vom IIA seit 40 Jahren angeboten, in deutscher Sprache seit 15 Jahren.

---

465 Vgl. http://www.theiia.org/ecm/iiaglance.cfm?doc_id=266 (Stand: 19.11.02).
466 Die Zertifizierungen CISA (Certified Information Systems Auditor) und CISM (Certified Information Security Manager) werden nicht vom IIA, sondern von der ISACA (Information Systems Audit and Control Association) vergeben, die sich aber sehr eng mit dem IIA abstimmt.

- CFSA Certified Financial Services Auditor. Es ist eine spezielle Zertifizierung für Prüfer in Banken und Versicherungen und ähnlichen Bereichen.
- CGAP Certified Government Auditing Professional. Diese Zertifizierung ist speziell für Prüfer im öffentlichen Sektor zugeschniten.
- CCSA Certification in Control Self-Assessment. In dieser Prüfung wird das Wissen und Verständnis hinsichtlich Control Self-Assessment bezüglich Grundlagen, Prozessen und Risiken abgefragt.
- CRMA Certification in Risk Management Assurance. Die Prüfung umfaßt alle Bereiche des Prüfers, der sich mit dem Risikomanagement beschäftigt und diese Fragen der Unternehmensführung und dem Prüfungsausschuss näher bringen muss.

Neben vielen themen- und adressatenspezifischen Veröffentlichungen wird die Fachzeitschrift „Internal Auditor" vom IIA herausgegeben.

12.3.4 European Confederation of Institutes of Internal Auditing (ECIIA)

Das ECIIA ist ein Zusammenschluss nationaler Gesellschaften der Internen Revision, die in den Ländern des Großraums Europa beheimatet sind. Es wurde 1982 gegründet und hat nun seinen Sitz in Brüssel. Mitte 2013 hatte das ECIIA Mitglieder in 34 Ländern. Einzelpersonen können nicht Mitglied werden, sondern nur Gesellschaften und Institute.

Die Aufgabe des ECIIA besteht darin, den Beruf Interne Revision mit seinen Vorzügen, Kompetenzen, Grundsätzen und Qualifikationen bei allen europäischen Instituten voranzutreiben. Dazu werden Untersuchungen zu Themen der Internen Revision wie IKS, Risikomanagementsysteme und Corporate Governance durchgeführt. Zzt. werden zwei Forschungsvorhaben betreut: Zusammenarbeit zwischen Interner und externer Revision und Corporate Governance und Interner Revision in den Top 100 Unternehmen Europas. Daneben werden Grundsatzpapiere und Berichte veröffentlicht und Unterstützung der Mitglieder zu Fragen der Internen Revision angeboten.

Die Institutionen des ECIIA bestehen aus dem Management Board, dem acht Mitglieder angehören, sowie dem Audit Committee, dem 3 Mitglieder angehören und dem Sekretariat. Die Hauptaufgabe des Audit Committee besteht in der Durchsicht des Jahresabschlusses auf Übereinstimmung mit den geltenden Regelungen. Das Management Board kümmert sich um die Vorgaben für die Vereinigung, den Fortschritt der Projekte und die Verwendung der Ressourcen.

Das ECIIA hat sich auf die Fahnen geschrieben, die einhellige Stimme für den Berufsstand Interne Revision in einem umfassenden Europa zu sein, durch Zusammenarbeit mit dem Europäischen Parlament, den Kommissionen und anderen Institutionen mit Einfluss. Das ECIIA will den Beruf Interne Revision in Europa präsentieren und weiter entwickeln. Dies geschieht auf globaler Basis in enger Zusammenarbeit mit dem IIA.

Auch in den Entwicklungsländern eines weiten Europas sollen diese Grundsätze verbreitet werden. Die Strategien für die nächsten Jahre sehen eine stärkere Koordination der Aktivitäten und Interessen vor, die Verbreitung der "Best Practice" und die Weiterentwicklung des Berufs, die Verbesserung der Akzeptanz der Standards, die Entwicklung von Weiterbildungsprogrammen und die Einrichtung eines Forums zum Gedankenaustausch über anstehende Probleme.

12.4 Kernthesen

Eine wesentliche Frage besteht in der Zusammenarbeit der Internen Revision mit dem Abschlussprüfer. Dabei wird immer betont, welche Vorteile sich auf der einen Seite aus dieser Zusammenarbeit ergeben, aber auch, welche Beschränkungen für eine derartige Zusammenarbeit bestehen. Während die Regelungen in den Standards des IIA eine weitgehende Zusammenarbeit auf Augenhöhe vorsehen, wird vom IDW auf die Verantwortung des Abschlussprüfers verwiesen, die eine gemeinsame Bearbeitung oder auch eine ungeprüfte Übernahme der Arbeit der IR nicht zulässt. Dennoch bestehen auch nach den Regelungen des IDW eine Reihe von Möglichkeiten, die Arbeit der IR durch den Abschlussprüfer zu würdigen.

Die Zusammenarbeit mit dem Controlling gestaltet sich umfangreicher. Aufgrund der Gemeinsamkeiten, was die Arbeit betrifft, kommen hier Möglichkeiten des Informationsaustauschs, der Bildung gemeinsamer Teams aber auch der Arbeit in einer gemeinsamen Abteilung in Betracht, wobei die Form einer einheitlichen Abteilung nur als Übergangslösung für KMU gesehen wird.

Die Zusammenarbeit mit den Bereichen Sicherheit/Compliance ist abhängig von der Größe des Unternehmens. Während in kleinen Unternehmen klare Vorgaben genügen, um Compliance zu erreichen, wird in größeren Unternehmen diese Funktion die Interne Revision oder das Controlling übernehmen können, bis es erforderlich wird, diese Aufgabe auf eine eigenständige Institution übertragen. Insofern kann die IR hier sehr unterschiedlich eingebunden sein.

Die Zusammenarbeit mit den Strafverfolgungsbehörden geht davon aus, dass die Aufdeckung der Straftat auch im Interesse des Unternehmens ist und damit die Interne Revision die Strafverfolgungsbehörden unterstützt. Wichtig ist aber auch hier, dass die IR über die rechtlichen Grundlagen informiert ist. Externe Recherchen sollten den Strafverfolgungsbehörden überlassen werden, da sie den größeren Durchgriff haben, während die Analysen und Untersuchungen im Unternehmen bevorzugt von der IR durchgeführt werden sollten.

Die Zusammenarbeit mit dem Risikomanagement ist ähnlich gelagert wie mit dem Bereich Sicherheit/Compliance. Die IR kann hier eine aktive Rolle übernehmen, soweit keine eigene Institution dafür vorgesehen ist. Ansonsten ist die bevorzugte Situation, dass die IR das Risikomanagementsystem einer Prüfung unterzieht.

Ein weiterer Punkt dieses Kapitels besteht in den Ausführungen über die IR in ausgewählten Branchen. Die Besonderheiten bei Banken und Versicherungen ergeben sich durch die der Bafin, die sehr detaillierte Vorgaben für die Ausgestaltung und die

Arbeitsweise der IT vorsehen. Weniger geregelt ist die IR in öffentlichen Verwaltungen und Unternehmen. Drei wesentliche Gesichtspunkte sind hier in die Arbeit einzubeziehen: Die Wirtschaftlichkeit der Geschäftsprozesse, die Erfüllung formalrechtlicher Vorgaben und die Erfüllung der vorgegebenen Daseinvorsorge. Der Ausgleich zwischen diesen drei Anforderungen ist deshalb z. T. schwierig, da sie nicht deckungsgleich sein müssen und damit politische Diskussionen ausgelöst werden, welcher der Aspekte im Vordergrund stehen soll. Auch in Prüfungs- und Beratungsgesellschaften kann eine IR wirkungsvolle Arbeit leisten. Voraussetzung ist auch hier die Größe der Gesellschaft und der Wille der Geschäftsleitung, die Arbeit der IR zu nutzen.

Den Abschluss dieses Kapitels bildet der Überblick über die Berufsorganisationen. Hier erhält der Leser Hinweise auf die Tätigkeiten, die Veröffentlichungen und die Internet-Adressen

Ausblick

Im ersten Band dieser Schriftenreihe wurden die Notwendigkeit, der Aufbau und die grundsätzliche Arbeitsweise der IR vorgestellt. Die Ausführungen sind geeignet, um eine IR einzurichten und zu leiten, die unabhängig von der Größe, Struktur und Branche des Unternehmens best practice aufweist. Daneben erhält der Leser Einblicke in mögliche Entwicklungsfelder und Anforderungen an die IR, er lernt die Berufsorganisationen kennen und es werden ihm wichtige Adressen zum Berufsstand an die Hand gegeben.

Insgesamt stellt sich die Frage, wohin die Reise der IR in der Zukunft gehen wird. Vier Aspekte sollen hier erörtert werden. In den Standards des IIA wird vom Revisionsuniversum gesprochen, bei dem es keine revisionsfreien Räume geben darf. Für den prüferischen Ansatz ist entscheidend, was alles in dieses Universum einbezogen wird und wie seine Strukturierung erfolgt. Ist die Unternehmensstrategie z. B. ein Prüfungsobjekt oder ist sie nur eine Größe, die für abgeleitete Prüfungen als Sollgröße heranzuziehen ist. Eine wirkungsvolle Revision wird darauf drängen, Managemententscheidungen mitzuprüfen. Um diese schwierige Aufgabe übernehmen zu können, müssen die organisatorischen und personellen Voraussetzungen geschaffen werden. Das Management Audit wird Gegenstand einer der nachfolgenden Bücher dieser Schriftenreihe sein.

Financial Auditing und Operational Auditing gehören seit Jahren zum Standardprogramm der IR. Eine klare Abgrenzung und Standortbestimmung des Inhalts fehlt allerdings. Es werden in den dazu vorliegenden Veröffentlichungen nur die Begriffe erläutert und beispielhaft Prüfungen vorgestellt. Das gilt in ähnlicher Weise für Compliance Prüfungen. Diese drei Bereiche werden nun in eigenständigen Werken umfassend behandelt und praxisgeleitet aufbereitet. Damit sind alle wichtigen Prüfungsfelder der IR in einer Schriftenreihe vereint.

Schon lange wird der Change Agent in der Revisionsliteratur diskutiert, ohne dass sich bisher eine praktische Umsetzung gezeigt hätte. In der Zukunft wird sich die IR dieser Aufgabe und Herausforderung stellen müssen. Innovationen, das Erkennen von Chancen wird in den Unternehmen zu einer immer wichtigeren Aufgabe. Risiko und Chance, die Beseitigung von Hemmnissen, die Anpassung des IKS an neue Gegebenheiten sind Aufgaben der IR. Durch diese Gemeinsamkeiten kann die IR auf Bewährtem aufbauen und ein neues Aufgabenfeld erschließen, das dem Ziel der IR entspricht, Mehrwerte zu schaffen. Es zeigt sich also, dass noch weitere Arbeitsfelder in die Schriftenreihe aufgenommen werden können.

Punktuelle Veränderungen der IR ergeben sich durch die Eingliederung und die Berichtspflichten der IR. So wird die Bedeutung des AC in Deutschland noch weiter zunehmen. Es wird darum gehen, deutlich abzugrenzen, wie die Unterstellung im dualen System aussieht und wie die Aufgaben vom AC an die interne und externe Revision verteilt werden. Hier wird als weiterer Punkt zu diskutieren sein, inwieweit der AR eingebunden wird. Durch die Bafin ist der erste Schritt getan, in besonderen

Situationen auch eine Berichtspflicht der IR gegenüber dem AR vorzugeben. Dadurch wird die Objektivität und Unabhängigkeit erhöht und ihren Berichten mehr Gewicht verliehen. Hier wird sich zeigen, ob in die GO von Vorstand und AR auch anderer Unternehmen ähnliche Passagen aufgenommen werden. Über kurz oder lang wird man sich mit der Frage beschäftigen müssen, wie die Arbeit der IR optimal im Gefüge der Corporate Governance eingebettet werden kann und inwieweit sich dabei einheitliche internationale Lösungen abzeichnen.

Anhang

Glossar

Audit Committee: Überwachungsausschuss des board of directors, das sich mehrheitlich aus non-acting directors zusammensetzt und von einem non-acting director geleitet wird. In deutschen Aufsichtsräten kommt der Rechnungs- und Prüfungsausschuß dem Charakter des Audit Committees sehr nahe.

Audit Trail: Begriff aus der IT-Revision; mit Hilfe eines audit trails, einem IT-anwendungsbezogenen Monitoring- und Reportingtool, lässt sich die Vollständigkeit der Verarbeitung nachweisen, nämlich, dass alle Input-Daten auch in entsprechender Form verarbeitet und ausgegeben wurden.

Bandbreiten: Legt die Ober- und Untergrenze eines erwünschten Bereichs für eine Zielgröße fest.

Basel II/Basler Akkord: Der Basler Akkord bezeichnet die vom Basler Ausschuss, der bei der Bank für Internationalen Zahlungsverkehr in Basel angesiedelt ist, unterbreiteten Vorschläge zur Neuregelung der Eigenkapitalvereinbarung der Kreditinstitute. Es handelt sich um eine Übereinkunft, die zwischen den Aufsichtsbehörden der wichtigtsten Wirtschaftsnationen ausgehandelt wurde. Der Basler Akkord hat keine unmittelbare Rechtswirkung, sondern nur empfehlenden Charakter. Die Umsetzung ist aber in das nationale Recht der einzelnen Länder erfolgt. Es geht im Wesentlichen um die Kapitalanforderungen an Banken. Der Basler Akkord besteht aus drei Säulen: Die erste Säule definiert die Mindestkapitalanforderungen zur Unterlegung der Bankgeschäfte mit Eigenkapital. Die zweite Säule regelt die Überwachung der Banken durch die jeweils nationale Bankenaufsicht und die dritte Säule verlangt eine verstärkte gegenseitige Überwachung der Banken infolge einer gesteigerten Marktdisziplin.

Basel III: Der Baseler Ausschuss für Bankenaufsicht veröffentlichte am 16. Dezember 2010 ein neues Rahmenwerk mit geänderten Eigenkapital- und Liquiditätsanforderungen. Es wird auch ein Verschuldungsmaß (Leverage Ratio) sowie Maßnahmen zur Eindämmung möglicher pro-zyklischer Effekte der Eigenkapitalanforderungen eingeführt.

Benchmarking: Umfasst den kontinuierlichen Vergleich von Produkten, Dienstleistungen und insbesondere Prozessen und Methoden betrieblicher Funktionen von mehreren Unternehmen. Ziel des Vergleichs ist es, Unterschiede zu anderen Unternehmen offen zu legen, die Ursachen der Unterschiede und Möglichkeiten zur Verbesserung aufzuzeigen sowie wettbewerbsorientierte Zielvorgaben zu ermitteln. Inhalte des Vergleichs können Kosten, Qualität, Kundenzufriedenheit und Zeit sein. Die Orientierung erfolgt am Klassenbesten, sodass als Maßstab die Best Practice zählt.

Blind Spot: oder blinder Fleck bezeichnet in der Psychologie die Themen und Strukturen, die eine Person verdrängt, weil sie nicht zum eigenen Selbstbild passen. Dritte bemerken diesen blinden Fleck relativ schnell, wenn diese Themen und Strukturen zufällig angesprochen werden und die betreffende Person darauf dann ungewöhnlich reagiert. Dieser blinde Fleck existiert auch in Gruppen oder Organisationen (betriebsblind). Lernende Personen, Gruppen oder Organisationen fordern deshalb aktiv ein *Feedback* über ihren blinden Fleck ein, um zu wachsen. Man könnte die IR als institutionalisierten Feedback-Mechanismus eines Unternehmens bezeichnen.

Cash Generating Unit (CGU): Ist innerhalb eines Unternehmens ein Geschäftsbereich (tatsächlich oder virtuell), der von anderen Unternehmensbereichen abtrennbar selbstständig bewertbare Ergebnisse erzielt. Mithilfe der CGU wird nach IAS 36 eine Abschätzung im Rahmen des Impairmenttests von Vermögensgegenständen des Anlagevermögens vorgenommen, ob der Anlagenbuchwert der in der CGU zusammengefassten Vermögensgegenständen den abgezinsten Einzahlungsüberschüssen der CGU entspricht.

Changemanagement: Umfasst einen organisatorischen Rahmen zur zielgerichteten Identifikation und Nutzung von Chancenpotenzialen. Zu den Komponenten eines solchen Chancenmanagements gehören eine sog. Verhaltenskomponente, eine Organisationskomponente, eine Umsetzungskomponente sowie eine Entwicklungskomponete. Damit finden sich hier vergleichbare Systembestandteile wie beim Risikomanagementsystem.

Closed User Group (IT): Eine Gruppe von Personen, die auf denselben Datenbestand zugreifen können. Dieser Datenbestand ist nur für Mitglieder dieser Gruppe zugänglich.

Compliance (CO): Ist eine der vier Revisionsarten FA, CO, OA, MA. Sie beschäftigt sich mit der Umsetzung und Einhaltung aller gesetzlichen Regelungen im Unternehmen unter den Zielsetzungen Ordnungsmäßigkeit und Sicherheit. Unter der Zielsetzung Sicherheit wird in einigen Unternehmen und IR auch der Schutz der Vermögenswerte des Unternehmens vor Betrug, Untreue und Diebstahl (dolose Handlungen) verstanden.

Cooling-off-period: Von der SEC bzw. den Wertpapierbörsen vorgegebene Sperrzeiten, nach denen ein Abschlussprüfer auf Positionen im Rechnungswesen/ins *Audit Committee* der geprüften Firma wechseln darf. In Deutschland wird dieses Thema im Zusammenhang mit Vorständen diskutiert, die in den Aufsichtsrat derselben Firma wechseln wollen.

Corporate Governance (CG): Ist die Gesamtheit aller Maßnahmen zur Unternehmensführung und -überwachung, und zwar in der Form, dass alle Unternehmensziele erreicht werden. Organ der CG ist der AR und vor allem der Vorstand. Der Abschlussprüfer und die IR arbeiten den o.g. Organen zu. Im deutschen Corporate Governance Katalog sind eine Vielzahl von Aufgaben und Pflichten bestimmt worden, die die Unternehmen auf freiwilliger Basis anwenden sollen. Nach der Devise „Comply or Explain" gilt das Transparenzgebot, d. h. Abweichungen von DCGK müssen im Internet und Geschäftsbericht dokumentiert werden.

Covenants: Ist ein Begriff aus dem Finanzbereich und bezeichnet Eckgrößen, die bei der Disposition von Finanzmitteln beachtet werden müssen. Banken verlangen bei einer Kreditgewährung häufig, dass das Unternehmen definierte covenants einhält. Ebenso sind covenants für Ratingagenturen wichtig. Bei Verfehlen von covenants können Ratings verschlechtert werden. Diese Verschlechterung kann sich dann auch direkt in sog. Step-up-Verschlechterungen = Erhöhung der Verzinsung niederschlagen. Beispiele für Covenants sind z. B. der free cashflow in Relation zu den Netto-Finanzverbindlichkeiten oder die Eigenkapitalquote.

Directors & Officers: Personen des Vorstands und Direktoren mit besonders hervorgehobener Position, für die eine besondere Haftung nach amerikanischem Recht zur Anwendung kommt. In Deutschland ebenfalls im Gebrauch, im Zusammenhang einer D&O-Versicherung, die Schäden am Unternehmen, die von D&O verursacht wurden, teilweise abdeckt.

Disclosure Committee: Ist ein unternehmensinternes Diskussions- und Entscheidungskommittee, das die zu veröffentlichende Information des Unternehmens an die Kapitalmärkte (vom Geschäftsbericht bis zur Ad-hoc-Mitteilung) vorab prüft und dem Vorstand eine Empfehlung ausspricht. Diese Art von Komitee zu etablieren wird Unternehmen, die an den amerikanischen Börsen notiert sind, von der dortigen Regulierungsbehörde SEC dringend empfohlen. Das Komitee ist zusammengesetzt aus allen Top-Managern, die für die Veröffentlichung von Kapitalmarktinformationen Verantwortung übernehmen, d. h. Finanz- und Rechnungswesen, Controlling, Investor Relation, Public Relations, Human Resources sowie möglichen Stäben von VV und VF. Die IR kann in diesem Komitee eine beratende Funktion einnehmen und selbst dort über Prüfungen der Finanzberichterstattung referieren. Sie sollte jedoch kein Stimmrecht haben, da dieses Komitee operative Aufgaben wahrnimmt.

Dolose Handlungen: Sind Handlungen von Mitarbeitern und Managern eines Unternehmens, die das Ziel einer grob fahrlässigen oder vorsätzlichen Schädigung haben, in vielen Fällen auch mit dem Ziel persönlicher Bereicherung. Die IR geht mit der Revisionsart CO diesen Handlungen nach, wenn nicht im Unternehmen die Aufgabe einem besonderen Bereich, dem Bereich der Unternehmenssicherheit zugeordnet wurde.

Endorsement: Ist ein Anerkennungsverfahren, das neu entstehende sowie überarbeitete IFRS und IFRIC zu durchlaufen haben, bevor sie auf EU-Ebene verbindlich werden. Die EU-Instanzen bewahren damit weiterhin ihre legislative Kompetenz. Sie haben das Recht, die IFRS vor ihrer Umsetzung in europäisches Recht zu kontrollieren und nur bei Übereinstimmung mit den EG-Richtlinien und den europäischen Interessen zu verabschieden.

Enforcement: Umfasst die Überwachung der ordnungsgemäßen Anwendug der Standards. Ein EU-einheitliches Konzept existiert bisher nicht. Von der EU-Kommission wurde nur die Einhaltung bestimmter Kriterien im Rahmen der Abschlussprüfung gefordert, was in der 8. EU-RL niedergelegt wurde. In Deutschland besteht ein dualer Ansatz. Im Rahmen eines „Zweistufenmodells-Enforcements" wird zunächst die privatrechtlich organisierte, vom BMJ im Einvernehmen mit dem BMF anerkannte Deutsche Prüfstelle für Rechnungslegung tätig, während auf der zweiten Stufe ggf. die Bundesanstalt für Finanzdienstleistungsaufsicht eingreift, um die Veröffentlichung eventueller Bilanzfehler anzuordnen oder um eine eigene Prüfung mit hoheitlichen Mitteln duchzusetzen.

Entscheidungsregeln: Legt durch schriftlich fixierte Regelungen oder Algorhythmen fest, welche Aktionen aufgrund welcher Datenkonstellationen zu treffen sind und ist meistens Teil eines *Steuerungsmechanismus*.

Exposure Draft: Lösungsansatz in Rahmen eines formellen Standardsetzungsverfahrens, dem sog. Due Process. Danach sollen möglichst viele verschiedene Organisationen und Personen in die Entwicklung eines Standards im Rahmen der internationalen Rechnungslegung oder auch der Standards des IIA eingebunden werden. Der Exposure Draft ist dann der verabschiedete und veröffentlichte favorisierte Lösungsansatz der jeweiligen Institution. Die interessierte Öffentlichkeit ist zur Kommentierung des Exposure Draft aufgefordert. Die Kommentierungsfrist umfasst üblicherweise drei Monate. Erst nach Auswertung und Beratung wird dann der neue Standard veröffentlicht.

Financial Auditing (FA): Ist die klassische der vier Revisionsarten FA, CO, OA, MA. Sie beschäftigt sich schwerpunktmäßig mit den Funktionen und Prozessen im Finanz- und Rechnungswesen unter der Haupt-Zielsetzung der ordnungsgemäßen Berichterstattung, intern und extern sowie mit dem Schutz des Vermögens einer Firma.

Feedback-Mechanismus: Stellt mithilfe von Messverfahren Abweichungen zwischen einem Istzustand und einem vorgegebenen Sollzustand innerhalb eines Prozesses fest und meldet diese Abweichungen kontinuierlich oder in gewissen Zeitabständen an den *Steuerungsmechanismus*, der mithilfe dieser Informationen Aktivitäten veranlassen kann, den gewünschten Sollzustand wieder zu erreichen.

Follow-up: Ist ein Vorgang, mit dessen Hilfe die IR die Angemessenheit, Effizienz und Rechtzeitigkeit der aufgrund der berichteten Prüfungsfeststellungen und Empfehlungen vom Management veranlassten Maßnahmen beurteilt. Hierzu gehören auch die Festellungen und Empfehlungen der externen Abschlussprüfer und anderer externer Prüfer. Im Rahmen des Follow-up ist festzustellen, ob das Management aufgrund der Prüfungsergebnisse Korrekturmaßnahmen veranlasst hat, die zum erwarteten Ergebnis geführt haben oder ob sie unterblieben sind und das verbleibende Restrisiko getragen wird.

Fraud: Umfasst jedes betrügerische Verhalten in der Absicht, einen Dritten zu benachteiligen. Es handelt sich um eine betriebswirtschaftliche Sammelbezeichnung wie dolose Handlung, die eine Reihe von juristischen Tatbeständen einschließt. So gehört dazu auch jede vorsätzlich falsche Darstellung von wesentlichen Fakten oder das Weglassen von wesentlichen Fakten mit Täuschungsabsicht, insbesondere die vorsätzliche Falschdarstellung von Tatsachen im Rahmen der Finanzberichterstattung.

Freiheitsgrad: Ist ein Maß für die Bestimmtheit eines *Systems*, die Anzahl der voneinander unabhängigen Parameter ist definitionsgemäß gleich mit der Anzahl der Freiheitsgrade.

Frühwarnsysteme: Informieren ihre Nutzer über latente Bedrohungen im Sinne von bestandsgefährdenden Risiken so rechtzeitig, dass der zeitliche Vorlauf die Unternehmensführung befähigt, bereits beim erstmaligen Bekanntwerden der Bedrohung zu reagieren und geeignete Maßnahmen zu ergreifen, um die Bedrohung abzuwenden oder zu mindern. Frühwarnsysteme arbeiten mit Frühindikatoren, die mit langer Vorlaufzeit auf die Gefährdungen hinweisen oder durch die Verstärkung schwacher Signale, die Strukturbrüche rechtzeitig ankündigen sollen. Jeder Bereich im Unternehmen muss die ihn betreffenden externen und internen Indikatoren oder schwache Signale identifizieren, die für seine Früherkennung wesentlich sind. Dieser Begriff Frühwarnsystem liegt dem KonTraG zugrunde und hat zur Ausgestaltung der RMS geführt.

Funktionstrennung: Soll verhindern, dass einzelne Personen sich bereichern können und Risikopotenziale im Unternehmen entstehen. Funktionstrennung bei den Banken bedeutet die Trennung von Handel, Abwicklung und Kontrolle sowie von Rechnungswesen und Risikoüberwachung. Streng genommen dürfen dispositive Tätigkeit, abrechnende Tätigkeit sowie verwaltende Tätigkeit nicht in der Hand einer Person liegen. Dieses Prinzip, als Internal Check bezeichnet, ist eine tragende Säule im IKS der Unternehmen.

Impairment Test: Bilanzierungsnorm aus dem US-GAAP und nach IFRS, nach der alle Sachanlagen inkl. der immateriellen Wirtschaftsgüter, die nicht mehr kontinuierlich abgeschrieben werden, jährlich einer Werthaltigkeitsprüfung unterzogen werden müssen. Bei dieser Prüfung spielen Soll-Ist-Analysen im Vergleich zu Prognosen aus der Zeit des Businessplans bei der Akquisition wie auch aktuelle Marktereignisse eine bedeutsame Rolle.

Internal Control System, auch Internes Überwachungssystem genannt: Ist das vom Management eingerichtete und verantwortete System von Steuerung und Kontrolle, das den für die Unternehmenszielsetzungen gefährdende Risiken entgegengesetzt wird, insbesondere den Zielen einer effektiven und effizienten Unternehmensführung, einer Kontrolle der Geschäftsprozesse und der Informationssysteme. Es besteht aus allgemeinen und spezifischen Kontrollen, die prophylaktisch und verhindernd, aufdeckend und nachgelagert gestaltet sein können.

Konzept: Ist die fokussierte Zusammenfassung von Ideen im Hinblick auf ein mittelfristig zu erreichendes Ziel, das in der Unternehmensrealität umsetzbar ist.

Kontext: Ist die Zusammenfassung aller Rahmenbedingungen, externer und interner Natur, die vom Unternehmen/der Organisation kurzfristig nicht beeinflusst werden können, aber seinerseits den Aktionsraum des Unternehmens/der Organisation und damit die vorhandenen Freiheitsgrade bestimmt.

Leitbild: s. *Vision*

Management Auditing (MA): Ist die modernste der vier Revisionsarten *FA, CO, OA und MA*. Sie beschäftigt sich mit allen Managementprozessen unter der Zielsetzung der Zweckmäßigkeit der Gestaltung und der Konsistenz zu den operativen Prozessen. Strategie und Planung, Budgetierung und Zielsetzung, Organisation und Führungskräfteentwicklung, die Grundsatzthemen *Corporate Governance, Risikomanagement und Internal Control* gehören hierzu. In wenigen Unternehmen, vor allem im Banken- und Versicherungsbereich gehört auch die Beurteilung der Managementqualität dazu.

Mengengerüst: Ist für fast alle Revisionsprozesse, sei es die Planung, sei es die Berichterstattung, essenziell. Anhand des Mengengerüsts ist die Einordnung eines Revisionsobjekts möglich und die Beurteilung, ob die mithilfe einer Stichprobe gewonnenen Revisionserkenntnisse signifikant sein können. Zum Mengengerüst gehören alle Quantifizierungsmöglichkeiten, ob sie aus dem Finanz- und Rechnungswesen (z. B. Umsatz, Kosten, Ergebnis, Kennziffern, Investitionsbeträge) stammen oder auch vom zu prüfenden Bereich selbst erstellt sind (z. B. Auftragszahlen, Kundenzufriedenheitswerte, Lieferantenqualitätsziffern) oder aus dritten Quellen (Wettbewerbsanalysen, Personalzahlen) stammen.

Mission: Ist ein klar formulierter Auftrag an eine Einzelperson oder Gruppe, eine Aktion, ein Projekt oder ein *Programm* unter Beachtung gewisser Rahmenbedingungen und unter Ausnutzung aller vorhandenen Freiheitsgrade zeitgerecht zum Abschluss zu bringen.

Monoliner: Große Institute wie MBIA und Ambac, die unabhängig vom Bankensystem die Hoch-Risiko-Versicherungen für Sub-Prime-Bonds/Junk Bonds gegen eine Versicherungsprämie, die nur ein 1/5 des nach Basel II erforderlichen Eigenkapitals erforderte, herausgaben.

Operational Auditing: Ist eine der vier Revisionsarten und eher moderner Natur. Sie beschäftigt sich mit allen Funktionen und Prozessen außerhalb des Finanzbereichs und der Zielsetzung der Wirtschaftlichkeit und Ordnungsmäßigkeit. Revisionen des Marketings und Vertriebs, der Produktion mit Forschung und Entwicklung, des Einkaufs und der Logistik, dem Baubereich inkl. der Immobilienverwaltung, der IT mit Programm-, Systementwicklung und Betrieb sind hier beispielhaft zu nennen.

Organisationsentwicklung: Umfasst auf der einen Seite ein Repertoire an Veränderungsmaßnahmen, auf das Manager und Berater zurückgreifen können, wenn ein gezielter Wandel von Strukturen und Abläufen der Organisation vorgenommen werden soll. Auf der anderen Seite ist damit auch eine bestimmte Tradition angewandter Sozialforschung gemeint, die sich um die erforderliche Theorieentwicklung auf diesem Gebiet kümmert.

Outsourcing: Bedeutet die Übertragung einer betrieblichen Tätigkeit auf externe Personen oder Gesellschaften. Outsourcing ist dort möglich, wo keine gesetzlichen oder anderen Vorschriften eine Verlagerung der IR untersagen oder erschweren. Dies ist bei Banken und Versicherungen der Fall. Nach den Standards müssen die Voraussetzungen für die Übernahme der Revisionsfunktion vom externen Anbieter erfüllt sein. Deshalb sind Kriterien für die Auswahl der externen Anbieter zu beachten.

Patch: wörtlich Flickschusterei, meint Änderungen in einem Programmcode, die auf direktem Weg in das Produktionssystem ohne Test- und Änderungsprozeduren eingestellt werden. Meist werden durch Patche Sicherheitslücken geschlossen oder Programmfehler behoben. Gegenüber einem Releasewechsel haben die Patche den Nachteil fehlender Dokumentation und fehlender Testprozeduren. Da sie direkt ins Produktionssystem eingestellt werden, erfolgt die Verarbeitung unter höherem Risiko. Der Einsatz von Patchen sollte auf absolute Notfälle beschränkt bleiben.

Programm: Ist die Zusammenfassung von konkreten Aktionen, Projekten und Methoden im Hinblick auf ein kurzfristig zu erreichendes Ziel unter Beachtung der zugewiesenen Ressourcen.

Prozess: Ist Teil eines Systems, das sein Ziel bestimmt, greift auf bestimmte, vordefinierte Systemkomponenten zurück und stellt mit den ihm vorgegebenen *Entscheidungsregeln* und *Feedback-Mechanismen* sicher, dass trotz unterschiedlicher Phänomensituationen immer das gewünschte Ergebnis erzielt wird.

Red Flags: Wörtlich „rote Fahnen" beschreibt einen Begriff aus dem CO. Red Flags sind Warnhinweise, die auf mögliche dolose Handlungen schließen lassen wie riskante Geschäfte, Unterbesetzung in den Buchhaltungsabteilungen, fehlendes Unrechtsbewusstsein bei IKS-Verstößen, Duldung von Grauzonen zwischen Firmen- und Privatvermögen etc.

Revisionsobjekt (RO): Ist der Sammelbegriff für alle Daten des Prüfungsgegenstands, d. h. einmal der mehrdimensionale Ausschnitt aus dem Audit Univers mit Bezug zu Unternehmen, Geschäftseinheit, Funktion, Prozess, Projekt, IT-System. Weiter begleitet das RO den Prüfenden in allen Revisionsprozessen, auch in der Zielsetzung der Prüfung, der Grob- und Feinplanung, den Prüfungshandlungen, dem Berichtsentwurf, Bericht und Follow-up. Das Revisionsobjekt ist weiter auch der Sammelpunkt für den Ressourcenverbrauch des Prüfungsteam, seinen Soll- und Isttagen, möglichen Sachkosten und Kosten einer Fremdvergabe. Das RO ist eindeutig durch seine Nr. gekennzeichnet, die durchaus zum besseren Verständnis einen sprechenden Schlüssel enthalten kann.

Risiko: Entsteht durch zukunftsgerichtete Entscheidungen unter Unsicherheit in einem Unternehmen, dessen Ziel die Wertsteigerung für die stakeholder ist, und ist die Möglichkeit, dass ein Ereignis negative Effekte auf diese Zielerreichung hat.

Risikomanagement: Ist die Gesamtanzahl aller Informationen und Maßnahmen, wie ein Unternehmen zukünftige Ereignisse in Form einer Inventur erfasst, sie auf ihre mögliche Folgen für das Unternehmensergebnis bewertet und für ihr Eintreten – unterstütz durch ein adäquates Risikofrühwarnsystem– entsprechende Maßnahmen plant im Sinne von Vermeiden, Überwälzen, Versichern und Selbst Tragen. Entscheidend für ein Risikomanagement ist vor allem der Risikoappetit eines Unternehmens, in welcher Form es bereit ist, am Markt mit hohen Gewinnchancen auch große Risiken einzugehen.

Rollenkonzept (IT): Im Unterschied zum sozialpsychologischen Rollenkonzept weist das IT-Rollenkonzept jedem Funktionsinhaber entsprechend seiner Funktion Berechtigungen zum Zugriff auf Unternehmens-Daten zu.

Steuerungsmechanismus: Ist ein prozessimmanenter, meist automatisierter Regelmechanismus, der aufgrund von Messungen im *Prozess* einen permanenten Soll-Ist-Wert-Abgleich vornimmt und Aktionen veranlasst, dass die Prozessziele unter Beachtung der Rahmenbedingungen verwirklicht werden.

Strategie: Ist eine mittelfristige, drei- bis fünfjährige, Bündelung = Fokussierung aller Kräfte, der Kapitalressourcen und Humanressourcen, auf die Unternehmensziele, die finanziellen und nicht-finanziellen.

System: Besteht aus verschiedenen Komponenten wie dem Ziel, den Aufgaben zur Erreichung des Ziels, den Ressourcen (Menschen oder Sachen), der Aufnahme von externen Phänomenen (körperlichen oder informatorischen), der zielgerichteten Verarbeitung und Erstellung eines Produkts oder Arbeitsergebnisses, gesteuert durch *Entscheidungsregeln* und *Feedback-Mechanismen* während der Aktivitäten, den *Prozessen*. Es funktioniert nur innerhalb eines Kontexts, den externen und internen Rahmenbedingungen.

Templates: Sind abstrakte elektronische Strukturierungen, in etwa wie auf Papier die Formulare.

Venture Capital-Unternehmen: Sind Pionierunternehmen, deren Haupt-Finanzierung durch Anteilsverkauf an private Geldgeber (private equity) sichergestellt wird. Das hohe Risiko eines Scheiterns dieser Unternehmen versucht der Venture Capital-Geber dadurch zu kompensieren, dass er sein Kapital auf mehrere Unternehmen verteilt und dass er sich hohe Gewinnchancen einräumen lässt. Im Unterschied zu einer regulären Bankenfinanzierung ist dem Venture Capital-Geber an einer hohen Wertsteigerung des Unternehmens gelegen. Die Realisation dieses Wertzuwachses erfolgt meist durch einen Börsengang des Unternehmens. Sein Gewinn ist dann die Differenz zwischen dem ersten Börsenkurs des Unternehmens und seinem Einstandspreis. Kommt es nicht zum Börsengang, muss der V.C.-Geber mit dem Totalverlust seiner Anteile rechnen.

Verfahrensanweisung: Ist eine an eine Einzelperson oder Gruppe eines Unternehmens konkret formulierte Regel, innerhalb eines Prozesses bestimmte Handlungen zu vollziehen oder zu unterlassen.

Verhaltensnorm: Ist die ausdrücklich formulierte oder aber nur mündlich in der spezifischen Gruppe bekannte Anweisung, in bestimmten Situationen adäquate Aktionen zu unternehmen oder zu unterlassen. Entspringt zumeist einem gültigen *Wertekatalog*.

Vision: Ist die zukunftsgerichtete, abstrakt formulierte Idealvorstellung von dem, was ein Unternehmen erreichen möchte.

Walkthrough: Ist eine detaillierte, persönliche Inaugenscheinnahme von allen Unternehmensdaten, die für den Abschluss wesentlich sind, durch den Abschlussprüfer von der Erfassung, Genehmigung, Verbuchung und Weiterverarbeitung bis zur konkreten Bilanzierung.

Werte: Sind die innerhalb eines Unternehmens/einer Organisationseinheit für verbindlich erklärten Grundüberzeugungen, die unabhängig von allen Realitätszuständen des Unternehmens in seinem Kontext für alle Mitglieder des Unternehmens/der Organisation Gültigkeit besitzen und dessen Nichtbeachtung von dem Unternehmen/der Organisation sanktioniert wird.

Whistle blower Prozess: ist laut SOX eine Aufgabe des Audit Committees. Anonyme Tippgeber sollen geschützt, ihren Hinweisen auf mögliche dolose Handlungen soll nachgegangen und geeignete Maßnahmen zur Verhinderung zukünftigen, nicht gesetzmäßigen Verhaltens von Mitgliedern des Unternehmens soll vorgebeugt werden.

Literaturverzeichnis

AICPA, Codification of Statements on Auditing Standards, New York 2002.

Ansoff, H. I. (1976): Managing Surprise and Discontinuity – Strategic Response to Weak Signals (dt. Übersetzung: Die Bewältigung von Überraschungen – Strategische Reaktionen auf schwache Signale), in: Zeitschrift für betriebswirtschaftliche Forschung 28 (1976), S. 129–152.

Amling, Thomas/Petri, Isabel: Interne Revision 2020, in: Amling/Bantleon (Hrsg.) Praxis der Internen Revision, Berlin 2012, S. 653–682.

Amling, Thomas/Bantleon, Ulrich: Handbuch der Internen Revision, Berlin 2007.

Amling, Thomas/Bantleon, Ulrich (Hrsg.): Praxis der Internen Revison, Berlin 2012.

Beer, Michael/Nohria, Nitrin: Craking the Code of Change, Harvard Business Review, May/June 2000, S. 133–144.

Benischke, Erich/Eberhardt, Claude: Human Ressourcen in der Internen Revision unter dem Qualitätsaspekt. Veränderungen im Umfeld der IR prägen die Anforderungen an die Human Ressourcen, in: ST 1999, S. 1179–1184.

Benischke, Erich: Die Chancen der Internen Revision als In-House-Lösung. Strategische Neuausrichtung zur Generierung von Added Value, in: ST 2000, S. 1043–1046.

Bergmoser, Ulrich/Theusinger, Ingo/Gushurst, Klaus Peter: Corporate Compliance – Grundlagen und Umsetzung, BB, BB Spezial 5.2008, S. 1–11.

Berwanger, Jörg/Kullmann, Stefan: Interne Revision. Wesen, Aufgaben und rechtliche Verankerung, Wiesbaden 2008.

Bibawi, Emad L./Nicoletti, Carlo: Erste Erfahrungen mit Sarbanes-Oxley Section 404, in: ST 2005, S. 431–436.

Biegert, Hansjörg: Einflussgrößen auf die Qualität der Internen Revision und Maßnahmen zur Qualitätsüberwachung, ZIR 1998, S. 57–66.

Bigler, Ernst: Umsetzung von Sarbanes-Oxley auf freiwilliger Basis. Möglichkeiten am Beispiel der SBB AG, ST 2004, S. 1051–1056.

Birl, Holger: Kooperation von Controllerbereich und Innenrevision, Wiesbaden 2007.

Blattmann, Urs: Interne Revision: Qualität und Qualitätsverantwortung. In: ST 1991, S. 72–76.

Buderath, Hubertus M.: Auswirkungen des Sarbanes-Oxley Acts auf die Interne Revision, in: BfuP 2004, 39–50.

Budhäus, D./Strocke, I.: Public-Corporate-Governance-Kodex – Ein Ansatz zur Verbesserung des Steuerungs- und Kontrollsystems im öffentlichen Sektor, in: Blümle, E.B./Pernsteiner, H./Purtschert, R./Andeßner, R.C. (Hrsg.): Öffentliche Verwaltung und Non-profit-Organisationen. Festschrift für Reinbert Schauer, Wien 2003, S. 79–102.

Bundesanstalt für Finanzdienstleistungsaufsicht (BaFin): Anforderungen an die Interne Revision, Rundschreiben 15/2009 in der Fassung vom 14.08.2009.

Bundesanstalt für Finanzdienstleistungsaufsicht (BaFin): Mindestanforderungen an das Risikomanagement, Rundschreiben 10/2012 in der Fassung vom 14.12.2012.
Bundesministerium des Innern: Empfehlungen für Interne Revisionen in der Bundesverwaltung, Berlin 2007.
Burgelman, Robert A.: Strategy is Destiny: How strategy-making shapes a company's future, New York, 2002.
Bürkle, Jürgen: Corporate Compliance als Standard guter Unternehmensführung des Deutschen Corporate Governance Kodex, BB 2007, S. 1797–1801.

Chandler, Alfred D., Jr. 1962/1998, Strategy and Structure: Chapters in the History of the American Industrial Enterprise. Cambridge, MA: MIT Press.
Comittee of Sponsoring Organizations of the Treadway Commission (COSO) (Hrsg.): Internal Control – Integrated Framework, 2 Bände, Jersey City 1994.
Comittee of Sponsoring Organizations of the Treadway Commission (COSO) (Hrsg.): Enterprise Risk Management – Integrated Framework. Executive Summary Framework, Jersey City 2004.
Comittee of Sponsoring Organizations of the Treadway Commission (COSO) (Hrsg.): Internal Control – Integrated Framework. Executive Summary, o.O., 2013
Committee of Corporate Governance from the Committee's Final Report and from the Cadbury and Greenbury Reports The Combined Code. Principles of Good Governance and Code of Best Practice, Mai 2000.

Deutscher Rechnungslegungsstandard Nr. 15: Lageberichterstattung, in der Fassung vom 7.12.2004.
Deutsches Institut für IR e. V. (IIR): Fachliche Mitteilungen des IIR: IIR Revisionsstandard Nr. 1: Zusammenarbeit von IR und Abschlussprüfer, in: ZIR 2001, 36. Jg. H.1, S. 34–36.
Deutsches Institut für IR e. V. (IIR)(Hrsg.): DIIR Revisionsstandard Nr. 4: Standard zur Prüfung von Projekten. Definition und Grundsätze, in: ZIR 2008, S. 154–159.
Deutsches Institut für IR e. V. (IIR)(Hrsg.): IIR Revisionsstandard Nr. 1: Zusammenarbeit von Interner Revision und Abschlussprüfer, in: ZIR 2001, S. 34–38.
Deutsches Institut für IR e. V. (IIR)(Hrsg.): IIR Revisionsstandard Nr. 2: Prüfung des Risikomanagements durch die Interne Revision, in: ZIR 2001, S. 152–155.
Deutsches Institut für IR e. V. (IIR)(Hrsg.): IIR Revisionsstandard Nr. 3: Qualitätsmanagement in der Internen Revision, in: ZIR 2002, S. 214–224.
Deutsches Institut für IR e. V. (IIR)(Hrsg.): IIR Revisionsstandard Nr. 5: Standard zur Prüfung des Ant-Fraud-Management-Systems durch die Internen Revision, 24.5.2012, Frankfurt a. M.
Deutsches Institut für IR e. V. (IIR): Fachliche Mitteilungen des DIIR: DIIR Revisionsstandard Nr. 3: Qualitätsmanagement in der IR, in: ZIR 37. Jg., H.5, S. 214–224, Frankfurt a. M., 2002.
Deutsches Institut für IR e. V. DIIR, Satzung vom 9. November 2011, Frankfurt 2011.

Deutsches Institut für IR e. V. (IIR) DIIR: Festschrift zum 50-jährigen Bestehen des Instituts: Erfahrung nutzen, Zukunft sichern, Frankfurt a. M., 2008.
Deutsches Institut für IR e. V. (IIR)DIIR; IIRÖ; SVIR: Die Interne Revision in Deutschland, Österreich und der Schweiz, Frankfurt, Wien, Zürich, 2011.
Deutsches Institut für IR e. V. (Hrsg.): Internationale Standards für die berufliche Praxis der Internen Revision 2013, Frankfurt a. M. 2013.
Deutsches Institut für IR e. V. (Hrsg.) Die Interne Revison im Jahre 2020. Wirtschaftliche Trends und Implikationen, Frankfurt a. M. o.J.
DeZoort, F. Todd/Salterio, Steven E: The Effects of Corporate Governance Experience and Financial-Reporting and Audit Knowledge on Audit Committee Members Judgments, in: Auditing September 2001, S. 31–47.

Ebel, Bernd: Qualitätsmanagement, 2. Aufl., Herne 2003.
ECIIA (Hrsg.): Common Body of Knowledge in Internal Auditing, Berlin 2009.
Egloff, Frank/Heß, Arno: Aufbau und Aufgaben der Internen Revision, BBK 1997, S. 1037–1044.
Eichler, Hubertus: Unternehmenskultur und Corporate Governance, CIA-Tagung 2013, Frankfurt a. M.
Eulerich, Marc: Das Three Lines of Defense-Modell, ZIR 2012, S. 55–58.
Eulerich, Marc/Velte, Patrick: Theoretische Fundierung der Internen Revision, ZIR 2013, S. 146–150.

Foreign Corrupt Practices Act von 1977 15 U.S.C., §§ 78dd–1 f. New York Stock Exchange (NYSE): Corporate Governance Rules, Abschnitt 303.A.00, 4. November 2003, New York.
Freidank, Carl-Christian/Peemöller, Volker H. (Hrsg.) Kompendium der Internen Revision, Berlin 2011.

GAIN (Global Audit Information Network): Knowledge Briefing, Defining the right audit universe, IIA, Altamont July 2009.
Gallup-Studie (Engagement Index 2011), www.gallup.de
Gärtner, Michael.: Analytische Prüfungshandlungen im Rahmen der Jahresabschlussanalyse, Marburg 1994.
Gesetz gegen Wettbewerbsbeschränkungen (GWB) *Stand: 30.06.2013 aufgrund Gesetzes vom 26.06.2013 (BGBl. I S. 1738)*
Gesetz zur Einführung internationaler Rechnungslegungsstandards und zur Sicherung der Abschlussprüfung (Bilanzrechtsreformgesetz (BilReG)) vom 4. Dezember 2004, BGBl. I, S. 3166.
Gesetz zur Kontrolle und Transparenz im Unternehmensbereich vom 30.April 1998, BGBl. I, S. 786.
Glaum, Martin/Thomaschewski, Dieter/Weber, Silke: Die Vorschriften zur Errichtung und Dokumentation eines internen Kontrollsystems nach Section 404 Sarbanes-Oxley Act, in: KoR, 2006, S. 206–219.

Gogol, Nikolaj: Der Revisor 1836

Gruppe Cauers, Lutz: Leitfaden zum Quality Assessement Review nach dem DIIR-Standard Nr. 3, Frankfurt a. M, 2004.

Gruson, Michael/Kubicek, Matthias: Der Sarbanes-Oxley Act, Corporate Governance und das deutsche Aktienrecht (Teil II), in: Die Aktiengesellschaft 2003, S. 393–406.

Günther, Wolfgang: Das „Audit Universe". Ein branchenübergreifendes Planungstool für die risikoorientierte Prüfungsplanung im Mittelstand, in: Interne Revision aktuell, Deutsches Institut für Interne Revision (Hrsg.) Berlin 2008, S. 291–297.

Häge, M./Hahn, U.: Quality Assessment (QA). Qualifizierungsschulung zum QA-Leitfaden des DIIR e. V., Frankfurt a. M. 2008.

Halek, Peter H.: Chancenmanagement Audit, in: ST 2004, S. 17–22.

Hauser, Daniel/Hopkins, Russel/Leibundgut, Heinz: The Sarbanes-Oxley Act and the Role of Internal Audit, in: ST 2004, S. 1057–1064.

Heese, Klaus/Peemöller, Volker H. Zusammenarbeit zwischen Interner Revision und Abschlussprüfern, in: BB 2007, S. 1378–1383.

Heigl, Anton: Controlling – Interne Revision, 2. Aufl., Stuttgart 1989.

Heinhold, Michael/Wortschofsky, Stefan: Interne Revision, in: Ballwieser/Coenenberg/Wysocki von (Hrsg.): HWRP, 3. Aufl. 2002, Sp. 1217–1227.

Hobuss, Wolfgang/Diamant, G.-M.: Benchmarking in der Internen Revision, in: ST 2000, S. 1037–1042.

Hoffmeister, Frithjof/Riedel, Olaf/Seibel, Alexander: Interne Revision und Qualitätssicherung in Revisions- und Treuhandbetrieben, in Freidank, Carl-Christian/Peemöller, Volker H. (Hrsg.): Corporate Governancen und Interne Revision, Berlin 2008, S. 829–842.

Hofmann, Rolf: Unternehmensüberwachung: Ein Aufgaben- und Arbeitskatalog für die Revisionspraxis, 2. Aufl., Berlin 1993.

Hofmann, Stefan: Handbuch Anti-Fraud-Management, Berlin 2007.

Hommelhof, Peter/Mattheus, Daniela: Corporate Governance nach dem KonTraG, in: AG, 1998, S. 249–259.

Honecker, Martin: Ethik in: Enderle, Georges/Homann, Karl/Honecker, Martin/Kerber, Walter/Steinmann, Horst (Hrsg.): Lexikon der Wirtschaftsethik, Freiburg, Basel, Wien 1993, S. 249–258.

Horváth, Péter: Controlling, 11. Aufl., München 2008.

Hunecke, Jörg: Interne Beratung durch die Interne Revision – Herausforderung und Chance für den Berufstand der Internen Revision, 2. Aufl., Sternenfels 2003.

Hütten, Christoph/Stromann, Hilke: Umsetzung des Sarbanes-Oxley Act in der Unternehmenspraxis, in: BB 2003, S. 2223–2227.

Institut der Wirtschaftsprüfer Deutschland e. V. (Hrsg.) WP-Handbuch Band 1, 2012, 14. Aufl., Düsseldorf 2012.

Institut der Wirtschaftsprüfer Deutschland e. V.: IDW Prüfungsstandard PS 260, Das interne Kontrollsystem im Rahmen der Abschlussprüfung in: WPg 2001, S. 39–48.

Institut der Wirtschaftsprüfer Deutschland e. V.: IDW Prüfungsstandard PS 261, Feststellung und Beurteilung von Fehlerrisiken und Reaktionen des Abschlussprüfers auf die beurteilten Fehlerrisiken, in: WPg Supplement 2/2012, S. 3–18.

Institut der Wirtschaftsprüfer Deutschland e. V.: IDW Prüfungsstandard PS 312, Analytische Prüfungshandlungen, in WPg 2001, S. 903–906.

Institut der Wirtschaftsprüfer Deutschland e. V.: IDW Prüfungsstandard PS 321, Interne Revision und Abschlussprüfung, WPg Supplement 4, S. 423 ff., 2010.

Institut der Wirtschaftsprüfer Deutschland e. V.: FG 6/1934: Heranziehung vorhandener Prüfungseinrichtungen des geprüften Unternehmens durch Wirtschaftsprüfer.

Institut der Wirtschaftsprüfer Deutschland e. V.: HFA 2/66: Gemeinsame „Erläuterung der Grundsätze für die Zusammenarbeit der Wirtschaftsprüfer mit der internen Revision" durch das Institut der Wirtschaftsprüfer und das Institut für Interne Revision.

Institut der Wirtschaftsprüfer Deutschland e. V.: FG 1/1988: Grundsätze ordnungsmäßiger Durchführung von Abschlussprüfungen, in: WPg 1989, S. 9–19.

Institut der Wirtschaftsprüfer Deutschland e. V.: IDW Prüfungsstandard PS 340, Die Prüfung des Risikofrüherkennungssystems nach § 317 Abs. 4 HGB, in: WPg 1999, S. 658–662.

IIR (Hrsg.): 25 Jahre Deutsches Institut für Interne Revision e. V. Frankfurt am Main, 1983.

IIR Forum, Band Nr. 5: Die IR. Bestandsaufnahme und Entwicklungsperspektiven, herausgegeben vom IIR, Berlin, 2005.

IIR/Institut für IR Österreich/Schweizerischer Verband für Interne Revision (*Enquete*): Die IR in Deutschland, Österreich und der Schweiz, Frankfurt a. M., 2004.

Institut der Wirtschaftsprüfer Deutschland e. V.: German Auditing Standards, Düsseldorf 2004

Institute of Internal Auditors (IIA): Common Body of Knowledge, Altamonte Springs, 2010.

Institute of Internal Auditors (IIA): Internal Auditing, IIASBCAG AgendaItem, 1-IIA Presentation-IFAC Feb. 2011.

Institute of Internal Auditors (IIA): Combined Practical Advisories, Altamonte Springs, July 2013.

Institute of Internal Auditors (IIA): Standards for the Professional Practise, Altamonte Springs, 2013.

Institute of Internal Auditors (IIA): The Three Lines of Defense, Altamonte Springs, 2013

International Federation of Accountants (IFAC): ISA 610 (Revised 2013) Using the Work of Internal Auditors, o.O. 2013.

INTOSAI Professional Standards Committee: Unabhängigkeit der Internen Revision im öffentlichen Sektor, Wien o.J.

Kagermann, Henning/Küting, Karlheinz/Weber, Claus-Peter (Hrsg.): Handbuch der Revision. Management mit der SAP-Revisions-Roadmap, Stuttgart 2006.

Kajüter, Peter: Risikomanagement im Konzern. Eine empirische Untersuchung, Düsseldorf 2005.

Kirchner, Baldur: Die Wende im Ich, Schlattingen (CH9), Moser Verlag 1985.

Kremer, Thomas: Aufsichtsrat, in: Ringleb, Henrik-Miachael/Kremer, Thomas/Lutter, Marcus/Werder, Axel von (Hrsg.) Kommentar zum Deutschen Corporate Governance Kodex, München 2003, S. 171–174 u. 179–213.

Krey, Sandra: Konzeption und Anwendung eines risikoorientierten Prüfungsansatzes in der Internen Revision, Berlin 2001.

Krüger; W./Petry, T.: Change Management, Wisu 2005, S. 760.

Krystek, U.; Müller, M. (1999): Frühaufklärungssysteme – Spezielle Informationssysteme zur Erfüllung der Risikokontrollpflicht nach KonTraG, in: Controlling, H. 4/5 (1999), S. 177–183.

Krystek, U.; Müller-Stewens, G.: Frühaufklärung als Element strategischer Führung in Hahn/Taylor: Strategische Unternehmensplanung/Strategische Unternehmensführung, 7. Aufl. 1997, S. 913–933

Kundinger, Peter: Die Interne Revision als Change Agent, Berlin 2007.

Lampert, Thomas: Compliance-Organisation, in: Hauschka, Ch.E. (Hrsg.) Corporate Compliance, München 2007, S. 142–155.

Lay, Rubert: Wie man sich Feinde schafft, Econ Verlag, Düsseldorf 1994.

Leitfaden zur Durchführung eines Quality Assessments, Ergänzung zum DIIR-Standard Nr. 3 („Qualitätsmanagement in der Internen Revision") 3. überarbeitete und ergänzte Aufl., Stand: 1. Juli 2012, DIIR, Frankfurt a. M.

Lencioni, Patrick: The Five Temptations of a CEO, San Francisco 1998.

Liu, Henrik C.K.: Markt-to-Market vs Mark-to-Model, 24.6.2009, Franklin and Elenor Roosevelt Institute

Löber, Horst: Erwartungen der Internen Revision an die Wissenschaft. In: Richter (Hrsg.): Theorie und Praxis der Wirtschaftsprüfung, 1997, S. 205–218.

Löw, Arnold: Integriertes Risiko-Management der Wirtschaftskriminalität, Dissertation Sankt Gallen 2002.

Lück, Wolfgang : Elemente eines Risikomanagementsystems, in: DB 1998, S. 8–14

Lutter, Marcus: Der Aufsichtsrat: Konstruktionsfehler, Inkompetenz seiner Mitglieder oder normales Risiko? In: Die Aktiengesellschaft, 1994, S. 176–177.

Maul, Karl H: Erwartungen der Internen Revision an die Wissenschaft, in: Richter (Hrsg.): Theorie und Praxis der Wirtschaftsprüfung, 1997, S. 219–231.

Meier, Richard T. SWX (Swiss Exchange): Das Rollenspiel von Management und Interner Revision (sinngemäß) auf der Jahrestagung des IIR, September 2002 in Ulm.

Menzies, Christof (Hrsg.): Sarbanes-Oxley Act. Professionelles Management interner Kontrollen, Stuttgart 2004.

Möllers, Thomas M: Kapitaltauglichkeit des deutschen Gesellschaftsrechts: Kritik am sachlichen und persönlichen Anwendungsbereich der Novellierung von AktG und HGB im Bereich der Rechnungslegung, Corporate Governance und Transparenz, in: AG 1999, S. 433-438.
monte Springs, 2009.

NYSE (New York Stock Exchange): Corporate Governance Rules, Ziffer 303A, Abs. 7, Nov. 2003.

Otto, Werner: Gründer und Miteigentümer der Otto Group, auf einer seiner Reden in den 60er Jahren vor den Führungskräften des Otto Versands, Hamburg.

Palazzesi, Mauro/Pfyffer, Hans-Ulrich: Interne Revision und Unternehmensüberwachung – von der Konkurrenz zur Koordination: vielerorts noch großer Handlungsbedarf, in: ST 2004, S. 7-16.

Palazzesi, Mauro: Benchmarking der Internen Revision und Change Management: Das eine bedingt das andere, in: ST 2001, S. 535-542.

Peemöller, Volker H.: Auswirkungen der Kommissionsvorschläge auf die Arbeit der Internen Revision und des Controlling, in: Freidank, Carl Christian/Schreiber, Ottokar R. (Hrsg) Unternehmensüberwachung und Rechnungslegung im Umbruch, Hamburg 2002, S. 105-136.

Peemöller, Volker H.: Controlling, 5. Aufl., Herne 2005.

Peemöller, Volker H.: Die Entwicklung der Internen Revision zum Berater der Unternehmensführung, in: Res Oeconomica 1988, Heft 2, S. 14-21.

Peemöller, Volker H.: Interne Revision: Grundlegender Wegweiser, Herne/Berlin 1976.

Peemöller, Volker H.: Outsourcing und Teiloutsourcing der Internen Revision im Mittelbetrieb – ein Aufgabenfeld für den Steuerberater, in DStR 1996, S. 1420-1424.

Peemöller, Volker H.: Praktisches Lehrbuch Controlling und betriebliche Prüfung, München 1978.

Peemöller, Volker H.: Qualitätssicherung in der Internen Revision, in: BB 2001, S. 1347-1353.

Peemöller, Volker H. Management Auditing, Berlin 1978.

Peemöller; Volker H.: Interner Revisor, in: Förschle, Gerhard/Peemöller, Volker H. (Hrsg.): Wirtschaftsprüfung und Interne Revision, Heidelberg 2004, S. 151-197.

Peemöller, Volker H.: Stand und Entwicklung der Internen Revision, in: Corporate Governance und Interne Revision, Freidank, C.C./Peemöller, V.H. (Hrsg.) Berlin 2008a, S. 1-16.

Peemöller, Volker H.: Outsourcing der Internen Revision, in: Corporate Governance und Interne Revision, Freidank, C.C./Peemöller, V.H. (Hrsg.) Berlin 2008b, S. 145-160.

Peemöller, Volker H.: Volker H. Peemöller im Gespräch mit Jürgen Tiedje: Die 8. EU-RL, in ZfgG 2008c, S. 78.

Peemöller, Volker H.: Entwicklungsformen und Entwicklungsstand der Internen Revision, in: Freidank/Peemöller (Hrsg.): Kompendium der Internen Revision, Berlin 2011 a, S. 69–91.

Peemöller, Volker H.: Code of Ethics der Internen Reivision, in: Freidank/Peemöller (Hrsg.): Kompendium der Internen Revision, Berlin 2011 b, S. 119–143.

Peemöller, Volker H.: Outsourcing der Internen Revision, in: Freidank/Peemöller (Hrsg.): Kompendium der Internen Revision, Berlin 2011 c, S. 69–91.

Peemöller, Volker H.: Interne Revision 2020, Seminar Euroforum „Interne Revision, Hamburg 2011 d.

Peemöller, Volker H./Schmid, Reinhold/Meister, Uwe: Anforderungsprofil von Controllern und Internen Revisionen, in: DBW 1989, S. 227–231.

Peemöller, Volker H /Keller, Bettina: Änderungen der Überwachung in Kapitalgesellschaften –Der Entwurf eines Gesetzes zur Kontrolle und Transparenz im Unternehmensbereich, in: DStR 1997, S. 1986–1992.

Peemöller, Volker H./Kunowski, Stefan: Entwicklungsperspektiven der Internen Revision, BBK 1997, S. 1053–1060.

Peemöller, Volker H./Finsterer, Hans: Weiterentwicklung der Internen Revision, BBK 1998, S. 1107–1114.

Peemöller, Volker H./Geiger, Thomas: Maßnahmen zur Effizienzsteigerung in der Internen Revision, in BBK 1998, S. 1089–1098.

Peemöller, Volker H./Husmann, Rainer: Neuere Ansätze für das Management Auditing durch die Interne Revision, in: BBK 1998, S. 1061–1070.

Peemöller, Volker H./Husmann, Rainer/Dumpert, Michael: Self-Auditing als Prüfungsinstrument der Internen Revision, in: BBK 1998, S. 1129–1138.

Peemöller, Volker H./Richter, Martin: Entwicklungstendenzen der Internen Revision – Chancen für die unternehmensinterne Überwachung, Berlin 2000.

Peemöller, Volker H./Hofmann, Stefan: Bilanzskandale. Delikte und Gegenmaßnahmen, Berlin 2005.

Peemöller, Volker H./Warncke, Markus: Prüfungsausschüsse deutscher Aktiengesellschaften, in: DB 2005, S. 401–404.

Peemöller, Volker H./Husmann, Rainer: Interne Revision, in: Küting, Karlheinz (Hrsg.): Saarbrücker Handbuch der betriebswirtschaftlichen Beratung, 4. Aufl. 2008, S. 571–658.

Peemöller, Volker und Freidank, Carl-Christian (Hrsg.): Corporate Governance und Interne Revision, Berlin 2008.

Peters, Tom/Waterman, Robert: Auf der Suche nach Spitzenleistungen, Landsberg am Lech, 3. Aufl. 1983.

Pfyffer, Hans-Ulrich: Strategie für die Interne Revision, in: ST 2001, 515–520.

Public Company Accounting Oversight Board (PCAOB) (Hrsg.): Auditing Standard No 5, der den Standard No. 2 ersetzt hat: An Audit of Internal Control Over Financial Reporting That Is Integrated with An Audit of Financial Statements, Washington, 2007

Regierungskommission Deutscher Corporate Governance Kodex, Stand 13. Mai 2013.
Reinecke, Bodo/Wagner, Hans-Jürgen: Risiko-Aspekte in der Arbeit der Internen Revision, in: ZIR 2000, S. 194–197.
Richtlinie 2006/43/EG des Europäischen Parlaments und des Rates vom 17. Mai 2006 über Abschlussprüfungen von Jahresabschlüssen und konsolidierten Abschlüssen, zur Änderung der Richtlinien 78/660/EWG und 83/349/EWG des Rates und zur Aufhebung der Richtlinie 84/253/EWG des Rates (1) v. 17.05.2006, I.157/87.
Röller, Wolfgang: Quo Vadis Aufsichtsrat?, in: Die Aktiengesellschaft, 1994, S. 333–336.
Rossow, Harald: Entwicklung und Entwicklungsmöglichkeiten der Internen Revision als Systemelement des personalbezogenen Überwachungssystems, Berlin 1994.
Ruud, Flemming T./Linsi, Alexander Cs: Neudefinition der Internen Revision gemäß dem Institute of Internal Auditing, in: ST 1999, S. 1149–1156.

Sarbanes Oxley Act of 2002 vom 30. Juli 2002, 107 P.L.204, §1, 116 Stat.745, Ferderal Register Vol. 68, S. 41193 f.
Schartmann, Bernd/Lindner, Manfred: Prüfung des Internen Kontrollsystems (IKS) durch die interne Revision (IR), in: Lück, Wolfgang (Hrsg.): Zentrale Tätigkeitsbereiche der Internen Revision, Berlin 2006, S. 33–61.
Schmid, Reinhold: Abgrenzung von Controlling und Interner Revision, in: Handbuch Controlling, hrsg. v. Mayer, Elmar; Weber, Jürgen, Stuttgart 1990, S. 379–391.
Schreiber, Ottokar (Hrsg.): Revisionshandbuch für den Mittelstand. Die Praxis der Internen Revision, Stuttgart, München 2009.
Schroff, Joachim: Aufgabenwandel in der Internen Revision. Eine theoretische und empirische Untersuchung, München 2006.
Schuh, Hannes: Interne Revision im öffentlichen Sektor für die Anforderungen der Zukunft, Wien 2010.
Schwager, Elmar: Der Interne Revisor – Ein Beitrag zur Prüfung eines Vorurteils. In: DB 2000, S. 2337–2339.
Security and Exchange Act of 1934 vom 6. Juni 1934, c.404, Title I, § 1, 48 Stat. 881.
SEC (Hrsg.): Final Rule Release Nos. 33-8124. Certification of Disclosure in Companies' Quarterly and Annual Reports, 29. August 2002.
SEC (Hrsg.): Final Rule: Standards Relating to Listed Company ACs vom 16. April 2003, Federal Register Vol. 68, S. 18818 f.
SEC (Hrsg.): Order approving Proposed Standard No.2 of the PCAOB, an Audit of Internal Control over Financial Reporting Performed in Conjunction witrh an Audit of Financial Statement from 17. Juni 2004, Release No. 34-49884, Federal Register Vol. 69, S. 35083 f.
SEC (Hrsg.): Certification of Disclosure Vol. 69, S. 35083 f.

Sobel, P.J.: Building on Section 404, in: Internal Auditor, April 2006, S. 41.

Stadtmann, Georg/Wissmann, Markus F.: Risikomanagement und Interne Kontrollsysteme im deutsch/amerikanischen Vergleich, in: ZRFG 2006, S. 16–18.

Telekommunikationsgesetz vom 22. Juni 2004 (BGBl. I S. 1190), zuletzt geändert durch Artikel 3 des Gesetzes vom 18. Februar 2007 (BGBl. I S. 106).

Theisen, Manual Rene': Risikomanagement als Herausforderung für die Corporate Governance, in: BB 2003, S. 1426–1430.

Wagner, Hans-Jürgen/Mikat, Rolf-Rüdiger: Self-Auditing – ein Instrument der Internen Revision, in ZIR 2000, 146–149.

Warncke, Markus: Prüfungsausschuss und Corporate Governance: Einrichtung, Organisation und Überwachungsaufgabe, Berlin, 2005.

Weber, Jürgen/Kosmider, Andreas: Controlling – Entwicklung in der Bundesrepublik Deutschland im Spiegel von Stellenanzeigen, in: ZfB – Ergänzungsheft 3/1991, S. 17–35, S. 20 ff.

Weitekamp, Katja: Chancen-/Risikomanagement als Führungsaufgabe aus Sicht der Internen Revision, in: Versicherungswirtschaft 1997, S. 1756–1763.

Wells, Joseph T.: Will History repeat itself, in: Internal auditor, June 2006, S. 38–44.

Welsh, Jack: Jack, London (GB), 2001.

Wiehl, Ralf und Arntz, Andreas: Präsentation eines DIIR-Qualifikationsmodell, am 15.6.2013 auf der CIA-Tagung in Frankfurt a. M.

Wirtschaftsprüferkammer (Hrsg.) International Standards on Auditing (ISAs): Internationale Prüfungsgrundsätze, Stuttgart 2003.

Wyinger, D.: Implementierung eines QMS für die Interne Revision, In: ST 2001, S. 179–184.

Wysocki, Klaus v.: Grundlagen des betriebswirtschaftlichen Prüfungswesens, 3. Aufl., München 1988.

Zehnder, Martina: Outsourcing der Internen Bankenrevision, in: ST 1996, 1047–1050.

ZIR-Sonderdruck: Unternehmensüberwachung und IR: Aktuelle Entwicklungen und Auswirkungen durch COSO ERM (Committee of Sponsoring Organisation of the Treadway Commission, Enterprise Risk Management), herausgegeben vom DIIR, September 2006.

Zwingmann, Lorenz: Benchmarkingmöglichkeiten für die Interne Revision, in; BBK 2002, S. 1261–1268.

Internetlinks: Große Organisationen national und international von A-Z

Name der Organisation	Thema	Link
BaFin	Regulierung D	www.bafin.de
CobiT	IT-Rahmenwerk	www.isaca.org
COSO	CG-, RM-,IC- Rahmenwerk	www.coso.org
Deutsche Institut für Interne Revision e. V.	IR	www.diir.de
DIN	Normen und Standards	www.din.de
DPR	Deutsche Prüfstelle für Rechnungslegung	www.frep.info
DRSC	Rechnungslegungsstandards	www.drsc.de
EFQM	Qualität	www.deutsche-efqm.de
Ehrbarer Kaufmann von Hamburg	Ethik	www.veek-hamburg.de/zielsetzungen.php
8. EU-Richtlinie	CG	ec.europa.eu/internal_market/auditing/index_de.html.
GRI: Global Reporting Initiative:	CG	www.globalreporting.org.
IASB	Rechnungslegungsstandards	www.iash.org
IdW	AP	www.idw.de
IFAC	Rechnungslegung	www.ifac.org
IIA (Institute of Internal Auditors) in Altamonte, USA	IR	www.theiia.org
IIA Austria	IR	www.internerevision.at
ISO	Qualität, Standards	www.iso.org
LSE	Börsenregulierung	www.londonstockexchange.com
NYSE	Börsenregulierung	www.nyse.com
PCAOB	Regulierung AP USA	www.psaobus.org
Schweizer Verband für Interne Revision	IR	www.svir.ch
SEC	Börsenregulierung USA	www.sec.gov
Transparency International	Ethik	www.transparency.org
UNO/Antikorruption	Ethik	www.unodc.org/unodc/crime_convention_corruption.ht
WorldCom- Skandal:	Ethik	www.wikipedia.org/wiki/Cynthia_Cooper_whistleblower

Stichwortverzeichnis

ABAP 170, 238
Abschlussprüfer 61, 112, 115, 122, 132, 138, 288, 289, 350
ACL 170, 238, 247
Acting Directors 111
Added Value 8
Ad-Hoc-Meldungen 193
Ad-Hoc-Prüfungen 242
Akzeptanz 5, 8
Akzeptanzproblem 330
Allgemeines Gleichbehandlungsgesetz 101
Alpha-Fehler 269
Altgesellschafter 196
Analytik 152
analytische Verfahren, Systemprüfungen und Stichprobenprüfungen 245
Änderungswünsche 323
Anforderungen an die Interne Revision 19
Anforderungen, fachliche 151
Anforderungskatalog 227
Anforderungsprofil 152
Anhörungsrechte 32
Anker/Triumpf-Adler/Nixdorf 260
Ankündigungsschreiben 253
Anlage 311
Anlagebücher der Bank 202
Ansatz, risikoorientierter 191
Anti-Corruption Handbook 94
Antifraud-Kontrollen 82
Apple 207, 213
Arbeitspapiere 56, 57
Archivierung 280
Arrestverfahren 315
Art der Arbeiten 54
Assessments 265
Assessments, External 15

Assessments, Internal 14
Assessoren 345
AT 392
attorney's privilege 302
Attribute Standards 43
Audimex, REDIS. Auditmaster und Autoaudit 167
Audit Committee 5, 12, 63, 79, 112, 294, 364
Audit Trails 121
Audit Universe 126, 194, 198, 217, 230
Aufdeckungspflicht 32
Aufgaben der IR 122
Aufgaben des Prüfungsausschusses 69
Aufgaben, operative 122
Aufsichtsrat 61, 63
Auftauphase 98
Auslandrevisionen 138
Auslandsprüfungen 126, 241

Babcock-Überschuldung 260
BaFin 118, 126, 229, 237
Bankenrevision 119, 126
Basel II 66, 70
Basel-Kategorien 205
Bedeutung, finanzielle 214
Bedeutung, strategische 214
Beherrschen 46
Belegprüfungen 251
Below-the-Line 318
Benchmarking 48
Benford-Analyse 151, 171
Beratung 25
Beratungsaufgabe 27
Beratungsfelder 27
Beratungsleistungen 120
Bereich, geprüfter 256

Berichterstattung 53, 58, 124
Berichterstattung, empfänger-
   orientierte, aktuelle, klare,
   objektive 288
Berichterstattung, externe 192
Berichtsdokumentation 279
Berichtslänge 311
Berichtspflicht 32, 124, 287
Berichtswesen, internes 195
Berufsbild 19
Berufsethik 35, 36
Beschwerdemanagement 362
Besorgnis der Befangenheit 45
best practices 350
best-in-class 359
Beta-Fehler 268
Beurteilung, generelle 310
Beurteilung, interne 48
Beurteilungen, Externe 49
Beurteilungsgespräch 157, 361
Beurteilungssystem 363
Bewertung/Schlussfolgerung 292
Bilanzrechtsreformgesetz 118
BITKOM, Bundesverband
   Informationswirtschaft,
   Telekommunikation und neue
   Medien e.V. 346
BMG 213
Boards 93
Boston Consulting Group 133
Botschafter der Best Practices 138,
   329
Brainstorming 221
Bremer Vulkan-Überschuldung 260
Briefing und Debriefing 157
Buchführungspflichten 72
Buderath 372

CAD (Computer Aided Design) 347
CAM (Computer Aided Manufacture)
   347
Captive 208

Cash Generating Unit 214
Cauers 352
CDO 202
CEO 76
Certified Internal Auditor 150
CFO 76
Chancenmanagement 29
Chancenmanagmentsystem 30
Chandler, Alfred 141
Change Agent 28
Chefjustitiar 301
Churchill 295
CIA-Examen 360
Coachs 362
Code of Ethics 129, 301
Compliance 30, 89
Compliance und Financial Reporting
   117
Compliance, Financial, Operational
   oder Management Auditing 289
Compliance-System 382
Comply or Explain 122
Computertechnologie 104
Control Self-Assessment 128
Controlling 192
Controllingberichte 217
Control-Risk Self Assessment 55, 391
Corporate Compliance 30
Corporate Governance 73, 92, 116,
   407
Corporate Social Responsibility
   (CSR) 349
Corruption Perception Index 94
COSO 78, 89
COSO ERM (Committee of
   Sponsoring Organization of the
   Treadway Commission –
   Enterprise Risk Management 119
COSO ERM Modell 116
COSO-I 205
COSO-II 205
Co-Sourcing 127
Cost-Center 128, 196

Credit Default Swap 126, 201
Customer Relationship Management 194
Customizing 168

D&O (Directors & Officers)-Versicherung 122, 208
Dateianalysetools 170
Datenbank 230
Datenschutz 125, 275
Debriefing 328
Deckblatt 302
DEKRA 345
Detekteien, Beratungsunternehmen 387
Deutsche Bank AG 207
Deutsche Corporate Governance Kodex 92
Deutsche Telekom 158
Deutscher Corporate Governance Kodex 122
Deutschland, Österreich und der Schweiz 366
Deyle 116
Dezentralisation 2
DIIR 172, 301, 351, 357, 402
DIIR-Arbeitskreis Mittelstand 169
DIN (Deutsche Industrie Norm) 344
Disclosure Committee 112, 118, 193, 218
Disclosure Controls 76, 77
Diversity Management 100
Dokumentation 278
Dokumentation von Prüfungstätigkeiten 364
Dokumentationserfordernisse 356
Dreieck, magisches 241
DRS 205
Due Diligence 193
Durchführung des Einsatzes 56
Durchsetzungsfähigkeit 115

ECIIA 407
Eckpunkte 223
Eckpunkte, planerische 220
Einführungsgespräch 162
Eingangsfragen 326
Eingangsstatement 326
Einsatzplanung 55
Einzelfallprüfung 23, 251
Einzelrevisor 8
Enforcement 65
Enron 73
Entdeckungsrisiko 268
Enterprise Risk Management 78, 89, 205
Entscheidungsrechte 32
Entwicklungsgespräch 157
Entwicklungskomponente 30
Ereignisinventur 116
Erfolgsindikatoren 13
Ergebnispräsentationen 319
Erläuterungen 42
Ermittlung, interne 250
Erstprüfungen bei Tochtergesellschaften und Prüfungen in Großprojekten 334
Eskalation 287
Eskalationstreppe 331
Eskom- mangelndes Einkaufspreis-controlling 260
Ethik 35
Ethikkodex 289
EU-Richtlinie, 8. 69
European Confederation of Institutes of Internal Auditing (ECIIA) 404
European Foundation of Quality Management (EFQM) 344
Evidenz durch persönliche Inaugenscheinnahme 294
Evidenzgrad 299
ex ante-Prüfung 24, 198, 244
ex post-Prüfung 24
Ex-ante-Revision 121
Expatriats 159

Expertensysteme 98
explAudit 169
ex-post-Prüfungen 244

Fachkompetenz 39, 45
Feedback 348, 361
Feedback-Fragebogen 309
Fernsehturm in Moskau 260
Feststellungen 267, 287, 296, 306, 310
Feststellungen, neue 335
Final Rule 76
Financial Auditing 21, 310
Finanzberichterstattung 193
Finanzchef 289
Flipcharts 319
Fluktuation im IR-Bereich 147
Follow-up 58, 364
Follow-up-Prüfung 334
Foreign Corruption Practices Act 71
Fraud Awareness Training 31
Frühwarnindikatoren 209
Frühwarnsignale, interne und externe 212
Frühwarnsystem 4, 209
Führung 2
Führungsaufgabe 2
Führungsfunktion 3
Führungsmodell, kooperatives 227
Führungsprozesse 355
Führungsthemen 194
Funktionsfokus 192

GAIN 126, 127
Gastrevisor und Job Rotation 158
Gastrevisoren 12
Geheimschutz 125
Gemeinkostenwertanalyse 135, 196
Genehmigung 224
Genehmigungsvorbehalt 198
Generalisten 12
Gesamtberatung 27

Gesamtbericht, Detailbericht und Kurzbericht 289
Geschäftordnung einer IR 352
Geschäftsbereich 239
Geschäftsbereichsprüfungen 241
Geschäftsberichte 218
Geschäftseinheiten 306
Geschäftsordnung 43, 109
Geschäftsordnung der IR 123
Geschäftsordnung des Aufsichtsrats 123
Gesellschafterbeschluss 197
Gesprächsleitfaden 255
Globalisierung 101
Gogol 257
Golden Share 114, 197
Good Global Citizenship 205
Governance Kodex 64
Greenpeace, B.U.N.D., Amnesty International, Transparency International 349
Grundverständnis 46
GWA (Gemeinkosten Wert Analyse) 348

Handelsbücher der Banken 202
Handlungen, dolose 275, 364
Hauptaufgabe der Internen Revision 19, 20
Headline 318
HGrG 396
Hidden Agenda 163
High-Level-Controls 264
Holzmann-Illiquidität 260
HypoRealEstate-Beinahe-Pleite 260
Hypothesenbildung 270

IBM 207
IDEA 170, 238, 247
Ideenfindung 222
IDS Scheer 280

IDW (Institut der Wirtschaftsprüfer in Deutschland e.V.) 352
IIA 126, 127, 129, 157, 215, 240, 287, 293, 301, 350, 352, 353, 404, 405, 407
IIA Standards 364
IIA- und DIIR-Standards 135
IIR 360
IIR Standard Nr. 3 352
IKS 407
Inaugenscheinnahme, persönliche 252
Independence Letter 294
Information und Kommunikation 117
Informationsrecht 32
Informationsrecht und Rederecht 124
In-House-Beratung 26
Innovationsfunktion 29
Insellösungen 231
Institutionen, öffentliche 289
Integration 101
Intelligenz, soziale 152
Interaktion, soziale 163
Interessenkonflikte 45, 294
Internal Auditing Standards Board 41
Internal Control 77, 78, 289
Internal Control mit 4-Augen-Prinzip und Funktionstrennung 266
Internal Control Systems 116
Internationalisierung 101
Interne Ermittlungen 384
Interne Revision 407
Internes Berichtswesen 194
ISO (International Organization for Standardization) 344
IT-Anwendungen 194
ITIL, CobiT, CMMI 345
IT-Tools 231, 274, 279

Jack Welch 129, 329

Jahresabschlussberichten der Abschlussprüfer 218
Jahresplanung 253
Jahresprüfungsbericht 52, 65
Jahresprüfungsplan 64
Jahres-RB 313
Joint-Venture-Prüfungen, Due-Diligence 304
Junk-Zertifikate 202
just-in-time-Produktion (JIT) 343

K.O.-Kriterien 352
KAIZEN 343
Kaupthing-Illiquidität 260
Kenntnisse, naturwissenschaftliche 195
Kern- und Supportprozesse 194
Kirchner 162
KISS-Methode 253
Kleinbetriebe 3
Klumpenrisiko 212
KMU 3, 7, 9, 92
Kodifizierung 123
Kollusion 386
Komitee 414
Kommunikation, mündliche, schriftliche 299
Kompetenzenliste 266
Komplexität 215
Konflikte, strukturelle 105
Konfliktpotenzial 223
Konsolidierungsphase 99
KonTraG 61, 86
Kontroll- und Steuerungsaktivitäten 117
Kontrollaufwand 262
Kontrollen 1, 262
Kontrollen, automatische 82
Kontrollen, automatisierte 263
Kontrollen, ergebnisorientierte 1
Kontrollen, manuelle 82, 263

Kontrollen, präventive oder vorbeugende 264
Kontrollen, verfahrensorientierte 1
Kontrollrisiko 267
Kontrollschwäche 84
Kontrollsystem, Innerbetriebliches 10
Kontrollsystem, Internes 4, 67, 69, 76
Kontrollsysteme 22
Kontrolltest 83
Konzeptionstest und Funktionstest 250
Koordinationsaufgaben 53
KQM 343
Kreativität 152
Kripo 383
Krysdek 209
Kundenprobleme 363
KVM (kontinuierlicher Verbesserungsprozess) 135

Lay 162
Layout 303
Lehmann-Illiquidität 260
Leitung der Internen Revision 51
Leitungsspanne 146
Lencioni 316, 317
Lernkultur, fehlertolerante 356
Linate/Mailand 260
Logfile 310
Logo 303, 318
Lösch-Kennzeichen 280
LotusNotes 168
Low-Level-Controls 264
LSE (London Stock Exchange) 114

Management Auditing 21, 117
Management Development 320
Management Fraud 289
Management Letter 218
Management- und Marketingprozesse 194
Managementkontrollen 264

Managementprozesse 173, 345
Managementwunsch 216
Managment by Exception 92
Managment by Objectives 92
Manuelle Kontrolle 262
MaRisk 302
Marketing-Mix-Prozesse 173
Marketingwissen 195
Masaaki Imai 343
Maßnahmen 288
Maßnahmenkatalog 306
Maßnahmenverantwortung 272
Maßnahmenvorschläge 307
Mc. Kinsey 172
Medien, dialogunterstützende 319
Meier, Richard 114
Meilensteinplanung 239
Mengengerüst 238
Mentor 360
Mergers und Akquisitions 193
Metaplan oder Packpapier 319
Microsoft 207
Minderheitsbeteiligungen 197
Mindestanforderungen an das Risikomanagement 66
Mindestkapitalanforderungen 70
Mind-Mapping 136
Mitarbeiterauswahl, Mitarbeiterentwicklung und Fortbildung 355
Mitarbeitercommitment 154
Mitarbeitertypologie 155
Mitgliederbefragungen (Enquete) 126
Mitteilungsschreiben 290
Monitoring 117, 194
Monitoring Process 58
Monte Springs, 2009 427
MOP: Mitarbeiterorientierter Prozess 157
Motorola 344
MS Access 170
Nachhaltigkeit 205
Nachhaltigkeitsberichte 218
National Integrity System 94

Neutralität 294
Non-Acting Directors 112
Non-Government-Organizations 205
Normung 346
Northern Rock-Beinahe-Illiquidität 260

Objektivität 38, 44, 45
OECD 92
Offenlegungspflichten 71
Offizialdelikte 119
OLAF 385
One-Tier-System 111
Operational Auditing 21, 117, 310
Ordnung, schriftlich fixierte 353, 364
Ordnungsmäßigkeitsprüfung 20
Organisationsentwicklung 6, 156
Organisationskomponente 30
Osteuropas 114
OTTO Group 127
Outsourcing 9, 10, 126

Patche 250, 265
PCAOB 300
Peemöller/Hussmann 400
Peer Reviewer 360
Peer Reviews 265
Performance Standards 51
Personalchef 289
Pflichtenheft 164
Pflichtprüfungen 126, 237
Plan-B 207
Planung und Budgetierung 194
Planungsprozess 1
Portfolio 133
Portfolio-Analyse 138
Positionspapiere 42
Post-Merger-Integration-Audits 193
Practical Advisory 365
Praktische Ratschläge 42

Präsentation der Jahresplanung vor dem Aufsichtsrat/Prüfungsausschuss 224
Präsentation im Prüfungsausschuss 313
Praxisleitfäden 42
Preview 351
Prinzipal-Agent-Phänomen 271
Private Sessions 112
Problem-Risiko – substanzgefährdendes Risiko 201
Professionalisierung 150
Profit-Center 195
Projektprüfungen 198, 248
Prozess, systematischer 364
Prozesskennzeichen 230
Prozessmodell, generisches 172
Prozessoptimierung 164
Prozessprüfungen 193, 239
Prozessunabhängig 265
Prüfbereiche 81
Prüfer, externe 12
Prüflandkarte 54
Prüfung, die Beratung und die Ermittlung 249
Prüfungen 1
Prüfungen, internationale 244
Prüfungsarten Prüfung, Beratung oder Ermittlung 244
Prüfungsausschuss 63, 64, 65, 69, 288
Prüfungsbericht 58
Prüfungsdokumentation 279
Prüfungsdurchführung 292
Prüfungsfunktion 2, 9
Prüfungshandlungen, analytische 23, 56
Prüfungsleistungen 120
Prüfungsplanung 68
Prüfungsplanung, risikoorientierte 364
Prüfungsprozess 56
Prüfungsrecht 32
Prüfungsverfahren 56

Prüfungsverfahren, analytische und
   systemische 244

QA Assessor 363
Qualität 343
Qualitätsanforderungen 58
Qualitätsmanagement 296, 345
Qualitätsmanagementprogramm 345
Qualitätssicherung 47
Qualitätssicherungsprogramm 47

R. Odenthal 164
Räume, revisionsfreie 191
Realisierungsprozess 1
Rechtschaffenheit 37
Red Flagging-Management 103
REDIS 168
Referenzierung und Cross-
   referenzierung 279
Referenzierungen 399
Regelverstöße 262
Release-Wechsel 168, 305
Reputation der IR 320
Reputation des operativen
   Managements 321
Ressourcenmanagement 52
Return Ticket 158
Revision, Interne 67
Revision, Interne und Externe 125
Revisionsaufträge 57
Revisionsjahrespläne 51
Revisionsobjekt 230
Revisionsplanung 290
Revisionsplanung,
   risikoorientierte 191
Revisionsprogramm 52
Revisionssoftware 167
Revisionssystem, internes 70
Revisionstool 165
Revisionsuniversum 51
Revisionsvorbehalte 196
Risiken, strategische 205

Risiko 54
Risiko, inhärentes 267
Risikoappetit 207
Risikobeurteilung 116
Risikobewertung 54
Risikoeinschätzungen 238
Risikofrüherkennungssystem 4, 87
Risikoidentifizierung 54
Risikolandkarte 54
Risikomanagement 66, 116
Risikomanagement und
   Risikofrühwarnindikatoren 205
Risikomanagementsystem 22, 55, 62,
   64, 86, 110, 209, 389, 407
Risikomaßnahmen 117
Risikoorientierung 54
Risikoschwerpunkte 220
Risikosteuerungssystem 88
Risikotragfähigkeit 66
Risikoübernahme 58
RMS 86
Roadshow, revisionsinterne 223
Roger Odenthal 171
Rollenerwartung 361
Rollenkonflikt 160, 363
Rückkehrergespräch 149

Sachkundenachweis 265
SAP 168, 170
SAP-Anwendungen 238
Sarbanes Oxley Act 5, 73
Schadenwiedergutmachung 387
Schartmann/Lindner 383
Scheinleistung 348
Schlussbesprechung 162, 290, 298
Schlüsselkontrollen 82
Schlussfolgerungen 270
Schulungen 149
Schwerpunktberatung 27
SEC 192
Sekundärtugenden 152

Selbstbewertung mit externer
 Validierung 363
Self Assessment 351
Self Assessment Prozess 358
self audit bzw. ein control self
 assessment 254
self audits oder self assessments 249
Self-Auditing 55
Service-Center 196
Sicherheitsprüfung 20
Sideletter 314, 364
Six Sigma 344
Skip Management 124
SOLL-IST-Analyse 259
Soll-Konzept 135
Sonderprüfungen 68
Sony 213
SOX 112, 294
SOX-Regulierung 297
Sozialpartner 231, 275
Spezialberatung 27
Staatsanwaltschaft 119, 385
Stabilität, relative funktionale 214
Standards 41, 42, 344
Standards, berufsständige 350
Stellungnahmen des Fach-
 bereichs 322
Steuerfahndung 119, 383
StGB (Strafgesetzbuch) 384
Stichprobenverfahren 246
StPO (Strafprozessordnung) 384
Strategie 194
Strategie, Aufbauorganisation,
 Revisionstools und Revisions-
 prozesse 354
Strategiediskussion 131
Strategiediskussion der IR 220
Substanzgefährdung von Teilen des
 Wirtschaftssystems 201
Supervisory Boards 114
Supportprozesse 174
SWX Swiss Exchange 114
Symbole 318

System, duales 110
System, dualistisches 61
System, monales 113, 302
Systemprüfung 24, 246, 250

Teambildungsprozess 227
Teams, erfolgreiche 226
Teiloutsourcing 9
Terminkollision 323
Testdurchführung 81
Themenzentrierten Interaktion 324
TNS-Infratest 155
Tochtergesellschaften 196
Tochtergesellschaften, börsen-
 notierte 304
Topmanagement 351
Toyota 343
TQM (Total Quality
 Management) 335, 343
Transparency International 94
Transparenz 172
TRI:M-Prozess 349
Triple-A Subprime-Zertifikate 202
Turn Arounds 200
TÜV (Technischer Überwachungs-
 verein) 344
 KVM (Kontinuierlicher
 Verbesserungsprozess) 132

Überprüfungsprozess,
 aufsichtsrechtlicher 70
Überwachungssystem 22, 61
Überwachungssystem, Internes 88
Umsetzungskomponente 30
Umsetzungstermin 307
Unabhängigkeit 44, 113, 390
Unabhängigkeit der IR 110, 352
UNO 297
Unternehmensfunktionen 239
Unternehmensphilosophie 363
Unternehmenstransformation 130
Unternehmensüberwachung 110

Unternehmensumfeld, externes 218
Unternehmensumfeld, internes 191
Unternehmensverfassung 111
Unternehmerische
  Entscheidungen 199
Unterschlagungsprüfungen 12
Unterstellung 44
USA 192, 344
Umfeld, externes und internes 214

Validierung 345
Veränderungsphase 98
Veränderungsprozesse 154
Verbesserungsvorschläge 26, 271
Vereinigten Staaten 350
Verhaltenskomponente 30
Verhaltenskonflikte 105
Vermeidungspflicht 32
Vermögensschutz 289
Verschwiegenheit 125
Verteiler 303
Verteiler des Deckblatts 335
Verteilungskonflikte 105
Vertrauensschadenversicherung 276
Vertraulichkeit 38
Vision und Mission Statement 129
Vollständigkeitskontrolle 263
Vorabinformationen 300
Vorstand 61
Vorstandsitzung 217
VW 114, 347

W. Münchau 202
Warncke 110
Weber/Kosmider 378
Weisungsrechte 287

Weisungsunabhängigkeit 364
Weiterbildung 47
Weiterbildung der IR-Mit-
  arbeiter 225
Werbekennzeichen 274
Werkvertrag 226
Werner Otto 127
Wertewandel 103
Wesentlichkeit 214
Wettbewerbsdruck 103
Whistle Blowers 31, 80, 302
Wiener Reichsbrücke 260
Wirkleistung 348
Wirtschaftsdelikten 46
Wirtschaftsprüfer 122
Wissensbasis 280
Wissenserwerb 97
Wissensidentifikation 97
Wissensverteilung 97

Zahlungen, illegale 72
Zeitraum der Prüfung 306
Zeitverzögerung 333
Zertifizierer 358
Zertifizierung, externe 350
Zielsetzung, Ereignisinventur und
  Risikomaßnahmen 205
Zollfahndung, Bundesarbeitsamt und
  Kartellbehörden 385
Zugriffs- und Zutrittsrechte 123, 352
Zusammenfassungen (Executive oder
  Management Summaries) 288
Zutritts- und Zugangskontrollen mit
  Berechtigungs- oder
  Rollenkonzepten 264
Zweckmäßigkeitsprüfung 20

Beste Revisionspraxis –
neue Perspektiven

**Praxis der
Internen Revision**

Management, Methoden,
Prüffelder

Herausgegeben von
**Prof. Dr. Thomas Amling
und WP/StB Prof. Ulrich Bantleon**

2012, 704 Seiten, fester Einband,
€ (D) 89,95, ISBN 978-3-503-13686-5

Kostenfrei aus dem deutschen
Festnetz bestellen: **0800 25 00 850**

Die Beiträge erfahrener Revisionspraktiker präsentieren Ihnen nützliche Empfehlungen und Einschätzungen zu aktuellen Themen und Prüfungsschwerpunkten.

▶ **Grundlagen und Corporate Governance:** von veränderten Rechts- und Haftungsfragen bis zur Revision im öffentlichen Sektor

▶ **Management der Internen Revision:** vom Aufbau einer Konzernrevision über Besonderheiten im Mittelstand zum Qualitätsmanagement in der IR

▶ **Methoden und Instrumente:** von der Programmplanung zu Continuous Auditing, von statistischen Verfahren zum Einsatz innovativer Technologien

▶ **Ausgewählte Prüffelder:** von Corporate Social Responsibility über die Revision des Rechnungswesens zu Fraud-Sonderuntersuchungen

▶ **Entwicklungen und Tendenzen:** von der Professionalisierung zu Szenarien 2020 der Internen Revision

Wertvolle Impulse – für Ihre eigene Revisionspraxis und die Weiterentwicklung des Fachwissens!

Weitere Informationen:
📖 www.ESV.info/978-3-503-13686-5

Auf Wissen vertrauen

Erich Schmidt Verlag GmbH & Co. KG · Genthiner Str. 30 G · 10785 Berlin
Tel. (030) 25 00 85-265 · Fax (030) 25 00 85-275 · ESV@ESVmedien.de · www.ESV.info

Fachwissen für Ihren Erfolg

in der Internen Revision

Die **Zeitschrift Interne Revision** – **ZIR** informiert Sie in fundierten Fachbeiträgen über den aktuellen Stand und die künftigen Entwicklungen in der Internen Revision.

Die **ZIR** bietet Ihnen als offizielles Organ des DIIR – Deutsches Institut für Interne Revision e.V. – Grundlagenwissen, aber auch Einblick in Spezialgebiete, wie z.B. die IT-Revision.

Die **ZIR** unterstützt im Rahmen der Corporate Governance die Arbeit der Internen Revision und ihre Zusammenarbeit mit internen und externen Organen, Berufsständen und Einrichtungen.

Weitere Informationen: www.ZIRdigital.de

ERICH SCHMIDT VERLAG

Auf Wissen vertrauen

Erich Schmidt Verlag GmbH & Co. KG · Genthiner Str. 30 G · 10785 Berlin
Tel. (030) 25 00 85-268 · Fax (030) 25 00 85-275 · ESV@ESVmedien.de · www.ESV.info